Manual de Direito Tributário e Financeiro Aplicado

José Carlos Carota

Manual de Direito Tributário e Financeiro Aplicado

Atualizado pela Emenda Constitucional nº 123/23 e pela Lei Complementar nº 214/25

5ª Edição

Freitas Bastos Editora

Copyright © 2025 by José Carlos Carota

Todos os direitos reservados e protegidos pela Lei 9.610, de 19.2.1998. É proibida a reprodução total ou parcial, por quaisquer meios, bem como a produção de apostilas, sem autorização prévia, por escrito, da Editora. Direitos exclusivos da edição e distribuição em língua portuguesa:
Maria Augusta Delgado Livraria, Distribuidora e Editora

Direção Editorial: Isaac D. Abulafia
Gerência Editorial: Marisol Soto
Diagramação e Capa: Sofia de Souza Moraes
Copidesque: Lara Alves dos Santos Ferreira de Souza
Revisão: Doralice Daiana da Silva
Assistente Editorial: Larissa Guimarães

Dados Internacionais de Catalogação na Publicação (CIP) de acordo com ISBD

C292m	Carota, José Carlos
	Manual de Direito Tributário e Financeiro Aplicado: Atualizado pela Emenda Constitucional nº 123/23 e pela Lei Complementar nº 214/25 / José Carlos Carota. 5. ed. - Rio de Janeiro, RJ : Freitas Bastos, 2025.
	652 p. : 23cm x 15,5cm.
	ISBN: 978-65-5675-538-0
	1. Direito Tributário. I. Título.
2025-1816	CDD 341.39
	CDU 34:336.2

Elaborado por Vagner Rodolfo da Silva - CRB-8/9410

Índice para catálogo sistemático:
1. Direito Tributário 341.39
2. Direito Tributário 34:336.2

Freitas Bastos Editora
atendimento@freitasbastos.com
www.freitasbastos.com

LISTA DE ABREVIATURAS E SIGLAS

ADCT – Ato das Disposições Constitucionais Transitórias

ADE – Ato Declaratório Executivo

AIIM – Auto de Infração e Imposição de Multa

Anvisa – Agência Nacional de Vigilância Sanitária

ARO – Operações de antecipação de receita

Art. – Artigo

BOVESPA – Bolsa de Valores do Estado de São Paulo

BPC – Benefício de Prestação Continuada

CADE – Conselho Administrativo de Defesa Econômica

CADIN – Cadastro de Inadimplentes

CARF – Conselho Administrativo de Recursos Fiscais

CBS – Contribuição sobre Bens e Serviços

CC – Código Civil

CDA – Certidão da Dívida Ativa

CEE – Comunidade Econômica Europeia

CF – Constituição Federal

CGSN – Comitê Gestor de Tributação das Microempresas e Empresas de Pequeno Porte

CIB – Cadastro Imobiliário Brasileiro

CIDE – Contribuição de Intervenção no Domínio Econômico

CLT – Consolidação das Leis Trabalhistas

CMN – Conselho Monetário Nacional

CNAE – Classificação Nacional de Atividades Econômicas

CND – Certidão Negativa de Débitos

CND – Certidão Negativa de Débitos

CNPJ – Cadastro Nacional de Pessoa Jurídica

COFINS – Contribuição para Financiamento da Seguridade Social

CONFAZ – Conselho Nacional de de Política Fazendária

CPC – Código de Processo Civil

CPP – Contribuição Previdenciária Patronal

CSLL – Contribuição Social sobre o Lucro Líquido

CT – Crédito Tributário

CTN – Código Tributário Nacional

CVM – Comissão de Valores Mobiliários

DCTF – Declaração de Débitos e Créditos Tributários Federais

DE – Declaração de exportação

DIFAL – Diferencial de Alíquotas

DIPJ – Declaração de Informações Econômico-Fiscais
da Pessoa Jurídica

DNRC – Departamento Nacional de Registro do Comércio

DPC – Fundo Aeroviário e Diretoria de Portos

DRE – Demonstração do Resultado do Exercício

EC – Emenda Constitucional

ECF – Escrituração Contábil Fiscal

EIRELI – Empresa Individual de Responsabilidade Limitada

EPP – Empresa de Pequeno Porte

FECOESP – Fundo Estadual de Combate e Erradicação da Pobreza

FG – Fato Gerador

FGC – Fundo Garantidor de Crédito

FGTS – Fundo de Garantia do Tempo de Serviço

FI – Fato Imponível

FIPE – Fundação Instituto Pesquisas Econômicas

FNDCT – Fundo Nacional de Desenvolvimento Científico e Tecnológico

FNDR – Fundo Nacional de Desenvolvimento Regional

GARE – Guia de Arrecadação Estadual

GNRE – Guia Nacional de Recolhimento de Tributos Estaduais

HI – Hipótese de Incidência

IBPT – Instituto Brasileiro de Planejamento e Tributação

IBS – Imposto sobre Bens e Serviços

ICMS – Imposto de Circulação de Mercadorias e Serviços
IE – Imposto de Exportação

IEG – Imposto Extraordinário de Guerra

II – Imposto de Importação

IN – Instrução Normativa

IOF – Imposto sobre Operações Financeiras

IPCA – Índice Nacional de Preços ao Consumidor Amplo

IPEA – Instituto de Pesquisa Econômica Aplicada

IPI – Imposto sobre Produtos Industrializados

IPVA – Imposto sobre a Propriedade de Veículos Automotores

IR – Imposto de Renda

IRPF – Imposto de Renda de Pessoa Física

IRPJ – Imposto de Renda de Pessoa Jurídica
IS – Imposto Seletivo

ISGF – Imposto sobre Grandes Fortunas

ISS – Imposto sobre Serviços

ITBI – Imposto sobre Transmissão de Bens Móveis

ITCMD – Imposto sobe Transmissão Causa Mortis e Doação de Quaisquer Bens ou Direitos

ITR – Imposto Territorial Rural

IVA – Imposto de Valor Agregado

IVA – IVA Dual

LALUR – Livro de Apuração do Lucro Real

LC – Lei Complementar

LDO – Lei de Diretrizes Orçamentárias

LIMPE – Princípios da legalidade, da impessoalidade, da moralidade, da publicidade e da eficiência

LINDB – Lei de Introdução às Normas do Direito Brasileiro

LO – Lei Ordinária

LOA – Lei do Orçamento Anual

LRAICMS – Livro Registro de Apuração do ICMS
LRF – Lei de Responsabilidade Fiscal

MAPA – Ministério da Agricultura, Pecuária e Abastecimento

ME – Microempresa

MEI – Microempreendedor individual

MP – Medida Provisória

MVA – Margem de valor agregado

NFE – Nota Fiscal Eletrônica

NL – Notificação de Lançamento

OT – Obrigação tributária

PEC – Proposta de Emenda à Constituição

PIB – Produto Interno Bruto

PIS – Programa de Integração Social

PPA – Plano Plurianual

Redex – Recinto Especial para Despacho Aduaneiro de Exportação

REF – Regime Especial de Fiscalização

Reidi – Regime Especial de Incentivos para o Desenvolvimento da Infraestrutura

Renaval – Regime Tributário para Incentivo à Atividade Naval

Reporto – Regime Tributário para Incentivo a Modernização da Estrutura Portuária

RFB – Receita Federal do Brasil

RIPI – Regulamento do Imposto sobre Produtos Industrializados

RIR – Regulamento do Imposto de Renda

RPA – Regime Periódico de Apuração

RREO – Relatório Resumido de Execução Orçamentária

S.A. – Sociedade Anônima

SAT – Seguro de acidentes de trabalho

SCP – Sociedade em Conta de Participação

SEBRAE – Serviço Brasileiro de Apoio a Pequena e Média Empresa

SELIC – Serviço Especial de Liquidação e Custódia

SENAC – Serviço Nacional de Aprendizagem Comercial

SENAI – Serviço Nacional de Aprendizagem Industrial

SENAR – Serviço Nacional de Aprendizagem Rural

SESC – Serviço Social do Comércio

SESCOOP – Serviço Nacional de Aprendizagem do Cooperativismo

SEST – Serviço Social do Transporte

SGS – Sociedade de Garantia Solidária

SINTER – Sistema Nacional de Informações Territoriais

Siscomex – Serviço de Comércio Exterior

SLU – Sociedade Limitada Unipessoal
SPED – Serviço Público de Escrituração Digital

ST – Substituição Tributária

STF – Supremo Tribunal Federal

STJ – Superior Tribunal de Justiça

TIPI – Tabela do Imposto sobre Produtos Industrializados

TIT – Tribunal de Impostos e Taxas

ZFM – Zona Franca de Manaus

ZPE – Zona de Processamento de Exportação

SUMÁRIO

1 O DIREITO TRIBUTÁRIO E O SISTEMA TRIBUTÁRIO NACIONAL — 23

1.1 A REFORMA TRIBUTÁRIA DA EC Nº 132/23 E A LEI COMPLEMENTAR Nº 214/25 – PRINCIPAIS INOVAÇÕES — 32

2 O TRIBUTO — 35

2.1 ESPÉCIES DE TRIBUTOS — 37

  2.1.1 Impostos – Arts. 145 e 156-A CF, e 16, CTN — 37

    2.1.1.1 Impostos Extraordinários – arts. 154, inciso II, CF, e 76, CTN — 40

    2.1.1.2 Imposto Residual – art. 154, inciso I, CF — 41

    2.1.1.3 Classificação dos impostos — 41

  2.1.2 Taxas – Arts. 77 CTN, e 145, II, CF — 50

    2.1.2.1 Taxa de Poder de Polícia — 51

    2.1.2.2 TAXA DE SERVIÇO PÚBLICO – ARTS. 145, II, CF, E 77 E 79, CTN — 53

    2.1.2.3 TARIFA OU PREÇO PÚBLICO – CONSIDERAÇÕES GERAIS — 55

  2.1.3 Contribuição de Melhoria – Arts. 145, inciso III, CF, e 81, CTN — 56

  2.1.4 Contribuições especiais – Arts. 149, 149-A, 149-B, 195 da CF — 58

  2.1.5 Empréstimo compulsório – Art. 148, CF — 63

3 PRINCÍPIOS CONSTITUCIONAIS TRIBUTÁRIOS — 65

3.1 PRINCÍPIO DA LEGALIDADE — 65

3.2 PRINCÍPIO DA ISONOMIA TRIBUTÁRIA – ART. 150, II, CF — 68

3.3 PRINCÍPIO DA CAPACIDADE CONTRIBUTIVA – ART. 145, § 1º, CF — 68

3.4 PRINCÍPIO DA IRRETROATIVIDADE DA LEI TRIBUTÁRIA – ART. 150, III, CF — 70

3.5 PRINCÍPIO DA ANTERIORIDADE – ART. 150, III, "B", CF — 71

3.6 PRINCÍPIO DA VEDAÇÃO AO CONFISCO – ART. 150, IV, CF — 72

3.7 PRINCÍPIO DA LIBERDADE DE TRÁFEGO – ART. 150, V, CF — 72

3.8 PRINCÍPIO DA UNIFORMIDADE GEOGRÁFICA – ART. 151, I, CF — 73

3.9 PRINCÍPIO DA IMUNIDADE TRIBUTÁRIA – EXCLUSIVAMENTE NO ÂMBITO CONSTITUCIONAL – ART. 150, VI, CF — 73

3.10 PRINCÍPIO DA SUPREMACIA DO INTERESSE PÚBLICO SOBRE O PARTICULAR — 76

3.11	PRINCÍPIO DA SIMPLICIDADE	76
3.12	PRINCÍPIO DA TRANSPARÊNCIA	77
3.13	PRINCÍPIO DA JUSTIÇA TRIBUTÁRIA	77
3.14	PRINCÍPIO DA COOPERAÇÃO	77
3.15	PRINCÍPIO DA DEFESA DO MEIO AMBIENTE	78
3.16	PRINCÍPIO DA ATENUAÇÃO DA REGRESSIVIDADE	78
4	**FONTES DO DIREITO TRIBUTÁRIO**	**79**
4.1	CONSTITUIÇÃO FEDERAL	79
4.2	LEI COMPLEMENTAR	81
4.3	LEI ORDINÁRIA	84
4.4	LEI DELEGADA	85
4.5	MEDIDA PROVISÓRIA	86
4.6	TRATADOS INTERNACIONAIS	87
4.7	RESOLUÇÃO DO SENADO FEDERAL	88
4.8	DECRETO REGULAMENTAR	89
4.9	NORMAS COMPLEMENTARES	90
4.10	DECRETOS LEGISLATIVOS	91
5	**HIPÓTESE DE INCIDÊNCIA, FATO GERADOR OU FATO IMPONÍVEL – ARTS. 114 A 118, CTN**	**93**
6	**OBRIGAÇÃO TRIBUTÁRIA – ARTS. 113 E 114, CTN**	**103**
7	**CAPACIDADE TRIBUTÁRIA ATIVA – ART. 119, CTN**	**105**
8	**CAPACIDADE TRIBUTÁRIA PASSIVA – ART. 126, CTN**	**109**
9	**CAPACIDADE ECONÔMICA – ART. 145, § 1°, CF**	**117**
10	**O CTN E A LEI COMPLEMENTAR EM FACE DA HIPÓTESE DE INCIDÊNCIA TRIBUTÁRIA**	**119**
10.1	MATERIAL	120
10.2	ESPACIAL	120
10.3	TEMPORAL	121
10.4	PESSOAL	121
10.5	ASPECTO QUANTITATIVO	122
11	**LANÇAMENTO – CARACTERÍSTICAS E FINALIDADES – ARTS. 142 A 150, CTN**	**125**
11.1	FINALIDADES DO LANÇAMENTO	126
11.2	MODALIDADES DE LANÇAMENTO	127
11.2.1	LANÇAMENTO POR HOMOLOGAÇÃO – ART. 150, CTN	127

11.2.2	LANÇAMENTO POR DECLARAÇÃO (MISTO) – A. 147, CTN	128
11.2.3	LANÇAMENTO DIRETO OU DE OFÍCIO – ART. 149, CTN	130

12 CRÉDITO TRIBUTÁRIO – ART. 139, CTN — 133

12.1 SUSPENSÃO — 133

12.1.1	Moratória	134
12.1.2	Depósito do montante em valor integral	137
12.1.3	Reclamações e recurso administrativo	138
12.1.4	Liminar em mandado de segurança	139
12.1.5	Liminar e tutela antecipada	139
12.1.6	Parcelamento	140

12.2 HIPÓTESES DE EXTINÇÃO DO CRÉDITO TRIBUTÁRIO — 140

12.2.1	Pagamento (Remição)	141
12.2.2	Compensação	141
12.2.3	Transação	143
12.2.4	Remissão (Perdão)	144
12.2.5	Prescrição e Decadência	146
	12.2.5.1 Decadência	146
	12.2.5.2 Prescrição	148
12.2.6	Conversão do depósito em renda – Art. 156, inciso VI, CTN	151
12.2.8	Extinção do crédito mediante consignação de pagamento – nos termos dos arts. 156, VIII, e 164, II, do CTN	152
12.2.9	Decisão administrativa irreformável	153
12.2.10	Decisão judicial transitada em julgado – art. 156, X, CTN	154
12.2.11	Dação de pagamento em bens imóveis – art. 156, XI, CTN	154
12.2.12	Pagamento indevido e restituição de indébito	154
12.2.13	MODALIDADES DE EXTINÇÃO DOS DÉBITOS – IBS, CBS, RELATIVAS À LC Nº 214/25	156

12.3 HIPÓTESES DE EXCLUSÃO DO CRÉDITO TRIBUTÁRIO – ART. 175, CTN — 157

12.3.1	Isenção	157
12.3.2	Anistia	159
12.3.3	Imunidade	160

13 PLANEJAMENTO TRIBUTÁRIO — 173

13.1	PLANEJAMENTO TRIBUTÁRIO	173
13.2	ELISÃO FISCAL	175
13.3	EVASÃO FISCAL	176

13.4	**NORMA ELISIVA**	**177**
13.5	**EXEMPLO DE PLANEJAMENTO TRIBUTÁRIO**	**183**

13.5.1 Planejamento tributário federal – análises e proposições   183

13.5.2 Demonstrativo de aplicação de planejamento tributário federal   184

13.5.3 Hipóteses e variáveis relativas ao desenvolvimento do demonstrativo da aplicação da tributação federal de uma sociedade limitada   184

13.5.4 Análise comparativa entre o lucro real e o lucro presumido   186

13.5.5 Sugestão de adoção de um modelo tributário multifacetário   189

13.5.6 Terceira Sistemática de Cálculo – Planejamento   190

13.5.7 Considerações iniciais para desenvolvimento da nova hipótese   193

13.5.8 Conclusões do exercício da nova opção tributária   196

14   TRIBUTOS FEDERAIS   197

14.1   IRPJ   197

14.1.1 FG   198

14.1.2 Base de Cálculo   199

14.1.3 Alíquotas   199

14.1.4 Prazo de Recolhimento   200

14.1.5 Exemplo Prático de Cálculo de Imposto de Renda e Adicional   201

14.1.6 DISTRIBUIÇÃO DE LUCROS AOS SÓCIOS E ACIONISTAS   201

14.1.7 OMISSÃO DE RECEITA   202

14.2   LUCRO REAL   209

14.2.1 Obrigatoriedade   213

14.2.2 Período de Apuração – Mensal, Trimestral e Anual   220

14.2.3 Alíquotas   221

14.2.4 Base de Cálculo Estimada Anual   221

14.2.5 Base de Cálculo Trimestral   228

14.2.6 Exemplo de Determinação de Lucro Real e Cálculo do Imposto   229

14.3   LUCRO PRESUMIDO   232

14.3.1 Período de apuração   236

14.3.2 Alíquota e Adicional   236

14.3.3 Base de Cálculo   236

14.3.4 Exemplo de Determinação do Lucro Presumido e Cálculo do Imposto   240

14.3.4.1 Dados financeiros Relativos ao Primeiro Trimestre de 2024   240

14.3.4.2 Demonstração do Lucro Presumido e Cálculo do IR   240

14.3.5 Deduções do Imposto Devido   241

14.4 LUCRO ARBITRADO 242

14.4.1 Alíquota e Adicional 243

14.4.2 Base de Cálculo 244

14.4.3 Exemplo de Determinação do Lucro Arbitrado e Cálculo do Imposto 249

14.4.3.1 Receita conhecida – dados do primeiro trimestre de 2024 250

14.4.3.2 Receita não conhecida – dados trimestrais 250

14.5 CSLL 251

14.5.1 Alíquota 251

14.5.2 Base de Cálculo Anual e Trimestral 256

14.5.3 Base de Cálculo Estimada e Presumida 257

14.5.4 Exemplo do Cálculo da CSLL 257

14.5.4.1 Exemplo de cálculo da CSLL trimestral – lucro real 258

14.5.4.2 Exemplo do cálculo da CSLL – lucro presumido 258

14.6 PIS 259

14.6.1 Alíquota 262

14.6.2 Base de Cálculo 263

14.6.3 Exemplo de Cálculo do PIS 263

14.6.3.1 Exemplo de cálculo do PIS cumulativo 263

14.6.3.2 Exemplo de cálculo do PIS não cumulativo 264

14.7 COFINS 265

14.7.1 Alíquotas 267

14.7.2 Base de Cálculo 267

14.7.3 Exemplo de Cálculo da COFINS 268

14.7.3.1 Exemplo de cálculo de COFINS cumulativo 268

14.7.3.2 Exemplo de cálculo de COFINS não cumulativo 269

14.8 IPI 269

14.8.1 Alíquotas 279

14.8.2 Base de Cálculo 279

14.8.3 FG 280

14.8.4 Sujeito Passivo 281

14.8.5 Exemplo de Cálculo do IPI 282

14.8.6 Substituição Tributária do IPI 282

14.9 II 282

14.9.1 Ocorrência do FG 283

14.9.2 Base de Cálculo 286

14.9.3 Exemplo de Cálculo do II 287

14.10 IE 288

14.10.1 Base de Cálculo 289

14.10.2 Alíquota 290

14.11 CONTRIBUIÇÃO DE INTERVENÇÃO NO DOMÍNIO ECONÔMICO – CIDE 290

14.11.1 CIDE-Tecnologia 290

14.11.1.1 Incidência 290

14.11.1.2 Ampliação da base de cálculo 291

14.11.1.3 Alíquotas 291

14.11.1.4 Pagamento 291

14.11.1.5 Destinação 292

14.11.2 CIDE-Combustíveis 292

14.11.2.1 FG 292

14.11.2.2 Contribuintes 292

14.11.2.3 Apuração da Base de Cálculo 293

14.11.2.4 Alíquotas 293

14.12 IOF 294

14.13 ITR 297

14.14 IGF 300

14.15 CONTRIBUIÇÕES PARA A SEGURIDADE SOCIAL 300

14.15.1 Contribuições Previdenciárias 301

14.16 FUNDO DE GARANTIA DO TEMPO DE SERVIÇO – FGTS . 306

14.16.1 Contribuintes e Alíquota 306

14.17 CBS 307

14.18 IS 309

15   TRIBUTOS ESTADUAIS 313

15.1   IPVA 313

15.2   ITCMD 315

15.3   ICMS 317

15.3.1 ICMS – Substituição Tributária – ST 326

15.3.2 ICMS – DIFAL – DIFERENÇA DE ALÍQUOTAS 332

15.3.3   CRÉDITO DE ICMS SOBRE ATIVO IMOBILIZADO (SÃO PAULO) . 335

15.3.4 EXCLUSÃO DO ICMS DA BASE DE CÁLCULO DO PIS/COFINS . 336

15.4 IBS	337
15.4.1 Principais características do IBS + CBS = IVA DUAL	338
15.4.2 FNDR	398
15.4.3 Comitê Gestor do IBS – CGIBS	399
15.4.4 Devolução do IBS e da CBS ao Turista Estrangeiro	402

16 TRIBUTOS MUNICIPAIS — 403

16.1 ITBI	403
16.2 IPTU	406
16.3 ISS	409
16.4 CONTRIBUIÇÃO PARA CUSTEIO, EXPANSÃO E MELHORIA DO SERVIÇO DE ILUMINAÇÃO, SISTEMAS DE MONITORAMENTO PARA SEGURANÇA E PRESERVAÇÃO DE LOGRADOUROS PÚBLICOS	415

17 SIMPLES NACIONAL — 417

17.1 CONCEITO	417
17.2 DA OPÇÃO PELO SIMPLES NACIONAL	418
17.3 NÃO PODEM OPTAR PELO SIMPLES NACIONAL	424
17.4 TRIBUTOS UNIFICADOS NO SIMPLES NACIONAL	430
17.5 LIMITES PARA ENQUADRAMENTO	434
17.6 PAGAMENTO MENSAL	435
17.7 RECEITAS ALCANÇADAS PELO SIMPLES NACIONAL	435
17.8 GANHOS DE CAPITAL	436
17.9 DISTRIBUIÇÃO DE LUCROS E IRRF SOBRE SERVIÇOS PRESTADOS	436
17.10 CÁLCULO DO SIMPLES NACIONAL	438
17.11 CONSIDERAÇÕES GERAIS RELATIVAS ÀS LC NºS 155/16 E 169/19	447

18 ADMINISTRAÇÃO TRIBUTÁRIA — 459

18.1 FISCALIZAÇÃO	460
18.2 DÍVIDA ATIVA	464
18.3 CERTIDÕES NEGATIVAS	468

19 PROCESSO ADMINISTRATIVO TRIBUTÁRIO	471
20 A REPONSABILIDADE TRIBUTÁRIA, CIVIL E CRIMINAL DOS SÓCIOS E ADMINISTRADORES DA SOCIEDADE LIMITADA	475
20.1 A SOCIEDADE LIMITADA NO CÓDIGO CIVIL	475
20.2 RESPONSABILIDADE DOS SÓCIOS E DOS ADMINISTRADORES	478

20.2.1 Desconsideração da Pessoa jurídica (*Disregard of legal entity*) 479

20.3 POSSIBILIDADES DE DESCONSIDERAÇÃO DA PESSOA JURÍDICA 483
20.4 TEMAS TRIBUTÁRIOS EMPRESARIAIS CONTROVERSOS 503
20.5 CONCLUSÕES 509

21 DIREITO FINANCEIRO 511

21.1 DEFINIÇÃO 511
21.2 FONTES E PRINCÍPIOS DO DIREITO FINANCEIRO 514
21.3 RECEITA PÚBLICA 517

21.3.1 FONTES DAS RECEITAS PÚBLICAS 518

21.3.2 CLASSIFICAÇÃO DAS RECEITAS PÚBLICAS 525
21.4 DESPESA PÚBLICA 527

21.4.1 CLASSIFICAÇÃO DAS DESPESAS PÚBLICAS 528
21.4.2 EXECUÇÃO DAS DESPESAS PÚBLICAS 531

21.5 LEI ORÇAMENTÁRIA 541

21.5.1 PLANO PLURIANUAL 545
21.5.2 LDO 546
21.5.3 LOA 547
21.5.4 FISCALIZAÇÃO E CONTROLE ORÇAMENTÁRIO 553

21.6 IMPROBIDADE ADMINISTRATIVA 564
21.7 O PROCESSO LEGISLATIVO ORÇAMENTÁRIO 579

21.7.1 REGIME FISCAL – EC Nº 95 581
21.7.2 NOVO ARCABOUÇO FISCAL 584

21.8 DÍVIDA PÚBLICA 589
21.9 LRF 593

REFERÊNCIAS 597
BANCO DE QUESTÕES 605
GABARITO 649

PREFÁCIO

Publicado pela quinta vez, um forte indicativo do seu sucesso, o **Manual de Direito Tributário e Financeiro Aplicado** revela-se uma leitura fácil e de clara compreensão com a grata surpresa da sua aplicabilidade, extremamente útil para orientar o trabalho de contadores, advogados, economistas e administradores.

Ao unir informações do direito tributário e do direito financeiro, o autor João Carlos Carota faz a conciliação da obtenção de receitas por meio de tributos com a necessária regulação da atividade financeira do Estado, devidamente aplicados no Sistema Tributário Nacional.

O autor discorre com conhecimento sobre o tema abordado no **Manual**, apoiado em sua formação como profissional da contabilidade, advogado e administrador. Carota é consultor jurídico, *controller* e diretor financeiro de grupos nacionais e multinacionais, sendo proficiente e versado nos assuntos abordados.

É muito importante destacar que o **Manual**, nesta quinta edição, atualiza as informações sobre a Reforma Tributária, que entrará em vigor em 2026, ao discorrer sobre a Emenda constitucional n° 132, de 2023, que altera o Sistema Tributário Nacional, e a Lei Complementar n° 214, de 2025, que muda a legislação tributária ao instituir o Imposto sobre Bens e Serviços (IBS), a Contribuição Social sobre Bens e Serviços (CBS) e o Imposto Seletivo (IS), e ao criar o Comitê Gestor do IBS.

Podendo ser consultado a qualquer momento por profissionais, estudantes e candidatos de concursos, o livro tem a descrição de todos os impostos – federais, estaduais e municipais, cobrados no Brasil, revistos e atualizados. Um banco de questões de múltipla escolha, com o gabarito, também reforça o conhecimento do leitor.

Em um momento importante no cenário econômico-social do nosso país, após a aprovação da tão esperada Reforma Tributária, poder contar com este **Manual de Direito Tributário e Financeiro Aplicado** é um privilégio. Esperamos que você leia, aplique e divulgue os ensinamentos deste robusto compêndio, cujo objetivo maior é o desenvolvimento justo e igualitário da sociedade.

João Carlos Castilho Garcia

Presidente do Conselho Regional de Contabilidade do Estado de São Paulo

Gestão 2024-2025

NOTA DO AUTOR À 5ª EDIÇÃO

O sucesso das quatro edições anteriores da obra *Manual de Direito Tributário e Financeiro Aplicado* nos permite chegar a esta quinta edição trazendo ao leitor, sempre de maneira atualizada e de fácil compreensão, o Direito Tributário e sua aplicação real, apresentando exemplos práticos de cálculos tributários de maior complexidade, trazendo o consolidado conhecimento adquirido do autor da complexa legislação tributária.

Nesta quinta edição de 2025, perquirimos a legislação do direito tributário e financeiro, inserindo de maneira concisa a Emenda Constitucional n° 132/23 e a Lei Complementar n° 214/25, como correlativos da Reforma Tributária, as quais ainda carecem de ajustes e complementação em decorrência de sua implementação, além das diversas alterações das regras de gestão do orçamento público.

O propósito desta quinta edição é manter atualizada e revisada a legislação fiscal tributária, principalmente em face da reforma tributária em andamento, além de possibilitar ao leitor ampliar o entendimento dos indispensáveis fundamentos do direito tributário e financeiro, que sem sombra de dúvida contribui com o desempenho dos acadêmicos, operadores do Direito e gestores empresariais.

Sucesso a todos, e muito obrigado!

José Carlos Carota

1 O DIREITO TRIBUTÁRIO E O SISTEMA TRIBUTÁRIO NACIONAL

Abrindo o entendimento do tema, podemos definir que o direito tributário é o ramo do direito público interno que regula e estuda a relação jurídica entre o Estado e os contribuintes, como, também, a criação, a limitação, a fiscalização, a cobrança e a arrecadação dos tributos pelo Estado com a finalidade de custear suas despesas, realizar investimentos e cumprir sua função social.[1] Tem ampla relação com o direito constitucional, o financeiro, o internacional, o trabalhista, o processual, o administrativo, a seguridade social, o direito do consumidor, o penal e o civil.

Nessa linha, Hugo de Brito Machado (2016, p. 51), conceitua o direito tributário como:

> *É o ramo do Direito que se ocupa das relações entre o Fisco e as pessoas sujeitas à imposição tributária de qualquer espécie,*

---

[1] José Carlos Carota (2013, p. 99) define a função social do tributo como: "Compreende-se como **função**, neste contexto, um instituto e como **social** aquilo que concerne à sociedade, ao conjunto de cidadãos. Função social do tributo significa, assim, o papel a ser desempenhado pelo tributo, no que diz respeito ao interesse da sociedade, ao conjunto de cidadãos".
A Constituição Federal, em seu art. 6°, assegura aos cidadãos os direitos sociais relativos à educação, trabalho, saúde, moradia, lazer, segurança, alimentação, transporte, previdência social, proteção à maternidade e à infância, além de assistência aos desamparados. Para o Estado assegurar esses direitos sociais, deve ter uma fonte de renda, que é o tributo, principal origem de financiamento sustentável das atividades estatais, que inclui a exploração direta de atividades econômicas de interesse público ou segurança nacional. A arrecadação tributária deve permitir que o Estado cumpra suas funções essenciais: a) garantir os recursos necessários ao Estado para realização dos seus fins; b) ser instrumento de distribuição de renda; c) contribuir para minimizar as diferenças regionais.

limitando o poder de tributar e protegendo o cidadão contra os abusos desse poder.

O Direito de modo geral tem por finalidade promover o equilíbrio nas relações entre os que têm e os que não têm poder. Ou entre os que têm mais e os que têm menos poder. Sabido que o Estado é a maior expressão de poder que se conhece, fácil é concluir-se que o direito tributário tem por finalidade limitar o poder de tributar e proteger o cidadão contra os abusos desse poder.

Nesse mesmo sentido, Paulo de Barros Carvalho (2010, p. 47) define que:

Direito tributário positivo[2] é o ramo didaticamente autônomo do direito, integrado pelo conjunto das proposições jurídico-normativas que correspondam, direta ou indiretamente à instituição, arrecadação e fiscalização de tributos. Compete à ciência do direito tributário descrever esse objeto, expedindo proposições declarativas que nos permitam conhecer as articulações lógicas e o conteúdo orgânico desse núcleo normativo, dentro de uma concepção unitária do sistema jurídico vigente.

Destaca-se ainda a definição de Regina Helena Costa (2013, p. 32):

O direito tributário situa-se no âmbito do direito público, vale dizer, insere-se no conjunto normativo que disciplina as relações jurídicas em que o Estado é parte. Em outras palavras, a presença do Estado numa relação jurídica impõe a incidência de regramento composto por normas de direito público, restando afastada a aplicação de normas de direito privado, senão em caráter meramente subsidiário.

---

2   Direito Positivo é a denominação genérica, dada em oposição à de direito natural, no seu sentido de dever de consciência, para distinguir o conjunto de regras jurídicas em vigor, que se impõe às pessoas e às instituições, sob a coação ou sanção de força pública, em quaisquer dos aspectos que se manifeste (Silva, 1994).

O DIREITO TRIBUTÁRIO E O SISTEMA TRIBUTÁRIO NACIONAL

> *É assim no direito tributário, porquanto, nas relações jurídicas que têm por objeto, o Estado assume o papel de Fisco e figura no polo ativo, ora para exigir tributos, ora para exigir a realização de determinados comportamentos dos sujeitos passivos, ora, ainda, para aplicar-lhes sanção diante do descumprimento da lei tributária.*

Sequencialmente, podemos entender que o sistema tributário nacional é composto basicamente pela Constituição Federal (CF) encontrando-se inserido no Capítulo VI – Da Tributação e do Orçamento, arts. 145 a 169, e no Código Tributário Nacional (CTN), que é a Lei Complementar (LC) nº 5.172/66, e demais legislações infraconstitucionais, abrangendo os âmbitos federal, estadual e municipal, e até o internacional.

O CTN, no seu art. 2º, destaca o referido conceito:

> *O sistema tributário nacional é regido pelo disposto na Constituição, em leis complementares, em resoluções do Senado Federal e, nos limites das respectivas competências, em leis federais, nas Constituições e leis estaduais, e em leis municipais.*

Kiyoshi Harada (2016, p. 327) define o sistema tributário nacional como:

> *O Sistema Tributário Nacional é o conjunto de normas constitucionais de natureza tributária, inserido no sistema jurídico global, formado por um conjunto unitário e ordenado de normas subordinadas aos princípios fundamentais, reciprocamente harmônicos, que organiza os elementos constitutivos do Estado, que outra coisa não é senão a própria Constituição. O que existe, portanto, é um sistema parcial (sistema constitucional tributário) dentro de um sistema global (sistema constitucional).*

Desse modo, podemos afirmar que:

a) A CF estabelece a competência tributária,[3] que é o poder atribuído pela Carta Magna às pessoas políticas de direito público para que instituam seus próprios tributos. É o poder de tributar.

b) Da Constituição Federal não constam alíquotas e obrigações acessórias dos tributos, pois ela limita-se a competência tributária e seus limites.

c) Criar tributo é direito da pessoa jurídica de direito público e, uma vez criado, tem de ser cobrado, é indisponível, e o exercício da competência é indelegável. Portanto, a CF não cria tributo, quem cria é a pessoa jurídica de direito público por lei. Em síntese, é um conjunto de normas jurídicas constitucionais que disciplinam a tributação, abrangendo todas as quatro pessoas jurídicas de direito público interno, as quais têm poder legislativo. São os entes políticos que criam os tributos: União, Estado, Distrito Federal e Municípios.

d) A limitação do poder de tributar encontra-se prevista nos arts. 145 a 152 da CF. A finalidade é evitar arbitrariedades por parte do poder público. É estabelecido o poder para constituir tributos, assim como as imunidades tributárias são definidas.

e) O ente político que cria o tributo cobra os respectivos e fica com os recursos financeiros arrecadados – Reais (R$).

f) Quem tem a competência tributária originária tem a capacidade ativa, que é o poder dever de arrecadar tributos e ficar com o produto da arrecadação.

g) A capacidade ativa é delegável por quem originariamente a detém – a qual é atribuível por meio de lei. A capacidade pode ser atribuída para outra pessoa política ou outra pessoa não política.

h) Capacidade significa o poder de arrecadar tributos e ficar com o produto que arrecada.

---

3   Competência tributária – diz-se da atribuição legislativa para instituir tributos, dentro das limitações constitucionais e do regramento do CTN (Silva, 1994).

O DIREITO TRIBUTÁRIO E O SISTEMA TRIBUTÁRIO NACIONAL

i) Competência tributária é o poder atribuído pela CF às pessoas jurídicas de direito público interno para que instituam seus próprios tributos. O exercício da competência é faculdade.

Nessa ambiência, podemos ainda afirmar que a legislação tributária (lei) comporta quatro diferentes momentos desde a sua sanção[4] e publicação:

1. Vigência – é a lei que se mantém em vigor para ser aplicada aos casos em questão. Ocorre com a publicação da respectiva lei.

2. Vigor – é a data que a lei prevê para que se cumpram as disposições e os encargos nela estabelecidos.

3. Eficácia da lei –[5] condição da norma jurídica de produzir os desejados efeitos.

4. Validade –[6] significa que a norma jurídica está em consonância com o ordenamento jurídico. Mostra a qualidade do ato válido, ou legitimidade.

Ainda com relação ao tema da vigência da legislação tributária, Eduardo Sabbag (2017, p. 721) afirma que:

> *No concernente à vigência no tempo, prevalecerão as mesmas disposições legais que definem a vigência das normas jurídicas em geral, previstas na Lei de Introdução às Normas do Direito Brasileiro (LINDB).*

---

4   Sanção – é o ato em que o chefe do Poder Executivo confirma a lei votada pelo Legislativo, para levar à promulgação e à publicação (Silva, 1994).

5   Eficácia da lei – assim se diz da vigência da lei após sua promulgação, seja em relação ao tempo de sua obrigatoriedade, seja em relação ao território em que passa a vigorar e tem aplicação (Silva, 1994).

6   Validade – de valia, de valer, mostra a qualidade de válido, ou de legítimo, que se atribui aos atos e às coisas, que se fizeram de conformidade com as leis, ou segundo suas regras. É a qualidade de todo ato, não viciado, nem atacado de defeito, que o torne nulo, ou ineficaz. Em princípio, a validade do ato jurídico requer agente capaz, objeto lícito e forma prescrita ou não defesa em lei (Silva, 1994).

Manual de Direito Tributário e Financeiro Aplicado

> *Ressalte-se que, "salvo disposição em contrário, a lei começa a vigorar em todo o país quarenta e cinco dias depois de oficialmente publicada (art. 1°, caput, LINDB).*
>
> *Do artigo supracitado, é possível se chegar a algumas conclusões:*
>
> *1° – a própria lei pode trazer em seu texto a data do início da sua vigência a expressão "salvo disposição em contrário" vale como "salvo se a lei estabelecer o início da própria vigência";*
>
> *2° – a lei entra em vigor 45 dias depois de publicada, quando não trouxer a data de vigência no seu bojo;*
>
> *3° – pode ocorrer, entre a publicação da lei e sua vigência, um espaço em que a lei existe, tem validade, mas é ainda inábil a produzir efeitos, pela ausência de vigência. Trata-se do período intitulado vacatio legis.[7]*
>
> *Em complemento ao tema da vigência da legislação tributária e o princípio da anterioridade tributária que se encontra positivado no art. 150, inciso III, letras "b" e "c",[8] da CF, esclarecemos que os mesmos são institutos distintos que serão tratados nos capítulos seguintes desta obra.*

Nessa mesma linha de raciocínio com referência a vigência e revogação, o art. 2° da LINDB (Decreto-Lei n° 4.657/42) destaca que:

> *Art. 2° Não se destinando à vigência temporária, a lei terá vigor até que outra a modifique ou revogue.*
>
> *§ 1° A lei posterior revoga a anterior quando expressamente o declare, quando seja com ela incompatível ou quando regule inteiramente a matéria de que tratava a lei anterior.*

---

7   *Vacatio legis* – o tempo que medeia entre a publicação da lei e sua efetiva entrada em vigor. É o período destinado a dar amplo conhecimento da nova lei, estabelecendo a LINDB, em seu art. 1°, que tal prazo é de 45 dias se não houver disposição em contrário (Filiardi , 2002).

8   É vedado cobrar tributos: "b) no mesmo exercício financeiro em que haja sido publicada a lei que os instituiu ou aumentou; c) antes de decorridos noventa dias da data em que haja sido publicada a lei que os instituiu ou aumentou, observado o disposto no disposto na alínea *b*".

O DIREITO TRIBUTÁRIO E O SISTEMA TRIBUTÁRIO NACIONAL

§ 2º A lei nova, que estabeleça disposições gerais ou especiais a par das já existentes, não revoga nem modifica a lei anterior.

§ 3º Salvo disposição em contrário, a lei revogada não se restaura por ter a lei revogadora perdido a vigência.

Portanto, uma lei revogada somente voltará a ter efeito se estiver explícito na nova norma, consequentemente, não há represtinação[9] automática.

Nesse mesmo contexto, em face da complexidade da legislação tributária é inevitável o surgimento de lacunas na legislação, e o CTN, nos seus arts. 108 e seguintes, define as regras de intepretação que a autoridade competente deverá aplicar em caso de ocorrência das mesmas:

Art. 108. *Na ausência de disposição expressa, a autoridade competente para aplicar a legislação tributária utilizará sucessivamente, na ordem indicada:*

I – a analogia;

II – os princípios gerais de direito tributário;

III – os princípios gerais de direito público;

IV – a eqüidade.

§ 1º O emprego da analogia não poderá resultar na exigência de tributo não previsto em lei.

§ 2º O emprego da eqüidade não poderá resultar na dispensa do pagamento de tributo devido.

Art. 109. *Os princípios gerais de direito privado utilizam-se para pesquisa da definição, do conteúdo e do alcance de seus institutos, conceitos e formas, mas não para definição dos respectivos efeitos tributários.*

---

9   Represtinatório – É tido na terminologia jurídica no sentido de retorno do antigo, volta ao passado, adoção de preceito que já não se encontrava em vigor, ou seja, é a reinserção em vigor de uma lei que preteritamente tenha sido revogada (Silva, 1994).

> **Art. 110.** *A lei tributária não pode alterar a definição, o conteúdo e o alcance de institutos, conceitos e formas de direito privado, utilizados, expressa ou implicitamente, pela Constituição Federal, pelas Constituições dos Estados, ou pelas Leis Orgânicas do Distrito Federal ou dos Municípios, para definir ou limitar competências tributárias.*
>
> **Art. 111.** *Interpreta-se literalmente a legislação tributária que disponha sobre:*
>
> *I – suspensão ou exclusão do crédito tributário;*
>
> *II – outorga de isenção;*
>
> *III – dispensa do cumprimento de obrigações tributárias acessórias.*
>
> **Art. 112.** *A lei tributária que define infrações, ou lhe comina penalidades, interpreta-se da maneira mais favorável ao acusado, em caso de dúvida quanto:*
>
> *I – à capitulação legal do fato;*
>
> *II – à natureza ou às circunstâncias materiais do fato, ou à natureza ou extensão dos seus efeitos;*
>
> *III – à autoria, imputabilidade, ou punibilidade;*
>
> *IV – à natureza da penalidade aplicável, ou à sua graduação.*

Analisando o referido artigo, e com a finalidade de ampliar o raciocínio e facilitar o entendimento com relação às lacunas da lei e aos termos utilizados na legislação, definimos a seguir de forma breve os vocábulos de maior complexidade que envolvem a temática de interpretação das normas:

ANALOGIA[10] – utilização de uma norma para resolver um caso semelhante.[11] É um método de integração jurídica das lacunas da lei.

---

10   Art. 4°, LINDB – Quando a lei for omissa, o juiz decidirá o caso de acordo com a analogia, os costumes e os princípios gerais de direito.

11   Analogia – originada do grego, é expressão que significa semelhança ou paridade. Desse modo, significa a semelhança de casos, fatos ou coisas,

EQUIDADE[12] – forma justa de aplicação do Direito. Solução do caso utilizando noções de justiça e igualdade.

Nessa linha de raciocínio não podemos deixar de destacar o art. 5° da LINDB – "na aplicação da lei, o juiz atenderá aos fins sociais a que ela se dirige e às exigências do bem comum".

PRINCÍPIOS GERAIS DE DIREITO – são o fundamento, a base que irá informar e orientar as normas jurídicas. Os princípios têm as seguintes funções: informadora, normativa e interpretativa.

Da mesma forma, não poderíamos deixar de descrever os principais métodos de interpretação das normas jurídicas que também se encontram descritas nos arts. 107 a 112 do CTN (Martins, 2015, p. 21-22):

a) gramatical;

b) lógica;

c) teleológica[13] ou finalística;

d) sistemática.

e) extensiva ou ampliativa;

f) restritiva ou limitativa;

---

cujas características se assemelham. E quando se trata de relações jurídicas, por esta semelhança e identidade, mostram-se elas, por analogia subordinadas a um princípio ou princípios atribuídos aos casos análogos, se a lei não lhes prescreveu regra própria (Silva, 1994).

12 Equidade – no conceito atual, não é este o sentido de equidade, que não se confunde com justiça onde é aplicada. É compreendida como igualdade do que nos falam os romanos: *just est ars boni et aequi*. E o bom, que vem do que é direito, está na reta razão ou na razão direta, pode ter complemento na razão absoluta ou no que é equitativo. É um abrandamento ou a benigna e humana interpretação da lei, para sua aplicação. E, assim, a equidade não é a justiça. Compõe o conceito de uma justiça fundada na igualdade, na conformidade do próprio princípio jurídico e em respeito aos direitos alheios (Silva, 1994).

13 Teleológico – leva em conta a finalidade e o objetivo da norma. Traduz-se, no campo tributário e em outros ramos do Direito, na interpretação econômica ou na intepretação funcional (Torres, 2013, p. 154).

g) histórica;

h) autêntica;

i) sociológica;[14]

j) hermenêutica[15] jurídica;

k) literal.[16]

Vale a pena destacar o art. 111 do CTN, que determina que a legislação que disponha sobre a suspensão ou exclusão do crédito tributário, outorga de isenção e sobre a dispensa do cumprimento de obrigações acessórias, deve ser interpretada de forma literal.

1.1 A REFORMA TRIBUTÁRIA DA EC Nº 132/23 E A LEI COMPLEMENTAR N° 214/25 – PRINCIPAIS INOVAÇÕES

A reforma tributária, aprovada em dezembro de 2023 e regulamentada pela LC nº 214/15, irá promover a simplificação dos impostos sobre o consumo, surgindo o Imposto sobre Bens e Serviços (IBS), que substitui os tributos estaduais Imposto de Circulação de Mercadorias e Serviços (ICMS) e Imposto sobre Serviços (ISS), e a

---

14　Sociologia – formado do latim *socius* (sócio) e do grego *logos* (tratado), designa a ciência que tem por objeto estudar as condições de existência e o desenvolvimento das sociedades humanas. A Sociologia, em cujo âmbito se integram a Política, o Direito e a Economia, é igualmente chamada de ciência social, merecendo na classificação de Augusto Comte a designação de Física Social (Silva, 1994).

15　Hermenêutica – do latim *Hermeneutica* (que interpreta ou que explica), é empregado na técnica jurídica para assinalar o meio ou o modo por que se devem interpretar as leis, a fim de que se tenha delas o exato sentido ou o fiel pensamento do legislador. Na hermenêutica jurídica, assim, estão encerrados todos os princípios e regras que devam ser judiciosamente utilizados para a interpretação do texto legal (Silva, 1994).

16　Literal – do latim *litteralis* (formado de letras, relativo às letras), significa que é conforme à letra ou feito por letras. Mas, em acepção jurídica, literal é relativo ao que se apresenta por escrito ou que está escrito, dando, pois, nítida ideia de texto, contrato ou escritura (Silva, 1994).

Contribuição sobre Bens e Serviços (CBS), que substitui o Programa de Integração Social (PIS), a Contribuição para Financiamento da Seguridade Social (COFINS) e o Imposto sobre Produtos Industrializados (IPI), além de criar o Imposto Seletivo (IS).

Figura 1.1

De forma gráfica:

ICMS - Estadual
ISS - Municipal
PIS - Federal
COFINS - Federal
IPI - Federal

REFORMA TRIBUTÁRIA →

IVA DUAL
=
IBS – Estadual/Municipal
CBS - Federal

IS - Federal

Exceção: IPI
ZFM

Fonte: Elaborada pelo autor, 2025.

Os novos impostos serão implantados de forma gradual, ou seja, com início em 2026 até 2032, entrando totalmente em vigor em 2033.

Destaca-se que os novos tributos são não cumulativos, existindo somente um imposto que é cumulativo, o IS, a ser aplicado em produtos prejudiciais à saúde.

Foram inseridas na reforma a isenção completa da cesta básica e as alíquotas reduzidas para determinadas atividades e um percentual de redução para profissionais liberais, os quais são definidos na lei complementar.

Também houve diversas alterações na legislação, abrangendo o Imposto sobre a Propriedade de Veículos Automotores (IPVA), o imposto sobre Transmissão Causa Mortis e Doação de Quaisquer Bens ou Direitos (ITCMD), o Imposto sobre Transmissão de Bens

Imóveis (ITBI), o Imposto Predial e Territorial Urbano (IPTU), criação do comitê gestor do IBS, criação do Fundo Nacional de Desenvolvimento Regional (FNDR), regimes especiais para determinadas categorias, competência compartilhada do IBS, devolução ao turista estrangeiro, *cash back* e *split payment*.

Em síntese, é um momento histórico na legislação tributária brasileira; porém, a implantação desta nova sistemática irá ocorrer de forma gradual, considerando o período de transição de 2026 até 2032, a seguir demonstrado:

Quadro 1.1

CRONOGRAMA ANUAL PARA IMPLANTAÇÃO DA REFORMA TRIBUTÁRIA
2023 – Aprovação da Emenda Constitucional (EC) nº 132/23 – Reforma Tributária.
2024 e 2025 – Aprovação da LC nº 214/25 – regulamentando os tributos: IBS, IS, CBS, gestão compartilhada do IBS, definindo regras para regimes tributários específicos, assim como regras para o período de transição.
2024 e 2025 – Pendente de lei ordinária para definição e implementação: alíquotas e regulamentos: IBS, CBS, IS, Gestão do Comitê, FNDR, *splity payment*, e Fundo de Compensação de Benefícios Fiscais.
2026 – Início dos testes do IBS/CBS com as alíquotas de 0,9% e 0,1%, que serão compensadas com o PIS/COFINS ou até outro tributo. O recolhimento dos tributos pode ser dispensado caso o contribuinte cumpra as obrigações acessórias.
2027 – Início da cobrança da CBS e do IS, e consequente extinção do PIS/COFINS, e redução a zero das alíquotas do IPI, com exceção dos produtos que também são fabricados na Zona Franca de Manaus (ZFM).
2029 a 2032 – Período de transição do ICMS/ISS para o IBS, por meio do aumento progressivo da alíquota do IBS e redução proporcional do ICMS/ISS, da seguinte forma: 2029 – 10%, 2030 – 20%, 2031 – 30%, 2032 – 40%, 2033 – 100%.
2033 – Encerramento do período de transição com a vigência total da IBS/CBS e extinção do ICMS/ISS.

Fonte: Elaborado pelo autor, 2025.

Nos capítulos seguintes, abordaremos de forma concisa os atuais tributos atualizados com o destaque das inovações decorrentes da reforma tributária que irão ocorrer no decorrer dos próximos anos.

2 O TRIBUTO

Tributo é uma prestação de dar, de pagar. Não se trata de obrigação de fazer ou não fazer. Tributo é o objeto da relação jurídico-tributária entre o Estado e o contribuinte. O tributo tem por objetivo carrear para os cofres do Estado recursos financeiros para o seu custeio, investimentos e satisfação das necessidades da coletividade.

A definição de tributo encontra-se no art. 3° do CTN:

> *Tributo é toda prestação pecuniária compulsória, em moeda ou cujo valor nela se possa exprimir, que não constitua sanção de ato ilícito, instituída em lei e cobrada mediante atividade administrativa plenamente vinculada.*

> *E o sistema tributário encontra-se positivado no art. 2° do CTN:*

> *O sistema tributário nacional é regido pelo disposto na emenda constitucional 18/65, em leis complementares, em resoluções do Senado Federal e, nos limites das respectivas competências, em leis federais, nas Constituições e em leis estaduais, e em leis municipais.*

Referido artigo pode ser interpretado da seguinte forma:

a) É toda prestação – é o objeto da obrigação tributária, ou seja, aquilo que o devedor está obrigado a cumprir a fim de se livrar da obrigação assumida. A prestação tanto pode consistir na entrega de uma coisa como na prática ou execução de um ato (Silva, 1994).

b) Pecuniária – expressão monetária para qualificar tudo o que concerne a dinheiro.

c) Compulsória – não facultativa, sinônimo de obrigação.

d) Em moeda ou cujo valor nela se possa exprimir – expresso em moeda nacional local – Reais (R$).

e) Que não constitua sanção (aprovação) de ato ilícito e que não seja penalidade (sansão). Tributo não é multa. Machado (2016, p. 59) interpreta o conceito da seguinte maneira:

O tributo distingue-se da penalidade exatamente porque esta tem como hipótese de incidência um ato ilícito, enquanto a hipótese de incidência do tributo é sempre algo lícito.

Não se conclua, por isto, que um rendimento auferido em atividade ilícita não está sujeito ao tributo. Nem se diga que admitir a tributação de tal rendimento seria admitir a tributação do ilícito.

Quando se diz que o tributo não constituiu sanção de ato ilícito, isso quer dizer que a lei não pode incluir na hipótese de incidência tributária o elemento ilicitude.

Ainda com relação ao tema esclarece-se que eventual multa imposta pelo Fisco ao contribuinte não é tributo, é na realidade uma penalidade.

f) Instituído em lei – é o princípio da legalidade tributária que é a característica do Estado de Direito. É um preceito constitucional constante dos arts. 5°, inciso II, e 150, inciso I, da CF.

g) Cobrado mediante atividade administrativa plenamente vinculada – o ato administrativo **vincula** o administrador público à lei. Não há qualquer possibilidade de avaliação de conveniência e oportunidade pelo agente público. Nesse sentido, podemos classificar o ato administrativo como discricionário e vinculado.[17] É com o lançamento tributário que ocorre o crédito tributário, conforme o art. 142, CTN:

---

17 Hely Lopes Meirelles (1993, p. 149, 150) define os seguintes conceitos de: **Ato Administrativo Vinculado** – são aqueles para os quais a lei estabelece os requisitos e as condições de sua realização; e **Ato Administrativo Discricionário** – são os que a administração pode praticar com liberdade de escolha de seu conteúdo, de seu destinatário, de sua conveniência, de sua oportunidade e o modo de sua realização.

O TRIBUTO

> *Compete privativamente à autoridade administrativa constituir o crédito tributário pelo lançamento, assim entendido o procedimento administrativo tendente a verificar a ocorrência do fato gerador da obrigação correspondente, determinar a matéria tributável, calcular o montante do tributo devido, identificar o sujeito passivo e, sendo o caso, propor a aplicação da penalidade cabível.*

> *Ainda com relação ao tributo, destacamos sua natureza jurídica, que se encontra positivada no art. 4º do CTN:*

> *A natureza jurídica específica do tributo é determinada pelo fato gerador da respectiva obrigação, sendo irrelevantes para qualificá-la:*

> *I – a denominação e demais características formais adotadas pela lei; II – a destinação legal do produto da sua arrecadação.*

2.1 ESPÉCIES DE TRIBUTOS

De acordo com os arts. 145, 149, 149-A, 149-B, 149-C, 156, 156-A, 156-B e 195 da CF, os tributos são classificados como: impostos, taxas, contribuição de melhoria, contribuições especiais e empréstimo compulsório. A seguir, descrevemos de forma objetiva os respectivos impostos.

2.1.1 Impostos – Arts. 145 e 156-A CF, e 16, CTN

Imposto é uma espécie de tributo cuja obrigação tem por FG uma situação desvinculada e independente de qualquer prestação ou atividade estatal específica prestada pelo Estado, relativa ao contribuinte – art. 16, CTN. A obrigação de pagar imposto não se origina de nenhuma atividade específica do Poder Público relativa ao contribuinte. O FG do dever jurídico de pagar imposto é uma situação da vida do contribuinte, relacionada a seu patrimônio, independente do agir do Estado (Machado, 2016, p. 303).

37

O FG do imposto depende de característica ou situação do contribuinte. É tributo não vinculado a qualquer procedimento do Estado e independe de qualquer atividade estatal.

A competência para instituir qualquer imposto é privativa dos entes públicos, portanto, é indelegável.

Existe, ainda, a competência residual para a União, que pode, mediante lei complementar, instituir outros impostos não cumulativos e que não tenham FG e base de cálculo próprios dos impostos já discriminados na CF – art. 154, incisos I, II.

No Brasil, a competência tributária para instituir impostos está descrita na Constituição Federal nos artigos abaixo descritos, distribuídos nas correspondentes esferas:

IMPOSTOS DA UNIÃO – ARTS. 153, 154, 195, CF

IPI – Imposto sobre produtos industrializados

IOF – Imposto sobre Operações Financeiras

II – Imposto de Importação

IE – Imposto de Exportação

IR – Imposto de Renda e proventos de qualquer natureza – Pessoa Física (IRPF) e Pessoa Jurídica (IRPJ)

ITR – Imposto Territorial Rural

ISGF – Imposto sobre Grandes Fortunas

CBS – Contribuição sobre Bens e Serviços (substitui o IPI) – acrescentado pela EC nº 132/23 e pela LC nº 214/25, englobando o PIS, a COFINS e o IPI – CF, art. 195, V. A CBS **substituirá** de forma gradual, de 2026 até 2032, o **IPI**. Exceção: ZFM.

IS – Imposto Seletivo – acrescentado pela EC nº 132/23 e pela LC nº 214/25 – CF, art. 153, VIII.

Ainda com relação à União, destacam-se dois impostos federais que eventualmente podem ser criados mediante lei complementar, de acordo com o art. 154 da CF:

O TRIBUTO

– Imposto Residual

– Imposto Extraordinário de Guerra (IEG)

IMPOSTOS DOS ESTADOS E DO DISTRITO FEDERAL – ARTS. 155, 156-A, CF

ICMS – Imposto sobre Circulação de Mercadorias e Serviços

ITCMD – Imposto de Transmissão de Bens Causa Mortis e Doação de Quaisquer Bens e Direitos

IPVA – Imposto sobre a Propriedade de Veículos Automotores

IBS – Imposto sobre Bens e Serviços – acrescentado pela EC nº 132/23 e pela LC nº 214/25. substituirá o ICMS e o ISS de forma gradual no período de 2026 até 2032.

IMPOSTOS DOS MUNICÍPIOS – ARTS. 156 E 156-A, CF

ISS – Imposto sobre Serviços

IPTU – Imposto Predial e Territorial Urbano

ITBI – Imposto de Transmissão de Bens Inter Vivos a Qualquer Título

IBS – Imposto sobre Bens e Serviços – acrescentado pela EC nº 132/23 e pela LC nº 214/25, que substituirá o ISS de forma gradual no período de 2026 até 2032.

Os referidos impostos ainda podem ser classificados de outra maneira, a saber:

IMPOSTOS SOBRE O COMÉRCIO EXTERIOR: II, IE

IMPOSTOS SOBRE A PRODUÇÃO E CIRCULAÇÃO: IPI, ICMS, IOF, ISS, IBS, CBS (contribuição que substituiu o IPI), IS

IMPOSTOS SOBRE O PATRIMÔNIO: IR, IPTU, ITR, ITCMD, ITBI, ISGF

Observação: Os impostos **II, IE, IPI, IOF, IS, e a contribuição CBS (contribuição que substitui o IPI) não se submetem ao princípio da anterioridade tributária dos arts. 153, § 3º, e 195, § 6º, CF.**

No tocante à alteração das alíquotas dos respectivos impostos, as mudanças podem ser feitas por ato do Poder Executivo, que é o

Manual de Direito Tributário e Financeiro Aplicado

decreto[18] do Presidente da República que não pode inovar em matéria tributária, e o IS e a CBS por lei ordinária e complementar.

Destaque-se que o princípio da anterioridade da CF tem uma exceção, que é o da anterioridade nonagesimal ou noventena do IPI, que será abordada nos capítulos seguintes.

Para esses cinco impostos e CBS também se aplica a política da extrafiscalidade (utilização do tributo para disciplinar comportamento ou incentivar ou reduzir o seu consumo), que são reguladores de mercado. Seguem também o princípio da seletividade e da essencialidade, teoricamente, quanto mais necessário o produto, menor a sua alíquota.

2.1.1.1 Impostos Extraordinários – arts. 154, inciso II, CF, e 76, CTN

Em caso de guerra externa, pode ser instituído por lei ordinária ou medida provisória, e o FG pode ser qualquer um, admitindo-se até bitributação,[19] porém, o produto arrecadado é vinculado. Referido tributo poderá ser suprimido gradativamente, cessadas as causas de sua criação, por exemplo: guerra externa.

---

18 Decreto – derivado do latim *decretum* (decisão, determinação, resolução, julgamento), revela toda decisão ou resolução, tomada por uma pessoa ou por uma instituição, a quem se conferem poderes especiais e próprios para decidir ou julgar, resolver ou determinar. Em sentido técnico, pois o decreto, em qualquer conceito em que seja tido, implica necessariamente a existência de autoridade da pessoa ou instituição, que o formulou, em virtude do que possui o mesmo força para impor a decisão, a solução, a resolução, a ordem ou a determinação, que nele, decreto, se contém (Silva, 1994).

19 Bitributação – quando duas autoridades diferentes, igualmente competentes, mas exorbitando uma delas das atribuições que lhe são conferidas, decretam impostos que incidem, seja sob o mesmo título ou sob nome diferente, sobre a mesma matéria tributável, isto é, ato ou objeto (Silva, 1994). Em síntese, a bitributação ocorre quando duas pessoas políticas distintas da mesma natureza ou não, exigem o tributo do mesmo sujeito passivo sob a mesma hipótese de incidência.

O TRIBUTO

Pode haver o surgimento de um *bis in idem*,[20] que ocorre quando a mesma pessoa política exige por duas vezes do mesmo sujeito passivo o mesmo tributo sob a mesma hipótese de incidência. É inconstitucional, porém existe *bis in idem* constitucional, que se verifica quando em caso de guerra externa a União instituir imposto extraordinário que repete o imposto ordinário.

Referido imposto é obrigatoriamente temporário, devendo ser suprimido quando cessar a causa que motivou sua criação.

2.1.1.2 Imposto Residual – art. 154, inciso I, CF

A CF concedeu à União, em matéria de competência tributária, a denominada competência residual, consistente na possibilidade de criação, mediante lei complementar, de impostos não previstos no texto constitucional, desde que sejam não cumulativos e não tenham FG ou base de cálculo próprios dos discriminados na Constituição (Moraes, 2015, p. 908).

2.1.1.3 Classificação dos impostos

Podemos classificar os impostos em:

A – IMPOSTO REAL – é aquele que leva em conta as características do produto ou objeto. Ex.: o IPVA leva em conta a propriedade do veículo automotor e o valor do bem. O IPTU incide sobre a propriedade urbana, independente de quem é o dono do imóvel, ou o locatário.

B – IMPOSTO PESSOAL – leva em conta a característica pessoal do contribuinte. Ex.: IRPF – quanto maior a renda, maior a alíquota do imposto. É a Tabela Progressiva do IRPF em vigor a partir de 2024:

---

20 *Bis in idem* – a expressão de aplicação, propriamente, em matéria de direito fiscal. Significa imposto repetido sobre a mesma coisa, ou matéria já tributada. *Bis*, repetição, *in idem*, sobre o mesmo. O imposto *bis in idem* é, assim, o segundo imposto, de nome diferente, mas advindo da mesma autoridade e caindo sobre o mesmo objeto já tributado (Silva, 1994).

Tabela 2.1

DE R$	ATÉ R$	ALÍQUOTA	DEDUÇÃO R$
0,00	2.259,20	Isento	000,00
2.259,21	2.826,65	7,50%	169,44
2.826,66	3.751,05	15,00%	381,44
3.751,06	4.664,68	22,50%	662,77
ACIMA DE 4.664,68		27,50%	896,00

Fonte: https://www.creditas.com/exponencial/tabela-imposto-de-renda/. Acesso em: 01 maio 2025.

C – IMPOSTO DIRETO – é o contribuinte original quem paga o imposto. Origina-se da renda e do patrimônio do indivíduo. Ex.: IPVA é pago pelo proprietário do veículo diretamente para o Estado.

D – IMPOSTO INDIRETO – a pessoa prevista para pagar é um terceiro que não é o contribuinte. A incidência origina-se do consumo de mercadorias e serviços. Ex.: ICMS – quem paga na realidade é o consumidor final do produto, mas quem recolhe o imposto para os cofres públicos é a empresa que efetuou a venda para o consumidor destacando o imposto na nota fiscal de venda.

E – IMPOSTO FIXO – aquele que independe de qualquer cálculo, é um valor fixo em moeda local. Ex.: ISS anual para advogados em São Paulo – não tem alíquota sobre a base de cálculo. É um valor fixo pago por um determinado período de tempo (anual ou mensal).

F – IMPOSTO PROPORCIONAL – tem alíquota fixa, e o que modifica é a base de cálculo do imposto. Ex.: IPI, ICMS e o ISS quando incide sobre a receita, ou seja, o valor do produto.

G – IMPOSTO PROGRESSIVO – a alíquota varia de acordo com a base de cálculo. Ex.: Tabela do IRPF (art. 153, § 2°, I, CF), IPTU progressivo (art. 156, incisos I e III, e 182, § 4°, CF) – em função do valor venal do imóvel (EC n° 29). Também pode ter alíquota diferenciada em função do uso e da localização, o ITR com alíquotas progressivas – art. 153, § 4°, I, CF, a seguir transcrito:

O TRIBUTO

§ 4° O imposto previsto no inciso VI do caput: (Redação dada pela Emenda Constitucional n° 42, de 19.12.2003)

I – será progressivo e terá suas alíquotas fixadas de forma a desestimular a manutenção de propriedades improdutivas; (Incluído pela Emenda Constitucional n° 42, de 19.12.2003)

II – não incidirá sobre pequenas glebas rurais, definidas em lei, quando as explore o proprietário que não possua outro imóvel;

III – será fiscalizado e cobrado pelos Municípios que assim optarem, na forma da lei, desde que não implique redução do imposto ou qualquer outra forma de renúncia fiscal. (Incluído pela Emenda Constitucional n° 42, de 19.12.2003)

H – IPTU PROGRESSIVO NO TEMPO – Art. 182, § 4°, inciso II, CF.

Existe somente se o contribuinte descumprir a determinação legal – Estatuto da Cidade, Lei n° 10.257/01 – e a função social da propriedade (art. 5°, XIII, CF). Começa a ocorrer anualmente o aumento da alíquota do IPTU até chegar a 15%, em no máximo 5 anos. Eventualmente, pode ocorrer até a desapropriação; para melhor entendimento, transcrevemos o referido art. 182 da CF:

Art. 182. A política de desenvolvimento urbano, executada pelo Poder Público municipal, conforme diretrizes gerais fixadas em lei, tem por objetivo ordenar o pleno desenvolvimento das funções sociais da cidade e garantir o bem-estar de seus habitantes. (*Vide* Lei n° 13.311, de 11 de julho de 2016).

§ 1° O plano diretor, aprovado pela Câmara Municipal, obrigatório para cidades com mais de vinte mil habitantes, é o instrumento básico da política de desenvolvimento e de expansão urbana.

§ 2° A propriedade urbana cumpre sua função social quando atende às exigências fundamentais de ordenação da cidade expressas no plano diretor.

§ 3° As desapropriações de imóveis urbanos serão feitas com prévia e justa indenização em dinheiro.

§ 4° É facultado ao Poder Público municipal, mediante lei específica para área incluída no plano diretor, exigir, nos termos da lei federal, do proprietário do solo urbano não edificado, subutilizado ou não utilizado, que promova seu adequado aproveitamento, sob pena, sucessivamente, de:

I – parcelamento ou edificação compulsórios;

II – imposto sobre a propriedade predial e territorial urbana progressivo no tempo;

III – desapropriação com pagamento mediante títulos da dívida pública de emissão previamente aprovada pelo Senado Federal, com prazo de resgate de até dez anos, em parcelas anuais, iguais e sucessivas, assegurados o valor real da indenização e os juros legais.

I – IMPOSTO SELETIVO – aquele que leva em conta a essencialidade do produto. Não visa somente à arrecadação, mas também corrigir distorções. Quanto maior for a essencialidade do produto tecnicamente menor será a alíquota, e maior quando o Estado tiver interesse em reduzir o consumo de determinado produto, ou ainda, produtos prejudiciais à saúde. Ex.: IPI de cigarro, que possui alíquota máxima e IS incluído pela EC nº 132/23 e pela LC nº 214/25.

J – IMPOSTO CUMULATIVO – cobrado a cada período de tempo o valor integral do imposto sem aproveitar o crédito da etapa anterior. Ex.: ISS – é calculada uma porcentagem (alíquota) sobre o valor total do serviço prestado, que é a base de cálculo do tributo. Exemplo: ISS.

K – IMPOSTO NÃO CUMULATIVO – tem o desconto do crédito que foi pago pelo contribuinte na etapa anterior, ou seja, a cada nova incidência do imposto, abate-se o montante devido nas operações anteriores. Ex.: ICMS e IPI.

A fim de facilitar o entendimento, segue um exemplo prático: a Indústria "X" adquire matéria-prima para produzir seu produto principal por meio da nota fiscal "xxx" com o valor total de R$ 1.000,00, sendo que na nota estão destacados R$ 180,00 a título de ICMS; portanto, o valor da mercadoria é de R$ 820,00, e o imposto pago destacado na nota fiscal foi de R$ 180,00, o qual ficara contabilizado como crédito de ICMS; na contabilidade da indústria "X".

No momento em que a empresa "X" efetuar a venda de seu produto principal, que contém a matéria-prima adquirida anteriormente, ela irá emitir uma nota fiscal de venda "yyy" pelo valor de R$ 2.000,00 destacando um ICMS no valor de R$ 360,00 relativo à venda da mercadoria cujo valor é R$ 1.640,00.

Tendo por base que o ICMS é um imposto não cumulativo, ou seja, a empresa pode tomar o crédito do ICMS dos insumos utilizados anteriormente na produção, portanto, ela, a indústria "X", irá efetuar um recolhimento para o Fisco de somente R$ 180,00 (R$ 360,00 a débito da nota de venda menos R$ 180,00 a crédito da nota fiscal de compra de insumos). A seguir, demonstramos de forma gráfica o respectivo exemplo:

Tabela 2.2

HISTÓRICO	VALOR TOTAL DA NOTA FISCAL R$	VALOR DO PRODUTO R$	ICMS DESTACADO NA NF DE COMPRA A CRÉDITO R$	ICMS DESTACADO NA NF DE VENDA A DÉBITO R$
Compra de Matéria -Prima	1.000,00	820,00	180,00	0
Venda de Produto Acabado	2.000,00	1.640,00	0	360,00
Saldo do Imposto a Pagar (360,00-180,00)				180,00

Fonte: Elaborada pelo autor, 2025.

L – **NÃO VINCULADOS** – são os tributos exigidos de forma divorciada de qualquer atividade estatal que se relacione com o contribuinte. A arrecadação não tem destinação específica. São

Manual de Direito Tributário e Financeiro Aplicado

cobrados por situação que decorre do próprio contribuinte. A CF, no seu art. 165, inciso IV, proíbe que o legislador vincule a receita de impostos a órgão, fundo ou despesa.

M – IMPOSTO VINCULADO – o tributo é vinculado à despesa que o criou. Exemplo: empréstimo compulsório e contribuição de melhoria.

N – IMPOSTOS QUANTO À COMPETÊNCIA – Federais, Estaduais, Distritais, Municipais e Competência compartilhada: EC nº 132/23, LC nº 214/25 e CF, art. 156-A.

O – QUANTO A SUA FUNÇÃO – OS IMPOSTOS PODEM SER:

- **Fiscais** – o Estado arrecada para satisfazer as necessidades da sociedade e custear suas atividades, seus gastos e seus investimentos. A finalidade é meramente arrecadatória. Ex.: IRPJ.

- **Extrafiscais** – interferem no domínio econômico incentivando ou restringindo determinadas atividades ou consumo de produtos, tendo uma finalidade econômica, política e social. Ex.: II, IE, IPI, IOF, IS.

- **Parafiscais** – são contribuições especiais no interesse de categorias econômicas ou profissionais. A finalidade é o custeio da atividade paraestatal.[21] É a delegação legal da capacidade para cobrar e administrar os tributos que se encontra fundamentada nos arts. 7º e 8º do CTN, abaixo descritos. São tributos vinculados que não pertencem diretamente ao Estado. Ex.: OAB, INSS, SESC.

Art. 7º A competência tributária é indelegável, salvo atribuição das funções de arrecadar ou fiscalizar tributos, ou de executar leis, serviços, atos ou decisões administrativas em matéria tributária, conferida por uma pessoa jurídica de direito público a outra, nos termos do § 3º do artigo 18 da Constituição.

---

21 Paraestatal – refere-se às entidades de natureza econômica ou de qualquer outra natureza econômica ou de qualquer outra ordem, como cultural, disciplinar, que, embora não se mostrando como organizações integrantes da administração pública, entendem-se instituídas pela vontade do Estado e sob sua proteção e dependência. As entidades ou instituições paraestatais dizem-se propriamente autarquias (Silva, 1994).

O TRIBUTO

> § 1° A atribuição compreende as garantias e os privilégios processuais que competem à pessoa jurídica de direito público que a conferir.
>
> § 2° A atribuição pode ser revogada, a qualquer tempo, por ato unilateral da pessoa jurídica de direito público que a tenha conferido.
>
> § 3° Não constitui delegação de competência o cometimento, a pessoas de direito privado, do encargo ou da função de arrecadar tributos.
>
> Art. 8° O não-exercício da competência tributária não a defere a pessoa jurídica de direito público diversa daquela a que a /Constituição a tenha atribuído.

Com a finalidade de ampliar a compreensão do tema, destacamos a diferença entre fiscalidade e parafiscalidade, mencionada na obra de Torres (2013, p. 186):

> Enquanto a fiscalidade se caracteriza pela destinação dos ingressos ao Fisco, a parafiscalidade consiste na sua destinação ao Parafisco, isto é, órgãos que, não pertencendo ao núcleo da administração do Estado, são paraestatais incumbidos de prestar serviços paralelos e essenciais através de receitas para-orçamentárias. Demais disso, o fenômeno da parafiscalidade não se fundamenta na capacidade contributiva, mas na solidariedade social e no interesse de grupos sociais.

P – CÁLCULO DO IMPOSTO POR DENTRO E CÁLCULO DO IMPOSTO POR FORA

Os impostos podem ser calculados de forma diferente na sua apuração. Na sistemática **de cálculo por dentro**, o preço do imposto **já está inserido no preço** do produto, fazendo parte da sua própria base de cálculo (gerando imposto sobre imposto); portanto, **a alíquota paga pelo consumidor é maior** do que a alíquota nominal, e no **cálculo por fora** o tributo é adicionado separadamente do preço de venda.

A seguir, para maior compreensão, demonstramos um exemplo simples envolvendo as duas sistemáticas de cálculo envolvendo a compra de um relógio no valor de R$ 1.000,00 com uma alíquota de ICMS de 18%.

Quadro 2.1

A – Cálculo por fora – alíquota 18%
Valor do produto R$ 1.000,00 x 18% = R$ 180,00 – portanto, R$ 1.000,00 + R$ 180,00 = **valor total da NFE → R$ 1.180,00**

B – Cálculo por dentro – alíquota 18%
Valor do produto R$ 1.000,00
Cálculo = 100 – 18 = 82/100 = 0,82
R$ 1.000,00 dividido por 0,82 = **1.219,51 → valor total da NFE**
Portanto: R$ 1.219,51 x 18% = 1.000,00

Fonte: Elaborado pelo autor, 2025.

A seguir, elaboramos um quadro-resumo demonstrando os impostos existentes das pessoas jurídicas em nosso ordenamento jurídico, suas alíquotas e fundamentação legal:

Quadro 2.2

ITEM	IMPOSTO	ALÍQUOTA	BASE DE CÁLCULO	FUNDAMENTAÇÃO
1	IRPJ – Alíquota básica	15%	Lucro real, presumido, arbitrado e Simples Nacional	CTN, arts. 43, 44, 45; Decreto nº 10.637/02; IN nº 1.700, RFB; Leis nºs 9.430/96, 9.065/95, 9.249/95, 9.580/18
2	IRPJ – Adicional	10%	Sobre a parcela do lucro mensal que exceder R$ 20.000,00 por mês	CTN, arts. 43, 44, 45; Decreto nº 10.637/02; IN nº 1.700, RFB; Leis nºs 9.430/96, 9.065/95, 9.249/95, 9.580/18

O TRIBUTO

3	IPI – não cumulativo	Variável	O valor do produto – sendo a alíquota Variável em virtude da essencialidade do produto ou do desembaraço aduaneiro – extrafiscalidade	CF, art. 153, IV, § 3º; CTN, arts. 46 a 51; Regulamento do IPI; EC nº 132/23 e LC nº 214/25
4	II – cumulativo	Variável	Valor do produto ou desembaraço aduaneiro, sendo a alíquota variável em virtude da extrafiscalidade	CF, art. 153, I; CTN, arts. 19 a 22
5	IE – cumulativo	Variável	Valor do produto ou desembaraço aduaneiro, sendo a alíquota variável em virtude da extrafiscalidade	CF, art. 153, II; CTN, arts. 23 a 28; Leis nºs 4.543/02 e 9.716/18
6	IOF – cumulativo	Variável	Alíquota variável em função das operações de crédito, seguros e câmbio – extrafiscalidade	CF, art. 153, V; CTN, arts. 63 a 67; Decretos nºs 4.494/02 e 6.306/07
7	IGF	Não definida	Não definida	CF, art. 153, VII. Aguardando lei complementar
8	ITR	Variável	Tabela	CF, art. 153, VI, § 4º; Lei nº 9.393/96
9	Imposto Residual de Competência da União	Variável	Depende de lei	Depende de lei
10	ICMS	Variável	Valor do produto ou serviço – extrafiscal e depende do Estado da Federação	CF, art. 155, II; EC nº 132/23; LC nº 214/25

11	ITCMD	Variável	Depende do Estado da Federação	CF, art. 155, I, EC n° 132/23
12	IPVA	Variável	Depende do Estado da Federação	CF, art. 155, III; EC n° 132/23
13	IPTU	Variável	Depende do Município	CF, art. 156, I, EC n° 132/23
14	ITBI	Variável	Depende do Município	CF, art. 156, II; EC n° 132/23
15	ISS	Variável	Depende do Município	CF, art. 156, III; EC n° 132/23; LC n° 214/25
16	IBS	Variável	Depende do produto ou serviço – extrafiscal – competência compartilhada	CF – EC n° 132/23; CF, art. 156-A; LC n° 214/25
17	IS	Variável	Depende do produto – extrafiscal	CF – EC n° 132/23; CF, art. 153, VIII; LC n° 214/25

Fonte: Elaborado pelo autor, 2025.

2.1.2 Taxas – Arts. 77 CTN, e 145, II, CF

A taxa tem por FG o exercício regular do poder de polícia,[22] ou a sua utilização, efetiva ou potencial, de serviço público específico e divisível, prestado ao contribuinte ou posto à sua disposição.

---

22 Poder de Polícia – denominação dada a um dos poderes que atribuem ao Estado, a fim de que se possa estabelecer, em benefício da própria ordem social e jurídica, as medidas, mesmo restritivas aos direitos individuais, que se tornem necessárias à manutenção da ordem, da moralidade, da saúde pública, ou que venham garantir e assegurar a própria liberdade individual, a propriedade pública e particular e o bem-estar coletivo. Fundado na autoridade de denominação, inerente à essência do Estado, o poder de polícia se apresenta como uma necessidade, para que possa o Estado cumprir sua missão de defensor e propugnador dos interesses gerais, reprimindo os excessos e prevenindo as perturbações à ordem jurídica e social (Silva, 1994).

O TRIBUTO

A taxa é uma espécie de tributo que envolve uma atividade estatal específica em relação ao contribuinte, em razão da prestação de serviço público, específico e divisível, ou do poder de polícia – estatal (Martins, 2005, p. 110). As taxas dividem-se em:

a) de poder de polícia;

b) de serviço público: específico, divisível, efetivos ou potenciais.

Específico – não pode ser genérico, identificável.

Divisível – individualizado para atribuição de custo da atividade.

Efetivo – colocado à disposição do contribuinte, e pode ser utilizado a qualquer título.

Potencial – colocado à disposição do contribuinte, sendo de utilização obrigatória, e seja colocado à disposição mediante atividade administrativa.

A competência para instituição da taxa é comum entre os entes tributários.

2.1.2.1 Taxa de Poder de Polícia

É a atividade do poder público que limita ou disciplina e fiscaliza a liberdade individual da sociedade. Ex.: Emissão de alvará de construção e funcionamento, taxa de fiscalização ambiental, taxa de fiscalização de anúncio, taxa de vigilância sanitária, taxa de licença, localização e publicidade. Seguem abaixo algumas características:

- Definição: art. 78, CTN, a seguir transcrito.
- Restringe ou disciplina interesses individuais a fim de prevalecerem os interesses coletivos da sociedade.
- Exterioriza-se em atos de fiscalização da administração pública.
- Pode ser vinculado – aquele cuja prática exerce a estrita observância do requisito da lei
- Discricionário – a autoridade competente tem de levar em conta a conveniência do interesse público envolvido.

A taxa de poder de polícia tem como fundamento o art. 78 do CTN, determinando que:

> Considera-se poder de polícia a atividade da administração pública que, limitando ou disciplinando direito, interesse ou liberdade, regula a prática de ato ou a abstenção de fato, em razão de interesse público concernente à segurança, à higiene, à ordem, aos costumes, à disciplina da produção e do mercado, ao exercício de atividades econômicas dependentes de concessão ou autorização do Poder Público, à tranquilidade pública ou ao respeito à propriedade e aos direitos individuais ou coletivos.
>
> Parágrafo único. Considera-se regular o exercício do poder de polícia quando desempenhado pelo órgão competente nos limites da lei aplicável, com observância do processo legal e, tratando-se de atividade que a lei tenha como discricionária, sem abuso ou desvio de poder.

Nesse mesmo sentido, Harada (2016, p. 7) conceitua a Taxa de Poder de Polícia como:

> Poder de Polícia outra coisa não é senão o poder de regulamentação de que está investido o Estado. É discricionário, mas tem por limite a lei.
>
> Sinteticamente, podemos conceituá-lo como sendo a atividade inerente do poder público que objetiva, no interesse geral, intervir na propriedade e na liberdade dos indivíduos, impondo-lhes comportamentos comissivos ou omissivos no limite da lei.
>
> A Constituição Federal, em vários de seus dispositivos, refere-se à manifestação desse poder de polícia (artigos 145, II, 1704, 174, 182, 192, 193 etc.).

O TRIBUTO

2.1.2.2 TAXA DE SERVIÇO PÚBLICO – ARTS. 145, II, CF, E 77 E 79, CTN

A taxa de serviço público é um tributo que tem como origem um serviço público prestado para o contribuinte, em que a taxa remunera o custo do serviço prestado.

Hugo de Brito Machado (2016, p. 440) define a taxa de serviço público como: "Entendemos o serviço público toda e qualquer atividade prestacional realizada pelo Estado, ou por quem fizer suas vezes, para satisfazer de modo concreto de forma direta, necessidades coletivas".

Com relação às taxas, o CTN determina as respectivas regras em seus arts. 79 e 80:

> Art. 79. Os serviços públicos a que se refere o artigo 77 consideram-se:
>
> I – utilizados pelo contribuinte:
>
> a) efetivamente, quando por ele usufruídos a qualquer título;
>
> b) potencialmente, quando, sendo de utilização compulsória, sejam postos à sua disposição mediante atividade administrativa em efetivo funcionamento;
>
> II – específicos, quando possam ser destacados em unidades autônomas de intervenção, de utilidade, ou de necessidades públicas;
>
> III – divisíveis, quando suscetíveis de utilização, separadamente, por parte de cada um dos seus usuários.
>
> Art. 80. Para efeito de instituição e cobrança de taxas, consideram-se compreendidas no âmbito das atribuições da União, dos Estados, do Distrito Federal ou dos Municípios, aquelas que, segundo a Constituição Federal, as Constituições dos Estados, as Leis Orgânicas do Distrito Federal e dos Municípios e a legislação com elas compatível, competem a cada uma dessas pessoas de direito público.

A taxa de serviço público não pode ter a mesma base de cálculo do imposto. Os requisitos encontram-se positivados no art. 145, inciso II, CF:

> **Art. 145.** *A União, os Estados, o Distrito Federal e os Municípios poderão instituir os seguintes tributos:*
>
> *I – impostos;*
>
> *II – taxas, em razão do exercício do poder de polícia ou pela utilização, efetiva ou potencial, de serviços públicos específicos e divisíveis, prestados ao contribuinte ou postos a sua disposição;*
>
> *III – contribuição de melhoria, decorrente de obras públicas.*

1. O serviço deve ser específico
2. O serviço deve ser divisível e específico. A cobrança da taxa será individualizada. A taxa leva em conta os seguintes critérios: a) quem usa mais paga mais; b) quem usa menos paga menos; c) quem não usa paga o mínimo.

Portanto, ainda com relação às taxas podemos afirmar que:

Quadro 2.3

• O uso pressupõe proporcionalidade.
• Serviço efetivo – aquele utilizado pelo contribuinte. Se usar, paga. Ex.: Custas judiciais, Taxa de emissão de passaporte.
• Serviço potencial – Colocado à disposição. Se não usar também paga. Ex.: Coleta de lixo (Súmula Vinculante nº 19).
• A disponibilidade do serviço ensejará exigência de taxa, que é o custo para a administração pública deixar o serviço à disposição.
• Diferença entre taxa e tarifa: a taxa é tributo compulsório e a tarifa está remunerando um contrato (acordo de vontades). Ver Súmula nº 545 do Superior Tribunal de Justiça (STJ) Taxa/Tarifa.
• Pedágio – a CF deu tratamento específico no art. 150 inciso V – "estabelecer limitações ao tráfego de pessoas ou bens, por meio de tributos interestaduais ou intermunicipais, ressalvada a cobrança de pedágio pela utilização de vias conservadas pelo Poder Público". É a conservação da via.

• Primeiramente conserva, e depois cobra o pedágio. É taxa de serviço de conservação de estrada. Existem duas correntes distintas a respeito do tema:
– Pedágio é taxa → liberdade de tráfego. Ver art. 150, inciso V, CF – Exceção pedágio.
• Pedágio é tarifa → só paga se quiser passar por aquela via, é direito administrativo.

Fonte: Elaborado pelo autor, 2025.

2.1.2.3 TARIFA OU PREÇO PÚBLICO – CONSIDERAÇÕES GERAIS

Entendemos a tarifa quando o Estado, via de regra, presta serviços por meio de concessionários de serviços públicos, onde a remuneração (preço público – prestação pecuniária) é paga diretamente pelo usuário ao concessionário, sendo a sua utilização facultativa e decorrente de relação contratual.

• O preço público remunera os serviços públicos prestados por concessionários, os quais se sujeitam ao regime de direito privado.

• O administrador público age como se fosse empresa. Explora o patrimônio estatal. É instituído ou majorado por decreto:

CF, art. 175. Incumbe ao Poder Público, na forma da lei, diretamente ou sob regime de concessão ou permissão, sempre através de licitação, a prestação de serviços públicos.

> *Parágrafo único. A lei disporá sobre:*
>
> *I – o regime das empresas concessionárias e permissionárias de serviços públicos, o caráter especial de seu contrato e de sua prorrogação, bem como as condições de caducidade, fiscalização e rescisão da concessão ou permissão;*
>
> *II – os direitos dos usuários;*
>
> *III – política tarifária;*
>
> *IV – a obrigação de manter serviço adequado.*

- Não se submete aos princípios constitucionais tributários. Ex.: Princípio da anterioridade, via de regra, o imposto se submete ao princípio.

- Preço público é marcado pela facultatividade, quem usa paga na proporção.

- Já o tributo é cobrado de forma compulsória. Preço público advém de contrato de adesão. O tributo decorre da lei.

- Tarifa só em efetiva utilização, quem não usa não paga. Não existe tarifa menor, só proporcional. Não instituída por lei, só por decreto, deriva de contrato de adesão. Ex.: Serviço água/esgoto e energia elétrica, tarifa postal, tarifa de serviço de transporte público coletivo – custeia-se por tarifa. Serviço compulsório.

- Não se pode cobrar tributo para entrar e sair do Município/Estado.

- Zona Azul cartão de estacionamento (São Paulo) é preço. É aluguel de espaço na rua.

2.1.3 Contribuição de Melhoria – Arts. 145, inciso III, CF, e 81, CTN

É um tributo vinculado, cujo FG é a valorização de imóvel do contribuinte, decorrente de obra pública (Machado, 2016, p. 449). Pode ser cobrada pela União, pelos Estados, pelo Distrito Federal e pelos Municípios, no âmbito de suas atribuições, e é instituída para fazer face ao custo das obras públicas de que decorra valorização imobiliária, tendo como limite total a despesa realizada e como limite individual o acréscimo de valor que da obra resultar para cada contribuinte beneficiado com o projeto. Portanto, decorre de obra pública, conforme o art. 81 do CTN,[23] possuindo as seguintes características:

---

23 Art. 81 do CTN – A contribuição de melhoria cobrada pela União, pelos Estados, pelo Distrito Federal ou pelos Municípios, no âmbito de suas respectivas atribuições, é instituída para fazer face ao custo de obras públicas de que decorra valorização imobiliária, tendo como limite total a despesa realizada e como limite individual o acréscimo de valor que da obra resultar para cada imóvel beneficiado.

O TRIBUTO

- Fundamentação legal: arts. 145, inciso III, da CF, e 81, CTN.

- Fato gerador: obra pública e valorização imobiliária do imóvel do contribuinte.

- Art. 82, CTN – é o procedimento a seguir descrito na nota de rodapé.[24]

- Deve ser decorrente de obra pública.

- Necessita individualização da valorização imobiliária.

- Não pode cobrar mais do que o custo da obra.

- Decreto-Lei n° 195/67 – obras públicas suscetíveis de contribuição de melhoria – diretrizes gerais da contribuição – rol taxativo.

- Obra – prevalece material sobre o serviço.

- Serviço – prevalece o serviço sobre o material.

- No recapeamento de ruas não há incidência de contribuição de melhoria. É conservação da via.

- A administração pública só pode cobrar depois da obra concluída.

---

24 Art. 82. A lei relativa à contribuição de melhoria observará os seguintes requisitos mínimos:
I – publicação prévia dos seguintes elementos:
a) memorial descritivo do projeto;
b) orçamento do custo da obra;
c) determinação da parcela do custo da obra a ser financiada pela contribuição;
d) delimitação da zona beneficiada;
e) determinação do fator de absorção do benefício da valorização para toda a zona ou para cada uma das áreas diferenciadas, nela contidas;
II – fixação de prazo não inferior a 30 (trinta) dias, para impugnação pelos interessados, de qualquer dos elementos referidos no inciso anterior;
III – regulamentação do processo administrativo de instrução e julgamento da impugnação a que se refere o inciso anterior, sem prejuízo da sua apreciação judicial.
§ 1° A contribuição relativa a cada imóvel será determinada pelo rateio da parcela do custo da obra a que se refere a alínea *c* do inciso I, pelos imóveis situados na zona beneficiada em função dos respectivos fatores individuais de valorização.
§ 2° Por ocasião do respectivo lançamento, cada contribuinte deverá ser notificado do montante da contribuição, da forma e dos prazos de seu pagamento e dos elementos que integram o respectivo cálculo.

- Limite individual é a valorização do imóvel – é o teto.
- Limite global – custo globalizado da obra. Total arrecadado não pode ultrapassar o custo.

2.1.4 Contribuições especiais – Arts. 149, 149-A, 149-B, 195 da CF

A contribuição social é o tributo destinado a custear atividades específicas que não são inerentes à função do Estado. Referidas contribuições sociais podem ser de intervenção no domínio econômico, de interesses de categorias profissionais ou econômicas e contribuição para o custeio da seguridade social (Martins, 2005, p. 125).

Para melhor esclarecimento transcrevemos os referidos artigos da CF:

> **Art. 149.** *Compete exclusivamente à União instituir contribuições sociais, de intervenção no domínio econômico e de interesse das categorias profissionais ou econômicas, como instrumento de sua atuação nas respectivas áreas, observado o disposto nos arts. 146, III, e 150, I e III, e sem prejuízo do previsto no art. 195, § 6°, relativamente às contribuições a que alude o dispositivo.*
>
> *§ 1° A União, os Estados, o Distrito Federal e os Municípios instituirão, por meio de lei, contribuições para custeio de regime próprio de previdência social, cobradas dos servidores ativos, dos aposentados e dos pensionistas, que poderão ter alíquotas progressivas de acordo com o valor da base de contribuição ou dos proventos de aposentadoria e de pensões. (Redação dada pela Emenda Constitucional n° 103, de 2019) (Vigência)*
>
> *§ 1°-A Quando houver déficit atuarial, a contribuição ordinária dos aposentados e pensionistas poderá incidir sobre o valor dos proventos de aposentadoria e de pensões que supere o salário-mínimo. (Incluído pela Emenda Constitucional n° 103, de 2019) (Vigência)*

O TRIBUTO

§ 1°-B Demonstrada a insuficiência da medida prevista no § 1°-A para equacionar o déficit atuarial, é facultada a instituição de contribuição extraordinária, no âmbito da União, dos servidores públicos ativos, dos aposentados e dos pensionistas. *(Incluído pela Emenda Constitucional n° 103, de 2019) (Vigência)*

§ 1°-C A contribuição extraordinária de que trata o § 1°-B deverá ser instituída simultaneamente com outras medidas para equacionamento do déficit e vigorará por período determinado, contado da data de sua instituição. *(Incluído pela Emenda Constitucional n° 103, de 2019) (Vigência)*

§ 2° As contribuições sociais e de intervenção no domínio econômico de que trata o caput deste artigo: *(Incluído pela Emenda Constitucional n° 33, de 2001)*

I – não incidirão sobre as receitas decorrentes de exportação; *(Incluído pela Emenda Constitucional n° 33, de 2001)*

II – incidirão também sobre a importação de produtos estrangeiros ou serviços; *(Redação dada pela Emenda Constitucional n° 42, de 19.12.2003)*

III – poderão ter alíquotas: *(Incluído pela Emenda Constitucional n° 33, de 2001)*

a) ad valorem, tendo por base o faturamento, a receita bruta ou o valor da operação e, no caso de importação, o valor aduaneiro; *(Incluído pela Emenda Constitucional n° 33, de 2001)*

b) específica, tendo por base a unidade de medida adotada. *(Incluído pela Emenda Constitucional n° 33, de 2001)*

§ 3° A pessoa natural destinatária das operações de importação poderá ser equiparada a pessoa jurídica, na forma da lei. *(Incluído pela Emenda Constitucional n° 33, de 2001)*

§ 4° A lei definirá as hipóteses em que as contribuições incidirão uma única vez. *(Incluído pela Emenda Constitucional n° 33, de 2001)*

Art. 149-A. Os Municípios e o Distrito Federal poderão instituir contribuição, na forma das respectivas leis, para o custeio do serviço de iluminação pública, observado o disposto

Manual de Direito Tributário e Financeiro Aplicado

> *no art. 150, I e III. <u>(Incluído pela Emenda Constitucional n° 39, de 2002)</u>*
>
> *Parágrafo único. É facultada a cobrança da contribuição a que se refere o caput, na fatura de consumo de energia elétrica. <u>(Incluído pela Emenda Constitucional n° 39, de 2002)</u>*

É necessária lei complementar para definir o FG, a alíquota, a base de cálculo e o contribuinte.

As contribuições não se submetem ao princípio da anterioridade, conforme o art. 195, § 6°, da CF. Somente podem ser exigidos 90 dias após a data da publicação da lei que houver instituído ou modificado.

Basicamente as **contribuições especiais** são:

- Social – art. 195, CF: PIS, COFINS, CSLL, sobrefaturamento, concurso de prognósticos, importações, CBS, empregado, empregador.

- CIDE – intervenção no domínio econômico, art. 177, § 4°, CF. É extrafiscal – estimula ou desestimula determinada atividade – ver CIDE, Lei n° 10.336/01. Só a União institui a contribuição conforme transcrito no referido artigo:

> *§ 4° A lei que instituir contribuição de intervenção no domínio econômico relativa às atividades de importação ou comercialização de petróleo e seus derivados, gás natural e seus derivados e álcool combustível deverá atender aos seguintes requisitos: <u>(Incluído pela Emenda Constitucional n° 33, de 2001)</u>*
>
> *I – a alíquota da contribuição poderá ser: <u>(Incluído pela Emenda Constitucional n° 33, de 2001)</u>*
>
> *a) diferenciada por produto ou uso; <u>(Incluído pela Emenda Constitucional n° 33, de 2001)</u>*
>
> *b) reduzida e restabelecida por ato do Poder Executivo, não se lhe aplicando o disposto no art. 150, III, b; <u>(Incluído pela Emenda Constitucional n° 33, de 2001)</u>*

O TRIBUTO

II – os recursos arrecadados serão destinados: (Incluído pela Emenda Constitucional nº 33, de 2001)

a) ao pagamento de subsídios a preços ou transporte de álcool combustível, gás natural e seus derivados e derivados de petróleo; (Incluído pela Emenda Constitucional nº 33, de 2001)

b) ao financiamento de projetos ambientais relacionados com a indústria do petróleo e do gás; (Incluído pela Emenda Constitucional nº 33, de 2001)

c) ao financiamento de programas de infra-estrutura de transportes. (Incluído pela Emenda Constitucional nº 33, de 2001)

d) ao pagamento de subsídios a tarifas de transporte público coletivo de passageiros. (Incluído pela Emenda Constitucional nº 132, de 2023)

- Parafiscal – de interesse de categorias profissionais e econômicas.
- Para custeio do serviço de iluminação pública, monitoramento, sistemas de segurança e preservação de logradouros públicos. É contribuição de acordo com o art. 149-A, sendo facultada a cobrança na conta de energia elétrica. A competência é privativa dos municípios e do Distrito Federal.
- CBS – EC nº 132/23, LC nº 214/25.

Vale ressaltar que as **Contribuições Sociais** previstas no artigo 149 e 195 da CF relativo ao INSS, (as quais não seguem o princípio da anterioridade) incidem em seis hipóteses distintas:

1) Dos empregadores: a) sobre o lucro (CSLL); b) sobre o faturamento – Ex.: PIS, COFINS; c) Sobre a Folha de Pagamento (PIS, em casos específicos), d) contribuição previdenciária patronal, e) CBS.

2) Dos trabalhadores e demais segurados da previdência, não incidindo sobre aposentadoria – INSS sobre salários, contribuição parte do empregado e autônomos.

3) Concurso de prognósticos.

4) Dos importadores (PIS e COFINS).

Manual de Direito Tributário e Financeiro Aplicado

5) Do faturamento das empresas (CBS, PIS, COFINS).

A seguir, elaboramos um quadro demonstrando as contribuições existentes em nosso ordenamento jurídico das pessoas jurídicas, suas alíquotas e fundamentação legal:

Quadro 2.4

ITEM	CONTRIBUIÇÃO	ALÍQUOTA	BASE DE CÁLCULO	FUNDAMENTAÇÃO
1	CSLL	9% Exceção Bancos	Resultado do período de apuração do lucro excluída de computar seu próprio pagamento	CF, art. 195; IN n° 390/04, RFB; Leis n°s 9.689/88, 8.034/90, 9.326/96, 10.637/02; IN n° 1.700, RFB
2	PIS – Folha de salários	1%	Folha de pagamento	CF, art. 239; LC n°s 7/1970, 10.367/02; IN n° 2121/22; EC n° 132/23; LC n° 214/25
3	PIS – Faturamento cumulativo	0,65%	Receita bruta	CF, art. 239; LC n°s 7/1970, 10.367/02; IN n° 2121/22; EC n° 132/23; LC n° 214/25
4	PIS – Faturamento – Não cumulativo	1,65%	Receita bruta	CF, art. 239; LC n°s 7/1970, 10.367/02; IN n° 2121/22; LC n°s 132/23 e 214/25
5	PIS – Importações	2,10%	Valor aduaneiro	CF, art. 239; LC n°s 7/1970, 10.367/02; IN n° 2121/22; EC n° 132/23; LC n° 214/25
6	COFINS – Bancos	4,0%	Faturamento	LC n° 70/91; Decreto n° 4.524/02; IN n° 2.122; Leis n°s 10.833/03, 10.865/04, 10.925/04; EC n° 132/23; LC n° 214/25
7	COFINS – Faturamento – Cumulativo	3,0%	Faturamento	LC n° 70/91; Decreto n° 4.524/02; IN n° 2.122; Leis n°s 10.833/03, 10.865/04, 10.925/04; EC n° 132/23; LC n° 214/25

8	COFINS – Faturamento – Não cumulativo	7,60%	Faturamento	LC nº 70/91; Decreto nº 4.524/02; IN nº 2.122; Leis nºs 10.833/03, 10.865/04, 10.925/04; EC nº 132/23; LC nº 214/25
9	COFINS – Importação	9,65%	Valor aduaneiro	LC nº 70/91; Decreto nº 4.524/02; IN nº 2.122; Leis nºs 10.833/03, 10.865/04, 10.925/04; EC nº 132/23; LC nº 214/25
10	Contribuição de Intervenção no Domínio Econômico	Variável	Dependendo do FG	CF, art. 177, § 4º
11	Contribuição INSS – Empregador	Alíquotas	Folha de pagamento	CF, arts. 149, 195, I
12	Contribuição INSS – Empregado	Alíquotas conforme tabela progressiva	Folha de pagamento	CF, arts. 149, 195, II
13	Concurso de prognósticos	Receita líquida do concurso	Receita líquida do concurso	CF, art. 195, III; LC nº 214/25
14	CBS	Faturamento e importação	Alíquotas diferenciadas	CF, art. 195, V; EC nº 132/23; LC nº 214/25

Fonte: Elaborado pelo autor, 2025.

2.1.5 Empréstimo compulsório – Art. 148, CF

Empréstimo compulsório é tributo vinculado à despesa que o fundamentou e deve obedecer ao regime jurídico tributário. Um tributo restituível, mas sempre um tributo, como tal devendo ser tratado (Carrazza, 2002, p. 497).

É de competência privativa da União com vinculação da receita. É lei complementar. Pode ser definido qualquer FG e pode ser utilizado pela União nos seguintes casos:

a) Despesas extraordinárias, tais como guerra externa, calamidade pública. Pode ocorrer até a bitributação.

b) Investimento público relevante em caráter urgente de interesse nacional.

Compreendemos que o empréstimo compulsório é na realidade, um empréstimo forçado que o Estado impõe ao contribuinte, o qual será restituído em moeda corrente de forma integral no futuro com as devidas correções, sob pena de caracterizar-se um confisco nos termos do art. 150, incisos IV, da CF.

Não podemos deixar de destacar o art. 15 do CTN, que prevê:

> **Art. 15.** *Somente a União, nos seguintes casos excepcionais, pode instituir empréstimos compulsórios:*
>
> *I – guerra externa, ou sua iminência;*
>
> *II – calamidade pública que exija auxílio federal impossível de atender com os recursos orçamentários disponíveis;*
>
> *III – conjuntura que exija a absorção temporária de poder aquisitivo.*
>
> *Parágrafo único. A lei fixará obrigatoriamente o prazo do empréstimo e as condições de seu resgate, observando, no que for aplicável, o disposto nesta Lei.*

Entendemos que os incisos I e II do referido artigo foram revogados, pois a CF de 1988 exige a existência de lei complementar para instituição dos respectivos, quanto ao inciso III o mesmo não foi recepcionado pela Carta Magna, porém o parágrafo único continua em vigor, pois é norma geral em matéria tributária.

3 PRINCÍPIOS CONSTITUCIONAIS TRIBUTÁRIOS

A tributação, em qualquer âmbito, deve seguir os princípios constitucionais, os quais visam à proteção do contribuinte limitando o poder de tributar dos entes políticos, entretanto, destacamos que a EC nº 132/23 inseriu em nosso ordenamento mais seis novos princípios: simplicidade, transparência, justiça tributária, cooperação, defesa do meio ambiente e atenuação da regressividade.

Alexandre de Moraes (2015, p. 916) define a limitação do poder de tributar como:

> A limitação constitucional ao exercício estatal do poder de tributar é essencial à garantia de segurança jurídica e dos direitos individuais, em especial o de propriedade, evitando abusos e arbitrariedades e permitindo uma relação respeitosa entre o Fisco e o cidadão.

A seguir, descrevemos os respectivos princípios constitucionais tributários.

3.1 PRINCÍPIO DA LEGALIDADE

Nenhum tributo poderá ser instituído ou aumentado, a não ser por meio da lei que o estabeleça. Fundamento: art. 150, inciso I, CF ("Sem prejuízo de outras garantias asseguradas ao contribuinte, é vedado à União, Estados, Distrito Federal e Municípios: exigir ou aumentar tributo sem lei que o estabeleça"); arts. 97, CTN, e 5°, inciso II, CF ("Ninguém será obrigado a fazer ou deixar de fazer alguma coisa senão em virtude de lei").

Manual de Direito Tributário e Financeiro Aplicado

Sergio Pinto Martins (2005, p. 83) conceitua o princípio da legalidade como:

> *O princípio da legalidade esclarece que não haverá tributo sem prévia determinação legal (nullum tributum sine praevia lege) ou no taxation without representation, dos ingleses, enfim, o direito dos contribuintes consentirem – só eles – pelo voto de seus representantes eleitos, na declaração ou majoração de tributos.*
>
> *A lei tem de definir o fato gerador, a base de cálculo e o contribuinte do tributo (art. 97, CTN). O objetivo primordial do direito é regular condutas, evitando o arbítrio. A lei deve descrever o fato jurídico e a relação obrigacional, caracterizando a tipicidade tributária.*

Nessa ambiência, destacamos abaixo os arts. 97 e 98 do CTN que descrevem de forma taxativa o rol de elementos que deve conter a lei que criar ou modificar ou aumentar um tributo:

> **Art. 97.** *Somente a lei pode estabelecer:*
>
> *I – a instituição de tributos, ou a sua extinção;*
>
> *II – a majoração de tributos, ou sua redução, ressalvado o disposto nos artigos 21, 26, 39, 57 e 65;*
>
> *III – a definição do fato gerador da obrigação tributária principal, ressalvado o disposto no inciso I do § 3º do artigo 52, e do seu sujeito passivo;*
>
> *IV – a fixação de alíquota do tributo e da sua base de cálculo, ressalvado o disposto nos artigos 21, 26, 39, 57 e 65;*
>
> *V – a cominação de penalidades para as ações ou omissões contrárias a seus dispositivos, ou para outras infrações nela definidas;*
>
> *VI – as hipóteses de exclusão, suspensão e extinção de créditos tributários, ou de dispensa ou redução de penalidades.*
>
> *§ 1º Equipara-se à majoração do tributo a modificação da sua base de cálculo, que importe em torná-lo mais oneroso.*

PRINCÍPIOS CONSTITUCIONAIS TRIBUTÁRIOS

> § 2° Não constitui majoração de tributo, para os fins do disposto no inciso II deste artigo, a atualização do valor monetário da respectiva base de cálculo.

> Art. 98. Os tratados e as convenções internacionais revogam ou modificam a legislação tributária interna, e serão observados pela que lhes sobrevenha.

As exceções a essas regras acima citadas encontram-se nos seguintes artigos:

- 153, § 1°, CF – II, IE, IPI, IOF – impostos extrafiscais – a alíquota é alterada por decreto do Poder Executivo[25] dentro do limite legal. Ver exceção da noventena do IPI (descrita nos capítulos posteriores).

- 97, inciso II, CTN – majoração de tributo só por lei. Atualização monetária da base de cálculo não precisa de lei.

- 62, § 2°, CF – medida provisória para majorar impostos somente produzirá efeito no exercício seguinte, se houver sido convertida em lei até o último dia daquele em que foi editada. Exceção: arts. 153, I, II, IV, V, e 154, II.

- 153, inciso VIII, CF – IS – somente por lei ordinária.

- 177, § 4°, CF, alínea "b"– CIDE – redução de alíquota pode ser feita por decreto, porém majoração não pode.

- 150, III, "c", CF – anterioridade nonagesimal; e 150, *caput*, III, "b", CF – anterioridade anual.

---

25 Decreto executivo – assim se diz de todo ato expedido pelo governo ou Poder Executivo, determinando medidas administrativas ou impondo ordens sem o caráter de regra comum. Dessa forma, os decretos executivos indicam a forma por que o Poder Executivo pratica os atos de sua competência necessários ao cabal desempenho de suas atribuições constitucionais. Assim sendo, a rigor, por decretos do Executivo ou decretos executivos se entende tudo o que é ordenado pelo Poder Executivo, como legítimo órgão executor das leis, administrador dos negócios do Estado e diretor de suas funções políticas, indispensáveis à segurança de sua própria existência e de sua soberania (Silva, 1994).

3.2 PRINCÍPIO DA ISONOMIA TRIBUTÁRIA – ART. 150, II, CF

Tratar igual os iguais perante a lei, e diferente os diferentes na medida de suas diferenças. É a garantia de tratamento uniforme que também é prevista no *caput* do artigo 5° da CF que define que todos são iguais perante a lei.

Hugo de Brito Machado (2016, p. 38) conceitua o princípio como:

> *O princípio da igualdade é a projeção, na área tributária, do princípio geral da isonomia jurídica, ou princípio pelo qual todos são iguais perante a lei. Apresenta-se aqui como garantia de tratamento uniforme, pela entidade tributante, de quantos se encontrem em condições iguais. Como manifestação desse princípio temos, em nossa Constituição, a regra de uniformidade dos tributos federais em todo o território nacional.*
>
> *Não fere o princípio da igualdade – antes, o realiza com absoluta adequação – o imposto progressivo. Realmente, aquele que tem maior capacidade contributiva deve pagar imposto maior, pois só assim estará sendo igualmente tributado. A igualdade consiste, no caso, da proporcionalidade da incidência à capacidade contributiva, em função da utilidade marginal da riqueza.*

3.3 PRINCÍPIO DA CAPACIDADE CONTRIBUTIVA – ART. 145, § 1°, CF

A CF determina que, sempre que possível, os impostos terão caráter pessoal e serão graduados segundo a capacidade econômica do contribuinte. Nesse sentido, vale a pena destacar a Lei n° 8.021/90, que determina a personalização e a individualização do contribuinte para fins fiscais. A regra destina-se somente aos impostos.

PRINCÍPIOS CONSTITUCIONAIS TRIBUTÁRIOS

Ricardo Lobo Torres (2013, p. 93-94) assim conceitua a capacidade contributiva:

A capacidade contributiva se subordina à ideia de justiça distributiva. Manda que cada um pague o imposto de acordo com a sua riqueza, atribuindo conteúdo ao vetusto critério de que a justiça consiste em dar a cada um o que é seu e que se tornou uma das "regras de ouro" para se obter a verdadeira justiça distributiva. Existe igualdade no tributar cada qual de acordo com a sua capacidade contributiva, mas essa tributação produz resultados desiguais por se desigualarem as capacidades contributivas individuais.

> *Capacidade contributiva é capacidade econômica do contribuinte, como, aliás, prefere a CF/88, mantendo a tradição da CF/46 e coincidindo, também, com a Espanha. É capacidade de pagar (ability do pay), como dizem os povos da língua inglesa. Significa que cada um deve contribuir na proporção de suas rendas e haveres independente de sua eventual disponibilidade financeira.*

Nessa mesma linha, o art. 145, § 1º, da CF determina que:

> *Sempre que possível, os impostos terão caráter pessoal e serão graduados segundo a capacidade econômica do contribuinte, facultado à administração tributária, especialmente para conferir efetividade a esses objetivos, identificar, respeitados os direitos individuais e nos termos da lei, o patrimônio e as atividades econômicas do contribuinte.*

O princípio tem como escopo o atingimento da justiça social, repartindo os encargos do Estado na proporção das possibilidades de cada contribuinte. Note-se que o texto se refere corretamente à capacidade econômica do contribuinte, que corresponde à capacidade contributiva (Harada, 2016, p. 401), e não à capacidade financeira, que tem outro significado.

3.4 PRINCÍPIO DA IRRETROATIVIDADE DA LEI TRIBUTÁRIA – ART. 150, III, CF

A lei deve estar em vigor na ocorrência do FG, mesmo que revogada posteriormente. Ela não prejudicará o direito adquirido, o ato jurídico[26] perfeito e a coisa julgada. Fundamento: arts. 150, III, CF; 144, CTN; e 5°, XXXVI, CF. Exceção o art. 106 do CTN, a seguir transcrito:

> **Art. 106.** *A lei aplica-se a ato ou fato pretérito:*
>
> *I – em qualquer caso, quando seja expressamente interpretativa, excluída a aplicação de penalidade à infração dos dispositivos interpretados;*
>
> *II – tratando-se de ato não definitivamente julgado:*
>
> *a) quando deixe de defini-lo como infração;*
>
> *b) quando deixe de tratá-lo como contrário a qualquer exigência de ação ou omissão, desde que não tenha sido fraudulento e não tenha implicado em falta de pagamento de tributo;*
>
> *c) quando lhe comine penalidade menos severa que a prevista na lei vigente ao tempo da sua prática.*

Em síntese, é vedado cobrar tributos em relação a fatos geradores ocorridos antes da vigência da lei que os houver instituído ou aumentado.

Para melhor esclarecimento, demonstramos abaixo a sistemática de surgimento do crédito tributário:

HI→ FI→ OT = Lançamento Tributário → Crédito Tributário

HI – Hipótese de Incidência (lei)

---

26 Ato jurídico – dentro do conceito que lhe dá a lei civil, assim se entende todo ato lícito, que tenha o objetivo imediato de adquirir, resguardar, transferir, modificar ou extinguir direito (Silva, 1994).

PRINCÍPIOS CONSTITUCIONAIS TRIBUTÁRIOS

FI – Fato Imponível ou FG do tributo

OT – Obrigação Tributária

CT – Crédito Tributário com o respectivo lançamento efetuado

3.5 PRINCÍPIO DA ANTERIORIDADE – ART. 150, III, "B", CF

A lei que instituir ou majorar tributo só entra em vigor no próximo exercício financeiro. É o princípio da não surpresa, é a segurança jurídica do contribuinte.

O princípio da anterioridade encontra-se descrito no art. 150, inciso III, letra "b", da CF, em que é vedada a cobrança de tributos no mesmo exercício financeiro em que houver sido publicada a lei que os instituiu ou aumentou. Contudo, a EC nº 42/2003 acrescentou a alínea "c" ao inciso II do referido artigo, vedando a cobrança de tributos antes de decorridos 90 dias da data em que haja sido publicada a lei que os instituiu ou aumentou observado o disposto na alínea "b".

Existem, porém, exceções ao princípio da anterioridade:

> *– Art. 150, § 1°, CF – II, IE, IOF, IPI e Imposto Extraordinário (Imposto Extraordinário de Guerra – IEG – art. 154, inciso II, CF) – não se sujeitam ao princípio da anterioridade.*

A EC nº 42/2003 modificou o art. 150, inciso III, "c", da CF mencionando que todos os entes políticos estão proibidos de cobrar tributos antes de decorridos 90 dias da data em que tenha sido publicada a lei que os instituiu ou aumentou. Exceção no § 1° do mesmo artigo definindo que a anterioridade nonagesimal não se aplica para o IOF, o II, o IE, o IS, os impostos extraordinários e o empréstimo compulsório. Observa-se que o IPI se encontra abrangido pela noventena.

Considerações relevantes com relação às exceções ao princípio da anterioridade:

Quadro 3.1

• CF, art. 62, § 2°, CF – medida provisória para os impostos acima citados.
• CF, art. 148, incisos I e II – empréstimos compulsórios para despesas extraordinárias e investimento público de caráter urgente. Entra em vigor no próximo exercício financeiro mediante lei complementar – ver art. 150, III, "b", CF.
• CF, art. 195, § 6° – anterioridade nonagesimal ou mitigada. São as contribuições sociais – *vacatio legis* – a lei que institui ou modifica somente entra em vigor 90 dias após sua publicação.
• CF, art. 177, § 4°, I, "b" – alíquota CIDE – redução ou restabelecimento por decreto do Poder Executivo.
• CF, art. 195, V – CBS – alíquota pode ser alterada por lei ordinária. • LC n° 213/25, art. 436 – IS – alíquota pode ser alterada por lei ordinária.

Fonte: Elaborado pelo autor, 2025.

3.6 PRINCÍPIO DA VEDAÇÃO AO CONFISCO – ART. 150, IV, CF

A CF estabelece que é vedado à União, aos Estados, ao Distrito Federal e aos Municípios utilizar tributo com efeito de confisco. Não obstante seja problemático o entendimento do que seja um tributo com efeito de confisco, certo é que o dispositivo constitucional pode ser invocado sempre que o contribuinte entender que o tributo, no caso, está confiscando os bens. Cabe ao Judiciário dizer quando e quanto um tributo é confiscatório (Machado, 2016, p. 41).

Também observamos esse princípio no art. 5°, inciso XXII, da CF, que assegura o direito individual à propriedade privada.

É irrefutável que o tributo retira parcela de poder aquisitivo do contribuinte, porém, é subjetivo.

3.7 PRINCÍPIO DA LIBERDADE DE TRÁFEGO – ART. 150, V, CF

Referido artigo veda às diversas entidades tributantes o estabelecimento de limitações ao tráfego de pessoas ou bens, por meio

PRINCÍPIOS CONSTITUCIONAIS TRIBUTÁRIOS

de tributos interestaduais ou intermunicipais. O princípio também é decorrente do art. 5°, inciso XV, da CF – da livre-locomoção no território nacional. Vale a pena ressaltar que a lei não se aplica a circulação de mercadorias interestaduais e intermunicipais (Machado, 2016, p. 43).

3.8 PRINCÍPIO DA UNIFORMIDADE GEOGRÁFICA – ART. 151, I, CF

A União não pode tratar Estado, Município e Distrito Federal de forma distinta. A Constituição Federal impede a União de instituir tributo que não seja uniforme em todo o território nacional, ou, ainda, que implique distinção ou preferência entre os respectivos membros federativos, admitida a concessão de incentivos fiscais destinados a promover o equilíbrio socioeconômico entre as diferentes regiões do país.

Exceção – para desenvolvimento de determinada região do País. Exemplo: ZFM, que é uma região sob incentivos tributários, os quais estão assegurados na CF até o ano 2073, de acordo com a EC nº 83, art. 92 do ADCT, de 05.08.2014 (Carota; Domanico Filho, 2015, p. 186).

3.9 PRINCÍPIO DA IMUNIDADE TRIBUTÁRIA – EXCLUSIVAMENTE NO ÂMBITO CONSTITUCIONAL – ART. 150, VI, CF

Como já vimos anteriormente, a CF estabelece a competência tributária que é o poder atribuído pela Carta Magna às pessoas políticas para que instituam seus próprios tributos. É o poder de tributar, porém, encontramos na imunidade tributária uma exceção. Nesse sentido, Roque Antônio Carrazza (2002, p. 623) define a imunidade tributária como:

> Noutras palavras, a competência tributária é desenhada também por normas negativas, que veiculam o que se

Manual de Direito Tributário e Financeiro Aplicado

convencionou chamar de imunidades tributárias. A imunidade tributária é um fenômeno de natureza constitucional. As normas constitucionais, que, direta ou indiretamente, tratam do assunto fixam, por assim dizer, a incompetência das entidades tributantes para onerar, com exações certas pessoas, seja em função de sua natureza jurídica, seja porque coligadas a determinados fatos, bens ou situações.

O art. 150, inciso VI, CF, e LC n° 214/25, arts. 8° e 9°, II, que incluem a CBS, determinam que a regra é válida somente para impostos, tais como: imunidade recíproca entre órgãos públicos, templos de qualquer culto, inclusive suas organizações assistenciais e beneficentes, partido político, entidades sindicais de trabalhadores, fonogramas e videofonogramas musicais produzidos no Brasil por autores brasileiros, assistência social, livros, jornais e periódicos, e o papel para impressão.

Ressaltamos que a Lei n° 9.715/98, alterada pela MP n° 2.158, em seu art. 13, determina as entidades imunes que devem contribuir com o PIS, tendo como base de cálculo a folha de salários:

> **Art. 13.** *A contribuição para o PIS/PASEP será determinada com base na folha de salários, à alíquota de um por cento, pelas seguintes entidades:*
>
> *I – templos de qualquer culto;*
>
> *II – partidos políticos;*
>
> *III – instituições de educação e de assistência social a que se refere o <u>art. 12 da Lei n° 9.532, de 10 de dezembro de 1997</u>;*
>
> *IV – instituições de caráter filantrópico, recreativo, cultural, científico e as associações, a que se refere o <u>art. 15 da Lei n° 9.532, de 1997</u>;*
>
> *V – sindicatos, federações e confederações;*
>
> *VI – serviços sociais autônomos, criados ou autorizados por lei;*
>
> *VII – conselhos de fiscalização de profissões regulamentadas;*
>
> *VIII – fundações de direito privado e fundações públicas instituídas ou mantidas pelo Poder Público;*

PRINCÍPIOS CONSTITUCIONAIS TRIBUTÁRIOS

IX – condomínios de proprietários de imóveis residenciais ou comerciais; e

X – a Organização das Cooperativas Brasileiras – OCB e as Organizações Estaduais de Cooperativas previstas no <u>art. 105 e seu § 1° da Lei n° 5.764, de 16 de dezembro de 1971</u>.

Nesse sentido, destacamos ainda a existência das **imunidades extravagantes** positivadas na CF e na LC n° 214/25, que inclui outros tributos (além dos impostos), conforme se observa nos itens abaixo:

1. CF, art. 153, § 3°, incisos III e IV – IPI para produtos exportados e também terá impacto reduzido para aquisição de bens de capital.

2. CF, art. 5°, XXXIV e LXXII – imunidade para taxas e certidões, e custas da ação popular, *habeas corpus* e *habeas data*.

3. CF, art. 150, § 2° – autarquias e fundações instituídas pelo poder público.

4. CF, art. 155, § 2°, X, "a" e § 3°, CF – ICMS – produtos exportados.

5. CF, art. 156, § 2°, inciso I – ITBI *inter vivos* – incorporação de imóveis ao patrimônio da empresa, ou ainda, operações empresariais de fusão, cisão e incorporação.

6. CF, art. 184, § 5° – imóveis desapropriados para reforma agrária.

7. CF, art. 195, § 7°, e LC n° 214/25, art. 8°, § 3° – imunidade de contribuição social para entidades de beneficência e assistência social.

8. CF, art. 150, inciso VI, "e", CF – imunidade dos CDs e DVDs musicais – EC n° 75/13 e LC n° 214/25, art. 8°, V.

9. CF, arts. 156-A, 195, LC n° 214/25, e 125 – IBS e CBS para cesta básica.

10. LC n° 214/25 – art. 79 – IBS e CBS para exportações.

3.10 PRINCÍPIO DA SUPREMACIA DO INTERESSE PÚBLICO SOBRE O PARTICULAR

O referido princípio destaca o interesse público prevalecendo sobre o interesse privado, onde a existência do Estado somente tem sentido quando o ele protege o interesse da sociedade. É um princípio geral de direito em qualquer sociedade, no qual a carência da maioria se impõe sobre a minoria ou um só.

Regina Helena Costa (2013, p. 79) destaca que:

> O princípio da supremacia do interesse público sobre o particular, também conhecido como princípio da finalidade pública ou do interesse coletivo, predica que a atuação estatal somente pode voltar-se ao alcance de resultados de interesse público e, na hipótese de eventual conflito entre interesse coletivo e interesse particular, a prevalência será sempre do primeiro, exatamente por sua natureza supraindividual.
>
> Na seara tributária, a supremacia do interesse público sobre o particular pode ser traduzida, singelamente na convivência harmônica entre aquela realização de arrecadação fiscal e o respeito aos direitos dos contribuintes.
>
> Implícito no ordenamento jurídico, dele deriva o princípio da indisponibilidade do interesse público, que, no contexto em análise, impõe-se ao legislador e ao administrador, especialmente no trato de institutos cuja aplicação resulta no manejo do crédito tributário, tais como a isenção, a compensação, a transação a remissão e a anistia.

3.11 PRINCÍPIO DA SIMPLICIDADE

A EC nº 132 modificou o art. 145, § 3°, da CF, inserindo o § 3°: "O Sistema Tributário Nacional deve observar os princípios da simplicidade, da transparência, da justiça tributária, da cooperação e da

PRINCÍPIOS CONSTITUCIONAIS TRIBUTÁRIOS

defesa do meio ambiente"; portanto, entendemos que o sistema tributário deve ser de fácil compreensão, utilizando uma linguagem clara e acessível, sem dificuldades de entendimento para o contribuinte e o poder público, facilitando o cumprimento das obrigações tributárias principais e acessórias.

3.12 PRINCÍPIO DA TRANSPARÊNCIA

A inserção do princípio da transparência tributária no art. 145, § 3°, da CF deve possibilitar ao contribuinte total transparência do que ele efetivamente está pagando em termos de carga tributária, evitando argumentos para desorientar o contribuinte, bem como entender a composição de todos os tributos incidentes sobre a mercadoria e o serviço.

3.13 PRINCÍPIO DA JUSTIÇA TRIBUTÁRIA

A inserção na CF do princípio da justiça tributária procura buscar a percepção das noções de justiça, onde quem ganha mais paga mais e quem ganha menos contribui com menos, abrindo o entendimento para o contribuinte de que ele está recolhendo uma carga tributária justa de forma legal, social, comutativa e distributiva.

3.14 PRINCÍPIO DA COOPERAÇÃO

Com a inserção no art. 145, § 3°, CF desse princípio, podemos entender a cooperação em dois sentidos, sendo o primeiro onde o Fisco e o contribuinte devem obrigatoriamente promover uma cooperação mútua no cumprimento das obrigações tributárias principais e acessórias em benefício de um interesse comum; já no segundo sentido entendemos que, para que o Estado possa cumprir suas funções, necessita do recolhimento dos tributos, portanto, existindo uma cooperação recíproca entre administração e administrados.

3.15 PRINCÍPIO DA DEFESA DO MEIO AMBIENTE

O sistema tributário, a partir da EC nº 132/23, deve estar atento à tributação das atividades que prejudicam o meio ambiente; portanto, deve ponderar a carga tributária utilizando a extrafiscalidade nas atividades de preservação e deterioração do meio ambiente.

3.16 PRINCÍPIO DA ATENUAÇÃO DA REGRESSIVIDADE

A EC nº 132/23 inseriu o § 4° no art. 145 da CF, destacando que "As alterações na legislação tributária buscarão atenuar efeitos regressivos".

Entendemos que o termo "regressivo" se refere à tributação sobre o consumo, na qual as pessoas que recebem menos pagam os mesmos tributos que as pessoas que recebem mais. Assim, o sistema tributário deverá reduzir o impacto negativo sobre estes tributos, realizando a justiça social.

4 FONTES DO DIREITO TRIBUTÁRIO

As fontes que instituem e dão origem aos tributos em nosso ordenamento jurídico podem ser divididas em materiais (ou reais) e formais (Harada, 2016, p. 317):

> **Fontes materiais ou reais** – são o pressuposto de fato que compõe a norma jurídica definidora do FG da obrigação tributária e conforme o art. 114 do CTN, o FG da obrigação tributária principal é a situação definida em lei como necessária e suficiente à sua ocorrência. A situação é sempre um fato, descrito de forma abstrata e genérica na norma legal, que, uma vez ocorrida em concreto, se opera o fenômeno da subsunção do fato à hipótese legal prevista, isto é, gera a obrigação de pagar tributo.

> **Fontes formais** – são os atos normativos ou conjunto de normas que dão nascimento ao direito tributário. As fontes formais são constituídas pelas normas constitucionais e pelos atos normativos referidos no art. 59 da CF, quais sejam: emendas à CF, leis complementares, leis ordinárias, leis delegadas, medidas provisórias, decretos legislativos, resoluções, tratados e convenções internacionais.

A seguir, descrevemos as fontes do direito tributário.

4.1 CONSTITUIÇÃO FEDERAL

É na CF que se encontram positivadas nos arts. 145 a 162 (do Sistema Tributário Nacional) a fundamentação jurídica para a criação dos tributos, sua respectiva competência e repartição tributária. É a principal e mais importante fonte do direito tributário.

Manual de Direito Tributário e Financeiro Aplicado

Na definição de Regina Helena Costa (2013, p. 38):

> *Extraem-se duas consequências relevantes para a adequada compreensão dos parâmetros a serem observados pelo legislador e administrador tributário.*
>
> *A primeira consiste no fato de que, se a Constituição Federal é rígida, por contemplar um processo especial para sua modificação, mais complexo do que aquele previsto para a elaboração de uma lei ordinária, tal rigidez transmite-se ao sistema tributário nacional, que somente pode ser modificado em sua estrutura básica, por meio de emenda constitucional (art. 60, CF). E a segunda consequência a qual toda modificação, a ser implementada no plano infraconstitucional, deverá atentar às balizas preestabelecidas na lei maior, o que resulta na restrita liberdade outorgada aos legisladores ordinário e complementar para dispor sobre a tributação, e, obviamente, em nenhuma liberdade outorgada ao administrar nessa seara.*

Ainda com referência à CF, não podemos deixar de destacar a emenda constitucional constante dos arts. 59 e 60 da CF, que efetivamente pode alterar o texto da Carta Magna. Nesse sentido, Eduardo Sabbag (2017, p. 575) afirma que:

> *A Constituição Federal, ao refletir a realidade social do País e acompanhar sua evolução, deve prever, em seu próprio texto, a forma pela qual pode ser alterada, o que deve se dar por meio de emenda constitucional. As emendas constitucionais, uma vez aprovadas, incorporam-se à Constituição Federal, com igual hierarquia, passando a ter a mesma força das normas constitucionais preexistentes, aliás, a Constituição Federal, como se sabe, não cria tributos, ela define competências para fazê-lo. Assim também suas emendas.*

Com referência à competência tributária, Luís Eduardo Schoueri (2011, p. 65) afirma:

> *Nesse passo, basta considerar que o texto constitucional prevê a existência de tributos e delineia quem serão as pessoas jurídicas de direito público que poderão instituí-los. O tema da*

FONTES DO DIREITO TRIBUTÁRIO

competência é extremamente relevante, especialmente quando o Estado adota a forma federal. Assim, no Brasil o texto constitucional previu estrutura federal, onde se identificam a União, os Estados e o Distrito Federal. Embora haja quem levante dúvidas se os municípios participam, enquanto tais, do pacto federativo, o constituinte houve por bem conferir também a eles uma parcela de competência tributária. Pois bem, é na Constituição Federal que se sabe quem pode instituir qual tributo.

4.2 LEI COMPLEMENTAR

Regra que contempla uma matéria a ela entregue de forma exclusiva e que, em consequência, repele normações heterogêneas, aprovadas mediante um quórum próprio de maioria absoluta. Na verdade, a lei complementar vai integrar a eficácia da norma constitucional. Não existe relação hierárquica entre lei complementar e lei ordinária, o que existe são matérias reservadas a cada espécie normativa que devem ser respeitadas pelo legislador.

A lei complementar tem quórum especial de votação previsto pela Constituição em seu art. 69. Somente pode ser aprovada por maioria absoluta[27] dos membros das duas Casas do Congresso Nacional (Martins, 2005, p. 48).

Basicamente, traz normas gerais ou até institui em matéria tributária, como podemos observar nos artigos abaixo descritos, todos da Constituição Federal:

- 146, III, "a" – FG, base de cálculo e contribuinte definidos em lei – LC.

- 148 – fonte instituidora de empréstimos compulsórios – LC.

- 154, I – instituição de impostos de competência residual da União – LC.

---

27 Maioria absoluta – 50% +1 de todos os membros da casa, e maioria simples (art. 47, CF) – 50% + 1 dos membros presentes.

- 195, § 4° – competência residual para instituir contribuição social – LC.

- 214/25 – instituiu o IBS, a CBS – LC.

Para melhor entendimento do tema, transcrevemos abaixo o teor dos arts. 146 e 146-A da CF, que foram alterados em decorrência da EC nº 132/23:

> **Art. 146.** *Cabe à lei complementar:*
>
> *I – dispor sobre conflitos de competência, em matéria tributária, entre a União, os Estados, o Distrito Federal e os Municípios;*
>
> *II – regular as limitações constitucionais ao poder de tributar;*
>
> *III – estabelecer normas gerais em matéria de legislação tributária, especialmente sobre:*
>
> *a) definição de tributos e de suas espécies, bem como, em relação aos impostos discriminados nesta Constituição, a dos respectivos fatos geradores, bases de cálculo e contribuintes;*
>
> *b) obrigação, lançamento, crédito, prescrição e decadência tributários;*
>
> *c) tributário ao ato cooperativo praticado pelas sociedades cooperativas, inclusive em relação aos tributos previstos nos arts. 156-A e 195, V; (Redação dada pela Emenda Constitucional nº 132, de 2023)*
>
> *d) definição de tratamento diferenciado e favorecido para as microempresas e para as empresas de pequeno porte, inclusive regimes especiais ou simplificados no caso dos impostos previstos nos arts. 155, II, e 156-A, das contribuições sociais previstas no art. 195, I e V, e § 12 e da contribuição a que se refere o **art. 239.** (Redação dada pela Emenda Constitucional nº 132, de 2023)*
>
> *§ 1° A lei complementar de que trata o inciso III, d também poderá instituir um regime único de arrecadação dos impostos e contribuições da União, dos Estados, do Distrito Federal*

FONTES DO DIREITO TRIBUTÁRIO

e dos Municípios, observado que: (Incluído pela Emenda Constitucional n° 132, de 2023)

I – será opcional para o contribuinte; (Incluído pela Emenda Constitucional n° 132, de 2023)

II – poderão ser estabelecidas condições de enquadramento diferenciadas por Estado; (Incluído pela Emenda Constitucional n° 132, de 2023)

III – o recolhimento será unificado e centralizado e a distribuição da parcela de recursos pertencentes aos respectivos entes federados será imediata, vedada qualquer retenção ou condicionamento; (Incluído pela Emenda Constitucional n° 132, de 2023)

IV – a arrecadação, a fiscalização e a cobrança poderão ser compartilhadas pelos entes federados, adotado cadastro nacional único de contribuintes. (Incluído pela Emenda Constitucional n° 132, de 2023)

§ 2° É facultado ao optante pelo regime único de que trata o § 1° apurar e recolher os tributos previstos nos arts. 156-A e 195, V, nos termos estabelecidos nesses artigos, hipótese em que as parcelas a eles relativas não serão cobradas pelo regime único. (Incluído pela Emenda Constitucional n° 132, de 2023)

§ 3° Na hipótese de o recolhimento dos tributos previstos nos arts. 156-A e 195, V ser realizado por meio do regime único de que trata o § 1°, enquanto perdurar a opção: (Incluído pela Emenda Constitucional n° 132, de 2023)

I – não será permitida a apropriação de créditos dos tributos previstos nos arts. 156-A e 195, V pelo contribuinte optante pelo regime único; e (Incluído pela Emenda Constitucional n° 132, de 2023)

II – será permitida a apropriação de créditos dos tributos previstos nos arts. 156-A e 195, V, pelo adquirente não optante pelo regime único de que trata o § 1° de bens materiais ou imateriais, inclusive direitos, e de serviços do optante, em montante equivalente ao cobrado por meio do regime único. (Incluído pela Emenda Constitucional n° 132, de 2023)

> *Art. 146-A. Lei complementar poderá estabelecer critérios especiais de tributação, com o objetivo de prevenir desequilíbrios da concorrência, sem prejuízo da competência de a União, por lei, estabelecer normas de igual objetivo. (Incluído pela Emenda Constitucional n° 42, de 19.12.2003)*

4.3 LEI ORDINÁRIA

A lei ordinária difere da complementar pelo fato de esta ter quórum especial para votação, conforme o art. 47 da CF. A lei ordinária é aprovada no Congresso Nacional por maioria simples, ou seja, não necessita de maioria absoluta. O fundamento encontra-se nos arts. 59, inciso III, e 61 da CF. Também é fonte instituidora de tributos.

Harada (2016, p. 318) define a lei ordinária como:

> *As leis ordinárias são aqueles atos normativos que prescindem da maioria absoluta para sua aprovação e que, de forma geral, correspondem às normas que criam e majoram os tributos. Constituem fontes por excelência não só do direito tributário, como também do próprio direito como ciência jurídica. Como se sabe, a Constituição não cria tributos, apenas outorga competência impositiva. As leis ordinárias de cada ente tributante é que instituem os tributos. Excepcionalmente, a Constituição impõe a criação de tributos por meio de lei complementar, como é o caso do imposto sobre grandes fortunas (art. 153, VII), daquele imposto decretado, pela União, no exercício de sua competência residual (art. 154, I), do empréstimo compulsório (art.148) e das contribuições sociais previstas no § 4° do **art. 195.***

Destaca-se ainda Alexandre de Moraes (2015, p. 697), que especifica as diferenças entre a lei complementar e a lei ordinária:

> *São duas diferenças entre lei complementar e lei ordinária. A primeira é material, uma vez que somente poderá ser objeto de lei complementar a matéria taxativamente prevista na Constituição Federal, enquanto as demais matérias deverão*

FONTES DO DIREITO TRIBUTÁRIO

ser objeto de lei ordinária. Assim, a Constituição Federal reserva determinadas matérias cuja regulamentação, obrigatoriamente, será realizada por lei complementar. A segunda é formal e diz respeito ao processo legislativo, na fase de votação. Enquanto o quórum para aprovação da lei ordinária é de maioria simples (art. 47), o quórum para aprovação da lei complementar é de maioria absoluta (art. 69), ou seja, o primeiro número inteiro subsequente à divisão dos membros da Casa Legislativa por dois. Note-se que, nas votações por maioria absoluta, não devemos nos fixar no número dos presentes, mas sim no número total dos integrantes da casa legislativa. Portanto, a maioria absoluta é sempre um número fixo, independentemente dos parlamentares presentes.

4.4 LEI DELEGADA

É um ato normativo originário do Poder Executivo. As leis delegadas serão elaboradas pelo Presidente da República, que deverá solicitar delegação do Congresso Nacional formalizada por meio de resolução, que especificará seu conteúdo e forma de exercício, conforme os arts. 68 e 69 da CF abaixo transcritos, possuindo o mesmo patamar que a lei ordinária (Martins, 2005, p. 51).

> *Art. 68. As leis delegadas serão elaboradas pelo Presidente da República, que deverá solicitar a delegação ao Congresso Nacional.*
>
> *§ 1° Não serão objeto de delegação os atos de competência exclusiva do Congresso Nacional, os de competência privativa da Câmara dos Deputados ou do Senado Federal, a matéria reservada à lei complementar, nem a legislação sobre:*
>
> *I – organização do Poder Judiciário e do Ministério Público, a carreira e a garantia de seus membros;*
>
> *II – nacionalidade, cidadania, direitos individuais, políticos e eleitorais;*
>
> *III – planos plurianuais, diretrizes orçamentárias e orçamentos.*

§ 2º A delegação ao Presidente da República terá a forma de resolução do Congresso Nacional, que especificará seu conteúdo e os termos de seu exercício.

§ 3º Se a resolução determinar a apreciação do projeto pelo Congresso Nacional, este a fará em votação única, vedada qualquer emenda.

Art. 69. As leis complementares serão aprovadas por maioria absoluta.

Harada (2016, p. 319) assim conceitua a lei delegada:

As leis delegadas só diferem das ordinárias por seu processo legislativo. São elaboradas pelo Presidente da República, após obtida a delegação do Congresso Nacional, na forma do art. 68 da CF. Ocupam a mesma posição hierárquica das leis ordinárias. O Congresso Nacional, ao autorizar o Chefe do Executivo a baixar uma lei, deverá, por meio de Resolução, especificar seu conteúdo e as condições de seu exercício (§ 2º do art. 68). As matérias arroladas no § 1º do art. 68 não comportam delegação.

4.5 MEDIDA PROVISÓRIA

Em caso de relevância e urgência, o Presidente da República poderá adotar medidas provisórias, com força de lei, devendo submetê-las de imediato ao Congresso Nacional. Uma vez editada, a medida provisória permanecerá em vigor pelo prazo de 60 dias e será submetida, imediatamente, ao Poder Legislativo, para apreciação, nos termos dos 12 incisos do art. 62 da CF, incluídos pela EC nº 32/01, que disciplinam o processo legislativo especial das medidas provisórias (Moraes, 2015, p. 701).

O art. 62, §§ 2º e 3º, da CF foi modificado de acordo com a nova redação da EC nº 32/2001, onde é vedada a possibilidade de reedição de medida provisória. Estabelece também a perda da eficácia da MP não convertida em lei no prazo de 60 dias, prorrogável por mais 60 dias, respeitadas as restrições do art. 150, inciso III, "b",

CF, que veda cobrar tributos no mesmo exercício financeiro em que lei foi instituída e publicada. Para melhor entendimento transcrevemos abaixo o art. 62, § 2° com a nova redação:

Art. 62. *(...)*

§ 2° A medida provisória que implique instituição ou majoração de impostos, exceto os previstos nos artigos 153, I, II, IV, V, e 154, II, só produzirá efeitos no exercício financeiro seguinte se houver sido convertida em lei até o último dia daquele em que foi editada.

4.6 TRATADOS INTERNACIONAIS

Serão os tratados internacionais fontes de direito tributário quando forem aprovados por decreto legislativo[28] e promulgados por decreto do Presidente da República.

A ratificação é o ato pelo qual o Poder Executivo, devidamente autorizado pelo órgão para isso designado na lei interna, confirma um tratado ou declara que este deve produzir seus devidos efeitos. Antes da ratificação, o tratado não constitui ato jurídico perfeito e acabado: a ratificação é o que completa e lhe dá força obrigatória.

---

28 Decreto legislativo – assemelha-se ao Decreto do Executivo. É ato de ordem administrativa, da mesma natureza dos decretos executivos, tendente a ordenar matéria de interesse da própria instituição. Entanto, em sentido amplo, compreende todas as deliberações ou resoluções do Poder Legislativo, porque, em regra, surge como uma resolução, em que se consagra uma medida qualquer de caráter administrativo ou político, para, após ser sancionada, converter-se em decreto legislativo. Entanto, o decreto legislativo tal como o Executivo, não se confunde com a lei. Não tem por função estabelecer direito novo, nem possui a natureza e caráter orgânico, que é elementar na lei, embora se exteriorize sob a mesma forma, que se dá a lei (Silva, 1994).

Estabelece o art. 84, incisos VII, VIII, da CF que é de competência privativa do Presidente da República celebrar tratados, convenções e atos internacionais (art. 49, inciso I, CF) sujeitos a referendo do Congresso Nacional que, em caso de aprovação, elabora o decreto legislativo, de acordo com o art. 59, inciso VI, da CF (Martins, 2005, p. 52).

Os tratados também encontram fundamento no art. 98 do CTN: "Os tratados e as convenções internacionais revogam ou modificam a legislação tributária interna, e serão observados pela que lhes sobrevenha".

Nesse sentido, destacamos ainda o art. 5º, § 2º, da CF:

> *Os direitos e garantias expressos nesta Constituição não excluem outros decorrentes do regime e dos princípios por ela adotados, ou dos tratados internacionais em que a República Federativa do Brasil seja parte.*

Nessa mesma linha, o art. 4º, incisos I e IX, da CF define que:

> *A República Federativa do Brasil rege-se, nas suas relações internacionais, pelos seguintes princípios:*
>
> *I – independência nacional; (...)*
>
> *IX – cooperação entre os povos para o progresso da humanidade.*
>
> *O tratado ratificado pelo Congresso Nacional se transforma em decreto legislativo. Sobrepõe-se ao direito interno. Ex.: Tratado Mercosul relativo aos impostos relacionados à importação e à exportação de mercadorias entre os países-membros.*

4.7 RESOLUÇÃO DO SENADO FEDERAL

As resoluções são atos normativos utilizados para regular matéria de competência do Congresso Nacional e de suas casas, tendo efeitos internos.

FONTES DO DIREITO TRIBUTÁRIO

O inciso V do art. 52 da CF prevê que o Senado Federal pode autorizar operações externas de natureza financeira, de interesse da União, dos Estados, do Distrito Federal e dos Municípios, o que é feito por resolução.

A resolução do Senado Federal estabelece:

a) alíquotas do ICMS em relação às operações de circulação de mercadorias e prestação de serviços, interestaduais e de exportação;

b) alíquotas mínimas nas operações internas em matéria de ICMS (art. 155, § 2°, IV, *a*, da Constituição);

c) alíquotas máximas nas operações da alínea anterior para resolver conflito específico que envolva interesse dos Estados (art. 155, § 2°, inciso V, *b*, da Constituição);

d) as alíquotas máximas do imposto de transmissão *causa mortis* e doação (art. 155, § 1°, inciso IV, CF) são fixadas pelo Senado Federal, como também as alíquotas mínimas do IPVA (art. 155, § 6°), o que é feito por resolução (Martins, 2005, p. 52).

4.8   DECRETO REGULAMENTAR

Os decretos são atos normativos a serem editados exclusivamente pelo chefe do Poder Executivo. Visam regulamentar a lei para seu fiel cumprimento e não podem inovar o texto legal, quer ampliando, quer restringindo seu alcance e conteúdo (Harada, 2016, p. 324).

Regulamenta a lei que instituiu o tributo. É a aplicação prática. Hugo de Brito (2016, p. 88) conceitua o decreto como:

> *Decreto e regulamento podem ser tomados como sinônimos. O decreto é ato do chefe do Poder Executivo, enquanto o regulamento é ato a este encaminhado pelo Ministro de Estado da área respectiva, no caso de tributação pelo Ministro da Fazenda, e aprovado por decreto. Na prática a diferença é apenas na forma.*

Complementando, o art. 99 do CTN define que: "O conteúdo e alcance dos decretos restringem-se aos das leis em função das quais sejam expedidos, determinados com observância das regras de interpretação estabelecidas nesta lei".

4.9 NORMAS COMPLEMENTARES

As normas complementares são formalmente os atos administrativos, os normativos, as portarias etc.

Diz-se que são complementares porque se destinam a complementar o texto das leis, dos tratados e convenções internacionais, e dos decretos. Limitam-se a complementar, não podem inovar ou de qualquer forma modificar o texto da norma que complementam, além de não poderem invadir o campo da reserva legal. Devem observância também aos decretos e regulamentos, que se colocam em posição superior porque editados pelo chefe do Poder Executivo, e a este os que editam as normas complementares estão subordinados.

As normas complementares têm como fundamento o art. 100 do CTN, conforme descrito abaixo (Machado, 2016, p. 89):

> São normas complementares das leis, dos tratados e das convenções internacionais e dos decretos:
>
> I – os atos normativos expedidos pelas autoridades administrativas;
>
> II – as decisões dos órgãos singulares ou coletivos de jurisdição administrativa a que a lei atribua eficácia normativa;
>
> III – as práticas reiteradamente observadas pelas autoridades administrativas;
>
> IV – os convênios que entre si celebraram a União, os Estados, o Distrito Federal e Municípios.
>
> Parágrafo único. A observância das normas referidas neste artigo exclui a imposição de penalidades, a cobrança de juros de mora e a atualização do valor monetário da base de cálculo do tributo.

4.10 DECRETOS LEGISLATIVOS

Instrumento de competência privativa do Congresso Nacional para ser utilizado em caso de rejeição de medida provisória, conforme previsto no art. 62, §§ 3° a 12, da CF, a seguir descritos:

§ 3° As medidas provisórias, ressalvado o disposto nos §§ 11 e 12 perderão eficácia, desde a edição, se não forem convertidas em lei no prazo de sessenta dias, prorrogável, nos termos do § 7°, uma vez por igual período, devendo o Congresso Nacional disciplinar, por decreto legislativo, as relações jurídicas delas decorrentes. *(Incluído pela Emenda constitucional n° 32, de 2001)*

§ 4° *O prazo a que se refere o § 3° contar-se-á da publicação da medida provisória, suspendendo-se durante os períodos de recesso do Congresso Nacional. (Incluído pela Emenda Constitucional n° 32, de 2001)*

§ 5° *A deliberação de cada uma das Casas do Congresso Nacional sobre o mérito das medidas provisórias dependerá de juízo prévio sobre o atendimento de seus pressupostos constitucionais. (Incluído pela Emenda Constitucional n° 32, de 2001)*

§ 6° *Se a medida provisória não for apreciada em até quarenta e cinco dias contados de sua publicação, entrará em regime de urgência, subsequentemente, em cada uma das Casas do Congresso Nacional, ficando sobrestadas, até que se ultime a votação, todas as demais deliberações legislativas da Casa em que estiver tramitando. (Incluído pela Emenda Constitucional n° 32, de 2001)*

§ 7° *Prorrogar-se-á uma única vez por igual período a vigência de medida provisória que, no prazo de sessenta dias, contado de sua publicação, não tiver a sua votação encerrada nas duas Casas do Congresso Nacional. (Incluído pela Emenda Constitucional n° 32, de 2001)*

§ 8° *As medidas provisórias terão sua votação iniciada na Câmara dos Deputados. (Incluído pela Emenda Constitucional n° 32, de 2001)*

Manual de Direito Tributário e Financeiro Aplicado

> *§ 9º Caberá à comissão mista de Deputados e Senadores examinar as medidas provisórias e sobre elas emitir parecer, antes de serem apreciadas, em sessão separada, pelo plenário de cada uma das Casas do Congresso Nacional. (Incluído pela Emenda Constitucional nº 32, de 2001)*
>
> *§ 10 É vedada a reedição, na mesma sessão legislativa, de medida provisória que tenha sido rejeitada ou que tenha perdido sua eficácia por decurso de prazo. (Incluído pela Emenda Constitucional nº 32, de 2001)*
>
> *§ 11 Não editado o decreto legislativo a que se refere o § 3º até sessenta dias após a rejeição ou perda de eficácia de medida provisória, as relações jurídicas constituídas e decorrentes de atos praticados durante sua vigência conservar-se-ão por ela regidas. (Incluído pela Emenda Constitucional nº 32, de 2001)*
>
> *§ 12 Aprovado projeto de lei de conversão alterando o texto original da medida provisória, esta manter-se-á integralmente em vigor até que seja sancionado ou vetado o projeto. (Incluído pela Emenda Constitucional nº 32, de 2001)*

O decreto legislativo também é utilizado para aprovação de tratados e convenções internacionais nos moldes do artigo 49, inciso I, CF.

Harada (2016, p. 321) define o decreto legislativo como:

> *São instrumentos normativos de igual hierarquia da lei ordinária, editados privativamente pelo Congresso Nacional para aprovação de tratados e convenções internacionais (art. 49, I, CF). São instrumentos idôneos, também, para sustar os atos normativos do Poder Executivo que exorbitam do poder regulamentar ou dos limites da delegação legislativa. Servem, outrossim, para fixar, a cada exercício financeiro, a remuneração do Presidente e do Vice-Presidente da República e dos Ministros de Estado. Para o direito tributário interessa mais de perto os decretos legislativos aprovando convenções internacionais para evitar dupla tributação do imposto de renda, ou para estatuir isenções reciprocas de impostos federais, estaduais e municipais em determinadas circunstâncias.*

5 HIPÓTESE DE INCIDÊNCIA, FATO GERADOR OU FATO IMPONÍVEL – ARTS. 114 A 118, CTN

O FG é a situação de fato ou de direito definida em lei que dá ensejo à obrigação tributária, incidindo o tributo. É a situação necessária, pois sem ela não nasce a obrigação tributária principal ou acessória. É a concretização da hipótese de incidência prevista em lei. É suficiente porque basta a sua ocorrência para o tributo ser devido (Martins, 2005, p. 156) pelo contribuinte para o Estado.

A validade dos atos jurídicos não interessa para o Fisco, o que interessa são os fatos sujeitos à tributação.

A própria Constituição Federal destaca, no seu art. 146, inciso III, "a", assim como no art. 146-A, o FG como:

> **Art. 146.** *Cabe à lei complementar: (...)*
>
> *III – estabelecer normas gerais em matéria de legislação tributária, especialmente sobre:*
>
> *a) definição de tributos e de suas espécies, bem como, em relação aos impostos discriminados nesta Constituição, a dos respectivos fatos geradores, bases de cálculo e contribuintes;*
>
> *b) obrigação, lançamento, crédito, prescrição e decadência tributários;*
>
> *c) adequado tratamento tributário ao ato cooperativo praticado pelas sociedades cooperativas, inclusive em relação aos tributos previstos nos arts. 156-A e 195, V; (Redação dada pela Emenda Constitucional n° 132, de 2023)*

Manual de Direito Tributário e Financeiro Aplicado

> *d) definição de tratamento diferenciado e favorecido para as microempresas e para as empresas de pequeno porte, inclusive regimes especiais ou simplificados no caso dos impostos previstos nos arts. 155, II, e 156-A, das contribuições sociais previstas no art. 195, I e V, e § 12 e da contribuição a que se refere o* **art. 239.** *(Redação dada pela Emenda Constitucional nº 132, de 2023)*

> *Art. 146-A. Lei complementar poderá estabelecer critérios especiais de tributação, com o objetivo de prevenir desequilíbrios da concorrência, sem prejuízo da competência de a União, por lei, estabelecer normas de igual objetivo. (Incluído pela Emenda Constitucional nº 42, de 19.12.2003)*

Em decorrência da reforma tributária, a LC nº 214/25, definindo o FG como o momento de sua ocorrência (art. 10), o fornecimento oneroso de bens, serviços e direitos decorrentes de qualquer ato ou negócio jurídico, assim como define as operações não onerosas relativas ao IBS, à CBS, para tanto transcrevemos os arts. 4º, 10 e 11 da referida lei que promovem alterações consideráveis, principalmente quanto ao local da operação:

> **Art. 4º** *O IBS e a CBS incidem sobre operações onerosas com bens ou com serviços.*

> *§ 1º As operações não onerosas com bens ou com serviços serão tributadas nas hipóteses expressamente previstas nesta Lei Complementar.*

> *§ 2º Para fins do disposto neste artigo, considera-se operação onerosa com bens ou com serviços qualquer fornecimento com contraprestação, incluindo o decorrente de:*

> *I – compra e venda, troca ou permuta, dação em pagamento e demais espécies de alienação;*

> *II – locação;*

> *III – licenciamento, concessão, cessão;*

> *IV – mútuo oneroso;*

> *V – doação com contraprestação em benefício do doador;*

HIPÓTESE DE INCIDÊNCIA, FATO GERADOR OU FATO IM-
PONÍVEL – ARTS. 114 A 118, CTN

VI – instituição onerosa de direitos reais;

VII – arrendamento, inclusive mercantil; e

VIII – prestação de serviços.

§ 3º São irrelevantes para a caracterização das operações de que trata este artigo:

I – o título jurídico pelo qual o bem encontra-se na posse do fornecedor;

II – a espécie, tipo ou forma jurídica, a validade jurídica e os efeitos dos atos ou negócios jurídicos;

III – a obtenção de lucro com a operação; e

IV – o cumprimento de exigências legais, regulamentares ou administrativas.

§ 4º O IBS e a CBS incidem sobre qualquer operação com bem ou com serviço realizada pelo contribuinte, incluindo aquelas realizadas com ativo não circulante ou no exercício de atividade econômica não habitual, observado o disposto no § 4º do art. 57 desta Lei Complementar.

§ 5º A incidência do IBS e da CBS sobre as operações de que trata o caput deste artigo não altera a base de cálculo do:

I – Imposto sobre a Transmissão Causa Mortis e Doação de Quaisquer Bens ou Direitos (ITCD), de que trata o <u>inciso I do caput do art. 155 da Constituição Federal</u>;

II – Imposto sobre a Transmissão Inter Vivos de Bens Imóveis e Direitos a eles relativos (ITBI), de que trata o <u>inciso II do caput do art. 156 da Constituição Federal</u>.

Art. 10. Considera-se ocorrido o fato gerador do IBS e da CBS no momento do fornecimento nas operações com bens ou com serviços, ainda que de execução continuada ou fracionada.

§ 1º Para fins do disposto no caput deste artigo, considera-se ocorrido o fornecimento no momento:

I – do início do transporte, na prestação de serviço de transporte iniciado no País;

II – do término do transporte, na prestação de serviço de transporte de carga quando iniciado no exterior;

III – do término do fornecimento, no caso dos demais serviços;

IV – em que o bem for encontrado desacobertado de documentação fiscal idônea; e

V – da aquisição do bem nas hipóteses de:

a) licitação promovida pelo poder público de bem apreendido ou abandonado; ou

b) leilão judicial.

§ 2º Nas aquisições de bens e serviços pela administração pública direta, por autarquias e por fundações públicas, que estejam sujeitas ao disposto no art. 473 desta Lei Complementar, considera-se ocorrido o fato gerador no momento em que se realiza o pagamento.

§ 3º Nas operações de execução continuada ou fracionada em que não seja possível identificar o momento de entrega ou disponibilização do bem ou do término do fornecimento do serviço, como as relativas a abastecimento de água, saneamento básico, gás canalizado, serviços de telecomunicação, serviços de internet e energia elétrica, considera-se ocorrido o fato gerador no momento em que se torna devido o pagamento.

§ 4º Para fins do disposto no caput deste artigo, caso ocorra pagamento, integral ou parcial, antes do fornecimento:

I – na data de pagamento de cada parcela:

a) serão exigidas antecipações dos tributos, calculadas da seguinte forma:

1. a base de cálculo corresponderá ao valor de cada parcela paga;

2. as alíquotas serão aquelas vigentes na data do pagamento de cada parcela;

b) as antecipações de que trata a alínea "a" deste inciso constarão como débitos na apuração;

II – na data do fornecimento:

HIPÓTESE DE INCIDÊNCIA, FATO GERADOR OU FATO IM-PONÍVEL – ARTS. 114 A 118, CTN

a) os valores definitivos dos tributos serão calculados da seguinte forma:

1. a base de cálculo será o valor total da operação, incluindo as parcelas pagas antecipadamente;

2. as alíquotas serão aquelas vigentes na data do fornecimento;

b) caso os valores das antecipações sejam inferiores aos definitivos, as diferenças constarão como débitos na apuração; e

c) caso os valores das antecipações sejam superiores aos definitivos, as diferenças serão apropriadas como créditos na apuração.

§ 5º Na hipótese do § 4º deste artigo, caso não ocorra o fornecimento a que se refere o pagamento, inclusive em decorrência de distrato, o fornecedor poderá apropriar créditos com base no valor das parcelas das antecipações devolvidas.

Art. 11. Considera-se local da operação com:

I – bem móvel material, o local da entrega ou disponibilização do bem ao destinatário;

II – bem imóvel, bem móvel imaterial, inclusive direito, relacionado a bem imóvel, serviço prestado fisicamente sobre bem imóvel e serviço de administração e intermediação de bem imóvel, o local onde o imóvel estiver situado;

III – serviço prestado fisicamente sobre a pessoa física ou fruído presencialmente por pessoa física, o local da prestação do serviço;

IV – serviço de planejamento, organização e administração de feiras, exposições, congressos, espetáculos, exibições e congêneres, o local do evento a que se refere o serviço;

V – serviço prestado fisicamente sobre bem móvel material e serviços portuários, o local da prestação do serviço;

VI – serviço de transporte de passageiros, o local de início do transporte;

Manual de Direito Tributário e Financeiro Aplicado

VII – serviço de transporte de carga, o local da entrega ou disponibilização do bem ao destinatário constante no documento fiscal;

VIII – serviço de exploração de via, mediante cobrança de valor a qualquer título, incluindo tarifas, pedágios e quaisquer outras formas de cobrança, o território de cada Município e Estado, ou do Distrito Federal, proporcionalmente à correspondente extensão da via explorada;

IX – serviço de telefonia fixa e demais serviços de comunicação prestados por meio de cabos, fios, fibras e meios similares, o local de instalação do terminal; e

X – demais serviços e demais bens móveis imateriais, inclusive direitos, o local do domicílio principal do:

a) adquirente, nas operações onerosas;

b) destinatário, nas operações não onerosas.

§ 1º Para fins do disposto no inciso I do caput deste artigo:

I – em operação realizada de forma não presencial, assim entendida aquela em que a entrega ou disponibilização não ocorra na presença do adquirente ou destinatário no estabelecimento do fornecedor, considera-se local da entrega ou disponibilização do bem ao destinatário o destino final indicado pelo adquirente:

a) ao fornecedor, caso o serviço de transporte seja de responsabilidade do fornecedor; ou

b) ao terceiro responsável pelo transporte, caso o serviço de transporte seja de responsabilidade do adquirente;

II – considera-se ocorrida a operação no local do domicílio principal do destinatário, na aquisição de veículo automotor terrestre, aquático ou aéreo;

III – considera-se ocorrida a operação no local onde se encontra o bem móvel material:

a) na aquisição de bem nas hipóteses de:

HIPÓTESE DE INCIDÊNCIA, FATO GERADOR OU FATO IMPONÍVEL – ARTS. 114 A 118, CTN

> *1. licitação promovida pelo poder público de bem apreendido ou abandonado; ou*
>
> *2. leilão judicial; e*
>
> *b) na constatação de irregularidade pela falta de documentação fiscal ou pelo acobertamento por documentação inidônea.*

Ampliando o raciocínio: a hipótese de incidência (HI) é a situação abstrata, hipotética, descrita na lei para a incidência do tributo. É uma simples previsão legal. A HI é a descrição na lei do FG ou fato imponível. É um fenômeno de subsunção[29] ou adequação da HI ao fato concreto.

Exemplo: O IPVA, positivado na lei, prevê que, se um contribuinte tiver a propriedade de um veículo, ele deve contribuir com o imposto.

Dessa forma, com a aquisição do veículo, surge a obrigação tributária de pagar o IPVA passível de cobrança pelo Fisco, por meio do lançamento, constituindo assim o crédito tributário.

HI →FG(FI) → = **OT** (obrigação tributária) → Lançamento tributário = CT (tributo + (eventual) penalidade) = Crédito Tributário[30]

Existe outra corrente destacando que a lei descreve a hipótese de incidência, e que, uma vez concretizada a referida hipótese, surge então o denominado fato imponível. Nesse sentido, Torres (2013, p. 246-247) afirma:

> *O CTN e a maior parte da doutrina brasileira empregam a expressão "fato gerador" para designar assim a situação abstrata definida em lei como a sua ocorrência no plano concreto. Em língua portuguesa não há expressões que indiquem, sem ambiguidade, a dimensão normativa e a concreta do fato gerador. Gerald Ataliba (op. cit., p. 75) propôs a*

---

29 Subsunção – adequação de uma conduta ou um fato concreto a uma norma jurídica.

30 Entenda-se o crédito tributário como o direito que o Fisco tem de exigir do contribuinte o cumprimento da obrigação tributária.

expressão "hipótese de incidência" para a descrição genérica e "fato imponível" para o fato concretamente ocorrido no mundo fenomênico; mas, sem prévia convenção, o "fato imponível" pode ser tomado na acepção abstrata, o que não resolve o problema linguístico.

Ainda com relação ao FG, existe outra expressão engajadora de divergências com relação ao tema, a qual é citada na obra de Regina Helena Costa (2013, p. 198):

Diversos autores a têm rechaçado, em razão de sua equivocidade, uma vez que tanto traduz a situação hipotética, estampado na norma legal, quanto a concretização dessa situação hábil a fazer surgir a obrigação tributária. Vale dizer, o legislador emprega a mesma expressão para designar realidades distintas.

Assim, ao mencionar-se a expressão fato gerador, faz--se necessário esclarecer em que sentido se a esta empregando, especificando-o: fato gerador in abstracto para a hipótese normativa, ou fato gerador in concreto para a situação efetivamente ocorrida.

Daí por que boa parte da doutrina hoje utiliza outras expressões para designar tais situações: Fato Gerador in abstracto é assim substituído pela expressão hipótese de incidência ou hipótese tributária, que não deixam dúvidas quanto ao conceito a que se refere o da situação hipotética. E o Fato Gerador in concreto é designado por fato imponível, ou fato jurídico tributário, de modo a designar a situação aperfeiçoada no plano concreto.

Os arts. 114 a 117 do CTN definem o FG como a hipótese de incidência – **é previsão abstrata, e quando ocorre em concreto chama-se fato imponível (ou FG)**. É a situação definida em lei como necessária e suficiente à sua ocorrência.

> **Art. 114.** *Fato gerador da obrigação principal é a situação definida em lei como necessária e suficiente à sua ocorrência.*

> **Art. 115.** *Fato gerador da obrigação acessória é qualquer situação que, na forma da legislação aplicável, impõe a prática ou a abstenção de ato que não configure obrigação principal.*

HIPÓTESE DE INCIDÊNCIA, FATO GERADOR OU FATO IMPONÍVEL – ARTS. 114 A 118, CTN

Art. 116. *Salvo disposição de lei em contrário, considera-se ocorrido o fato gerador e existentes os seus efeitos:*

I – tratando-se de situação de fato, desde o momento em que o se verifiquem as circunstâncias materiais necessárias a que produza os efeitos que normalmente lhe são próprios;

II – tratando-se de situação jurídica, desde o momento em que esteja definitivamente constituída, nos termos de direito aplicável.

Parágrafo único. A autoridade administrativa poderá desconsiderar atos ou negócios jurídicos praticados com a finalidade de dissimular a ocorrência do fato gerador do tributo ou a natureza dos elementos constitutivos da obrigação tributária, observados os procedimentos a serem estabelecidos em lei ordinária. (Incluído pela LCp no 104, de 2001)

Art. 117. *Para os efeitos do inciso II do artigo anterior e salvo disposição de lei em contrário, os atos ou negócios jurídicos condicionais reputam-se perfeitos e acabados:*

I – sendo suspensiva a condição, desde o momento de seu implemento;

II – sendo resolutória a condição, desde o momento da prática do ato ou da celebração do negócio.

Complementando, o art. 118 do CTN realiza a interpretação da HI e do FG, a seguir transcrito:

Art. 118. *A definição legal do fato gerador é interpretada abstraindo-se:*

I – da validade jurídica dos atos efetivamente praticados pelos contribuintes, responsáveis, ou terceiros, bem como da natureza do seu objeto ou dos seus efeitos;

II – dos efeitos dos fatos efetivamente ocorridos.

6 OBRIGAÇÃO TRIBUTÁRIA – ARTS. 113 E 114, CTN

A obrigação tributária (OT) é decorrência da lei, que define a prestação, os sujeitos e o objeto que envolvem os tributos, e podemos dividi-la em obrigação tributária principal e obrigação tributária acessória.

Obrigação – é aquilo que não pode deixar de ser feito. É o dever relacionado com o tributo. É uma relação jurídica entre duas pessoas, em que o sujeito ativo tem o direito de exigir do sujeito passivo uma prestação.

Tudo o que se impõe até chegar ao pagamento (ou eventualmente até após o pagamento) é OT acessória, e sua inobservância gera penalidade pecuniária e transforma a OT acessória em OT principal.

O art. 113, CTN define que as obrigações tributárias são independentes entre si e denominam-se principais e acessórias.

> **Art. 113.** *A obrigação tributária é principal ou acessória.*
>
> *§ 1° A obrigação principal surge com a ocorrência do fato gerador, tem por objeto o pagamento de tributo ou penalidade pecuniária e extingue-se juntamente com o crédito dela decorrente.*
>
> *§ 2° A obrigação acessória decorre da legislação tributária e tem por objeto as prestações, positivas ou negativas, nela previstas no interesse da arrecadação ou da fiscalização dos tributos.*
>
> *§ 3° A obrigação acessória, pelo simples fato da sua inobservância, converte-se em obrigação principal relativamente à penalidade pecuniária.*

OT PRINCIPAL – conforme o art. 114 do CTN, "o fato gerador da obrigação principal é a situação definida em lei como necessitária e suficiente à sua ocorrência"; portanto, entende-se que o FG da OT principal é a situação definida em lei como necessária à sua ocorrência, e tem por objeto o pagamento de tributo ou penalidade.

A natureza jurídica é a **obrigação de dar** os recursos financeiros (R$) ao Fisco e decorre da lei. O objeto é o pagamento do tributo ou penalidade imposta.

OT ACESSÓRIA – de acordo com o art. 115, CTN, é "qualquer situação que, na forma da legislação aplicável, impõe a prática ou abstenção de ato que não configure a obrigação principal. O seu objeto é não patrimonial."

A natureza jurídica é **obrigação de fazer ou não fazer** ou tolerar.

São deveres administrativos que o contribuinte sujeito passivo deve cumprir.

A OT acessória visa a principal. Objeto: prestação positiva ou negativa – em função da fiscalização ou arrecadação. Exemplo: elaboração do livro diário da empresa, declaração de imposto de renda pessoa física, emissão de NFE etc.

Em caso de o contribuinte não cumprir uma obrigação acessória, eventualmente ela pode converter-se em obrigação principal, pois, nesse caso, poderá haver uma penalidade como, por exemplo: multa por atraso de entrega na declaração e imposto de renda pessoa física.

Nesse caso, a multa que deverá ser paga pelo contribuinte é uma obrigação tributária principal.

7 CAPACIDADE TRIBUTÁRIA ATIVA – ART. 119, CTN

Sujeito ativo é aquele que tem o direito de exigir o cumprimento da obrigação tributária nos moldes do art. 119, CTN, a seguir descrito: "**Sujeito ativo** da obrigação é a pessoa jurídica de direito público, titular da competência para exigir o seu cumprimento".

Ainda nesse sentido, destacamos os arts. 6°, 7°, 8° do CTN, os quais se referem à atribuição constitucional da competência tributária:

> **Art. 6°** *A atribuição constitucional de competência tributária compreende a competência legislativa plena, ressalvadas as limitações contidas na Constituição Federal, nas Constituições dos Estados e nas Leis Orgânicas do Distrito Federal e dos Municípios, e observado o disposto nesta Lei.*
>
> *Parágrafo único. Os tributos cuja receita seja distribuída, no todo ou em parte, a outras pessoas jurídicas de direito público pertencerá à competência legislativa daquela a que tenham sido atribuídos.*
>
> *Art. 7° A competência tributária é indelegável, salvo atribuição das funções de arrecadar ou fiscalizar tributos, ou de executar leis, serviços, atos ou decisões administrativas em matéria tributária, conferida por uma pessoa jurídica de direito público a outra, nos termos do* § *3° do artigo 18 da Constituição.*
>
> § *1° A atribuição compreende as garantias e os privilégios processuais que competem à pessoa jurídica de direito público que a conferir.*
>
> § *2° A atribuição pode ser revogada, a qualquer tempo, por ato unilateral da pessoa jurídica de direito público que a tenha conferido.*

> § 3º *Não constitui delegação de competência o cometimento, a pessoas de direito privado, do encargo ou da função de arrecadar tributos.*
>
> *Art. 8º O não-exercício da competência tributária não a defere a pessoa jurídica de direito público diversa daquela a que a Constituição a tenha atribuído.*

É o poder dever de arrecadar tributos e ficar com o produto da arrecadação. É delegável e pode ser atribuída a outra pessoa política ou não política (parafiscalidade).

É o sujeito ativo da obrigação tributária, a pessoa jurídica de direito público, titular da competência para exigir o seu cumprimento.

A delegação de capacidade pode ser atribuída a outras pessoas para taxas e contribuições; para impostos, não. Delegação significa: autorização, concessão e permissão, a seguir descritos (Silva, 1994):

> *AUTORIZAÇÃO – Em qualquer sentido jurídico que lhe dê, autorização significa sempre a permissão ou consentimento dado ou manifestado por certa pessoa, seja física ou jurídica, pública ou privada, para que se pratique ato ou se faça alguma coisa, que não seriam legalmente válidos sem essa formalidade.*
>
> *CONCESSÃO – Derivado do latim concessio de concedere, significa o ato de conceder. E, assim, em acepção ampla, significa outorga, autorização, licença ou permissão, em virtude do que se atribuiu a uma pessoa o direito ou a faculdade de realizar um negócio ou vários negócios, praticar um ato ou vários atos ou executar um serviço ou vários serviços.*
>
> *PERMISSÃO – Derivado do latim permissio, do verbo permittire (permitir, consentir, autorizar), na terminologia jurídica entende-se o consentimento, a autorização ou a licença, para que se faça alguma coisa, que não é do nosso direito, ou para cuja execução ou a prática se exija o consentimento ou a autorização do poder público, como formalidade ou como exigência preliminar.*

CAPACIDADE TRIBUTÁRIA ATIVA – ART. 119, CTN

Complementando o entendimento, entenda-se a parafiscalidade como atribuição de capacidade tributária ativa da pessoa política para pessoa não política, então se denominando parafiscal.

Pode ser um ente parafiscal:

Pessoa Jurídica de direito público – Exemplo: INSS, OAB, CRC, CRM → É a contribuição parafiscal que o sujeito passivo realiza.

Pessoa Jurídica de direito privado – Exemplo: Nova Dutra, via oeste, Infraero.

Pessoa Física – Exemplo: Cartório.

IMPORTANTE – NÃO CONFUNDIR COM:

FISCALIDADE – é a função essencial do tributo que consiste em trazer receita aos cofres públicos.

EXTRAFISCALIDADE – o Estado usa o tributo com finalidade diversa da fiscalidade, utilizando o tributo para estimular ou desestimular o consumo. Ex.: Aumento do II com a finalidade de proteger a indústria nacional.

8 CAPACIDADE TRIBUTÁRIA PASSIVA – ART. 126, CTN

O sujeito passivo é o contribuinte pessoa física ou pessoa jurídica que responde pela obrigação tributária. O CTN, no seu art. 121, define o sujeito passivo como:

> **Art. 121.** *Sujeito passivo da obrigação principal é a pessoa obrigada ao pagamento de tributo ou penalidade pecuniária.*
>
> *Parágrafo único. O sujeito passivo da obrigação principal diz-se:*
>
> *I – contribuinte, quando tenha relação pessoal e direta com a situação que constitua o respectivo fato gerador;*
>
> *II – responsável, quando, sem revestir a condição de contribuinte, sua obrigação decorra de disposição expressa de lei.*
>
> **Art. 122.** *Sujeito passivo da obrigação acessória é a pessoa obrigada às prestações que constituam o seu objeto.*
>
> **Art. 123.** *Salvo disposições de lei em contrário, as convenções particulares, relativas à responsabilidade pelo pagamento de tributos, não podem ser opostas à Fazenda Pública, para modificar a definição legal do sujeito passivo das obrigações tributárias correspondentes.*

Observa-se que o CTN faz a distinção entre sujeito passivo direto, que é aquele que tem relação pessoal e direta com o FG (art. 121, I, CTN), e sujeito passivo indireto, que é o terceiro responsável em lei pelo pagamento do tributo (art. 121, § 2°, II, CTN).

Ainda com relação ao sujeito passivo, o CTN prevê a solidariedade tributária entre os contribuintes nos termos dos arts. 124 e 125 do CTN, a saber:

Art. 124. *São solidariamente obrigadas:*

I – as pessoas que tenham interesse comum na situação que constitua o fato gerador da obrigação principal;

II – as pessoas expressamente designadas por lei.

Parágrafo único. A solidariedade referida neste artigo não comporta benefício de ordem.

Art. 125. *Salvo disposição de lei em contrário, são os seguintes os efeitos da solidariedade:*

I – o pagamento efetuado por um dos obrigados aproveita aos demais;

II – a isenção ou remissão de crédito exonera todos os obrigados, salvo se outorgada pessoalmente a um deles, subsistindo, nesse caso, a solidariedade quanto aos demais pelo saldo;

III – a interrupção da prescrição, em favor ou contra um dos obrigados, favorece ou prejudica aos demais.

Interpretação – basta que o contribuinte pratique o FG (ou fato imponível) para tornar-se o sujeito passivo da obrigação tributária. O art. 126 do CTN determina que:

A capacidade tributária passiva independe:

I – da capacidade civil das pessoas naturais;

II – de achar-se a pessoa natural sujeita a medidas que importem privação ou limitação do exercício de atividades civis, comerciais ou profissionais, ou da administração direta de seus bens ou negócios;

III – de estar a pessoa jurídica regularmente constituída, bastando que configure uma unidade econômica ou profissional.

O sujeito passivo da obrigação tributária principal é a pessoa obrigada ao pagamento de tributo ou penalidade pecuniária. Os arts. 121 e 122 do CTN enfatizam que:

Art. 121. *Sujeito passivo da obrigação principal é a pessoa obrigada ao pagamento de tributo ou penalidade pecuniária.*

CAPACIDADE TRIBUTÁRIA PASSIVA – ART. 126, CTN

Parágrafo único. O sujeito passivo da obrigação principal diz-se:

I – contribuinte, quando tenha relação pessoal e direta com a situação que constitua o respectivo fato gerador;

II – responsável, quando, sem revestir a condição de contribuinte, sua obrigação decorra de disposição expressa de lei.

Art. 122. *Sujeito passivo da obrigação acessória é a pessoa obrigada às prestações que constituam o seu objeto.*

A responsabilidade tributária pode ser:

a) Por transferência – transfere-se ao responsável. Ex.: *De cujus*[31] – transfere a responsabilidade ao espólio.

b) Por substituição – Ex.: IRRF – o funcionário que recebe o salário é quem efetivamente paga o imposto, mas quem recolhe o tributo aos cofres públicos é a empresa que efetuou a retenção do tributo na fonte na ocasião do pagamento do salário do empregado. Ver art. 150, § 7°, CF.

c) Transmissão de bens imóveis – art. 130, CTN – o adquirente se torna responsável por todos os tributos pretéritos, exceto se havia prova de quitação de tributos. Em leilão a responsabilidade não é do adquirente, pois os tributos são deduzidos no lanço mínimo. Transmissão de bens móveis – remição, transmissão *causa mortis*. Art. 131, CTN – o espólio é o responsável até a data da abertura da sucessão. Via de regra, sempre o adquirente é o responsável. Na sucessão o FG é até a partilha e deve ser paga até o limite do quinhão.

d) Aquisição de estabelecimento comercial ou fundo de comércio. Art. 133, CTN – A responsabilidade é integral e subsidiária –[32] do alienante e do adquirente. O adquirente adquire todas as dívidas tributárias .

---

31 *De cujus* – locução latina que se traduz como aquele ou aquela que..., utilizada não somente para indicar que a sucessão está aberta, como para significar a pessoa falecida, sendo assim equivalente ao morto, ao falecido, ao sucedido (Silva, 1994).

32 Responsabilidade subsidiária – entende-se a que vem reforçar a responsabilidade principal, desde que não seja esta suficiente para atender os imperativos da obrigação assumida (Silva, 1994).

Manual de Direito Tributário e Financeiro Aplicado

e) Fusão, transformação, incorporação e extinção da pessoa jurídica – art. 132, CTN – A pessoa jurídica de direito privado que resultar de fusão, transformação ou incorporação de outra, ou em outra, é responsável pelos tributos devidos até a data do ato pelas pessoas jurídicas de direito privado fusionadas, transformadas ou incorporadas, como por exemplo: I) fusão A + B = C, que é o responsável pelos tributos; II) transformação, mudança do tipo societário – Ex.: alteração de sociedade anônima para limitada, que passa a ser o responsável tributário; III) incorporação A + B = A, onde A incorpora B e passa a ser o responsável. Com a finalidade de facilitar o entendimento transcrevemos abaixo o art. 133 do CTN:

> **Art. 133.** *A pessoa natural ou jurídica de direito privado que adquirir de outra, por qualquer título, fundo de comércio ou estabelecimento comercial, industrial ou profissional, e continuar a respectiva exploração, sob a mesma ou outra razão social ou sob firma ou nome individual, responde pelos tributos, relativos ao fundo ou estabelecimento adquirido, devidos até à data do ato:*
>
> *I – integralmente, se o alienante cessar a exploração do comércio, indústria ou atividade;*
>
> *II – subsidiariamente com o alienante, se este prosseguir na exploração ou iniciar dentro de seis meses a contar da data da alienação, nova atividade no mesmo ou em outro ramo de comércio, indústria ou profissão.*
>
> *§ 1° O disposto no caput deste artigo não se aplica na hipótese de alienação judicial: (Incluído pela LCp n° 118, de 2005)*
>
> *I – em processo de falência; (Incluído pela LCp n° 118, de 2005)*
>
> *II – de filial ou unidade produtiva isolada, em processo de recuperação judicial. (Incluído pela LCp n° 118, de 2005)*
>
> *§ 2° Não se aplica o disposto no § 1° deste artigo quando o adquirente for: (Incluído pela LCp n° 118, de 2005)*
>
> *I – sócio da sociedade falida ou em recuperação judicial, ou sociedade controlada pelo devedor falido ou em recuperação judicial; (Incluído pela LCp n° 118, de 2005)*

CAPACIDADE TRIBUTÁRIA PASSIVA – ART. 126, CTN

II – parente, em linha reta ou colateral até o 4° (quarto) grau, consanguíneo ou afim, do devedor falido ou em recuperação judicial ou de qualquer de seus sócios; ou (Incluído pela LCp n° 118, de 2005)

III – identificado como agente do falido ou do devedor em recuperação judicial com o objetivo de fraudar a sucessão tributária. (Incluído pela LCp n° 118, de 2005)

§ 3° Em processo da falência, o produto da alienação judicial de empresa, filial ou unidade produtiva isolada permanecerá em conta de depósito à disposição do juízo de falência pelo prazo de 1 (um) ano, contado da data de alienação, somente podendo ser utilizado para o pagamento de créditos extraconcursais ou de créditos que preferem ao tributário. (Incluído pela LCp n° 118, de 2005)

f) Extinção – os sócios extinguem a empresa, e o eventual sócio remanescente que fica é o responsável mesmo sobre outra razão social. Ainda com relação à extinção de sociedades destacamos a responsabilidade de terceiros envolvidos no processo de extinção:

Responsabilidade de terceiros – art. 134, VII, CTN, a seguir descrito – somente se o terceiro interveio no FG.

Art. 134. *Nos casos de impossibilidade de exigência do cumprimento da obrigação principal pelo contribuinte, respondem solidariamente com este nos atos em que intervierem ou pelas omissões de que forem responsáveis:*

I – os pais, pelos tributos devidos por seus filhos menores;

II – os tutores e curadores, pelos tributos devidos por seus tutelados ou curatelados;

III – os administradores de bens de terceiros, pelos tributos devidos por estes;

IV – o inventariante, pelos tributos devidos pelo espólio;

V – o síndico e o comissário, pelos tributos devidos pela massa falida ou pelo concordatário;

Manual de Direito Tributário e Financeiro Aplicado

VI – os tabeliães, escrivães e demais serventuários de ofício, pelos tributos devidos sobre os atos praticados por eles, ou perante eles, em razão do seu ofício;

VII – os sócios, no caso de liquidação de sociedade de pessoas.

Parágrafo único. O disposto neste artigo só se aplica, em matéria de penalidades, às de caráter moratório.

g) Responsabilidade pessoal dos sócios e administradores – art. 135, CTN – só existe em caso de infração de lei ou excesso de poder do contrato social ou estatuto, e o inciso III destaca que, nesse caso, os diretores, gerentes e representantes legais da Pessoa Jurídica respondem pessoalmente. Somente o sócio que tem poder de mando é que tem responsabilidade. Ver a Lei de Sonegação Fiscal (nº 4.729/65).

Ex.: Contador que deixa de recolher tributo – ele é pessoalmente responsável? A resposta é "depende" – somente se houver fraude.

Na responsabilidade por infração do contribuinte destacamos os arts. 136, 137 e 138, CTN, que definem a responsabilidade objetiva[33] do contribuinte:

Art. 136. *Salvo disposição de lei em contrário, a responsabilidade por infrações da legislação tributária independe da intenção do agente ou do responsável e da efetividade, natureza e extensão dos efeitos do ato.*

Art. 137. *A responsabilidade é pessoal ao agente:*

I – quanto às infrações conceituadas por lei como crimes ou contravenções, salvo quando praticadas no exercício regular de administração, mandato, função, cargo ou emprego, ou no cumprimento de ordem expressa emitida por quem de direito;

II – quanto às infrações em cuja definição o dolo específico do agente seja elementar;

---

33 Entendemos a responsabilidade objetiva como aquela decorrente de violação de direito ou prática de ato ilícito.

CAPACIDADE TRIBUTÁRIA PASSIVA – ART. 126, CTN

III – quanto às infrações que decorram direta e exclusivamente de dolo específico:

a) das pessoas referidas no artigo 134, contra aquelas por quem respondem;

b) dos mandatários, prepostos ou empregados, contra seus mandantes, preponentes ou empregadores;

c) dos diretores, gerentes ou representantes de pessoas jurídicas de direito privado, contra estas.

Art. 138. *A responsabilidade é excluída pela denúncia espontânea da infração, acompanhada, se for o caso, do pagamento do tributo devido e dos juros de mora, ou do depósito da importância arbitrada pela autoridade administrativa, quando o montante do tributo dependa de apuração.*

Parágrafo único. Não se considera espontânea a denúncia apresentada após o início de qualquer procedimento administrativo ou medida de fiscalização, relacionados com a infração.

h) A LC nº 214/25 define como contribuinte do IBS, da CBS, as plataformas digitais (art. 22) e os fundos de investimentos (arts. 26, § 7º, 193 e 249).

9 CAPACIDADE ECONÔMICA – ART. 145, § 1°, CF

É o mesmo que ter capacidade contributiva. O contribuinte é o que dá causa ao FG da obrigação tributária.

Toda pessoa que der causa a um FG de tributo tem capacidade contributiva ou econômica.

O art. 145 da CF é claro ao definir:

> **Art. 145.** *A União, os Estados, o Distrito Federal e os Municípios poderão instituir os seguintes tributos:*
>
> *I – impostos;*
>
> *II – taxas, em razão do exercício do poder de polícia ou pela utilização, efetiva ou potencial, de serviços públicos específicos e divisíveis, prestados ao contribuinte ou postos a sua disposição;*
>
> *III – contribuição de melhoria, decorrente de obras públicas.*
>
> *§ 1° Sempre que possível, os impostos terão caráter pessoal e serão graduados segundo a capacidade econômica do contribuinte, facultado à administração tributária, especialmente para conferir efetividade a esses objetivos, identificar, respeitados os direitos individuais e nos termos da lei, o patrimônio, os rendimentos e as atividades econômicas do contribuinte.*
>
> *§ 2° As taxas não poderão ter base de cálculo própria de impostos.*
>
> *§ 3° O Sistema Tributário Nacional deve observar os princípios da simplicidade, da transparência, da justiça tributária, da cooperação e da defesa do meio ambiente. (<u>Incluído pela Emenda Constitucional n° 132, de 2023</u>)*
>
> *§ 4° As alterações na legislação tributária buscarão atenuar efeitos regressivos. (<u>Incluído pela Emenda Constitucional n° 132, de 2023</u>)*

Manual de Direito Tributário e Financeiro Aplicado

Não confundir capacidade econômica com disponibilidade financeira. O imposto leva em conta a capacidade contributiva (econômica) do contribuinte, e não a sua capacidade financeira.

A título de exemplo, um contribuinte efetua a venda de um imóvel e obtém lucro imobiliário na transação. Conforme a legislação do IRPF, ele deve pagar o imposto sobre o lucro imobiliário até o último dia útil do mês seguinte, independentemente de ter recebido ou não valor da venda do imóvel.

Para o Fisco a capacidade econômica situa-se quando efetivamente a venda com lucro ocorreu (regime de competência),[34] surgindo então a obrigação tributária, independente do pagamento recebido ou não pelo sujeito passivo, o tributo é devido.

O Fisco não leva em consideração a eventual possibilidade de o contribuinte por motivos financeiros de cunho pessoal não conseguir efetuar o pagamento do imposto sobre ganhos de capital no caso aqui apresentado.

Nessa linha, Roque Carrazza (2002, p. 75) destaca que:

> Os impostos, quando ajustados à capacidade contributiva, permitem que os cidadãos cumpram, perante a comunidade, seus deveres de solidariedade política, econômica e social. Os que pagam este tipo de exação devem contribuir para as despesas públicas não em razão daquilo que recebem do Estado, mas de suas potencialidades econômicas. Com isso, ajudam a remover os obstáculos de ordem econômica e social que limitam, de fato, a liberdade e igualdade dos menos afortunados.

Ainda em referência à capacidade contributiva do contribuinte, destacamos o § 4° do referido artigo onde a legislação tributária deverá atenuar os efeitos regressivos dos tributos, buscando atenuar a carga tributária em que o aumento dos tributos sobre consumo reduz a capacidade econômica da população menos favorecida.

---

34 Regime de competência – princípio contábil pelo qual os ingressos e os custos são atribuídos ao exercício a que pertencem, embora recebidos e pagos em outros exercícios (Sá; Sá, 2009).

10 O CTN E A LEI COMPLEMENTAR EM FACE DA HIPÓTESE DE INCIDÊNCIA TRIBUTÁRIA

Cabe à lei complementar regulamentar o dispositivo constitucional que a lei exige, como, por exemplo, o CTN.

Ressaltando ainda que sua aprovação deve ser feita por maioria absoluta das duas Casas do Congresso Nacional e a diferença em termos tributários entre lei ordinária e lei complementar é somente o *quorum* para aprovação.

A lei complementar é nacional e subordina a União, o Estado, o Município e o Distrito Federal. Todos os entes políticos devem se pautar na lei que não institui imposto, ela dispõe sobre a hipótese de incidência genérica dos tributos.

A hipótese de incidência específica é aquela que institui o tributo. É a lei específica da União, do Estado, do Município e do Distrito Federal.

Em grande parte, o CTN atende à exigência do dispositivo constitucional, a Lei n° 5.172/66, que é lei ordinária, mas foi recepcionada pela CF/1967 e passou a ter força de lei complementar. Para alterar o CTN, é necessária a lei complementar, conforme a CF.

Nessa linha, podemos afirmar que:

- Poder de tributar – é a competência tributária. Quem tem são as pessoas políticas, competência esta que é indelegável.

- O poder de tributar é limitado e regrado nos moldes do art. 150, CF. Disciplinado por regramentos constitucionais: 1 – princípios constitucionais tributários, e 2 – imunidades tributárias.

- Toda vez que o dispositivo constitucional exigir regulamentação, será por lei complementar, e, quando se tratar de limitação ao poder de tributar, será ordinária.

Nessa ambiência, destacamos a seguir os aspectos da hipótese (tem aspectos porque é uma e indivisível) de incidência tributária:

Quadro 10.1

10.1 – Material
10.2 – Espacial
10.3 – Temporal
10.4 – Pessoal – Sujeito ativo/passivo
10.5 – Quantitativo ou quantificado – depende da base de cálculo e da alíquota

Fonte: Elaborado pelo autor, 2025.

10.1 MATERIAL

Retrata a matéria tributável. É a situação que se pretende tributar. É o FG em si mesmo. Determina o FG do tributo ou a matéria tributável.

FG abstrato (quando previsto em lei) ou concreto (quando ocorre o fato). O FG se exterioriza por intermédio do verbo. Ex.: ter a propriedade imóvel.

10.2 ESPACIAL

Descreve o local de ocorrência do FG. Ex.: IPTU é a zona urbana do município, e o ITR, a propriedade rural.

10.3 TEMPORAL

Retrata o momento da ocorrência do FG; é quando ocorre o lapso temporal. Não confundir aspecto temporal com momento da exigibilidade do tributo. Ex.: II – o FG é a entrada da mercadoria no Brasil. O momento de exigibilidade é o do desembaraço aduaneiro; portanto, são dois momentos distintos.

10.4 PESSOAL

De um lado, o sujeito ativo, e, de outro, o passivo.

Sujeito ativo é a pessoa jurídica de direito público titular da competência para exigir seu cumprimento. Quem tem capacidade tributária ativa pode ser também pessoa jurídica de direito privado. Ex.: Tabelião. Ente político ou parafiscal.

Sujeito passivo é a pessoa que deve cumprir a obrigação tributária.

Contribuinte é o **sujeito passivo direto** que deu causa ao FG do tributo, e o responsável tributário é o **sujeito passivo indireto**, que embora não dando causa ao FG se submete conjunta ou isoladamente por determinação legal ao cumprimento da obrigação tributária. Pode ser:

1 – **Por transferência** – a legislação tributária permite à Fazenda optar por exigir o tributo do contribuinte ou do responsável da obrigação, e manifesta-se de três formas, abaixo descritas:

1.1- Legal – ocorre nos casos enumerados na legislação específica do tributo.

Ex.: ICMS transportador responde solidariamente com o comerciante em relação à mercadoria transportada sem a Nota Fiscal. O Fisco pode exigir o tributo do sujeito passivo ou do transportador. Neste caso, a transferência é legal por solidariedade.

1.2- Solidariedade – no caso da solidariedade (e também da sucessão), a previsão está no CTN, arts. 134 e 135. Ex.: Pai em relação ao filho menor.

Manual de Direito Tributário e Financeiro Aplicado

1.3- Sucessão – a obrigação tributária ocorre quando uma pessoa é obrigada a satisfazer a prestação descumprida por outrem. O comprador que adquire imóvel se torna responsável tributário por sucessão do proprietário anterior (arts. 129 a 133, CTN).

2 – **Substituição** – o sujeito passivo direto é excluído da relação tributária. A Fazenda só cobra do responsável (substituto). Ex.: Caso do IRRF e do IOF. O tributo é retido pela fonte pagadora e recolhido diretamente à Fazenda Pública pelo ente que realizou a retenção.

Em todo caso de retenção na fonte há substituição tributária. O empregado aufere salário, porém é o empregador quem retém na fonte o imposto de renda e posteriormente efetua o recolhimento aos cofres públicos.

3 – **Responsabilidade por infrações** – de acordo com o art. 136 do CTN, a responsabilidade por infração tributária independe da intenção livre e consciente do agente de praticar a conduta antijurídica culposa ou dolosa.

10.5 ASPECTO QUANTITATIVO

Retrata o *quantum* devido a título de tributo. Para apurarmos o aspecto quantitativo, são necessários dois elementos: base de cálculo e alíquota.

Base de cálculo – é o valor econômico que se atribui ao bem objeto da tributação sobre a qual se aplica a alíquota para calcular a quantia a ser paga. Dimensão da materialidade do tributo. Tudo o que exterioriza riqueza é passível de tributação. Exemplo: salário recebido.

A LC nº 214/25 define a base de cálculo do IBS, da CBS, como: o valor integral da operação que é cobrado pelo fornecedor, acrescido de ocasionais acréscimos, juros, multas e encargos, valor do transporte/frete cobrado e eventuais tributos suportados pelo fornecedor.

Alíquota – é o percentual (ou eventualmente valor fixo) que incide sobre a base de cálculo e que determina o montante do tributo devido. Exemplo: alíquota do IRPF do salário recebido.

O CTN E A LEI COMPLEMENTAR EM FACE DA HIPÓTESE DE INCIDÊNCIA TRIBUTÁRIA

Base calculada – é o montante quantitativo devido ao Estado a título de tributo decorrente da relação jurídico-tributária. É a base de cálculo multiplicada pela alíquota do imposto.

Exemplo de cálculo por fora:

ICMS	VALOR EM R$
BASE DE CÁLCULO	1.000.000,00
ALÍQUOTA	18%
BASE CALCULADA (POR FORA) IMPOSTO DEVIDO	180.000,00

Fonte: Elaborado pelo autor, 2025.

Observações:

a) A própria CF, ao retratar cada imposto, já estabelece a hipótese de incidência genérica. O art. 156, CF estabeleceu que o IPTU recai sobre a propriedade, logo, a lei complementar não poderá dar um alcance maior a este artigo.

b) O CTN, no art. 32, extrapolou a CF ao estabelecer que o IPTU tem como FG do domínio útil a posse, uma vez que a CF se refere tão somente à propriedade. Para aclarar o entendimento, transcrevemos a seguir o referido artigo:

> *Art. 32. O imposto, de competência dos Municípios, sobre a propriedade predial e territorial urbana tem como fato gerador a propriedade, o domínio útil ou a posse de bem imóvel por natureza ou por acessão física, como definido na lei civil, localizado na zona urbana do Município.*
>
> *§ 1° Para os efeitos deste imposto, entende-se como zona urbana a definida em lei municipal; observado o requisito mínimo da existência de melhoramentos indicados em pelo menos 2 (dois) dos incisos seguintes, construídos ou mantidos pelo Poder Público:*
>
> *I – meio-fio ou calçamento, com canalização de águas pluviais;*
>
> *II – abastecimento de água;*
>
> *III – sistema de esgotos sanitários;*

Manual de Direito Tributário e Financeiro Aplicado

IV – rede de iluminação pública, com ou sem posteamento para distribuição domiciliar;

V – escola primária ou posto de saúde a uma distância máxima de 3 (três) quilômetros do imóvel considerado.

§ 2º A lei municipal pode considerar urbanas as áreas urbanizáveis, ou de expansão urbana, constantes de loteamentos aprovados pelos órgãos competentes, destinados à habitação, à indústria ou ao comércio, mesmo que localizados fora das zonas definidas nos termos do parágrafo anterior.

Art. 33. A base do cálculo do imposto é o valor venal do imóvel.

Parágrafo único. Na determinação da base de cálculo, não se considera o valor dos bens móveis mantidos, em caráter permanente ou temporário, no imóvel, para efeito de sua utilização, exploração, aformoseamento ou comodidade.

Art. 34. Contribuinte do imposto é o proprietário do imóvel, o titular do seu domínio útil, ou o seu possuidor a qualquer título.

c) O inquilino não pode ser responsável pelo pagamento do IPTU perante o Fisco, pois ele não é proprietário.

d) A base de cálculo será sempre o valor do bem objeto da tributação. Ex.: IPTU valor venal[35] do imóvel.

e) A CF determina que a LC estabeleça os contribuintes do tributo. Só pode ser contribuinte aquele que realiza o FG.

f) A LC não tem total autonomia para instituir a hipótese de incidência genérica (a CF já estabeleceu a HI genérica).

---

35 Valor venal – do latim *venalis* (posto em venda, que está para ser vendido), a rigor, entende-se o que está para vender, o que é de venda, ou é suscetível de venda. Nesse sentido, pois, preço venal é o preço de venda, o preço por que se vende, ou por que se vendeu. E valor venal é o valor da venda ou valor para venda (Silva, 1994).

11 LANÇAMENTO – CARÁCTERÍSTICAS E FINALIDADES – ARTS. 142 A 150, CTN

Lançamento tributário é o procedimento administrativo tendente a verificar a ocorrência do FG da obrigação tributária correspondente, identificar o sujeito passivo, determinar a matéria tributável e calcular ou por outra forma definir o montante do crédito tributário, aplicando, se for o caso, a penalidade cabível (Machado, 2016, p. 276).

É o ato jurídico administrativo vinculado e obrigatório indispensável à exigibilidade do crédito tributário. Com o lançamento, ocorre a constituição definitiva do crédito tributário.

Regina Helena Costa define (2013, p. 238) o lançamento como:

> *Ocorrido o fato gerador descrito na hipótese de incidência tributária, nasce a obrigação de pagar o tributo correspondente e, desse modo, instalado o liame obrigacional, o direito do fisco de exigi-lo (crédito) e o dever do sujeito passivo de atendê-lo (débito).*

A **notificação de lançamento** (NL) é o ato jurídico administrativo indispensável à eficácia do lançamento, e é por esse ato que se faz ciência ao sujeito passivo sobre o tributo que foi lançado como débito em sua conta corrente tributária é exigida pelas autoridades fiscais.

Sem a notificação, o lançamento é nulo. Não constitui o crédito tributário, mas declara sua existência para fins de exigibilidade. Não é ato constitutivo, mas sim ato declaratório.

Quanto à sua natureza jurídica, pode ser declaratório ou constitutivo, e quanto à modalidade de lançamento, divide-se em:

Misto ou por declaração – art. 147, CTN
Direto ou de ofício – art. 149, CTN
Por homologação – art. 150, CTN

Fonte: Elaborado pelo autor, 2025.

11.1 FINALIDADES DO LANÇAMENTO

São finalidades do lançamento:

a) Determinar a matéria tributável e definir qual é o objeto da tributação.

b) Verificar a ocorrência do FG.

c) Verificar a ocorrência do FG (concreto e imponível). Se o sujeito passivo se amoldou à hipótese de incidência, ou seja, se ocorreu à materialização da hipótese de incidência.

d) Calcular o montante do tributo devido no aspecto quantitativo, na base de cálculo e na alíquota. É a aplicação da alíquota sobre a base de cálculo. Determina-se o chamado *quantum debeatur*.

e) Identificar o sujeito passivo, o contribuinte ou responsável tributário (não deu causa, mas tem de cumprir a obrigação tributária).

f) Propor (se for o caso) aplicação da penalidade cabível. O AIIM é lançamento. Penalidade não se propõe, e sim, se impõe.

g) Ser da competência privativa da autoridade administrativa. Ninguém pode fazer senão a autoridade administrativa competente. Quem determina a competência é a lei.

h) Ser procedimento (conjunto de atos) administrativo vinculado. Que, por sua vez, é uma sequência de atos administrativos, culminando com o ato principal, que é a exigibilidade do tributo.

i) De acordo com a doutrina – lançamento é ato **jurídico administrativo** dentro do procedimento de exigibilidade do tributo, e a notificação de lançamento é a informação para que o sujeito passivo pague o tributo.

j) Ser ato vinculado – é ato regrado. Pressupõe o cumprimento de todos os requisitos previstos em lei.

k) Ser ato obrigatório – é o que não pode deixar de ser feito. É imprescindível a exigibilidade tributária. Se não efetuar o lançamento, gera decadência.

l) Tributo é bem público, portanto, indisponível. Pode implicar responsabilidade do agente omisso.

O lançamento só pode ser alterado por: 1. impugnação do sujeito passivo; 2. recurso de ofício para instância superior, caso a impugnação seja favorável; 3. iniciativa de ofício de autoridade nos casos previstos no art. 149, CTN.

11.2 MODALIDADES DE LANÇAMENTO

O CTN prevê três modalidades de lançamentos distintas, a seguir descritas.

11.2.1 LANÇAMENTO POR HOMOLOGAÇÃO – ART. 150, CTN

A legislação tributária pode atribuir ao sujeito passivo o dever de prestar informações à Fazenda Pública e apurar o montante do tributo devido, recolhendo-o aos cofres públicos sem que haja qualquer manifestação por parte da autoridade administrativa competente.

O tributo é recolhido sem o lançamento, ou seja, é antecipado aos cofres públicos.

O lançamento será o ato jurídico administrativo que irá ratificar o autolançamento do sujeito passivo. A homologação ocorre no ato de fiscalização. É pagamento antecipado do tributo, também denominado autolançamento.

Ainda com relação ao lançamento por homologação, o CTN define no seu art. 150 que:

Art. 150. O lançamento por homologação, que ocorre quanto aos tributos cuja legislação atribua ao sujeito passivo o dever de antecipar o pagamento sem prévio exame da autoridade administrativa, opera-se pelo ato em que a referida autoridade, tomando conhecimento da atividade assim exercida pelo obrigado, expressamente a homologa.

> § 1° O pagamento antecipado pelo obrigado nos termos deste artigo extingue o crédito, sob condição resolutória da ulterior homologação do lançamento.
>
> § 2° Não influem sobre a obrigação tributária quaisquer atos anteriores à homologação, praticados pelo sujeito passivo ou por terceiro, visando à extinção total ou parcial do crédito.
>
> § 3° Os atos a que se refere o parágrafo anterior serão, porém, considerados na apuração do saldo porventura devido e, sendo o caso, na imposição de penalidade, ou sua graduação.
>
> § 4° Se a lei não fixar prazo a homologação, será ele de cinco anos, a contar da ocorrência do fato gerador; expirado esse prazo sem que a Fazenda Pública se tenha pronunciado, considera-se homologado o lançamento e definitivamente extinto o crédito, salvo se comprovada a ocorrência de dolo, fraude ou simulação.

Expirado o prazo do art. 149, parágrafo único,[36] do CTN sem pronunciamento da Fazenda, considera-se extinto e homologado. Ex.: IR, ICMS, IPI, ISS, IOF, Contribuição Previdenciária, COFINS, PIS, IBS, CBS e IS.

11.2.2 LANÇAMENTO POR DECLARAÇÃO (MISTO) – A. 147, CTN

A lei atribui ao sujeito passivo o dever de prestar informações à Fazenda para que a respectiva, com base em tais dados, apure o

---

36   Art. 149, parágrafo único, CTN – A revisão do lançamento só pode ser iniciada enquanto não extinto o direito da fazenda pública.

LANÇAMENTO – CARACTERÍSTICAS E FINALIDADES – ARTS. 142 A 150, CTN

montante do tributo devido, realize o lançamento e notifique o contribuinte para impugnar ou pagar o tributo.

O sujeito passivo declara, e o Fisco constitui o crédito tributário. O lançamento por declaração se aperfeiçoa depois de prestadas as declarações do contribuinte, ocasião em que o Fisco irá analisar se os respectivos dados estão corretos e de acordo com a legislação. Ex.: Primeira notificação do ITR, ITBI.

Com o objetivo de facilitar o entendimento transcrevemos abaixo os arts. 147 e 148 do CTN:

> **Art. 147.** *O lançamento é efetuado com base na declaração do sujeito passivo ou de terceiro, quando um ou outro, na forma da legislação tributária, presta à autoridade administrativa informações sobre matéria de fato, indispensáveis à sua efetivação.*
>
> *§ 1° A retificação da declaração por iniciativa do próprio declarante, quando vise a reduzir ou a excluir tributo, só é admissível mediante comprovação do erro em que se funde, e antes de notificado o lançamento.*
>
> *§ 2° Os erros contidos na declaração e apuráveis pelo seu exame serão retificados de ofício pela autoridade administrativa a que competir a revisão daquela.*
>
> **Art. 148.** *Quando o cálculo do tributo tenha por base, ou tome em consideração, o valor ou o preço de bens, direitos, serviços ou atos jurídicos, a autoridade lançadora, mediante processo regular, arbitrará aquele valor ou preço, sempre que sejam omissos ou não mereçam fé as declarações ou os esclarecimentos prestados, ou os documentos expedidos pelo sujeito passivo ou pelo terceiro legalmente obrigado, ressalvada, em caso de contestação, avaliação contraditória, administrativa ou judicial.*

11.2.3 LANÇAMENTO DIRETO OU DE OFÍCIO – ART. 149, CTN

Nessa hipótese, a Fazenda realiza o lançamento com base em informações constantes dentro da própria administração pública, a partir de dados e cadastros e junto ao próprio sujeito passivo mediante ato de fiscalização, independentemente de qualquer atuação do sujeito passivo. Existem três hipóteses:

1ª Hipótese: art. 149, inciso I

Quando a legislação assim o determine. A Fazenda faz o lançamento com base em informações internas da própria administração. Ex.: IPTU, IPVA, taxas, contribuição de melhoria.

2ª Hipótese: art. 149, incisos II ao VIII

O contribuinte se submete por homologação (calcula e recolhe) e por declaração (presta informações à Fazenda). São as atitudes do sujeito passivo. Ex.: ITBI, que é recolhido no momento da escritura de compra e venda de imóvel.

3ª Hipótese: art. 149, inciso IX

Decorre de um lançamento já efetuado de forma irregular. A autoridade faz o lançamento de forma imprópria, o superior anula o ato e impõe novo lançamento.

Para questionar administrativamente, o prazo é até a data do vencimento do tributo.

A fim de complementar o entendimento transcrevemos abaixo o referido artigo do CTN:

Art. 149. O lançamento é efetuado e revisto de ofício pela autoridade administrativa nos seguintes casos:

I – quando a lei assim o determine;

II – quando a declaração não seja prestada, por quem de direito, no prazo e na forma da legislação tributária;

III – quando a pessoa legalmente obrigada, embora tenha prestado declaração nos termos do inciso anterior, deixe de

LANÇAMENTO – CARACTERÍSTICAS E FINALIDADES – ARTS. 142 A 150, CTN

atender, no prazo e na forma da legislação tributária, a pedido de esclarecimento formulado pela autoridade administrativa, recuse-se a prestá-lo ou não o preste satisfatoriamente, a juízo daquela autoridade;

IV – quando se comprove falsidade, erro ou omissão quanto a qualquer elemento definido na legislação tributária como sendo de declaração obrigatória;

V – quando se comprove omissão ou inexatidão, por parte da pessoa legalmente obrigada, no exercício da atividade a que se refere o artigo seguinte;

VI – quando se comprove ação ou omissão do sujeito passivo, ou de terceiro legalmente obrigado, que dê lugar à aplicação de penalidade pecuniária;

VII – quando se comprove que o sujeito passivo, ou terceiro em benefício daquele, agiu com dolo, fraude ou simulação;

VIII – quando deva ser apreciado fato não conhecido ou não provado por ocasião do lançamento anterior;

IX – quando se comprove que, no lançamento anterior, ocorreu fraude ou falta funcional da autoridade que o efetuou, ou omissão, pela mesma autoridade, de ato ou formalidade especial.

Parágrafo único. A revisão do lançamento só pode ser iniciada enquanto não extinto o direito da Fazenda Pública.

12 CRÉDITO TRIBUTÁRIO – ART. 139, CTN

É o montante devido pelo sujeito passivo à Fazenda Pública a título de tributo. Decorre da obrigação tributária principal, tem a mesma natureza desta e surge com o FG. É o líquido devido pelo contribuinte.

Nessa linha, Hugo de Brito Machado (2016, p. 175-76) define que:

> *Em primeiro lugar, a lei descreve a hipótese de incidência em que o tributo é devido. É a hipótese de incidência. Concretizada essa hipótese pela ocorrência do fato gerador, surge à obrigação tributária, vale dizer, o vínculo jurídico por força do qual o particular se sujeita a ter contra ele feito um lançamento tributário.*

Entretanto, existem três hipóteses previstas no CTN que afetam o crédito tributário, as quais serão analisadas a seguir:

Quadro 12.1

12.1	Art. 151, CTN – Suspensão da exigibilidade
12.2	Art. 156, CTN – Extinção do crédito tributário
12.3	Art. 175, CTN – Exclusão do crédito tributário

Fonte: Elaborado pelo autor, 2025.

12.1 SUSPENSÃO

A suspensão do crédito tributário significa adiar o vencimento, e pode ocorrer nos seguintes casos:

12.1.1 Moratória

É a prorrogação do prazo para pagamento do crédito tributário, com ou sem parcelamento (Machado, 2016, p. 189). É concedida por meio da lei, porém é necessário verificar se é lei complementar ou lei ordinária (a lei que criou inicialmente o tributo). A moratória, nos moldes dos arts. 152, 153, 154 CTN é concedida em caráter geral ou individualizado, a saber:

• **Caráter geral** – diz respeito a uma determinada região ou a uma determinada categoria de contribuintes de acordo com a previsão legal, abrangendo a totalidade ou segmentos da sujeição passiva do tributo.

É concedida independente de requerimento do interessado. Basta a lei conceder a moratória. É direito adquirido e não pode ser revogado antes de findar o seu tempo.

• **Caráter individualizado** – é determinada pela lei, levando-se em conta as condições pessoais e particularidades de cada sujeito passivo. A lei deve ser impessoal e genérica, devendo enumerar os requisitos, e também determinar a autoridade competente para expedir o despacho de concessão.

A administração concede o benefício aos que se enquadrarem nos parâmetros da lei e o requisitarem. Depende de requerimento do interessado. Não gera direito adquirido e é concedida caso a caso.

Pode ser revogada a qualquer tempo, basta o sujeito passivo descumprir os requisitos da lei, e também pode ser anulada se o sujeito passivo a obtiver de forma irregular.

É ato administrativo vinculado. Atendidos os requisitos, a autoridade é obrigada a conceder. É a formula: Lei + Despacho da autoridade competente = Concessão de Moratória

A fim de facilitar o entendimento da moratória, transcrevemos abaixo os arts. 151 a 155-A do CTN:

> **Art. 151.** *Suspendem a exigibilidade do crédito tributário:*
>
> *I – moratória;*

CRÉDITO TRIBUTÁRIO – ART. 139, CTN

II – o depósito do seu montante integral;

III – as reclamações e os recursos, nos termos das leis reguladoras do processo tributário administrativo;

IV – a concessão de medida liminar em mandado de segurança.

V – a concessão de medida liminar ou de tutela antecipada, em outras espécies de ação judicial; (Incluído pela LCp n° 104, de 2001)

VI – o parcelamento. (Incluído pela LCp n° 104, de 2001)

Parágrafo único. O disposto neste artigo não dispensa o cumprimento das obrigações assessórios dependentes da obrigação principal cujo crédito seja suspenso, ou dela consequentes.

Art. 152. *A moratória somente pode ser concedida:*

I – em caráter geral:

a) pela pessoa jurídica de direito público competente para instituir o tributo a que se refira;

b) pela União, quanto a tributos de competência dos Estados, do Distrito Federal ou dos Municípios, quando simultaneamente concedida quanto aos tributos de competência federal e às obrigações de direito privado;

II – em caráter individual, por despacho da autoridade administrativa, desde que autorizada por lei nas condições do inciso anterior.

Parágrafo único. A lei concessiva de moratória pode circunscrever expressamente a sua aplicabilidade a determinada região do território da pessoa jurídica de direito público que a expedir, ou a determinada classe ou categoria de sujeitos passivos.

Art. 153. *A lei que conceda moratória em caráter geral ou autorize sua concessão em caráter individual especificará, sem prejuízo de outros requisitos:*

I – o prazo de duração do favor;

II – as condições da concessão do favor em caráter individual;

III – sendo caso:

a) os tributos a que se aplica;

b) o número de prestações e seus vencimentos, dentro do prazo a que se refere o inciso I, podendo atribuir a fixação de uns e de outros à autoridade administrativa, para cada caso de concessão em caráter individual;

c) as garantias que devem ser fornecidas pelo beneficiado no caso de concessão em caráter individual.

Art. 154. *Salvo disposição de lei em contrário, a moratória somente abrange os créditos definitivamente constituídos à data da lei ou do despacho que a conceder, ou cujo lançamento já tenha sido iniciado àquela data por ato regularmente notificado ao sujeito passivo.*

Parágrafo único. A moratória não aproveita aos casos de dolo, fraude ou simulação do sujeito passivo ou do terceiro em benefício daquele.

Art. 155. *A concessão da moratória em caráter individual não gera direito adquirido e será revogada de ofício, sempre que se apure que o beneficiado não satisfazia ou deixou de satisfazer as condições ou não cumprira ou deixou de cumprir os requisitos para a concessão do favor, cobrando-se o crédito acrescido de juros de mora:*

I – com imposição da penalidade cabível, nos casos de dolo ou simulação do beneficiado, ou de terceiro em benefício daquele;

II – sem imposição de penalidade, nos demais casos.

Parágrafo único. No caso do inciso I deste artigo, o tempo decorrido entre a concessão da moratória e sua revogação não se computa para efeito da prescrição do direito à cobrança do crédito; no caso do inciso II deste artigo, a revogação só pode ocorrer antes de prescrito o referido direito.

CRÉDITO TRIBUTÁRIO – ART. 139, CTN

Art. 155-A. O parcelamento será concedido na forma e condição estabelecidas em lei específica. (Incluído pela LCp nº 104, de 2001)

§ 1º Salvo disposição de lei em contrário, o parcelamento do crédito tributário não exclui a incidência de juros e multas. (Incluído pela LCp nº 104, de 2001)

§ 2º Aplicam-se, subsidiariamente, ao parcelamento as disposições desta Lei, relativas à moratória. (Incluído pela LCp nº 104, de 2001)

§ 3º Lei específica disporá sobre as condições de parcelamento dos créditos tributários do devedor em recuperação judicial. (Incluído pela LCp nº 118, de 2005)

§ 4º A inexistência da lei específica a que se refere o § 3º deste artigo importa na aplicação das leis gerais de parcelamento do ente da Federação ao devedor em recuperação judicial, não podendo, neste caso, ser o prazo de parcelamento inferior ao concedido pela lei federal específica. (Incluído pela LCp nº 118, de 2005).

12.1.2 Depósito do montante em valor integral

É a garantia judicial em ação contra a Fazenda, e em consequência a Fazenda está impedida de executar a dívida. Súmula nº 112-STJ: o depósito deve ser integral e em dinheiro. Fundamento: lei de cobrança judicial da dívida ativa – Lei nº 6.830/80, arts. 9º, 32 e 38.

O sujeito passivo pode depositar o montante do crédito tributário, com o fim de suspender a exigibilidade do tributo, ou do dever jurídico de fazer o pagamento antecipado que o depositante (contribuinte) considera indevido.

O depósito pode ser:

a) Prévio, isto é, anterior à constituição definitiva do crédito.

b) Posterior, quando feito depois da constituição definitiva do crédito. Se prévio, não impede a marcha do processo administrativo de lançamento, mas impede a cobrança do crédito respectivo. Impede a exigibilidade. Se posterior, suspende a exigibilidade do crédito (Machado, 2016, p. 125).

Caso a Fazenda obtenha êxito na respectiva ação, o depósito se converterá em renda para o Estado.

Observação: atenção para os honorários de sucumbência para o sujeito passivo em caso de conversão do depósito em renda do Estado, em virtude do êxito da Fazenda.

Na eventualidade de o contribuinte necessitar de uma **Certidão Negativa de Débitos** – CND emitida pela autoridade administrativa que poderá ser utilizada para participação em licitações, ou ainda, comprovar sua idoneidade financeira, o depósito em montante integral permitirá que a autoridade emita uma **Certidão Positiva com Efeitos Negativos**, destacando que o contribuinte está discutindo um tributo, porém o valor da demanda encontra-se garantido por fiança, depósito ou penhora, conforme previsto nos arts. 205 a 208 do CTN.[37] Destacamos ainda a existência de outras duas modalidades de certidões emitidas pelo poder público: a) certidão positiva, que descreve os débitos do contribuinte, e b) certidão negativa, que declara que o contribuinte não possui débitos junto ao Fisco.

12.1.3 Reclamações e recurso administrativo

Não confundir com contencioso administrativo. É vedado o depósito prévio na esfera administrativa.

Dispõe o inciso III do art. 151 do CTN que suspendem a exigibilidade do crédito tributário as reclamações e os recursos, nos termos das leis reguladoras do processo tributário administrativo. Feito o lançamento para constituir o crédito tributário, a autoridade

---

37   O art. 205, CTN prescreve que a lei pode exigir que a prova da quitação de tributos seja feita por certidão negativa de débitos, expedida pelo órgão da administração pública competente a pedido do interessado. Nos termos do art. 206, surte o mesmo efeito de certidão negativa aquela em que conste a existência de créditos não vencidos, em curso de cobrança executiva em que tenha sido efetivada a penhora, ou cuja exigibilidade esteja suspensa – é a certidão positiva com efeitos negativos.

CRÉDITO TRIBUTÁRIO – ART. 139, CTN

administrativa deve notificar o sujeito passivo, que poderá apresentar reclamações e recursos. Ex.: recebimento da notificação de lançamento do IPTU com prazo para reclamação de 30 dias.

O Decreto nº 70.235/1972 dispõe sobre o processo administrativo fiscal. A Lei n° 9.784/99 regula o processo administrativo no âmbito da administração pública federal. Nas esferas estaduais e municipais, cada ente de direito público pode ter legislação específica regulando o processo administrativo tributário (Martins, 2005, p. 188).

12.1.4 Liminar em mandado de segurança

Suspende enquanto perdurar a liminar com ou sem depósito. O mandado de segurança pode ser preventivo ou repressivo para impedir a execução fiscal. Também suspende a exigibilidade a liminar em ação cautelar, ou em qualquer outro tipo de ação, bem como o deferimento de uma antecipação de tutela nos moldes do art. 151, V, do CTN.

Prevê o inciso LXIX do art. 5° da CF o mandado de segurança para proteger direito líquido e certo, não amparado por *habeas corpus ou habeas data,* quando o responsável pela ilegalidade ou abuso do poder for autoridade pública ou agente de pessoa jurídica no exercício das atribuições do poder público (Martins, 2005, p. 188).

O contribuinte tem 120 dias, a contar da ciência do ato abusivo praticado pela autoridade fiscal, para impetrar o mandado de segurança e para concessão da liminar em caráter provisório se estiverem presentes os seguintes requisitos: *fumus boni juris e periculum in mora*.[38]

12.1.5 Liminar e tutela antecipada

O inciso V do art. 151, CTN, com a redação da LC nº 104/2001, estabelece que suspende a exigibilidade do crédito tributário a con-

---

38   *Fumus boni juris e periculum in mora* – respectivamente, fumo do bom direito e perigo na demora (Filiardi, 2002).

cessão de medida liminar ou de tutela antecipada, em outras espécies de ação judicial (Martins, 2005, p. 189).

12.1.6 Parcelamento

É a divisão em prestações da dívida tributária do contribuinte já vencida. O parcelamento será concedido na forma e na condição estabelecidas em lei específica – art. 155-A, CTN (Martins, 2005, p. 189). É causa de suspensão da exigibilidade.

A lei específica é a de cada ente tributante, isto é, federal, estadual, distrital ou municipal. São aplicadas subsidiariamente ao parcelamento as regras relativas à moratória do CTN.

12.2 HIPÓTESES DE EXTINÇÃO DO CRÉDITO TRIBUTÁRIO

Na extinção do crédito tributário, o mesmo deixa de existir por algum dos motivos previstos na legislação. O devedor fica liberado da obrigação tributária. Põe fim ao vínculo obrigacional da obrigação tributária nos moldes do art. 156, CTN.

Nessa ambiência, Torres (2018, p. 280) acrescenta:

> O CTN desenha, no art. 156, o elenco das causas de extinção do crédito tributário. Mas a enumeração não é exaustiva, eis que outras figuras, previstas inclusive no Código Civil, podem extinguir o crédito tributário. A confusão, que extingue a obrigação desde que na mesma pessoa se confundem as qualidades de credor e devedor (art. 381), pode ocorrer no direito tributário, como, por exemplo, nos casos em que o ente tributante tenha recebido a herança jacente ou tenha estatizado empresas privadas. A morte do devedor, que não deixa bens, extingue o crédito tributário. Mas a novação, que se dá quando o devedor contrai com o credor nova dívida para extinguir a anterior, quando novo devedor sucede ao antigo, ficando este quite com o credor ou quando, em virtude da obrigação nova, outro credor é substituído ao antigo, ficando o devedor

CRÉDITO TRIBUTÁRIO – ART. 139, CTN

quite com este (art. 360, Código Civil), não se aplica, em virtude do seu caráter dispositivo, ao direito tributário, rigidamente pelo princípio da legalidade.

A seguir, apresentamos as hipóteses de extinção[39] do crédito tributário.

12.2.1 Pagamento (Remição)

É definido como a satisfação pelo sujeito passivo do débito do tributo em face do sujeito ativo da obrigação (Bastos, 1991, p. 218). Pode ser feito de três formas, nos moldes dos arts. 157 a 163 do CTN:

1. Moeda corrente – art. 143, CTN.

2. Cheque – mediante compensação do mesmo – o Fisco não executa cheque, só a Certidão da Dívida Ativa porque ele não é credor quirografário.

3. Em estampilha. Cigarro e bebida. Extinção ocorre com destruição do selo.

12.2.2 Compensação

É o encontro de dívidas ou contas. Tem como pressuposto a existência de duas relações jurídicas diferentes, em que o credor de uma é devedor de outra, e vice-versa, surge como dívida vinculada, regida que é pelo princípio da estrita legalidade (Bastos, 1991, p. 219). Fundamento no art. 170, CTN, e depende de lei que o autorize. Deve ser crédito tributário, líquido e certo.[40]

---

39   Extinção – derivado do latim *extinctio de extinguere* (extinguir, apagar, estancar, caducar, deixar de ser válido), exprime o vocábulo a terminação ou o fim. Assim, extinção traz consigo o sentido de tudo o que se acabou, que se findou ou deixou de existir, seja o direito, seja a obrigação, seja a coisa (Silva, 1994).

40   Costuma-se dizer *líquido e certo*, para aludir à liquidez de alguma coisa. É frase redundante, pois o que é líquido já é certo: líquido é o certo determinado ou apurado. O certo é que não pode ser líquido (Silva, 1994).

Há de se ressaltar que, quando existe lei autorizando a compensação, se denomina compensação administrativa.

A título de exemplo, podemos mencionar o sistema PER DCOMP da Receita Federal – Pedido Eletrônico de Restituição, Ressarcimento ou Reembolso e Declaração de Compensação relativo aos tributos federais que podem ser utilizados pelo contribuinte, o qual se encontra disponível no portal e-CAC.

Caso a compensação seja vincenda, a Fazenda pode aplicar redutor de 1% a.m. até o vencimento da dívida.

A LC nº 104/01 introduziu no CTN o art. 170-A, determinando que: "É vedada a compensação mediante o aproveitamento de tributo, objeto de contestação judicial pelo sujeito passivo, antes do trânsito em julgado da respectiva decisão judicial".

Nesse diapasão, não podemos deixar de destacar que, em caso de o contribuinte recolher de forma indevida ou equivocada determinado tributo, ele tem direito à restituição, fato este que não se confunde com a compensação, conforme os arts. 165 a 169 do CTN:

> **Art. 165.** *O sujeito passivo tem direito, independentemente de prévio protesto, à restituição total ou parcial do tributo, seja qual for a modalidade do seu pagamento, ressalvado o disposto no § 4º do artigo 162, nos seguintes casos:*
>
> *I – cobrança ou pagamento espontâneo de tributo indevido ou maior que o devido em face da legislação tributária aplicável, ou da natureza ou circunstâncias materiais do fato gerador efetivamente ocorrido;*
>
> *II – erro na edificação do sujeito passivo, na determinação da alíquota aplicável, no cálculo do montante do débito ou na elaboração ou conferência de qualquer documento relativo ao pagamento;*
>
> *III – reforma, anulação, revogação ou rescisão de decisão condenatória.*
>
> **Art. 166.** *A restituição de tributos que comportem, por sua natureza, transferência do respectivo encargo financeiro somente será feita a quem prove haver assumido o referido*

CRÉDITO TRIBUTÁRIO – ART. 139, CTN

encargo, ou, no caso de tê-lo transferido a terceiro, estar por este expressamente autorizado a recebê-la.

Art. 167. *A restituição total ou parcial do tributo dá lugar à restituição, na mesma proporção, dos juros de mora e das penalidades pecuniárias, salvo as referentes a infrações de caráter formal não prejudicadas pela causa da restituição.*

Parágrafo único. A restituição vence juros não capitalizáveis, a partir do trânsito em julgado da decisão definitiva que a determinar.

Art. 168. *O direito de pleitear a restituição extingue-se com o decurso do prazo de 5 (cinco) anos, contados:*

I – nas hipótese dos incisos I e II do artigo 165, da data da extinção do crédito tributário; (Vide art. 3° da LCp n° 118, de 2005)

II – na hipótese do inciso III do artigo 165, da data em que se tornar definitiva a decisão administrativa ou passar em julgado a decisão judicial que tenha reformado, anulado, revogado ou rescindido a decisão condenatória.

Art. 169. *Prescreve em dois anos a ação anulatória da decisão administrativa que denegar a restituição.*

Parágrafo único. O prazo de prescrição é interrompido pelo início da ação judicial, recomeçando o seu curso, por metade, a partir da data da intimação validamente feita ao representante judicial da Fazenda Pública interessada.

12.2.3 Transação

Refere-se a negociação, ajuste, acordo. Ato pela qual as partes, fazendo-se concessões recíprocas, extinguem obrigações litigiosas ou duvidosas.

Determina o art. 840 do CC que é lícito aos interessados prevenirem ou terminarem litígio mediante concessões mútuas.

A lei poderá facultar nas condições que estabeleça, aos sujeitos ativo e passivo da obrigação tributária, celebrar transação que,

Manual de Direito Tributário e Financeiro Aplicado

mediante concessões mútuas, importe em terminação do litígio e consequente extinção do crédito tributário – art. 171, CTN, a seguir descrito (Martins, 2005, p. 202).

> **Art. 171.** *A lei pode facultar, nas condições que estabeleça, aos sujeitos ativo e passivo da obrigação tributária celebrar transação que, mediante concessões mútuas, importe em determinação de litígio e consequente extinção de crédito tributário.*
>
> *Parágrafo único. A lei indicará a autoridade competente para autorizar a transação em cada caso.*

À vista do exposto:

- Depende de lei que a autorize e pressupõe concessões mútuas, entre a Fazenda Pública e o sujeito passivo para extinguir o crédito tributário.

- A lei deve designar a autoridade administrativa que deverá efetuar de forma individualizada com o sujeito passivo.

- É inconstitucional em face do princípio da isonomia e da indisponibilidade do tributo.

- A única forma que existe é o parcelamento do débito.

- Uma corrente que diz que o parcelamento é moratória, mas não prevalece, na realidade o que ocorre é a novação, e executa-se o termo de confissão de dívidas firmado pelo contribuinte.

12.2.4 Remissão (Perdão)

A Fazenda perdoa a dívida do sujeito passivo sempre por meio de lei complementar ou ordinária, dependendo da lei que instituiu o tributo. A lei pode autorizar a autoridade administrativa a conceder, por despacho fundamentado, remissão total ou parcial do crédito tributário – art. 172, CTN, a seguir descrito:

> **Art. 172.** *A lei pode autorizar a autoridade administrativa a conceder, por despacho fundamentado, remissão total ou parcial do crédito tributário, atendendo:*

CRÉDITO TRIBUTÁRIO – ART. 139, CTN

> *I – à situação econômica do sujeito passivo;*
>
> *II – ao erro ou ignorância escusáveis do sujeito passivo, quanto à matéria de fato;*
>
> *III – à diminuta importância do crédito tributário;*
>
> *IV – a considerações de equidade, em relação com as características pessoais ou materiais do caso;*
>
> *V – a condições peculiares a determinada região do território da entidade tributante.*
>
> *Parágrafo único. O despacho referido neste artigo não gera direito adquirido, aplicando-se, quando cabível, o disposto no artigo 155.*

Considerações gerais relativas à remissão:

- Quem concede a remissão é somente quem tem competência para instituir o tributo.
- O que regula a matéria exclusivamente para o ente tributante é o art. 150, § 6°, CF.
- Pode ser total → alcança todo o crédito tributário; ou parcial → alcança parte do crédito.
- Pode alcançar todos os tributos do sujeito passivo ou parte.
- Se a lei não for específica significa que alcança todos.
- O benefício pode ser em **caráter geral** e alcança a totalidade da sujeição passiva, ou uma parcela destas (segmento). Não há requerimento do interessado e gera direito adquirido.
- Pode ser **individualizada**, alcança caso a caso, contribuinte por contribuinte, o interessado tem de requerer. O sujeito passivo tem de cumprir os requisitos que a lei determina, o benefício será conferido por despacho administrativo, e a autoridade tem poder vinculado e não discricionário. Não gera direito adquirido. Ex.: sujeito passivo consegue benefício de forma irregular.

12.2.5 Prescrição e Decadência

Quadro 12.2

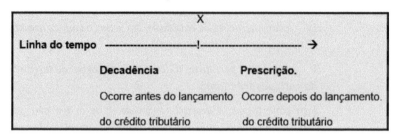

Fonte: Elaborado pelo autor, 2025.

Em que **"X"** é o momento do lançamento tributário, portanto:

Lançamento + notificação do respectivo = constituição do crédito tributáro (OT)

12.2.5.1 Decadência

É a perda do direito material. A Fazenda Pública não pode mais cobrar, e o sujeito passivo não pode pagar. Implica extinção do crédito tributário por decurso de tempo. Impede que exista o lançamento. O que gera a decadência é a ausência de lançamento (arts. 150, § 4°, e 173, CTN).

Nesse sentido, o art. 150, § 4°, CTN define que, se **não houver homologação em cinco anos**, extingue o tributo. Ex.: IPI, ICMS, IR.

Art. 150. O lançamento por homologação, que ocorre quanto aos tributos cuja legislação atribua ao sujeito passivo o dever de antecipar o pagamento sem prévio exame da autoridade administrativa, opera-se pelo ato em que a referida autoridade, tomando conhecimento da atividade assim exercida pelo obrigado, expressamente a homologa.

CRÉDITO TRIBUTÁRIO – ART. 139, CTN

> § 4° Se a lei não fixar prazo a homologação, será ele de cinco anos, a contar da ocorrência do fato gerador; expirado esse prazo sem que a Fazenda Pública se tenha pronunciado, considera-se homologado o lançamento e definitivamente extinto o crédito, salvo se comprovada a ocorrência de dolo, fraude ou simulação.

De acordo com o art. 173, CTN, a Fazenda tem o prazo de cinco anos para constituir o crédito tributário via lançamento, **contados do primeiro dia do exercício seguinte** àquele em que o lançamento poderia ter sido efetuado (conta-se a partir do FG), com lançamento direto ou de ofício por declaração.

Na contagem do prazo, devemos levar em consideração o período de graça pró-Fisco, ou seja, cinco anos, mais o período de graça. Ex.: IRPJ, IPTU.

Para lançamento com vício formal, cinco anos, a partir da decisão para realizar lançamento.

O prazo de cinco anos começa a ser contado da data em que a Fazenda notifica o sujeito passivo para que preste informações necessárias ao lançamento.

A notificação feita dentro do período de graça prejudica o contribuinte, e conta-se a partir daí o respectivo prazo.

Prazo decadencial não se suspende ou se interrompe. Se entendermos que, por acaso, interrompe o prazo, teremos então dívida perpétua, e o objetivo da decadência é evitar obrigação perpétua.

Basicamente, cinco anos a contar do FG ou cinco anos do exercício financeiro seguinte. Se o Fisco não constituir o crédito tributário, ocorre a homologação tácita.

Para melhor entendimento, descrevemos abaixo a íntegra do art. 173, CTN:

> **Art. 173.** O direito de a Fazenda Pública constituir o crédito tributário extingue-se após cinco (cinco) anos, contados:
>
> I – do primeiro dia do exercício seguinte àquele em que o lançamento poderia ter sido efetuado;

II – da data em que se tornar definitiva a decisão que houver anulado, por vício formal, o lançamento anteriormente efetuado.

Parágrafo único. O direito a que se refere este artigo extingue-se definitivamente com o decurso do prazo nele previsto, contado da data em que tenha sido iniciada a constituição do crédito tributário pela notificação, ao sujeito passivo, de qualquer medida preparatória indispensável ao lançamento. (Grifos nossos.)

12.2.5.2 Prescrição

É o desaparecimento do direito de ação por não tê-la promovido o titular do direito no tempo hábil. É o prazo para o exercício do direito de ação (Bastos, 1991, p. 220). É a perda do direito de ação do Estado de cobrar o crédito tributário do contribuinte.

A Fazenda Pública tem o direito, mas não pode exigir, exercitar, não pode cobrar, mas eventualmente pode ocorrer o pagamento. Entretanto, se o sujeito passivo pagar, não cabe repetição de indébito.[41]

O prazo prescricional é de cinco anos contados da constituição definitiva (lançamento + notificação) do crédito tributário – arts. 156, inciso V, e 174 do CTN.

Se a lei não especificar prazo para pagamento, o prazo é de 30 dias a contar da data da notificação de lançamento.

Enquanto houver impugnação pendente por parte do contribuinte, não conta o prazo prescricional, só conta após a decisão desfavorável ao contribuinte.

Hely Lopes Meirelles define a prescrição na p. 623 de sua obra (1993) como:

Prescrição é a perda da ação pelo transcurso do prazo para seu ajuizamento ou pelo abandono da causa durante o processo.

---

41 Medida processual na qual um contribuinte requer a devolução junto ao Fisco de uma quantia paga indevidamente nas hipóteses previstas no art. 165 do CTN.

CRÉDITO TRIBUTÁRIO – ART. 139, CTN

Não se confunde com a decadência ou caducidade, que é o perecimento do direito pelo não exercício no prazo fixado em lei. A prescrição admite suspensão e interrupção pelo tempo e forma legais; a decadência ou caducidade não permite qualquer paralisação da fluência do seu prazo uma vez iniciado.

• Súmula no 153-TFR – Constituído, no quinquênio, através de AIIM ou notificação de lançamento, o crédito tributário, não há falar em decadência, fluindo, a partir daí, em princípio, o prazo prescricional, que, todavia, fica em suspenso até que sejam decididos os recursos administrativos.

A única forma de o Fisco cobrar é a execução fiscal (Lei nº 6.830/80 – Lei de Execução Fiscal) – qualquer problema, utilizar o mandado de segurança.

- **Interrompe a prescrição – art. 174, CTN:** a) citação válida; b) pelo protesto judicial; c) por qualquer ato judicial que constitua em mora o devedor; d) por qualquer ato inequívoco, ainda que extrajudicial, que importe reconhecimento do débito pelo devedor (Machado, 2016, p. 227).

Interromper a prescrição significa apagar o prazo já decorrido, o qual recomeçará seu curso novamente (ou seja, a contagem retoma de seu início).

Assim, constituído definitivamente o crédito tributário, daí começa o curso da prescrição. Se depois de algum tempo, antes de completar-se o quinquênio, ocorre uma das hipóteses de interrupção acima citadas, o prazo já decorrido **fica sem efeito, e a contagem dos cinco anos volta a ser iniciada.**

Conta-se a partir da data do despacho do juiz que determina a citação na execução da dívida ativa. (Ver Lei de Execução Fiscal.)

A Fazenda tem cinco anos para executar, caso contrário ocorre a prescrição.

O sujeito passivo pode interromper o prazo prescricional se reconhecer a dívida (art. 174, CTN). Ex.: Pedido de parcelamento.

No lançamento por homologação não existe prescrição, só decadência.

- **Suspensão da prescrição – art. 151, CTN:** significa paralisar o seu curso, enquanto perdurar a causa da suspensão. **O prazo já decorrido perdura e, uma vez desaparecida a causa da suspensão, o prazo continua em curso (ocorre uma interrupção temporária do prazo).**

Constituem causa da suspensão da prescrição aquelas que suspendem a exigibilidade do crédito tributário definitivamente constituído (Machado, 2016, p. 227). Exemplo: moratória, depósito em mandado de segurança.

Ainda falando em prescrição e decadência, vale lembrar que o art. 195 do CTN destaca a obrigatoriedade da guarda dos livros e documentos, assim como os arts. 37 e 38 da Lei n° 9.430/96:

CTN, art. 195. Para os efeitos da legislação tributária, não têm aplicação quaisquer disposições legais excludentes ou limitativas do direito de examinar mercadorias, livros, arquivos, documentos, papéis e efeitos comerciais ou fiscais, dos comerciantes industriais ou produtores, ou da obrigação destes de exibi-los.

> *Parágrafo único. Os livros obrigatórios de escrituração comercial e fiscal e os comprovantes dos lançamentos neles efetuados serão conservados até que ocorra a prescrição dos créditos tributários decorrentes das operações a que se refiram.*
>
> *Lei n° 9.430/96, art. 37. Os comprovantes da escrituração da pessoa jurídica, relativos a fatos que repercutam em lançamentos contábeis de exercícios futuros, serão conservados até que se opere a decadência do direito de a Fazenda Pública constituir os créditos tributários relativos a esses exercícios.*
>
> *Arquivos Magnéticos*
>
> *Art. 38. O sujeito passivo usuário de sistema de processamento de dados deverá manter documentação técnica completa e atualizada do sistema, suficiente para possibilitar a sua auditoria, facultada a manutenção em meio magnético, sem prejuízo da sua emissão gráfica, quando solicitada.*

CRÉDITO TRIBUTÁRIO – ART. 139, CTN

12.2.6 Conversão do depósito em renda – Art. 156, inciso VI, CTN

Ocorre quando o sujeito passivo ingressa com ação contra a Fazenda Pública e, para evitar execução, efetua o depósito judicial, por consequência, suspende a exigibilidade do crédito tributário.

Se a decisão for desfavorável ao sujeito passivo, o depósito é convertido em renda para a Fazenda Pública. Caso a decisão transite em julgado e seja favorável ao contribuinte, este irá levantar o valor previamente depositado (Martins, 2005, p. 209).

Importante destacar que, em caso de perda por parte do contribuinte, provavelmente haverá incidência de honorários advocatícios.

Regina Helena Costa (2013, p. 279) destaca que:

> *Desse modo, a nosso ver, vencido o contribuinte em ação na qual efetuou o depósito do tributo impugnado, dever ser instado a manifestar-se quanto à sua intenção de efetuar o respectivo pagamento, na modalidade "conversão do depósito em renda".*
>
> *Caso não pretenda fazê-lo, optando pelo direito que lhe é assegurado pelo ordenamento jurídico de submeter-se à execução forçada, poderá requerer o levantamento do depósito, cabendo ao juízo intimar previamente o Fisco dessa postulação. Essa é a oportunidade para o Fisco, em garantia do seu crédito, de requerer seja procedida a penhora do valor depositado, viabilizando a execução fiscal.*
>
> *Homologação do lançamento e do pagamento antecipado – Art. 156, inciso VII, CTN*

Se o Fisco não homologar em cinco anos, nos termos do art. 150, §§ 1° e 4°, do CTN (ver art. 173, parágrafo único, CTN)[42] decai o direito de exigir o tributo. A homologação pode ser expressa ou tácita. A seguir, transcrevemos o referido artigo:

---

42   Período de graça pró-fisco.

Manual de Direito Tributário e Financeiro Aplicado

Art. 150. *O lançamento por homologação, que ocorre quanto aos tributos cuja legislação atribua ao sujeito passivo o dever de antecipar o pagamento sem prévio exame da autoridade administrativa, opera-se pelo ato em que a referida autoridade, tomando conhecimento da atividade assim exercida pelo obrigado, expressamente a homologa.*

§ 1° O pagamento antecipado pelo obrigado nos termos deste artigo extingue o crédito, sob condição resolutória da ulterior homologação ao lançamento.

§ 2° Não influem sobre a obrigação tributária quaisquer atos anteriores à homologação, praticados pelo sujeito passivo ou por terceiro, visando à extinção total ou parcial do crédito.

§ 3° Os atos a que se refere o parágrafo anterior serão, porém, considerados na apuração do saldo porventura devido e, sendo o caso, na imposição de penalidade, ou sua graduação.

§ 4° Se a lei não fixar prazo à homologação, será ele de cinco anos, a contar da ocorrência do fato gerador; expirado esse prazo sem que a Fazenda Pública se tenha pronunciado, considera-se homologado o lançamento e definitivamente extinto o crédito, salvo se comprovada a ocorrência de dolo, fraude ou simulação.

12.2.8 Extinção do crédito mediante consignação de pagamento – nos termos dos arts. 156, VIII, e 164, II, do CTN

A consignação em pagamento constitui-se em uma ação judicial promovida pelo sujeito passivo em face do sujeito ativo para garantir o seu direito de pagar livrando-se das consequências jurídicas de um eventual inadimplemento. Pode ocorrer nos seguintes casos:

a) O sujeito passivo se propõe a pagar, e a Fazenda se recusa a receber;

b) O sujeito passivo se propõe a pagar um valor, e a Fazenda se recusa a receber aquele valor;

CRÉDITO TRIBUTÁRIO – ART. 139, CTN

c) A Fazenda condiciona o recebimento de um tributo ao pagamento de um outro que o sujeito passivo não se propõe ao pagamento;

d) A Fazenda condiciona o recebimento do tributo ao cumprimento de obrigação acessória;

e) Condiciona o recebimento ao cumprimento de obrigação ilegal;

f) Conflito de competência. O contribuinte deposita o maior valor – ex.: terreno limítrofe entre dois municípios. É o caso da pluritributação, que ocorre quando mais de duas pessoas políticas distintas exigem tributo do mesmo sujeito passivo sob a mesma hipótese de incidência. É inconstitucional.

A extinção ocorrerá quando a consignação for acolhida ou for julgada. Se a decisão for desfavorável ao sujeito passivo, ele ficará condenado ao pagamento do tributo mais acréscimos que a lei permitir.

Só não há ocorrência de multa quando o sujeito passivo se propõe a pagar, e a Fazenda diz que não existia dívida.

12.2.9 Decisão administrativa irreformável

É a decisão que não pode mais ser objeto de ação anulatória. (Ver art. 156, inciso IX, CTN.)

É a decisão administrativa irreformável favorável ao contribuinte que não cabe mais recurso na esfera administrativa e que não possa mais ser objeto de ação anulatória. Se o próprio Fisco entendeu que não tem razão, falta interesse de agir para impetrar recurso. Entretanto, se houver ilegalidade, a decisão pode ser modificada.

Judicialmente a decisão administrativa pode ser cancelada por ação civil pública e ação popular.

12.2.10 Decisão judicial transitada em julgado – art. 156, X, CTN

É a decisão judicial transitada em julgado que favorece o sujeito passivo, concluindo pela improcedência do crédito tributário. Não cabe mais recurso.

É a invalidade do crédito tributário, culminando em coisa julgada material, extinguindo por consequência a obrigação tributária.

Vale destacar que, caso a Fazenda não logre êxito, obrigatoriamente ela deverá entrar com recurso de ofício nos tribunais superiores.

12.2.11 Dação de pagamento em bens imóveis – art. 156, XI, CTN

A dação em pagamento ocorre quando o devedor entrega ao credor coisa diversa de dinheiro, em substituição à prestação devida, visando à extinção da obrigação – CC, art. 356 (Martins, 2005, p. 211).

O art. 156 do CTN faz referência à dação em pagamento de bens imóveis, na forma prevista em lei (LC nº 104 – somente pode ocorrer a dação de bens imóveis com lei autorizando).

12.2.12 Pagamento indevido e restituição de indébito[43]

É o pagamento (recolhimento) indevido realizado pelo contribuinte a título de tributo. O contribuinte tem o direito de pleitear a sua restituição nos termos dos arts. 165 a 169 do CTN, abaixo descritos:

---

43 Indébito – do latim *indebitus* (que não é devido), exprime, na terminologia jurídica, aquilo que se pagou sem ser devido, ou indevidamente. O indevido ou indébito mostra, por essa forma, o cumprimento de obrigação indevidamente, ou a que, juridicamente, não se estava obrigado (Silva, 1994).

CRÉDITO TRIBUTÁRIO – ART. 139, CTN

Art. 165. *O sujeito passivo tem direito, independentemente de prévio protesto, à restituição total ou parcial do tributo, seja qual for a modalidade do seu pagamento, ressalvado o disposto no § 4° do artigo 162, nos seguintes casos:*

I – cobrança ou pagamento espontâneo de tributo indevido ou maior que o devido em face da legislação tributária aplicável, ou da natureza ou circunstâncias materiais do fato gerador efetivamente ocorrido;

II – erro na edificação do sujeito passivo, na determinação da alíquota aplicável, no cálculo do montante do débito ou na elaboração ou conferência de qualquer documento relativo ao pagamento;

III – reforma, anulação, revogação ou rescisão de decisão condenatória.

Art. 166. *A restituição de tributos que comportem, por sua natureza, transferência do respectivo encargo financeiro somente será feita a quem prove haver assumido o referido encargo, ou, no caso de tê-lo transferido a terceiro, estar por este expressamente autorizado a recebê-la.*

Art. 167. *A restituição total ou parcial do tributo dá lugar à restituição, na mesma proporção, dos juros de mora e das penalidades pecuniárias, salvo as referentes a infrações de caráter formal não prejudicadas pela causa da restituição.*

Parágrafo único. A restituição vence juros não capitalizáveis, a partir do trânsito em julgado da decisão definitiva que a determinar.

Art. 168. *O direito de pleitear a restituição extingue-se com o decurso do prazo de 5 (cinco) anos, contados:*

I – nas hipótese dos incisos I e II do artigo 165, da data da extinção do crédito tributário; (Vide art. 3° da LCp n° 118, de 2005)

II – na hipótese do inciso III do artigo 165, da data em que se tornar definitiva a decisão administrativa ou passar em julgado a decisão judicial que tenha reformado, anulado, revogado ou rescindido a decisão condenatória.

> **Art. 169.** *Prescreve em dois anos a ação anulatória da decisão administrativa que denegar a restituição.*
>
> *Parágrafo único. O prazo de prescrição é interrompido pelo início da ação judicial, recomeçando o seu curso, por metade, a partir da data da intimação validamente feita ao representante judicial da Fazenda Pública interessada.*

12.2.13 MODALIDADES DE EXTINÇÃO DOS DÉBITOS – IBS, CBS, RELATIVAS À LC Nº 214/25

Referida lei define diversas modalidades de extinção do crédito tributário em seus arts. 27 a 40, destacando em seu art. 27 as relativas ao IBS e à CBS:

> *Art. 27. Os débitos do IBS e da CBS decorrentes da incidência sobre operações com bens ou com serviços serão extintos mediante as seguintes modalidades:*
>
> *I – compensação com créditos, respectivamente, de IBS e de CBS apropriados pelo contribuinte, nos termos dos arts. 47 a 56 e das demais disposições desta Lei Complementar;*
>
> *II – pagamento pelo contribuinte;*
>
> *III – recolhimento na liquidação financeira da operação (split payment), nos termos do artigo 31 a 35 desta Lei Complementar;*
>
> *IV – recolhimento pelo adquirente, nos termos do art. 36 desta Lei Complementar; ou*
>
> *V – pagamento por aquele a quem esta Lei Complementar atribuir responsabilidade.*
>
> *Parágrafo único. A extinção de débitos de que trata o caput deste artigo:*
>
> *I – nas hipóteses dos incisos I e II do caput deste artigo, será imputada aos valores dos débitos não extintos do IBS e da CBS incidentes sobre as operações ocorridas no período de*

CRÉDITO TRIBUTÁRIO – ART. 139, CTN

apuração na ordem cronológica do documento fiscal, segundo critérios estabelecidos no regulamento;

II – nas hipóteses dos incisos III e IV do caput deste artigo, será vinculada à respectiva operação; e

III – na hipótese do inciso V do caput deste artigo, será vinculada à operação específica a que se refere ou, caso não se refira a uma operação específica, será imputada na forma do inciso I deste parágrafo.

12.3 HIPÓTESES DE EXCLUSÃO DO CRÉDITO TRIBUTÁRIO – ART. 175, CTN

Excluem o crédito tributário a **isenção, a anistia e as imunidades**. Não se permite o surgimento do FG, não deixa materializar a hipótese de incidência, porém a exclusão do crédito tributário não dispensa o cumprimento das obrigações acessórias dependentes da obrigação principal cujo crédito seja excluído, ou dela consequentes.

São formas de exclusão do crédito tributário: isenção, anistia e imunidade.

12.3.1 Isenção

Isenção é a dispensa pela lei de tributo devido. Ocorre o FG da obrigação tributária, porém a lei dispensa seu pagamento (art. 175, I, CTN).

Para haver isenção, é necessário que exista lei dispensando o pagamento do tributo (Martins, 2005, p. 211).

O CTN não tomou partido na controvérsia doutrinária e, no art. 175, I, dispõe que a **isenção exclui o crédito tributário**, colocando a isenção tributária ao lado da anistia, que também é uma das causas excludentes do crédito tributário. Geraldo Ataliba (1978, p. 328-329) afirma ser a isenção tributária uma dispensa legal do pagamento do tributo devido.

157

Outras definições:

1. É a dispensa legal do pagamento do tributo.

Corrente aceita pelo STF e pela Fazenda. Suspende a eficácia da lei que tributou.

2. Consiste na não incidência legalmente qualificada.

É predominante.

3. A isenção não pode ser dispensa legal. É fruto da lei. A lei isencional atinge regra que é hipótese de incidência, matriz tributária subtraindo um dos seus critérios.

A isenção é sempre concedida por lei e, segundo o art. 179, CTN,[44] pode ser em caráter geral ou individual:

- **Caráter geral** – alcança a totalidade da sujeição passiva do FG ou de uma parcela deste. Concedido independente de requerimento dos interessados, ou qualquer formalidade adicional.

- **Caráter individual** – concedido caso a caso mediante despacho administrativo da autoridade competente designada pela lei. Só concedido mediante requerimento. O contribuinte tem de atender aos requisitos legais.

A isenção normalmente deriva de lei complementar ou de lei ordinária da pessoa política competente ao tributo que se refere à lei. Existem hipóteses de isenção sem lei, a saber:

- ICMS: art. 155, § 2º, inciso XII, letra "g", CF. A isenção do ICMS é concedida por intermédio de convênio firmado perante o Conselho Nacional de Política Fazendária (CONFAZ) nos termos da LC nº 24/75. Não é por lei estadual.

---

44 Art. 179, CTN: A isenção, quando não concedida em caráter geral, é efetivada, em cada caso, por despacho da autoridade administrativa, em requerimento com o qual o interessado faça prova do preenchimento das condições e do cumprimento dos requisitos previstos em lei ou contrato para sua concessão.

CRÉDITO TRIBUTÁRIO – ART. 139, CTN

- Art. 151, inciso III, CF – proíbe que a União conceda isenção de tributos que não sejam de sua competência.

- Art. 195, § 7°, CF – são isentas de contribuição para a seguridade social as entidades beneficentes de assistência social que atendam às exigências em lei. São isenções na CF que na realidade são imunidades.

12.3.2 Anistia

É a exclusão do crédito tributário, no que diz respeito **somente a penalidades pecuniárias**, como multa. Atinge apenas as infrações cometidas antes da vigência da lei que a concede. Pode a anistia ser concedida em caráter geral, abrangendo penalidades, sem qualquer condição.

A anistia difere da remissão, que é o perdão da dívida, pelo fato de o crédito tributário já estar constituído. Abrange tanto o tributo como a penalidade. A anistia envolve apenas a penalidade cometida conforme os arts. 180 a 182 do CTN (Martins, 2005, p. 214).

Trata-se de forma de exclusão do crédito tributário, apenas da penalidade. É forma extintiva da punibilidade. Perdoa apenas a penalidade e não atinge o crédito tributário.

Concedido somente por meio de lei da pessoa política que tem a competência.

Ainda com referência ao art. 180, incisos I e II, do CTN, não se aplica a anistia aos atos qualificados em lei como crimes ou contravenções e aos que, mesmo sem essa qualificação, sejam praticados com dolo, fraude ou simulação pelo sujeito passivo ou por terceiro em benefício daquele, salvo disposição em contrário, às infrações resultantes de conluio entre duas ou mais pessoas naturais ou jurídicas.

As limitações constitucionais ao poder de tributar são exteriorizadas por princípios e imunidades (art. 150, CF).

12.3.3 Imunidade

Imunidade é o obstáculo decorrente da regra da CF à incidência de regra jurídica de tributação. O que é imune não pode ser tributado. A imunidade impede que a lei defina como hipótese de incidência tributária aquilo que é imune. É a limitação da competência tributária (Machado, 2016, p. 287-288).

Importante destacar que a EC nº 132/23 modificou a alínea "b", incluindo entre as imunidades entidades religiosas e templos de qualquer culto, **inclusive suas organizações assistenciais e beneficentes.**

A LC nº 214/25, em seu art. 9º, também destaca as referidas imunidades com relação a IBS e CBS.

Pressupõe restrição ao poder de tributar, limitação constitucional ao poder de tributar. A Constituição estadual não pode dar imunidade, nem tampouco a Lei Orgânica do Município. É clausula pétrea (STF).

Ainda com relação ao tema imunidade, destacamos o art. 156-A, § 7º, da CF:

> *Art. 156-A. (...)*
>
> *§ 7º A isenção e a imunidade: (Incluído pela Emenda Constitucional nº 132, de 2023)*
>
> *I – não implicarão crédito para compensação com o montante devido nas operações seguintes; (Incluído pela Emenda Constitucional nº 132, de 2023)*
>
> *II – acarretarão a anulação do crédito relativo às operações anteriores, salvo, na hipótese da imunidade, inclusive em relação ao inciso XI do § 1º, quando determinado em contrário em lei complementar. (Incluído pela Emenda Constitucional nº 132, de 2023)*

Portanto:

A – União, Estados, Distrito Federal e Municípios não podem instituir impostos sobre o patrimônio, a renda e os serviços um dos

CRÉDITO TRIBUTÁRIO – ART. 139, CTN

outros. É imunidade recíproca (arts. 150, inciso VI, "a", CF, e 9°, inciso IV, "d", CTN). A seguir descrevemos os respectivos:

Impostos sobre o patrimônio	IPTU, ITR, IPVA
Impostos sobre a transmissão	ITCMD, ITBIV
Imposto sobre a renda	IR
Imposto sobre mercadorias e serviços	ISS, ICMS, IBS, IS, CBS (substitui o IPI), IPI, IS

Fonte: Elaborado pelo autor, 2025.

A imunidade também se estende às autarquias e fundações públicas desde que cumpram as seguintes cláusulas:

1 – instituída pelo poder público por lei;

2 – mantida pelo poder público;

3 – devem se ater as suas finalidades institucionais.

A imunidade recíproca não se aplica quando o ente imune se submete ao cumprimento de obrigação de direito privado – art. 150, § 3°, CF. Ex.: Empresa de economia mista (Petrobras).

Não pode cobrar preço público ou tarifa pela atividade realizada.

Não se aplica a pessoa jurídica ou física não imune que adquirir de pessoa imune um bem imóvel.

B – É vedado instituir impostos sobre templos de qualquer natureza (arts. 150, VI, "b", CF, e 9°, inciso IV, "b", CTN). O art. 8° da IN n° 1.700 da RFB destaca que "Não estão sujeitos ao IRPJ os templos de qualquer culto".

É a proteção da liberdade de crença religiosa. Também se aplica ao patrimônio, à renda, serviços da atividade essencial ou que dela decorrem.

Pode incidir imposto sobre bens pertencentes à igreja, desde que não sejam instrumentos do culto.

Manual de Direito Tributário e Financeiro Aplicado

C – Entidades imunes: art. 150, VI, "c"

- Entidade sindical do trabalhador, sendo que sindicato patronal não tem imunidade. A central sindical tem imunidade.

- Partidos políticos.

- O art. 9° da IN n° 1.700 da RFB especifica as regras da imunidade com relação aos partidos políticos e às entidades sindicais dos trabalhadores:

> *Art. 9° Não estão sujeitos ao IRPJ os partidos políticos, inclusive suas fundações, e as entidades sindicais dos trabalhadores, sem fins lucrativos, desde que:*
>
> *I – não distribuam qualquer parcela de seu patrimônio ou de suas rendas, a qualquer título;*
>
> *II – apliquem seus recursos integralmente no País, na manutenção de seus objetivos institucionais; e*
>
> *III – mantenham escrituração de suas receitas e despesas em livros revestidos de formalidades capazes de assegurar sua exatidão.*
>
> *Parágrafo único. Na falta de cumprimento do disposto neste artigo ou no inciso II do caput do art. 11, a autoridade competente poderá suspender o benefício na forma prevista no art. 172 do RIR.*

- Instituições de educação e instituições de assistência social e fomento à educação e ao assistencialismo, porém a Constituição Federal impõe duas condições:

a) Não podem ter fim lucrativo. O lucro auferido deve ser reinvestido.

b) Devem cumprir o que prevê o art. 14, CTN, a seguir descrito:

> *Art. 14. O disposto na alínea c do inciso IV do artigo 9° é subordinado à observância dos seguintes requisitos pelas entidades nele referidas:*

CRÉDITO TRIBUTÁRIO – ART. 139, CTN

I – não distribuírem qualquer parcela de seu patrimônio ou de suas rendas, a qualquer título; (Redação dada pela LCp nº 104, de 2001)

II – aplicarem integralmente, no País, os seus recursos na manutenção dos seus objetivos institucionais;

III – manterem escrituração de suas receitas e despesas em livros revestidos de formalidades capazes de assegurar sua exatidão.

§ 1° Na falta de cumprimento do disposto neste artigo, ou no § 1° do artigo 9°, a autoridade competente pode suspender a aplicação do benefício.

§ 2° Os serviços a que se refere a alínea c do inciso IV do artigo 9° são exclusivamente, os diretamente relacionados com os objetivos institucionais das entidades de que trata este artigo, previstos nos respectivos estatutos ou atos constitutivos.

Ainda em referência às instituições de educação e assistência social, o art. 10 da IN nº 1.700/17 da RFB complementa o entendimento das diversas regras para concessão do benefício:

Art. 10. Não estão sujeitas ao IRPJ as instituições de educação e as de assistência social, sem fins lucrativos.

§ 1° Para efeitos do disposto neste artigo, considera-se imune a instituição de educação ou de assistência social que presta os serviços para os quais foi instituída e os coloca à disposição da população em geral, em caráter complementar às atividades do Estado, sem fins lucrativos.

§ 2° Considera-se entidade sem fins lucrativos a que não apresenta superávit em suas contas ou, caso o apresente em determinado exercício, destine o referido resultado, integralmente, à manutenção e ao desenvolvimento dos seus objetivos sociais.

§ 3° Para o gozo da imunidade as instituições a que se refere este artigo estão obrigadas a atender aos seguintes requisitos:

I – não remunerar, por qualquer forma, seus dirigentes pelos serviços prestados, exceto no caso de associações, fundações ou organizações da sociedade civil, sem fins lucrativos, cujos dirigentes poderão ser remunerados, desde que atuem efetivamente na gestão executiva e desde que cumpridos os requisitos previstos nos arts. 3° e 16 da Lei n° 9.790, de 23 de março de 1999, respeitados como limites máximos os valores praticados pelo mercado na região correspondente à sua área de atuação, devendo seu valor ser fixado pelo órgão de deliberação superior da entidade, registrado em ata, com comunicação ao Ministério Público, no caso das fundações; (Redação dada pelo(a) Instrução Normativa RFB n° 1.881, de 03 de abril de 2019)

II – aplicar integralmente seus recursos na manutenção e no desenvolvimento dos seus objetivos sociais;

III – manter escrituração completa de suas receitas e despesas em livros revestidos das formalidades que assegurem a respectiva exatidão;

IV – conservar em boa ordem, pelo prazo de 5 (cinco) anos contado da data da emissão, documentos que comprovem a origem de suas receitas, a efetivação de suas despesas e a realização de quaisquer outros atos ou operações que venham a modificar sua situação patrimonial;

V – apresentar, anualmente, Escrituração Contábil Fiscal (ECF) de acordo com o disposto na Instrução Normativa RFB no 1.422, de 19 de dezembro de 2013;

VI – assegurar a destinação de seu patrimônio a outra instituição que atenda às condições para gozo da imunidade, no caso de incorporação, fusão, cisão ou de encerramento de suas atividades, ou a órgão público; e

VII – cumprir outros requisitos estabelecidos em lei específica, relacionados com o funcionamento da entidade.

§ 4° A vedação estabelecida no inciso I do § 3° não alcança a hipótese de remuneração de dirigente, em decorrência de vínculo empregatício, pelas Organizações da Sociedade Civil de Interesse Público (Oscip), qualificadas segundo as normas estabelecidas na Lei n° 9.790, de 23 de março de 1999, e pelas Organizações Sociais (OS), qualificadas consoante os dispositivos da Lei n° 9.637, de 15 de maio de 1998, desde que a referida remuneração não seja superior, em seu valor bruto,

CRÉDITO TRIBUTÁRIO – ART. 139, CTN

ao limite estabelecido para a remuneração de servidores do Poder Executivo Federal.

§ 5° A vedação a que se refere o inciso I do § 3° não impede:

I – a remuneração de diretores não estatutários que tenham vínculo empregatício com a entidade; e

II – a remuneração de dirigentes estatutários, desde que o valor bruto da remuneração seja inferior a 70% (setenta por cento) do limite estabelecido para a remuneração de servidores do Poder Executivo Federal.

§ 6° A remuneração dos dirigentes estatutários referidos no inciso II do § 5° deverá obedecer às seguintes condições:

I – nenhum dirigente remunerado poderá ser cônjuge ou parente até 3° (terceiro) grau, inclusive afim, de instituidores, sócios, diretores, conselheiros, benfeitores ou equivalentes da instituição de que trata o caput deste artigo; e

II – o total pago a título de remuneração para dirigentes, pelo exercício das atribuições estatutárias, deve ser inferior a 5 (cinco) vezes o valor correspondente ao limite individual estabelecido no inciso II do § 5°.

§ 7° O disposto nos §§ 5° e 6° não impede a remuneração do dirigente estatutário ou do diretor que, cumulativamente, tenha vínculo estatutário e empregatício com a entidade, exceto se houver incompatibilidade de jornadas de trabalho.

Art. 11. A imunidade de que tratam os arts. 8° a 10:

I – é restrita aos resultados relacionados com as finalidades essenciais das entidades neles mencionadas; e

II – não exclui a atribuição, por lei, às entidades neles referidas, da condição de responsáveis pelo imposto que lhes caiba reter na fonte e não a dispensa da prática de atos, previstos em lei, assecuratórios do cumprimento de obrigações tributárias por terceiros.

Com referência às entidades beneficentes de assistência social e associações e fundações, a mesma IN também especifica as regras nos arts. 12 e 13:

Art. 12. A entidade beneficente de assistência social certifica-da na forma prevista no Capítulo II da Lei nº 12.101, de 27 de novembro de 2009, fará jus à isenção do pagamento da CSLL desde que atenda às disposições contidas nessa Lei, notada-mente quanto aos seguintes requisitos:

I – não percebam seus diretores, conselheiros, sócios, institui-dores ou benfeitores remuneração, vantagens ou benefícios, direta ou indiretamente, por qualquer forma ou título, em ra-zão das competências, funções ou atividades que lhes sejam atribuídas pelos respectivos atos constitutivos, exceto no caso de associações assistenciais ou fundações, sem fins lucrativos, cujos dirigentes poderão ser remunerados, desde que atuem efetivamente na gestão executiva, respeitados como limites máximos os valores praticados pelo mercado na região cor-respondente à sua área de atuação, devendo seu valor ser fixado pelo órgão de deliberação superior da entidade, re-gistrado em ata, com comunicação ao Ministério Público, no caso das fundações;

II – aplique suas rendas, seus recursos e eventual superávit integralmente no território nacional, na manutenção e desen-volvimento de seus objetivos institucionais;

III – possua certidão negativa ou certidão positiva com efeito de negativa de débitos relativos aos tributos administrados pela RFB e apresente certificado de regularidade do Fundo de Garantia do Tempo de Serviço (FGTS);

IV – mantenha escrituração contábil regular que registre as receitas e despesas e a aplicação em gratuidade, de forma segregada, em consonância com as normas expedidas pelo Conselho Federal de Contabilidade;

V – não distribua resultados, dividendos, bonificações, par-ticipações ou parcelas do seu patrimônio, sob qualquer forma ou pretexto;

VI – conserve em boa ordem, pelo prazo de 10 (dez) anos, contado da data da emissão, os documentos que compro-vem a origem e a aplicação de seus recursos e os relativos a atos ou operações realizados que impliquem modificação da situação patrimonial;

CRÉDITO TRIBUTÁRIO – ART. 139, CTN

VII – cumpra as obrigações acessórias estabelecidas na legislação tributária; e

VIII – apresente as demonstrações contábeis e financeiras devidamente auditadas por auditor independente legalmente habilitado nos Conselhos Regionais de Contabilidade quando a receita bruta anual auferida for superior ao limite fixado pela Lei Complementar nº 123, de 2006.

Art. 13. São isentas do IRPJ e da CSLL as instituições de caráter filantrópico, recreativo, cultural e científico e as associações civis que prestam os serviços para os quais foram instituídas e os colocam à disposição do grupo de pessoas a que se destinam, sem fins lucrativos.

§ 1º Não estão abrangidos pela isenção do IRPJ os rendimentos e ganhos de capital auferidos em aplicações financeiras de renda fixa ou de renda variável.

§ 2º Será definitivo o imposto sobre a renda retido na fonte de instituição isenta, sobre rendimento de aplicações financeiras de renda fixa e de renda variável ou pago sobre os ganhos líquidos mensais.

§ 3º Às entidades isentas aplicam-se as disposições do § 2º e dos incisos I a V do § 3º, ambos do art. 10, ressalvado o disposto no § 4º desse mesmo artigo.

§ 3º-A As fundações de apoio às Instituições de Ensino Superior e as Instituições Científica, Tecnológica e de Inovação (ICTs) poderão remunerar o seu dirigente máximo que: (Incluído(a) pelo(a) Instrução Normativa RFB nº 1.881, de 03 de abril de 2019)

I – seja não estatutário e tenha vínculo empregatício com a instituição; ou (Incluído(a) pelo(a) Instrução Normativa RFB nº 1.881, de 03 de abril de 2019)

II – seja estatutário, desde que receba remuneração inferior, em seu valor bruto, a 70% (setenta por cento) do limite estabelecido para a remuneração de servidores do Poder Executivo federal. (Incluído(a) pelo(a) Instrução Normativa RFB nº 1.881, de 03 de abril de 2019)

Manual de Direito Tributário e Financeiro Aplicado

§ 4º As entidades que deixarem de satisfazer as condições previstas nos incisos I a V do § 3º do art. 10 perderão o direito à isenção, observado o disposto nos §§ 5º a 13.

§ 5º Constatado que a entidade beneficiária de isenção deixou de cumprir requisito ou condição previsto nos incisos I a V do § 3º do art. 10, o Auditor-Fiscal da Receita Federal do Brasil expedirá notificação fiscal, na qual relatará os fatos que determinam a suspensão do benefício, indicando inclusive a data da ocorrência da infração.

§ 6º A entidade poderá, no prazo de 30 (trinta) dias da ciência da notificação, apresentar as alegações e provas que entender necessárias.

§ 7º O Delegado ou o Inspetor da RFB decidirá sobre a procedência das alegações e, sendo essas improcedentes, expedirá o ato declaratório suspensivo do benefício e dará ciência à entidade.

§ 8º Será igualmente expedido o ato suspensivo se decorrido o prazo previsto no § 6º sem qualquer manifestação da parte interessada.

§ 9º A suspensão do benefício terá como termo inicial a data da prática da infração.

§ 10 Efetivada a suspensão:

I – a entidade interessada poderá, no prazo de 30 (trinta) dias da ciência, apresentar impugnação ao ato declaratório; e

II – o Auditor-Fiscal da Receita Federal do Brasil lavrará auto de infração, se for o caso.

§ 11 A impugnação relativa à suspensão do benefício deverá ser apresentada com observância das demais normas do Processo Administrativo Fiscal regulado pelo Decreto nº 70.235, de 6 de março de 1972.

§ 12 A impugnação e o recurso apresentados pela entidade não terão efeito suspensivo em relação ao ato declaratório contestado.

CRÉDITO TRIBUTÁRIO – ART. 139, CTN

> *§ 13 Caso seja lavrado auto de infração, as impugnações contra o ato declaratório e contra a exigência de crédito tributário serão reunidas em um único processo, para serem decididas simultaneamente.*

D – É vedado instituir impostos sobre livros, jornais, periódicos e o papel destinado à sua impressão (art. 150, VI, "d").

Fundamento: arts. 5° e 9°, CF – é a garantia da liberdade de expressão e pensamento.

E – É vedado instituir impostos sobre fonogramas e videofonogramas musicais produzidos no Brasil, contendo obras musicais ou literomusicais de autores brasileiros e/ou obras em geral interpretadas por artistas brasileiros bem como os suportes materiais ou arquivos digitais que os contenham, salvo na etapa de replicação industrial de mídias ópticas de leitura a *laser*. A regra constitucional tem como objetivo a valorização do artista brasileiro e de seu produto musical (art. 150, inciso VI, "e", CF).

F – Imunidades para fins de reforma agrária (art. 184, § 5°, CF).

São isentas de impostos federais, estaduais e municipais as operações de transferências de imóveis desapropriados para fins de reforma agrária.

G – Exceções:

> *1) Imunidades de taxas – exceção à regra dos impostos – a CF no seu art. 5°, inciso XXXIV, determina que:*
>
> *São a todos assegurados, independentemente do pagamento de taxas:*
>
> *XXXIV – (...)*
>
> *a) o direito de petição aos Poderes Públicos em defesa de direitos ou contra ilegalidade ou abuso de poder;*

Manual de Direito Tributário e Financeiro Aplicado

b) a obtenção de certidões em repartições públicas, para defesa de direitos e esclarecimento de situações de interesse pessoal; (...)

Como também nos incisos LXXII e LXXIII – *habeas data*:

LXXII – conceder-se-á "habeas-data":

a) para assegurar o conhecimento de informações relativas à pessoa do impetrante, constantes de registros ou bancos de dados de entidades governamentais ou de caráter público;

b) para a retificação de dados, quando não se prefira fazê-lo por processo sigiloso, judicial ou administrativo;

LXXIII – qualquer cidadão é parte legítima para propor ação popular que vise a anular ato lesivo ao patrimônio público ou de entidade de que o Estado participe, à moralidade administrativa, ao meio ambiente e ao patrimônio histórico e cultural, ficando o autor, salvo comprovada má-fé, isento de custas judiciais e do ônus da sucumbência; (...)

2) Imunidade da contribuição social sobre o lucro líquido contribuições de intervenção no domínio econômico – as receitas de exportação são imunes de contribuição social, tais como COFINS, nos termos do art. 149, § 2°, inciso I, da CF:

Art. 149. *Compete exclusivamente à União instituir contribuições sociais, de intervenção no domínio econômico e de interesse das categorias profissionais ou econômicas, como instrumento de sua atuação nas respectivas áreas, observado o disposto nos arts. 146, III, e 150, I e III, e sem prejuízo do previsto no art. 195, § 6°, relativamente às contribuições a que alude o dispositivo. (...)*

§ 2° As contribuições sociais e de intervenção no domínio econômico de que trata o caput deste artigo: (Incluído pela Emenda Constitucional n° 33, de 2001)

I – não incidirão sobre as receitas decorrentes de exportação; (Incluído pela Emenda Constitucional n° 33, de 2001)

CRÉDITO TRIBUTÁRIO – ART. 139, CTN

H – Imunidades decorrentes da reforma tributária – IBS, CBS inseridas pela LC nº 214/25, arts. 8º e 9º, a seguir transcritos:

> *Art. 8º São imunes ao IBS e à CBS as exportações de bens e de serviços, nos termos do Capítulo V deste Título.*
>
> *Art. 9º São imunes também ao IBS e à CBS os fornecimentos:*
>
> *I – realizados pela União, pelos Estados, pelo Distrito Federal e pelos Municípios;*
>
> *II – realizados por entidades religiosas e templos de qualquer culto, inclusive suas organizações assistenciais e beneficentes;*
>
> *III – realizados por partidos políticos, inclusive seus institutos e fundações, entidades sindicais dos trabalhadores e instituições de educação e de assistência social, sem fins lucrativos;*
>
> *IV – de livros, jornais, periódicos e do papel destinado a sua impressão;*
>
> *V – de fonogramas e videofonogramas musicais produzidos no Brasil contendo obras musicais ou literomusicais de autores brasileiros e/ou obras em geral interpretadas por artistas brasileiros, bem como os suportes materiais ou arquivos digitais que os contenham, salvo na etapa de replicação industrial de mídias ópticas de leitura a laser;*
>
> *VI – de serviço de comunicação nas modalidades de radiodifusão sonora e de sons e imagens de recepção livre e gratuita; e*
>
> *VII – de ouro, quando definido em lei como ativo financeiro ou instrumento cambial.*
>
> *§ 1º A imunidade prevista no inciso I do caput deste artigo é extensiva às autarquias e às fundações instituídas e mantidas pelo poder público e à empresa pública prestadora de serviço postal, bem como:*
>
> *I – compreende somente as operações relacionadas com as suas finalidades essenciais ou as delas decorrentes;*
>
> *II – não se aplica às operações relacionadas com exploração de atividades econômicas regidas pelas normas aplicáveis a*

Manual de Direito Tributário e Financeiro Aplicado

empreendimentos privados ou em que haja contraprestação ou pagamento de preços ou tarifas pelo usuário; e

III – não exonera o promitente comprador da obrigação de pagar tributo relativamente a bem imóvel.

§ 2° Para efeitos do disposto no inciso II do caput deste artigo, considera-se:

I – entidade religiosa e templo de qualquer culto a pessoa jurídica de direito privado sem fins lucrativos que tem como objetivos professar a fé religiosa e praticar a religião; e

II – organização assistencial e beneficente a pessoa jurídica de direito privado sem fins lucrativos vinculada e mantida por entidade religiosa e templo de qualquer culto, que fornece bens e serviços na área de assistência social, sem discriminação ou exigência de qualquer natureza aos assistidos.

§ 3° A imunidade prevista no inciso III do caput deste artigo aplica-se, exclusivamente, às pessoas jurídicas sem fins lucrativos que cumpram, de forma cumulativa, os requisitos previstos no art. 14 da Lei n° 5.172, de 25 de outubro de 1966 (Código Tributário Nacional).

§ 4° As imunidades das entidades previstas nos incisos I a III do caput deste artigo não se aplicam às suas aquisições de bens materiais e imateriais, inclusive direitos, e serviços.

13 PLANEJAMENTO TRIBUTÁRIO

Neste capítulo, será estudado o conceito de planejamento tributário aplicável às sociedades empresárias brasileiras, considerando o fato de que, devido à globalização, à concorrência internacional e ao atual cenário econômico nacional, as empresas encontram-se obrigadas a trabalhar com uma margem de lucro reduzida, o que, na prática, significa obrigatoriamente uma redução de gastos, incluindo-se principalmente uma economia tributária, que deverá ser feita de maneira lícita, não colocando em risco o empreendimento, sendo óbvio que todos estes atos devem ser abrangidos por uma segurança jurídica, portanto, convertendo-se em uma forma de defesa do contribuinte.

A justificativa deste item leva em conta a elevada carga tributária existente no Brasil aliada aos recordes de arrecadação que observamos mensalmente, como, também, a complexidade da legislação tributária que adota um número excessivo de leis e sucessivas alterações legislativas, assim como, de acordo com o Instituto Brasileiro de Planejamento e Tributação (IBPT), no tocante a tributação da renda, patrimônio e consumo do cidadão brasileiro, os tributos em média consomem 149 dias de trabalho por ano, ou, ainda, 40,71%.[45]

13.1 PLANEJAMENTO TRIBUTÁRIO

Nessa linha, o planejamento tributário é uma expressão utilizada para representar o conjunto de procedimentos adotados pelo contribuinte. Procura eliminar, reduzir ou diferir para o momento mais oportuno a incidência dos tributos. Assim, quando se faz

---

45 Estudo Dias Trabalhados para Pagar Tributos, 2024 – IBPT Instituto. Disponível em: www.ibpt.com.br. Acesso em: 25 jul. 2024.

referência ao planejamento tributário, não se está tratando apenas do procedimento intelectual para metodologias ou desenvolvimento de ideias voltadas à redução da carga tributária, mas também à sua implementação.

Consoante essa premissa, a implementação de planejamentos tributários pode representar um novo dimensionamento das atividades negociais do contribuinte. Estabelecem-se formas para sua exteriorização, por meio de adoção de nova moldura jurídica às transações comerciais, logísticas, operacionais etc. Trata-se de atividades que ultrapassam, muitas vezes, o plano estritamente formal das relações jurídicas e da formação dos contratos, para afetar as atividades da empresa nos diversos segmentos em que se desenvolvem (Sillos, 2005, p. 10).

Nesse sentido, os planejamentos tributários não são instrumentalizados apenas por meio de adoção de negócios jurídicos atípicos ou indiretos, mas passam também pela escolha do melhor local para se construir uma fábrica (seja no país ou fora dele). Visam obter favores fiscais, concedidos pelos governos, à adoção do melhor porto de importação de mercadorias (para fazer frente a benefícios voltados aos impostos aduaneiros), à escolha da melhor forma de financiamento de suas atividades (contribuição de capital pelos sócios ou empréstimos subsidiados) etc., que podem levar o contribuinte a significativas economias de tributos.

A respeito desse assunto, Andrade Filho (2011, p. 804) tece algumas considerações.

> O planejamento tributário tem no princípio da eficiência a sua justificação ética e axiológica. Assim, ligado à ideia de eficiência, o planejamento tributário é direito subjetivo de qualquer pessoa. O planejamento tributário visa, em última análise, otimizar, nos marcos da ordem jurídica, o montante de encargos tributários a serem suportados por uma pessoa natural ou coletiva. Assim, por exemplo, ele tem em mira casos em que a legislação prevê a possibilidade de escolha entre regimes de tributação que podem levar a uma carga tributária menor; é aquilo que os tributaristas espanhóis denominam "economia de opção", que pode ser explícita ou tácita. Exemplos clássicos

> *existem na legislação do Imposto de Renda brasileiro em relação à: (a) possibilidade de certas empresas optarem pela tributação com base no lucro presumido ou com base no lucro real; e (b) possibilidade que as pessoas físicas têm de considerar certos rendimentos como tributados exclusivamente na fonte, como é o caso de alguns ganhos financeiros.*

Somam-se os argumentos, e cita-se a definição de Claudemir Malaquias (2011, p. 393).

O vocábulo "planejamento" é empregado para designar a ação de organizar ou projetar cenários futuros com certa antecedência e sob certas premissas técnicas. A expressão "planejamento tributário" sob o aspecto semântico implica a ideia de ação preventiva, de algo que é cuidadosamente engendrado com o objetivo de atingir determinado resultado, que neste caso é a economia de imposto. Essa expressão também é empregada como sinônimo de liberdade de ação e a realização de uma escolha entre duas ou mais possibilidades igualmente válidas. Trata-se de uma seleção entre várias alternativas oferecidas pelo ordenamento jurídico no que diz respeito a distintas hipóteses de incidência tributária.

Diante do escopo de planejamento tributário, separam-se os procedimentos lícitos (elisão tributária), destinados à economia dos tributos, daqueles executados por meio de práticas ilícitas – evasão tributária (Sillos, 2005, p. 10-11), os quais descrevemos a seguir.

13.2 ELISÃO FISCAL

A elisão fiscal qualifica-se como procedimento **lícito** realizado pelo contribuinte para reduzir a carga tributária. Nesses procedimentos, enquadrar-se-iam os destinados a agir sobre os negócios realizados **antes do FG**, visando evitar seu enquadramento à hipótese de incidência dos tributos e, consequentemente, dando origem ao nascimento da obrigação tributária.

Os procedimentos elisivos atuam sobre os elementos da obrigação tributária (material, espacial, pessoal, quantitativo e tem-

Manual de Direito Tributário e Financeiro Aplicado

poral), de modo que se obtenha uma imposição tributária menos gravosa do que seria em outras circunstâncias de fato ou de direito.

Quando se fala em elisão tributária, evidencia-se a questão relativa à licitude da adoção pelo contribuinte de procedimentos e negócios jurídicos, com a finalidade de reduzir sua carga tributária, ainda que esse seja o único objetivo da transação (Sillos, 2005, p. 12).

A elisão fiscal, ao contrário da evasão, não se compadece com a fraude ou simulação, ou ainda, qualquer outra figura representativa de ação ou omissão ilícita, de acordo com a norma jurídica positivada (Andrade Filho, 2009, p. 165).

13.3 EVASÃO FISCAL

Por evasão fiscal, compreendem-se as práticas **ilícitas** adotadas pelo contribuinte com o objetivo de evadir-se ao cumprimento da obrigação tributária relacionada ao pagamento do tributo. Entende-se que tais práticas são aquelas estabelecidas nas Leis nºs 8.137/90 e 4.502/64, que trazem as hipóteses tipificadas como crime contra a ordem tributária e os conceitos de sonegação[46] fiscal, fraude[47] e conluio (ajuste entre duas pessoas físicas ou jurídicas para evitar o pagamento de tributo). Também devem ser enquadrados como hipóteses de evasão fiscal os negócios jurídicos nulos ou anu-

---

[46] O art. 71 da Lei n° 4.502/64 define sonegação como toda ação ou omissão dolosa tendente a impedir ou retardar, total ou parcialmente, o conhecimento por parte da autoridade fazendária: a) da ocorrência do fato gerador da obrigação tributária principal, sua natureza ou circunstâncias materiais; b) das condições pessoais do contribuinte suscetíveis de afetar a obrigação tributária principal ou o crédito tributário correspondente.

[47] De Plácido Silva (1994) define a fraude da seguinte forma: "Entende-se geralmente como o engano malicioso ou a ação astuciosa, promovidos de má-fé, para ocultação da verdade ou fuga do cumprimento do dever. Nestas condições, a fraude traz consigo o sentido de engano, não como se evidencia no dolo, em que se mostra a manobra fraudulenta para induzir outrem à prática de ato, de que lhe possa advir prejuízo, mas o engano oculto para furtar-se o fraudulento ao cumprimento do que é de sua obrigação ou para logro de terceiros".

láveis devido a vício de vontade, estatuído na legislação civil, como a simulação (Sillos, 2005, p. 13).

Nesse contexto da simulação, destaca-se o conceito de Andrade Filho (2009, p. 169):

> *Simulação é conceito normativo delineado no parágrafo primeiro do art. 167 do Código Civil. De acordo com o referido preceito, haverá simulação nos negócios jurídicos quando: I – aparentem conferir ou transmitir direitos a pessoas diversas daquelas às quais realmente se conferem, ou transmitem; II – contiverem declaração, confissão, condição ou cláusula não verdadeira; III – os instrumentos particulares forem antedatados, ou pós-datados.*

A evasão tributária significa a forma **ilícita** de evitar a satisfação da obrigação tributária, e elisão significa a forma **lícita** de evitar ou minorar a incidência dos tributos. A evasão significa que já há dever do contribuinte em satisfazer a obrigação tributária (OT), porém, a ocultou, enquanto na elisão busca-se evitar o surgimento desta OT (Carvalho, 2004, p. 58).

13.4 NORMA ELISIVA

A legalidade da prática de atos e negócios jurídicos acontece mediante a escolha adequada de ações ou omissões lícitas. Estas, não viciadas, são sempre anteriores aos fatos geradores dos tributos. A finalidade é alcançar a redução ou mesmo a eliminação da carga tributária incidente sobre determinada operação. Trata-se de um tema que há muito gera debates no meio especializado da matéria tributária.

A discussão ganhou fôlego a partir da promulgação da LC nº 104/2001, que, alterando a norma que trata do momento da ocorrência do FG da obrigação principal (art. 116, CTN), lhe acrescentou um parágrafo único:

> *Parágrafo único. A autoridade administrativa poderá desconsiderar atos ou negócios jurídicos praticados com a*

> *finalidade de dissimular a ocorrência do fato gerador do tributo ou a natureza dos elementos constitutivos da obrigação tributária, observados os procedimentos a serem estabelecidos em lei ordinária.*
>
> *Não havia, antes dessa, qualquer outra norma com o mesmo sentido e amplitude. A técnica da antielisividade específica,[48] no entanto, foi historicamente difundida nas normas tributárias brasileiras. Em um passado não muito distante, há notícias de tentativas infrutíferas de incorporação de normas antielisivas de caráter geral no ordenamento jurídico nacional.*

No caso da LC nº 104/2001, o caminho seguido pelo legislador foi de inserir, via lei complementar, um comando que permite à autoridade administrativa reconstituir os elementos que compõem a obrigação tributária a partir da constatação da prática de atos dissimuladores da ocorrência do FG ou da natureza dos elementos constitutivos da obrigação tributária.

A única restrição imposta à ação da administração tributária é que haja disciplina do procedimento a ser adotado para reinterpretar os efeitos da dissimulação, conceito-chave para deslinde do conteúdo da norma antielisão (Vaz, 2005, p. 274-275). Enquanto nenhuma regulação existia, os mais eminentes doutrinadores da área se posicionaram majoritariamente pela inconstitucionalidade da norma em questão. Tal entendimento decorria essencialmente do fato de que a antielisividade pretendida pela LC nº 104/2001 ofendia frontalmente a CF. Ela não respeitava o princípio da estrita legalidade e da tipicidade cerrada em matéria tributária (previsto no art. 150, inciso I, da CF e refletido no CTN, em seu art. 97), sem falar do conflito absoluto com outras normas do próprio sistema tributário.

Outra crítica que se fez ao dispositivo é que a norma era absolutamente desnecessária, posto que já existiam no ordenamento jurídico dispositivos suficientes para combater e autorizar a descon-

---

48 A norma geral antielisiva visa combater as distorções na interpretação do direito tributário pelo abuso de forma sobre o conteúdo jurídico da operação sujeita ao imposto ou pela manipulação da forma societária da empresa sob o manto da liberdade de iniciativa (Machado, 2016, p. 621).

sideração dos atos simulados e dissimulados, tais como o CC e o Código de Processo Civil (CPC).

Na opinião de Ives Gandra da Silva Martins (2004), tal dispositivo fere a Constituição Federal no seu mais prestigiado princípio, que é o da estrita legalidade pertinente ao direito tributário. Com efeito, o art. 150, inciso I, da CF versado está com a seguinte dicção: "**Art. 150.** Sem prejuízo de outras garantias asseguradas ao contribuinte é vedado à União, aos Estados, ao Distrito Federal e aos Municípios: I – exigir ou aumentar tributos sem lei que o estabeleça".

Exterioriza-se, portanto, garantia fundamental, que é cláusula pétrea, à luz do § 4°, inciso IV do art. 60: "§ 4° Não será objeto de deliberação a proposta de emenda tendente a abolir: (...) IV – os direitos e garantias individuais."

O princípio da legalidade, no próprio texto da Lei Suprema, já fora consagrado no mais relevante artigo da Constituição, aquele que garante os direitos individuais, função primacial do Estado de Direito. Segue o inciso II do art. 5° sobre esse tema: "II – Ninguém será obrigado a fazer ou deixar de fazer alguma coisa senão em virtude de lei".

Em todos os espaços geográficos e períodos históricos, o tributo é destinado não apenas a fazer do Estado um prestador de serviços públicos, mas um mantenedor de privilégios e benefícios exclusivamente a favor dos detentores do poder. É que, sabiamente, o constituinte, ao mesmo tempo em que assegurou ao Estado os recursos que se auto-outorga, garantiu ao contribuinte que, sem lei, não há possibilidade de exigência tributária (Martins, 2004, p. 451-453).

A norma antielisão veio permitir que o Fisco impusesse tributos e penas fora da lei, desconsiderando a lei aplicável, escolhendo o instrumento que lhe permita arrecadar mais. Dessa maneira, configura-se a hipótese de operação mais onerosa, mesmo que a menos onerosa tenha sido utilizada dentro da lei.

Pretendeu-se fechar as brechas legais, não da maneira legítima, por meio do Congresso, com projetos de lei, mas pela ação da fiscalização. Ora, as brechas na legislação ou existem – e não há o que contestar se o contribuinte atuar no campo não disciplinado, a salvo de tributo ou pagando menor carga tributária –, ou não existem, e a atuação do contribuinte em desconformidade com a disciplina aplicável caracteriza infração à lei.

O novo CC permite a adoção da figura que desconsidera a pessoa jurídica, hospedando teoria de há muito tempo aplicável nos conflitos judiciais e conformada em sólida jurisprudência, mas no campo do direito privado (art. 50) e no art. 133 do CPC.

À evidência, se determinada relação jurídica for desconsiderada no direito civil, terá seu reflexo no campo do direito tributário. Isso acontece porque as instituições de direito privado não podem ser alteradas pelo direito tributário, mas devem ser por ele respeitadas, podendo, no máximo, definir seus efeitos.

Martins (2004) afirma que o parágrafo único do art. 116 é inconstitucional, por ferir o princípio da estrita legalidade. Não há espaço para a figura desconsiderada no direito tributário brasileiro. À evidência, se ocorrer a desconsideração no direito privado, esta desconsideração do Código fundada no direito civil terá reflexo no direito tributário, não como relação tributária autônoma, mas como consequência da norma permissiva do CC. Paulo Vaz (2005, p. 296) manifesta-se sobre a questão.

> Com efeito, precedentes judiciais e administrativos têm corroborado a ideia de que, mesmo em face da LC 104/01, os atos ligados a um planejamento não poderão ter seus efeitos jurídicos e tributários ilegitimados se esses atos forem praticados em observância à estrita legalidade, vale dizer, formulados dentro da lei e das formas legais permitidas e não eivadas de simulação, dolo, ou fraude, e envolverem operações que apresentem consistência econômica. A LC 104/01 veio apenas enfatizar esses requisitos de validade do planejamento, que na verdade sempre se impuseram.
>
> Não haverá simulação ou dissimulação se as partes existem, praticam efetivamente os atos formalizados, obtêm os efeitos pretendidos por meio desses próprios atos, estão habilitadas a praticá-los, inexistem impedimentos legais e seguem as formalidades exigidas. Não haverá fraude se os

PLANEJAMENTO TRIBUTÁRIO

> *atos praticados são lícitos, e não haverá sonegação fiscal se os atos são anteriores à ocorrência do fato gerador (não se destinam, portanto, a ocultar do conhecimento do Fisco fato gerador ocorrido). Observa-se estará, nesses casos, a estrita legalidade citada anteriormente.*

No que se refere à norma antielisiva e à liberdade do contribuinte, Marcus Abraham (2007, p. 228) também emite sua visão:

> *Há muito se manifestou a Suprema Corte Americana, no célebre caso Gregory vx. Helvering (1935), conforme transcreve Carlos M. Giulani Founrouge: cualquiera puede arreglar sus asuntos de tal modo que su impuesto sea lo más reducido posible; no está obligado a elegir la fórmula más productiva para la tesorería; ni aún existe el deber patriótico de elevar sus propios impuestos.*

> *É possível afirmar que existem três correntes distintas a respeito da norma antielisiva.*

A **primeira corrente** atribuiu ao parágrafo único do art. 116 do CTN nenhum efeito. Vale dizer que o dispositivo citado não inovou na OT, já que a hipótese de simulação tem previsão expressa no art. 149, inciso VII, do CTN. Como a norma antielisão intenciona proibir a dissimulação, que nada mais é do que a simulação relativa, então a nova norma não alcançou o fim a que se destinava: proibir a elisão.

Ademais, pela literalidade do texto, constata-se que a norma antielisão estaria abraçando as hipóteses ilícitas de redução de impostos. Em outras palavras, não seria caso de elisão e sim de fraude. Compreende-se, nesse sentido, que dissimular a ocorrência do FG é, na verdade, ocultar sua ocorrência. O FG já teria acontecido, mas o contribuinte estaria ocultando, disfarçando, encobrindo sua ocorrência ao Fisco.

A **segunda corrente**, capitaneada por Ives Gandra da Silva Martins e Alberto Xavier, defende a inconstitucionalidade da LC nº 104/2001. Considera a norma antielisiva uma violação ao princípio da legalidade estrita, instaurando-se uma completa insegurança nos negócios praticados pelo contribuinte. Preconiza a tese de que, se essa norma fosse considerada constitucional, ela estaria autorizando a interpretação econômica no direito brasileiro. Isso poderia deferir ao Fisco o dever de tributar duas situações jurídicas distintas, reveladoras de mesmo conteúdo econômico e de igual capacidade contributiva.

A **terceira corrente** de pensamento adota posições menos radicais e mais ponderadas, asseverando que o critério de interpretação da norma deve ser orientado pela busca do pluralismo de valores com equilíbrio entre liberdade, justiça e segurança jurídica. Tendo em vista esse posicionamento, dois regimes de antielisão podem ser compreendidos no modelo ventilado na LC nº 104/2001. O primeiro consiste na previsão de norma antielisiva geral disposta no CTN associada à legislação ordinária meramente procedimental dos membros da Federação. O **segundo** dispõe a norma antielisiva de maneira genérica no CTN e deixa ao legislador de cada ente federativo a tarefa de elaborar a norma antielisiva específica que contenha a lista dos negócios imponíveis ao Fisco, prestigiando o pacto federativo, que atualmente vem sendo esquecido. Nesse passo, algumas condições são necessárias à aplicação da norma antielisiva geral. No primeiro regime, considera-se constitucional a norma antielisiva geral desde que, cumulativamente, atenda aos seguintes requisitos: a) o intérprete faça uso da técnica de ponderação dos interesses na solução do conflito; b) a justificativa para intervenção do Fisco seja bem clara e definida, usando critérios objetivos, à luz da transparência que deve existir nas relações entre Fisco e contribuinte; c) obedeça à lei ordinária de cada ente federativo exigida em seu texto (lei meramente procedimental); d) exista ampla defesa, contraditório e controle do ato de desconsideração, sob pena de se atribuir um poder sem sua contrapartida (*checks and balance*). No segundo regime, desde que a lei ordinária exigida de cada ente federativo contenha a lista de situações antielisivas (lei contendo norma antielisiva específica), acrescentando-se, ainda, as condições a, b, e d (Estrella, 2004 p. 132-133).

13.5 EXEMPLO DE PLANEJAMENTO TRIBUTÁRIO

Neste tópico, será demonstrado um caso de planejamento tributário federal de maior complexidade simulando a aplicação em um grupo de empresas de origem nacional, visando à redução da carga tributária do IRPJ e da CSLL. Referido exemplo foi desenvolvido na obra: **A função social das sociedades empresárias e o planejamento tributário federal** (Carota, 2013, p. 131-136).

13.5.1 Planejamento tributário federal – análises e proposições

É preciso considerar, antes de tudo, que o objetivo deste *case* é apresentar uma nova possibilidade de aplicação do planejamento tributário federal visando à redução da carga tributária da sociedade empresária. A meta é maximizar os resultados financeiros para que a empresa possa crescer de modo sustentável e, efetivamente, exercer sua função social perante a sociedade.

Nesse contexto, será apresentado um demonstrativo destinado à sociedade limitada, revelando uma forma diversa para aplicação da legislação tributária federal do IRPJ. Assim, buscam-se opções jurídicas e fiscais para que a empresa possa decidir pela tributação adequada. Vislumbra-se ainda que, com o exercício deste planejamento fiscal, seja possível reduzir a carga tributária possibilitando o cumprimento da função social da companhia perante sócios, sociedade e Estado.

A ideia é, enfim, dar prosseguimento aos projetos organizacionais de investimento e desenvolvimento de novos negócios, com a devida segurança jurídica e responsabilidade fiscal e social.

13.5.2 Demonstrativo de aplicação de planejamento tributário federal

Será criada uma hipótese com desenvolvimento de um demonstrativo de cálculo, aplicando-se a legislação tributária federal do IRPJ em uma sociedade limitada. Sucessivamente, será realizada uma comparação entre a sistemática de apuração do lucro real e do lucro presumido, analisando-se as diferenças da carga tributária.

O *case* apresentará ainda uma terceira e nova opção não convencional de aplicação da legislação tributária federal. Objetivará reduzir legalmente os gastos com os tributos, para que a empresa possa cumprir seu papel junto à sociedade e aos respectivos sócios.

13.5.3 Hipóteses e variáveis relativas ao desenvolvimento do demonstrativo da aplicação da tributação federal de uma sociedade limitada

Inicialmente, é necessário estabelecer as premissas de elaboração dos cálculos tributários, para aplicar a legislação tributária relativa ao lucro real e presumido. Em seguida, desenvolve-se a terceira opção, não convencional, de aplicação da legislação, com a finalidade específica de reduzir a incidência dos tributos federais. Portanto, seguem abaixo as hipóteses e variáveis adotadas para efeito de elaboração dos cálculos de apuração:

A empresa Refrigerantes Acme Ltda.[49] é uma sociedade empresária do tipo limitada que foi constituída na cidade de São Paulo e tem como objetivo definido em seu contrato social a comercialização de bebidas. O projeto terá início na capital paulista para, em seguida, no mesmo ano, abrir novas filiais em Curitiba e Goiânia. Suas atividades empresariais começarão em 01.01.2025, e seu plano

---

49   Denominação de sociedade empresária fictícia.

PLANEJAMENTO TRIBUTÁRIO

de negócios[50] e de orçamento[51] para o primeiro ano de atividade já foi definido. Entretanto, devido ao elevado gasto com tributos apresentado no orçamento, os sócios precisam de uma nova opção em termos de tributação a ser aplicada na empresa, para evitar um prejuízo econômico e social. Assim, apresenta-se uma nova alternativa, utilizando-se o planejamento tributário que assegure a competitividade da empresa e a continuidade dos negócios, além da função social do empreendimento.

Para iniciar o estudo relativo à tributação, seguem os dados financeiros previstos preliminares definidos para o primeiro ano de atividade da Refrigerantes Acme, abrangendo a matriz e todas as filiais da empresa. Tais informações servirão de base para as três opções tributárias que serão apresentadas posteriormente:

CONTA	VALOR
– Vendas previstas em São Paulo	R$ 40.000.000,00
– Vendas previstas em Goiânia	R$ 20.000.000,00
– Vendas previstas em Curitiba	R$ 20.000.000,00

---

50   Entende-se o *business plan*, ou plano de negócios empresariais, como um planejamento que deve conter uma previsão para os próximos anos do que efetivamente a empresa planeja a médio e longo prazos. Vamos explicar: a empresa define suas metas, compromissos, prazos e os eventuais riscos e oportunidades e como pretende estar posicionada para os próximos anos, descrevendo todas as fases de como fazer para chegar ao seu objetivo almejado. Para tanto, esse plano é dividido em capítulos, no qual se podem inserir as informações de acordo com a estratégia adotada nos planos de *marketing*, produção, vendas, recursos humanos, financeiro, investimentos, rentabilidade, cenário atual e futuro, estratégias de negócios etc. É claro que tudo deve manter uma sequência lógica que permita ao leitor entender como funciona a empresa e o que se planeja para o futuro (Carota; Domanico Filho, 2015, p. 75).

51   Welsh (1983) define que o orçamento de uma empresa (plano de lucro) consiste em um plano administrativo abrangendo todas as fases das operações para um período futuro. É uma expressão formal das políticas, dos planos, dos objetivos e das metas da alta administração para a empresa como um todo. Os objetivos de receita são expressos no orçamento de vendas; as metas de despesas são expressas no orçamento de despesas. Ambos devem ser alcançados para que se possa obter o lucro líquido e o retorno sobre o investimento planejado.

– Total de vendas previsto	R$ 80.000.000,00
– Custo da mercadoria vendida	R$ 40.000,000,00
– Outros custos de comercialização	R$ 6.000.000,00
– Despesas administrativas/comerciais	R$ 4.000.000,00
– Encargos sociais: INSS e folha de salários	R$ 4.000.000,00
– Lucro previsto antes da aplicação do IRPJ e da CSLL	R$ 26.000.000,00

Fonte: Elaborado pelo autor, 2025.

13.5.4 Análise comparativa entre o lucro real e o lucro presumido

PRIMEIRA SISTEMÁTICA DE CÁLCULO – LUCRO REAL

Este primeiro item aplicará a legislação tributária federal relativa ao lucro real, efetuando os cálculos da sistemática de apuração e demonstrando o total de gastos com tributos nesta modalidade.

A – PIS não cumulativo

Faturamento − 1,65% x R$ 80.000.000,00	R$ 1.320.000,00
(-) Custo da mercadoria vendida 1,65% x R$ 40.000.000,00	R$ 660.000,00
PIS devido	R$ 660.000,00

B – COFINS não cumulativo

Faturamento – 7,6% x R$ 80.000.000,00	R$ 6.080.000,00
(-) Custo da mercadoria vendida 7,6% x R$ 40.000.000,00	R$ 3.040.000,00
COFINS devido	R$ 3.040.000,00

PLANEJAMENTO TRIBUTÁRIO

C – Cálculo da contribuição social sobre o lucro e imposto de renda

Lucro previsto no período	R$ 26.000.000,00
(-) Despesas com PIS	R$ 660.000,00
(-) Despesas com COFINS	R$ 3.040.000,00
= Lucro apurado antes do imposto de renda e CSLL	R$ 22.300.000,00
(-) CSLL devida – 9%	R$ 2.007.000,00
Lucro após a CSLL	R$ 20.293.000,00

Cálculo do imposto de renda devido

(-) Alíquota de 15% sobre R$ 22.300.000,00	R$ 3.345.000,00
(-) Adicional de 10% R$ 22.300.000,00 ⊠ 240.000,00	R$ 2.206.000,00
Lucro líquido após os tributos	R$ 14.742.000,00

De acordo com a sistemática de apuração pelo lucro real, os tributos apresentaram os seguintes valores:

PIS	R$ 660.000,00
COFINS	R$ 3.040.000,00
CSLL	R$ 2.007.000,00
IRPJ	R$ 5.551.000,00
TOTAL	R$ 11.258.000,00

Fonte: Elaborado pelo autor, 2025.

Portanto, de um lucro líquido esperado no valor de R$ 26.000.000,00, restarão para a empresa R$ 14.742.000,00, ou seja, 43% do lucro previsto serão consumidos pelos tributos federais.

SEGUNDA SISTEMÁTICA DE CÁLCULO – LUCRO PRESUMIDO

Neste segundo item, aplicar-se-á a legislação tributária federal relativa ao lucro presumido, efetuando os cálculos da sistemática de apuração e demonstrando o total de gastos com tributos. Porém, é preciso considerar o limite de faturamento anual estabelecido pela legislação tributária.

Manual de Direito Tributário e Financeiro Aplicado

A – PIS cumulativo

Faturamento – 0,65% x R$ 80.000.000,00	R$ 520.000,00
PIS devido	R$ 520.000,00

B – COFINS cumulativo

Faturamento – 3,0% x R$ 80.000.000,00	R$ 2.400.000,00
COFINS devido	R$ 2.400.000,00

C – Cálculo da contribuição social e imposto de renda

Faturamento com revenda de mercadorias	R$ 80.000.000,00
Alíquota CSLL lucro presumido 12%	R$ 9.600.000,00
CSLL devida 9%	R$ 864.000,00
Alíquota lucro presumido 8% sobre o faturamento	R$ 6.400.000,00
Alíquota do imposto de renda devido 15%	R$ 960.000.00
Adicional imposto renda 10% R$ 6.400.000,00 R$ 240.000,00	R$ 616.000,00
Lucro líquido após os tributos	R$ 20.640.000,00

De acordo com a sistemática de apuração pelo lucro presumido, os tributos tiveram o seguinte consumo:

PIS	R$ 520.000,00
COFINS	R$ 2.400.000,00
CSLL	R$ 864.000,00
IRPJ	R$ 1.576.000,00
TOTAL	R$ 5.360.000,00

Fonte: Elaborado pelo autor, 2025.

Portanto, de um lucro líquido esperado no valor de R$ 26.000.000,00, restarão para a empresa R$ 20.640.000,00, ou seja, 21% do lucro previsto serão consumidos pelos tributos federais. No entanto, deve-se atentar ao limite anual de faturamento imposto pela legislação tributária, que é de R$ 78.000.000,00 por ano. Consequentemente, a empresa não poderá adotar a sistemática, pois excedeu o limite previsto em lei.

Comparando as duas sistemáticas de apuração relativas ao lucro real e ao presumido apresentadas, verifica-se que existe uma economia tributária favorável para a empresa no valor de R$ 5.898.000,00. Basta trocar o lucro real pelo lucro presumido, ou seja, uma vantagem de mais de 50%. Porém, de acordo com a legislação tributária federal analisada, o limite anual de faturamento para o lucro presumido[52] é de R$ 78.000.000,00, e a Refrigerantes Acme pretende ter um faturamento de R$ 80.000.000,00. Nesse caso, ultrapassará o limite individual da empresa e, consequentemente, não poderá adotar a opção mais vantajosa.

COMPARATIVO DO TOTAL DE TRIBUTOS DEVIDO PELA EMPRESA

TRIBUTO	LUCRO REAL	LUCRO PRESUMIDO
PIS	R$ 660.000,00	R$ 520.000,00
COFINS	R$ 3.040.000,00	R$ 2.400.000,00
CSLL	R$ 2.007.000,00	R$ 864.000,00
IRPJ	R$ 5.551.000,00	R$ 1.576.000,00
TOTAL	**R$ 11.258.000,00**	**R$ 5.360.000,00**
DIFERENÇA		R$ 5.898.000,00

Fonte: Elaborado pelo autor, 2025.

13.5.5 Sugestão de adoção de um modelo tributário multifacetário

A partir deste momento, desenvolveu-se uma sistemática de tributação não convencional que poderia ser adotada pela empresa Refrigerantes Acme para reduzir licitamente sua carga tributária fe-

---

52 De acordo com o art. 13 da Lei n° 9.718/98, com redação dada pela Lei n° 10.637/02, podem optar pela tributação com base no lucro presumido as pessoas jurídicas que, não estando obrigadas ao regime de tributação no lucro real, tenham auferido, no ano- calendário anterior, receita igual ou inferior a R$ 48.000.000,00. Valor alterado para R$ 78.000.000,00 a partir de 01.01.2014, com base na MP n° 612/2013.

Manual de Direito Tributário e Financeiro Aplicado

deral. Adotou-se a modalidade de lucro presumido para a matriz; e para as filiais, foi sugerida a constituição de uma sociedade em conta de participação utilizando sistemática do lucro presumido.

Busca-se aproveitar a vantagem do lucro presumido e permanecer dentro do limite estabelecido em lei. Consequentemente, será gerada uma economia de tributos no valor de R$ 5.922.000,00 em comparação com a sistemática do Lucro Real, demonstrada a seguir:

13.5.6 Terceira Sistemática de Cálculo – Planejamento

Desenvolvimento da nova sistemática de apuração – Lucro presumido para a matriz em São Paulo e presumido para as Filiais de Curitiba e Goiânia – terceira opção tributária

Este item aplicará a legislação tributária federal de uma forma não convencional, sendo demonstrado de maneira clara e objetiva quando adotamos a sistemática do lucro presumido para a matriz e, também, para as filiais. Nesta ocasião, será constituída uma Sociedade em Conta de Participação para as filiais, com a finalidade de aproveitar a vantagem do lucro presumido e permanecer dentro do limite estabelecido em lei. Por consequência, será gerada uma economia substancial de tributos, pela criação de uma sociedade com conta de participação para as filiais, conforme se demonstra ao final.

A – Demonstrativo de cálculo lucro presumido para a matriz São Paulo – Valor do Faturamento Previsto Anual: R$ 40.000.000,00

PIS cumulativo

Faturamento 0,65% x R$ 40.000.000,00	R$ 260.000,00
PIS Devido	R$ 260.000,00

COFINS cumulativo

Faturamento – 3,0% x R$ 40.000.000,00	R$ 1.200.000,00
COFINS devido	R$ 1.200.000,00

Cálculo da Contribuição Social e Imposto de Renda

Faturamento com revenda de mercadorias	R$ 40.000.000,00
Alíquota CSLL lucro presumido 12%	R$ 4.800.000,00
CSLL devida 9%	R$ 432.000,00
Alíquota lucro presumido 8% sobre o faturamento	R$ 3.200.000,00
Alíquota do Imposto de Renda devido 15%	R$ 480.000.00
Adicional Imposto de Renda 10%	R$ 296.000,00

Em síntese, os tributos devidos pela matriz totalizam:

PIS: R$ 260.000,00
COFINS: R$ 1.200.000,00
CSLL: R$ 432.000,00
IRPJ: R$ 776.000,00
TOTAL: R$ 2.668.000,00

Fonte: Elaborado pelo autor, 2025.

B – Demonstrativo de cálculo lucro presumido para as filiais Curitiba e Goiânia

Abertura de uma Sociedade em Conta de Participação para as Filiais – Valor do Faturamento Previsto Anual: R$ 40.000.000,00

PIS cumulativo

Faturamento – 0,65% x R$ 40.000.000,00	R$ 260.000,00
PIS Devido	R$ 260.000,00

COFINS cumulativo

Faturamento – 3,0% x R$ 40.000.000,00	R$ 1.200.000,00
COFINS devido	R$ 1.200.000,00

Cálculo da Contribuição Social e Imposto de Renda

Faturamento com revenda de mercadorias	R$ 40.000.000,00
Alíquota CSLL lucro presumido 12%	R$ 4.800.000,00
CSLL devida 9%	R$ 432.000,00

Alíquota lucro presumido 8% sobre o faturamento	R$ 3.200.000,00
Alíquota do Imposto de Renda devido 15%	R$ 480.000.00
Adicional Imposto de Renda 10%	R$ 296.000,00

Em síntese, os tributos devidos pelas filiais com faturamento anual previsto de R$ 80.000.000,00 totalizam:

PIS: R$ 260.000,00
COFINS: R$ 1.200.000,00
CSLL: R$ 432.000,00
IRPJ: R$ 776.000,00
TOTAL: R$ 2.668.000,00

Fonte: Elaborado pelo autor, 2025.

C – Total dos tributos devidos pela matriz e pelas filiais

PIS	R$ 520.000,00
COFINS	R$ 2.400.000,00
CSLL	R$ 864.000,00
IRPJ	R$ 1.552.000,00
TOTAL	R$ 5.336.000,00

Fonte: Elaborado pelo autor, 2025.

Portanto, utilizando-se essa nova modalidade de tributação, a empresa terá um gasto total com tributos no valor de R$ 5.336.000,00. Logo, para um lucro líquido esperado no valor de R$ 26.000.000,00, restarão para a empresa R$ 20.664.000,00, ou seja, os tributos consomem 20,5% do lucro previsto.

13.5.7 Considerações iniciais para desenvolvimento da nova hipótese

A nova hipótese observará os seguintes itens:

a) Considera-se que a opção tributária mais favorável para a empresa é a tributação pela sistemática do lucro presumido, em seguida, pelo lucro real.

b) Observa-se que a empresa em questão tem uma rentabilidade muito alta e, por consequência, a opção pelo lucro presumido traz uma grande vantagem tributária em relação à tributação pelo lucro real. Isso acontece **porque a presunção de lucro definida em lei (que neste caso é 8%) é menor do que o lucro auferido pela empresa.** Todavia, o limite para utilização da sistemática do lucro presumido restringe-se a R$ 78.000.000,00 por ano, e a Refrigerantes Acme irá ultrapassar o limite legal. Vale lembrar que, na opção pelo lucro presumido, a empresa também tem seus gastos com obrigações acessórias reduzidas,[53] em comparação com as exigências do lucro real.

c) Nesse contexto de expansão do empreendimento, verifica-se também que a empresa em questão tem como objetivo iniciar

---

53 As pessoas jurídicas permitidas para opção do lucro presumido, de acordo com o art. 600 do RIR/2018, estão dispensadas pela legislação do Imposto de Renda da escrituração contábil, exceto da escrituração dos livros registro de inventário e do livro-caixa, no qual deverá ser escriturada toda a movimentação financeira, inclusive a bancária, porém, os arts. 1.179 e seguintes do CC obrigam a sociedade empresária a manter a escrituração e a documentação contábil, sendo dispensadas somente à pequena empresa, conforme Lei n° 9.317/96, que instituiu o regime tributário para microempresas – ME, que passou a abranger as empresas de pequeno porte – EPP.

As pessoas jurídicas submetidas ao regime de tributação com base no lucro presumido podem utilizar o regime de caixa no reconhecimento de suas receitas, mesmo que tenham escrituração contábil regular. No entanto, o regime de caixa, quando utilizado para fins de incidência de contribuições para o PIS e a COFINS, deve ser obrigatoriamente utilizado também em relação ao IRPJ e à CSLL (art. 587, RIR/2018).

Cabe ainda ressaltar que a tributação do IRPJ pelo lucro presumido implica a tributação monofásica do PIS e da COFINS, conforme o art. 8°, inciso II, da Lei n° 10.637/02, e Lei n° 10.833/03.

Manual de Direito Tributário e Financeiro Aplicado

suas atividades em São Paulo e, em seguida, estender seus negócios a Goiânia e Curitiba. A expectativa dos sócios é que o limite definido em lei para o lucro presumido seja ultrapassado quando da abertura e funcionamento das filiais.

d) Nesse cenário, existe uma nova possibilidade tributária, legal e não convencional, para que o limite não seja ultrapassado, pois nada obsta que a Refrigerantes Acme seja tributada pelo lucro real ou presumido em sua matriz em São Paulo, uma sociedade limitada. Não se descarta que, eventualmente, o sócio possa constituir uma **Sociedade em Conta de Participação**[54] (SCP) para as filiais de Curitiba e Goiânia. Poderá optar pelo lucro

---

54 A Sociedade em Conta de Participação é um tipo societário previsto nos arts. 991 a 996 do C C. A conta de participação é, na realidade, um contrato de investimento comum, em que existem sócios ostensivos, que assumem a responsabilidade perante terceiros, e os sócios participantes ou ocultos, que são os investidores.

As principais características deste tipo societário são as seguintes: a) seu ato constitutivo não é registrado na junta comercial e, portanto, não adquire personalidade jurídica; b) não possui capital social; c) liquida-se com a prestação de contas; d) não possui nome; e) a atividade é exercida exclusivamente pelo sócio ostensivo; f) a sociedade é tributada normalmente.

A constituição da sociedade em conta de participação independe de qualquer formalidade e pode provar-se por todos os meios documentais e testemunhais. Se o contrato social existir, produz efeito somente entre os sócios, e sua eventual inscrição em registro público de títulos e documentos não confere personalidade jurídica à sociedade (Negrão, 2011, p. 335-340).

A sociedade em conta de participação está sujeita à inscrição no Cadastro Nacional de Pessoa Jurídica (CNPJ), conforme a IN SRF nº 1.470/2014. Compete ao sócio ostensivo a responsabilidade de apurar os resultados, apresentar declaração de informações e recolher o imposto devido. Esses dados deverão ser apurados em cada período, com observância da legislação federal aplicável às demais pessoas jurídicas tributadas pelo lucro real. Contudo, a partir do ano 2002, as sociedades em conta de participação que não estiverem obrigadas à tributação pelo lucro real poderão optar pela tributação com base no lucro presumido. A opção do lucro presumido não obriga à opção simultânea pelo sócio ostensivo, e vice-versa.

Outra característica interessante desse tipo de sociedade é que a escrituração poderá, à opção do sócio ostensivo, ser efetuada nos livros do sócio ostensivo ou em livros próprios da SCP, e o pagamento dos tributos devidos será efetuado pelo sócio ostensivo (Neves; Viceconti, 2007, p. 594-596).

presumido em cada uma delas, conforme previsto no art. 246 da IN nº 1.700 da RFB, expedida pela Secretaria da Receita Federal,[55] a seguir descrito:

> **Art. 246.** *Observadas as hipóteses de obrigatoriedade do regime de tributação com base no lucro real, as SCP podem optar pelo regime de tributação com base no lucro presumido e resultado presumido.*
>
> *§ 1º A opção da SCP pelo regime de tributação com base no lucro presumido e resultado presumido não implica a simultânea opção do sócio ostensivo, nem a opção efetuada por este implica a opção daquela.*
>
> *§ 2º O recolhimento do IRPJ e da CSLL devidos pela SCP será efetuado mediante a utilização de Darf específico, em nome do sócio ostensivo.*
>
> *§ 3º O disposto neste artigo não prejudica a observância das demais normas relativas ao regime de tributação com base no lucro presumido e no resultado presumido previstas na legislação, inclusive quanto à adoção do regime de caixa.*

Nesse mesmo sentido, Bernardo Portugal (2004, p. 163) faz a observação a seguir:

> *Ressalte-se que a independência observada entre o sócio ostensivo e a própria sociedade em conta de participação também se revela na opção do regime de tributação quanto ao Imposto de Renda. Assim, poderá a SCP, por exemplo, optar pela apuração e tributação com base no lucro presumido, enquanto o sócio ostensivo sujeita-se à tributação pelo lucro real.*

Nessa mesma linha de raciocínio, Edmar Oliveira de Andrade Filho (2009, p. 77) destaca que "os exemplos clássicos existem na

---

55 A IN SRF nº 31/2001 menciona em seu art. 1º, § 1º, que "a opção da sociedade em conta de participação pelo regime de tributação com base no lucro presumido não implica a simultânea opção do sócio ostensivo, nem a opção efetuada por este implica a opção daquela".

Manual de Direito Tributário e Financeiro Aplicado

legislação do imposto de renda brasileiro em relação à possibilidade de certas empresas optarem pela tributação com base no lucro presumido ou com base no lucro real".

A IN nº 1.700/17, em seu art. 6º, define a tributação da SCP como:

> *Art. 6º As sociedades em conta de participação (SCP) são equiparadas às pessoas jurídicas.*
>
> *§ 1º Na apuração dos resultados da SCP e na tributação dos lucros apurados e dos distribuídos serão observadas as normas aplicáveis às pessoas jurídicas em geral.*
>
> *§ 2º Compete ao sócio ostensivo a responsabilidade pela apuração dos resultados da SCP e pelo recolhimento do IRPJ e da CSLL devidos.*

Os cálculos apresentados demonstram que o total de tributos devidos por essa nova sistemática é sensivelmente menor, conforme se observa descrito acima, no item "C".

13.5.8 Conclusões do exercício da nova opção tributária

Efetivamente, no conjunto das duas entidades optando pela sistemática do lucro presumido, demonstrou-se que haveria ganho na redução da base de cálculo do IRPJ e da CSLL, comparando-se a Refrigerantes Acme e a Sociedade em Conta de Participação a ser constituída. Considerou-se ainda que a opção pelo regime do lucro presumido implicava tributação monofásica do PIS e da COFINS. Além disso, os aspectos da legislação tributária estadual e municipal devem ser observados na adoção do regime de tributação não convencional.

14 TRIBUTOS FEDERAIS

O presente tópico tem como finalidade descrever de forma objetiva os principais tributos federais, definindo o conceito, a fundamentação legal, a base de cálculo e as alíquotas, e, também, demonstrar com exemplos de fácil compreensão a sistemática de cálculo e apuração nos casos de maior complexidade, objetivando facilitar o entendimento do leitor com relação à aplicação prática dos cálculos tributários da pessoa jurídica no cotidiano empresarial e acadêmico.

14.1 IRPJ

Conforme definido pelo art. 43 do CTN, o IRPJ é um tributo devido à União que incide sobre rendimentos, ganhos e lucros resultantes de operações industriais, mercantis ou de prestação de serviços, além dos acréscimos patrimoniais decorrentes de ganhos de capital, obtidos pelos contribuintes considerados como pessoa jurídica,[56] equiparados à pessoa jurídica e às empresas individuais.

Complementando o entendimento, o art. 4° da IN RFB n° 1.700/17[57] define o contribuinte do IR da e CSLL como:

---

56 Pessoa Jurídica de Direito Privado – CC, art. 44 – complementando o art. 44 do C C, Ricardo Fiúza esclarece, nas p. 55-56 de sua obra denominada **Novo Código Civil Comentado**, que a pessoa jurídica de direito privado se divide em fundações particulares, associações civis, sociedades simples, sociedades empresárias e partidos políticos.

57 Disponível em: http://normas.receita.fazenda.gov.br/sijut2consulta/link.action?idAto=81268&visao=anotado. Acesso em: 29 jul. 2017.

Manual de Direito Tributário e Financeiro Aplicado

Art. 4° São contribuintes do IRPJ e da CSLL:

I – as pessoas jurídicas; e

II – as empresas individuais.

§ 1° As disposições deste artigo aplicam-se independentemente de estar a pessoa jurídica regularmente constituída, bastando que configure uma unidade econômica ou profissional.

§ 2° As empresas públicas e as sociedades de economia mista, bem como suas subsidiárias, são contribuintes nas mesmas condições das demais pessoas jurídicas.

§ 3° Sujeita-se à tributação aplicável às pessoas jurídicas o Fundo de Investimento Imobiliário nas condições previstas no art. 2° da Lei n° 9.779, de 19 de janeiro de 1999.

§ 4° O consórcio constituído na forma prevista nos artigos. 278 e 279 da Lei n° 6.404, de 15 de dezembro de 1976, e as pessoas jurídicas consorciadas deverão observar o disposto em legislação específica.

§ 5° Salvo disposição em contrário, a expressão pessoa jurídica, quando empregada nesta Instrução Normativa, compreende todos os contribuintes a que se refere este artigo.

14.1.1 FG

O FG do imposto é a aquisição de disponibilidade econômica ou jurídica, ou seja, é a obtenção de renda, um conjunto de bens, valores e/ou títulos por uma pessoa jurídica, passíveis de serem transformados ou convertidos em numerário, e tem os seguintes princípios constitucionais (art. 153, § 2°, inciso I): o critério da generalidade, devendo alcançar todas as pessoas; da universalidade, alcançando todas as rendas em bases universais; e da progressividade, à medida que aumentam os ganhos, aumenta proporcionalmente a tributação.

O ano-calendário para apuração do imposto foi estabelecido pela Lei n° 9.430/96, art. 1°, para apurações trimestrais, e, a partir de 1° de janeiro de 1997, o período de incidência para a apuração do resultado e do pagamento do imposto passa a ser trimestral, ou seja, encerramento em 31 de march, 30 de junho, 30 de setembro e 31 de dezembro (Neves; Viceconti, 2007, p. 12), e o art. 2° da referida lei destaca que o contribuinte pode optar pela apuração mensal do imposto, devendo recolher o imposto devido até o último dia útil do mês subsequente.

14.1.2 Base de Cálculo

A base de cálculo do imposto, conforme previsto nos arts. 44 e 144 do CTN, e 210 do Decreto n° 9.580/18, é o montante do lucro real, arbitrado ou presumido, da renda ou dos proventos tributáveis, a qual é determinada segundo a legislação vigente na data de ocorrência do FG, podendo o contribuinte optar pelo Lucro Real, pelo Lucro Presumido ou até eventualmente pelo Lucro Arbitrado e pelo Simples Nacional.

Conforme determinado pela Lei n° 9.430/96, o contribuinte, a seu critério, poderá exercer a opção pela tributação pelo lucro presumido[58] por meio do pagamento da quota do imposto devido correspondente ao primeiro período (mês de janeiro) de apuração de cada ano-calendário, devendo esta opção ser obrigatoriamente aplicada a todo o ano-calendário, porém, se a pessoa jurídica se enquadrar em qualquer dos incisos do art. 14 da Lei n° 9.718/98, terá de, obrigatoriamente, ser tributada com base no lucro real.

14.1.3 Alíquotas

De acordo com a Lei n° 9.249/95, art. 3°, alterada pela Lei n° 9.430/96, art. 2°, § 1°, e art. 225 do Decreto n° 9.580/18, para os fatos geradores ocorridos a partir de 1° de janeiro de 1996, foi estabelecida a alíquota do imposto de renda de 15% (quinze por cento) sobre a base de cálculo expressa em moeda nacional, Reais (R$).

Ocorre também a incidência de um adicional de 10% (dez por cento) sobre a parcela do lucro real, presumido ou arbitrado, que exceder o valor resultante da multiplicação de R$ 20.000,00 (vinte mil reais) pelo número de meses do respectivo período de apuração do imposto, confor-

---

58 Levando-se em consideração o limite estabelecido pela Lei n° 9.718/98, art. 13, e pela Lei n° 12.814/13.

me determinado pelo art. 3°, § 1°, da mesma lei, assim como o art. 225 do Decreto nº 9.580/18.

14.1.4 Prazo de Recolhimento

Via de regra, o prazo de recolhimento do imposto é até o último dia útil do mês subsequente ao do trimestre encerrado (base trimestral) ou mensal, dependendo da opção do contribuinte, conforme o art. 55 da IN nº 1.700 da RFB.

Opcionalmente o imposto poderá ser parcelado em até três quotas mensais iguais e sucessivas, vencíveis no último dia útil dos três meses subsequentes ao encerramento do trimestre, desde que nenhuma dessas quotas tenha valor inferior a R$ 1.000,00 (mil reais), sendo acrescidas de juros equivalentes:

a) à taxa referencial do Sistema Especial de Liquidação e Custódia – SELIC acumulada mensalmente a partir do primeiro dia do segundo mês subsequente ao do encerramento do período de apuração, até o último dia do mês anterior ao pagamento;

b) a 1% (um por cento) no mês do pagamento.

Caso o contribuinte exerça a opção por recolhimentos mensais do imposto de renda devido, determinado mensalmente sobre a base de cálculo estimada, ou apurado em balanço ou balancete de suspensão ou redução, o mesmo deve ser pago até o último dia útil do mês subsequente àquele a que se referir, conforme determinam os arts. 5° e 6° da Lei n° 9.430/96.

No tocante ao saldo do imposto de renda apurado pela sistemática do lucro estimado na data de 31 de dezembro do ano-calendário, o respectivo deve ser pago em quota única até o último dia útil do mês de março do ano subsequente. O saldo do imposto deve ser acrescido de juros equivalentes à taxa SELIC, para títulos federais, acumulada mensalmente, a partir de 1° de fevereiro do ano subsequente até o último dia do mês anterior ao do pagamento, e de 1% (um por cento) no mês do pagamento.

O imposto inferior a R$ 2.000,00 (dois mil reais) deverá ser pago em cota única.

14.1.5 Exemplo Prático de Cálculo de Imposto de Renda e Adicional

Para melhor entendimento da sistemática de cálculo do imposto, descrevemos abaixo, de maneira simples, um exemplo contemplando o cálculo da tributação aplicando o adicional do IRPJ.

A Comercial Atacadista Batiatus Limitada é uma sociedade empresária de direito privado, regularmente registrada na Junta Comercial do Estado de São Paulo e demais órgãos estatais, e optante pela sistemática de apuração do lucro real trimestral. Esta empresa apresentou, no 1° trimestre do ano de 2024, lucro real equivalente a R$ 72.000,00 (setenta e dois mil reais), portanto, o cálculo do tributo devido é efetuado utilizando-se a seguinte sistemática:

Imposto Devido – Alíquota de 15% x R$ 72.000,00	R$ 10.800,00
Adicional Devido – Alíquota de 10% (R$ 72.000,00 – R$ 60.00,00)	R$ 1.200,00
Total do Imposto de Renda Devido	R$ 12.000,00

Fonte: Elaborado pelo autor, 2025.

14.1.6 DISTRIBUIÇÃO DE LUCROS AOS SÓCIOS E ACIONISTAS

O art. 10 da Lei n° 9.249/95 dispõe que os lucros ou dividendos calculados com base nos resultados apurados a partir do mês de janeiro de 1996, pagos ou creditados pelas pessoas jurídicas tributadas com base no lucro real, presumido ou arbitrado, não ficarão sujeitos à incidência do IRRF, nem integrarão a base de cálculo do imposto de renda do beneficiário, pessoa física ou jurídica, domiciliada no país ou no exterior.

O § 3° do art. 48 da IN n° 93, de 24.12.1997, autoriza a pessoa jurídica tributada com base no lucro presumido a distribuir lucros ou dividendos de resultados apurados por meio de escrituração contábil, ainda que por conta do período-base não encerrado. Com isso, a pessoa jurídica poderá, por exemplo, levantar balanços mensais e distribuir o resultado apurado.

Quando a empresa não mantiver escrituração contábil, o livro de perguntas e respostas editado pela Receita Federal, em 2007, citando o art. 46 da Lei n° 8.981/95, diz que poderá ser distribuído a título de lucros, sem incidência do imposto, o valor correspondente ao lucro presumido, diminuído de todos os impostos e contribuições (inclusive adicional do IR, da CSLL, do PIS e da COFINS) a que estiver sujeita a pessoa jurídica (Higuchi; Higuchi; Higuchi, 2016, p. 71-72).

14.1.7 OMISSÃO DE RECEITA

O novo regulamento do IR, Decreto n° 9.580/18,[59] define diversos casos em que eventualmente poderá ocorrer a omissão de receitas por parte do contribuinte quando da apuração do IRPJ, seja esta apuração pelo lucro real, pelo presumido ou até pelo Simples Nacional; portanto, estas regras abaixo citadas na legislação devem ser observadas atentamente pelo contribuinte pessoa jurídica:

Saldo credor de caixa, falta de escrituração de pagamento, manutenção no passivo de obrigações pagas e falta de comprovação do passivo

> **Art. 293.** *Caracteriza-se como omissão no registro de receita, ressalvada ao contribuinte a prova da improcedência da presunção, a ocorrência das seguintes hipóteses (Decreto-Lei n° 1.598, de 1977, art. 12, § 2°; e Lei n° 9.430, de 1996, art. 40):*
>
> *I – a indicação na escrituração de saldo credor de caixa;*
>
> *II – a falta de escrituração de pagamentos efetuados; ou*
>
> *III – a manutenção no passivo de obrigações já pagas ou cuja exigibilidade não seja comprovada.*

---

59 Disponível em: https://www.planalto.gov.br/ccivil_03/_ato2015-2018/2018/decreto/D9580.htm. Acesso em: 21 out. 2019.

TRIBUTOS FEDERAIS

Suprimentos de caixa

Art. 294. *Provada a omissão de receita, por indícios na escrituração do contribuinte ou por outro elemento de prova, a autoridade tributária poderá arbitrá-la com base no valor dos recursos de caixa fornecidos à empresa por administradores, sócios da sociedade não anônima, titular da empresa individual, ou por acionista controlador da companhia, se a efetividade da entrega e a origem dos recursos não forem comprovadamente demonstradas (Decreto-Lei n° 1.598, de 1977, art. 12, § 3°).*

Falta de emissão de nota fiscal

Art. 295. *Caracteriza omissão de receita ou de rendimentos, incluídos os ganhos de capital, a falta de emissão de nota fiscal, recibo ou documento equivalente, no momento da efetivação das operações de venda de mercadorias, prestação de serviços, operações de alienação de bens móveis, locação de bens móveis e imóveis ou outras transações realizadas com bens ou serviços, e a sua emissão com valor inferior ao da operação (Lei n° 8.846, de 1994, art. 1° e art. 2°).*

Arbitramento da receita por indícios de omissão

Art. 296. *Verificada a omissão de receita por meio de indícios, a autoridade tributária poderá, para fins de determinação da base de cálculo sujeita à incidência do imposto sobre a renda, arbitrar a receita do contribuinte, tomando por base as receitas, apuradas em procedimento fiscal, correspondentes ao movimento diário das vendas, da prestação de serviços e de outras operações (Lei n° 8.846, de 1994, art. 6°, caput).*

§ 1° Para fins de arbitramento da receita mínima do mês, serão identificados pela autoridade tributária os valores efetivos das receitas auferidas pelo contribuinte em três dias alternados do referido mês, necessariamente representativos

das variações de funcionamento do estabelecimento ou da atividade (Lei n° 8.846, de 1994, art. 6°, § 1°).

§ 2° A renda mensal arbitrada corresponderá à multiplicação do valor correspondente à média das receitas apuradas na forma estabelecida no § 1° pelo número de dias de funcionamento do estabelecimento naquele mês (Lei n° 8.846, de 1994, art. 6°, § 2°).

§ 3° O critério estabelecido no § 1° poderá ser aplicado a, pelo menos, três meses do mesmo ano-calendário (Lei n° 8.846, de 1994, art. 6°, § 3°).

§ 4° Na hipótese prevista no § 3°, a receita média mensal das vendas, da prestação de serviços e de outras operações correspondentes aos meses arbitrados será considerada suficientemente representativa das receitas auferidas pelo contribuinte naquele estabelecimento, e poderá ser utilizada, para fins fiscais, pelo prazo de até doze meses, contado do último mês submetido ao disposto no § 1° (Lei n° 8.846, de 1994, art. 6°, § 4°).

§ 5° A diferença positiva entre a receita arbitrada e a receita escriturada no mês será considerada na determinação da base de cálculo do imposto (Lei n° 8.846, de 1994, art. 6°, § 6°).

§ 6° O disposto neste artigo não dispensa o contribuinte da emissão de documentário fiscal e da escrituração a que estiver obrigado pela legislação comercial e fiscal (Lei n° 8.846, de 1994, art. 6°, § 7°).

§ 7° A diferença positiva a que se refere o § 5° não integrará a base de cálculo dos incentivos fiscais previstos na legislação tributária (Lei n° 8.846, de 1994, art. 6°, § 8°).

Art. 297. *Fica facultado à autoridade tributária utilizar, para efeito de arbitramento a que se refere o art. 296, outros métodos de determinação da receita quando constatado qualquer artifício utilizado pelo contribuinte com vistas a frustrar a apuração da receita efetiva do seu estabelecimento (Lei n° 8.846, de 1994, art. 8°).*

TRIBUTOS FEDERAIS

Levantamento quantitativo por espécie

Art. 298. *A omissão de receita poderá, também, ser determinada a partir de levantamento por espécie de quantidade de matérias-primas e produtos intermediários utilizados no processo produtivo da pessoa jurídica (Lei nº 9.430, de 1996, art. 41, caput).*

§ 1º Para os fins do disposto neste artigo, será apurada a diferença, positiva ou negativa, entre a soma das quantidades de produtos no início do período com a quantidade de produtos fabricados com as matérias-primas e os produtos intermediários utilizados e a soma das quantidades de produtos cuja venda houver sido registrada na escrituração contábil da empresa com as quantidades em estoque, no final do período de apuração, constantes do livro de inventário (Lei nº 9.430, de 1996, art. 41, § 1º).

§ 2º Considera-se receita omitida, na hipótese prevista no caput, o valor resultante da multiplicação das diferenças de quantidade de produtos ou de matérias-primas e produtos intermediários pelos preços médios de venda ou de compra, conforme o caso, em cada período de apuração abrangido pelo levantamento (Lei nº 9.430, de 1996, art. 41, § 2º).

§ 3º Os critérios de apuração de receita omitida de que trata este artigo aplicam-se, também, às empresas comerciais, relativamente às mercadorias adquiridas para revenda (Lei nº 9.430, de 1996, art. 41, § 3º).

Depósitos bancários

Art. 299. *Caracterizam-se também como omissão de receita os valores creditados em conta de depósito ou de investimento mantida junto a instituição financeira, em relação aos quais o titular, pessoa jurídica, regularmente intimado, não comprove, por meio de documentação hábil e idônea, a origem dos recursos utilizados nessas operações (Lei nº 9.430, de 1996, art. 42, caput).*

§ 1° O valor omitido das receitas será considerado auferido ou recebido no mês do crédito efetuado pela instituição financeira (Lei n° 9.430, de 1996, art. 42, § 1°).

§ 2° Os valores cuja origem houver sido comprovada, que não houverem sido computados na base de cálculo do imposto sobre a renda a que estiverem sujeitos, serão submetidos às normas de tributação específicas, previstas na legislação vigente à época em que auferidos ou recebidos (Lei n° 9.430, de 1996, art. 42, § 2°).

§ 3° Para fins de determinação da receita omitida, os créditos serão analisados de forma individualizada, hipótese em que não serão considerados os créditos decorrentes de transferência de outras contas da própria pessoa jurídica (Lei n° 9.430, de 1996, art. 42, § 3°, inciso I).

§ 4° Quando provado que os valores creditados na conta de depósito ou de investimento pertencem a terceiro, evidenciando a interposição de pessoa, a determinação das receitas será efetuada em relação ao terceiro, na condição de efetivo titular da conta de depósito ou de investimento (Lei n° 9.430, de 1996, art. 42, § 5°).

Tratamento tributário

Art. 300. *Verificada a omissão de receita, a autoridade tributária determinará o valor do imposto sobre a renda e o valor do adicional a serem lançados de acordo com o regime de tributação a que estiver submetida a pessoa jurídica no período de apuração a que corresponder a omissão (Lei n° 9.249, de 1995, art. 24).*

A LC n° 214/25, em seu art. 335, abriu a Seção V – Presunções Legais relativas à eventuais omissões de Receitas por parte dos contribuintes relativas a CBS, IBS, IS:

Art. 335. *Caracteriza omissão de receita e ocorrência de operações sujeitas à incidência da CBS e do IBS:*

TRIBUTOS FEDERAIS

I – a ocorrência de operações com bens materiais ou imateriais, inclusive direitos, ou com serviços sem a emissão de documento fiscal ou sem a emissão de documento fiscal idôneo;

II – saldo credor na conta caixa, apresentado na escrituração ou apurado em procedimento fiscal;

III – manutenção, no passivo, de obrigações já pagas ou cuja exigibilidade não seja comprovada;

IV – falta de escrituração de pagamentos efetuados pela pessoa jurídica;

V – ativo oculto, cujo registro não consta na contabilidade no período compreendido no procedimento fiscal;

VI – falta de registro contábil de documento relativo às operações com bens materiais ou imateriais, inclusive direitos, ou com serviços;

VII – valores creditados em conta de depósito ou de investimento mantida em instituição financeira, em relação aos quais o titular, pessoa física ou jurídica, regularmente intimado, não comprove, mediante documentação idônea, a origem dos recursos utilizados nessas operações;

VIII – suprimento de caixa fornecido à empresa por administrador, sócio, titular da firma individual, acionista controlador da companhia, inclusive por terceiros, se a efetividade da entrega e a origem dos recursos não forem satisfatoriamente demonstrados;

IX – diferença apurada mediante o controle quantitativo das entradas e saídas das operações com bens materiais ou imateriais, inclusive direitos, ou com serviços em determinado período, levando em consideração os saldos inicial e final;

X – estoque avaliado em desacordo com o previsto na legislação tributária, para fins de inventário;

XI – baixa de exigibilidades cuja contrapartida não corresponda a uma efetiva quitação de dívida, reversão de provisão, permuta de valores no passivo, bem como justificada conversão da obrigação em receita ou transferência para contas do patrimônio líquido, de acordo com as normas contábeis de escrituração;

XII – valores recebidos pelo contribuinte, informados por instituições financeiras, administradoras de cartão de crédito e de débito, qualquer instituição participante de arranjo de pagamento, entidades prestadoras de intermediação comercial em ambiente virtual ou relacionados com comércio eletrônico, condomínios comerciais ou outra pessoa jurídica legalmente detentora de informações financeiras, superior ao valor das operações declaradas pelo sujeito passivo da obrigação tributária; e

XIII – montante da receita líquida inferior ao custo dos produtos vendidos, ao custo das mercadorias vendidas e ao custo dos serviços prestados no período analisado.

§ 1º O valor da receita omitida para apuração de tributos federais e do IBS, inclusive por presunções legais específicas, será considerado na determinação da base de cálculo para o lançamento da CBS e do IBS.

§ 2º Caberá ao sujeito passivo o ônus da prova de desconstituição das presunções de que trata este artigo.

§ 3º Na impossibilidade de se identificar o momento da ocorrência do fato gerador, nas hipóteses previstas neste artigo, presume-se que esse tenha ocorrido, observada a seguinte ordem, no último dia:

I – do período de apuração;

II – do exercício; ou

III – do período fiscalizado.

§ 4º Na impossibilidade de se identificar o local da operação, considera-se ocorrida no local do domicílio principal do sujeito passivo.

Ainda com relação à LC nº 214/25, destacamos os arts. 338 a 341 referentes ao Regime Especial de Fiscalização – REF – do IBS, da CBS, que apresenta várias hipóteses de ocorrência por parte do contribuinte e as possíveis ações que deverão ser adotadas pela administração tributária.

14.2 LUCRO REAL

É a base de cálculo do imposto sobre a renda apurada segundo os registros contábeis e fiscais efetuados sistematicamente contrapondo-se receitas e despesas de acordo com as leis comerciais e fiscais, em outras palavras, é o lucro ou prejuízo apurado contabilmente com os ajustes adicionados e excluídos e compensações permitidas pela legislação fiscal do imposto de renda (Neves; Viceconti, 2007, p. 3).

A renda é o resultado do período de apuração, antes de computar a provisão para o próprio imposto de renda.

Para tanto, é necessário primeiramente apurar o valor do resultado contábil líquido apurado, ou seja, se efetivamente ocorreu lucro ou prejuízo no período de apuração, de acordo com o que estabelece o art. 187 da Lei n° 6.404/76 e com os princípios contábeis geralmente aceitos.[60] O Decreto n° 9.580/18 (RIR/18), em seu art. 258, define: "lucro real é o lucro líquido do período de apuração, ajustado pelas adições, exclusões e compensações prescritas ou autorizadas por este regulamento".

O art. 259 do RIR/18 complementa o entendimento do conceito de lucro líquido:

> **Art. 259.** *O lucro líquido do período de apuração é a soma algébrica do lucro operacional, das demais receitas e despesas, e das participações, e deverá ser determinado em observância aos preceitos da lei comercial (Decreto-Lei n° 1.598, de 1977, art. 6°, § 1°, e art. 67, caput, inciso XI; Lei n° 7.450, de 1985, art. 18; e Lei n° 9.249, de 1995, art. 4°).*

---

60   São os princípios da realização da Receita e da confrontação das despesas (regime de competência), conforme estabelecido pela Resolução n° 750/93 do Conselho Federal de Contabilidade – CFC.

Dessa forma, para calcular o lucro real, primeiramente é necessário conhecer o valor do lucro ou prejuízo líquido do período apurado de acordo com a legislação comercial/contábil pelo regime de competência e os valores que devem ser acrescidos, excluídos ou compensados a esse lucro, de acordo com a legislação fiscal, e tudo devidamente registrado no livro denominado Livro de Apuração do Lucro Real – LALUR, o qual tem como finalidade conectar os números apurados do resultado contábil com as exigências adotadas pelo Fisco para a apuração do resultado fiscal que foi instituído pelo Decreto-Lei nº 1.598/77 fundamentado no art. 177, § 2º, da Lei das Sociedades Anônimas. Atualmente o LALUR deve ser elaborado em meio digital nos moldes do art. 310 da IN nº 1.700/17, e da IN nº 1.422/13, relativa à Escrituração Contábil Fiscal (ECF).

O art. 277 do RIR/18 especifica o LALUR:

> **Art. 277.** *No Lalur, o qual será entregue em meio digital, a pessoa jurídica deverá (Decreto-Lei nº 1.598, de 1977, art. 8º, caput, inciso I):*
>
> *I – lançar os ajustes do lucro líquido, de adição, exclusão e compensação nos termos estabelecidos nos art. 248 e art. 249;*
>
> *II – transcrever a demonstração do lucro real, de que trata o art. 28, e a apuração do imposto sobre a renda;*
>
> *III – manter os registros de controle de prejuízos fiscais a compensar em períodos de apuração subsequentes, da depreciação acelerada incentivada, e dos demais valores que devam influenciar a determinação do lucro real de períodos de apuração futuros e não constem da escrituração comercial; e*
>
> *IV – manter os registros de controle dos valores excedentes a serem utilizados no cálculo das deduções nos períodos de apuração subsequentes, dos dispêndios com programa de alimentação ao trabalhador e outros previstos neste Regulamento.*
>
> *§ 1º O Lalur será elaborado de forma integrada às escriturações comercial e fiscal e será entregue em meio digital (Decreto-Lei nº 1.598, de 1977, art. 8º, caput, inciso I e § 1º).*

§ 2º A transcrição da apuração do imposto sobre a renda a que se refere o inciso II do caput será feita com a discriminação das deduções, quando aplicáveis (Decreto-Lei nº 1.598, de 1977, art. 8º, § 1º, alínea "d").

§ 3º As demais informações econômico-fiscais da pessoa jurídica serão discriminadas no Lalur (Decreto-Lei nº 1.598, de 1977, art. 8º, § 1º, alínea "e").

§ 4º O disposto neste artigo será disciplinado em ato normativo da Secretaria da Receita Federal do Brasil do Ministério da Fazenda (Decreto-Lei nº 1.598, de 1977, art. 8º, § 3º).

As pessoas jurídicas tributadas com base no lucro real são obrigadas a manter em boa ordem e guarda, os livros com a escrituração comercial e fiscal demonstrando os saldos apurados pertinentes, conforme definido nos arts. 279 a 284 do RIR de 2018, sendo, portanto, uma forma de tributação complexa para apuração do imposto, exigindo dos contribuintes maiores gastos com controles contábeis e fiscais.

Nesse sentido, a IN nº 1.700/17 da RFB, em seu art. 65, destaca a obrigatoriedade da escrituração contábil de forma digital para as empresas optantes da sistemática do lucro real:

Art. 65. A pessoa jurídica sujeita à tributação do IRPJ com base no lucro real deverá manter escrituração com observância das leis comerciais e fiscais.

§ 1º A pessoa jurídica sujeita à tributação do IRPJ com base no lucro real é obrigada a adotar a Escrituração Contábil Digital (ECD) e transmiti-la ao Sistema Público de Escrituração Digital (Sped) nos termos da Instrução Normativa RFB nº 1.420, de 19 de dezembro de 2013.

§ 2º A ECD compreenderá a versão digital dos livros Diário e Razão.

A legislação do IRPJ faculta anualmente ao contribuinte optar entre a tributação entre o lucro real ou presumido (Carota, 2008, p. 244-245), atendidos os respectivos limites e as restrições definidas em lei.

A opção do contribuinte deve ser feita no mês de janeiro de cada exercício fiscal. Exercida a opção, a mesma deve obrigatoriamente prevalecer até o fim do ano-calendário.

Uma das vantagens para a empresa adotar o lucro real mensal é a possibilidade de suspensão ou redução dos pagamentos do IRPJ no caso de os prejuízos acumulados superarem os tributos pagos anteriormente de forma acumulada, conforme previsto no art. 227 do RIR/2018:

> **Art. 227.** *A pessoa jurídica poderá suspender ou reduzir o pagamento do imposto sobre a renda devido em cada mês, desde que demonstre, por meio de balanços ou balancetes mensais, que o valor acumulado já pago excede o valor do imposto, inclusive adicional, calculado com base no lucro real do período em curso (Lei n° 8.981, de 1995, art. 35, caput; e Lei n° 9.430, de 1996, art. 2°).*
>
> *§ 1° Os balanços ou os balancetes de que trata este artigo (Lei n° 8.981, de 1995, art. 35, § 1°):*
>
> *I – deverão ser levantados em observância às leis comerciais e fiscais e transcritos no livro diário; e*
>
> *II – somente produzirão efeitos para determinação da parcela do imposto sobre a renda devido no decorrer do ano-calendário.*
>
> *§ 2° Ficam dispensadas do pagamento mensal as pessoas jurídicas que, por meio de balanços ou balancetes mensais, demonstrem a existência de prejuízos fiscais apurados a partir do mês de janeiro do ano-calendário (Lei n° 8.981, de 1995, art. 35, § 2°).*
>
> *§ 3° O pagamento mensal, relativo ao mês de janeiro do ano-calendário, poderá ser efetuado com base em balanço ou balancete mensal, desde que fique demonstrado que o imposto sobre a renda devido no período é inferior ao calculado com base nas disposições das Subseções II, III e IV deste Capítulo (Lei n° 8.981, de 1995, art. 35, § 3°).*
>
> *§ 4° Ato do Poder Executivo federal poderá dispor sobre as instruções para aplicação do disposto neste artigo (Lei n° 8.981, de 1995, art. 35, § 4°).*

14.2.1 Obrigatoriedade

De acordo com a Lei nº 9.718/98, art. 14, com redação dada pela Lei nº 10.637/02, estão obrigadas ao regime de tributação com base no lucro real as pessoas jurídicas com receita anual superior a R$ 78.000000,00, entre outros fatores a seguir descritos:

> *Art. 14. Estão obrigadas à apuração do lucro real as pessoas jurídicas:*
>
> *I – cuja receita total no ano-calendário anterior seja superior ao limite de R$ 78.000.000,00 (setenta e oito milhões de reais) ou proporcional ao número de meses do período, quando inferior a 12 (doze) meses; (Redação dada pela Lei nº 12.814, de 2013) (Vigência)*
>
> *II – cujas atividades sejam de bancos comerciais, bancos de investimentos, bancos de desenvolvimento, caixas econômicas, sociedades de crédito, financiamento e investimento, sociedades de crédito imobiliário, sociedades corretoras de títulos, valores mobiliários e câmbio, distribuidoras de títulos e valores mobiliários, empresas de arrendamento mercantil, cooperativas de crédito, empresas de seguros privados e de capitalização e entidades de previdência privada aberta;*
>
> *III – que tiverem lucros, rendimentos ou ganhos de capital oriundos do exterior;*
>
> *IV – que, autorizadas pela legislação tributária, usufruam de benefícios fiscais relativos à isenção ou redução do imposto;*
>
> *V – que, no decorrer do ano-calendário, tenham efetuado pagamento mensal pelo regime de estimativa, na forma do art. 2º da Lei nº 9.430, de 1996;*
>
> *VI – que explorem as atividades de prestação cumulativa e contínua de serviços de assessoria creditícia, mercadológica, gestão de crédito, seleção e riscos, administração de contas a pagar e a receber, compras de direitos creditórios resultantes de vendas mercantis a prazo ou de prestação de serviços (factoring).*

VII – que explorem as atividades de securitização de crédito. (Redação dada pela Lei nº 14.430, de 2022)

Nesse passo, de acordo com o art. 59, § 1°, da IN nº 1.700/17:

§ 1° Considera-se receita total o somatório:

I – da receita bruta mensal;

II – dos ganhos líquidos obtidos em operações realizadas em bolsa de valores, de mercadorias e futuros e em mercado de balcão organizado;

III – dos rendimentos produzidos por aplicações financeiras de renda fixa e de renda variável;

IV – das demais receitas e ganhos de capital;

V – das parcelas de receitas auferidas nas exportações às pessoas vinculadas ou aos países com tributação favorecida que excederem o valor já apropriado na escrituração da empresa, na forma prevista na Instrução Normativa RFB no 1.312, de 28 de dezembro de 2012; e

VI – dos juros sobre o capital próprio que não tenham sido contabilizados como receita, conforme disposto no parágrafo único do art. 76.

§ 2° A obrigatoriedade a que se refere o inciso III do caput não se aplica à pessoa jurídica que auferir receita de exportação de mercadorias e da prestação direta de serviços no exterior.

§ 3° Para fins do disposto no § 2°, não se considera direta a prestação de serviços realizada no exterior por intermédio de filiais, sucursais, agências, representações, coligadas, controladas e outras unidades descentralizadas da pessoa jurídica que lhes sejam assemelhadas.

§ 4° São obrigadas ao regime de tributação do IRPJ com base no lucro real as pessoas jurídicas que exploram atividades de compra de direitos creditórios, ainda que se destinem à formação de lastro de valores mobiliários.

Complementando o entendimento, o art. 208 do RIR/2018 assim define a receita bruta:

> **Art. 208.** *A receita bruta compreende Decreto-Lei n° 1.598, de 1977, art. 12, caput):*
>
> *I – o produto da venda de bens nas operações de conta própria;*
>
> *II – o preço da prestação de serviços em geral;*
>
> *III – o resultado auferido nas operações de conta alheia; e*
>
> *IV – as receitas da atividade ou do objeto principal da pessoa jurídica não compreendidas no inciso I ao inciso III do caput.*
>
> *§ 1° A receita líquida será a receita bruta diminuída de (Decreto-Lei n° 1.598, de 1977, art. 12, § 1°):*
>
> *I – devoluções e vendas canceladas;*
>
> *II – descontos concedidos incondicionalmente;*
>
> *III – tributos sobre ela incidentes; e*
>
> *IV – valores decorrentes do ajuste a valor presente, de que trata o inciso VIII do caput do art. 183 da Lei n° 6.404, de 1976, das operações vinculadas à receita bruta.*
>
> *§ 2° Na receita bruta não se incluem os tributos não cumulativos cobrados, destacadamente, do comprador ou do contratante pelo vendedor dos bens ou pelo prestador dos serviços na condição de mero depositário (Decreto-Lei n° 1.598, de 1977, art. 12, § 4°).*
>
> *§ 3° Na receita bruta incluem se os tributos sobre ela incidentes e os valores decorrentes do ajuste a valor presente, de que trata o inciso VIII do caput do art. 183 da Lei n° 6.404, de 1976, das operações previstas no caput, observado o disposto no § 2° (Decreto-Lei n° 1.598, de 1977, art. 12, § 5°).*

Na sistemática do IRPJ Lucro Real, seja ele mensal, trimestral ou estimado ou presumido, na base de cálculo do IRPJ e CSLL, deverão ser efetuadas no lucro contábil as adições, exclusões e compensações na base de cálculo do IRPJ e CSLL, conforme descrevemos a seguir:

– Adições na base de cálculo

De acordo com a legislação fiscal, somente são dedutíveis as despesas necessárias para a atividade da empresa e a manutenção da fonte produtora. Portanto, as despesas não dedutíveis, embora registradas na contabilidade, não são aceitas pelo Fisco, e, por este motivo, são somadas, ou melhor, adicionadas ao resultado contábil para a determinação do lucro tributável.

Com efeito, são aqueles valores registrados pela contabilidade da empresa em despesa, mas que a legislação fiscal não aceita como dedução do lucro.

Nesse sentido, Pêgas (2014, p. 377) destaca em sua obra que:

Então, se uma despesa for retirada do resultado contábil, esta aumenta, por isso chamamos de adição ao lucro líquido. Exemplo: multas de trânsito. A multa não é uma despesa necessária ao desenvolvimento da atividade normal da empresa.

No mesmo sentido, Higuchi, Higuchi e Higuchi (2011, p. 369-370) salientam que:

Não são dedutíveis, como custo ou despesa operacional, as multas por infrações fiscais, salvo as de natureza compensatória e as impostas por infrações de que não resulte em falta ou insuficiência de pagamento de tributo.

> *A multa fiscal de natureza compensatória é dedutível na apuração do lucro real porque o § 5° quando trata da indedutibilidade, exclui as de natureza compensatória. O item 4 do PN 61/79 esclarece a diferença entre a multa punitiva e a compensatória, declarando que é multa compensatória quando, cumulativamente, preencher as seguintes condições: a) não ser excluída pela denúncia espontânea; e b) guardar equivalência com a lesão provocada.*

Os arts. 62, 68 e 70 da IN n° 1.700/17 da RFB especificam as adições que devem ser feitas no cálculo do lucro real:

TRIBUTOS FEDERAIS

Art. 62. Na determinação do lucro real e do resultado ajustado serão adicionados ao lucro líquido do período de apuração:

I – os custos, as despesas, os encargos, as perdas, as provisões, as participações e quaisquer outros valores deduzidos na apuração do lucro líquido que, de acordo com a legislação do IRPJ ou da CSLL, não sejam dedutíveis na determinação do lucro real ou do resultado ajustado; e

II – os resultados, os rendimentos, as receitas e quaisquer outros valores não incluídos na apuração do lucro líquido que, de acordo com essa mesma legislação, devam ser computados na determinação do lucro real ou do resultado ajustado.

Parágrafo único. O Anexo I apresenta uma lista não exaustiva das adições ao lucro líquido do período de apuração, para fins de determinação do lucro real e do resultado ajustado.

Art. 68. Na determinação do lucro real serão dedutíveis somente as despesas necessárias à atividade da empresa e à manutenção da respectiva fonte produtora.

§ 1º Consideram-se necessárias as despesas pagas ou incorridas para a realização das transações ou operações exigidas pela atividade da empresa.

§ 2º As despesas admitidas são as usuais ou normais no tipo de transações, operações ou atividades da empresa.

Art. 69. Serão indedutíveis na apuração do resultado ajustado as despesas desnecessárias às operações da empresa.

Art. 70. Na determinação do lucro real e do resultado ajustado somente serão dedutíveis as provisões:

I – técnicas das companhias de seguro e de capitalização, das entidades de previdência privada complementar e das operadoras de planos de assistência à saúde, quando constituídas por exigência da legislação especial a elas aplicável;

II – para perdas de estoques de livros de que trata o art. 8º da Lei nº 10.753, de 30 de outubro de 2003;

III – para o pagamento de férias de empregados; e

IV – para o pagamento de décimo-terceiro salário de empregados.

Ainda com relação à adição, esclarecemos que não são dedutíveis na apuração do lucro real as multas por infrações fiscais, salvo as de natureza compensatória. Por exemplo: multa por pagamento de tributo em atraso e as impostas por infrações de que não resultem falta ou insuficiência de pagamento do tributo, ou ainda, as multas impostas por transgressões de leis de natureza não tributária são indedutíveis como custo ou despesas operacionais nos termos dos arts. 132 e 133 da IN RFB nº 1.700/17.

– Exclusões na base de cálculo

De acordo com a legislação fiscal, são os valores reconhecidos como ganho pela empresa aumentando o resultado contábil, mas não exigido pelo Fisco, que permitem a sua não tributação, ou melhor, tecnicamente denominam-se receitas não tributadas. Exemplo: receita com participação em empresas controladas e coligadas no Brasil, avaliadas pelo método da equivalência patrimonial. A razão da exclusão é que essa receita já foi tributada naquela empresa (controlada).

Com relação ao tema, Pêgas (2014, p. 377) destaca que:

> *Aplica-se o mesmo raciocínio das adições, ou seja, representa um valor que, embora reconhecido como ganho pela empresa e contabilizado em receita, a legislação fiscal não exige sua tributação, permitindo assim que esta receita não entre na base fiscal para cálculo dos tributos sobre o lucro. Se o valor for retirado do resultado apurado na contabilidade, este será diminuído. Por isso, faz-se exclusão ao lucro líquido.*

O art. 63 da IN RFB nº 1.700/17 destaca as exclusões do cálculo do lucro real:

> *Art. 63. Na determinação do lucro real e do resultado ajustado poderão ser excluídos do lucro líquido do período de apuração:*

TRIBUTOS FEDERAIS

> *I – os valores cuja dedução seja autorizada pela legislação do IRPJ ou da CSLL e que não tenham sido computados na apuração do lucro líquido do período de apuração; e*

> *II – os resultados, os rendimentos, as receitas e quaisquer outros valores incluídos na apuração do lucro líquido que, de acordo com essa mesma legislação, não sejam computados no lucro real ou no resultado ajustado.*

> *Parágrafo único. O Anexo II apresenta uma lista não exaustiva das exclusões do lucro líquido do período de apuração, para fins de determinação do lucro real e do resultado ajustado.*

Vale a pena destacar que, no caso da elaboração de uma provisão contábil indedutível realizada em período anterior, a qual não for efetivamente utilizada pela empresa, a mesma deve ser estornada como **receita não tributável**, pois o imposto devido já foi pago quando da realização da provisão indedutível.

– Compensações na base de cálculo

De acordo com a Lei n° 9.065/95, art. 15, e a IN RFB n° 1.700/17, arts. 64, 203 e 213, os prejuízos fiscais apurados no LALUR, na parte A, e controlados na parte B, são limitados a 30% do lucro real líquido ajustado, do período de apuração, pelas adições e exclusões.

Dessa forma, Higuchi, Higuchi e Higuchi (2016, p. 37) destacam que:

> *A partir de 01.01.96, a compensação do prejuízo fiscal e da base negativa da CSLL está disciplinada, respectivamente, pelos artigos 15 e 16 da Lei 9.065/95. Em ambas as compensações a base de cálculo dos tributos não poderá ser reduzida em mais de 30%. No caso do imposto de renda, se o lucro real antes da compensação é de R$100.000,00 a compensação de prejuízo fiscal não poderá exceder R$ 30.000,00.*

> *Em relação aos prejuízos fiscais e às bases negativas da CSLL de anos-calendário anteriores não há diferença entre o lucro real trimestral e o balanço ou balancete de suspensão ou redução de pagamento. Ambas as formas de apuração terão*

*que observar o limite de 30% na compensação. A diferença
surge nos prejuízos fiscais do ano-calendário em curso.*

14.2.2 Período de Apuração – Mensal, Trimestral[61] e Anual

Para efeito da incidência do imposto sobre a renda, o lucro real das pessoas jurídicas deve ser apurado na data de encerramento do período de apuração, conforme determinado pela Lei n° 9.430, de 1996, arts. 1° e 2°, portanto, o período de apuração encerra-se:

a) nos dias 31 de março, 30 de junho, 30 de setembro e 31 de dezembro, no caso de apuração trimestral do imposto de renda;

b) no dia 31 de dezembro de cada ano-calendário, no caso de apuração anual do imposto de renda;

c) na data da extinção da pessoa jurídica, assim entendida a destinação total de seu acervo líquido;

d) na data do evento, nos casos de incorporação, fusão ou cisão da pessoa jurídica;

e) mensalmente, no caso de apuração mensal.

A pessoa jurídica que optar pelo lucro real anual terá de pagar mensalmente o IRPJ e a CSLL, calculados de forma estimada ou com base no balancete, conforme a IN RFB n° 1.700/17 (Higuchi; Higuchi; Higuchi, 2011, p. 35).

---

61 O lucro real trimestral representa a tributação sobre o lucro feita a cada trimestre. Então, no mesmo ano fiscal, a pessoa jurídica encerra quatro períodos distintos, sendo devido o IR e a CSLL, apenas a cada três meses de forma definitiva. Com isso a empresa é obrigada a efetuar quatro recolhimentos no ano, não sendo necessário acompanhamento mensal, pois a exigência só acontece trimestralmente (Pêgas, 2014, p. 397).

14.2.3 Alíquotas

A alíquota do imposto de renda em vigor, de acordo com a Lei n° 9.249/95, no ano-calendário, é de 15% (quinze por cento) sobre o lucro real apurado pelas pessoas jurídicas em geral.

A parcela do lucro real que exceder ao resultado da multiplicação de R$ 20.000,00 (vinte mil reais) pelo número dos meses do respectivo período de apuração se sujeita à incidência do adicional, à alíquota de 10% (dez por cento). Também se encontra sujeita ao adicional a parcela da base de cálculo estimada mensal, no caso das pessoas jurídicas que optaram pela apuração anual do imposto de renda, que exceder a R$ 20.000,00 (vinte mil reais) por mês.

Opcionalmente, as pessoas jurídicas tributadas com base no lucro real podem efetuar, mensalmente, o pagamento do imposto de renda devido no curso do ano-calendário calculado sobre base de **cálculo estimada (a base estimada será analisada no próximo tópico)**, realizando a apuração definitiva apenas ao final do ano-calendário ou na data do evento, caso ocorram determinadas situações, tais como: fusão, cisão, incorporação ou extinção da pessoa jurídica.

Essa opção alcança, inclusive, as pessoas jurídicas que, em qualquer trimestre do ano-calendário, tenham lucro arbitrado ou tenham se utilizado da faculdade de suspender ou reduzir o valor dos pagamentos mensais, mediante a elaboração de balanços ou balancetes de suspensão ou redução, conforme os arts. 37, § 5°, e 57, § 1°, da Lei n° 8.981, de 1995, com a nova redação dada pela Lei n° 9.065, de 1995.

14.2.4 Base de Cálculo Estimada Anual

A pessoa jurídica sujeita à tributação com base no lucro real, alternativamente à sistemática de sua apuração trimestral, poderá optar pelo pagamento mensal do imposto por estimativa e determinar o lucro real apenas em 31 de dezembro do ano-calendário,

Manual de Direito Tributário e Financeiro Aplicado

basicamente, é **a diferença entre o imposto apurado devido e a somatória das importâncias recolhidas pelo estimado durante o ano,**[62] **serão pagas até o último dia do mês de março do ano subsequente** (Neves; Viceconti, 2007, p. 10).

De acordo com a Lei n° 9.249/95, art. 15, e a IN n° 1.700/17, arts. 32 a 34, a base de cálculo do imposto estimado, em cada mês, é determinada mediante a aplicação dos seguintes percentuais:

> *Art. 32. À opção da pessoa jurídica, o IRPJ e a CSLL poderão ser pagos sobre base de cálculo estimada, observado o disposto no § 4° do art. 31.*
>
> *Art. 33. A base de cálculo do IRPJ, em cada mês, será determinada mediante a aplicação do percentual de 8% (oito por cento) sobre a receita bruta definida pelo art. 26, auferida na atividade, deduzida das devoluções, das vendas canceladas e dos descontos incondicionais concedidos.*
>
> *§ 1° Nas seguintes atividades o percentual de determinação da base de cálculo do IRPJ de que trata o caput será de:*
>
> *I – 1,6% (um inteiro e seis décimos por cento) sobre a receita bruta auferida na revenda, para consumo, de combustível derivado de petróleo, álcool etílico carburante e gás natural;*
>
> *II – 8% (oito por cento) sobre a receita bruta auferida:*
>
> *a) na prestação de serviços hospitalares e de auxílio diagnóstico e terapia, fisioterapia e terapia ocupacional, fonoaudiologia, patologia clínica, imagenologia, radiologia, anatomia patológica e citopatologia, medicina nuclear e análises e patologias clínicas, exames por métodos gráficos, procedimentos endoscópicos, radioterapia, quimioterapia, diálise e oxigenoterapia hiperbárica, desde que a prestadora desses serviços seja organizada sob a forma de sociedade empresária e atenda às normas da Agência Nacional de Vigilância Sanitária (Anvisa);*

---

62   Em síntese: a empresa recolhe durante o ano pelas alíquotas do IRPJ Estimado (que basicamente utiliza as alíquotas do presumido), e, posteriormente, apura o Lucro Real Anual e recolhe a diferença.

TRIBUTOS FEDERAIS

b) na prestação de serviços de transporte de carga;

c) nas atividades imobiliárias relativas a desmembramento ou loteamento de terrenos, incorporação imobiliária, construção de prédios destinados à venda e a venda de imóveis construídos ou adquiridos para revenda; e

d) na atividade de construção por empreitada com emprego de todos os materiais indispensáveis à sua execução, sendo tais materiais incorporados à obra;

III – 16% (dezesseis por cento) sobre a receita bruta auferida:

a) na prestação de serviços de transporte, exceto o mencionado no inciso II do § 1º; e

b) nas atividades desenvolvidas por bancos comerciais, bancos de investimentos, bancos de desenvolvimento, agências de fomento, caixas econômicas, sociedades de crédito, financiamento e investimento, sociedades de crédito imobiliário, sociedades corretoras de títulos, valores mobiliários e câmbio, distribuidoras de títulos e valores mobiliários, empresas de arrendamento mercantil, cooperativas de crédito, empresas de seguros privados e de capitalização e entidades de previdência privada aberta; e

IV – 32% (trinta e dois por cento) sobre a receita bruta auferida com as atividades de:

a) prestação de serviços relativos ao exercício de profissão legalmente regulamentada;

b) intermediação de negócios;

c) administração, locação ou cessão de bens imóveis, móveis e direitos de qualquer natureza;

d) construção por administração ou por empreitada unicamente de mão de obra ou com emprego parcial de materiais;

e) construção, recuperação, reforma, ampliação ou melhoramento de infraestrutura, no caso de contratos de concessão de serviços públicos, independentemente do emprego parcial ou total de materiais;

f) prestação cumulativa e contínua de serviços de assessoria creditícia, mercadológica, gestão de crédito, seleção de riscos, administração de contas a pagar e a receber, compra de direitos creditórios resultantes de vendas mercantis a prazo ou de prestação de serviços (factoring);

g) coleta e transporte de resíduos até aterros sanitários ou local de descarte;

h) exploração de rodovia mediante cobrança de preço dos usuários, inclusive execução de serviços de conservação, manutenção, melhoramentos para adequação de capacidade e segurança de trânsito, operação, monitoração, assistência aos usuários e outros definidos em contratos, em atos de concessão ou de permissão ou em normas oficiais, pelas concessionárias ou subconcessionárias de serviços públicos; (Redação dada pelo(a) Instrução Normativa RFB nº 1.881, de 03 de abril de 2019)

i) prestação de serviços de suprimento de água tratada e os serviços de coleta e tratamento de esgotos deles decorrentes, cobrados diretamente dos usuários dos serviços pelas concessionárias ou subconcessionárias de serviços públicos; e (Incluído(a) pelo(a) Instrução Normativa RFB nº 1.881, de 03 de abril de 2019)

j) prestação de qualquer outra espécie de serviço não mencionada neste parágrafo. (Incluído(a) pelo(a) Instrução Normativa RFB nº 1.881, de 03 de abril de 2019)

§ 2º A receita bruta auferida pela pessoa jurídica decorrente da prestação de serviços em geral, como limpeza e locação de mão de obra, ainda que sejam fornecidos os materiais, está sujeita à aplicação do percentual de 32% (trinta e dois por cento).

§ 3º Para fins de aplicação do disposto na alínea "a" do inciso II do § 1º, entende-se como atendimento às normas da Anvisa, entre outras, a prestação de serviços em ambientes desenvolvidos de acordo com o item 3 – Dimensionamento, Quantificação e Instalações Prediais dos Ambientes da Parte II – Programação Físico-Funcional dos Estabelecimentos Assistenciais de Saúde da Resolução RDC no 50, de 21 de

fevereiro de 2002, cuja comprovação deve ser feita mediante alvará da vigilância sanitária estadual ou municipal.

§ 4º O disposto na alínea "a" do inciso II do § 1º não se aplica:

I – à pessoa jurídica organizada sob a forma de sociedade simples;

II – aos serviços prestados com utilização de ambiente de terceiro; e

III – à pessoa jurídica prestadora de serviço médico ambulatorial com recursos para realização de exames complementares e serviços médicos prestados em residência, sejam eles coletivos ou particulares (home care).

§ 5º Conforme disposto no art. 26, os valores decorrentes do ajuste a valor presente de que trata o inciso VIII do caput do art. 183 da Lei n° 6.404, de 1976, incluem-se na respectiva receita bruta.

§ 6º Os valores decorrentes do ajuste a valor presente de que trata o § 5º, apropriados como receita financeira no mesmo período de apuração do reconhecimento da receita bruta, ou em outro período de apuração, não serão incluídos na base de cálculo estimada.

§ 7º As pessoas jurídicas exclusivamente prestadoras de serviços em geral, mencionadas nas alíneas "b", "c", "d", "f", "g" e "j" do inciso IV do § 1º, cuja receita bruta anual seja de até R$ 120.000,00 (cento e vinte mil reais), poderão utilizar, na determinação da parcela da base de cálculo do IRPJ de que trata o caput do § 1º, o percentual de 16% (dezesseis por cento). <u>(Redação dada pelo(a) Instrução Normativa RFB n° 1.881, de 03 de abril de 2019)</u>

§ 8º A pessoa jurídica que houver utilizado o percentual de que trata o § 7º para o pagamento mensal do IRPJ, cuja receita bruta acumulada até determinado mês do ano-calendário exceder o limite de R$ 120.000,00 (cento e vinte mil reais), ficará sujeita ao pagamento da diferença do imposto postergado, apurada em relação a cada mês transcorrido.

Manual de Direito Tributário e Financeiro Aplicado

§ 9° Para efeitos do disposto no § 8° a diferença deverá ser paga até o último dia útil do mês subsequente àquele em que ocorrer o excesso.

§ 10 Quando paga até o prazo previsto no § 9° a diferença apurada será recolhida sem acréscimos.

Art. 34. A base de cálculo da CSLL, em cada mês, será determinada mediante a aplicação do percentual de 12% (doze por cento) sobre a receita bruta definida pelo art. 26, auferida na atividade, deduzida das devoluções, das vendas canceladas e dos descontos incondicionais concedidos.

§ 1° O percentual de que trata o caput será de 32% (trinta e dois por cento) para as atividades de:

I – prestação de serviços em geral, observado o disposto no § 2°;

II – intermediação de negócios;

III – administração, locação ou cessão de bens imóveis, móveis e direitos de qualquer natureza;

IV – prestação cumulativa e contínua de serviços de assessoria creditícia, mercadológica, gestão de crédito, seleção de riscos, administração de contas a pagar e a receber, compra de direitos creditórios resultantes de vendas mercantis a prazo ou de prestação de serviços (factoring); (Redação dada pelo(a) Instrução Normativa RFB n° 1.881, de 03 de abril de 2019)

V – prestação de serviços de construção, recuperação, reforma, ampliação ou melhoramento de infraestrutura vinculados a contrato de concessão de serviço público, independentemente do emprego parcial ou total de materiais; (Redação dada pelo(a) Instrução Normativa RFB n° 1.881, de 03 de abril de 2019)

VI – exploração de rodovia mediante cobrança de preço dos usuários, inclusive execução de serviços de conservação, manutenção, melhoramentos para adequação de capacidade e segurança de trânsito, operação, monitoração, assistência aos usuários e outros definidos em contratos, em atos de concessão ou de permissão ou em normas oficiais, pelas concessionárias ou sub concessionárias de serviços públicos; (Incluído(a) pelo(a) Instrução Normativa RFB n° 1.881, de 03 de abril de 2019)

VII – coleta de resíduos e o transporte destes até aterros sanitários ou local de descarte; (Incluído(a) pelo(a) Instrução Normativa RFB n° 1.881, de 03 de abril de 2019)

VIII – prestação de serviços de suprimento de água tratada e os serviços de coleta e tratamento de esgotos deles decorrentes, cobrados diretamente dos usuários dos serviços pelas concessionárias ou sub concessionárias de serviços públicos; e (Incluído(a) pelo(a) Instrução Normativa RFB n° 1.881, de 03 de abril de 2019)

IX – construção por administração ou por empreitada unicamente de mão de obra ou com emprego parcial de materiais. (Incluído(a) pelo(a) Instrução Normativa RFB n° 1.881, de 03 de abril de 2019)

§ 2° Para as atividades de prestação dos serviços referidos na alínea "a" do inciso II do § 1° do art. 33 e de serviços de transporte, inclusive de carga, o percentual de que trata o caput será de 12% (doze por cento).

§ 3° A receita bruta auferida pela pessoa jurídica decorrente da prestação de serviços em geral, como limpeza e locação de mão de obra, ainda que sejam fornecidos os materiais, está sujeita à aplicação do percentual de 32% (trinta e dois por cento).

§ 4° Conforme disposto no art. 26, os valores decorrentes do ajuste a valor presente de que trata o inciso VIII do caput do art. 183 da Lei n° 6.404, de 1976, incluem-se na respectiva receita bruta.

§ 5° Os valores decorrentes do ajuste a valor presente de que trata o § 4°, apropriados como receita financeira no mesmo período de apuração do reconhecimento da receita bruta, ou em outro período de apuração, não serão incluídos na base de cálculo estimada.

14.2.5 Base de Cálculo Trimestral

Para apuração da base de cálculo trimestral do lucro real do período, que ocorre após a apuração do resultado contábil, e antes da elaboração final das demonstrações financeiras, deve ser elaborado o seguinte demonstrativo mencionando expressamente (Neves; Viceconti, 2007, p. 535, 537):

a) lucro ou prejuízo líquido sem o IR, apurado contabilmente no período;

b) adições na base de cálculo: discriminadas e agrupadas de acordo com a natureza;

c) exclusões da base de cálculo: discriminadas e agrupadas de acordo com a natureza;

d) subtotal, compreendendo a soma algébrica do lucro ou prejuízo líquido do período com as adições e exclusões;

e) compensações de prejuízos fiscais cujos valores não excedam 30% do valor positivo do item anterior;

f) resultado final representado pelo lucro real ou prejuízo fiscal no período, compensável em períodos subsequentes.

Portanto, a sistemática de apuração do lucro real deverá obedecer ao formato exemplificado abaixo, como também as definições dos termos técnicos utilizados na sua elaboração:

Resultado do lucro ou do prejuízo no período sem o IRPJ, apurado de acordo com a legislação comercial	R$ 100.000,00
(+) Adições na base de cálculo	R$ 10.000.00
(-) Exclusões de base de cálculo	(R$ 5.000,00)
(=) Subtotal	R$ 105.000,00
(-) Compensações de prejuízos anteriores	(R$ 20.000,00)
(=) Lucro real ou prejuízo fiscal (base de cálculo do IRPJ)	R$ 85.000,00

Fonte: Elaborado pelo autor, 2025.

De acordo com o art. 217 do RIR/2018, o imposto trimestral será apurado nas seguintes datas:

> **Art. 217.** *O imposto sobre a renda das pessoas jurídicas será determinado com base no lucro real, presumido ou arbitrado, por períodos de apuração trimestrais, encerrados nos dias 31 de março, 30 de junho, 30 de setembro e 31 de dezembro de cada ano-calendário (Lei nº 9.430, de 1996, art. 1º, caput).*
>
> *§ 1º Nas hipóteses de incorporação, fusão ou cisão, a apuração da base de cálculo e do imposto sobre a renda devido será efetuada na data do evento, observado o disposto no art. 232 (Lei nº 9.430, de 1996, art. 1º, § 1º).*
>
> *§ 2º Na extinção da pessoa jurídica, pelo encerramento da liquidação, a apuração da base de cálculo e do imposto sobre a renda devido será efetuada na data desse evento (Lei nº 9.430, de 1996, art. 1º, § 2º).*

14.2.6 Exemplo de Determinação de Lucro Real e Cálculo do Imposto

Este item tem como base a obra de Neves e Viceconti (2007, p. 6 e 7).

Para melhor compreensão do tema lucro real, descrevemos, abaixo, um exemplo simplificado, primeiramente, envolvendo a apuração do lucro contábil e, posteriormente, partindo-se para a apuração do lucro real e seu cálculo.

A Revendedora de Artigos de Papelaria Fujin Limitada é uma sociedade empresária de direito privado, regularmente registrada na Junta Comercial do Estado de São Paulo e nos demais órgãos estatais, e optante pela sistemática de apuração do lucro real trimestral. Apresentou a seguinte demonstração do resultado do exercício expressa em Reais – R$, relativa ao primeiro trimestre do ano-calendário 2024:[63]

Receita bruta de vendas:	10.000,00
(-) Deduções da receita e impostos:	(2.000,00)
(=) Receita líquida de vendas:	8.000,00
(-) Custo das mercadorias vendidas:	(3.000,00)
(=) Lucro bruto:	5.000,00
(=) Despesas operacionais:	(1.300,00)
(-) Salários e encargos:	(1.000,00)
(-) Multas de trânsito:	(100,00)
(-) Despesas financeiras:	(200,00)
Outras receitas/despesas operacionais	
(+) Dividendos recebidos de participações societárias:	1.000,00
(=) Lucro operacional líquido:	4.700,00
(+) Ganho na venda de ativo imobilizado:	2.000,00
(=) Resultado antes das participações:	6.700,00
(-) Participações nos lucros empregados:	(3.000,00)
(=) Resultado antes da contribuição social sobre o lucro:	3.700,00
(-) Contribuição social sobre o lucro 9%:	(333,00)
(=) Resultado do período antes do imposto de renda:	3.367,00

Fonte: Elaborado pelo autor, 2025.

Em continuidade ao exemplo acima descrito, segue a demonstração da apuração do imposto de renda pessoa jurídica que será escriturado no livro de apuração do lucro real – LALUR, levando-se em conta que a referida empresa possui um prejuízo fiscal acumulado de R$ 840,00 que será compensado integralmente, pois não ultrapassou o limite de 30% do lucro real antes da compensação do prejuízo.

---

63   O modelo de DRE – Demonstração do Resultado do Exercício, adotado neste exercício, encontra-se na obra de Marion (2009), bem como os termos técnicos utilizados constam do Decreto-Lei n° 1.598/77.

Demonstração da apuração do lucro real do 1° trimestre de 2024:

Resultado do Período:	3.367,00
(+) Adições ao lucro	
Multas de trânsito:	100,00
CSLL:	333,00 433,00
(-) Exclusões do lucro	
Dividendos recebidos	(1.000,00)
(=) Lucro real antes da compensação de prejuízos:	2.800,00
(-) Compensação de prejuízos:	(840,00)
(=) Lucro real apurado:	1.960,00
Cálculo do imposto de renda devido	
Lucro real do 1° trimestre:	1.960,00
Alíquota básica: 15%	
Adicional de alíquota (se o lucro real no trimestre fosse superior a R$ 60.000,00 haveria o adicional de IRPJ de 10%	
(=) Imposto de renda devido:	294,00

Fonte: Elaborado pelo autor, 2025.

A pessoa jurídica ainda poderá diminuir do imposto devido (Neves; Viceconti, 2007, p. 3):

a) o valor dos eventuais incentivos fiscais de dedução do imposto, observados os limites e os prazos da legislação vigente;

b) o valor dos incentivos fiscais de redução e isenção do imposto, calculados com base no lucro da exploração;

c) o imposto de renda pago ou retido na fonte, incidente sobre as receitas computadas no lucro real; e

d) o imposto de renda pago indevidamente ou a maior em períodos anteriores.

14.3 LUCRO PRESUMIDO

O lucro presumido é uma forma de tributação simplificada que utiliza apenas um percentual determinado pela legislação das receitas (faturamento) da empresa para apuração do resultado tributável do imposto de renda e contribuição social sobre o lucro.

Com isso, esses tributos são calculados por meio de um resultado estimado, encontrado por percentuais sobre o faturamento definidos pela lei. Uma característica relevante dessa modalidade de tributação consiste em ser uma forma simples de apuração, e, consequentemente, menos onerosa para o contribuinte, exigindo menos gastos com controles contábeis e fiscais.

As regras básicas constam dos arts. 587 a 599 do Decreto nº 9.580/18 (Pêgas, 2014, p. 516), e 214 a 216 da IN no 1.700/17.

As pessoas jurídicas permitidas para opção do lucro presumido, de acordo com o art. 600 do RIR/2018, estão dispensadas apenas pela legislação do imposto de renda da escrituração contábil, exceto da escrituração dos livros registro de inventários e do livro-caixa, no qual deverá ser escriturada toda a movimentação financeira, inclusive a bancária, porém, os arts. 1.179 e seguintes do CC obrigam a sociedade empresária a manter a escrituração e a documentação contábil, sendo dispensada somente a pequena empresa conforme a Lei nº 9.317/96, que instituiu o regime tributário para Microempresas – ME, que passou a abranger as empresas de pequeno porte – EPP.

Evidente que no caso de uma recuperação judicial ou extrajudicial as demonstrações contábeis financeiras serão exigidas para concessão do benefício.

A regra para dispensa da obrigação acessória relativa à escrituração contábil encontra-se no art. 225 da IN RFB nº 1.700/17, a seguir transcrito:

> **Art. 225.** *A pessoa jurídica habilitada à opção pelo regime de tributação com base no lucro presumido deverá manter:*
>
> *I – escrituração contábil nos termos da legislação comercial;*

TRIBUTOS FEDERAIS

II – livro Registro de Inventário, no qual deverão constar registrados os estoques existentes no término do ano-calendário; e

III – em boa guarda e ordem, enquanto não decorrido o prazo decadencial e não prescritas eventuais ações que lhes sejam pertinentes, todos os livros de escrituração obrigatórios por legislação fiscal específica e os documentos e demais papéis que serviram de base para escrituração comercial e fiscal.

Parágrafo único. O disposto no inciso I do caput não se aplica à pessoa jurídica que no decorrer do ano-calendário mantiver livro Caixa, no qual deverá estar escriturada toda a movimentação financeira, inclusive bancária.

Opcionalmente o contribuinte poderá adotar na sistemática do lucro presumido o pagamento dos tributos pelo regime de caixa desde que exerça a opção no mês de janeiro, conforme os arts. 223 a 224 da IN nº 1.700/17, a seguir descritos:

Art. 223. *A pessoa jurídica optante pelo regime de tributação com base no lucro presumido que adotar o critério de reconhecimento de suas receitas na medida do recebimento e mantiver a escrituração do livro Caixa deverá indicar, nesse livro, em registro individual, a nota fiscal a que corresponder cada recebimento.*

§ 1º Na hipótese prevista neste artigo, a pessoa jurídica que mantiver escrituração contábil, na forma prevista na legislação comercial deverá controlar os recebimentos de suas receitas em conta específica, na qual, em cada lançamento, será indicada a nota fiscal a que corresponder o recebimento.

§ 2º Os valores recebidos adiantadamente, por conta de venda de bens ou direitos ou de prestação de serviços, serão computados como receita do mês em que se der o faturamento, a entrega do bem ou do direito ou a conclusão dos serviços, o que primeiro ocorrer.

§ 3º Na hipótese prevista neste artigo, os valores recebidos, a qualquer título, do adquirente do bem ou direito ou do contratante dos serviços serão considerados como recebimento do preço ou de parte deste, até o seu limite.

Manual de Direito Tributário e Financeiro Aplicado

> § 4º O cômputo da receita em período de apuração posterior ao previsto neste artigo sujeitará a pessoa jurídica ao pagamento do IRPJ e da CSLL com o acréscimo de juros de mora e de multa de mora ou de ofício, conforme o caso, calculados na forma da legislação específica.
>
> Art. 223-A. A pessoa jurídica optante pelo regime de tributação com base no lucro presumido que adotar o critério de reconhecimento de suas receitas à medida do recebimento e passar a adotar o critério de reconhecimento segundo o regime de competência deverá reconhecer no mês de dezembro do ano-calendário anterior àquele em que ocorrer a mudança de regime as receitas auferidas e ainda não recebidas. *(Incluído(a) pelo(a) Instrução Normativa RFB nº 1.881, de 03 de abril de 2019)*
>
> § 1º A pessoa jurídica optante pelo regime de tributação com base no lucro presumido que durante o ano-calendário incorrer na obrigação de apurar o imposto pelo lucro real deverá oferecer à tributação as receitas auferidas e ainda não recebidas, no período de apuração anterior àquele em que ocorrer a mudança do regime de tributação. *(Incluído(a) pelo(a) Instrução Normativa RFB nº 1.881, de 03 de abril de 2019)*
>
> § 2º Na hipótese prevista no § 1º, as receitas auferidas e ainda não recebidas deverão ser adicionadas às receitas do período de apuração anterior à mudança do regime de tributação, para fins de recalcular o IRPJ e a CSLL do período, e a diferença apurada, após compensação do tributo pago, deverá ser recolhida, sem multa ou juros moratórios, até o último dia útil do mês subsequente àquele em que incorreu na obrigação de apurar o imposto pelo lucro real. *(Incluído(a) pelo(a) Instrução Normativa RFB nº 1.881, de 03 de abril de 2019)*
>
> **Art. 224.** A pessoa jurídica que apura a CSLL com base no resultado presumido somente poderá adotar o regime de caixa na hipótese de adotar esse mesmo regime para apurar o IRPJ com base no lucro presumido.

De acordo com o art. 13 da Lei nº 9.718/98, com redação dada pela Lei nº 10.637/02, a Lei nº 12.814/13 e a IN RFB nº 1.700/17, po-

TRIBUTOS FEDERAIS

dem optar pela tributação com base no lucro presumido as pessoas jurídicas que, não estando obrigadas ao regime de tributação pelo lucro real, tenham auferido, no ano-calendário anterior, receita total igual ou inferior a R$ 78.000.000,00.[64]

Considera-se receita total o somatório da receita bruta de vendas, dos ganhos de capital, das demais receitas e dos resultados positivos decorrentes de receitas não compreendidas na atividade.

No caso de início de atividade, o limite será proporcional, à razão de R$ 6.500.000,00,[65] multiplicado pelo número de meses do período.

Podem também optar pela tributação com base no lucro presumido as pessoas jurídicas que iniciarem atividades ou que resultarem de incorporação, fusão ou cisão, desde que não estejam obrigadas à tributação pelo lucro real.

A opção deve ser exercida com o pagamento da primeira ou única quota do IRPJ devido correspondente ao primeiro período de apuração de cada ano-calendário. A pessoa jurídica que houver iniciado atividade a partir do segundo trimestre manifestará a opção com o pagamento da primeira ou única quota do IRPJ devido relativo ao período de apuração do início da atividade.

As pessoas jurídicas tributadas pelo lucro presumido, que, em qualquer trimestre do ano-calendário, tiverem seu lucro arbitrado, podem permanecer no regime de tributação com base no lucro presumido relativamente aos demais trimestres do ano-calendário, desde que atendidas as disposições legais pertinentes nas Leis nos 8.981, de 1995, art. 47, § 2°; 9.430, de 1996, art.1°; e na IN SRF n° 93, de 1997, art. 47.

Cabe ainda destacar que a tributação do IRPJ pelo lucro presumido **implica a tributação cumulativa do PIS (0,65% ao invés de 1,65%)** conforme o art. 8°, inciso II, da Lei n° 10.637/02 e também

---

64   O respectivo valor foi alterado para R$ 78.000.000,00 a partir de 01.01.2014, como base na MP n° 612/2013, o qual altera o art. 13 da Lei n° 9.718/98, e a Lei n° 12.814/13.

65   Ver nota anterior.

Manual de Direito Tributário e Financeiro Aplicado

da COFINS, art. 10, inciso II, da Lei n° 10.833/03 **(3,0% ao invés de 7,6%)**; portanto, não podem tomar o crédito.

Destacamos ainda, com relação ao lucro presumido, a IN n° 1.700/17, em seu art. 223, que possibilita ao contribuinte optar pelo **Regime de Caixa**[66] adotando o critério de reconhecimento de suas receitas na medida do recebimento e se mantiver a escrituração do livro-caixa com indicação individual da nota fiscal a que corresponder cada recebimento.

14.3.1 Período de apuração

Para os fatos geradores ocorridos a partir de 1° de janeiro de 1997, o imposto de renda será determinado com base no lucro presumido por períodos de apuração trimestrais, encerrados nos dias 31 de março, 30 de junho, 30 de setembro e 31 de dezembro, de cada ano-calendário (Neves; Viceconti, 2007, p. 668).

14.3.2 Alíquota e Adicional

A alíquota e o adicional são os mesmos vistos anteriormente no lucro real.

14.3.3 Base de Cálculo

De acordo com a Lei n° 9.249/95, art. 15, os percentuais de presunção são: 8% para venda ou revenda de bens ou produtos, 32% para prestação de serviços, 32% para administração, locação de bens e direitos, 16% para transporte de passageiros, 8% para transporte de cargas, 16% para prestação de serviços até R$120.000,00 de profissões não regulamentadas, 1,6% para revenda de combustíveis, 100% para outras receitas não definidas e 8% para serviços hospitalares, nos termos dos arts. 591 e 592 do Decreto n° 9.580/18.

---

66   Regime de Caixa – norma contábil pela qual os ingressos são atribuídos ao exercício que são recebidos e os custos ao exercício que são pagos. É o mesmo que regime de gestão (Sá; Sá, 2009).

TRIBUTOS FEDERAIS

Integram a base de cálculo da receita total igual ou inferior a R$ 78.000.000,00:[67]

a) as receitas da prestação de serviços, da venda de produtos de fabricação própria, da revenda de mercadorias, do transporte de cargas, da industrialização de produtos em que a matéria--prima, o produto intermediário e o material de embalagem tenham sido fornecidos por quem encomendou a industrialização, da atividade rural, e de outras atividades compreendidas nos objetivos sociais da pessoa jurídica;

b) as receitas de quaisquer outras fontes não relacionadas diretamente com os objetivos sociais da pessoa jurídica e os ganhos de capital;

c) os ganhos líquidos obtidos em operações realizadas nos mercados de renda variável;

d) os rendimentos nominais auferidos em aplicações financeiras de renda fixa;

e) a parcela das receitas auferidas nas exportações às pessoas vinculadas ou aos países com tributação favorecida que exceder ao valor já apropriado na escrituração da empresa, em decorrência dos ajustes dos métodos de preços de transferências.

Não integram a receita total igual ou inferior a R$ 78.000.000,00 (Pêgas, 2014, p. 516):

a) as vendas canceladas, as devoluções de vendas, os descontos incondicionais concedidos e os impostos não cumulativos (IPI) cobrados destacadamente do comprador ou contratante e do qual o vendedor dos bens ou o prestador dos serviços seja mero depositário;

b) as saídas que não decorram de vendas, a exemplo das transferências de mercadorias para outros estabelecimentos da mesma empresa;

---

67 O respectivo valor foi alterado para R$ 78.000.000,00 a partir de 01.01.2014, com base na MP nº 612/2013, o qual altera o art. 13 da Lei nº 9.718/98, e a Lei nº 12.814/13.

Manual de Direito Tributário e Financeiro Aplicado

c) o IPI e o ICMS Substituição Tributária, quando registrados como receita.

A IN nº 1.700/17 também detalha no seu art. 215, § 3° outras receitas que podem ser acrescidas às bases de cálculo:

> *§ 3° Serão acrescidos às bases de cálculo de que tratam o caput e o § 1°:*
>
> *I – os ganhos de capital, demais receitas e resultados positivos decorrentes de receitas não abrangidas pelo caput e pelo § 1°, auferidos no mesmo período, inclusive:*
>
> *a) os ganhos de capital auferidos na alienação de participações societárias permanentes em sociedades coligadas e controladas, e de participações societárias que permaneceram no ativo da pessoa jurídica até o término do ano-calendário seguinte ao de suas aquisições;*
>
> *b) os ganhos auferidos em operações de cobertura (hedge) realizadas em bolsas de valores, de mercadorias e de futuros ou no mercado de balcão organizado;*
>
> *c) a receita de locação de imóvel, quando não for este o objeto social da pessoa jurídica, deduzida dos encargos necessários à sua percepção;*
>
> *d) os juros equivalentes à taxa referencial do Selic, para títulos federais, relativos a impostos e contribuições a serem restituídos ou compensados;*
>
> *e) os rendimentos auferidos nas operações de mútuo realizadas entre pessoas jurídicas ou entre pessoa jurídica e pessoa física;*
>
> *f) as receitas financeiras decorrentes das variações monetárias dos direitos de crédito e das obrigações do contribuinte, em função de índices ou coeficientes aplicáveis por disposição legal ou contratual;*
>
> *g) os ganhos de capital auferidos na devolução de capital em bens e direitos;*

TRIBUTOS FEDERAIS

h) em relação à base de cálculo do IRPJ, a diferença entre o valor em dinheiro ou o valor dos bens e direitos recebidos de instituição isenta, a título de devolução de patrimônio, e o valor em dinheiro ou o valor dos bens e direitos entregue para a formação do referido patrimônio;

i) em relação à base de cálculo da CSLL, o valor em dinheiro ou o valor dos bens e direitos recebidos de instituição isenta, a título de devolução de patrimônio;

II – os rendimentos e ganhos líquidos auferidos em aplicações financeiras de renda fixa e renda variável;

III – os juros sobre o capital próprio auferidos;

IV – os valores recuperados, correspondentes a custos e despesas, inclusive com perdas no recebimento de créditos, salvo se a pessoa jurídica comprovar não os ter deduzido em período anterior no qual tenha se submetido ao regime de tributação com base no lucro real e no resultado ajustado, ou que se refiram a período no qual tenha se submetido ao regime de tributação com base no lucro presumido ou arbitrado;

V – o valor resultante da aplicação dos percentuais de que tratam o caput e os §§ 1° e 2° do art. 33, em relação ao IRPJ, e de que tratam o caput e os §§ 1° a 3° do art. 34, em relação à CSLL, sobre a parcela das receitas auferidas em cada atividade, no respectivo período de apuração, nas exportações às pessoas vinculadas ou aos países com tributação favorecida que exceder o valor já apropriado na escrituração da empresa, na forma prevista na Instrução Normativa RFB n° 1.312, de 2012;

VI – a diferença de receita financeira calculada conforme disposto no Capítulo V e no art. 58 da Instrução Normativa RFB n° 1.312, de 2012;

VII – as multas ou qualquer outra vantagem paga ou creditada por pessoa jurídica, ainda que a título de indenização, por causa de rescisão de contrato, observado o disposto nos §§ 1° e 2° do art. 79.

§ 3°-A Na aplicação dos percentuais a que se refere o caput, deve ser observado o disposto nos §§ 3° e 4° do art. 33.

(Incluído(a) pelo(a) Instrução Normativa RFB n° 1.881, de 03 de abril de 2019)

14.3.4 Exemplo de Determinação do Lucro Presumido e Cálculo do Imposto

Para facilitar o entendimento do cálculo do lucro presumido, segue abaixo um exemplo, no qual, primeiramente, se apresentam os dados de uma sociedade empresária, para, em seguida, demonstrar-se a apuração e o cálculo do imposto de renda (Neves; Viceconti, 2007, p. 686 e 687).

14.3.4.1 Dados financeiros Relativos ao Primeiro Trimestre de 2024

Receita Bruta em Reais – R$	
Revenda de mercadorias:	100.000,00
Prestação de serviços em geral:	200.000,00
TOTAL:	300.000,00
Rendimento de aplicação financeira:	6.000,00
Demais juros e descontos obtidos:	1.000,00
Ganhos de capital da venda do ativo imobilizado:	1.000,00

Fonte: Elaborado pelo autor, 2025.

14.3.4.2 Demonstração do Lucro Presumido e Cálculo do IR

Vendas:	8% de R$ 100.000,00	R$ 8.000,00
Serviços:	32% de R$ 200.000,00	R$ 64.000,00
(=) Subtotal:		R$ 72.000,00
Acréscimos:		
(+) Rendimentos de aplicação financeira:		R$ 6.000,00
(+) Demais juros e descontos obtidos:		R$ 1.000,00

(+) Ganhos de capital na venda de bens:	R$ 1.000,00
(=) Base de cálculo do imposto:	R$ 80.000,00
Cálculo do Imposto de Renda	
Lucro presumido do 1º trimestre de 2024:	R$ 80.000,00
Alíquota	15% x R$ 80.000,00 R$ 12.000,00
(+) Adicional	10% x (R$ 80.000,00 – R$ 60.000,00) R$ 2.000,00
(=) Imposto devido:	R$ 14.000,00

Fonte: Elaborado pelo autor, 2025.

Demonstração do cálculo da CSLL expresso em Reais (R$) – **lucro presumido**

Vendas:	12% de R$ 100.000,00 24.000,00
Serviços:	32% de R$ 200.000,00 64.000,00
(=) Subtotal:	R$ 300.000,00 88.000,00
Acréscimos:	
(+) Rendimentos de aplicação financeira:	R$ 6.000,00
(+) Demais juros e descontos obtidos:	R$ 1.000,00
(+) Ganhos de capital na venda de imobilizado:	R$ 1.000,00
(=) Base de cálculo do imposto:	R$ 96.000,00
Cálculo da CSLL	
Base de cálculo da CSLL do 1º trimestre:	R$ 96.000,00
Alíquota:	9% x R$ 96.000,00 . R$ 8.640,00
(=) CSLL devida	R$ 8.640,00

Fonte: Elaborado pelo autor, 2025.

14.3.5 Deduções do Imposto Devido

A pessoa jurídica optante pelo lucro presumido pode deduzir do imposto de renda apurado (Higuchi; Higuchi; Higuchi, 2011, p. 76):

a) o imposto de renda pago ou retido na fonte sobre receitas que integram a base de cálculo do imposto devido;

b) o imposto de renda retido na fonte por órgãos públicos, conforme o art. 64 da Lei n° 9.430, de 1996;

c) o imposto de renda retido na fonte por entidades da Administração Pública Federal (Lei n° 10.833/2003, art. 34);

d) o imposto de renda pago incidente sobre ganhos no mercado de renda variável.

Observação: À pessoa jurídica tributada com base no lucro presumido **não é permitida qualquer dedução a título de incentivo fiscal,** porém à pessoa jurídica pode efetuar as seguintes compensações:

a) pagamento indevido ou a maior que o devido de imposto de renda;

b) saldo negativo de imposto de renda de períodos anteriores;

c) outras compensações efetuadas mediante Declaração de Compensação (Per/DComp) ou processo administrativo.

As compensações efetuadas devem ser informadas na Declaração de Débitos e Créditos Tributários Federais – DCTF.

14.4 LUCRO ARBITRADO

Na hipótese de o contribuinte deixar de registrar corretamente suas operações inviabilizando a apuração do imposto de renda, a lei autoriza a autoridade fiscal a arbitrar o valor do lucro, nos termos da Lei n° 8.981/95, art. 47, e do RIR/2018, arts. 602 e 603. Portanto, o lucro da pessoa jurídica será arbitrado na ocorrência das seguintes condições do art. 603:

> **Art. 603.** *O imposto sobre a renda, devido trimestralmente, no decorrer do ano-calendário, será determinado com base nos critérios do lucro arbitrado, quando (Lei n° 8.981, de 1995, art. 47; e Lei n° 9.430, de 1996, art. 1°):*

TRIBUTOS FEDERAIS

I – o contribuinte, obrigado à tributação com base no lucro real, não mantiver escrituração na forma das leis comerciais e fiscais ou deixar de elaborar as demonstrações financeiras exigidas pela legislação fiscal;

II – o contribuinte não escriturar ou deixar de apresentar à autoridade tributária os livros ou os registros auxiliares de que trata o § 2° do art. 8° do Decreto-Lei n° 1.598, de 1977;

III – a escrituração a que o contribuinte estiver obrigado revelar evidentes indícios de fraudes ou contiver vícios, erros ou deficiências que a tornem imprestável para:

a) identificar a efetiva movimentação financeira, inclusive bancária; ou

b) determinar o lucro real;

IV – o contribuinte deixar de apresentar à autoridade tributária os livros e os documentos da escrituração comercial e fiscal, ou o livro-caixa, na hipótese prevista no parágrafo único do art. 600;

V – o contribuinte optar indevidamente pela tributação com base no lucro presumido;

VI – o comissário ou o representante da pessoa jurídica estrangeira deixar de escriturar e apurar o lucro da sua atividade separadamente do lucro do comitente residente ou domiciliado no exterior, observado o disposto no art. 468; e

VII – o contribuinte não mantiver, em boa ordem e de acordo com as normas contábeis recomendadas, livro-razão ou fichas utilizadas para resumir e totalizar, por conta ou subconta, os lançamentos efetuados no livro diário.

14.4.1 Alíquota e Adicional

A alíquota e o adicional são os mesmos descritos anteriormente no lucro real.

14.4.2 Base de Cálculo

Existem duas bases de cálculo possíveis para o lucro arbitrado: a **receita bruta conhecida e a receita bruta não conhecida.**

Na **receita bruta conhecida**, o lucro arbitrado das pessoas jurídicas é determinado mediante a aplicação, sobre a receita bruta do trimestre, quando conhecida, do percentual abaixo descrito, todos já com o acréscimo de 20% determinado pelos arts. 15 e 16 da Lei nº 9.249/95, e 605 RIR/2018, de acordo com a atividade empresarial exercida pela empresa:

> Art. 15. A base de cálculo do imposto, em cada mês, será determinada mediante a aplicação do percentual de 8% (oito por cento) sobre a receita bruta auferida mensalmente, observado o disposto no art. 12 do Decreto-Lei nº 1.598, de 26 de dezembro de 1977, deduzida das devoluções, vendas canceladas e dos descontos incondicionais concedidos, sem prejuízo do disposto nos artigos 30, 32, 34 e 35 da Lei nº 8.981, de 20 de janeiro de 1995. (Redação dada pela Lei nº 12.973, de 2014) (Vigência)
>
> § 1º Nas seguintes atividades, o percentual de que trata este artigo será de:
>
> I – um inteiro e seis décimos por cento, para a atividade de revenda, para consumo, de combustível derivado de petróleo, álcool etílico carburante e gás natural;
>
> II – dezesseis por cento:
>
> a) para a atividade de prestação de serviços de transporte, exceto o de carga, para o qual se aplicará o percentual previsto no caput deste artigo;
>
> b) para as pessoas jurídicas a que se refere o inciso III do art. 36 da Lei nº 8.981, de 20 de janeiro de 1995, observado o disposto nos §§ 1º e 2º do art. 29 da referida Lei;
>
> III – trinta e dois por cento, para as atividades de: (Vide Medida Provisória no 232, de 2004)

TRIBUTOS FEDERAIS

a) prestação de serviços em geral, exceto a de serviços hospitalares e de auxílio diagnóstico e terapia, patologia clínica, imagenologia, anatomia patológica e citopatologia, medicina nuclear e análises e patologias clínicas, desde que a prestadora destes serviços seja organizada sob a forma de sociedade empresária e atenda às normas da Agência Nacional de Vigilância Sanitária – Anvisa; (Redação dada pela Lei nº 11.727, de 2008)

b) intermediação de negócios;

c) administração, locação ou cessão de bens imóveis, móveis e direitos de qualquer natureza;

d) prestação cumulativa e contínua de serviços de assessoria creditícia, mercadológica, gestão de crédito, seleção de riscos, administração de contas a pagar e a receber, compra de direitos creditórios resultantes de vendas mercantis a prazo ou de prestação de serviços (factoring).

e) prestação de serviços de construção, recuperação, reforma, ampliação ou melhoramento de infraestrutura vinculados a contrato de concessão de serviço público. (Incluído pela Lei nº 12.973, de 2014) (Vigência)

IV – 38,4% (trinta e oito inteiros e quatro décimos por cento), para as atividades de operação de empréstimo, de financiamento e de desconto de títulos de crédito realizadas por Empresa Simples de Crédito (ESC). (Incluído pela Lei Complementar nº 167, de 2019)

§ 2º No caso de atividades diversificadas será aplicado o percentual correspondente a cada atividade.

§ 3º As receitas provenientes de atividade incentivada não comporão a base de cálculo do imposto, na proporção do benefício a que a pessoa jurídica, submetida ao regime de tributação com base no lucro real, fizer jus.

§ 4º O percentual de que trata este artigo também será aplicado sobre a receita financeira da pessoa jurídica que explore atividades imobiliárias relativas a loteamento de terrenos, incorporação imobiliária, construção de prédios destinados à venda, bem como a venda de imóveis construídos ou

Manual de Direito Tributário e Financeiro Aplicado

adquiridos para a revenda, quando decorrente da comercialização de imóveis e for apurada por meio de índices ou coeficientes previstos em contrato. (Incluído pela Lei n° 11.196, de 2005)

Art. 16. O lucro arbitrado das pessoas jurídicas será determinado mediante a aplicação, sobre a receita bruta, quando conhecida, dos percentuais fixados no art. 15, acrescidos de vinte por cento.

Parágrafo único. No caso das instituições a que se refere o inciso III do art. 36 da Lei n° 8.981, de 20 de janeiro de 1995, o percentual para determinação do lucro arbitrado será de quarenta e cinco por cento.

Art. 605. *O lucro arbitrado das pessoas jurídicas, quando conhecida a receita bruta, será determinado por meio da aplicação dos percentuais estabelecidos nos art. 591 e art. 592, acrescidos de vinte por cento, observado o disposto no § 7° do art. 238 (Lei n° 9.249, de 1995, art. 16; e Lei n° 9.430, de 1996, art. 27, caput, inciso I).*

§ 1° A receita bruta de que trata o caput é aquela definida pelo art. 208, auferida no período de apuração, deduzida das devoluções, das vendas canceladas e dos descontos incondicionais concedidos (Lei n° 9.430, de 1996, art. 27, caput, inciso I).

§ 2° O valor do vale-pedágio não integra o valor do frete e não será considerado receita operacional (Lei n° 10.209, de 2001, art. 2°).

§ 3° Não constituem receita das microempresas e das empresas de pequeno porte não optantes pelo Simples Nacional, de que trata a Lei Complementar n° 123, de 2006, as importâncias recebidas e destinadas à execução de pesquisa tecnológica e de desenvolvimento de inovação tecnológica de interesse e por conta e ordem da pessoa jurídica que promoveu a transferência, ainda que a pessoa jurídica recebedora dessas importâncias venha a ter participação no resultado econômico do produto resultante, desde que utilizadas integralmente na

realização da pesquisa ou no desenvolvimento de inovação tecnológica (Lei n° 11.196, de 2005, art. 18, § 2°).

§ 4° Não deverão ser computadas na apuração da base de cálculo:

I – as receitas próprias da incorporação imobiliária sujeita ao pagamento do imposto sobre a renda pelo regime especial de tributação de que trata o art. 486 (Lei n° 10.931, de 2004, art. 1° e art. 4°, § 1° e § 3°);

II – as receitas próprias da incorporação de unidades habitacionais de valor de até R$ 100.000,00 (cem mil reais) contratadas no âmbito do PMCMV, de que trata a Lei n° 11.977, de 2009, com opção pelo pagamento do imposto sobre a renda pelo regime especial de tributação de que tratam o § 6° e o § 7° do art. 489 (Lei n° 10.931, de 2004, art. 1° e art. 4°, § 1°, § 3°, § 6° e § 7°);

III – as receitas financeiras e as variações monetárias decorrentes das operações de que tratam os incisos I e II (Lei n° 10.931, de 2004, art. 4°, § 1°);

IV – as receitas próprias da construção de unidades habitacionais de valor de até R$ 100.000,00 (cem mil reais) contratadas no âmbito do PMCMV, de que trata a Lei n° 11.977, de 2009, com opção pelo pagamento do imposto sobre a renda pelo regime especial de tributação de que trata o art. 495 (Lei n° 12.024, de 2009, art. 2°, caput e § 3°); e

V – as receitas próprias de construção ou reforma de estabelecimentos de educação infantil com opção pelo pagamento do imposto sobre a renda pelo regime especial de tributação de que trata o art. 491 (Lei n° 12.715, de 2012, art. 24 e art. 25, § 3°).

§ 5° Na hipótese de contratos de concessão de serviços públicos, a receita reconhecida pela construção, pela recuperação, pela reforma, pela ampliação ou pelo melhoramento da infraestrutura, cuja contrapartida seja ativo intangível representativo de direito de exploração, não integrará a base de cálculo do imposto sobre a renda (Lei n° 12.973, de 2014, art. 44).

Manual de Direito Tributário e Financeiro Aplicado

> *§ 6º A pessoa jurídica arrendadora que realize operações em que haja transferência substancial dos riscos e dos benefícios inerentes à propriedade do ativo e que não esteja sujeita ao tratamento tributário de que trata a Lei nº 6.099, de 1974, deverá computar o valor da contraprestação na determinação da base de cálculo de que trata este Título (Lei nº 12.973, de 2014, art. 46, caput e § 2º e § 4º).*
>
> *§ 7º O disposto no § 6º também se aplica aos contratos não tipificados como arrendamento mercantil que contenham elementos contabilizados como arrendamento mercantil por força de normas contábeis e da legislação comercial (Lei nº 12.973, de 2014, art. 49, caput, inciso III).*

Na **receita bruta não conhecida**, os percentuais serão aplicados de ofício de acordo com a tabela definida no art. 51 da Lei nº 8.981/95, e que foi atualizada de acordo com o art. 232 da IN RFB nº 1.700/17:

> **Art. 232.** *O lucro arbitrado e o resultado arbitrado das pessoas jurídicas, correspondentes a cada trimestre, quando não conhecida a receita bruta, serão determinados, em procedimento de ofício, mediante aplicação de uma das seguintes alternativas de cálculo:*
>
> *I – 1,5 (um inteiro e cinco décimos) do lucro real, no caso do IRPJ, e do resultado ajustado, no caso da CSLL, referentes ao último período em que a pessoa jurídica manteve escrituração de acordo com as leis comerciais e fiscais;*
>
> *II – 0,12 (doze centésimos) da soma dos valores do ativo circulante e do ativo não circulante, existentes no último balanço patrimonial conhecido;*
>
> *III – 0,21 (vinte e um centésimos) do valor do capital, inclusive sua correção monetária contabilizada como reserva de capital, constante do último balanço patrimonial conhecido ou registrado nos atos de constituição ou alteração da sociedade;*
>
> *IV – 0,15 (quinze centésimos) do valor do patrimônio líquido constante do último balanço patrimonial conhecido;*

V – 0,4 (quatro décimos) do valor das compras de mercadorias efetuadas no trimestre;

VI – 0,4 (quatro décimos) da soma, em cada trimestre, dos valores da folha de pagamento dos empregados e das compras de matérias-primas, produtos intermediários e materiais de embalagem;

VII – 0,8 (oito décimos) da soma dos valores devidos no trimestre a empregados; ou

VIII – 0,9 (nove décimos) do valor do aluguel devido no trimestre.

§ 1° As alternativas previstas nos incisos V, VI e VII, a critério da autoridade lançadora, poderão ter sua aplicação limitada, respectivamente, às atividades comerciais, industriais e de prestação de serviços e, no caso de empresas com atividade mista, ser adotadas isoladamente em cada atividade.

§ 2° Para os efeitos da aplicação do disposto no inciso I, quando o lucro real e o resultado ajustado forem decorrentes de período-base anual, os valores que servirão de base ao arbitramento serão proporcionais ao número de meses do período de apuração considerado.

§ 3° Nas alternativas previstas nos incisos V e VI, as compras serão consideradas pelos valores totais das operações, devendo ser incluídos os valores decorrentes do ajuste a valor presente de que trata o inciso III do art. 184 da Lei n° 6.404, de 1976.

§ 4° À parcela apurada conforme o caput deste artigo serão udicionados, para efeitos de se determinar o lucro arbitrado e o resultado arbitrado, os valores mencionados nos incisos I a VII do § 3° do art. 227 e no **art. 231.**

14.4.3 Exemplo de Determinação do Lucro Arbitrado e Cálculo do Imposto

Para o perfeito entendimento do tema, seguem adiante dois exemplos com dados previamente criados que fornecem a sistemá-

Manual de Direito Tributário e Financeiro Aplicado

tica de cálculo e a apuração do imposto com receita conhecida e não conhecida (Neves; Viceconti, 2007, p. 25 e 26).

14.4.3.1 Receita conhecida – dados do primeiro trimestre de 2024

Receita bruta conhecida:	
Revenda de mercadorias:	R$ 160.000,00
Prestação de serviços em geral:	R$ 80.000,00
Ganho de capital na venda de ativo imobilizado:	R$ 20.000,00
Dado adicional: a pessoa jurídica foi tributada com base no lucro real no ano-calendário anterior.	
Cálculo do lucro arbitrado de receita conhecida	
Receita Bruta	
Revenda de mercadorias: R	$ 160.000,00 x 9,60% R$ 15.360,00
Prestação de serviços em geral:	R$ 80.000,00 x 38,40% R$ 30.720,00
(+) Ganho de capital na venda de bens:	R$ 20.000,00
(=) Base de cálculo:	R$ 66.080,00
Cálculo do Imposto	
R$ 66.080,00 x 15% R$ 9.912,00	
Adicional:	
10% x (R$ 66.080,00 – R$ 60.000,00) R$ 608,00	
(=) Imposto devido:	R$ 10.520,00

Fonte: Elaborado pelo autor, 2025.

14.4.3.2 Receita não conhecida – dados trimestrais
(Higuchi; Higuchi; Higuchi, 2016, p. 108)

Aluguel escolhido pelo Fisco para determinação do lucro arbitrado, com valor mensal de R$ 6.000,00.

Receita não Conhecida	
Valor da receita arbitrada do trimestre:	R$ 18.000,00
Aplicação do coeficiente 0,9 = lucro tributável:	R$ 16.200,00

Cálculo do arbitrado de Receita não Conhecida	
Receita de aluguéis:	R$ 16.200,00 x 38,40% R$ 6.220,00
(=) Base de cálculo	R$ 6.220,00
Cálculo do Imposto	
R$ 6.220,00 x 15% R$ 933,00	

Fonte: Elaborado pelo autor, 2025.

14.5 CSLL

A CSLL das empresas é uma das fontes de recursos previstas no art. 195, inciso I, letra "c", da CF, e na Lei n° 7.689/88, que se destina a atender o programa de seguridade social e, atualmente, encontra-se disciplinada pela IN RFB n° 390, de 30 de janeiro de 2004.

Aplica-se a CSLL, no que couber, às disposições da legislação do imposto sobre a renda referente à administração, ao lançamento, à consulta, à cobrança, às penalidades, às garantias e ao processo administrativo, mantidas a base de cálculo e as alíquotas previstas na legislação da referida contribuição.

14.5.1 Alíquota

A partir de 1° de janeiro de 2003, a alíquota da CSLL é de 9%, conforme a Lei n° 10.637, de 2002, art. 37, e a IN RFB n° 390, e de 15% para as instituições financeiras, os seguros privados e a capitalização, conforme a Lei n° 11.727/07, que traz a consolidação administrativa relativa à apuração e ao pagamento de acordo com a legislação.

A IN n° 1.700/17, nos seus arts. 30, 30-A, 30-B e 30-C, especifica as regras para casos em que há aplicação de outras alíquotas diferenciadas previstas na legislação, a seguir descritas:

Art. 30. A alíquota da CSLL é de:

I – 15% (quinze por cento), exceto no período compreendido entre 1º de setembro de 2015 e 31 de dezembro de 2018, no qual vigorará a alíquota de 20% (vinte por cento), nos casos de:

a) pessoas jurídicas de seguros privados e de capitalização;

b) Revogado (Vide IN 1.925)

c) distribuidoras de valores mobiliários;

d) corretoras de câmbio e de valores mobiliários;

e) sociedades de crédito, financiamento e investimentos;

f) sociedades de crédito imobiliário;

g) administradoras de cartões de crédito;

h) sociedades de arrendamento mercantil; e

i) associações de poupança e empréstimo;

II – 15% (quinze por cento), exceto no período compreendido entre 1º de outubro de 2015 e 31 de dezembro de 2018, no qual vigorará a alíquota de 17% (dezessete por cento), no caso de cooperativas de crédito; (Redação dada pelo(a) Instrução Normativa RFB nº 1.925, de 19 de fevereiro de 2020) (Vide Instrução Normativa RFB nº 1.925, de 19 de fevereiro de 2020)

III – 9% (nove por cento), no caso de:

a) administradoras de mercado de balcão organizado;

b) bolsas de valores e de mercadorias e futuros;

c) entidades de liquidação e compensação;

d) empresas de fomento comercial ou factoring; e

e) demais pessoas jurídicas; e (Redação dada pelo(a) Instrução Normativa RFB nº 1.925, de 19 de fevereiro de 2020) (Vide Instrução Normativa RFB nº 1.925, de 19 de fevereiro de 2020)

IV – 20% (vinte por cento), exceto no período compreendido entre 1º de janeiro de 2019 e 29 de fevereiro de 2020, no qual vigorará a alíquota de 15% (quinze por cento), nos casos de bancos de qualquer espécie e de agências de fomento. (Redação dada pelo(a) Instrução Normativa RFB n° 1.942, de 27 de abril de 2020)

Art. 30-A. As pessoas jurídicas a que se refere o inciso IV do art. 30 tributadas pelo lucro real trimestral a que se refere o caput do art. 31 deverão realizar, relativamente ao primeiro trimestre de 2020, os seguintes procedimentos para determinar o valor devido da CSLL relativa ao período de apuração: (Incluído(a) pelo(a) Instrução Normativa RFB n° 1.942, de 27 de abril de 2020)

I – calcular a proporção entre o total da receita bruta do mês de março e o total da receita bruta do trimestre; (Incluído(a) pelo(a) Instrução Normativa RFB n° 1.942, de 27 de abril de 2020)

II – aplicar o percentual calculado na forma prevista no inciso I sobre o resultado ajustado do trimestre; (Incluído(a) pelo(a) Instrução Normativa RFB n° 1.942, de 27 de abril de 2020)

III – aplicar a alíquota de 5% (cinco por cento) sobre o valor apurado na forma prevista no inciso II; e (Incluído(a) pelo(a) Instrução Normativa RFB n° 1.942, de 27 de abril de 2020)

IV – adicionar o valor calculado na forma prevista no inciso III à CSLL apurada por meio da aplicação da alíquota de 15% (quinze por cento) sobre o resultado ajustado do trimestre. (Incluído(a) pelo(a) Instrução Normativa RFB n° 1.942, de 27 de abril de 2020)

§ 1° Alternativamente ao estabelecido no caput, as pessoas jurídicas referidas neste artigo poderão realizar os seguintes procedimentos para determinar o valor devido da CSLL relativa ao período de apuração: (Incluído(a) pelo(a) Instrução Normativa RFB n° 1.942, de 27 de abril de 2020)

I – calcular o resultado ajustado relativo aos meses de janeiro e fevereiro; (Incluído(a) pelo(a) Instrução Normativa RFB n° 1.942, de 27 de abril de 2020)

II – calcular a diferença entre o resultado ajustado do trimestre e o resultado ajustado a que se refere o inciso I;

(Incluído(a) pelo(a) Instrução Normativa RFB n° 1.942, de 27 de abril de 2020)

III – aplicar a alíquota de 5% (cinco por cento) sobre a diferença apurada na forma prevista no inciso II, caso seja positiva; e (Incluído(a) pelo(a) Instrução Normativa RFB n° 1.942, de 27 de abril de 2020)

IV – adicionar o valor calculado na forma prevista no inciso III à CSLL apurada por meio da aplicação da alíquota de 15% (quinze por cento) sobre o resultado ajustado do trimestre. (Incluído(a) pelo(a) Instrução Normativa RFB n° 1.942, de 27 de abril de 2020)

§ 2° A alternativa prevista no § 1° será aplicável somente se a diferença a que se refere seu inciso II for positiva. (Incluído(a) pelo(a) Instrução Normativa RFB n° 1.942, de 27 de abril de 2020)

Art. 30-B. *As pessoas jurídicas a que se refere o inciso IV do art. 30 tributadas com base no lucro real anual a que se refere o § 3° do art. 31 e que apurarem a CSLL devida em cada mês na forma prevista no art. 45 deverão aplicar a alíquota de 20% (vinte por cento) a partir de 1° de março de 2020. (Incluído(a) pelo(a) Instrução Normativa RFB n° 1.942, de 27 de abril de 2020)*

§ 1° No ano-calendário de 2020, as pessoas jurídicas referidas no caput que levantarem balanços ou balancetes a partir de 1° de março para os fins previstos nos incisos III e IV do art. 47 deverão, para calcular a CSLL devida com base no resultado ajustado do período em curso, realizar os seguintes procedimentos para determinar o valor devido da CSLL relativa ao período de apuração: (Incluído(a) pelo(a) Instrução Normativa RFB n° 1.942, de 27 de abril de 2020)

I – calcular a proporção entre o total da receita bruta do mês de março de 2020 até o último mês abrangido pelo período em curso e o total da receita bruta desse período; (Incluído(a) pelo(a) Instrução Normativa RFB n° 1.942, de 27 de abril de 2020)

TRIBUTOS FEDERAIS

II – aplicar o percentual calculado na forma do inciso I sobre o resultado ajustado do período em curso; (Incluído(a) pelo(a) Instrução Normativa RFB n° 1.942, de 27 de abril de 2020)

III – aplicar a alíquota de 5% (cinco por cento) sobre o valor apurado na forma prevista no inciso II; e (Incluído(a) pelo(a) Instrução Normativa RFB n° 1.942, de 27 de abril de 2020)

IV – adicionar o valor calculado na forma prevista no inciso III à CSLL apurada por meio da aplicação da alíquota de 15% (quinze por cento) sobre o resultado ajustado do período em curso. (Incluído(a) pelo(a) Instrução Normativa RFB n° 1.942, de 27 de abril de 2020)

§ 2° Alternativamente ao estabelecido no § 1°, as pessoas jurídicas referidas no caput poderão realizar os seguintes procedimentos para fins de cálculo do valor devido da CSLL relativa ao período em curso: (Incluído(a) pelo(a) Instrução Normativa RFB n° 1.942, de 27 de abril de 2020)

I – calcular o resultado ajustado relativo aos meses de janeiro e fevereiro; (Incluído(a) pelo(a) Instrução Normativa RFB n° 1.942, de 27 de abril de 2020)

II – calcular a diferença entre o resultado ajustado do período em curso e o resultado ajustado a que se refere o inciso I; (Incluído(a) pelo(a) Instrução Normativa RFB n° 1.942, de 27 de abril de 2020)

III – aplicar a alíquota de 5% (cinco por cento) sobre a diferença apurada na forma prevista no inciso II, caso seja positiva; e (Incluído(a) pelo(a) Instrução Normativa RFB n° 1.942, de 27 de abril de 2020)

IV – adicionar o valor calculado na forma prevista no inciso III à CSLL apurada por meio da aplicação da alíquota de 15% (quinze por cento) sobre o resultado ajustado do período em curso. (Incluído(a) pelo(a) Instrução Normativa RFB n° 1.942, de 27 de abril de 2020)

§ 3° A alternativa prevista no § 2° será aplicável somente se a diferença a que se refere seu inciso II for positiva. (Incluído(a) pelo(a) Instrução Normativa RFB n° 1.942, de 27 de abril de 2020)

Art. 30-C. *As pessoas jurídicas a que se refere o inciso IV do art. 30 tributadas com base no lucro real anual apurarão o valor da CSLL devida em 31 de dezembro de 2020 de que trata o § 4° do art. 31 na forma prevista no § 1° do art. 30-B, considerado o período de 1° de janeiro a 31 de dezembro de 2020. (Incluído(a) pelo(a) Instrução Normativa RFB n° 1.942, de 27 de abril de 2020)*

Parágrafo único. Alternativamente ao estabelecido no caput, as pessoas jurídicas referidas neste artigo poderão realizar os procedimentos descritos nos §§ 2° e 3° do art. 30-B para fins de cálculo do valor devido da CSLL relativo ao ano-calendário de 2020. (Incluído(a) pelo(a) Instrução Normativa RFB n° 1.942, de 27 de abril de 2020)

14.5.2 Base de Cálculo Anual e Trimestral

A base de cálculo da CSLL é o resultado do período de apuração, antes de computar a provisão para seu próprio pagamento e a provisão do imposto de renda das pessoas jurídicas, ajustado por adições e exclusões prescritas ou autorizadas pela legislação fiscal (Neves; Viceconti, 2018 p. 169).[68]

A pessoa jurídica que apurar anualmente o imposto sobre a renda com base no lucro real também deve apurar a CSLL anualmente com base no resultado ajustado, em 31 de dezembro de cada ano.

Os valores de CSLL efetivamente pagos calculados sobre a base de cálculo estimada mensalmente, no transcorrer do ano-calendário, podem ser deduzidos do valor de CSLL apurado anualmente (ajuste).

---

68   Também menciona que a lista completa das adições e exclusões da base de cálculo da CSLL pode ser encontrada no manual anexo a DIPJ – Declaração de Informações Econômico-Fiscais da Pessoa Jurídica.

14.5.3 Base de Cálculo Estimada e Presumida

A mesma forma de tributação adotada pela pessoa jurídica, para fins de apuração do imposto de renda, deve ser empregada na apuração da CSLL.

Assim, a pessoa jurídica que levantou balanço ou balancete para suspender ou reduzir o pagamento do imposto de renda, em determinado mês do ano-calendário, deve apurar a base de cálculo da CSLL sobre o resultado do período apurado nesse mesmo balanço, ajustado pelas adições determinadas, pelas exclusões permitidas e pelas compensações de base de cálculo negativa da CSLL, observados os limites definidos na legislação pertinente (Pêgas, 2014, p. 560).

A base de cálculo da CSLL, em cada mês, será determinada pela soma:

1) de 12% ou de 32% da receita bruta auferida no período no caso do lucro presumido;

2) dos rendimentos e ganhos líquidos auferidos em aplicações financeiras de renda fixa e renda variável;

3) dos ganhos de capital, das demais receitas e dos resultados positivos decorrentes de receitas não compreendidas na atividade, no mês em que forem auferidos.

14.5.4 Exemplo do Cálculo da CSLL

Para melhor esclarecimento da sistemática de cálculo, simularam-se dois casos práticos envolvendo as duas sistemáticas de apuração da CSLL.

14.5.4.1 Exemplo de cálculo da CSLL trimestral – lucro real

Considerando que a empresa em questão, tem uma base negativa a compensar de períodos anteriores no valor de R$ 2.000,00 (Neves; Viceconti, 2018, p. 686):

Demonstração da CSLL – **lucro real** expresso em Reais do 1º trimestre 2024:

Resultado do período:	R$ 50.000,00
(+) Adições	
Multa de trânsito:	R$ 5.000,00
(-) Exclusões	
Dividendos recebidos:	R$(15.000,00)
(=) Base de cálculo antes da compensação:	R$ 40.000,00
(-) Base de cálculo negativa:	R$ (2.000,00)
(=) Base de cálculo da CSLL:	R$ 38.000,00
Cálculo da CSLL	
Base de cálculo do 1º trimestre:	R$ 38.000,00
Alíquota 9%	
(=) CSLL devida:	**R$ 3.420,00**

Fonte: Elaborado pelo autor, 2025.

14.5.4.2 Exemplo do cálculo da CSLL – lucro presumido

Vendas:	12% de R$ 200.000,00	R$ 24.000,00
Serviços:	32% de R$ 50.000,00	R$ 16.000,00
(=) Subtotal:		R$ 40.000,00

Acréscimos:	
(+) Rendimentos de aplicação financeira:	R$ 8.000,00
(+) Demais juros e descontos obtidos:	R$ 3.000,00
(+) Ganhos de capital na venda de imobilizado:	R$ 5.000,00
(=) Base de cálculo do imposto:	R$ 56.000,00

TRIBUTOS FEDERAIS

Cálculo da CSLL	
Base de cálculo da CSLL do 1° trimestre:	R$ 56.000,00
Alíquota 9% x R$ 56.000,00: R$ 5.040,00	
(=) CSLL devida:	**R$ 5.040,00**

Fonte: Elaborado pelo autor, 2025.

14.6 PIS

*A EC n° 132/23 Reforma Tributária) inseriu em nosso orde-
namento jurídico três novos tributos: o IBS (art. 156-A, CF),
que substituirá o ICMS e o ISS; a CBS (art. 195, inciso V),
e o IS (art. 153, VIII, CF), que irão substituir o IPI, o PIS, a
COFINS a partir do ano 2027, consequentemente, extinguindo o PIS/COFINS sobre faturamento e importações em 2027
e zerando as alíquotas do IPI, com exceção dos mecanismos
da ZFM, conforme disposto no art. 126 do ADCT, entretanto,
haverá um período de transição:*

*• Período 2026: o contribuinte recolherá 0,1% a título de
IBS e 0,9% de CBS (arts. 343 e 346 da LC no 214/25), que
serão compensados com os tributos atuais (PIS/Cofins
ou tributos federais).*

*• Período de 2027 a 2028: o contribuinte recolherá, a título de
IBS, 1,0% (art. 344 da LC no 214/25), e a CBS será definida
nos termos do art. 14, caput, inciso I, §§ 2° e 3°, da mesma lei.*

*• Período de 2027 a 2033: a definição da alíquota da CBS de-
verá seguir as regras dos arts. 345, 353 a 359; e o IBS, de 2029
a 2035, as regras dos arts. 361 a 366 e 369, conforme regra dos
arts. 125 e 126 do ADCT, a seguir transcritos:*[69]

---

69 LC n° 214/26, **art. 346.** (...)
§ 1° Fica dispensado o recolhimento do IBS e da CBS relativo aos fatos
geradores ocorridos no período indicado no *caput* em relação aos sujeitos
passivos que cumprirem as obrigações acessórias previstas na legislação.
§ 2° O sujeito passivo dispensado do recolhimento na forma do § 1°
permanece obrigado ao pagamento integral das Contribuições previstas no art. 195, inciso I, alínea "b", e inciso IV, e da contribuição para

Art. 125. *Em 2026, o imposto previsto no art. 156-A será cobrado à alíquota estadual de 0,1% (um décimo por cento), e a contribuição prevista no art. 195, V, ambos da Constituição Federal, será cobrada à alíquota de 0,9% (nove décimos por cento).*

§ 1° O montante recolhido na forma do **caput** *será compensado com o valor devido das contribuições previstas no art. 195, I, "b", e IV, e da contribuição para o Programa de Integração Social a que se refere o art. 239, ambos da Constituição Federal.*

§ 2° Caso o contribuinte não possua débitos suficientes para efetuar a compensação de que trata o § 1°, o valor recolhido poderá ser compensado com qualquer outro tributo federal ou ser ressarcido em até 60 (sessenta) dias, mediante requerimento.

§ 3° A arrecadação do imposto previsto no art. 156-A da Constituição Federal decorrente do disposto no **caput** *deste artigo não observará as vinculações, repartições e destinações previstas na Constituição Federal, devendo ser aplicada, integral e sucessivamente, para:*

I – o financiamento do Comitê Gestor do Imposto sobre Bens e Serviços, nos termos do art. 156-B, § 2°, III, da Constituição Federal;

II – compor o Fundo de Compensação de Benefícios Fiscais ou Financeiro-Fiscais do imposto de que trata o art. 155, II, da Constituição Federal.

§ 4° Durante o período de que trata o **caput***, os sujeitos passivos que cumprirem as obrigações acessórias relativas aos tributos referidos no* **caput** *poderão ser dispensados do seu recolhimento, nos termos de lei complementar.*

Art. 126. *A partir de 2027:*

I – serão cobrados:

a) a contribuição prevista no art. 195, V, da Constituição Federal;

b) o imposto previsto no art. 153, VIII, da Constituição Federal;

---

o Programa de Integração Social a que se refere o art. 239, ambos da Constituição Federal.

> *II – serão extintas as contribuições previstas no art. 195, I, "b", e IV, e a contribuição para o Programa de Integração Social de que trata o art. 239, todos da Constituição Federal, desde que instituída a contribuição referida na alínea "a" do inciso I;*
>
> *III – o imposto previsto no art. 153, IV, da Constituição Federal:*
>
> *a) terá suas alíquotas reduzidas a zero, exceto em relação aos produtos que tenham industrialização incentivada na Zona Franca de Manaus, conforme critérios estabelecidos em lei complementar; e*
>
> *b) não incidirá de forma cumulativa com o imposto previsto no art. 153, VIII, da Constituição Federal. (Grifos nossos.)*

Entretanto, os recolhimentos para o PIS permanecem inalterados de 2024 até 2026, havendo somente um período de transição em 2026, quando o contribuinte efetuará um recolhimento que será compensado com os tributos atuais.

Em virtude do período de transição, a seguir descrevemos a legislação atualmente em vigor.

A contribuição para o PIS foi criada pela LC nº 7/1970 e a sua congênere, a Contribuição para o Patrimônio do Servidor Público – PASEP, pela LC nº 8/70, e destina-se ao custeio da seguridade social, com a finalidade de financiar o seguro-desemprego e o abono para os empregados que recebam mensalmente até dois salários-mínimos nos termos do art. 239 da CF (Miranda, 2007, p. 67).

A Lei nº 10.637/02 instituiu um regime de cobrança para o PIS/PASEP batizado de não cumulativo, mas, na realidade, a não cumulatividade é somente no nome, pois, para ser não cumulativo, a lei teria de autorizar a dedução de todos os pagamentos feitos na operação anterior, mas isto não ocorria. Essa lei foi alterada pelo art. 25 da Lei nº 10.684/03 e pela Lei nº 10.833/03, os quais instituíram as mesmas bases de cálculo e as mesmas deduções de créditos, porém a IN nº 2.121 editada em dezembro de 2022 atualiza e normatiza diversas regras relativas ao tributo.

Devido à extensão e à complexidade do tema, neste trabalho, trata-se somente das contribuições devidas pelas sociedades empresárias, limitando-se às pessoas jurídicas de direito privado.

Não podemos deixar de destacar que no mês de março/2017 o Supremo Tribunal Federal (STF), por maioria dos votos, decidiu que o ICMS não integra a base de cálculo das contribuições para o PIS e a COFINS, finalizando o julgamento do Recurso Extraordinário nº 574.706, com repercussão geral.

Referida decisão não se estende a todos os contribuintes, como também se aguarda uma decisão do STF quanto à modulação dos efeitos da decisão.

14.6.1 Alíquota (Neves; Viceconti, 2007, p. 152, 128, 130 e 133)

A alíquota do PIS incidente sobre a folha de salários é de 1% (um por cento) e deve ser aplicada somente aos contribuintes que não contribuem para o PIS faturamento e são isentos da COFINS em relação às receitas derivadas de suas atividades próprias. A título de exemplo, estes contribuintes são: templos, partidos políticos, sindicatos etc., entretanto, a LC nº 214/25 ainda não prevê a cobrança da CBS.

Para o PIS sobre faturamento, que envolve a receita bruta e importações das pessoas jurídicas de direito privado, existem duas modalidades: cumulativa com alíquota de 0,65% – lucro presumido; e não cumulativa, com alíquota de 1,65% – lucro real.

Para a modalidade não cumulativa, a legislação permite o desconto de 1,65% sobre aquisições para tomada de crédito sobre o valor devido.

Cabe ainda destacar que a tributação do IRPJ pelo lucro presumido implica a tributação cumulativa do PIS conforme o art. 8°, inciso II, da Lei n° 10.637/02 e, também, a COFINS, art. 10, inciso II, da Lei n° 10.833/03.

TRIBUTOS FEDERAIS

Destacamos também a Lei n° 13.137/15, que alterou a alíquota do PIS para importação de produtos estrangeiros, passando de 1,65% para 2,10%.

A partir de 1° de janeiro de 2015, de acordo com o Decreto n° 8.426, a alíquota do PIS/COFINS sobre receita financeira é de 0,65 e 4%, respectivamente.

14.6.2 Base de Cálculo

A Lei n° 9.718/98 estabeleceu em seu art. 3°, § 1° que a incidência para o PIS é a totalidade das receitas auferidas, sendo irrelevantes o tipo de atividade exercida e a classificação contábil adotada pelas receitas.

No caso das entidades sem fins lucrativos, a base de cálculo do PIS é a folha de salários, e a receita ou o faturamento de acordo com os arts. 195 da CF, e 3° da Lei n° 9.715/98.

São isentas as entidades de assistência social que atenderem às exigências definidas em lei, conforme estabelecido na CF, art. 195, § 7°. Também não incide sobre as receitas de exportação, conforme o art. 149, § 2°, inciso I, da CF.

14.6.3 Exemplo de Cálculo do PIS

Para entendimento do tema, descrevemos abaixo duas hipóteses distintas de cálculo do imposto, demonstrando a base de cálculo e a apuração do imposto devido no caso cumulativo e no não cumulativo.

14.6.3.1 Exemplo de cálculo do PIS cumulativo (Neves; Viceconti, 2018, p. 131)

Base de cálculo do PIS – Cumulativo	
Faturamento operacional bruto (IPI incluído):	R$ 400.000,00
(-) IPI contido no faturamento:	R$ (80.000,00)

Manual de Direito Tributário e Financeiro Aplicado

(=) Receita bruta de vendas (ICMS incluído)*:	R$ 320.000,00
(-) Devoluções de vendas:	R$ (20.000,00)
(-) Descontos incondicionais:	R$ (10.000,00)
(=) Subtotal:	R$ 290.000,00
(+) Receita de juros:	R$ 3.000,00
(+) Receita de aluguel de bens permanentes:	R$ 10.000,00
(=) Base de cálculo:	R$ 303.000,00
(=) PIS devido a recolher:	**0,65% x R$ 303.000,00: R$ 2.969,50**

Fonte: Elaborado pelo autor, 2025.

* Ver decisão STF RE nº 574.706 – Exclusão da base de cálculo ICMS do PIS e da COFINS.

14.6.3.2 Exemplo de cálculo do PIS não cumulativo (Neves; Viceconti, 2018, p. 146)

Base de cálculo do PIS – Não Cumulativo	
Receita de vendas:	R$ 40.000,00
Devolução de vendas no mês:	R$ 4.000,00
Compra de mercadorias no mês:	R$ 18.000,00
Despesas de arrendamento mercantil:	R$ 5.000,00
Receitas financeiras:	R$ 2.000,00
Despesas financeiras sobre empréstimos:	R$ 1.000,00
Base de Cálculo do PIS – Não Cumulativo	
(-) Débitos	
Vendas (1,65% x R$ 40.000,00): PIS sobre receita financeira:	R$ 660,00 0,65% x R$ 2.000,00 R$ 13,00
(-) Créditos	
Compras:	(1,65% x R$18.000,00) R$ (117,00)
Devolução de vendas:	(1,65% x R$ 4.000,00) R$ (66,00)
Despesa de arrendamento mercantil	
	(1,65% x R$ 5.000,00) R$ (82,50)
(=) PIS devido a recolher:	**R$ 407,50**

Fonte: Elaborado pelo autor, 2025.

14.7 COFINS

A EC n° 132/23a inseriu em nosso ordenamento jurídico três novos tributos: o IBS, art. 156-A, CF, que substituirá o ICMS e o ISS; a CBS, no art. 195, inciso V; e o IS, art. 153, VIII, CF, que irão substituir o IPI, o PIS e a COFINS a partir do ano de 2027, consequentemente extinguindo o PIS/COFINS sobre faturamento e importações em 2027 e zerando as alíquotas do IPI, com exceção dos mecanismos da ZFM, conforme disposto no art. 126 do ADCT, entretanto, haverá um período de transição:

• Período 2026 – o contribuinte recolherá 0,1% a título de IBS e 0,9% de CBS (arts. 343, 346, LC no 214/25), que serão compensados com os tributos atuais (PIS/COFINS ou tributos federais).

• Período de 2027 a 2028 – o contribuinte recolherá, a título de IBS, 1,0% (art. 344, LC no 214/25), e a CBS será definida nos termos do art. 14, caput, inciso I e §§ 2° e 3°, da mesma lei.

• Período de 2027 a 2033 – a definição da alíquota deverá seguir as regras dos arts. 345, 353 a 359, conforme os artigos do ADCT, a seguir transcritos:

Art. 125. *Em 2026, o imposto previsto no art. 156-A será cobrado à alíquota estadual de 0,1% (um décimo por cento), e a contribuição prevista no art. 195, V, ambos da Constituição Federal, será cobrada à alíquota de 0,9% (nove décimos por cento).*

§ 1° O montante recolhido na forma do **caput** *será compensado com o valor devido das contribuições previstas no art. 195, I, "b", e IV, e da contribuição para o Programa de Integração Social a que se refere o art. 239, ambos da Constituição Federal.*

§ 2° Caso o contribuinte não possua débitos suficientes para efetuar a compensação de que trata o § 1°, o valor recolhido poderá ser compensado com qualquer outro tributo federal ou ser ressarcido em até 60 (sessenta) dias, mediante requerimento.

Manual de Direito Tributário e Financeiro Aplicado

§ 3° A arrecadação do imposto previsto no art. 156-A da Constituição Federal decorrente do disposto no **caput** deste artigo não observará as vinculações, repartições e destinações previstas na Constituição Federal, devendo ser aplicada, integral e sucessivamente, para:

I – o financiamento do Comitê Gestor do Imposto sobre Bens e Serviços, nos termos do art. 156-B, § 2°, III, da Constituição Federal;

II – compor o Fundo de Compensação de Benefícios Fiscais ou Financeiro-Fiscais do imposto de que trata o art. 155, II, da Constituição Federal.

§ 4° Durante o período de que trata o **caput**, os sujeitos passivos que cumprirem as obrigações acessórias relativas aos tributos referidos no **caput** poderão ser dispensados do seu recolhimento, nos termos de lei complementar.

Art. 126. A partir de 2027:

I – serão cobrados:

a) a contribuição prevista no art. 195, V, da Constituição Federal;

b) o imposto previsto no art. 153, VIII, da Constituição Federal;

II – serão extintas as contribuições previstas no art. 195, I, "b", e IV, e a contribuição para o Programa de Integração Social de que trata o art. 239, todos da Constituição Federal, desde que instituída a contribuição referida na alínea "a" do inciso I;

III – o imposto previsto no art. 153, IV, da Constituição Federal:

a) terá suas alíquotas reduzidas a zero, exceto em relação aos produtos que tenham industrialização incentivada na Zona Franca de Manaus, conforme critérios estabelecidos em lei complementar; e

b) não incidirá de forma cumulativa com o imposto previsto no art. 153, VIII, da Constituição Federal. (Grifos nossos.)

Entretanto, os recolhimentos para a COFINS permanecem inalterados de 2024 até 2026 havendo somente um período de tran-

TRIBUTOS FEDERAIS

sição em 2026 em que o contribuinte efetuará um recolhimento que será compensado com os tributos, atuais.

Em virtude do período de transição, a seguir descrevemos a legislação atualmente em vigor.

A COFINS foi criada pela LC nº 70/1991, consolidada pelo Decreto nº 4.524/02, que regulamentava as contribuições de PIS e COFINS, e alterada pela Lei n° 10.833/03, que criou o método não cumulativo, e posteriormente pela Lei n° 10.865/04, que institui a COFINS sobre importação e modificou algumas regras anteriores (Pêgas, 2022, p. 210), porém a IN nº 2.121, de dezembro de 2022, alterou e inovou diversas regras relativas ao tributo.

14.7.1 Alíquotas

Conforme estabelecido em lei, a alíquota da COFINS para as instituições financeiras é de 4%, e para a COFINS sobre faturamento há duas modalidades: cumulativa com alíquota de 3% – lucro presumido, e não cumulativa com alíquota de 7,6% – lucro real.

Para a modalidade não cumulativa, a legislação permite o desconto de 7,6% sobre aquisições para tomada de crédito sobre o valor devido.

A partir de 1°.01.2015, de acordo com o Decreto nº 8.426/15, a alíquota do PIS/COFINS sobre receita financeira é de 0,65% e 4%, respectivamente.

Destacamos também a Lei n° 13.137/15, que alterou a alíquota da COFINS para importação de produtos estrangeiros, passando de 7,6% para 9,65%.

14.7.2 Base de Cálculo

A COFINS devida pelas pessoas jurídicas de direito privado será calculada com base no seu faturamento, nos termos da Lei n° 9.718/98, que corresponde à receita bruta da pessoa jurídica. Entende-se por receita bruta a totalidade das receitas auferidas, sendo irrelevantes o tipo de atividade por ela exercida e a classificação contábil para as receitas (Miranda, 2007, p. 64).

14.7.3 Exemplo de Cálculo da COFINS

Para entendimento do tema, descrevem-se abaixo duas hipóteses distintas de cálculo do imposto, demonstrando a base de cálculo e a apuração do imposto devido no caso cumulativo e no não cumulativo.

14.7.3.1 Exemplo de cálculo de COFINS cumulativo (Neves; Viceconti, 2018, p. 146)

Base de Cálculo COFINS – Cumulativo	
Faturamento operacional bruto (IPI incluído):	R$ 400.000,00
(-) IPI contido no faturamento:	R$ (80.000,00)
(=) Receita bruta de vendas (ICMS incluído)*:	R$ 320.000,00
(-) Devoluções de vendas:	R$ (20.000,00)
(-) Descontos incondicionais:	R$ (10.000,00)
	R$ (30.000,00)
(=) Subtotal:	R$ 290.000,00
(+) Receita de juros:	R$ 3.000,00
(+) Receita de aluguel de bens permanentes:	R$ 10.000,00
(=) Base de cálculo:	R$ 303.000,00
(=) COFINS devida a recolher 3,0% x R$ 303.000,00 =	R$ 9.090,00

Fonte: Elaborado pelo autor, 2025.

* Ver decisão STF RE nº 574.706 – Exclusão base de cálculo ICMS do PIS e da COFINS.

14.7.3.2 Exemplo de cálculo de COFINS não cumulativo
(Neves; Viceconti, 2018, p. 146)

Base de cálculo doa COFINS – Não Cumulativo	
Receita de vendas:	R$ 40.000,00
Devolução de vendas no mês:	R$ 4.000,00
Compra de mercadorias no mês:	R$ 18.000,00
Despesas de arrendamento mercantil:	R$ 5.000,00
Receitas financeiras:	R$ 2.000,00
Despesas financeiras sobre empréstimos:	R$ 1.000,00

Cálculo da COFINS – Não Cumulativo	
(-) Débitos	
Vendas:	(7,6% x R$ 40.000,00) R$ 3.040,00
Receita financeira:	4,0% x R$ 2.000,00 R$ 80,00
(-) Créditos	
Compras:	(7,6% x R$18.000,00) R$ (1.368,00)
Devolução de vendas:	(7,6% x R$ 4.000,00) R$ (304,00)
Despesa de arrendamento mercantil:	(7,6% x R$ 5.000,00) R$ (380,00)
(=) COFINS devida a recolher:	R$ 1.068,00

Fonte: Elaborado pelo autor, 2025.

14.8 IPI

A EC n° 132/23 inseriu em nosso ordenamento jurídico três novos tributos: o IBS, art. 156-A, CF, que substituirá o ICMS e o ISS; a CBS, no art. 195, inciso V; e o IS, art. 153, VIII, CF, que irão substituir o IPI, o PIS e a COFINS a partir do ano de 2027, consequentemente extinguindo o PIS/COFINS sobre faturamento e importações em 2027 e zerando as alíquotas do IPI, com exceção dos mecanismos da ZFM, conforme disposto no art. 126 do ADCT, entretanto, haverá um período de transição:

• Período 2026 – o contribuinte recolherá 0,1% a título de IBS e 0,9% de CBS (arts. 343, 346, LC no 214/25), que serão compensados com os tributos atuais (PIS/COFINS ou tributos federais).

• Período de 2027 a 2028 – o contribuinte recolherá, a título de IBS, 1,0% (art. 344, LC no 214/25), e a CBS será definida nos termos do art. 14, caput, inciso I e §§ 2° e 3°, da mesma lei.

• Período de 2027 a 2033 – a definição da alíquota deverá seguir as regras dos arts. 345, 353 a 359, conforme os artigos do ADCT, a seguir transcritos:

Art. 125. *Em 2026, o imposto previsto no art. 156-A será cobrado à alíquota estadual de 0,1% (um décimo por cento), e a contribuição prevista no art. 195, V, ambos da Constituição Federal, será cobrada à alíquota de 0,9% (nove décimos por cento).*

§ 1° O montante recolhido na forma do **caput** *será compensado com o valor devido das contribuições previstas no art. 195, I, "b", e IV, e da contribuição para o Programa de Integração Social a que se refere o art. 239, ambos da Constituição Federal.*

§ 2° Caso o contribuinte não possua débitos suficientes para efetuar a compensação de que trata o § 1°, o valor recolhido poderá ser compensado com qualquer outro tributo federal ou ser ressarcido em até 60 (sessenta) dias, mediante requerimento.

§ 3° A arrecadação do imposto previsto no art. 156-A da Constituição Federal decorrente do disposto no **caput** *deste artigo não observará as vinculações, repartições e destinações previstas na Constituição Federal, devendo ser aplicada, integral e sucessivamente, para:*

I – o financiamento do Comitê Gestor do Imposto sobre Bens e Serviços, nos termos do art. 156-B, § 2°, III, da Constituição Federal;

TRIBUTOS FEDERAIS

II – compor o Fundo de Compensação de Benefícios Fiscais ou Financeiro-Fiscais do imposto de que trata o art. 155, II, da Constituição Federal.

§ 4° Durante o período de que trata o **caput***, os sujeitos passivos que cumprirem as obrigações acessórias relativas aos tributos referidos no* **caput** *poderão ser dispensados do seu recolhimento, nos termos de lei complementar.*

Art. 126. *A partir de 2027:*

I – serão cobrados:

a) a contribuição prevista no art. 195, V, da Constituição Federal;

b) o imposto previsto no art. 153, VIII, da Constituição Federal;

II – serão extintas as contribuições previstas no art. 195, I, "b", e IV, e a contribuição para o Programa de Integração Social de que trata o art. 239, todos da Constituição Federal, desde que instituída a contribuição referida na alínea "a" do inciso I;

III – o imposto previsto no art. 153, IV, da Constituição Federal:

a) terá suas alíquotas reduzidas a zero, exceto em relação aos produtos que tenham industrialização incentivada na Zona Franca de Manaus, conforme critérios estabelecidos em lei complementar; e

b) não incidirá de forma cumulativa com o imposto previsto no art. 153, VIII, da Constituição Federal. (Grifos nossos.)

Destacamos também que os produtos fabricados na ZFM continuam com o benefício do IPI; porém, os fabricantes desse mesmo produto fora da ZFM continuarão contribuindo com o IPI.

Entretanto, as regras para os anos 2024, 2025 e 2026 continuam as mesmas para o IPI de 2024 até 2026, e, de acordo com o ADCT, art. 126, II, o IPI ficará com a alíquota zero em 2027, portanto, atualmente, a legislação atual permanece em vigor, a qual é a seguir apresentada.

Manual de Direito Tributário e Financeiro Aplicado

É o imposto utilizado como instrumento de função fiscal e predominantemente extrafiscal de política econômica do governo federal e incide sobre a industrialização de produtos nacionais e a importação de produtos estrangeiros, obedecidas as especificações constantes da Tabela de Incidência do Imposto sobre Produtos Industrializados – TIPI, possuindo algumas características próprias, tais como: não se submete ao princípio da anterioridade, pois suas alíquotas podem ser alteradas por decreto, não é cumulativo (art. 49, CTN), ou seja, o contribuinte tem o direito de creditar-se do imposto anteriormente cobrado na aquisição dos insumos, tem uma função de extrafiscalidade, ou melhor, é seletivo, cobrado em função da essencialidade do produto, implicando que a alíquota deve ser menor quanto mais necessário seja o produto, não incidindo sobre os produtos industrializados destinados ao exterior, e terá reduzido seu impacto sobre a aquisição de bens de capital, tendo como base legal a CF, art. 153, inciso IV, § 3°, a seguir destacado (Machado, 2016, p. 335):

§ 3° O imposto previsto no inciso IV:

I – será seletivo, em função da essencialidade do produto;

II – será não-cumulativo, compensando-se o que for devido em cada operação com o montante cobrado nas anteriores;

III – não incidirá sobre produtos industrializados destinados ao exterior.

IV – terá reduzido seu impacto sobre a aquisição de bens de capital pelo contribuinte do imposto, na forma da lei. (Incluído pela Emenda Constitucional n° 42, de 19.12.2003)

Destaca-se que a EC n° 42/003 modificou o art. 150, inciso III, "c", da CF mencionando que todos os entes políticos estão proibidos de cobrar tributos antes de decorridos 90 dias da data em que tenha sido publicada a lei que os instituiu ou aumentou. Consequentemente o IPI foi abrangido pela respectiva noventena, ou período nonagesimal.

Conforme definido pelos arts. 46 e 47 do CTN, e 4° do Decreto n° 7.212/10 (Regulamento do IPI – RIPI), produto industrializado

TRIBUTOS FEDERAIS

é o resultante de qualquer operação que modifique a natureza, o funcionamento, o acabamento, a apresentação ou a finalidade do produto, ou o aperfeiçoe para consumo, sendo irrelevantes, para caracterizar a operação como industrialização, o processo utilizado para obtenção do produto e a localização e as condições das instalações ou equipamentos empregados, tais como: transformação, beneficiamento, montagem, condicionamento ou reacondicionamento, renovação ou recondicionamento. As pessoas jurídicas que se enquadrarem como estabelecimentos industriais ou equiparados a industriais serão contribuintes de IPI.

Com a finalidade de esclarecer o que é o processo de industrialização, Pêgas (2017, p. 170, 171) define que:

- **Beneficiamento** – Consiste em modificar, aperfeiçoar ou, de qualquer forma, alterar o funcionamento, utilização, o acabamento ou aparência do produto. No beneficiamento o produto sofre apenas um melhoramento.

- **Montagem** – É a reunião de produtos, peças ou partes de que resultem um novo produto ou unidade autônoma, ainda que sob a mesma classificação fiscal.

- **Transformação** – Significa a operação que, exercida sobre matéria-prima ou produto intermediário, importe na obtenção de espécie nova. Nessa operação, normalmente ocorrerá mudança de classificação fiscal do produto final relação ao transformado.

- **Acondicionamento ou Reacondicionamento** – É a operação que importa em alterar pela colocação de embalagem, ainda que em substituição do original, salvo quando a embalagem colocada se destine apenas ao transporte de mercadoria. No que diz respeito a acondicionamento e reacondicionamento, a industrialização fica caracterizada sempre que se engarrafar, embalar etc. quaisquer produtos tributados.

- **Renovação ou Recondicionamento** – É a operação que, exercida sobre produto usado ou parte remanescente de produto deteriorado ou inutilizado, renove ou restaure o produto para utilização. Nessa situação, encontram-se, por exemplo, produtos a partir da reciclagem de latas. A renovação se processa sobre produtos usados, diferentemente do beneficiamento, que tem por objeto bens sem uso ou semiacabados.

Manual de Direito Tributário e Financeiro Aplicado

Estabelecimento industrial, conforme o art. 8º do RIPI/2010, é aquele que executa qualquer operação de industrialização, de que resulte produto tributado, ainda que de alíquota zero ou isento.

São equiparados a estabelecimento industrial, conforme os arts. 9º, 10 e 11 do RIPI/2010:

> *Art. 9º Equiparam-se a estabelecimento industrial:*
>
> *I – os estabelecimentos importadores de produtos de procedência estrangeira, que derem saída a esses produtos (Lei nº 4.502, de 1964, art. 4º, inciso I);*
>
> *II – os estabelecimentos, ainda que varejistas, que receberem, para comercialização, diretamente da repartição que os liberou, produtos importados por outro estabelecimento da mesma firma;*
>
> *III – as filiais e demais estabelecimentos que exercerem o comércio de produtos importados, industrializados ou mandados industrializar por outro estabelecimento da mesma firma, salvo se aqueles operarem exclusivamente na venda a varejo e não estiverem enquadrados na hipótese do inciso II (Lei nº 4.502, de 1964, art. 4º, inciso II, e § 2º, Decreto-Lei no 34, de 1966, art. 2º, alteração 1ª, e Lei nº 9.532, de 10 de dezembro de 1997, art. 37, inciso I);*
>
> *IV – os estabelecimentos comerciais de produtos cuja industrialização tenha sido realizada por outro estabelecimento da mesma firma ou de terceiro, mediante a remessa, por eles efetuada, de matérias-primas, produtos intermediários, embalagens, recipientes, moldes, matrizes ou modelos (Lei nº 4.502, de 1964, art. 4º, inciso III, e Decreto-Lei nº 34, de 1966, art. 2º, alteração 33ª);*
>
> *V – os estabelecimentos comerciais de produtos do Capítulo 22 da TIPI, cuja industrialização tenha sido encomendada a estabelecimento industrial, sob marca ou nome de fantasia de propriedade do encomendante, de terceiro ou do próprio executor da encomenda (Decreto-Lei nº 1.593, de 21 de dezembro de 1977, art. 23);*

TRIBUTOS FEDERAIS

VI – os estabelecimentos comerciais atacadistas dos produtos classificados nas Posições 71.01 a 71.16 da TIPI (Lei n° 4.502, de 1964, Observações ao Capítulo 71 da Tabela);

VII – os estabelecimentos atacadistas e cooperativas de produtores que derem saída a bebidas alcoólicas e demais produtos, de produção nacional, classificados nas Posições 22.04, 22.05, 22.06 e 22.08 da TIPI e acondicionados em recipientes de capacidade superior ao limite máximo permitido para venda a varejo, com destino aos seguintes estabelecimentos (Lei n° 9.493, de 1997, art. 3°):

a) industriais que utilizarem os produtos mencionados como matéria-prima ou produto intermediário na fabricação de bebidas;

b) atacadistas e cooperativas de produtores; ou

c) engarrafadores dos mesmos produtos;

VIII – os estabelecimentos comerciais atacadistas que adquirirem de estabelecimentos importadores produtos de procedência estrangeira, classificados nas Posições 33.03 a 33.07 da TIPI (Medida Provisória n° 2.158-35, de 24 de agosto de 2001, art. 39);

IX – os estabelecimentos, atacadistas ou varejistas, que adquirirem produtos de procedência estrangeira, importados por encomenda ou por sua conta e ordem, por intermédio de pessoa jurídica importadora (Medida Provisória n° 2.158-35, de 2001, art. 79, e Lei n° 11.281, de 20 de fevereiro de 2006, art. 13);

X – os estabelecimentos atacadistas dos produtos da Posição 87.03 da TIPI (Lei n° 9.779, de 19 de janeiro de 1999, art. 12);

XVI – relativamente às saídas dos produtos a que se referem os art. 209 e art. 222, os estabelecimentos de pessoa jurídica que: (Incluído pelo Decreto no 10.668, de 2021)

a) seja caracterizada, na forma definida no art. 243 da Lei n° 6.404, de 15 de dezembro de 1976, como controladora, controlada ou coligada de pessoa jurídica que industrialize ou importe os referidos produtos (Lei n° 13.097, de 19 de janeiro de

2015, art. 18, caput, inciso I, e Lei nº 13.241, de 30 de dezembro de 2015, art. 4º, caput, inciso I); (Incluído pelo Decreto nº 10.668, de 2021)

b) juntamente com pessoa jurídica que industrialize ou importe os referidos produtos, estiver sob controle societário ou administrativo comum (Lei nº 13.097, de 2015, art. 18, caput, inciso III, e Lei nº 13.241, de 2015, art. 4º, caput, inciso III); (Incluído pelo Decreto nº 10.668, de 2021)

c) apresente sócio ou acionista controlador, em participação direta ou indireta, que seja cônjuge, companheiro ou parente, consanguíneo ou afim, em linha reta ou colateral, até o terceiro grau, de sócio ou acionista controlador de pessoa jurídica que industrialize ou importe os referidos produtos (Lei nº 13.097, de 2015, art. 18, caput, inciso IV, e Lei nº 13.241, de 2015, art. 4º, caput, inciso IV); (Incluído pelo Decreto nº 10.668, de 2021)

d) tenha participação no capital social de pessoa jurídica que industrialize ou importe os referidos produtos, exceto nas hipóteses de participação inferior a um por cento em pessoa jurídica com registro de companhia aberta na Comissão de Valores Mobiliários (Lei nº 13.097, de 2015, art. 18, caput, inciso V, e Lei nº 13.241, de 2015, art. 4º, caput, inciso V); e (Incluído pelo Decreto nº 10.668, de 2021)

e) tenha, em comum com pessoa jurídica que industrialize ou importe os referidos produtos, diretor ou sócio que exerça funções de gerência, ainda que essas funções sejam exercidas sob outra denominação (Lei nº 13.097, de 2015, art. 18, caput, inciso VI, e Lei nº 13.241, de 2015, art. 4º, caput, inciso VI); (Incluído pelo Decreto nº 10.668, de 2021)

XVII – os estabelecimentos filiais de pessoa jurídica que industrialize ou importe os produtos a que se referem os art. 209 e art. 222 (Lei nº 13.097, de 2015, art. 18, caput, inciso II, e Lei nº 13.241, de 2015, art. 4º, caput, inciso II); e (Incluído pelo Decreto nº 10.668, de 2021)

XVIII – os estabelecimentos que tiverem adquirido ou recebido em consignação, no ano anterior, mais de vinte por cento do volume de saída de pessoa jurídica que industrialize ou

TRIBUTOS FEDERAIS

importe os produtos a que se referem os art. 209 e art. 222 (Lei n° 13.097, de 2015, art. 18, caput, inciso VII, e Lei n° 13.241, de 2015, art. 4°, caput, inciso VII). (Incluído pelo Decreto n° 10.668, de 2021)

§ 1° Nas hipóteses do inciso IX, a Secretaria da Receita Federal do Brasil (Medida Provisória n° 2.158-35, de 2001, art. 80, e Lei n° 11.281, de 2006, art. 11, § 1°):

I – deverá estabelecer requisitos e condições para a atuação de pessoa jurídica importadora:

a) por conta e ordem de terceiro; ou

b) que adquira mercadorias no exterior para revenda a encomendante predeterminado; e

II – poderá exigir prestação de garantia como condição para a entrega de mercadorias, quando o valor das importações for incompatível com o capital social ou o patrimônio líquido do importador ou encomendante predeterminado ou, no caso de importação por conta e ordem, do adquirente.

§ 2° Presume-se por conta e ordem de terceiro, ressalvado o disposto no § 3°, a operação de comércio exterior realizada nas condições previstas no inciso IX:

I – mediante utilização de recursos daquele (Lei n° 10.637, de 30 dezembro de 2002, art. 27); ou

II – em desacordo com os requisitos e condições estabelecidos nos termos da alínea "b" do inciso I do § 1° (Lei n° 11.281, de 2006, art. 11, § 2°).

§ 3° Considera-se promovida por encomenda, nos termos do inciso IX, não configurando importação por conta e ordem, a importação realizada com recursos próprios da pessoa jurídica importadora que adquira mercadorias no exterior para revenda a encomendante predeterminado, participando ou não o encomendante das operações comerciais relativas à aquisição dos produtos no exterior, ressalvado o disposto na alínea "b" do inciso I do § 1° (Lei n° 11.281, de 2006, art. 11, caput e § 3°, e Lei n° 11.452, de 2007, art. 18).

277

Manual de Direito Tributário e Financeiro Aplicado

§ 4° No caso do inciso X, a equiparação aplica-se, inclusive, ao estabelecimento fabricante dos produtos da Posição 87.03 da TIPI, em relação aos produtos da mesma Posição, produzidos por outro fabricante, ainda que domiciliado no exterior, que revender (Lei n° 9.779, de 1999, art. 12, parágrafo único).

§ 6° Os estabelecimentos industriais quando derem saída a matéria-prima, produto intermediário e material de embalagem, adquiridos de terceiros, com destino a outros estabelecimentos, para industrialização ou revenda, serão considerados estabelecimentos comerciais de bens de produção e obrigatoriamente equiparados a estabelecimento industrial em relação a essas operações (Lei n° 4.502, de 1964, art. 4°, inciso IV, e Decreto-Lei n° 34, de 1966, art. 2°, alteração 1ª).

§ 7° Aos estabelecimentos comerciais atacadistas e varejistas de cigarros e cigarrilhas dos Códigos 2402.20.00, excetuados os classificados no Ex 01, e 2402.10.00 da TIPI, de fabricação nacional ou importados, não se aplicam as equiparações a estabelecimento industrial previstas na legislação do imposto (Lei n° 11.933, de 28 de abril de 2009, art. 9° e Lei n° 12.402, de 2 de maio de 2011, art. 6°, caput, inciso I). (Redação dada pelo Decreto n° 7.990, de 2013)

§ 8° O previsto no § 7° não se aplica aos estabelecimentos comerciais atacadistas e varejistas que receberem, com suspensão do imposto, cigarros saídos do estabelecimento industrial até 30 de abril de 2009 e cigarrilhas saídas do estabelecimento industrial até 31 de agosto de 2011 (Lei n° 11.933, de 2009, art. 9°, parágrafo único e Lei n° 12.402, de 2011, art. 6°, caput, inciso I). (Redação dada pelo Decreto n° 7.990, de 2013)

Art. 10. São equiparados a estabelecimento industrial os estabelecimentos atacadistas que adquirirem os produtos relacionados no Anexo III da Lei no 7.798, de 10 de julho de 1989, de estabelecimentos industriais ou dos estabelecimentos equiparados a industriais de que tratam os incisos I a V do art. 9° (Lei n° 7.798, de 1989, arts. 7° e 8°).

§ 1° O disposto neste artigo aplica-se nas hipóteses em que o adquirente e o remetente dos produtos sejam empresas controladoras ou controladas – Lei n° 6.404, de 15 de dezembro *de 1976, art. 243, coligadas – Lei n° 10.406, de 10 de janeiro de 2002, art. 1.099, e Lei n° 11.941, de 27 de maio de 2009, art. 46, parágrafo único, interligadas – Decreto-Lei n° 1.950, de 14 de julho de 1982, art. 10, § 2° – ou interdependentes (Lei n° 7.798, de 1989, art. 7°, § 1°).*

§ 2° Da relação de que trata o caput poderão, mediante decreto, ser excluídos produtos ou grupo de produtos cuja permanência se torne irrelevante para arrecadação do imposto, ou incluídos outros cuja alíquota seja igual ou superior a quinze por cento (Lei n° 7.798, de 1989, art. 8°).

Equiparados a Industrial por Opção

Art. 11. Equiparam-se a estabelecimento industrial, por opção (Lei n° 4.502, de 1964, art. 4°, inciso IV, e Decreto-Lei n° 34, de 1966, art. 2°, alteração 1a):

I – os estabelecimentos comerciais que derem saída a bens de produção, para estabelecimentos industriais ou revendedores, observado o disposto na alínea "a" do inciso I do art. 14; e

II – as cooperativas, constituídas nos termos da Lei n° 5.764, de 16 de dezembro de 1971, que se dedicarem à venda em comum de bens de produção, recebidos de seus associados para comercialização.

14.8.1 Alíquotas

A incidência do IPI abrange todos os produtos industrializados e importados, estabelecendo a respectiva alíquota, ainda que zero, relacionados na TIPI, excluídos aqueles a que corresponde a notação "NT" (não tributado), levando-se em conta que o que importa é o princípio da seletividade em função da essencialidade do produto conforme o art. 48 do CTN.

14.8.2 Base de Cálculo

A base de cálculo do IPI é diferente, dependendo da hipótese de incidência. No caso de mercadoria importada, a base de cálculo

Manual de Direito Tributário e Financeiro Aplicado

do IPI é a mesma do imposto de importação, porém acrescida do próprio imposto de importação e das demais taxas alfandegárias pagas pelo importador, e no caso de produtos industrializados nacionais a base de cálculo do IPI é o valor da operação de que decorrer a saída deste do estabelecimento do contribuinte, tudo conforme o art. 47 do CTN, abaixo descrito:

A base de cálculo do imposto é:

> *I – no caso do inciso I do artigo anterior, o preço normal, como definido no inciso II do artigo 20, acrescido do montante:*
>
> *a) do imposto sobre a importação;*
>
> *b) das taxas exigidas para entrada do produto no País;*
>
> *c) dos encargos cambiais efetivamente pagos pelo importador ou dele exigíveis;*
>
> *II – no caso do inciso II do artigo anterior:*
>
> *a) o valor da operação de que decorrer a saída da mercadoria;*
>
> *b) na falta do valor a que se refere a alínea anterior, o preço corrente da mercadoria, ou sua similar, no mercado atacadista da praça do remetente;*
>
> *III – no caso do inciso III do artigo anterior, o preço da arrematação.*

14.8.3 FG

Conforme os arts. 35 e 36 do RIPI/2010, e 46 do CTN, constituem FG o desembaraço aduaneiro de produto de procedência estrangeira e a saída de produto do estabelecimento industrial ou equiparado, e a arrematação quando o bem é levado a leilão.

Em síntese, o art. 46 do CTN define o FG do IPI como:

O imposto, de competência da União, sobre produtos industrializados tem como fato gerador:

I – o seu desembaraço aduaneiro, quando de procedência estrangeira;

II – a sua saída dos estabelecimentos a que se refere o parágrafo único do artigo 51;

III – a sua arrematação, quando apreendido ou abandonado e levado a leilão.

Parágrafo único. Para os efeitos deste imposto, considera-se industrializado o produto que tenha sido submetido a qualquer operação que lhe modifique a natureza ou a finalidade, ou o aperfeiçoe para o consumo.

14.8.4 Sujeito Passivo

De acordo com o regulamento do RIPI/2010, arts. 21 a 30, e 51 do CTN, são obrigados ao pagamento do IPI como contribuintes:

a) o importador, em relação ao fato gerador decorrente do desembaraço aduaneiro de produto de procedência estrangeira;

b) o industrial, em relação ao fato gerador decorrente da saída de produto que industrializar em seu estabelecimento, bem assim quanto aos demais fatos geradores decorrentes de atos que praticar;

c) o estabelecimento equiparado a industrial, quanto ao fato gerador relativo aos produtos que dele saírem, bem assim quanto aos demais fatos geradores decorrentes de atos que praticar;

d) os que consumirem ou utilizarem em outra finalidade, ou remeterem a pessoas que não sejam empresas jornalísticas ou editoras, o papel destinado à impressão de livros, jornais e periódicos, quando alcançado pela imunidade prevista no inciso I do artigo 18 do RIPI/2002;

e) o arrematante de produtos levados a leilão.

Parágrafo único. Para os efeitos deste imposto, considera-se contribuinte autônomo qualquer estabelecimento de importador, industrial, comerciante ou arrematante.

É responsável, por substituição tributária, o industrial ou equiparado a industrial, mediante requerimento, em relação às operações anteriores, concomitantes ou posteriores às saídas que promover, nas hipóteses e condições estabelecidas pela SRF.

14.8.5 Exemplo de Cálculo do IPI

No exemplo abaixo, descreve-se de forma simplificada a sistemática de cálculo e a apuração mensal do IPI:

Faturamento Bruto	R$ 3.450.000,00
Compra de matéria-prima para industrialização	(R$ 1.000.000,00)
(+) IPI sobre faturamento bruto TIPI – 10%	R$ 345.000,00
(-) IPI sobre produto adquirido TIPI – 10%	R$ 100.000,00
IPI a Recolher	R$ 245.000,00

Fonte: Elaborado pelo autor, 2025.

14.8.6 Substituição Tributária do IPI

A IN nº 1.081/2010 da RFB define as regras para eventuais casos de substituição tributária do IPI, bem como a Lei n° 4.502/64.

14.9 II

É basicamente um imposto de comércio exterior utilizado como instrumento de política econômica e fiscal, possuindo, portanto, uma função extrafiscal e cumulativa, não estando sujeito ao princípio da anterioridade nos termos do art. 150, § 1°, da CF, cabendo ao Poder Executivo alterar suas alíquotas nos limites estabelecidos em lei.

Harada (2016) conceitua o tributo na p. 428 de sua obra como:

> *O imposto de importação tem como fato gerador a entrada de produtos estrangeiros no território nacional consoante o art. 19 do CTN que foi recepcionado pela Carta Política vigente. Os demais dispositivos do CTN, artigos. 20 a 22, também continuam em vigor, com exceção da parte do art. 21, que compete ao executivo o poder de alterar a base de cálculo do imposto. Este imposto de natureza regulatória e ao mesmo tempo arrecadatória, caracteriza-se por sua internacionalização, traduzida em termos de acordos regionais ou gerais, visando à sua uniformização para implementar e facilitar o comércio internacional. São exemplos de acordos tarifários internacionais; a Comunidade Econômica Europeia, a Aladi, antiga Alalc, e, mais recentemente, o Nafta e o Mercosul.*
>
> *Como imposto de caráter regulatório da economia, a faculdade do executivo alterar sua alíquota há de fundar-se em motivação que se harmonize com a norma do art. 174, CF, que confere ao Estado o papel de agente normativo e regulador da atividade econômica.*

É um imposto de competência da União que tem como fundamento legal os arts. 153, inciso I, da CF, e 19 a 22 do CTN, como também os art. 69 a 109 do Decreto nº 6.759/09, Regulamento Aduaneiro, e tem como FG nos termos do art. 19 do CTN, a entrada de produtos estrangeiros no território aduaneiro nacional.

14.9.1 Ocorrência do FG

Nos termos do art. 72 do Regulamento Aduaneiro, para efeitos fiscais, será considerada como entrada no território nacional, a mercadoria constante do manifesto de carga, e será exigível quando:

> *Art. 72. O fato gerador do imposto de importação é a entrada de mercadoria estrangeira no território aduaneiro (<u>Decreto-Lei nº 37, de 1966, art. 1º, caput,</u> com a redação dada pelo Decreto-Lei nº 2.472, de 1988, art. 1º).*

Manual de Direito Tributário e Financeiro Aplicado

§ 1° Para efeito de ocorrência do fato gerador, considera-se entrada no território aduaneiro a mercadoria que conste como importada e cujo extravio tenha sido verificado pela autoridade aduaneira (<u>Decreto-Lei n° 37, de 1966, art. 1°, §</u> <u>2°</u> com a redação dada pelo Decreto-Lei n° 2.472, de 1988, art. 1°). (<u>Redação dada pelo Decreto no 8.010, de 2013</u>)

§ 2° O disposto no § 1° não se aplica às malas e às remessas postais internacionais.

§ 3° As diferenças percentuais de mercadoria a granel, apuradas na verificação da mercadoria, no curso do despacho aduaneiro, não serão consideradas para efeitos de exigência do imposto, até o limite de um por cento (<u>Lei n° 10.833, de</u> <u>2003, art. 66</u>).

§ 4° O disposto no § 3° não se aplica à hipótese de diferença percentual superior a um por cento. (<u>Redação dada pelo Decreto n° 8.010, de 2013</u>)

Não constitui FG, conforme os arts. 71 e 74 do regulamento aduaneiro:

Art. 71. O imposto não incide sobre:

I – mercadoria estrangeira que, corretamente descrita nos documentos de transporte, chegar ao País por erro inequívoco ou comprovado de expedição, e que for redestinada ou devolvida para o exterior;

II – mercadoria estrangeira idêntica, em igual quantidade e valor, e que se destine a reposição de outra anteriormente importada que se tenha revelado, após o desembaraço aduaneiro, defeituosa ou imprestável para o fim a que se destinava, desde que observada a regulamentação editada pelo Ministério da Fazenda;

III – mercadoria estrangeira que tenha sido objeto da pena de perdimento, exceto na hipótese em que não seja localizada, tenha sido consumida ou revendida (<u>Decreto-Lei n° 37, de 1966, art. 1°, § 4°, inciso III,</u> com a redação dada pela Lei no 10.833, de 2003, art. 77);

TRIBUTOS FEDERAIS

IV – mercadoria estrangeira devolvida para o exterior antes do registro da declaração de importação, observada a regulamentação editada pelo Ministério da Fazenda;

V – embarcações construídas no Brasil e transferidas por matriz de empresa brasileira de navegação para subsidiária integral no exterior, que retornem ao registro brasileiro, como propriedade da mesma empresa nacional de origem (<u>Lei n° 9.432, de 8 de janeiro de 1997, art. 11, § 10</u>);

VI – mercadoria estrangeira destruída, sob controle aduaneiro, sem ônus para a Fazenda Nacional, antes de desembaraçada (<u>Decreto-Lei n° 37, de 1966, art. 1°, § 4°, inciso I</u>, com a redação dada pela Lei no 12.350, de 2010, art. 40); e (<u>Redação dada pelo Decreto n° 8.010, de 2013</u>)

VII – mercadoria estrangeira em trânsito aduaneiro de passagem, acidentalmente destruída (<u>Decreto-Lei n° 37, de 1966, art. 1°, § 4°, inciso II</u>, com a redação dada pela Lei n° 10.833, de 2003, art. 77).

§ 1° Na hipótese do inciso I do caput:

I – será dispensada a verificação da correta descrição, quando se tratar de remessa postal internacional destinada indevidamente por erro do correio de procedência; e

II – considera-se erro inequívoco de expedição aquele que, por sua evidência, demonstre destinação incorreta da mercadoria.

§ 2° A mercadoria a que se refere o inciso I do caput poderá ser redestinada ou devolvida ao exterior, inclusive após o respectivo desembaraço aduaneiro, observada a regulamentação editada pelo Ministério da Fazenda.

§ 2°-A A autoridade aduaneira poderá indeferir a solicitação da destruição a que se refere o inciso VI do caput, com base em legislação específica. (<u>Incluído pelo Decreto n° 8.010, de 2013</u>)

§ 3° Será cancelado o eventual lançamento de crédito tributário relativo à remessa postal internacional:

I – destruída por decisão da autoridade aduaneira;

II – liberada para devolução ao correio de procedência; ou

Manual de Direito Tributário e Financeiro Aplicado

> *III – liberada para redestinação para o exterior.*
>
> *Art. 74. Não constitui fato gerador do imposto a entrada no território aduaneiro:*
>
> *I – do pescado capturado fora das águas territoriais do País, por empresa localizada no seu território, desde que satisfeitas as exigências que regulam a atividade pesqueira; e*
>
> *II – de mercadoria à qual tenha sido aplicado o regime de exportação temporária, ainda que descumprido o regime (Decreto-Lei nº 37, de 1966, art. 92, § 4º, com a redação dada pelo Decreto-Lei nº 2.472, de 1988, art. 1º).*
>
> *Parágrafo único. Na hipótese de descumprimento de que trata o inciso II, aplica-se a multa referida no* **art. 724.**

Complementando o entendimento, a LC nº 214/25, em seus arts. 64 a 78, estabeleceu as regras de incidência dos tributos IBS e CBS, que irão substituir o IPI, o PIS, a COFINS, o ICMS na importação de bens materiais e imateriais, definindo que o local da importação é o destino da importação nos termos do art. 11.

14.9.2 Base de Cálculo

A alíquota utilizada depende de ato do Poder Executivo, ou seja, decreto Presidencial, pois sendo extrafiscal, não está dentro do princípio da anterioridade (art. 150, inciso I, da CF).

A base de cálculo do II é apurada sobre o valor aduaneiro, calculado conforme as regras do Acordo Geral sobre Tarifas e Comércio de 1994, conhecido como Acordo de Valoração Aduaneira, aprovado pelo Decreto Legislativo nº 30/94.

Nos termos do art. 20 do CTN, a base de cálculo do imposto é:

> *I – quando a alíquota seja específica, quantidade de mercadoria expressa na unidade de medida adotada pela lei tributária;*

II – quando a alíquota seja "ad valorem",[70] que é uma porcentagem calculada sobre o valor do bem, o preço normal que o produto, ou seu similar, alcançaria, ao tempo da importação, em uma venda em condições de livre concorrência, para entrega no porto ou lugar de entrada do produto no País.

14.9.3 Exemplo de Cálculo do II

Neste exemplo, simulam-se alguns dados para apuração do cálculo do tributo relativo à importação de determinado produto, adicionando o IPI sobre o II incidente, para definirmos a base de cálculo dos tributos não cumulativos, tais como: ICMS, IPI, PIS, COFINS, IBS, CBS, levando-se em conta o período de transição.

Valor Fiscal Aduaneiro	R$ 100.000,00
II – 10%	R$ 10.000,00
Base de cálculo	R$ 110.000,00
IPI – 20%	R$ 22.000,00
Adicional frete renovação Marinha Mercante	R$ 10.000,00
Total desembolsado – Base de cálculo	R$ 142.000,00

Fonte: Elaborado pelo autor, 2025.

Ressaltamos ainda o procedimento tributário para tributação das remessas internacionais oriundas do exterior e enviadas pelos Correios (ECT) ou empresas de courier, e que atualmente têm uma tributação de 60% a título de II até US$ 3.000,00, porém para pessoas físicas com remessas até US$ 50,00, alíquota de 20%, havendo também a incidência do ICMS de 17% (São Paulo) e acima de US$ 50,01 até US$ 3.000,00 alíquota de 60% excluindo US$ 20,00 de parcela a deduzir do II, conforme Portaria MF nº 1.086/24, portanto:

---

70 *Ad valorem* – Segundo o valor. Tributação incidente em função do valor da mercadoria importada e não em razão de peso, medida e volume (Filiardi, 2002).

Art. 1° O regime de tributação simplificada – RTS, instituí-do pelo <u>Decreto-Lei n° 1.804, de 3 de setembro de 1980</u>, po-derá ser utilizado no despacho aduaneiro de importação de bens integrantes de remessa postal ou de encomenda aérea internacional no valor de até US$ 3,000.00 (três mil dólares dos Estados Unidos da América) ou o equivalente em outra moeda, destinada a pessoa física ou jurídica, independente-mente da classificação tarifária dos bens que compõem a remessa ou encomenda, mediante o pagamento do Imposto de Importação calculado com a aplicação da alíquota de 60% (sessenta por cento), sem direito a parcela a reduzir do imposto de importação.

§ 1° Fica alterada para 0% (zero por cento) a alíquota de que trata o caput no valor limite de até US$ 10.000,00 (dez mil dólares dos Estados Unidos da América) ou o equivalente em outra moeda incidente sobre os produtos acabados pertencen-tes às classes de medicamentos, importados por remessa pos-tal ou encomenda aérea internacional, por pessoa física para uso próprio ou individual, desde que cumpridos todos os re-quisitos estabelecidos pelos órgãos de controle administrativo.

Destacamos também a LC n° 214/25, em seus arts. 21, 22 e 95, que fixam as regras para eventual incidência do IBS, da CBS neste tipo de operação de importação.

14.10 IE

É basicamente um imposto de comércio exterior utilizado como instrumento de política econômica, possuindo, portanto, uma função extrafiscal, não estando sujeito ao princípio da anterio-ridade nos termos do art. 150, § 1°, da CF, cabendo ao Poder Exe-cutivo, atendendo os limites e condições, alterar suas alíquotas nos limites estabelecidos em lei.

Harada (2016, p. 429) conceitua o tributo como:

O imposto de exportação tem como fato gerador a saída de produtos nacionais ou nacionalizados do território nacional,

> *conforme o art. 23 do CTN. Os demais artigos, 24 a 28, continuam sendo aplicáveis até o advento da nova lei complementar referida no art. 146, III, CF, menos aquela parte do art. 26 que faculta ao executivo a alteração da base de cálculo do imposto.*
>
> *O I E, de competência da União, é regulamentado de acordo com os arts. 153, II, CF, 23 a 28 do CTN, 212 a 236 do Regulamento Aduaneiro (Lei nº 6.759/09), e 79 a 83 e 422 § 2°, da LC nº 214/25, e o Decreto-Lei nº 1.578/77.*

Nos termos dos arts. 23 do CTN e 1° da Lei n° 1.578/77, tem como FG a saída de produto nacional ou nacionalizado do território nacional, ou seja, considera-se o FG na data do registro de exportação no Sistema de Comércio Exterior (Siscomex), nos termos do art. 213 do Regulamento Aduaneiro.

Uma de suas características é a cobrança cumulativa e, também, como função fiscal e regulatória, não só na medida em que se presta a arrecadação, mas também de acordo com a variação de suas alíquotas, à disciplina do fluxo de exportação.

Na legislação ordinária, temos o Decreto-Lei n° 1.578/77, o qual dispõe sobre o IE.

A LC nº 214/25, nos arts. 80 a 83, determina as regras da imunidade para exportação de bens materiais e imateriais, e a eventual incidência de tributação sobre exportação de minerais.

14.10.1 Base de Cálculo

Conforme o art. 24 do CTN, a base de cálculo será:

> *I – quando a alíquota seja específica, a unidade de medida adotada pela lei tributária;*
>
> *II – quando a alíquota seja ad valorem, o preço normal que o produto, ou seu similar, alcançaria ao tempo da exportação, em uma venda em condições de livre-concorrência.*

14.10.2 Alíquota

A alíquota do IE é de 30% e não poderá exceder a 150%, podendo ser alterada por política cambial, conforme o art. 3° do Decreto-Lei n° 1.578/77, com redação dada pela Lei n° 9.716/98, porém atualmente o imposto não vem sendo mais cobrado, além do mais, o acordo internacional direciona a tributação para o país consumidor (Pêgas, 2022, p. 99).

14.11 CONTRIBUIÇÃO DE INTERVENÇÃO NO DOMÍNIO ECONÔMICO – CIDE

Existem duas contribuições para intervenção do domínio econômico: CIDE-Tecnologia e CIDE-Combustíveis.

14.11.1 CIDE-Tecnologia

A Lei n° 10.168/2000, que posteriormente foi alterada pela Lei n° 10.334/01, instituiu a CIDE, devida pela pessoa jurídica detentora de licença de uso ou adquirente de conhecimentos tecnológicos, bem como aquela signatária de contratos que impliquem transferência de tecnologia,[71] firmados com residentes ou domiciliados no exterior.

14.11.1.1 Incidência

O Decreto n° 4.195/2002, que regulamenta a CIDE, em seu art. 10, dispôs que a CIDE-Tecnologia incidirá sobre as importâncias pagas, creditadas, entregues, empregadas ou remetidas, a cada mês, a residentes ou domiciliados no exterior, a título de *royalties*[72]

---

71   Consideram-se, para fins da CIDE-TECNOLOGIA, contratos de transferência de tecnologia os relativos à exploração de patentes ou de uso de marcas e os de fornecimento de tecnologia e prestação de assistência técnica. (parágrafo 1 do art. 2 da Lei n° 10.168/2000).

72   Significa direitos, pagamento de direitos de exploração (MIGLIAVACA, Paulo N. *Business Dictionary*. São Paulo: Edicta, 1999).

ou remuneração, previstos nos respectivos contratos, que tenham por objeto (Neves; Viceconti, 2007, p. 320):

a) fornecimento de tecnologia;

b) prestação de assistência técnica que inclui serviços de assistência técnica e serviços técnicos especializados;

c) serviços técnicos e de assistência administrativa e semelhantes;

d) cessão e licença de uso de marcas; e

e) cessão e licença de exploração de patentes.

14.11.1.2 Ampliação da base de cálculo

A partir de 1° de janeiro de 2002, a CIDE-Tecnologia passa a ser devida também pelas pessoas jurídicas signatárias de contratos que tenham por objeto serviços técnicos e de assistências administrativas e semelhantes a serem prestados por residentes ou domiciliados no exterior, bem como pelas pessoas jurídicas que pagarem, creditarem, entregarem, empregarem ou remeterem *royalties*, a qualquer título, a beneficiários residentes ou domiciliados no exterior nos termos da Lei n° 10.332/2001.

14.11.1.3 Alíquotas

A alíquota da contribuição será de 10%, tendo como base o art. 6° da Lei n° 10.332, de 19.12.2001.

14.11.1.4 Pagamento

O pagamento da contribuição será efetuado até o último dia útil da quinzena subsequente ao mês de ocorrência do FG, tendo como base o art. 6° da Lei n° 10.332, de 19.12.2001.

14.11.1.5 Destinação

A contribuição da CIDE-Tecnologia será recolhida ao Tesouro Nacional e destinada ao Fundo Nacional de Desenvolvimento Científico e Tecnológico – FNDCT, criado pelo Decreto-Lei n° 719, de 31 de julho de 1969, e restabelecido pela Lei n° 8.172, de 18 de janeiro de 1991.

14.11.2 CIDE-Combustíveis

A Lei n° 10.336, de 19 de dezembro de 2001, com base nos artigos 149 e 177 da CF instituiu a CIDE-Combustíveis, incidente sobre a importação e a comercialização de gasolina e suas correntes, diesel e suas correntes, querosene de aviação e outros querosenes, óleos combustíveis (*fuel-oil*), gás liquefeito de petróleo (GLP), inclusive o derivado de gás natural e de nafta, e álcool etílico combustível (Neves; Viceconti, 2007, p. 321).

14.11.2.1 FG

A CIDE-Combustíveis tem como fatos geradores a importação e a comercialização no mercado interno relativa às seguintes operações: gasolina, diesel, querosene, óleo e álcool combustível, realizadas com os combustíveis elencados no art. 3° da Lei n° 10.336, de 2001.

14.11.2.2 Contribuintes

São contribuintes da CIDE-Combustíveis o produtor, o formulador e o importador (pessoa física ou jurídica) dos combustíveis elencados nos arts. 2° e 3°, da Lei n° 10.336, de 2001.

14.11.2.3 Apuração da Base de Cálculo

Nas operações relativas à comercialização no mercado interno, assim como nas operações de importação, a base de cálculo é a "unidade de medida" adotada na Lei n° 10.336, de 2001, para cada um dos produtos sobre os quais incide a contribuição. Corresponde, assim, à quantidade comercializada do produto, expressa de acordo com os arts. 2° e 5° da Lei n° 10.336, de 2001.

Do valor da CIDE-Combustíveis incidente na comercialização no mercado interno poderá ser deduzido o valor da CIDE devido em operação anterior:

a) pago pelo próprio contribuinte quando da importação; ou

b) pago por outro contribuinte quando da aquisição no mercado interno.

Obs.: A dedução será feita pelo valor global da CIDE pago nas importações realizadas no mês, levando em conta o conjunto de produtos importados e comercializados, sendo desnecessária a segregação por espécie de produto.

14.11.2.4 Alíquotas

A CIDE-Combustíveis incidirá no mercado interno, assim como na importação, com as seguintes alíquotas (Lei n° 10.336/01, arts. 5° e 9°; e Decreto n° 4.066/01, art. 1°):

a) gasolinas e suas correntes, incluídas as que, por suas características, possam ser utilizadas alternativamente para a formulação de diesel, R$ 860,00 por m³;

b) diesel e as correntes que, por suas características, sejam utilizadas exclusivamente para a formulação de diesel, R$ 390,00 por m3;

c) querosene de aviação, R$ 92,10 por m3;

d) outros querosenes, R$ 92,10 por m3;

e) óleos combustíveis (*fuel oil*), R$ 40,90 por t;

f) GLP, inclusive o derivado de gás natural e de nafta, R$ 250,00 por t; e

g) álcool etílico combustível, R$ 37,20 por m3.

14.12 IOF

O IOF tem como finalidade o estabelecimento de uma política monetária, como também regular o mercado financeiro sendo, portanto, dotado das características da extrafiscalidade e da cumulatividade, e tem como fundamento legal os arts. 153, inciso V, e § 5°, CF, e arts. 63 a 67 do CTN, e tem como FG a entrega do valor que constitui o objeto da obrigação ou sua colocação à disposição do interessado, e basicamente incide sobre as seguintes operações financeiras:

> **Art. 153. (...)**
>
> *§ 5° O ouro quando definido em lei como ativo financeiro ou instrumento cambial, sujeita-se exclusivamente à incidência do IOF, devido na operação de origem; a alíquota mínima será de 1%, assegurada a transferência do montante de arrecadação nos seguintes termos:*
>
> *I – 30% para o Estado, o Distrito Federal ou o Território, conforme a origem;*
>
> *II – 70% para o município de origem.*
>
> *Art. 63. O imposto, de competência da União, sobre operações de crédito, câmbio e seguro, e sobre operações relativas a títulos e valores mobiliários tem como fato gerador:*
>
> *I – quanto às operações de crédito, a sua efetivação pela entrega total ou parcial do montante ou do valor que constitua o objeto da obrigação, ou sua colocação à disposição do interessado;*
>
> *II – quanto às operações de câmbio, a sua efetivação pela entrega de moeda nacional ou estrangeira, ou de documento que a represente, ou sua colocação à disposição do interessado em montante equivalente à moeda estrangeira ou nacional entregue ou posta à disposição por este;*

TRIBUTOS FEDERAIS

III – quanto às operações de seguro, a sua efetivação pela emissão da apólice ou do documento equivalente, ou recebimento do prêmio, na forma da lei aplicável;

IV – quanto às operações relativas a títulos e valores mobiliários, a emissão, transmissão, pagamento ou resgate destes, na forma da lei aplicável.

Parágrafo único. A incidência definida no inciso I exclui a definida no inciso IV, e reciprocamente, quanto à emissão, ao pagamento ou resgate do título representativo de uma mesma operação de crédito.

Art. 64. A base de cálculo do imposto é:

I – quanto às operações de crédito, o montante da obrigação, compreendendo o principal e os juros;

II – quanto às operações de câmbio, o respectivo montante em moeda nacional, recebido, entregue ou posto à disposição;

III – quanto às operações de seguro, o montante do prêmio;

IV – quanto às operações relativas a títulos e valores mobiliários:

a) na emissão, o valor nominal mais o ágio, se houver;

b) na transmissão, o preço ou o valor nominal, ou o valor da cotação em Bolsa, como determinar a lei;

c) no pagamento ou resgate, o preço.

Art. 65. O Poder Executivo pode, nas condições e nos limites estabelecidos em lei, alterar as alíquotas ou as bases de cálculo do imposto, a fim de ajustá-lo aos objetivos da política monetária.

Art. 66. Contribuinte do imposto é qualquer das partes na operação tributada, como dispuser a lei.

Art. 67. A receita líquida do imposto destina-se à formação de reservas monetárias, na forma da lei.

O contribuinte do imposto é qualquer uma das partes que integrem as operações conforme a Lei n° 8.894/94 e os Decretos n°s 6.306/07 e 6.339/08.

Destacamos também a incidência do IOF no caso de empréstimos entre empresas, inclusive coligadas e controladas, o qual deve ser retido pela fonte pagadora.

As alíquotas utilizadas podem ser fixas, variáveis, proporcionais, progressivas ou regressivas, e podem ser alteradas mediante decreto do Executivo, não sendo necessário obedecer à regra do princípio da anterioridade tributária, conforme o art. 153, § 1°, CF.

Atualmente, de acordo o Decreto n° 6.339/08, determina as várias alíquotas existentes para os diversos tipos de operações financeiras disponibilizadas pelo mercado financeiro. O referido decreto também menciona diversas situações em que haverá alíquota zero e isenções. Observe que o art. 65 do CTN faculta ao Poder Executivo a alteração das alíquotas e da base de cálculo; porém, não mais da base de cálculo e sim das alíquotas, conforme o § 1° do art. 153 da CF.

A base de cálculo do tributo, nos termos do art. 64 do CTN, depende da operação realizada. Mencionamos abaixo as principais operações:

a) nas operações de crédito, é o montante da obrigação, compreendendo o principal e os juros;

b) nas operações de seguro, é o montante do prêmio;

c) nas operações de câmbio, é o montante em moeda nacional recebido, entregue ou colocado à disposição;

d) nas operações relativas a títulos e valores imobiliários, na emissão, o valor nominal mais o ágio de se houver, na transmissão, o preço ou o valor nominal, ou o valor da cotação em bolsa, como determinar a lei, e no pagamento ou resgate, o preço.

14.13 ITR

O FG do ITR é a propriedade, o domínio útil ou a posse de imóvel por natureza, definido na lei civil, localizado fora da zona urbana[73] do município (arts. 29, CTN, e 153, VI, CF).

A base de cálculo do imposto é o valor fundiário. Ele representa o valor da terra nua, sem qualquer benefício. A terra nua é a diferença entre o valor venal do imóvel e o valor dos bens incorporados ao imóvel.

O contribuinte do imposto é o proprietário do imóvel, o titular do seu domínio útil, ou seu possuidor a qualquer título.

O ITR é cumulativo e tem função extrafiscal, visando evitar latifúndios improdutivos. Pode ser utilizado, dependendo do caso, para fins de política agrária. Por esse motivo, deve ficar no âmbito da União. É um tributo de regulação da política fundiária (Martins, 2005, p. 270 e 271).

A Lei n° 4.504/64 – Estatuto da Terra, em seus arts. 4° e 5°, define o conceito da propriedade rural como:

> *Art. 4° Para os efeitos desta Lei, definem-se:*
>
> *I – "Imóvel Rural", o prédio rústico, de área contínua qualquer que seja a sua localização que se destina à exploração extrativa agrícola, pecuária ou agroindustrial, quer através de planos públicos de valorização, quer através de iniciativa privada;*

---

73   A zona urbana é assim definida no § 1° do art. 32 do CTN: § 1° Para os efeitos deste imposto, entende-se como zona urbana a definida em lei municipal; observado o requisito mínimo da existência de melhoramentos indicados em pelo menos 2 (dois) dos incisos seguintes, construídos ou mantidos pelo Poder Público: I – meio-fio ou calçamento, com canalização de águas pluviais; II – abastecimento de água; III – sistema de esgotos sanitários; IV – rede de iluminação pública, com ou sem posteamento para distribuição domiciliar; V – escola primária ou posto de saúde a uma distância máxima de 3 (três) quilômetros do imóvel considerado.

Manual de Direito Tributário e Financeiro Aplicado

II – "Propriedade Familiar", o imóvel rural que, direta e pessoalmente explorado pelo agricultor e sua família, lhes absorva toda a força de trabalho, garantindo-lhes a subsistência e o progresso social e econômico, com área máxima fixada para cada região e tipo de exploração, e eventualmente trabalho com a ajuda de terceiros;

III – "Módulo Rural", a área fixada nos termos do inciso anterior;

IV – "Minifúndio", o imóvel rural de área e possibilidades inferiores às da propriedade familiar;

V – "Latifúndio", o imóvel rural que:

a) exceda a dimensão máxima fixada na forma do artigo 46, § 1°, alínea b, desta Lei, tendo-se em vista as condições ecológicas, sistemas agrícolas regionais e o fim a que se destine;

b) não excedendo o limite referido na alínea anterior, e tendo área igual ou superior à dimensão do módulo de propriedade rural, seja mantido inexplorado em relação às possibilidades físicas, econômicas e sociais do meio, com fins especulativos, ou seja, deficiente ou inadequadamente explorado, de modo a vedar-lhe a inclusão no conceito de empresa rural;

VI – "Empresa Rural" é o empreendimento de pessoa física ou jurídica, pública ou privada, que explore econômica e racionalmente imóvel rural, dentro de condição de rendimento econômico... Vetado... da região em que se situe e que explore área mínima agricultável do imóvel segundo padrões fixados, pública e previamente, pelo Poder Executivo. Para esse fim, equiparam-se às áreas cultivadas, as pastagens, as matas naturais e artificiais e as áreas ocupadas com benfeitorias;

VII – "Parceleiro", aquele que venha a adquirir lotes ou parcelas em área destinada à Reforma Agrária ou à colonização pública ou privada;

VIII – "Cooperativa Integral de Reforma Agrária (C.I.R.A.)", toda sociedade cooperativa mista, de natureza civil,... Vetado... criada nas áreas prioritárias de Reforma Agrária, contando temporariamente com a contribuição financeira e técnica do Poder Público, através do Instituto Brasileiro de Reforma Agrária, com a finalidade de industrializar, beneficiar, *preparar e padronizar a produção agropecuária, bem como realizar os demais objetivos previstos na legislação vigente;*

IX – "Colonização", toda atividade oficial ou particular, que se destine a promover o aproveitamento econômico da terra, pela sua divisão em propriedade familiar ou através de Cooperativas... Vetado...

Parágrafo único. Não se considera latifúndio:

a) o imóvel rural, qualquer que seja a sua dimensão, cujas características recomendem, sob o ponto de vista técnico e econômico, a exploração florestal racionalmente realizada, mediante planejamento adequado;

b) o imóvel rural, ainda que de domínio particular, cujo objeto de preservação florestal ou de outros recursos naturais haja sido reconhecido para fins de tombamento, pelo órgão competente da administração pública.

Art. 5º A dimensão da área dos módulos de propriedade rural será fixada para cada zona de características econômicas e ecológicas homogêneas, distintamente, por tipos de exploração rural que nela possam ocorrer.

Parágrafo único. No caso de exploração mista, o módulo será fixado pela média ponderada das partes do imóvel destinadas a cada um dos tipos de exploração considerados.

Com relação à competência para arrecadação do tributo que é da União, porém, por meio de convênio, a arrecadação e a cobrança são realizadas pelo município. Harada (2016, p. 447) destaca que:

Com o advento da EC 42/03, o ITR continua na competência impositiva da União, mas com caráter progressivo, transferindo o poder fiscalizatório e arrecadatório para os Municípios, mediante opção destes, hipótese em que 100% do produto de sua arrecadação lhes pertencerá (art. 153, § 4º e art. 158, II CF). Em não havendo opção do município, a ele caberá 50% do produto de arrecadação.

Nessa ambiência, o art. 153, § 4º, incisos I, II, III, da CF determina que:

I – será progressivo e terá suas alíquotas fixadas de forma a desestimular a manutenção de propriedades improdutivas; (Incluído pela Emenda Constitucional n° 42, de 19.12.2003)

II – não incidirá sobre pequenas glebas rurais, definidas em lei, quando as explore o proprietário que não possua outro imóvel; (Incluído pela Emenda Constitucional n° 42, de 19.12.2003)

III – será fiscalizado e cobrado pelos Municípios que assim optarem, na forma da lei, desde que não implique redução do imposto ou qualquer outra forma de renúncia fiscal. (Incluído pela Emenda Constitucional n° 42, de 19.12.2003)

Destacamos também que o art. 158, inciso II, da CF destaca que pertencem ao município,

II – cinquenta por cento do produto da arrecadação do imposto da União sobre a propriedade territorial rural, relativamente aos imóveis neles situados, cabendo a totalidade na hipótese da opção a que se refere o art. 153, § 4°, III;

14.14 IGF

Imposto positivado no art. 153, VII, CF, porém, ainda não estabelecido pela União, dependendo de lei complementar para ser instituído.

Há a necessidade de se definir o que são a grande fortuna, o FG, a base de cálculo e a alíquota correspondente.

14.15 CONTRIBUIÇÕES PARA A SEGURIDADE SOCIAL

O Direito da Seguridade Social é um conjunto de princípios, regras e instituições destinadas a estabelecer um sistema de proteção social aos indivíduos contra contingências sociais que os impeçam de prover suas necessidades pessoais básicas e de suas famílias, integrado por ações de iniciativa dos poderes públicos e da sociedade visando assegurar o direito a saúde, previdência e assistência social (Miranda, 2007, p. 9, 27, 28, 29 e 30) e, de acordo com o art. 194, parágrafo único, da CF, são estes os princípios específicos da seguridade social:

a) Universalidade da cobertura e do atendimento às pessoas. Deve atender os eventos que gerem necessidades abrangendo o maior número de atendidos.

b) Uniformidade e equivalência – são os benefícios e serviços prestados à população rural e urbana que devem ser iguais.

c) Seletividade (escolha) e distributividade (alcance) na prestação dos serviços e benefícios. A lei determina a escolha das contingências sociais merecedoras da proteção social e a distributividade vincula-se aos preceitos de justiça social e redução das desigualdades sociais.

d) Irredutibilidade do valor nominal dos benefícios. A finalidade é evitar a perda de valor do benefício e tem como previsão legal o art. 201, § 4°, da CF.

e) Equidade nas formas de participação do custeio. Cada um deve contribuir de acordo com a sua capacidade (princípio da solidariedade e justiça social).

f) Diversidade da base de financiamento, identificando-se, em rubricas contábeis específicas para cada área, as receitas e as despesas vinculadas a ações de saúde, previdência e assistência social, preservado o caráter contributivo da previdência social. São várias as bases que financiam o sistema, ou seja, contribuições das empresas, dos trabalhadores, dos importadores, dos concursos de prognósticos e do orçamento dos entes públicos. Estas fontes não podem ser reduzidas e, sim, aumentadas de acordo com o art. 195, § 4°, da Constituição Federal.

g) Caráter democrático e descentralizado da administração, mediante gestão quadripartite, com participação dos trabalhadores, dos empregadores, dos aposentados e do Governo nos órgãos colegiados.

14.15.1 Contribuições Previdenciárias

Basicamente as contribuições devidas para o INSS são divididas entre empregadores, empregados, autônomos, trabalhadores

Manual de Direito Tributário e Financeiro Aplicado

temporários e outros, e são distribuídas da seguinte forma (Miranda, 2007, p. 49-100):

a) Contribuição de 20% sobre a remuneração paga na folha de pagamento de empregados nos termos do art. 22, inciso I e § 1°, da Lei n° 8.212/91; porém, para as instituições financeiras e bancos, a alíquota é de 22,5%.

b) Contribuição de 20% para os contribuintes individuais, que lhe prestem serviços durante o mês. Esta é uma categoria em que estão abrangidos os segurados empresário, autônomo e eventual, conforme o art. 22, inciso III, da Lei n° 8.212/91.

c) Contribuições para o seguro de acidentes de trabalho – SAT. De acordo com o art. 22, inciso II, da Lei n° 8.212/91, o percentual de contribuição depende do grau de risco de atividade da empresa, sendo: 1% para o grau de risco leve, 2% para o grau de risco médio e 3% para o grau de risco considerado grave, podendo ainda haver contribuição adicional nos termos do art. 57, § 6°, da Lei n° 8.213/91 (aposentadoria especial);

d) Contribuição sobre serviços prestados por intermédio de cooperativas de trabalho. A empresa tomadora de serviços recolherá 15% do valor bruto da Nota Fiscal de prestação de serviços emitida pela cooperativa, nos termos do art. 22, inciso IV, da Lei n° 8.212/91; porém, em 2014, o STF declarou inconstitucional esta contribuição, e a RFB publicou em 26.05.2015 o Ato Declaratório Interpretativo (ADI) n° 5, que orienta a contribuição ao INSS em 20%, que deverá ser retida do cooperado que presta serviços para a cooperativa.

e) COFINS – a contribuição é proveniente do faturamento da empresa e atualmente encontra-se disciplinada pela Lei n° 10.833/03, e existem três tipos de alíquotas: cumulativa, de 3%, e não cumulativa, de 7,6%, assim como a COFINS importação, que é de 9,65%.

f) PIS e PASEP – a contribuição é proveniente do faturamento e atualmente encontra-se disciplinada pela Lei n° 10.637/02, e existem dois tipos de alíquotas: cumulativa, de 0,65, e não cumulativa, de 1,65%. No caso de fundações e instituições sem fins lucrativos, a alíquota será de 1% sobre a folha de pagamento; e PIS/COFINS sobre a receita financeira das empresas

TRIBUTOS FEDERAIS

adotantes do sistema não cumulativo a razão de 0,35% e 4%, respectivamente, assim como o PIS para importações, 2,10%.

g) CSLL – nos termos do art. 195, inciso I, da CF, e da Lei n° 10.637/02, a alíquota é de 9% para as empresas em geral.

h) Contribuição da ME e da EPP – estas empresas poderão optar pelo Simples Nacional, nos termos da LC n° 123/06, e efetuarão o pagamento unificado dos tributos e contribuições, e a base de cálculo será a receita bruta mensal, conforme tabelas e alíquotas, dependendo da atividade exercida, as quais são definidas na respectiva lei.

i) Contribuições do clube de futebol – contribuem com 5% sobre a receita bruta de renda de jogos nacionais e internacionais, patrocínios em geral, licenciamento de uso de marcas e símbolos, propaganda e transmissão, nos termos dos arts. 22, § 7°, e 22-A da Lei n° 8.212/91.

j) Contribuição do empregador rural e agroindústria – o empregador rural pessoa física contribui com 1,2% da receita bruta proveniente da comercialização da produção, mais 0,1% a título de SAT, conforme o art. 25, inciso I. A agroindústria também contribui da mesma forma, porém, a alíquota é de 2,5%, nos termos da Lei n° 8.212/91, conforme o art. 22-A.

k) Contribuição do empregado e trabalhador avulso – em virtude da EC n° 103/19, que definiu a reforma previdenciária, modificou o seu art. 18, onde as alíquotas de contribuição do empregado segurado, que agora se iniciam em 7,5%, chegando a 14%, conforme tabela atualizada a partir de janeiro/2025.[74]

Vale destacar que o recolhimento será feito na forma dc alíquota nominal e contribuição efetiva, por exemplo, o desconto na faixa de 14% será aplicado somente na faixa que exceder os R$ 4.190,83 do salário recebido. Portanto, a nova tabela sofre uma variação de alíquota de acordo com os rendimentos.

A seguir, descrevemos as alíquotas e a respectiva tabela atualizada em vigor no mês de janeiro 2024:

---

74 Disponível em: https://www.gov.br/inss/pt-br/noticias/confira-como-ficaram-as-aliquotas-de-contribuicao-ao-inss. Acesso em: 24 jan. 2025.

Manual de Direito Tributário e Financeiro Aplicado

> **Alíquotas**
>
> *As alíquotas passarão a ser progressivas, ou seja, quem ganha mais terá uma contribuição maior:*
>
> *Para o RGPS*
>
> *Até um salário mínimo R$ 1.518,00 – 7,5%*
>
> *Entre R$ 1.518,01 a R$ 2.793.88 – 9%*
>
> *Entre R$ 2.793,89 a R$ 4.190,83 – 12%*
>
> *Entre R$ 4.190,84 e o teto do RGPS R$ 8.157,41 – 14%*

l) Contribuição sobre a receita de concurso de prognósticos – art. 26 da Lei n° 8.212/91 – a renda líquida dos concursos de loterias deverá ser revertida para seguridade social, após a aplicação da tributação pelo IBS e pela CBS, conforme a LC n° 214/25, arts. 244 a 250, e nos demais casos de apostas e sorteios de números a alíquota será conforme descrito na Lei n° 13.756/18.

m) O empregador doméstico deverá recolher a contribuição com a alíquota de 8% acrescido de 0,8% de SAT, conforme o art. 24 da Lei n° 8.212/91.

n) Contribuição de terceiros – além das contribuições devidas à seguridade social, são devidas pelos empregadores contribuições compulsórias sobre a folha de salários destinada a entidades privadas de serviço social e formação profissional, nos termos dos arts. 149 e 240 da CF, e as contribuições feitas pelos empregadores são destinadas para: Serviço Social da Indústria, Serviço Nacional de Aprendizagem Industrial – SENAI, Serviço Nacional de Aprendizagem Comercial – SENAC, Serviço Social do Comércio – SESC, Serviço Nacional de Aprendizagem Rural – SENAR, Serviço Social do Transporte – SEST, Serviço Brasileiro de Apoio a Pequena e Média Empresa – SEBRAE, Fundo Aeroviário e Diretoria de Portos – DPC, Serviço Nacional de Aprendizagem do Cooperativismo – SESCOOP, Salário Educação.

o) Contribuições do segurado – no caso do empregado e trabalhador avulso – 20% – art. 22, I, o empregador faz a retenção da contribuição repassando o valor que foi retido ao INSS.

TRIBUTOS FEDERAIS

p) Segurado facultativo (aquele que não possui qualquer tipo de renda, exemplo: dona de casa) e no caso do segurado contribuinte individual (aquele que presta serviços para outra pessoa física) – a contribuição social é calculada mediante a aplicação da alíquota de 20% sobre o seu salário de contribuição, nos termos do art. 21 da Lei n° 8.212/91. O contribuinte também pode optar pela alíquota de 5%; porém, não dá direito a aposentadoria por tempo de contribuição e certidão de tempo de contribuição, conforme o art. 21, § 2°, da referida lei:[75]

> § 2° No caso de opção pela exclusão do direito ao benefício de aposentadoria por tempo de contribuição, a alíquota de contribuição incidente sobre o limite mínimo mensal do salário de contribuição será de: (Redação dada pela Lei n° 12.470, de 2011)
>
> I – 11% (onze por cento), no caso do segurado contribuinte individual, ressalvado o disposto no inciso II, que trabalhe por conta própria, sem relação de trabalho com empresa ou equiparado e do segurado facultativo, observado o disposto na alínea b do inciso II deste parágrafo; (Incluído pela Lei n° 12.470, de 2011)
>
> II – 5% (cinco por cento): (Incluído pela Lei n° 12.470, de 2011)
>
> a) no caso do microempreendedor individual, de que trata o art. 18-A da Lei Complementar no 123, de 14 de dezembro de 2006; e (Incluído pela Lei n° 12.470, de 2011)
>
> b) do segurado facultativo sem renda própria que se dedique exclusivamente ao trabalho doméstico no âmbito de sua residência, desde que pertencente à família de baixa renda. (Incluído pela Lei n° 12.470, de 2011)

q) Contribuição social do importador – conforme previsto no art. 195, inciso IV, da CF, e na Lei n° 13.137/15, o importador na ocasião do desembaraço das mercadorias adquiridas no exte-

---

75 Confira as alíquotas de contribuição ao INSS com o aumento do salário mínimo — Instituto Nacional do Seguro Social - INSS (www.gov.br). A cesso em: 15 ago. 2024.

Manual de Direito Tributário e Financeiro Aplicado

rior, ou ainda, no pagamento de serviços efetuados no exterior deverá efetuar o pagamento da contribuição do PIS-Importação na alíquota de 2,10% e COFINS-Importação – na alíquota de 9,65%, lembrando que a base de cálculo será o valor aduaneiro, acrescido do ICMS e do próprio valor das contribuições sociais, entretanto, a LC nº 214/25, arts. 64 a 77, substituiu as atuais contribuições pelo IBS, pela CBS, entrando em fase de teste a partir de 2026.

14.16 FUNDO DE GARANTIA DO TEMPO DE SERVIÇO – FGTS

O Fundo de Garantia do Tempo de Serviço foi instituído pela Lei n° 5.107/66, alterada pelo Decreto-Lei n° 20/66 e regulamentada pelo Decreto nº 59.820/66 e pela Lei n° 8.036/90, e tem como finalidade formar uma poupança para o trabalhador, que poderá ser sacada nas hipóteses previstas em lei, principalmente quando ele é dispensado sem justa causa da empresa. Outrossim, enquanto não forem sacados, estes depósitos são corrigidos monetariamente com base nos parâmetros fixados para atualização dos saldos de poupança e capitalização de juros de 3% ao ano, nos termos do art. 13 da Lei n° 8.036/90, e servem como forma de financiamento para aquisição de moradia pelo Sistema Financeiro da Habitação (Martins, 2007, p. 441 e 442), porém, a LC nº 214/25 determina que o FGTS não é contribuinte do IBS e da CBS, entretanto, o art. 212 estabelece que operações relacionadas com o FGTS ficam sujeitas ao IBS e à CBS.

14.16.1 Contribuintes e Alíquota

Os contribuintes são os empregadores, como também a União, os Estados, os Municípios e o Distrito Federal, quando contratarem funcionários pelo regime da Consolidação das Leis do Trabalho – CLT, e os beneficiários são os empregados urbanos, rurais, avulsos e temporários, excluídos os autônomos e servidores públicos e militares.

A alíquota do FGTS é de 8% e 2% (aprendizagem) nos termos do art. 15 da Lei n° 8.036/90 para os contratos de aprendizagem, e incide sobre as verbas salariais pagas ao empregado. O recolhimento deverá ser efetuado mensalmente até o dia 20 do mês seguinte em uma conta vinculada individual do empregado na Caixa Econômica Federal, e esta conta receberá atualização monetária pelos índices oficiais de inflação mais juros de 3% ao ano (Martins, 2007, p. 448 e 449).

A lei também prevê que, em caso de dispensa sem justa causa por parte do empregador, o empregado tem direito a uma indenização de 40% sobre o montante de todos os depósitos efetuados na sua conta vinculada durante a vigência do contrato de trabalho, nos termos do art. 18, § 1°, da Lei n° 8.036/90. Destaque para o § 2° da mesma lei, que determina que "Quando ocorrer despedida por culpa recíproca ou força maior, reconhecida pela Justiça do Trabalho, o percentual de que trata o § 1° será de 20 (vinte) por cento".

A conta de FGTS do empregado também poderá ser movimentada em diversas situações extraordinárias, as quais estão previstas no art. 20 da Lei n° 8.036/90.

De acordo com a nova legislação trabalhista em vigor desde 2017, existe a possibilidade da **extinção do contrato de trabalho mediante acordo entre as partes**. O art. 484-A da CLT inova no sentido de extinção do contrato de trabalho por acordo entre as partes, que prevê pagamento de metade do aviso-prévio e metade da multa do FGTS, podendo o empregado movimentar 80% do valor da conta depositado no FGTS, porém sem direito ao seguro-desemprego.

Certamente a nova legislação irá gerar facilidades quando o trabalhador desejar por vontade própria sair da empresa, assim como possibilitará regularizar situações que outrora existiam.

14.17 CBS

A EC n° 132/23 criou e a LC n° 214/25, regulamentou a respectiva contribuição que gradualmente irá substituir o PIS, a COFINS e o IPI, e seguirá as mesmas regras do IBS (tributos paritários), que serão destacadas nesta obra no respectivo tributo IBS, além do mais, conforme disposto no art. 126 do ADCT, haverá em 2026 um período de transição em que o contribuinte recolherá 0,1% a título de IBS, e 0,9% de CBS, que serão compensados com os tributos atuais, entrando integralmente em vigor em 2027, conforme os artigos do ADCT.

Exceção para os fabricantes de produtos análogos aos da ZFM, que devem continuar contribuindo com o IPI.

O art. 195 da CF define que a seguridade social será financiada por toda a sociedade, de forma direta e indireta, nos termos da lei, mediante recursos provenientes dos orçamentos da União, dos Estados, do Distrito Federal e dos Municípios, e das seguintes contribuições sociais, passando a incluir a CBS no inciso V:

> *V – sobre bens e serviços, nos termos de lei complementar.*
>
> *§ 15 A contribuição prevista no inciso V do caput (CBS) poderá ter sua alíquota fixada em lei ordinária.*
>
> *§ 16 Aplica-se à contribuição prevista no inciso V do caput o disposto no art. 156-A – IBS, § 1°, I a VI, VIII, X a XIII, § 3°, § 5°, II a VI e IX, e §§ 6° a 11 e 13.*
>
> *§ 17 A contribuição prevista no inciso V do caput não integrará sua própria base de cálculo nem a dos tributos previstos nos artigos 153, VIII, 156-A e 195, I, "b", e IV, e da contribuição para o Programa de Integração Social de que trata o* **art. 239.** *(Incluído pela Emenda Constitucional n° 132, de 2023)*
>
> *§ 18 Lei estabelecerá as hipóteses de devolução da contribuição prevista no inciso V do* **caput** *a pessoas físicas, inclusive em relação a limites e beneficiários, com o objetivo de reduzir as desigualdades de renda. (Incluído pela Emenda Constitucional n° 132, de 2023)*

Entretanto, os recolhimentos para o PIS/COFINS permanecem inalterados de 2024 até 2026 havendo somente um período de transição em 2026 quando o contribuinte efetuará um recolhimento que será compensado com os tributos atuais.

14.18 IS

Imposto criado conforme a EC n° 132/23, inserido no art. 153, § 6°, inciso VIII, e regulamentado pela LC n° 214/25, arts. 409 a 436, e tem como características principais:

a) Extrafiscal federal (seletivo) e fiscal (arrecadação).

b) Monofásico, incidindo uma única vez sobre o bem ou serviço, ou seja, pago pela indústria ou importador, ou seja, de acordo com os arts. 410 e 412 da LC:

> **Art. 410.** *O Imposto Seletivo incidirá uma única vez sobre o bem ou serviço, sendo vedado qualquer tipo de aproveitamento de crédito do imposto com operações anteriores ou geração de créditos para operações posteriores.*
>
> **Art. 412.** *Considera-se ocorrido o fato gerador do Imposto Seletivo no momento:*
>
> *I – do primeiro fornecimento a qualquer título do bem, inclusive decorrente dos negócios jurídicos mencionados nos incisos I a VIII do § 2° do art. 4° desta Lei Complementar;*
>
> *II – da arrematação em leilão público;*
>
> *III – da transferência não onerosa de bem produzido;*
>
> *IV – da incorporação do bem ao ativo imobilizado pelo fabricante;*
>
> *V – da extração de bem mineral;*
>
> *VI – do consumo do bem pelo fabricante;*
>
> *VII – do fornecimento ou do pagamento do serviço, o que ocorrer primeiro; ou*
>
> *VIII – da importação de bens e serviços.*

Manual de Direito Tributário e Financeiro Aplicado

c) Início em 2027.

d) Incidência sobre a produção, a extração, a comercialização ou a importação de produtos nocivos à saúde e ao meio ambiente, conforme o art. 409:

> **Art. 409.** *Fica instituído o Imposto Seletivo, de que trata o inciso VIII do art. 153 da Constituição Federal, incidente sobre a produção, extração, comercialização ou importação de bens e serviços prejudiciais à saúde ou ao meio ambiente.*
>
> *§ 1º Para fins de incidência do Imposto Seletivo, consideram-se prejudiciais à saúde ou ao meio ambiente os bens classificados nos códigos da NCM/SH e o carvão mineral, e os serviços listados no Anexo XVII, referentes a:*
>
> *I – veículos;*
>
> *II – embarcações e aeronaves;*
>
> *III – produtos fumígenos;*
>
> *IV – bebidas alcoólicas;*
>
> *V – bebidas açucaradas;*
>
> *VI – bens minerais;*
>
> *VII – concursos de prognósticos e fantasy sport.*
>
> *§ 2º Os bens a que se referem os incisos III e IV do § 1º estão sujeitos ao Imposto Seletivo quando acondicionados em embalagem primária, assim entendida aquela em contato direto com o produto e destinada ao consumidor final.*

e) O contribuinte do IS segue as regras do art. 424 da LC:

> **Art. 424.** *O contribuinte do Imposto Seletivo é:*
>
> *I – o fabricante, na primeira comercialização, na incorporação do bem ao ativo imobilizado, na tradição do bem em transação não onerosa ou no consumo do bem;*

TRIBUTOS FEDERAIS

> *II – o importador na entrada do bem de procedência estrangeira no território nacional;*
>
> *III – o arrematante na arrematação;*
>
> *IV – o produtor-extrativista que realiza a extração; ou*
>
> *V – o fornecedor do serviço, ainda que residente ou domiciliado no exterior, na hipótese de que trata o inciso VII do § 1° do art. 409 desta Lei Complementar*

f) Não incide sobre energia, telecomunicações e bens e serviços cujas aliquotas seja reduzidas para IBS e CBS, nos termos do art. 413 da LC.

g) As alíquotas podem ser modificadas por lei ordinária e medida provisória. Alíquota máxima de 0,25% do valor de mercado para produtos extraídos (incide na exportação – art. 422, LC).

h) A instituição do IS será por lei ordinária; porém, a lista de produtos que terão incidência será por lei complementar, que já se encontra disponibilizada na LC n° 214/25, Tabela XVII, exemplo: cigarros e bebidas alcoólicas.

i) Não integra a base de cálculo IS o montante do IBS, da CBS e do próprio imposto, assim como o ICMS e o ISS, enquanto existirem, conforme o art. 417 da LC.

j) Poderá ter o mesmo FG e base de cálculo de outros tributos, mas não incidirá de forma cumulativa com o IPI.

k) Segue o princípio da anterioridade tributária.

l) A LC n° 214/25 estabeleceu os produtos sujeitos ao IS naTabela XVII da referida lei.

m) Não há incidencia em operações de exportação.

n) Incidência no Simples Nacional.

o) A partir de 2026 haverá o período de transição, quando o contribuinte deverá efetuar um recolhimento de 0,1% de IBS e 0,9% de CBS, que será compensado com os tributos atuais, conforme o art. 126 do ADCT.

15 TRIBUTOS ESTADUAIS

O presente capítulo tem como finalidade descrever de forma concisa os principais tributos Estaduais e do Distrito Federal, no âmbito da sua competência, definindo o conceito, a fundamentação legal, a base de cálculo e a alíquota, incluindo as alterações relativas à EC n° 132/23 e à LC n° 214/25.

Devemos levar em consideração que o presente texto aborda os tributos estaduais de forma genérica, devendo o leitor atentar-se às diferenças e às constantes mudanças da legislação, principalmente no ICMS e no ICMS-Substituição Tributária, existentes entre os 27 Estados e o Distrito Federal.

15.1 IPVA

A CF positivou o referido imposto por meio do art. 155, inciso III, e tem suas alíquotas mínimas fixadas pelo Senado Federal conforme § 6°, incisos I e II do referido artigo, podendo ter alíquotas diferenciadas em função do tipo, do valor, da utilização e do impacto ambiental (alterado pela EC n° 132/23).

O tributo foi criado para melhorar a arrecadação dos Estados e Municípios. Tem, todavia, função extrafiscal, quando discrimina, por exemplo, em função do combustível utilizado.

Importante destacar que o art. 155, III, § 6°, da CF foi alterado em face da EC n° 132/23, **com a inclusão de incidência sobre veículos aquáticos e aéreos, com exceções descritos nas alíneas *a*, *b*, *c* e *d*** do referido artigo, consequentemente, inovando a sistemática tributária do IPVA, que transcrevemos a seguir:

Manual de Direito Tributário e Financeiro Aplicado

O imposto previsto no inciso III do artigo 155:

I – terá alíquotas mínimas fixadas pelo Senado Federal;

II – poderá ter alíquotas diferenciadas em função do tipo, do valor, da utilização e do impacto ambiental;

III – incidirá sobre a propriedade de veículos automotores terrestres, aquáticos e aéreos, excetuados:

a) aeronaves agrícolas e de operador certificado para prestar serviços aéreos a terceiros;

b) embarcações de pessoa jurídica que detenha outorga para prestar serviços de transporte aquaviário ou de pessoa física ou jurídica que pratique pesca industrial, artesanal, científica ou de subsistência;

c) plataformas suscetíveis de se locomoverem na água por meios próprios, inclusive aquelas cuja finalidade principal seja a exploração de atividades econômicas em águas territoriais e na zona econômica exclusiva e embarcações que tenham essa mesma finalidade principal;

d) tratores e máquinas agrícolas. (Grifos nossos.)

O FG do IPVA é a propriedade do veículo automotor e segue o princípio da anuidade tributária, portanto, em face da EC nº 132/23, a legislação estadual deverá ser modificada a fim de se adaptar às alterações da legislação constitucional.

A alíquota do IPVA é fixa. Não é indicada em porcentagem, pelo menos em alguns Estados, mas em valor determinado, em referência ao ano de fabricação, à marca e ao modelo do veículo. A base de cálculo é o valor do veículo, ao qual se chega indiretamente, pelo ano de fabricação, marca e modelo do veículo, e outros fatores. Geralmente, o Estado utiliza o valor atualizado da tabela FIPE (Fundação Instituto de Pesquisas Econômicas) do veículo.

Aliás, a rigor, em referência ao IPVA é inadequado falar-se de alíquota e de base de cálculo. Esse imposto tem o seu valor estabelecido em tabela divulgada pelos Estados da Federação. Não há cálculo a fazer. Tendo-se em vista a marca, o modelo e o ano de fabricação do veículo, localiza-se na tabela o valor do imposto a ser pago (Machado, 2016, p. 396).

Importante destacar que 50% do produto da arrecadação do imposto do Estado sobre a propriedade de veículos automotores são transferidos para o município em que o veículo estiver registrado, conforme o art. 158, inciso III, CF, que a seguir transcrevemos:

> III – 50% (cinquenta por cento) do produto da arrecadação do imposto do Estado sobre a propriedade de veículos automotores licenciados em seus territórios e, em relação a veículos aquáticos e aéreos, cujos proprietários sejam domiciliados em seus territórios; _(Redação dada pela Emenda Constitucional n° 132, de 2023)_

15.2 ITCMD

O inciso I do art. 155 da CF determinou a competência dos Estados e do Distrito Federal para instituir ITCMD. Isso inclui tanto bens imóveis como móveis.

Nos termos do art. 35 do CTN o imposto tem como FG:

> a) a transmissão, a qualquer título, da propriedade ou domínio útil de bens imóveis, por natureza ou por acessão física, como definidos na lei civil;
>
> b) a transmissão, a qualquer título, de direitos reais sobre imóveis, exceto os direitos reais de garantia;
>
> c) a cessão de direitos relativos às transmissões anteriores.
>
> Ocorre que a EC no 132/23 promoveu a modificação do ITCMD, definindo que, a bens imóveis, compete ao Estado da situação do bem, e a móveis, ao Estado onde era domiciliado o de cujus, e quanto o doador ou de cujus tiver domicílio no exterior terá sua competência regulada por lei complementar a ser implementada, e para melhor entendimento transcrevemos o referido artigo da CF:

Art. 155. *Compete aos Estados e ao Distrito Federal instituir impostos sobre: (Redação dada pela Emenda Constitucional n° 3, de 1993)*

I – transmissão causa mortis e doação, de quaisquer bens ou direitos; (Redação dada pela Emenda Constitucional n° 3, de 1993)

§ 1° O imposto previsto no inciso I: (Redação dada pela Emenda Constitucional n° 3, de 1993)

I – relativamente a bens imóveis e respectivos direitos, compete ao Estado da situação do bem, ou ao Distrito Federal

II – relativamente a bens móveis, títulos e créditos, compete ao Estado onde era domiciliado o **de cujus**, *ou tiver domicílio o doador, ou ao Distrito Federal; (Redação dada pela Emenda Constitucional n° 132, de 2023)*

III – terá competência para sua instituição regulada por lei complementar:

a) se o doador tiver domicilio ou residência no exterior;

b) se o de cujus possuía bens, era residente ou domiciliado ou teve o seu inventário processado no exterior;

IV – terá suas alíquotas máximas fixadas pelo Senado Federal;

V – não incidirá sobre as doações destinadas, no âmbito do Poder Executivo da União, a projetos socioambientais ou destinados a mitigar os efeitos das mudanças climáticas e às instituições federais de ensino. (Incluído pela Emenda Constitucional n° 126, de 2022)

VI – será progressivo em razão do valor do quinhão, do legado ou da doação; (Incluído pela Emenda Constitucional n° 132, de 2023)

VII – não incidirá sobre as transmissões e as doações para as instituições sem fins lucrativos com finalidade de relevância pública e social, inclusive as organizações assistenciais e beneficentes de entidades religiosas e institutos científicos e tecnológicos, e por elas realizadas na consecução dos seus objetivos sociais, observadas as condições estabelecidas em lei complementar. (Incluído pela Emenda Constitucional nº 132, de 2023) (Grifos nossos.)

A base de cálculo do imposto é o valor venal dos bens ou direitos transmitidos (art. 38, CTN) e suas alíquotas máximas são definidas pelo Senado Federal (art. 155, § 1°, IV, CF), e o contribuinte do imposto é qualquer das partes na operação tributada como dispuser a lei (art. 42, CTN).

No Estado de São Paulo, o ITCMD foi instituído pela Lei n° 10.705/2000, com alterações supervenientes decorrentes das Leis nºs 10.992/01 e 16.050/15. A alíquota praticada atualmente é de 4%; contudo, do art. 6° constam os limites de eventuais isenções. Atualmente, a alíquota máxima fixada pela Resolução nº 09/92 do Senado Federal é de 8%, porém modificações devem ocorrer, assim como a legislação estadual deve ser alterada em virtude da lei complementar a ser instituída, pois a **alíquota deverá ser progressiva em valor do quinhão**.

15.3 ICMS

O ICMS incide sobre as operações relativas à circulação de mercadorias e sobre a prestação de serviços de transporte interestadual e intermunicipal e de comunicação, ainda que as operações e as prestações se iniciem no exterior.

É um tributo positivado na CF, de competência estadual, não cumulativo, extrafiscal, seletivo, as alíquotas interestaduais e de exportação são fixadas por resolução do Senado Federal, bem como as alíquotas internas mínimas e máximas em cada Estado da Federação para resolver conflito de interesse. A lei complementar define o contribuinte, a substituição tributária, os benefícios etc. Referida lei que regulamenta o ICMS é a 87/96, com as respectivas alterações supervenientes.

Ocorre que, em decorrência da EC nº 132/23, o ICMS será substituído pelo IBS e pelo IS de forma gradual, a partir de 2026 até 2032, consequentemente, o contribuinte deverá conviver com as duas sistemáticas até a completa extinção do ICMS, em 2032.

Evidente que, para as empresas, haverá um custo adicional em termos de tecnologia da informação, recursos humanos e treinamento, pois as mudanças são radicais; Contudo, os benefícios serão muitos, principalmente porque teremos uma só legislação para os 27 Estados.

O FG do ICMS é a comercialização de bens no interior do país ou na importação desses bens para o território nacional. Esse imposto é indireto, pois o valor do imposto vem embutido no valor do produto.

Um fato importante de se destacar é que o ICMS integra sua própria base de cálculo, ou seja, se o ICMS fosse de 20% e o valor do produto fosse de R$ 1.000,00 sem o ICMS, um cálculo "por fora" daria o ICMS como R$ 200,00 (20% sobre R$ 1.00,00), mas como o cálculo do ICMS é "por dentro", o valor do ICMS devido é de R$ 250,00 (R$ 1.000,00/0,8 – R$ 1.000,00).

Atualmente as alíquotas interestaduais do ICMS, que são determinadas pelo Senado Federal, são distribuídas da seguinte forma:

REGIÃO	ESTADOS
Norte	Acre, Amapá, Amazonas, Pará, Rondônia, Roraima e Tocantins
Nordeste	Alagoas, Bahia, Ceará, Maranhão, Paraíba, Pernambuco, Rio Grande do Norte e Espírito Santo
Centro-Oeste	Goiás, Mato Grosso, Mato Grosso do Sul e Distrito Federal
Sudeste	Minas Gerais, Rio de Janeiro e São Paulo
Sul	Paraná, Rio Grande do Sul e Santa Catarina

Fonte: Elaborado pelo autor, 2025.

Alíquota de 7%	Quando a mercadoria for remetida pelos Estados do Sul e do Sudeste e tiver como destinatário os Estados do Norte, do Nordeste e do Centro-Oeste.
Alíquota de 12%	Quando a mercadoria for remetida pelos Estados do Sul e do Sudeste e tiver como destinatários Estados do Sul e do Sudeste.

Alíquota de 12%	Quando a mercadoria for remetida pelos Estados do Norte, do Nordeste e do Centro-Oeste, e tiver como destinatário todos os demais Estados, incluindo o Distrito Federal.

Fonte: Elaborado pelo autor, 2025.

Considera-se contribuinte o sujeito passivo da obrigação tributária aquele que realiza, com habitualidade ou em volume que caracteriza intuito comercial, operações e prestações sujeitas ao ICMS, conforme determinado na LC nº 87/96.

Portanto, não basta a inscrição no Cadastro de Contribuintes do Estado de destino das mercadorias para caracterizar a condição de contribuinte do estabelecimento destinatário. A inscrição é elemento que exterioriza ou formaliza a condição de contribuinte, mas não necessariamente significa que a pessoa inscrita seja contribuinte do imposto, uma vez que este somente existirá juridicamente se praticar aquelas situações definidas como FG do ICMS.

A CF, em seu art. 155, inciso II, dispensa um tratamento especial e minucioso com relação a este tributo, especificando hipóteses de incidência, não incidência, competência, isenção e alíquotas. Em virtude da importância do texto constitucional, transcrevemos abaixo o referido artigo e seu inciso correspondente:

> **Art. 155.** *Compete aos Estados e ao Distrito Federal instituir impostos sobre:* (Redação dada pela Emenda Constitucional nº 3, de 1993)
>
> *I – transmissão causa mortis e doação, de quaisquer bens ou direitos; (Redação dada pela Emenda Constitucional nº 3, de 1993)*
>
> *II – operações relativas à circulação de mercadorias e sobre prestações de serviços de transporte interestadual e intermunicipal e de comunicação, ainda que as operações e as prestações se iniciem no exterior; (Redação dada pela Emenda Constitucional nº 3, de 1993) (Vide Emenda Constitucional nº 132, de 2023) Vigência*
>
> *III – propriedade de veículos automotores. (Redação dada pela Emenda Constitucional nº 3, de 1993)*

§ 1º O imposto previsto no inciso I: *(Redação dada pela Emenda Constitucional nº 3, de 1993)*

I – relativamente a bens imóveis e respectivos direitos, compete ao Estado da situação do bem, ou ao Distrito Federal

II – relativamente a bens móveis, títulos e créditos, compete ao Estado onde era domiciliado o **de cujus**, ou tiver domicílio o doador, ou ao Distrito Federal; *(Redação dada pela Emenda Constitucional nº 132, de 2023)*

III – terá competência para sua instituição regulada por lei complementar:

a) se o doador tiver domicilio ou residência no exterior;

b) se o de cujus possuía bens, era residente ou domiciliado ou teve o seu inventário processado no exterior;

IV – terá suas alíquotas máximas fixadas pelo Senado Federal;

V – não incidirá sobre as doações destinadas, no âmbito do Poder Executivo da União, a projetos socioambientais ou destinados a mitigar os efeitos das mudanças climáticas e às instituições federais de ensino. *(Incluído pela Emenda Constitucional nº 126, de 2022)*

VI – será progressivo em razão do valor do quinhão, do legado ou da doação; *(Incluído pela Emenda Constitucional nº 132, de 2023)*

VII – não incidirá sobre as transmissões e as doações para as instituições sem fins lucrativos com finalidade de relevância pública e social, inclusive as organizações assistenciais e beneficentes de entidades religiosas e institutos científicos e tecnológicos, e por elas realizadas na consecução dos seus objetivos sociais, observadas as condições estabelecidas em lei complementar. *(Incluído pela Emenda Constitucional nº 132, de 2023)*

§ 2º O imposto previsto no inciso II atenderá ao seguinte: *(Redação dada pela Emenda Constitucional nº 3, de 1993) (Vide Emenda Constitucional nº 132, de 2023) Vigência*

TRIBUTOS ESTADUAIS

I – será não-cumulativo, compensando-se o que for devido em cada operação relativa à circulação de mercadorias ou prestação de serviços com o montante cobrado nas anteriores pelo mesmo ou outro Estado ou pelo Distrito Federal;

II – a isenção ou não-incidência, salvo determinação em contrário da legislação:

a) não implicará crédito para compensação com o montante devido nas operações ou prestações seguintes;

b) acarretará a anulação do crédito relativo às operações anteriores;

III – poderá ser seletivo, em função da essencialidade das mercadorias e dos serviços;

IV – resolução do Senado Federal, de iniciativa do Presidente da República ou de um terço dos Senadores, aprovada pela maioria absoluta de seus membros, estabelecerá as alíquotas aplicáveis às operações e prestações, interestaduais e de exportação;

V – é facultado ao Senado Federal:

a) estabelecer alíquotas mínimas nas operações internas, mediante resolução de iniciativa de um terço e aprovada pela maioria absoluta de seus membros;

b) fixar alíquotas máximas nas mesmas operações para resolver conflito específico que envolva interesse de Estados, mediante resolução de iniciativa da maioria absoluta e aprovada por dois terços de seus membros;

VI – salvo deliberação em contrário dos Estados e do Distrito Federal, nos termos do disposto no inciso XII, "g", as alíquotas internas, nas operações relativas à circulação de mercadorias e nas prestações de serviços, não poderão ser inferiores às previstas para as operações interestaduais;

VII – nas operações e prestações que destinem bens e serviços a consumidor final, contribuinte ou não do imposto, localizado em outro Estado, adotar-se-á a alíquota interestadual e caberá ao Estado de localização do destinatário o imposto correspondente à diferença entre a alíquota interna do Estado destinatário e a alíquota interestadual; (Redação dada pela Emenda Constitucional n° 87, de 2015)

a) (revogada); (Redação dada pela Emenda Constitucional n° 87, de 2015)

b) (revogada); (Redação dada pela Emenda Constitucional n° 87, de 2015)

VIII – a responsabilidade pelo recolhimento do imposto correspondente à diferença entre a alíquota interna e a interestadual de que trata o inciso VII será atribuída: (Redação dada pela Emenda Constitucional n° 87, de 2015)

a) ao destinatário, quando este for contribuinte do imposto; (Incluído pela Emenda Constitucional n° 87, de 2015)

b) ao remetente, quando o destinatário não for contribuinte do imposto; (Incluído pela Emenda Constitucional n° 87, de 2015)

IX – incidirá também:

a) sobre a entrada de bem ou mercadoria importados do exterior por pessoa física ou jurídica, ainda que não seja contribuinte habitual do imposto, qualquer que seja a sua finalidade, assim como sobre o serviço prestado no exterior, cabendo o imposto ao Estado onde estiver situado o domicílio ou o estabelecimento do destinatário da mercadoria, bem ou serviço; (Redação dada pela Emenda Constitucional n° 33, de 2001)

b) sobre o valor total da operação, quando mercadorias forem fornecidas com serviços não compreendidos na competência tributária dos Municípios;

X – não incidirá:

a) sobre operações que destinem mercadorias para o exterior, nem sobre serviços prestados a destinatários no exterior, assegurada a manutenção e o aproveitamento do montante do imposto cobrado nas operações e prestações anteriores; (Redação dada pela Emenda Constitucional n° 42, de 19.12.2003)

TRIBUTOS ESTADUAIS

b) sobre operações que destinem a outros Estados petróleo, inclusive lubrificantes, combustíveis líquidos e gasosos dele derivados, e energia elétrica;

c) sobre o ouro, nas hipóteses definidas no art. 153, § 5°;

d) nas prestações de serviço de comunicação nas modalidades de radiodifusão sonora e de sons e imagens de recepção livre e gratuita; (Incluído pela Emenda Constitucional n° 42, de 19.12.2003)

XI – não compreenderá, em sua base de cálculo, o montante do imposto sobre produtos industrializados, quando a operação, realizada entre contribuintes e relativa a produto destinado à industrialização ou à comercialização, configure fato gerador dos dois impostos;

XII – cabe à lei complementar:

a) definir seus contribuintes;

b) dispor sobre substituição tributária;

c) disciplinar o regime de compensação do imposto;

d) fixar, para efeito de sua cobrança e definição do estabelecimento responsável, o local das operações relativas à circulação de mercadorias e das prestações de serviços;

e) excluir da incidência do imposto, nas exportações para o exterior, serviços e outros produtos além dos mencionados no inciso X, "a"

f) prever casos de manutenção de crédito, relativamente à remessa para outro Estado e exportação para o exterior, de serviços e de mercadorias;

g) regular a forma como, mediante deliberação dos Estados e do Distrito Federal, isenções, incentivos e benefícios fiscais serão concedidos e revogados.

h) definir os combustíveis e lubrificantes sobre os quais o imposto incidirá uma única vez, qualquer que seja a sua finalidade, hipótese em que não se aplicará o disposto no inciso X, b; (Incluída pela Emenda Constitucional n° 33, de 2001) (Vide Emenda Constitucional n° 33, de 2001)

i) fixar a base de cálculo, de modo que o montante do imposto a integre, também na importação do exterior de bem, mercadoria ou serviço. (Incluída pela Emenda Constitucional n° 33, de 2001)

§ 3° *À exceção dos impostos de que tratam o inciso II do* **caput** *deste artigo e os arts. 153, I e II, e 156-A, nenhum outro imposto poderá incidir sobre operações relativas a energia elétrica e serviços de telecomunicações e, à exceção destes e do previsto no art. 153, VIII, nenhum outro imposto poderá incidir sobre operações relativas a derivados de petróleo, combustíveis e minerais do País. (Redação dada pela Emenda Constitucional n° 132, de 2023)*

§ 4° *Na hipótese do inciso XII, h, observar-se-á o seguinte: (Incluído pela Emenda Constitucional n° 33, de 2001) (Vide Emenda Constitucional n° 132, de 2023) Vigência*

I – nas operações com os lubrificantes e combustíveis derivados de petróleo, o imposto caberá ao Estado onde ocorrer o consumo; (Incluído pela Emenda Constitucional n° 33, de 2001)

II – nas operações interestaduais, entre contribuintes, com gás natural e seus derivados, e lubrificantes e combustíveis não incluídos no inciso I deste parágrafo, o imposto será repartido entre os Estados de origem e de destino, mantendo-se a mesma proporcionalidade que ocorre nas operações com as demais mercadorias; (Incluído pela Emenda Constitucional n° 33, de 2001)

III – nas operações interestaduais com gás natural e seus derivados, e lubrificantes e combustíveis não incluídos no inciso I deste parágrafo, destinadas a não contribuinte, o imposto caberá ao Estado de origem; (Incluído pela Emenda Constitucional n° 33, de 2001)

IV – as alíquotas do imposto serão definidas mediante deliberação dos Estados e Distrito Federal, nos termos do § 2°, *XII, g, observando-se o seguinte: (Incluído pela Emenda Constitucional n° 33, de 2001)*

TRIBUTOS ESTADUAIS

a) serão uniformes em todo o território nacional, podendo ser diferenciadas por produto; (Incluído pela Emenda Constitucional nº 33, de 2001)

b) poderão ser específicas, por unidade de medida adotada, ou ad valorem, incidindo sobre o valor da operação ou sobre o preço que o produto ou seu similar alcançaria em uma venda em condições de livre-concorrência; (Incluído pela Emenda Constitucional nº 33, de 2001)

c) poderão ser reduzidas e restabelecidas, não se lhes aplicando o disposto no art. 150, III, b. (Incluído pela Emenda Constitucional nº 33, de 2001)

§ 5º As regras necessárias à aplicação do disposto no § 4º, inclusive as relativas à apuração e à destinação do imposto, serão estabelecidas mediante deliberação dos Estados e do Distrito Federal, nos termos do § 2º, XII, g. (Incluído pela Emenda Constitucional nº 33, de 2001) (Vide Emenda Constitucional nº 132, de 2023) Vigência

§ 6º O imposto previsto no inciso III: (Incluído pela Emenda Constitucional nº 42, de 19.12.2003)

I – terá alíquotas mínimas fixadas pelo Senado Federal; (Incluído pela Emenda Constitucional nº 42, de 19.12.2003)

II – poderá ter alíquotas diferenciadas em função do tipo, do valor, da utilização e do impacto ambiental; (Redação dada pela Emenda Constitucional nº 132, de 2023)

III – incidirá sobre a propriedade de veículos automotores terrestres, aquáticos e aéreos, excetuados: (Incluído pela Emenda Constitucional nº 132, de 2023)

a) aeronaves agrícolas e de operador certificado para prestar serviços aéreos a terceiros; (Incluído pela Emenda Constitucional nº 132, de 2023)

b) embarcações de pessoa jurídica que detenha outorga para prestar serviços de transporte aquaviário ou de pessoa física ou jurídica que pratique pesca industrial, artesanal, científica ou de subsistência; (Incluído pela Emenda Constitucional nº 132, de 2023)

Manual de Direito Tributário e Financeiro Aplicado

c) plataformas suscetíveis de se locomoverem na água por meios próprios, inclusive aquelas cuja finalidade principal seja a exploração de atividades econômicas em águas territoriais e na zona econômica exclusiva e embarcações que tenham essa mesma finalidade principal; (Incluído pela Emenda constitucional n° 132, de 2023)

d) tratores e máquinas agrícolas. (Incluído pela Emenda Constitucional n° 132, de 2023)

Importante destacar que 25% do produto da arrecadação do imposto do Estado sobre operações relativas à circulação de mercadorias e sobre prestações de serviços de transporte interestadual e intermunicipal e de comunicação pertence ao Município de origem conforme o art. 158, inciso IV, da CF.

Fato relevante é a decisão do acordão do STF, em 29.09.2017, que publicou a ementa do RE n° 574.706/PR determinando a exclusão do ICMS da base de cálculo do PIS/COFINS, porém o STF ainda não modulou os efeitos da decisão.

15.3.1 ICMS – Substituição Tributária – ST

Ainda com relação ao ICMS não poderíamos deixar de enfatizar o modelo de substituição tributária, que foi criado com o objetivo de tornar mais eficiente e eficaz a arrecadação do ICMS, instituindo a figura do substituto tributário, que é o contribuinte (fabricante) obrigado a calcular, cobrar e recolher o imposto que será devido nas operações posteriores. É a denominada substituição tributária progressiva, conforme previsto no art. 150, § 7°, da CF, necessitando de lei estadual para ser instituída, assim como os arts. 121 e 122 do CTN, a LC n° 87/96, arts. 6° a 10, e Convênio ICMS 92/2015.

Devido à relevância do tema, a seguir destacamos os artigos da lei complementar:

Art. 6° Lei estadual poderá atribuir a contribuinte do imposto ou a depositário a qualquer título a responsabilidade pelo seu pagamento, hipótese em que assumirá a condição de substituto tributário. (Redação dada pela LCp 114, de 16.12.2002)

TRIBUTOS ESTADUAIS

§ 1° A responsabilidade poderá ser atribuída em relação ao imposto incidente sobre uma ou mais operações ou prestações, sejam antecedentes, concomitantes ou subseqüentes, inclusive ao valor decorrente da diferença entre alíquotas interna e interestadual nas operações e prestações que destinem bens e serviços a consumidor final localizado em outro Estado, que seja contribuinte do imposto.

§ 2° A atribuição de responsabilidade dar-se-á em relação a mercadorias, bens ou serviços previstos em lei de cada Estado. *(Redação dada pela LCp 114, de 16.12.2002)*

Art. 7° Para efeito de exigência do imposto por substituição tributária, inclui-se, também, como fato gerador do imposto, a entrada de mercadoria ou bem no estabelecimento do adquirente ou em outro por ele indicado.

Art. 8° A base de cálculo, para fins de substituição tributária, será:

I – em relação às operações ou prestações antecedentes ou concomitantes, o valor da operação ou prestação praticado pelo contribuinte substituído;

II – em relação às operações ou prestações subseqüentes, obtida pelo somatório das parcelas seguintes:

a) o valor da operação ou prestação própria realizada pelo substituto tributário ou pelo substituído intermediário;

b) o montante dos valores de seguro, de frete e de outros encargos cobrados ou transferíveis aos adquirentes ou tomadores de serviço;

c) a margem de valor agregado, inclusive lucro, relativa às operações ou prestações subseqüentes.

§ 1° Na hipótese de responsabilidade tributária em relação às operações ou prestações antecedentes, o imposto devido pelas referidas operações ou prestações será pago pelo responsável, quando:

I – da entrada ou recebimento da mercadoria, do bem ou do serviço; *(Redação dada pela LCp 114, de 16.12.2002)*

Manual de Direito Tributário e Financeiro Aplicado

II – da saída subseqüente por ele promovida, ainda que isenta ou não tributada;

III – ocorrer qualquer saída ou evento que impossibilite a ocorrência do fato determinante do pagamento do imposto.

§ 2º Tratando-se de mercadoria ou serviço cujo preço final a consumidor, único ou máximo, seja fixado por órgão público competente, a base de cálculo do imposto, para fins de substituição tributária, é o referido preço por ele estabelecido.

§ 3º Existindo preço final a consumidor sugerido pelo fabricante ou importador, poderá a lei estabelecer como base de cálculo este preço.

§ 4º A margem a que se refere a alínea c do inciso II do caput será estabelecida com base em preços usualmente praticados no mercado considerado, obtidos por levantamento, ainda que por amostragem ou através de informações e outros elementos fornecidos por entidades representativas dos respectivos setores, adotando-se a média ponderada dos preços coletados, devendo os critérios para sua fixação ser previstos em lei.

§ 5º O imposto a ser pago por substituição tributária, na hipótese do inciso II do caput, corresponderá à diferença entre o valor resultante da aplicação da alíquota prevista para as operações ou prestações internas do Estado de destino sobre a respectiva base de cálculo e o valor do imposto devido pela operação ou prestação própria do substituto.

§ 6º Em substituição ao disposto no inciso II do caput, a base de cálculo em relação às operações ou prestações subseqüentes poderá ser o preço a consumidor final usualmente praticado no mercado considerado, relativamente ao serviço, à mercadoria ou sua similar, em condições de livre concorrência, adotando-se para sua apuração as regras estabelecidas no § 4º deste artigo. (Redação dada pela LCp 114, de 16.12.2002)

Art. 9º A adoção do regime de substituição tributária em operações interestaduais dependerá de acordo específico celebrado pelos Estados interessados.

§ 1º A responsabilidade a que se refere o art. 6º poderá ser atribuída:

TRIBUTOS ESTADUAIS

I – ao contribuinte que realizar operação interestadual com petróleo, inclusive lubrificantes, combustíveis líquidos e gasosos dele derivados, em relação às operações subseqüentes;

II – às empresas geradoras ou distribuidoras de energia elétrica, nas operações internas e interestaduais, na condição de contribuinte ou de substituto tributário, pelo pagamento do imposto, desde a produção ou importação até a última operação, sendo seu cálculo efetuado sobre o preço praticado na operação final, assegurado seu recolhimento ao Estado onde deva ocorrer essa operação.

§ 2º Nas operações interestaduais com as mercadorias de que tratam os incisos I e II do parágrafo anterior, que tenham como destinatário consumidor final, o imposto incidente na operação será devido ao Estado onde estiver localizado o adquirente e será pago pelo remetente.

Art. 10. É assegurado ao contribuinte substituído o direito à restituição do valor do imposto pago por força da substituição tributária, correspondente ao fato gerador presumido que não se realizar.

§ 1º Formulado o pedido de restituição e não havendo deliberação no prazo de noventa dias, o contribuinte substituído poderá se creditar, em sua escrita fiscal, do valor objeto do pedido, devidamente atualizado segundo os mesmos critérios aplicáveis ao tributo.

§ 2º Na hipótese do parágrafo anterior, sobrevindo decisão contrária irrecorrível, o contribuinte substituído, no prazo de quinze dias da respectiva notificação, procederá ao estorno dos créditos lançados, também devidamente atualizados, com o pagamento dos acréscimos legais cabíveis.

A principal característica da substituição tributária é a retenção do imposto pelo fabricante no momento da venda para o atacadista, distribuidor ou comerciante.

No sistema normal de apuração (débito – crédito – RPA), a indústria emite a nota fiscal para o cliente destacando o valor do ICMS que compõe o valor total do produto e da nota fiscal. Na oca-

Manual de Direito Tributário e Financeiro Aplicado

são do recolhimento do tributo, a indústria se aproveita do sistema de não cumulatividade do ICMS, ou seja, ela aproveita o crédito do ICMS dos insumos que adquiriu para fabricar a mercadoria e deduz os respectivos do valor do ICMS a pagar das notas fiscais de venda.

No sistema de substituição tributária, existem o contribuinte substituto e o contribuinte substituído. Nesse caso, a indústria irá agregar na nota fiscal de venda o ICMS-ST (substituição tributária) que é o ICMS que seria pago no futuro pelo seu cliente. Portanto, na substituição tributária a indústria arca com o custo dos dois modelos de apuração e recolhimento do ICMS, ou seja, o RPA e o ST.

A substituição tributária não é aplicada nos seguintes casos: mercadoria destinada a posterior industrialização ou consumo próprio, mercadoria destinada a pessoa física, mercadoria destinada a posterior saída amparada por isenção ou não incidência (exemplo: exportação), transferência entre matriz e filiais atacadistas, mercadoria destinada a outro contribuinte que tiver a obrigação de reter a ST, mercadoria destinada a outro estado (salvo onde houver convênio/protocolo celebrado).

Esclarecemos ainda que o Estado determina duas formas de cálculo[76] da substituição tributária, a saber:

a) Pauta – o Estado elabora uma pesquisa regional e determina o preço médio do produto para o consumidor final. Este preço servirá de base de cálculo para o ICMS substituição tributária a ser agregado na nota fiscal de venda da indústria para o cliente revendedor do produto.

b) MVA – Margem de valor agregado – o Estado, por meio de pesquisas, determina em porcentagem a margem de lucro que o varejista aplica ao produto. Esta margem será aplicada pelo fabricante para cálculo do ICMS substituição tributária.

Após breve análise do ICMS, e levando em consideração a complexidade do tema, não podemos deixar de enfatizar que deve-

---

76 As formas de cálculo não são as mesmas entre os Estados da Federação, existindo diferentes formas de cálculos, principalmente em função da nomenclatura dos produtos.

TRIBUTOS ESTADUAIS

mos avaliar que cada Estado da Federação possui um regulamento específico para este tributo, como, também, **são distintas as hipóteses de substituição tributária por cada ente federativo**. Além do mais, vale a pena ressaltar que o fabricante obrigado ao recolhimento do ICMS-ST também continua sendo obrigado a recolher o ICMS pelo sistema de apuração – RPA.

A fim de facilitar a compreensão do complexo tema da substituição tributária, descrevemos a seguir um exemplo de cálculo, demonstrando um simples cálculo da emissão de uma nota fiscal com substituição tributária.

EXEMPLO: CÁLCULO DA SUBSTITUIÇÃO TRIBUTÁRIA SIMPLES

A Indústria Oenomaus Ltda. irá vender para a Comercial ABC o produto "Z" no valor de R$ 1.000,00, levando-se em conta que, para fins de apuração (RPA), a Oenomaus não possui créditos anteriores de ICMS e a alíquota do MVA é 40%. Portanto, o cálculo deve ser feito da seguinte forma:

ITEM	VALORES EM R$
VALOR DA VENDA (TRANSAÇÃO COMERCIAL)	1.000,00
BASE DE CÁLCULO DO ICMS – APURAÇÃO – RPA 18% 1.000,00/0,82 = 219,51	219,51
ICMS-ST – COM UMA MVA DE 40% – R$ 1.000,00 X 40%	400,00
CÁLCULO DA ST DEVIDA NA EMISSÃO DA NFE R$ 400,00 X 18%	72,00
VALOR TOTAL DA NFE A SER EMITIDA	1.072,00

Fonte: Elaborado pelo autor, 2025.

Levando-se em conta nesse exemplo que a indústria Oenomaus não possui créditos anteriores de ICMS pelo Regime de Apuração Periódica, deverá recolher a título de ICMS o valor de R$ 291,51 → (219,51 + 72,00).

15.3.2 ICMS – DIFAL – DIFERENÇA DE ALÍQUOTAS

Ainda no tocante ao ICMS, destacamos a **DIFAL** – diferença de alíquotas – que deverá ser recolhida pelo contribuinte nas operações interestaduais e tem como FG:

a) Na entrada, em estabelecimento de contribuinte sujeito ao RPA, de mercadoria oriunda de outro Estado da Federação destinada ao seu uso ou consumo ou integração ao ativo permanente.

b) Na utilização, por contribuinte sujeito ao RPA, de serviço cuja prestação se tenha iniciado em outro Estado e não esteja vinculada a operação ou prestação subsequente alcançada pela incidência do ICMS.

c) Na entrada em estabelecimento de contribuinte sujeito às normas do Simples Nacional, de mercadorias oriundas de outro Estado ou do Distrito Federal.

Nas hipóteses das letras "a" e "b" acima, a obrigação do contribuinte consistirá, afinal, em pagar o ICMS correspondente à diferença entre a alíquota interna e a interestadual, ou seja, o Diferencial de Alíquota – DIFAL. Para tanto, o contribuinte paulista deverá escriturar no livro Registro de Apuração do ICMS (LRAICMS), no período em que a mercadoria tiver entrado no estabelecimento, ou tiver sido tomado o serviço, o valor devido a título de DIFAL, na forma prescrita no art. 117 do RICMS/2000-SP.

Existem quatro modalidades de DIFAL: a) DIFAL Clássico, que é a operação entre contribuintes; b) DIFAL – Substituição Tributária, que tem por base convênios e protocolos entre os Estados; c) DIFAL – E C nº 87/15, relativo a operações com não contribuintes; d) DIFAL – Simples Nacional, LC nº 123/06, art. 13, § 1º.

Com a finalidade de facilitar o entendimento desse complexo tema, abaixo elaboramos um exemplo de cálculo com DIFAL clássico – operação entre contribuintes, lembrando que a sistemática de cálculo é diferente para cada modalidade:

Valor da base de cálculo =	R$ 10.000,00
Alíquota interestadual aplicada pelo remetente na emissão da NFE – 12%	

Alíquota Interna – 18%	
(18% x R$ 10.000,00) =	R$ 1.800,00
(12% x R$ 10.000,00) =	R$ 1.200,00
DIFAL =	R$ 600,00[77]

Fonte: Elaborado pelo autor, 2025.

É considerado para cálculo do imposto relativo o diferencial de alíquotas, cujo recolhimento deve observar a legislação da respectiva unidade de Federação de destino. O fundamento legal para cobrança do tributo é o art. 82, ADCT, e, no caso do Estado de São Paulo, a Lei n° 16.006/15, publicada no **DOE** de 25.11.2015.

A título de exemplo, abaixo destacamos a legislação do Estado de São Paulo:[78]

> *A Constituição Federal determina que os Estados devem instituir Fundos de Combate à Pobreza com base no artigo 82 do ADCT (Ato das Disposições Constitucionais Transitórias):*
>
> *Art. 82. Os Estados, o Distrito Federal e os Municípios devem instituir Fundos de Combate à Pobreza, com os recursos de que trata este artigo e outros que vierem a destinar, devendo os referidos Fundos ser geridos por entidades que contem com a participação da sociedade civil. (Incluído pela Emenda Constitucional n° 31, de 2000)*
>
> *§ 1° Para o financiamento dos Fundos Estaduais e Distrital, poderá ser criado adicional de até dois pontos percentuais na alíquota do Imposto sobre Circulação de Mercadorias e Serviços – ICMS, sobre os produtos e serviços supérfluos e nas condições definidas na lei complementar de que trata o art. 155, § 2°, XII, da Constituição, não se aplicando, sobre este percentual, o disposto no art. 158, IV, da Constituição. (Redação dada pela Emenda Constitucional n° 42, de 19.12.2003)*

---

77 Para facilitar o entendimento, realizamos o cálculo exemplificativo usando a sistemática "por fora".

78 Disponível em: http://www.fazenda.sp.gov.br/fecoep/. Acesso em: 29 jul. 2017.

Não podemos deixar de destacar o Fundo Estadual de Combate à Pobreza, que estabelece o adicional de até 2 pontos percentuais na alíquota do ICMS aplicável às operações e prestações, destinado ao financiamento dos Fundos Estaduais e Distrital de Combate à Pobreza.

No Estado de São Paulo, a Lei n° 16.006/2015 instituiu o FECOEP – Fundo Estadual de Combate e Erradicação da Pobreza, com o objetivo de viabilizar para a população do Estado o acesso a níveis dignos de subsistência. Como principal fonte de recursos, foi previsto um adicional de 2% na alíquota de ICMS das seguintes mercadorias:

> *Art. 2° Constituem receitas do FECOEP:*
>
> **I** – *a parcela do produto da arrecadação correspondente ao adicional de 2% (dois por cento) na alíquota do ICMS, ou do imposto que vier a substituí-lo, incidente sobre as seguintes mercadorias:*
>
> *a) bebidas alcoólicas classificadas na posição 22.03;*
>
> *b) fumo e seus sucedâneos manufaturados, classificados no capítulo 24;*
>
> **II** – *doações, auxílios, subvenções e legados, de qualquer natureza, de pessoas físicas ou jurídicas do País ou do exterior;*
>
> **III** – *receitas decorrentes da aplicação dos seus recursos;*
>
> **IV** – *outras receitas que venham a ser destinadas ao Fundo.*
>
> **§ 1°** *Os recursos do FECOEP não poderão ser utilizados em finalidade diversa da prevista nesta lei, nem serão objeto de remanejamento, transposição ou transferência.*
>
> **§ 2°** *É vedada a utilização dos recursos do FECOEP para remuneração de pessoal e encargos sociais.*

TRIBUTOS ESTADUAIS

15.3.3 CRÉDITO DE ICMS SOBRE ATIVO IMOBILIZADO (SÃO PAULO)

A legislação do ICMS permite somente aos contribuintes do tributo a utilização do ICMS pago referente às compras de ativo imobilizado, podendo referido crédito ser utilizado em 48 parcelas mensais e sucessivas a partir da data de aquisição do bem.

Vale destacar que sua utilização está condicionada às receitas tributadas pelo contribuinte, portanto, se a empresa vender mercadorias com saídas isentas, deverá utilizar o crédito somente do percentual das saídas tributadas com relação às vendas, exceção com referência às exportações que se equiparam às saídas tributadas.

A seguir demonstramos um exemplo de cálculo do ICMS com aproveitamento do crédito de imobilizado, onde utilizaremos uma alíquota exemplificativa de 20% com o cálculo por fora a fim de facilitar o entendimento:

a) A empresa Alfa, no mês de janeiro, efetua compra de mercadorias por R$ 200.000,00, ou seja, R$ 200.000,00 x 20% = R$ 40.000,00 → Crédito de ICMS

b) Em janeiro adquire um veículo para transporte de mercadorias no valor R$ 120.000,00, portanto:

R$ 120.000,00 x 20% Alíquota do ICMS = R$ 24.000,00 de Crédito total

R$ 24.000,00 / 48 meses = R$ 500,00 mês → limite mensal para aproveitamento do crédito

Em termos de lançamento contábil:

Débito – Ativo Imobilizado Veículos R$ 96.000,00

Débito – ICMS s/Imobilizado a recuperar R$ 24.000,00

Crédito – Banco XYZ R$ 120.000,00

Observação: o valor da base de cálculo da depreciação, considerando que não há valor residual, será de R$ 96.000,00, portanto, R$ 96.000,00 / 60 meses = R$ 1.600,00 de encargo mensal de depreciação.

c) Em janeiro efetua venda de mercadorias no valor de R$ 300.000,00, ou seja, R$ 300.000,00 x 20% = R$ 60.000,00→ Débito

Portanto, segue o demonstrativo de apuração mensal:

ITEM	HISTÓRICO JANEIRO/24	SAÍDAS DÉBITO	ENTRADAS CRÉDITO	SALDO
1	COMPRA DE MERCADORIAS		40.000,00	40.000,00 C
2	AQUISIÇÃO DE IMOBILIZADO – 1/48		500,00	40.500,00 C
3	VENDA DE MERCADORIAS	60.000,00		19.50000 D
4	SALDO DEVEDOR OU CREDOR	60.000,00	40.500,00	19.500,00 D

Fonte: Elaborado pelo autor, 2025.

15.3.4 EXCLUSÃO DO ICMS DA BASE DE CÁLCULO DO PIS/COFINS

O STF, em 15.03.2017 (RE nº 574.706/PR), decidiu que o ICMS destacado na nota fiscal deve ser excluído da base de cálculo do PIS/COFINS, ou seja, o ICMS não deve incluir valores que não representam a receita de vendas da empresa, portanto, os contribuintes que ingressaram com ações judiciais antes dessa data podem reaver valores indevidamente recolhidos. Portanto, os contribuintes devem analisar caso a caso a exclusão, bem como analisar a possibilidade jurídica de devolução dos valores pagos indevidamente.

O governo federal, com a Lei nº 14.592/23, regulamenta a respectiva exclusão.

15.4 IBS

A EC nº 132/23 introduziu em nosso sistema tributário o IBS/CBS que é um IVA Dual, pois a CBS tem bases idênticas ao IBS, os quais deverão gradualmente substituir o ICMS, o ISS e o IPI, tendo como fundamento os arts. 156-A e 195 da CF, destacando ainda a implantação da sistemática de competência compartilhada Estadual, Municipal e do Distrito Federal, além da criação do FNDR e o *Split Payment* (Divisão de Pagamento).

Haverá um longo período de transição iniciando-se em 2026 até 2033, sendo que nos anos **2024 e 2025 não haverá alteração na legislação atual**, começando a implantação em 2026 em caráter experimental com um IBS de 0,1% e uma CBS de 0,9%, conforme os arts. 125 e 126 do ADCT, os quais poderão ser compensados com os tributos federais devidos. Na prática, teremos dois sistemas paralelos a partir de 2026.

Para a efetiva implementação dos referidos tributos, foi editada a LC nº 214/25, e, **dentre as diversas regulamentações, destacamos a seguir as principais**:

- *Cash back*
- Criação do Comitê Gestor
- Desoneração de bens de capital
- Destino da operação – tributação
- Forma de cálculo
- IS
- Nanoempreendedor
- Tributos IBS e CBS
- Regime de compensação
- *Split Payment*

15.4.1 Principais características do IBS + CBS = IVA DUAL

A seguir, devido à extensão do tema, descrevemos de forma **concisa somente as principais características** do IVA Dual, ou seja, IBS, CBS, que são tributos paritários, cujas alíquotas serão fixadas por lei específica de cada unidade da Federação, e será a mesma para todas as operações com bens ou serviços:

I – Será não cumulativo de forma plena – arts. 47 a 56, compensando-se o imposto devido pelo contribuinte com o montante cobrado sobre todas as operações nas quais seja adquirente de bem material ou imaterial, inclusive direito, ou de serviço, **excetuadas** exclusivamente as consideradas de uso ou consumo pessoal (art. 57, LC nº 214/25), podendo, inclusive, depender a verificação do efetivo pagamento. Portanto, poderão ser estabelecidas hipóteses em que o aproveitamento do crédito na entrada ficará condicionado à verificação do efetivo recolhimento do sujeito passivo dos tributos paritários incidentes na operação. Para melhor esclarecimento, transcrevemos a seguir o art. 47 da LC nº 214/25:

> *Art. 47. O contribuinte sujeito ao regime regular poderá apropriar créditos do IBS e da CBS quando ocorrer a extinção por qualquer das modalidades previstas no art. 27 dos débitos relativos às operações em que seja adquirente, excetuadas exclusivamente aquelas consideradas de uso ou consumo pessoal, nos termos do art. 57 desta Lei Complementar, e as demais hipóteses previstas nesta Lei Complementar.*
>
> *§ 1º A apropriação dos créditos de que trata o caput deste artigo:*
>
> *I – será realizada de forma segregada para o IBS e para a CBS, vedadas, em qualquer hipótese, a compensação de créditos de IBS com valores devidos de CBS e a compensação de créditos de CBS com valores devidos de IBS; e*
>
> *II – está condicionada à comprovação da operação por meio de documento fiscal eletrônico idôneo.*
>
> *§ 2º Os valores dos créditos do IBS e da CBS apropriados corresponderão:*

TRIBUTOS ESTADUAIS

I – aos valores dos débitos, respectivamente, do IBS e da CBS que tenham sido destacados no documento fiscal de aquisição e extintos por qualquer das modalidades previstas no art. 27; ou

II – aos valores de crédito presumido, nas hipóteses previstas nesta Lei Complementar.

§ 3º O disposto neste artigo aplica-se, inclusive, nas aquisições de bem ou serviço fornecido por optante pelo Simples Nacional.

§ 4º Nas operações em que o contribuinte seja adquirente de combustíveis tributados no regime específico de que trata o Capítulo I do Título V deste Livro, fica dispensada a comprovação de extinção dos débitos do IBS e da CBS para apropriação dos créditos.

§ 5º Na hipótese de que trata o § 4º, os créditos serão equivalentes aos valores do IBS e da CBS registrados em documento fiscal eletrônico idôneo.

§ 6º O adquirente deverá estornar o crédito apropriado caso o bem adquirido venha a perecer, deteriorar-se ou ser objeto de roubo, furto ou extravio.

§ 7º No caso de roubo ou furto de bem do ativo imobilizado, o estorno de crédito de que trata o § 6º deste artigo será feito proporcionalmente ao prazo de vida útil e às taxas de depreciação definidos em regulamento.

§ 8º Na devolução e no cancelamento de operações por adquirente não contribuinte no regime regular, o fornecedor sujeito ao regime regular poderá apropriar créditos com base nos valores dos débitos incidentes na operação devolvida ou cancelada.

§ 9º Na hipótese de o pagamento do IBS e da CBS ser realizado por meio do Simples Nacional, quando não for exercida a opção pelo regime regular de que trata o § 3º do art. 41 desta Lei Complementar:

I – não será permitida a apropriação de créditos do IBS e da CBS pelo optante pelo Simples Nacional; e

II – será permitida ao contribuinte sujeito ao regime regular do IBS e da CBS a apropriação de créditos do IBS e da CBS correspondentes aos valores desses tributos pagos na aquisição de bens e de serviços de optante pelo Simples Nacional, em montante equivalente ao devido por meio desse regime.

§ 10 A realização de operações sujeitas a alíquota reduzida não acarretará o estorno, parcial ou integral, dos créditos apropriados pelo contribuinte em suas aquisições, salvo quando expressamente previsto nesta Lei Complementar.

§ 11 O contribuinte do IBS e da CBS no regime regular poderá creditar-se dos valores dos débitos extintos relativos a fornecimentos de bens e serviços não pagos por adquirente que tenha a falência decretada, nos termos da Lei n° 11.101, de 9 de fevereiro de 2005, desde que:

I – a aquisição do bem ou serviço não tenha permitido a apropriação de créditos pelo adquirente;

II – a operação tenha sido registrada na contabilidade do contribuinte desde o período de apuração em que ocorreu o fato gerador do IBS e da CBS; e

III – o pagamento dos credores do adquirente falido tenha sido encerrado de forma definitiva.

II – Alíquotas reduzidas em 100% ou reduzidas a zero – conforme os arts. 8°, 125, 126, 143, 144, 145, 146, 147, 148, 149, 156, 157, 286, 308, 420 da LC n° 214/25, Anexos I, IV (dependendo do NCM/SH), V (dependendo do NCM/SH), XII, XIII, XIV, XV – ficam reduzidas a zero, as alíquotas do IBS e da CBS incidentes sobre: cesta básica nacional de alimentos, dispositivos médicos, dispositivos de acessibilidade, medicamentos, produtos de cuidados básicos à saúde menstrual, produtos hortícolas, frutas e ovos, automóveis de passageiros adquiridos por pessoas com deficiência e transtorno do espectro autista (limite não superior a R$ 200.000,00) e por motoristas profissionais que destinam o automóvel à utilização na categoria de aluguel (táxi), serviços prestados por instituição científica tecnológica e de inovação sem fins lucrativos, atividades de reabilitação urbana de zonas históricas e de áreas críticas de recuperação e reconversão urbanística, isenção para entidades religiosas, incluindo suas organizações assistenciais e beneficentes, fornecimento do transporte público coletivo de passageiros rodoviário e metroviário de caráter urbano, semiurbano e metropolitano, Programa Universidade para Todos (PROUNI), porém somente a CBS.

III – Alíquotas reduzidas em 60% – estabelecidas nos arts. 128,129,130, 131, 132, 133, 135, 136, 137, 138, 139, 140, 141, 142, 158, anexos II, III, IV, V, VI, VII, VIII, IX, X, X, sobre: serviços de educação, bens e serviços destinados à segurança e à soberania nacional, segurança da informação e cibernética, serviços de saúde, medicamentos e composições para nutrição enteral ou parenteral, produtos de higiene pessoal, produtos agropecuários/extrativistas e pesqueiros *in natura*, insumos agropecuários, alimentos destinados ao consumo humano, produções nacionais e artísticas e audiovisual, comunicação institucional, atividades desportivas, bens e serviços relativos a segurança nacional, atividades de reabilitação urbana de zonas históricas e de áreas críticas de recuperação e reconversão urbanística.

IV – Alíquotas reduzidas em 30% – para profissionais liberais descritos no art. 127 da LC nº 214/25, desde que submetidos à fiscalização do conselho profissional, tais como: advogados, contadores, médicos, químicos.

V – Regimes tributários específicos do IBS e da CBS definidos pela LC nº 214/25. Nesse item, descrevemos unicamente os respectivos e suas principais características, fundamentação legal e base de cálculo:

1   Administração de consórcio – arts. 204 a 206

Base de Cálculo: **Art. 204**. Na administração de consórcio de que trata o inciso VII do *caput* do art. 182 desta LC, para fins de determinação da base de cálculo, as receitas dos serviços compreendem todas as tarifas, comissões e taxas, bem como os respectivos encargos, multas e juros, decorrentes de contrato de participação em grupo de consórcio, efetivamente pagas, pelo regime de caixa.

Manual de Direito Tributário e Financeiro Aplicado

A administradora do consórcio poderá deduzir da base de cálculo os valores referentes aos serviços de intermediação de que trata o inciso XV do *caput* do art. 182 desta LC.

2 Agências de turismo – arts. 288 a 291

Base de Cálculo: **Art. 288.** A intermediação de serviços turísticos realizada por agências de turismo:

I – a base de cálculo do IBS e da CBS é o valor da operação, deduzidos os valores repassados para os fornecedores intermediados pela agência com base no documento que subsidia a operação de agenciamento; e

II – a alíquota é a mesma aplicável aos serviços de hotelaria, parques de diversão e parques temáticos.

§ 1° O valor da operação de que trata o inciso I do *caput* deste artigo compreende o valor total cobrado do usuário do serviço da agência, nele incluídos todos os bens e serviços prestados e usufruídos com a intermediação da agência, somados a sua margem de agregação e outros acréscimos cobrados do usuário.

§ 2° Integram também a base de cálculo e sujeitam-se ao disposto neste artigo os demais valores, comissões e incentivos pagos por terceiros, em virtude da atuação da agência.

3 Arranjos de pagamento – arts. 214 a 219

Base de Cálculo: **Art. 214, § 3°** A base de cálculo do IBS e da CBS devidos pelos contribuintes sujeitos ao regime específico desta Seção corresponderá ao valor bruto da remuneração recebida diretamente do credenciado, acrescido das parcelas recebidas de outros participantes do arranjo de pagamento e diminuído das parcelas pagas a estes.

§ 4° Aplica-se o disposto no § 3° deste artigo para fins da determinação da base de cálculo dos participantes dos arranjos de que trata o *caput* do art. 216 desta Lei Complementar.

§ 5° Integram também a base de cálculo dos serviços de que trata o *caput* do art. 216 desta Lei Complementar os rendimentos auferidos em decorrência da aplicação de recursos disponíveis em contas de pagamento, conforme a regulamentação do Banco Central do Brasil e do Conselho Monetário Nacional, deduzidos os valores de rendimentos pagos em favor dos titulares dessas contas.

Comentário: Entendemos o arranjo de pagamento como a prestação de serviços de pagamento ao público que inclui bens, serviços, locação e venda, como, por exemplo: administradoras de cartão de crédito.

4 Arrendamento mercantil – arts. 201 a 203

Base de Cálculo: **Art. 201.** Para fins de determinação da base de cálculo, no arrendamento mercantil de que trata o inciso VI do *caput* do art. 182 desta Lei Complementar:

I – as receitas dos serviços ficarão sujeitas, na medida do recebimento, pelo regime de caixa:

a) em relação às parcelas das contraprestações do **arrendamento mercantil operacional**, pelas seguintes alíquotas:

1. no caso de bem imóvel, pela alíquota aplicável à locação, no respectivo regime específico; e

2. no caso dos demais bens, pela alíquota aplicável à locação do bem;

b) em relação à alienação de bem objeto de arrendamento mercantil operacional, pelas seguintes alíquotas:

1. no caso de bem imóvel, pela alíquota aplicável à venda, no respectivo regime específico; e

2. no caso dos demais bens, pela alíquota aplicável à venda do bem;

c) em relação às parcelas das contraprestações do arrendamento mercantil financeiro, pela alíquota prevista no art. 189[79] desta Lei Complementar;

---

79   A alíquota será fixada nos termos do art. 233 da LC n° 214/25.

Manual de Direito Tributário e Financeiro Aplicado

d) em relação ao valor residual do bem arrendado, o valor residual garantido, ainda que parcelado, pactuado no contrato de arrendamento mercantil financeiro, pago por ocasião do efetivo exercício da opção de compra, pelas seguintes alíquotas:

1. no caso de bem imóvel, pela alíquota aplicável à venda, no respectivo regime específico; e

2. no caso dos demais bens, pela alíquota prevista nas normas gerais de incidência de que trata o Título I deste Livro aplicável à venda do bem;

II – a dedução será permitida, na proporção da participação das receitas obtidas em operações que não gerem créditos de IBS e de CBS para o arrendatário em relação ao total das receitas com as operações de arrendamento mercantil:

a) das despesas financeiras com a captação de recursos utilizados nas operações de arrendamento mercantil;

b) das despesas de arrendamento mercantil;

c) das provisões para créditos de liquidação duvidosa relativas às operações de arrendamento mercantil, observado o disposto no inciso V do *caput* do art. 192 desta Lei Complementar.

Parágrafo único. Para fins da incidência do IBS e da CBS no arrendamento mercantil financeiro:

I – as contraprestações tributadas nos termos da alínea "c" do inciso I do *caput* deste artigo deverão ser mensuradas considerando os efeitos dos ajustes a valor presente do fluxo de pagamento do contrato de arrendamento mercantil, pela taxa equivalente aos encargos financeiros, devidamente evidenciados em contas contábeis;

II – a parcela tributada nos termos da alínea "d" do inciso I do *caput* corresponderá, no mínimo, ao custo de aquisição do bem ou serviço arrendado, independentemente do montante previsto no contrato, aplicando-se a mesma regra se o bem for vendido a terceiro;

III – a soma das parcelas tributadas nos termos das alíneas "c" e "d" do inciso I do *caput* deste artigo deverá corresponder ao valor

TRIBUTOS ESTADUAIS

total recebido pela arrendadora pelo arrendamento mercantil financeiro e venda do bem, durante todo o prazo da operação.

Art. 202. Caso a pessoa jurídica apure receitas com serviços financeiros de que tratam os incisos I a VI do *caput* do art. 182 desta Lei Complementar, as despesas financeiras de captação serão deduzidas da base de cálculo na proporção das receitas de cada natureza.

Comentário: Com a finalidade de facilitar o entendimento do tema, no arrendamento (*leasing*) mercantil **operacional** não há transferência substancial de todos os riscos e benefícios inerentes a propriedade do ativo, e no arrendamento **financeiro** ocorre a transferência de todos os riscos da propriedade do ativo para o arrendatário, portanto, no arrendamento **financeiro** às parcelas da contraprestação ficam sujeitas às alíquotas do regime financeiro específico.

Comentário: Distinção tributária entre o *leasing* operacional e financeiro

5 Atividades de entidades administradoras de mercado – arts. 220 a 222

Base de Cálculo: **Art. 220.** As atividades das entidades administradoras de mercados organizados, infraestruturas de mercado e depositárias centrais de que trata o inciso X do *caput* do art. 182 ficam sujeitas à incidência do IBS e da CBS sobre o valor da operação de fornecimento de serviços, pelas alíquotas previstas no art. 189 desta LC.

Comentário: Podemos citar como exemplo de uma entidade administradora de mercado, uma empresa de pesquisa de opinião, estatística de mercado etc.

6 Bares e restaurantes – arts. 273 a 276

Base de Cálculo: **Art. 273.** As operações de fornecimento de alimentação por bares e restaurantes, inclusive lanchonetes, ficam sujeitas a regime específico de incidência do IBS e da CBS, de acordo com o disposto nesta Seção.

Manual de Direito Tributário e Financeiro Aplicado

§ 1° O regime específico de que trata esta Seção aplica-se também ao fornecimento de bebidas não alcoólicas preparadas no estabelecimento.

§ 2° Não está sujeito ao regime específico de que trata esta Seção o fornecimento de:

I – alimentação para pessoa jurídica, sob contrato, classificada nas posições 1.0301.31.00, 1.0301.32.00 e 1.0301.39.00 da NBS ou por empresa classificada na posição 5620-1/01 da Classificação Nacional de Atividades Econômicas (CNAE);

II – produtos alimentícios e bebidas não alcoólicas adquiridos de terceiros, não submetidos a preparo no estabelecimento; e

III – bebidas alcoólicas, ainda que preparadas no estabelecimento.

Art. 274. A base de cálculo do IBS e da CBS é o valor da operação de fornecimento de alimentação e das bebidas de que trata o § 1° do art. 273 desta Lei Complementar.

Parágrafo único. Ficam **excluídos da base de cálculo**:

I – a gorjeta incidente no fornecimento de alimentação, desde que:

a) seja repassada integralmente ao empregado, sem prejuízo dos valores da gorjeta que forem retidos pelo empregador em virtude de determinação legal; e

b) seu valor não exceda a 15% (quinze por cento) do valor total do fornecimento de alimento e bebidas;

II – os valores não repassados aos bares e restaurantes pelo serviço de entrega e intermediação de pedidos de alimentação e bebidas por plataforma digital.

Art. 275. As alíquotas do IBS e da CBS relativas às operações de que trata este Capítulo ficam reduzidas em 40% (quarenta por cento).

Art. 276. Fica vedada a apropriação de créditos do IBS e da CBS pelos adquirentes de alimentação e bebidas fornecidas pelos bares e restaurantes, inclusive lanchonetes.

7 Bens Imóveis – alienação, cessão, intermediação e locação – artigos 251 a 270

Neste item, atenção especial deve ser dedicada, pois o art. 251 definiu quem são os contribuintes, principalmente a pessoa física, que agora pode ser contribuinte do IBS, CBS, assim como a base de cálculo art. 255 e o fator do redutor de ajuste dos arts. 257, 258, 259 para reduzir a base de cálculo da alienação.

Compreendemos o redutor de ajuste como o valor do imóvel na aquisição, que é deduzido da base de cálculo do IBS, da CBS na alienação, arrendamento ou locação de imóvel. No entanto, a lei determina critérios diferentes ao longo dos anos, conforme previsto na lei complementar.

Para tanto, e devido a complexidade, destacamos os principais artigos:

Art. 251. As operações com bens imóveis realizadas por contribuintes que apurarem o IBS e a CBS no regime regular ficam sujeitas ao regime específico previsto neste Capítulo.

§ 1° **As pessoas físicas** que realizarem operações com bens imóveis serão consideradas contribuintes do regime regular do IBS e da CBS e sujeitas ao regime de que trata este Capítulo, **nos casos de**:

I – locação, cessão onerosa e arrendamento de bem imóvel, desde que, no ano-calendário anterior:

a) a receita total com essas operações exceda R$ 240.000 (duzentos e quarenta mil reais); e

b) tenham por objeto mais de 3 (três) bens imóveis distintos;

II – alienação ou cessão de direitos de bem imóvel, desde que tenham por objeto mais de 3 (três) imóveis distintos no ano-calendário anterior;

III – alienação ou cessão de direitos, no ano-calendário anterior, de mais de 1 (um) bem imóvel construído pelo próprio alienante nos 5 (cinco) anos anteriores à data da alienação.

§ 2° Também será considerada contribuinte do regime regular do IBS e da CBS no próprio ano calendário, a pessoa física de que trata o *caput* do § 1° deste artigo, em relação às seguintes operações:

I – a alienação ou cessão de direitos de imóveis que exceda os limites previsto nos incisos II e III do § 1° deste artigo; e

II – a locação, cessão onerosa ou arrendamento de bem imóvel em valor que exceda em 20% (vinte por cento) o limite previsto na alínea "a" do inciso I do § 1° deste artigo.

§ 3° Para fins do disposto no inciso II do § 1° deste artigo os imóveis relativos às operações devem estar no patrimônio do contribuinte há menos de 5 (cinco) anos contados da data de sua aquisição.

§ 4° No caso de bem imóvel recebido por meação, doação ou herança, o prazo de que trata o § 3° deste artigo será contado desde a aquisição pelo cônjuge meeiro, *de cujus* ou pelo doador.

§ 5° O valor previsto na alínea "a" do inciso I do § 1° será atualizado mensalmente a partir da data de publicação desta Lei Complementar pelo IPCA ou por outro índice que vier a substituí-lo.

§ 6° O regulamento definirá o que são bens imóveis distintos, para fins no disposto nos incisos I e II do § 1° do *caput*.

§ 7° Aplica-se, no que couber, as disposições do Título I deste Livro quanto às demais regras não previstas neste Capítulo.

Base de Cálculo: **Art. 255. A base de cálculo do IBS e da CBS é o valor**:

I – da operação de alienação do bem imóvel;

II – da locação, cessão onerosa ou arrendamento do bem imóvel;

III – da cessão ou do ato oneroso translativo ou constitutivo de direitos reais sobre bens imóveis;

IV – da operação de administração ou intermediação;

V – da operação nos serviços de construção civil.

§ 1° O valor da operação de que trata o *caput* deste artigo inclui:

TRIBUTOS ESTADUAIS

I – o valor dos juros e das variações monetárias, em função da taxa de câmbio ou de índice ou coeficiente aplicáveis por disposição legal ou contratual;

II – a atualização monetária, nas vendas contratadas com cláusula de atualização monetária do saldo credor do preço, que venham a integrar os valores efetivamente recebidos pela alienação de bem imóvel;

III – os valores a que se referem os incisos I a III e VI do § 1° do art. 12 desta Lei Complementar.

§ 2° Não serão computados no valor da locação, cessão onerosa ou arrendamento de bem imóvel:

I – o valor dos tributos e dos emolumentos incidentes sobre o bem imóvel; e

II – as despesas de condomínio.

§ 3° Nos serviços de intermediação de bem imóvel, caso o ato ou negócio relativo a bem imóvel se conclua com a intermediação de mais de um corretor, pessoa física ou jurídica, será considerada como base de cálculo para incidência do IBS e da CBS a parte da remuneração ajustada com cada corretor pela intermediação, excluídos:

I – os valores pagos diretamente pelos contratantes da intermediação; e

II – os repassados entre os corretores de imóveis.

§ 4° Na hipótese de que trata o § 3° deste artigo, cada corretor é responsável pelo IBS e pela CBS incidente sobre a respectiva parte da remuneração.

§ 5° No caso de prestação de serviço de construção civil a não contribuinte do regime regular do IBS e da CBS em que haja fornecimento de materiais de construção, o prestador do serviço só poderá apropriar o crédito de IBS e CBS relativo à aquisição dos materiais de construção até o valor do débito relativo à prestação do serviço de construção civil.

Manual de Direito Tributário e Financeiro Aplicado

§ 6° O disposto no § 5° deste artigo não se aplica na prestação de serviço de construção civil para a administração pública direta, autarquias e fundações públicas.

Art. 259. Na alienação de bem imóvel residencial novo ou de lote residencial realizada por contribuinte sujeito ao regime regular do IBS e da CBS, poderá ser deduzido da base de cálculo do IBS e da CBS **redutor social** no valor de R$ 100.000,00 (cem mil reais) por bem imóvel residencial novo e de R$ 30.000,00 (trinta mil reais) por lote residencial, até o limite do valor da base de cálculo, após a dedução do redutor de ajuste.

§ 1° Considera-se:

I – bem imóvel residencial a unidade construída em zona urbana ou rural para fins residenciais, segundo as normas disciplinadoras das edificações da localidade em que se situe e seja ocupada por pessoa como local de residência;

II – lote residencial a unidade imobiliária resultante de parcelamento do solo urbano nos termos da Lei n° 6.766, de 19 de dezembro de 1979, ou objeto de condomínio de lotes, nos termos do art. 1.358-A da Lei n° 10.406, de 10 de janeiro de 2002 (CC); e

III – bem imóvel novo aquele que não tenha sido ocupado ou utilizado, nos termos do regulamento.

§ 2° Para cada bem imóvel, o redutor social de que trata este artigo poderá ser utilizado uma única vez.

§ 3° O valor do redutor social previsto no *caput* deste artigo será atualizado mensalmente a partir da publicação desta Lei Complementar pelo IPCA ou por outro índice que vier a substituí-lo.

§ 4° Quando a atividade de loteamento for realizada por meio de contrato de parceria, o redutor social será aplicado proporcionalmente à operação de cada parceiro, tomando-se por base os percentuais definidos no contrato de parceria.

Art. 260. Na operação de **locação**, cessão onerosa ou arrendamento de bem imóvel para uso residencial realizada por contribuinte sujeito ao regime regular do IBS e da CBS, poderá ser deduzido da base de cálculo do IBS e da CBS **redutor social no**

valor de R$ 600,00 (seiscentos reais) por bem imóvel, até o limite do valor da base de cálculo.

Parágrafo único. O valor do redutor social previsto no *caput* deste artigo será atualizado mensalmente a partir da data de publicação desta Lei Complementar pelo IPCA ou por outro índice que vier a substituí-lo.

Art. 261. As alíquotas do IBS e da CBS relativas às operações de que trata este Capítulo ficam reduzidas em 50% (cinquenta por cento).

Parágrafo único. As alíquotas do IBS e da CBS relativas às operações de locação, cessão onerosa e arrendamento de bens imóveis ficam reduzidas em 70% (setenta por cento).

Comentário: E devido à complexidade do tema, uma atenção especial deveremos ter relativo ao período de transição a partir de janeiro 2029 constante nos artigos 485 a 490 da referida lei.

Destacamos que a administração pública poderá adotar o valor de referência dos imóveis conforme o art. 256 desta LC, e para tanto deverá utilizar os dados do Sinter – Sistema Nacional de Gestão Territorial e do CIB – Cadastro Imobiliário Brasileiro, o qual é atualizado anualmente.

8   Combustíveis e lubrificantes (monofásico) – arts. 172 a 180

De acordo com o art. 172, o IBS e a CBS incidirão somente uma única vez (monofásico) sobre as operações descritas no referido artigo, e sua Base de Cálculo será fixada em 2027; o art. 173 e serão uniformes em todo o território nacional e serão ajustadas anualmente (174) com os contribuintes definidos no **art. 176.** A base de cálculo do IBS e da CBS será a quantidade de combustível objeto da operação.

§ 1° A quantidade de combustível será aferida de acordo com a unidade de medida própria de cada combustível.

§ 2° O valor do IBS e da CBS, nos termos deste Capítulo, corresponderá à multiplicação da base de cálculo pela alíquota específica aplicável a cada combustível.

Art. 174. As alíquotas do IBS e da CBS para os combustíveis de que trata o art. 172 desta Lei Complementar serão:

I – uniformes em todo o território nacional, específicas por unidade de medida e diferenciadas por produto;

II – reajustadas no ano anterior ao de sua vigência, observada, para a sua majoração, a anterioridade nonagesimal prevista na alínea "c" do inciso III do caput do art. 150 da Constituição Federal;

III – divulgadas:

a) quanto ao IBS, pelo Comitê Gestor do IBS;

b) quanto à CBS, pelo chefe do Poder Executivo da União.

§ 1° As alíquotas da CBS em 2027 serão fixadas de forma a não exceder a carga tributária incidente sobre os combustíveis dos tributos federais extintos ou reduzidos pela Emenda Constitucional n° 132, de 20 de dezembro de 2023, calculada nos termos do § 2° deste artigo.

§ 2° Na apuração da carga tributária de que trata o § 1° deste artigo deverá ser considerada:

I – a carga tributária direta das contribuições previstas na alínea "b" do inciso I e no inciso IV do *caput* do art. 195 da Constituição Federal e da Contribuição para o PIS/Pasep de que trata o art. 239 da Constituição Federal incidentes na produção, importação e comercialização dos combustíveis, calculada da seguinte forma:

a) a carga tributária por unidade de medida das contribuições de que trata este inciso será apurada para cada um dos meses de julho de 2025 a junho de 2026;

b) os valores apurados na forma da alínea "a" deste inciso serão reajustados a preços de julho de 2026, com base na variação do IPCA, somados e divididos por 12 (doze);

c) o valor apurado nos termos da alínea "b" deste inciso será atualizado a preços de 2027 por meio do acréscimo de percentual equivalente à meta para a inflação relativa a 2027, fixada pelo Conselho Monetário Nacional, vigente em julho de 2026; e

II – a carga tributária indireta decorrente das contribuições referidas no inciso I deste parágrafo, do imposto de que trata o inciso IV do *caput* do art. 153 da Constituição Federal e do imposto de que trata o inciso V do *caput* do mesmo artigo sobre operações de seguro, incidentes sobre os insumos, serviços e bens de capital utilizados na produção, importação e comercialização dos combustíveis e não recuperados como crédito, calculada da seguinte forma:

a) os valores serão apurados a preços de 2025 e divididos pelo volume consumido no país do respectivo combustível em 2025, de modo a resultar na carga tributária por unidade de medida;

b) os valores apurados na forma da alínea "a" deste inciso serão reajustados a preços de julho de 2026, com base na variação do IPCA;

c) o valor apurado nos termos da alínea "b" deste inciso será atualizado a preços de 2027 por meio do acréscimo de percentual equivalente à meta para a inflação relativa a 2027, fixada pelo Conselho Monetário Nacional, vigente em julho de 2026.

§ 3° Para os anos subsequentes a 2027, as alíquotas da CBS serão fixadas de modo a não exceder a carga tributária calculada nos termos do § 2° deste artigo reajustada por percentual equivalente à variação do preço médio ponderado de venda a consumidor final, obtido por meio de pesquisa realizada por órgão competente ou com base nos dados dos documentos fiscais eletrônicos de venda ao consumidor, entre:

I – os 12 (doze) meses anteriores a julho do ano anterior àquele para o qual será fixada a alíquota; e

II – o período de julho de 2025 a junho de 2026.

9 Concursos de prognósticos – arts. 244 a 250

Base de Cálculo: **Art. 244.** Os concursos de prognósticos, em meio físico ou virtual, compreendidas todas as modalidades lotéricas, incluídos as apostas de quota fixa e os *sweepstakes*, as apostas de turfe e as demais apostas, ficam sujeitos a regime específico de incidência do IBS e da CBS, de acordo com o disposto neste Capítulo.

Parágrafo único. Aplica-se o disposto neste Capítulo ao *fantasy sport*.

Art. 245. A base de cálculo do IBS e da CBS sobre concursos de prognósticos é a receita própria da entidade decorrente dessa atividade, correspondente ao produto da arrecadação, com a dedução de:

I – premiações pagas; e

II – destinações obrigatórias por lei a órgão ou fundo público e aos demais beneficiários.

Parágrafo único. **As premiações pagas não ficam sujeitas à incidência do IBS e da CBS.**

Art. 246. As alíquotas do IBS e da CBS sobre concursos de prognósticos são nacionalmente uniformes e correspondem à soma das alíquotas de referência das esferas federativas.

Art. 247. Fica vedado o crédito de IBS e de CBS aos apostadores dos concursos de prognósticos.

Art. 248. A empresa que opera concursos de prognósticos deverá apresentar obrigação acessória, na forma do regulamento, contendo, no mínimo, informações sobre o local onde a aposta é efetuada e os valores das apostas e das premiações pagas.

Parágrafo único. Caso as apostas sejam efetuadas de forma virtual, na obrigação acessória de que trata o *caput* deste artigo, deverá ser identificado o apostado.

Comentário: A legislação também prevê a importação e exportação de concursos de prognósticos, ficando sujeita a incidência do IBS, CBS, exceção na exportação.

10 Disposições comuns aos regimes específicos – arts. 300 a 307

Art. 300. O período de apuração do IBS e da CBS nos regimes específicos de serviços financeiros, planos de assistência à saúde e concursos de prognósticos a que se referem os Capítulos II, III e IV deste Título será mensal.

TRIBUTOS ESTADUAIS

Art. 301. Caso a base de cálculo do IBS e da CBS nos regimes específicos de serviços financeiros, planos de assistência à saúde e concursos de prognósticos de que tratam os Capítulos II, III e IV deste Título no período de apuração seja negativa, o contribuinte poderá deduzir o valor negativo da base de cálculo, sem qualquer atualização, das bases de cálculo positivas dos períodos de apuração posteriores.

Parágrafo único. A dedução de que trata o *caput* poderá ser feita no prazo de até 5 (cinco) anos contados do último dia útil do período de apuração.

Art. 302. Os contribuintes sujeitos aos regimes específicos de serviços financeiros, planos de assistência à saúde, concursos de prognósticos e bens imóveis a que se referem os Capítulos II, III, IV e V deste Título poderão apropriar e utilizar o crédito de IBS e de CBS sobre as suas aquisições de bens e serviços, obedecido o disposto nos arts. 47 a 56, salvo quando houver regra própria em regime específico aplicável ao bem e serviço adquirido.

Parágrafo único. A apuração do IBS e CBS nos regimes específicos de que trata o *caput* não implica estorno, parcial ou integral, dos créditos relativos às aquisições de bens e serviços.

Art. 303. Fica vedada a apropriação de crédito de IBS e CBS sobre os valores que forem deduzidos da base de cálculo do IBS e da CBS nos regimes específicos, assim como a dedução em duplicidade de qualquer valor.

Art. 304. Aplicam-se as normas gerais de incidência do IBS e da CBS de que trata o Título I deste Livro para as operações, importações e exportações com bens e serviços realizadas pelos fornecedores sujeitos a regimes específicos e que não forem objeto de um desses regimes específicos.

Art. 305. As **obrigações acessórias** a serem cumpridas pelas pessoas jurídicas sujeitas a regimes específicos serão **uniformes em todo o território nacional** e poderão ser distintas daquelas aplicáveis à operacionalização do IBS e da CBS sobre operações, previstas nas normas gerais de incidência de que trata o Capítulo III do Título I deste Livro, inclusive em relação à sua periodicidade, e serão fixadas pelo regulamento.

§ 1° As obrigações acessórias de que trata o *caput* deverão conter as informações necessárias para apuração da base de cálculo, creditamento e distribuição do produto da arrecadação do IBS, além das demais informações exigidas em cada regime específico.

§ 2° Os dados a serem informados nas obrigações acessórias de que trata o *caput* poderão ser agregados por município, nos termos do regulamento.

§ 3° As informações prestadas pelo sujeito passivo nos termos deste artigo possuem **caráter declaratório, constituindo confissão do valor devido** de IBS e de CBS consignados na obrigação acessória.

§ 4° O regulamento preverá hipóteses em que o cumprimento da obrigação acessória de que trata este artigo dispensará a emissão do documento fiscal eletrônico de que trata o art. 60 desta Lei Complementar.

Art. 306. No caso de serviços financeiros e de planos de assistência à saúde adquiridos pela União, Estados, Distrito Federal e Municípios, serão aplicadas as mesmas regras previstas no art. 473[80] desta Lei Complementar para as demais aquisições de bens e serviços pela administração pública direta, por autarquias e por fundações públicas.

Art. 307. Aplicam-se as normas gerais de incidência do IBS e da CBS, de acordo com o disposto no Título I deste Livro, quanto às regras não previstas expressamente para os regimes específicos neste Título.

---

80   Redução de alíquotas.

TRIBUTOS ESTADUAIS

11 Do transporte coletivo de passageiros, rodoviário intermunicipal e interestadual, ferroviário, hidroviário e aéreo regional e do transporte de cargas – arts. 284 a 287

Base de Cálculo: **Art. 284.** Ficam sujeitos a regime específico de incidência do IBS e da CBS, de acordo com o disposto nesta Seção, os seguintes serviços de transporte coletivo de passageiros:

I – rodoviário intermunicipal e interestadual;

II – ferroviário e hidroviário intermunicipal e interestadual;

III – ferroviário e hidroviário de caráter urbano, semiurbano e metropolitano; e

IV – aéreo regional.

§ 1° Para fins desta Lei Complementar, consideram-se:

I – transporte coletivo de passageiros o serviço de deslocamento de pessoas acessível a toda a população mediante cobrança individualizada;

II – transporte intermunicipal de passageiros o serviço de deslocamento de pessoas entre Municípios circunscritos a um mesmo Estado ou ao Distrito Federal;

III – transporte interestadual de passageiros o serviço de deslocamento de pessoas entre Municípios de Estados distintos ou de Estado e do Distrito Federal;

IV – transporte rodoviário de passageiros aquele definido conforme o disposto no inciso II do parágrafo único do art. 157 desta Lei Complementar;

V – transporte ferroviário de passageiros o serviço de deslocamento de pessoas executado por meio de locomoção de trens ou comboios sobre trilhos;

VI – transporte hidroviário de passageiros o serviço de deslocamento de pessoas executado por meio de rotas para o tráfego aquático;

357

VII – transporte de caráter urbano, semiurbano e metropolitano o definido conforme o disposto nos incisos IV a VI do parágrafo único do art. 157 desta Lei Complementar, com itinerários e preços fixados pelo poder público; e

VIII – transporte aéreo regional a aviação doméstica com voos com origem ou destino na Amazônia Legal ou em capitais regionais, centros sub-regionais, centros de zona ou centros locais, assim definidos pelo IBGE, e na forma regulamentada pelo Ministério de Portos e Aeroportos.

§ 2° Ficam permitidas a apropriação e a utilização de créditos de IBS e de CBS para os adquirentes dos serviços de transporte, obedecido o disposto nos arts. 47 a 56 desta Lei Complementar.

§ 3° As rotas previstas no inciso VIII do § 1° serão definidas por ato conjunto do Comitê Geral do IBS e do Ministro de Estado da Fazenda, com base em classificação da Agência Nacional de Aviação Civil (ANAC), vedada a exclusão de rotas em prazo inferior a 2 (dois) anos de sua inclusão.

§ 4° O regime específico de que tratam os incisos I a III do *caput* aplica-se apenas ao transporte público coletivo de passageiros, assim entendido como aquele sob regime de autorização, permissão ou concessão pública.

Art. 285. Em relação aos serviços de transporte público coletivo de passageiros ferroviário e hidroviário de caráter urbano, semiurbano e metropolitano:

I – ficam reduzidas em 100% (cem por cento) as alíquotas do IBS e da CBS incidentes sobre o fornecimento desses serviços;

II – fica vedada a apropriação de créditos de IBS e de CBS nas aquisições pelo fornecedor do serviço de transporte; e

III – fica vedada a apropriação de créditos de IBS e de CBS pelo adquirente dos serviços de transporte.

Art. 286. Em relação aos serviços de transporte coletivo de passageiros rodoviário, ferroviário e hidroviário intermunicipais e interestaduais, as alíquotas do IBS e da CBS do regi-

me específico de que trata essa Seção ficam reduzidas em 40% (quarenta por cento).

Parágrafo único. Ficam permitidas a apropriação e a utilização de créditos de IBS e de CBS nas aquisições de bens e serviços pelos fornecedores dos serviços de transporte de que trata este artigo sujeitos ao regime regular do IBS e da CBS, observado o disposto nos arts. 47 a 56 desta Lei Complementar.

Art. 287. Ficam reduzidas em 40% (quarenta por cento) as alíquotas do IBS e da CBS incidentes sobre o fornecimento do serviço de transporte aéreo regional coletivo de passageiros ou de carga.

12 FGTS – arts. 212 a 213

Base de Cálculo: **Art. 212.** As operações relacionadas ao Fundo de Garantia do Tempo de Serviço (FGTS) ficam sujeitas à incidência do IBS e da CBS, por alíquota nacionalmente uniforme, a ser fixada de modo a manter a carga tributária incidente sobre essas operações.

§ 1° O FGTS não é contribuinte do IBS e da CBS.

§ 2° As operações relacionadas ao FGTS são aquelas necessárias à aplicação da Lei n° 8.036, de 11 de maio de 1990, realizadas:

I – pelo agente operador do FGTS;

II – pelos agentes financeiros do FGTS; e

III – pelos demais estabelecimentos bancários.

§ 3° Ficam sujeitas:

I – à alíquota zero do IBS e da CBS, as operações previstas no inciso I do § 2° deste artigo;

II – às alíquotas necessárias para manter a carga tributária, as operações previstas nos incisos II e III do § 2° deste artigo.

Art. 213. Não ficam sujeitas à incidência do IBS e da CBS as operações relacionadas aos demais fundos garantidores e executores de políticas públicas, inclusive de habitação e de desenvolvimento regional, previstos em lei.

Manual de Direito Tributário e Financeiro Aplicado

§ 1° As operações relacionadas aos fundos garantidores e executores de que trata o *caput* deste artigo incluem os serviços de administração e operacionalização prestados ao fundo.

§ 2° Os fundos de que trata o *caput* deste artigo não são contribuintes do IBS e da CBS.

§ 3° Aplica-se também o disposto neste artigo aos fundos de que trata o *caput* que vierem a ser constituídos após a data de publicação desta Lei Complementar.

§ 4° Caberá a ato conjunto do Comitê Gestor do IBS e da RFB listar os fundos garantidores e executores de políticas públicas previstos em lei na data da publicação desta Lei Complementar e atualizar a lista com os fundos da mesma natureza que vierem a ser constituídos posteriormente.

13 Gestão e administração de recursos, inclusive fundos de investimentos – arts. 207 a 211

Base de Cálculo: **Art. 207.** A gestão e a administração de recursos de que trata o inciso VIII do *caput* do art. 182 desta Lei Complementar ficam sujeitas à incidência do IBS e da CBS em **regime específico**, de acordo com o disposto nesta Seção.

Art. 208. As alíquotas do IBS e da CBS sobre os serviços prestados aos fundos de investimento que não forem serviços financeiros de que trata o art. 182 desta Lei Complementar seguirão o disposto nas normas gerais de incidência do IBS e da CBS previstas no Título I deste Livro e, se for o caso, nos regimes diferenciados de que trata o Título IV deste Livro.

Art. 209. O fundo de investimento e os seus cotistas não poderão aproveitar créditos do IBS e da CBS devidos pelos fornecedores de quaisquer bens ou serviços ao fundo, ressalvado o disposto no parágrafo único deste artigo.

Parágrafo único. Na hipótese de o fundo de investimento ser contribuinte do IBS e da CBS no regime regular, o fundo poderá apropriar créditos nas suas aquisições de bens e serviços, observado o disposto nos arts. 47 a 56 (não cumulatividade) desta Lei Complementar.

O art. 26, § 7° determina que são contribuintes do IBS e da CBS no regime regular os fundos de investimento que liquidem antecipadamente recebíveis, nos termos previstos no art. 193 ou no art. 219 desta Lei Complementar.

Comentário: Nas operações do Fundo Imobiliário, o aluguel é o FG do imposto, e o locatário é o contribuinte, e com o pagamento do IVA, é gerado um crédito tributário para o inquilino, por consequência, o respectivo pode compensar este crédito na sua base tributária.

14 Hotelaria, parques de diversão e parques temáticos – arts. 277 a 283

Base de Cálculo: **Art. 277.** Os serviços de hotelaria, parques de diversão e parques temáticos ficam sujeitos a regime específico de incidência do IBS e da CBS, de acordo com o disposto nesta Seção.

Art. 278. Para efeitos do disposto nesta Lei Complementar, considera-se serviço de hotelaria o fornecimento de alojamento temporário, bem como de outros serviços incluídos no valor cobrado pela hospedagem, em:

I – unidades de uso exclusivo dos hóspedes, por estabelecimento destinado a essa finalidade; ou

II – imóvel residencial mobiliado, ainda que de uso não exclusivo dos hóspedes.

Parágrafo único. Não descaracteriza o fornecimento de serviços de hotelaria a divisão do empreendimento em unidades hoteleiras, assim entendida a atribuição de natureza jurídica autônoma às unidades habitacionais que o compõem, sob titularidade de diversas pessoas, desde que sua destinação funcional seja exclusivamente a de hospedagem.

Art. 279. Para efeitos do disposto nesta Lei Complementar, consideram-se:

Manual de Direito Tributário e Financeiro Aplicado

I – parque de diversão: o estabelecimento ou empreendimento permanente ou itinerante, cuja atividade essencial é a disponibilização de atrações destinadas a entreter pessoas e fruídas presencialmente no local da disponibilização; e

II – parque temático: o parque de diversão com inspiração em tema histórico, cultural, etnográfico, lúdico ou ambiental.

Art. 280. A base de cálculo do IBS e da CBS é o valor da operação com serviços de hotelaria, parques de diversão e parques temáticos.

Art. 281. As alíquotas do IBS e da CBS relativas às operações de que trata este Capítulo ficam reduzidas em 40% (quarenta por cento).

Art. 282. Ficam permitidas a apropriação e a utilização de créditos de IBS e de CBS nas aquisições de bens e serviços pelos fornecedores de serviços de hotelaria, parques de diversão e parques temáticos, observado o disposto nos arts. 47 a 56 desta Lei Complementar.

Art. 283. Fica vedada a apropriação de créditos de IBS e de CBS pelo adquirente dos serviços de hotelaria, parques de diversão e parques temáticos.

15 Missões diplomáticas, repartições consulares e operações alcançadas por tratado internacional – arts. 297 a 299

Base de Cálculo: **Art. 297.** As operações com bens e com serviços alcançadas por tratado ou convenção internacional celebrados pela União e referendados pelo Congresso Nacional, nos termos do inciso VIII do art. 84 da Constituição Federal, inclusive referentes a missões diplomáticas, repartições consulares, representações de organismos internacionais e respectivos funcionários acreditados, ficam sujeitas a regime específico de incidência do IBS e da CBS, de acordo com o disposto neste Capítulo.

Art. 298. Os valores de IBS e CBS pagos em operações com bens ou serviços destinados a missões diplomáticas e repartições consulares de caráter permanente e respectivos funcionários acreditados, poderão ser reembolsados, nos termos do regulamento, mediante aprovação pelo Ministério das Relações Exteriores após verificação do regime tributário aplicado às representações diplomáticas brasileiras e respectivos funcionários naquele país.

Art. 299. A aplicação das normas referentes ao IBS e à CBS previstas em tratado ou convenção internacional internalizado, inclusive os referentes a organismos internacionais dos quais o Brasil seja membro e respectivos funcionários acreditados, e os vigentes na data de publicação desta Lei Complementar, será regulamentada por ato conjunto do Ministro de Estado da Fazenda e do Comitê Gestor do IBS, ouvido o Ministério das Relações Exteriores.

16 Planos de assistência à saúde – arts. 234 a 243

Base de Cálculo: **Art. 235.** A base de cálculo do IBS e da CBS no regime específico de planos de assistência de saúde será composta:

I – da receita dos serviços, compreendendo:

a) os prêmios e contraprestações, inclusive por corresponsabilidade assumida, efetivamente recebidos, pelo regime de caixa; e

b) as receitas financeiras, no período de apuração, dos ativos garantidores das reservas técnicas, efetivamente liquidadas;

II – com a dedução:

a) das indenizações correspondentes a eventos ocorridos, efetivamente pagas, pelo regime de caixa;

b) dos valores referentes a cancelamentos e restituições de prêmios e contraprestações que houverem sido computados como receitas;

c) dos valores pagos por serviços de intermediação de planos de saúde; e

d) da taxa de administração paga às administradoras de benefícios e dos demais valores pagos a outras entidades previstas no art. 234 desta Lei Complementar.

Manual de Direito Tributário e Financeiro Aplicado

§ 1° Para fins do disposto na alínea "a" do inciso II do *caput* deste artigo, considera-se indenizações correspondentes a eventos ocorridos o total dos custos assistenciais decorrentes da utilização, pelos beneficiários, da cobertura oferecida pelos planos de saúde, compreendendo:

I – bens e serviços adquiridos diretamente pela entidade de pessoas físicas e jurídicas; e

II – reembolsos aos segurados ou beneficiários por bens e serviços adquiridos por estes de pessoas físicas e jurídicas.

§ 2° As operações a título de corresponsabilidade cedida entre as entidades previstas no art. 234 desta Lei Complementar também serão consideradas custos assistenciais nos termos do § 1° e serão deduzidas da base de cálculo para efeitos do disposto no *caput* deste artigo.

§ 3° Entende-se por corresponsabilidade cedida de que trata o § 2° deste artigo a disponibilização de serviços por uma operadora a beneficiários de outra, com a respectiva assunção do risco da prestação.

§ 4° Para efeitos do disposto na alínea "b" do inciso I do *caput* deste artigo, as receitas financeiras serão consideradas efetivamente liquidadas quando houver, cumulativamente:

I – a liquidação ou resgate do respectivo ativo garantidor; e

II – a redução das provisões técnicas lastreadas por ativo garantidor, considerando a diferença entre o valor total de provisões técnicas no período de apuração e no período imediatamente anterior.

§ 5° Os reembolsos aos segurados ou beneficiários de que trata o inciso II do § 1° deste artigo não ficam sujeitos à incidência do IBS e da CBS e não dão direito a créditos.

§ 6° Não integrarão a base de cálculo do IBS e da CBS as receitas financeiras que não guardem vinculação com a alocação de recursos oriundos do recebimento de prêmios e contraprestações pagos pelos contratantes dos planos de assistência à saúde.

Art. 236. Os planos de assistência funerária ficam sujeitos ao disposto nos arts. 234 a 242 desta Lei Complementar.

Art. 237. As alíquotas de IBS e de CBS no regime específico de planos de assistência à saúde são nacionalmente uniformes e correspondem às alíquotas de referência de cada esfera federativa, reduzidas em 60% (sessenta por cento).

Art. 238. Fica vedado o crédito de IBS e de CBS para os adquirentes de planos de assistência à saúde.

Parágrafo único. O disposto no *caput* deste artigo não se aplica à hipótese de que trata a alínea "f" do inciso IV do § 2° do art. 57 desta Lei Complementar, em que os créditos do IBS e da CBS a serem aproveitados pelo contratante que seja contribuinte no regime regular:

I – serão equivalentes à multiplicação entre:

a) os valores dos débitos do IBS e da CBS pagos pela entidade sujeita ao regime específico de que trata este Capítulo no período de apuração; e

b) a proporção entre:

1. o total de prêmios e contraprestações correspondentes à cobertura dos titulares empregados do contratante e de seus dependentes, no período de apuração; e

2. o total de prêmios e contraprestações arrecadados pela entidade, no mesmo período de apuração;

II – não alcançam a parcela dos prêmios e contraprestações cujo ônus financeiro tenha sido repassado aos empregados; e

III – serão apropriados com base nas informações prestadas pelos fornecedores ao Comitê Gestor do IBS e à RFB, na forma do regulamento, e ficarão sujeitos ao disposto nos arts. 47 a 56 desta Lei Complementar.

17 Produtor rural pessoa física ou jurídica com receita inferior a R$ 3.600.000,00 anual – arts. 164 a 168

Base de Cálculo: **Art. 164.** O produtor rural pessoa física ou jurídica que auferir **receita inferior a R$ 3.600.000,00** (três milhões e seiscentos mil reais) no ano-calendário e o produtor rural integrado não serão considerados contribuintes do IBS e da CBS.

§ 1° Considera-se produtor rural integrado o produtor agrossilvipastoril, pessoa física ou jurídica, que, individualmente ou de forma associativa, com ou sem a cooperação laboral de empregados, vincula-se ao integrador por meio de contrato de integração vertical, recebendo bens ou serviços para a produção e para o fornecimento de matéria-prima, bens intermediários ou bens de consumo final.

§ 2° Caso durante o ano-calendário o produtor rural exceda o limite de receita anual previsto no *caput* deste artigo, passará a ser contribuinte a partir do segundo mês subsequente à ocorrência do excesso.

§ 3° Os efeitos previstos no § 2° dar-se-ão no ano-calendário subsequente caso o excesso verificado em relação à receita anual não seja superior a 20% (vinte por cento) do limite de que trata o *caput* deste artigo.

§ 4° No caso de início de atividade, o limite a que se refere o *caput* deste artigo será proporcional ao número de meses em que o produtor houver exercido atividade, consideradas as frações de meses como um mês inteiro.

§ 5° Para fins do disposto no *caput,* considera-se pessoa jurídica inclusive a associação ou cooperativa de produtores rurais:

I – cuja receita seja inferior a R$ 3.600.000,00 (três milhões e seiscentos mil reais) no ano-calendário; e

II – seja integrada exclusivamente por produtores rurais pessoas físicas cuja receita seja inferior a R$ 3.600.000,00 (três milhões e seiscentos mil reais) no ano-calendário.

§ 6° Caso o produtor rural, pessoa física ou jurídica, tenha participação societária em outra pessoa jurídica que desenvolva atividade agropecuária, o limite previsto no *caput* deste artigo será verificado em relação à soma das receitas auferidas no ano-calendário por todas essas pessoas.

Art. 165. O produtor rural ou o produtor rural integrado poderão optar, a qualquer tempo, por se inscrever como contribuinte do IBS e da CBS no regime regular.

§ 1° Os efeitos da opção prevista no *caput* deste artigo iniciar-se-ão a partir do primeiro dia do mês subsequente àquele em que realizada a solicitação.

§ 2° A opção pela inscrição nos termos do *caput* deste artigo será irretratável para todo o ano-calendário e aplicar-se-á aos anos-calendário subsequentes, observado o disposto no art. 166 desta Lei Complementar.

§ 3° O produtor rural que tenha auferido receita igual ou superior a R$ 3.600.000,00 (três milhões e seiscentos mil reais) no ano-calendário anterior àquele da entrada em vigor desta Lei Complementar será considerado contribuinte a partir do início da produção de efeitos desta Lei Complementar, independentemente de qualquer providência.

Nesse sentido, o artigo 26, VI também determina que não são contribuintes do IBS, CBS – o produtor rural de que trata o artigo 164 da LC.

18 PROUNI – Programa Universidade para todos – Art. 308

Base de Cálculo: **Art. 308. Fica reduzida a zero a alíquota da CBS** incidente sobre o fornecimento de serviços de educação de ensino superior por instituição privada de ensino, com ou sem fins lucrativos, durante o período de adesão e vinculação ao Programa Universidade para Todos – Prouni, instituído pela Lei n° 11.096, de 13 de janeiro de 2005.

§ 1° A redução de alíquotas de que trata o *caput* será aplicada:

I – sobre a receita decorrente da realização de atividades de ensino superior, proveniente de cursos de graduação ou cursos sequenciais de formação específica; e

II – na proporção da ocupação efetiva das bolsas devidas no âmbito do Prouni, nos termos definidos em ato do Poder Executivo da União.

§ 2° Caso a instituição seja desvinculada do Prouni, a CBS será exigida a partir do termo inicial estabelecido para a exigência dos demais tributos federais contemplados pelo Prouni.

Comentário: O benefício abrange somente a CBS.

19   Regime automotivo – arts. 309 a 316

Base de Cálculo: **Art. 309.** Até 31 de dezembro de 2032, farão jus a **crédito presumido da CBS**, nos termos desta Lei Complementar, os projetos habilitados à fruição dos benefícios estabelecidos pelo art. 11- C da Lei n° 9.440, de 14 de março de 1997, e pelos arts. 1° a 4° da Lei n° 9.826, de 23 de agosto de 1999.

§ 1° O crédito presumido de que trata o *caput*:

I – incentivará exclusivamente a produção de veículos equipados com motor elétrico que tenha capacidade de tracionar o veículo somente com energia elétrica, permitida a associação com motor de combustão interna que utilize biocombustíveis isolada ou simultaneamente com combustíveis derivados de petróleo; e

II – será concedido exclusivamente a:

a) projetos aprovados até 31 de dezembro de 2024, de pessoas jurídicas que, em 20 de dezembro de 2023, estavam habilitadas à fruição dos benefícios estabelecidos pelo art. 11-C da Lei n° 9.440, de 14 de março de 1997, e pelos arts. 1° a 4° da Lei n° 9.826, de 23 de agosto de 1999; e

b) novos projetos, aprovados até 31 de dezembro de 2025, que ampliem ou reiniciem a produção em planta industrial utilizada em projetos ativos ou inativos habilitados à fruição dos benefícios de que trata a alínea "a" deste inciso.

§ 2º O benefício de que trata este artigo será estendido a projetos de pessoas jurídicas de que trata a alínea "a" do inciso II do § 1º relacionados à produção de veículos tracionados por motor de combustão interna que utilizem biocombustíveis isolada ou cumulativamente com combustíveis derivados de petróleo, desde que a pessoa jurídica habilitada:

I – inicie a produção de veículos de que trata o inciso I do § 1º até 1º de janeiro de 2028, no estabelecimento incentivado; e

II – assuma, nos termos do ato concessório do benefício, compromissos relativos:

a) ao volume mínimo de investimentos;

b) ao volume mínimo de produção;

c) ao cumprimento de processo produtivo básico; e

d) à manutenção da produção por prazo mínimo, inclusive após o encerramento do benefício.

§ 3º O benefício de que trata o *caput* fica condicionado:

I – à realização de investimentos em pesquisa, desenvolvimento e inovação tecnológica na região, inclusive na área de engenharia automotiva, correspondentes a, no mínimo, 10% (dez por cento) do valor do crédito presumido apurado, nos termos regulamentados pelo Ministério do Desenvolvimento, Indústria, Comércio e Serviços – MDIC; e

II – à regularidade fiscal da pessoa jurídica quanto a tributos federais.

§ 4º Ato do Poder Executivo da União definirá os requisitos e condições das exigências contidas no inciso II do § 2º e no inciso I do § 3º.

§ 5º O cumprimento dos requisitos e condições de que tratam o inciso II do § 2º e o inciso I do § 3º será comprovado perante o MDIC.

Manual de Direito Tributário e Financeiro Aplicado

§ 6º O MDIC encaminhará à RFB, anualmente, os resultados das auditorias relativas ao cumprimento dos requisitos referidos no § 4º.

Art. 310. O crédito presumido de que trata o art. 309 não poderá ser usufruído cumulativamente com quaisquer outros benefícios fiscais federais da CBS destinados à beneficiária desse crédito presumido.

Art. 311. Em relação aos projetos habilitados à fruição dos benefícios estabelecidos pelo art. 11-C da Lei nº 9.440, de 14 de março de 1997, o crédito presumido de que trata o art. 309 desta Lei Complementar será calculado mediante a aplicação dos seguintes percentuais sobre o valor das vendas no mercado interno, em cada mês, dos produtos constantes nos projetos de que trata o art. 309, fabricados ou montados nos estabelecimentos incentivados:

I – 11,60% (onze inteiros e sessenta centésimos por cento) até o 12º (décimo segundo) mês de fruição do benefício;

II – 10% (dez inteiros por cento) do 13º (décimo terceiro) ao 48º (quadragésimo oitavo) mês de fruição do benefício;

III – 8,70% (oito inteiros e setenta centésimos por cento) do 49º (quadragésimo nono) ao 60º (sexagésimo) mês de fruição do benefício.

§ 1º No cálculo do crédito presumido de que trata o *caput* não serão incluídos os impostos e as contribuições incidentes sobre a operação de venda, e serão excluídos os descontos incondicionais concedidos.

§ 2º O crédito presumido de que trata o *caput* somente se aplica às vendas no mercado interno efetuadas com a exigência integral da CBS, não incluídas:

I – as vendas isentas, imunes, não alcançadas pela incidência da contribuição, com alíquota zero, com redução de alíquotas ou de base de cálculo, ou com suspensão da contribuição; e

II – as vendas canceladas e as devolvidas.

§ 3° Os percentuais de que tratam os incisos I a III do *caput* serão reduzidos à razão de 20% (vinte por cento) do percentual inicial ao ano, entre 2029 e 2032, até serem extintos a partir de 2033.

20 Resíduos e demais materiais destinados à reciclagem – art. 170

Base de Cálculo: **Art. 170.** O contribuinte de IBS e de CBS sujeito ao regime regular poderá apropriar **créditos presumidos dos referidos tributos** relativos às aquisições de resíduos sólidos de coletores incentivados para utilização em processo de destinação final ambientalmente adequada.

§ 1° Para fins do *caput* deste artigo, consideram-se:

I – resíduos sólidos: material, substância, objeto ou bem descartado resultante de atividades humanas em sociedade, a cuja destinação final se procede, se propõe proceder ou se está obrigado a proceder, nos estados sólido ou semissólido, bem como gases contidos em recipientes e líquidos cujas particularidades tornem inviável o seu lançamento na rede pública de esgotos ou em corpos d'água ou exijam para isso soluções técnica ou economicamente inviáveis em face da melhor tecnologia disponível;

II – coletores incentivados:

a) pessoa física que executa a coleta ou a triagem de resíduos sólidos e a venda para contribuinte do IBS e da CBS que lhes confere destinação final ambientalmente adequada;

b) associação ou cooperativa de pessoas físicas que executa exclusivamente a atividade mencionada na alínea "a" deste inciso; e

c) associação ou cooperativa que congrega exclusivamente as pessoas de que trata a alínea "b" deste inciso;

III – destinação final ambientalmente adequada: destinação de resíduos sólidos para reutilização, reciclagem, compostagem e recuperação, bem como, na forma do regulamento, outras destinações admitidas pelos órgãos competentes, entre elas a disposição final.

Manual de Direito Tributário e Financeiro Aplicado

§ 2° Os créditos presumidos de que trata o *caput* deste artigo somente poderão ser utilizados para dedução, respectivamente, do valor do IBS e da CBS devidos pelo contribuinte e serão calculados mediante aplicação dos seguintes percentuais sobre o valor da aquisição registrado em documento admitido pela administração tributária na forma do regulamento:

I – para o crédito presumido de IBS:

a) em 2029, 1,3% (um inteiro e três décimos por cento);

b) em 2030, 2,6% (dois inteiros e seis décimos por cento);

c) em 2031, 3,9% (três inteiros e nove décimos por cento);

d) em 2032, 5,2% (cinco inteiros e dois décimos por cento);

e) a partir de 2033, 13% (treze por cento); e

II – para o crédito presumido de CBS, 7% (sete por cento).

§ 3° Os créditos presumidos de IBS e de CBS de que trata o *caput* deste artigo **não serão** concedidos às aquisições de:

I – agrotóxicos, seus resíduos e embalagens;

II – medicamentos domiciliares, de uso humano, industrializados e manipulados e, observados critérios estabelecidos no regulamento, de suas embalagens;

III – pilhas e baterias;

IV – pneus;

V – produtos eletroeletrônicos e seus componentes de uso doméstico;

VI – óleos lubrificantes, seus resíduos e embalagens;

VII – lâmpadas fluorescentes, de vapor de sódio e mercúrio e de luz mista; e

VIII – sucata de cobre.

§ 4° Não se aplica o disposto no inciso VI do § 3° deste artigo às aquisições de óleo lubrificante usado ou contaminado por rerrefinador ou coletor autorizado pela Agência Nacional do Petróleo, Gás

Natural e Biocombustíveis (ANP) a realizar a coleta, ficando permitida a concessão de créditos presumidos de IBS e de CBS conforme o disposto neste Capítulo.

21 Seguros, resseguros, previdência complementar e capitalização – arts. 223 a 228

Base de Cálculo: **Art. 223.** Para fins de determinação da base de cálculo, nas operações de seguros e resseguros de que tratam, respectivamente, os incisos XI e XII do *caput* do art. 182 desta Lei Complementar:

I – as receitas dos serviços compreendem as seguintes, na medida do efetivo recebimento, pelo regime de caixa:

a) aquelas auferidas com prêmios de seguros, de cosseguros aceitos, de resseguros e de retrocessão; e

b) as receitas financeiras dos ativos financeiros garantidores de provisões técnicas, na proporção das receitas de que trata a alínea "a" nas operações que não geram créditos de IBS e de CBS para os adquirentes e o total das receitas de que trata a alínea "a" deste inciso, observados critérios estabelecidos no regulamento;

II – serão deduzidas:

a) as despesas com indenizações referentes a seguros de ramos elementares e de pessoas sem cobertura por sobrevivência, exclusivamente quando forem referentes a segurados pessoas físicas e jurídicas que não forem contribuintes do IBS e da CBS sujeitas ao rcgimc rcgular, correspondentes aos sinistros, efetivamente pagos, ocorridos em operações de seguro, depois de subtraídos os salvados e os demais ressarcimentos;

b) os valores pagos reterentes e restituições de prêmios que houverem sido computados como receitas, inclusive por cancelamento; e

c) os valores pagos referentes aos serviços de intermediação de seguros e resseguros de que trata o inciso XV do *caput* do art. 182 desta Lei Complementar;

d) os valores pagos referentes ao prêmio das operações de cosseguro cedido;

e) as parcelas dos prêmios destinadas à constituição de provisões ou reservas técnicas referentes a seguro resgatável.

§ 1º O contribuinte do IBS e da CBS sujeito ao regime regular que adquirir e for segurado de serviços de seguro e resseguro poderá apropriar créditos de IBS e de CBS sobre os prêmios, pelo valor dos tributos pagos sobre esses serviços.

§ 2º O recebimento das indenizações de que trata a alínea "a" do inciso II do *caput* deste artigo não fica sujeito à incidência do IBS e da CBS e não dá direito a crédito de IBS e de CBS.

§ 3º Integra a base de cálculo de que trata este artigo a parcela da reversão das provisões ou reservas técnicas que for retida pela entidade como receita própria.

§ 4º As operações de resseguro e retrocessão ficam sujeitas à incidência à alíquota zero, inclusive quando os prêmios de resseguro e retrocessão forem cedidos ao exterior.

Art. 224. Para fins de determinação da base de cálculo, na previdência complementar, aberta e fechada, de que trata o inciso XIII do *caput* do art. 182 desta Lei Complementar e no seguro de pessoas com cobertura por sobrevivência:

I – as receitas dos serviços compreendem, na medida do efetivo recebimento, pelo regime de caixa:

a) as contribuições para planos de previdência complementar;

b) os prêmios de seguro de pessoas com cobertura de sobrevivência; e

c) o encargo do fundo decorrente de estruturação, manutenção de planos de previdência e seguro de pessoas com cobertura por sobrevivência;

II – serão deduzidas:

a) as parcelas das contribuições e dos prêmios destinadas à constituição de provisões ou reservas técnicas;

b) os valores pagos referentes a restituições de contribuições e prêmios que houverem sido computados como receitas, inclusive cancelamentos;

c) os valores pagos por serviços de intermediação de previdência complementar de que trata o inciso XV do *caput* do art. 182 desta Lei Complementar e de seguro de vida de pessoas com cobertura por sobrevivência; e

d) as despesas com indenizações referentes às coberturas de risco, correspondentes aos benefícios efetivamente pagos, ocorridos em operações de previdência complementar.

§ 1° Integra a base de cálculo de que trata este artigo a parcela da reversão das provisões ou reservas técnicas retida pela entidade como receita própria.

§ 2° **Não integram a base de cálculo de que trata este artigo** os rendimentos auferidos nas aplicações de recursos financeiros destinados ao pagamento de benefícios de aposentadoria, pensão, pecúlio e de resgates.

§ 3° O disposto no § 2° deste artigo aplica-se aos rendimentos:

I – de aplicações financeiras proporcionados pelos ativos garantidores das provisões técnicas, limitados esses ativos ao montante das referidas provisões; e

II – dos ativos financeiros garantidores das provisões técnicas de empresas de seguros privados destinadas exclusivamente a planos de benefícios de caráter previdenciário e a seguros de pessoas com cobertura por sobrevivência.

§ 4° Também não integram a base de cálculo de que trata este artigo os demais rendimentos de aplicações financeiras auferidos pelas entidades que prestam as atividades previstas no *caput* deste artigo.

Art. 225. Para fins de determinação da base de cálculo, na capitalização de que trata o inciso XIV do *caput* do art. 182 desta Lei Complementar:

Manual de Direito Tributário e Financeiro Aplicado

I – as receitas dos serviços compreendem, na medida do efetivo recebimento, pelo regime de caixa:

a) a arrecadação com os títulos de capitalização; e

b) as receitas com prescrição e penalidades;

II – serão deduzidas:

a) as parcelas das contribuições destinadas à constituição de provisões ou reservas técnicas, inclusive provisões de sorteios a pagar;

b) os valores pagos referentes a cancelamentos e restituições de títulos que houverem sido computados como receitas; e

c) os valores pagos por serviços de intermediação de capitalização de que trata o inciso XV do *caput* do art. 182 desta Lei Complementar.

§ 1º Integra a base de cálculo de que trata este artigo a parcela da reversão das provisões ou reservas técnicas retida pela entidade como receita própria.

§ 2º Não integram a base de cálculo de que trata este artigo os rendimentos auferidos nas aplicações financeiras destinadas ao pagamento de resgate de títulos e sorteios de premiação.

§ 3º O disposto no § 2º deste artigo restringe-se aos rendimentos de aplicações financeiras proporcionados pelos ativos garantidores das provisões técnicas, limitados esses ativos ao montante das referidas provisões.

§ 4º Também não integram a base de cálculo de que trata este artigo os demais rendimentos de aplicações financeiras auferidos pelas entidades que prestam as atividades previstas no *caput* deste artigo.

§ 5º O contribuinte do IBS e da CBS sujeito ao regime regular que adquira títulos de capitalização poderá apropriar créditos de IBS e de CBS pelo valor dos tributos pagos sobre esse serviço.

Art. 226. Fica vedado o crédito de IBS e de CBS na aquisição de serviços de previdência complementar.

22 Serviços de ativos virtuais – arts. 229 a 230

Base de Cálculo: **Art. 229.** Os serviços de ativos virtuais de que trata o inciso XVI do *caput* do art. 182 desta Lei Complementar ficam sujeitos à incidência do IBS e da CBS sobre o **valor prestação do serviço de ativos virtuais.**

§ 1° Os ativos virtuais de que trata o *caput* deste artigo são as representações digitais de valor que podem ser negociadas ou transferidas por meios eletrônicos e utilizadas para realização de pagamentos ou com propósito de investimento, nos termos da Lei n° 14.478, de 21 de dezembro de 2022, não incluindo as representações digitais consideradas como valores mobiliários, que ficam sujeitas ao disposto na Seção III deste Capítulo.

§ 2° As aquisições de bens e de serviços com ativos virtuais ficam sujeitas às regras previstas nas normas gerais de incidência de que trata o Título I deste Livro ou ao respectivo regime diferenciado ou específico aplicável ao bem ou serviço adquirido, nos termos desta Lei Complementar.

Art. 230. O contribuinte no regime regular que adquirir serviços de ativos virtuais poderá apropriar créditos do IBS e da CBS, com base nos valores pagos pelo fornecedor.

Comentário: Os ativos virtuais são as moedas virtuais, que não tem garantia do Banco Central e nem do Fundo Garantidor de Crédito (FGC), tais como criptomoedas, bitcoin etc.

23 Serviços financeiros – arts. 181 a 200

Base de Cálculo: Os serviços financeiros descrevem os serviços que serão tributados nos arts. 181 a 183 da LC, destacando que o tomador do serviço poderá tomar o crédito do IBS, conforme o art. 194 da referida LC.

Art. 181. Os serviços financeiros ficam sujeitos a **regime específico** de incidência do IBS e da CBS, de acordo com o disposto neste Capítulo.

Manual de Direito Tributário e Financeiro Aplicado

Art. 182. Para fins desta Lei Complementar, consideram-se serviços financeiros:

I – operações de crédito, incluídas as operações de captação e repasse, adiantamento, empréstimo, financiamento, desconto de títulos, recuperação de créditos e prestação de garantias, com exceção da securitização, faturização e liquidação antecipada de recebíveis de arranjos de pagamento, de que tratam, respectivamente, os incisos IV, V e IX do *caput* deste artigo:

II – operações de câmbio;

III – operações com títulos e valores mobiliários, incluídas a aquisição, negociação, liquidação, custódia, corretagem, distribuição e outras formas de intermediação, bem como a atividade de assessor de investimento e de consultor de valores mobiliários;

IV – operações de securitização;

V – operações de faturização (*factoring*);

VI – arrendamento mercantil (*leasing*), operacional ou financeiro, de quaisquer bens, incluídos a cessão de direitos e obrigações, substituição de garantia, alteração, cancelamento e registro de contrato e demais serviços relacionados ao arrendamento mercantil;

VII – administração de consórcio;

VIII – gestão e administração de recursos, inclusive de fundos de investimento;

IX – arranjos de pagamento, incluídas as operações dos instituidores e das instituições de pagamentos e a liquidação antecipada de recebíveis desses arranjos;

X – atividades de entidades administradoras de mercados organizados, infraestruturas de mercado e depositárias centrais;

XI – operações de seguros, com exceção dos seguros de saúde de que trata o Capítulo III deste Título;

XII – operações de resseguros;

XIII – previdência privada, composta de operações de administração e gestão da previdência complementar aberta e fechada;

XIV – operações de capitalização;

XV – intermediação de consórcios, seguros, resseguros, previdência complementar e capitalização; e

XVI – serviços de ativos virtuais.

Parágrafo único. Aplica-se o disposto neste regime específico à totalidade da contraprestação pelos serviços financeiros previstos nos incisos I a XVI do *caput* deste artigo, independentemente da sua nomenclatura.

Art. 185. A base de cálculo do IBS e da CBS no regime específico de serviços financeiros será composta das receitas das operações, com as deduções previstas neste Capítulo.

Art. 186. As receitas de reversão de provisões e da recuperação de créditos baixados como prejuízo comporão a base de cálculo do IBS e da CBS, desde que a respectiva provisão ou baixa tenha sido deduzida da base de cálculo.

Art. 187. As deduções da base de cálculo previstas neste Capítulo restringem-se a operações autorizadas por órgão governamental, desde que realizadas nos limites operacionais previstos na legislação pertinente, vedada a dedução de qualquer despesa administrativa.

Art. 188. As sociedades cooperativas que fornecerem serviços financeiros e exercerem a opção de que trata o art. 271 desta Lei Complementar deverão reverter o efeito das deduções de base de cálculo previstas neste Capítulo proporcionalmente ao valor que as operações beneficiadas com redução a zero das alíquotas do IBS e da CBS representarem do total das operações da cooperativa.

Art. 189. Caso não haja previsão em contrário neste Capítulo, **as alíquotas do IBS e da CBS incidentes sobre os serviços financeiros serão:**

I – de 2027 a 2033, aquelas fixadas de acordo com as regras previstas no art. 233 desta Lei Complementar; e

II – a partir de 2034, aquelas fixadas para 2033.

§ 1° As alíquotas de que trata o *caput* deste artigo serão nacionalmente uniformes.

Manual de Direito Tributário e Financeiro Aplicado

§ 2° A alíquota da CBS e as alíquotas estadual, distrital e municipal do IBS serão fixadas de modo a manter a proporção entre as respectivas alíquotas de referência.

Art. 190. Os créditos do IBS e da CBS na aquisição de serviços financeiros, nas hipóteses previstas neste Capítulo, serão apropriados com base nas informações prestadas pelos fornecedores ao Comitê Gestor do IBS e à RFB, na forma do regulamento, e ficarão sujeitos ao disposto nos arts. 47 a 56 desta Lei Complementar.

Art. 191. As entidades que realizam as operações com serviços financeiros de que trata este Capítulo devem prestar, a título de obrigação acessória, na forma do regulamento, informações sobre as operações realizadas, sem prejuízo de um conjunto mínimo de informações previsto nesta lei complementar.

24 Sociedade anônima de futebol – SAF – arts. 292 a 296

Base de Cálculo: **Art. 292.** As operações com bens e com serviços realizadas por Sociedade Anônima do Futebol – SAF ficam sujeitas a regime específico do IBS e da CBS, de acordo com o disposto neste Capítulo.

Parágrafo único. Considera-se como SAF a companhia cuja atividade principal consista na prática do futebol, feminino e masculino, em competição profissional, sujeita às regras previstas na legislação específica.

Art. 293. A SAF fica sujeita ao Regime de Tributação Específica do Futebol – TEF instituído neste Capítulo.

§ 1° O TEF consiste no recolhimento mensal dos seguintes impostos e contribuições, a serem apurados seguindo o regime de caixa:

I – Imposto sobre a Renda das Pessoas Jurídicas – IRPJ;

II – Contribuição Social sobre o Lucro Líquido – CSLL;

III – contribuições previstas nos incisos I, II e III do *caput* e no § 6° do art. 22 da Lei n° 8.212, de 24 de julho de 1991;

IV – CBS; e

V – IBS.

TRIBUTOS ESTADUAIS

§ 2° O recolhimento na forma deste Capítulo não exclui a incidência dos demais tributos federais, estaduais, distritais ou municipais, devidos na qualidade de contribuinte ou responsável, em relação aos quais será observada a legislação aplicável às demais pessoas jurídicas.

§ 3° A base de cálculo do pagamento mensal e unificado dos tributos referidos no § 1° deste artigo será a totalidade das receitas recebidas no mês, inclusive aquelas referentes a:

I – prêmios e programas de sócio-torcedor;

II – cessão dos direitos desportivos dos atletas;

III – cessão de direitos de imagem; e

IV – transferência do atleta para outra entidade desportiva ou seu retorno à atividade em outra entidade desportiva.

§ 4° O valor do pagamento mensal e unificado dos tributos referidos no § 1° deste artigo será calculado mediante aplicação das alíquotas de:

I – 4% (quatro por cento) para os tributos federais unificados de que tratam os incisos I a III do § 1° deste artigo;

II – 1,5% (um inteiro e cinco décimos por cento) para a CBS; e

III – 3% (três por cento) para o IBS, sendo:

a) metade desse percentual correspondente à alíquota estadual; e

b) metade desse percentual correspondente à alíquota municipal.

§ 5° A SAF somente poderá apropriar e utilizar créditos do IBS e da CBS em relação às operações em que seja adquirente de direitos desportivos de atletas, pela mesma alíquota devida sobre essas operações, observado, no que couber, o disposto nos arts. 47 a 56 desta Lei Complementar.

§ 6° Fica vedada a apropriação de créditos do IBS e da CBS para os adquirentes de bens e serviços da SAF, com exceção da aquisição de direitos desportivos de atletas, pela mesma alíquota devida sobre essas operações, observado, no que couber, o disposto nos arts. 47 a 56 desta Lei Complementar.

§ 7° Para fins de repartição de receita tributária, o valor recolhido na forma do pagamento mensal unificado de que trata o § 4° deste artigo será apropriado aos tributos abaixo especificados, mediante aplicação dos seguintes percentuais sobre o valor recolhido:

I – 43,5% (quarenta e três inteiros e cinco décimos por cento) ao IRPJ;

II – 18,6% (dezoito inteiros e seis décimos por cento) à CSLL; e

III – 37,9% (trinta e sete inteiros e nove décimos por cento) às contribuições previstas nos incisos I, II e III do *caput* e no § 6° do art. 22 da Lei n° 8.212, de 24 de julho de 1991, distribuídos conforme disciplinado por ato do Ministro de Estado da Fazenda.

§ 8° Ato conjunto da RFB e do Comitê Gestor do IBS regulamentará a forma de recolhimento do IBS e da CBS devidos na forma deste Capítulo.

Art. 294. De 1° de janeiro de 2027 a 31 de dezembro de 2032, as alíquotas dos tributos que compõem o TEF serão:

I – quanto aos tributos federais de que tratam os incisos I a III do § 1° do art. 293 a alíquota definida no inciso I do § 4° do art. 293 desta Lei Complementar;

II – quanto à CBS, a alíquota definida no inciso II do § 4° do art. 293 desta Lei Complementar, a qual será reduzida em 0,1% (um décimo por cento) para os anos-calendário de 2027 e 2028; e

III – quanto ao IBS:

a) 0,1% (um décimo por cento) em 2027 e 2028;

b) 0,3% (três décimos por cento) em 2029;

c) 0,6% (seis décimos por cento) em 2030;

d) 0,9% (nove décimos por cento) em 2031;

e) 1,2% (um inteiro e dois décimos por cento) em 2032; e

f) o percentual integral da alíquota, de 2033 em diante.

Parágrafo único. Aplica-se o disposto nas alíneas "a" e "b" do inciso III do § 4° e no § 7° do art. 293 desta Lei Complementar para a repartição da receita tributária dos tributos referidos no *caput* deste artigo durante o período de transição.

Art. 295. A importação de direitos desportivos de atletas fica sujeita à incidência do IBS e da CBS pelas mesmas alíquotas aplicáveis às operações realizadas no País, aplicando-se as regras das importações de bens imateriais, inclusive direitos, e de serviços previstas na Seção II do Capítulo IV do Título I deste Livro.

Art. 296. A cessão de direitos desportivos de atletas a residente ou domiciliado no exterior para a realização de atividades desportivas predominantemente no exterior será considerada exportação para fins da imunidade do IBS e da CBS, excluindo-se os percentuais de que tratam os incisos II e III do § 4° do art. 293 desta Lei Complementar da alíquota aplicável para cálculo do pagamento unificado de que trata o referido artigo.

25 Sociedades cooperativas – arts. 271 a 272

Base de Cálculo: **Art. 271.** As sociedades cooperativas poderão optar por regime específico do IBS e da CBS no **qual ficam reduzidas a zero as alíquotas do IBS e da CBS incidentes na operação em que:**

I – o associado fornece bem ou serviço à cooperativa de que participa; e

II – a cooperativa fornece bem ou serviço a associado sujeito ao regime regular do IBS e da CBS.

§ 1° O disposto no *caput* deste artigo aplica-se também:

I – às operações realizadas entre cooperativas singulares, centrais, federações, confederações e às originárias dos seus respectivos bancos cooperativos de que as cooperativas participam; e

II – à operação de fornecimento de bem material pela cooperativa de produção agropecuária a associado não sujeito ao regime regular do IBS e da CBS, desde que anulados os créditos por ela apropriados referentes ao bem fornecido.

Manual de Direito Tributário e Financeiro Aplicado

§ 2° O disposto no inciso II do *caput* deste artigo aplica-se também ao fornecimento, pelas cooperativas, de serviços financeiros a seus associados, inclusive cobrados mediante tarifas e comissões.

§ 3° A opção de que trata o *caput* deste artigo será exercida pela cooperativa no ano-calendário anterior ao de início de produção de efeitos ou no início de suas operações, nos termos do regulamento.

§ 4° O disposto no inciso II do § 1° não se aplica às operações com insumos agropecuários e aquícolas contempladas pelo diferimento estabelecido pelo § 3° do **art. 138.**

Art. 272. O associado sujeito ao regime regular do IBS e da CBS, inclusive as cooperativas singulares, que realizar operações com a redução de alíquota de que trata o inciso I do *caput* do art. 271 poderá transferir os créditos das operações antecedentes às operações em que fornece bens e serviços e os créditos presumidos à cooperativa de que participa, não se aplicando o disposto no art. 55 desta Lei Complementar.

Parágrafo único. A transferência de créditos de que trata o *caput* deste artigo alcança apenas os bens e serviços utilizados para produção do bem ou prestação do serviço fornecidos pelo associado à cooperativa de que participa, nos termos do regulamento.

O artigo 6°, XI, da LC determina a não incidência do IBS e da CBS – XI, na seguinte operação: o repasse da cooperativa para os seus associados dos valores decorrentes das operações previstas no *caput* do art. 271 desta Lei Complementar e a distribuição em dinheiro das sobras por sociedade cooperativa aos associados, apuradas em demonstração do resultado do exercício, ressalvado o disposto no inciso III do *caput* do art. 5° desta Lei Complementar.

26 Transportador autônomo de carga pessoa física não contribuinte – art. 169

Base de Cálculo: **Art. 169.** O contribuinte de IBS e de CBS sujeito ao regime regular poderá apropriar **créditos presumidos** dos referidos tributos relativos às aquisições de serviço de transporte de carga de transportador autônomo pessoa física que não seja contribuinte dos referidos tributos ou que seja inscrito como MEI.

§ 1° Os créditos presumidos de que trata o *caput* deste artigo:

I – somente se aplicam ao contribuinte que adquire bens e serviços e suporta a cobrança do valor do serviço de transporte de carga;

II – não se aplicam ao contribuinte que adquire bens e serviços e suporta a cobrança do valor do transporte como parte do valor da operação, ainda que especificado em separado nos documentos relativos à aquisição.

§ 2° O documento fiscal eletrônico relativo à aquisição deverá discriminar:

I – o valor da operação, que corresponderá ao valor pago ao fornecedor;

II – o valor do crédito presumido; e

III – o valor líquido para efeitos fiscais, que corresponderá à diferença entre os valores discriminados nos incisos I e II deste parágrafo.

§ 3° O valor do crédito presumido de que trata o inciso II do § 2° deste artigo será o resultado da aplicação dos percentuais de que trata o § 4° deste artigo sobre o valor da operação de que trata o inciso III do § 2° deste artigo.

§ 4° Os percentuais serão definidos e divulgados anualmente até o mês de setembro, por ato conjunto do Ministro de Estado da Fazenda e do Comitê Gestor do IBS, e entrarão em vigor a partir de primeiro de janeiro do ano subsequente.

§ 5° A definição dos percentuais de que trata o § 4°:

I – será realizada, nos termos do regulamento, com base nas informações fiscais disponíveis;

II – resultará da proporção entre:

a) montante do IBS e da CBS cobrados em relação ao valor total das aquisições realizadas pelos transportadores referidos no *caput* deste artigo;

b) valor total a que se refere o inciso III do § 2° deste artigo em relação aos serviços fornecidos pelos transportadores de que trata o *caput* deste artigo; e

III – tomará por base as operações realizadas no ano-calendário anterior ao do prazo da divulgação previsto no § 4° deste artigo.

§ 6° Para efeito do disposto no § 5° deste artigo, não serão consideradas as aquisições de bens e serviços para uso e consumo pessoal de que trata o inciso I do *caput* do art. 57 nem a aquisição de bens e serviços destinados ao uso e consumo pessoal do transportador ou de pessoas a ele relacionadas, nos termos do inciso II do *caput* do art. 57 desta Lei Complementar.

§ 7° Os créditos presumidos do IBS e da CBS de que trata o *caput* deste artigo somente poderão ser utilizados para dedução, respectivamente, do valor do IBS e da CBS devidos pelo contribuinte.

§ 8° O direito à apropriação e à utilização do crédito presumido de que trata este artigo aplica-se também à sociedade cooperativa em relação ao recebimento de serviços de transporte de carga de seus associados transportadores autônomos pessoa física que não sejam contribuintes do IBS e da CBS, inclusive no caso de opção pelo regime específico de que trata o art. 271 desta Lei Complementar.

VI – Crédito e *Cash Back* IBS, CBS – Arts. 112 a 123, LC n° 214/25 – estabelece devolução de impostos para pessoa física de baixa renda inscritas no CadÚnico, sendo 100% para a CBS e 20% do IBS, no fornecimento de gás, energia elétrica, água e telecomunicações e 20% para CBS e IBS nos demais casos, através de *cash back*, onde a CBS será gerida pela RFB e o IBS será gerido pelo Comite Gestor do IBS, com as devoluções previstas a partir do mês de janeiro de 2027 para a CBS, e janeiro de 2029 para o IBS. O art. 113 da LC define o destinatário do benefício:

Art. 113. O destinatário das devoluções previstas neste Capítulo será aquele responsável por unidade familiar de família de baixa renda cadastrada no Cadastro Único para Programas Sociais do Governo Federal (CadÚnico), conforme o art. 6°-F da Lei n° 8.742, de 7 de dezembro de 1993, ou por norma equivalente que a suceder, e que observar, cumulativamente, os seguintes requisitos:

TRIBUTOS ESTADUAIS

I – possuir renda familiar mensal per capita de até meio salário-mínimo nacional;

II – ser residente no território nacional; e

III – possuir inscrição em situação regular no CPF.

§ 1° O destinatário será incluído de forma automática na sistemática de devoluções, podendo, a qualquer tempo, solicitar a sua exclusão.

§ 2° Os dados pessoais coletados na sistemática das devoluções serão tratados na forma da Lei n° 13.709, de 14 de agosto de 2018 (Lei Geral de Proteção de Dados Pessoais), e do art. 198 da Lei n° 5.172, de 25 de outubro de 1966 (Código Tributário Nacional), e somente poderão ser utilizados ou cedidos a órgãos da administração pública ou, de maneira anonimizada, a institutos de pesquisa para a execução de ações relacionadas às devoluções.

VII – Possibilita o fim da guerra fiscal e incentivos fiscais entre os Estados – porém, com manutenção dos incentivos do ICMS até dezembro de 2032, com redução proporcional a partir de 2029, arts. 384 a 395 da LC n° 214/25.

VIII – Fim da substituição Tributária do ICMS ou regimes especiais.

IX – Uma só legislação para todo o território nacional – regras harmônicas e homogêneas aplicáveis em todo o território nacional.

X – Tributação no destino, ou seja, será devido onde os consumidores estão localizados – arts. 10, 11, LC n° 214/25; inclusive, o local da entrega, da disponibilização ou da localização do bem, o da prestação ou da disponibilização do serviço ou o do domicílio ou da localização do adquirente ou destinatário do bem ou serviço, admitidas diferenciações em razão das características da operação; e destacando que o art. 15 define que a alíquota do IBS incidente sobre cada operação corresponderá à soma: a) de alíquota do Estado de destino da operação; e b) alíquota do Município de destino da operação; ou à alíquota do Distrito Federal quando este for o desti-

Manual de Direito Tributário e Financeiro Aplicado

no da operação; e o destino da operação é ao local da ocorrência da operação, definido nos termos do art. 11 desta LC.

XI – Cálculo dos tributos por fora – o tributo não compõe a própria base de cálculo dele mesmo.

XII – Ampliação da base tributária – alcança os bens tangíveis, intangíveis e serviços, não há distinção entre produto e serviço nos termos do art. 3° da LC n° 214/25.

XIII – Incidência sobre as importações – a LC n° 214/25 define em seus arts. 64 a 78 e 84 a 98 as regras tributárias relativas a IBS e CBS nas importações.

XIV – Não incidência sobre as exportações – a LC n° 214/25, nos arts. 9°, 81 a 83, cita as regras da não incidência do IBS e da CBS nas exportações, exceção o art. 422, § 2°, que prevê a tributação com uma alíquota máxima de 0,25% sobre minerais.

XV – Créditos acumulados pretéritos – serão ressarcidos nos termos da lei complementar.

XVI – Fiscalização IBS, CBS – será relizada pela administração tributária dos Estados, nos Municipios, no Distrito Federal, na RFB e no Comitê Gestor, conforme os arts. 324 a 327 da LC n° 214/25, que determinam:

> **Art. 324.** *A fiscalização do cumprimento das obrigações tributárias principais e acessórias, bem como a constituição do crédito tributário relativo:*
>
> *I – à CBS compete à autoridade fiscal integrante da administração tributária da União;*
>
> *II – ao IBS compete às autoridades fiscais integrantes das administrações tributárias dos Estados, do Distrito Federal e dos Municípios.*
>
> **Art. 325.** *A RFB e as administrações tributárias dos Estados, do Distrito Federal e dos Municípios:*
>
> *I – poderão utilizar em seus respectivos lançamentos as fundamentações e provas decorrentes do processo administrativo de lançamento de ofício efetuado por outro ente federativo;*

TRIBUTOS ESTADUAIS

II – compartilharão, em um mesmo ambiente, os registros do início e do resultado das fiscalizações da CBS e do IBS.

§ 1º O ambiente a que se refere o inciso II do caput terá gestão compartilhada entre o Comitê Gestor do IBS e a RFB.

§ 2º Ato conjunto do Comitê Gestor e da RFB poderá prever outras hipóteses de informações a serem compartilhadas no ambiente a que se refere o inciso II do caput.

§ 3º A utilização das fundamentações e provas a que se refere o inciso I do caput, ainda que relativas a processos administrativos encerrados, não dispensa a oportunidade do contraditório e da ampla defesa pelo sujeito passivo.

Art. 326. *A RFB e as administrações tributárias dos Estados, do Distrito Federal e dos Municípios poderão celebrar convênio para delegação recíproca da atividade de fiscalização do IBS e da CBS nos processos fiscais de pequeno valor, assim considerados aqueles cujo lançamento não supere limite único estabelecido no regulamento.*

Art. 327. *O Ministério da Fazenda e o Comitê Gestor do IBS poderão celebrar convênio para delegação recíproca do julgamento do contencioso administrativo relativo ao lançamento de ofício do IBS e da CBS efetuado nos termos do* **art. 326.**

XVII – Criação do Fundo Nacional de Desenvolvimento Regional (FNDR) – visa reduzir as desigualdades regionais, estimulando o desenvolvimento e a geração de empregos.

XVIII – Desoneração para aquisição de bens de capital – Arts. 108 a 111, LC nº 214/25 – O art. 108 assegura ao contribuinte o crédito integral de IBS, CBS na aquisição de bens de capital, porém, os arts. 109 e 110 definem outras hipóteses e regras a seguir transcritos:

Art. 109. Ato conjunto do Poder Executivo da União e do Comitê Gestor do IBS poderá definir hipóteses em que importações e aquisições no mercado interno de bens de capital por contribuinte no regime regular serão realizadas com suspensão do pagamento do IBS e da CBS, não se aplicando o disposto no art. 108 desta Lei Complementar.

§ 1° O ato conjunto de que trata o caput deste artigo discriminará os bens alcançados e o prazo do benefício.

§ 2° A suspensão do pagamento do IBS e da CBS prevista no caput deste artigo converte-se em alíquota zero após a incorporação do bem ao ativo imobilizado do adquirente, observado o prazo de que trata o § 1° deste artigo.

§ 3° O beneficiário que não incorporar o bem ao seu ativo imobilizado fica obrigado a recolher o IBS e a CBS que se encontrem com o pagamento suspenso, acrescidos de multa e juros de mora na forma do § 2° do art. 29 desta Lei Complementar, calculados a partir da data de ocorrência dos respectivos fatos geradores, na condição de:

I – contribuinte, em relação às importações; ou

II – responsável, em relação às aquisições no mercado interno.

§ 4° O disposto neste artigo aplica-se também às pessoas jurídicas optantes pelo Simples Nacional inscritas no regime regular de que trata esta Lei Complementar.

Art. 110. *Ficam reduzidas a zero as alíquotas do IBS e da CBS no fornecimento e na importação:*

I – de tratores, máquinas e implementos agrícolas, destinados a produtor rural não contribuinte de que trata o art. 164; e

II – de veículos de transporte de carga destinados a transportador autônomo de carga pessoa física não contribuinte de que trata o **art. 169.**

Parágrafo único. O disposto neste artigo se aplica aos bens de capital listados no regulamento.

Art. 111. *Para fins desta Seção, também serão considerados bens incorporados ao ativo imobilizado aqueles com a mesma natureza e que, em decorrência das normas contábeis aplicáveis, forem contabilizados por concessionárias de serviços públicos como ativo de contrato, intangível ou financeiro.*

XIX – Isenção e imunidade – não aplicação de crédito para compensação com montante devido nas operações seguintes e acarreta anulação do crédito relativo às operações anteriores conforme

TRIBUTOS ESTADUAIS

estabelecem os arts. 8° e 9° da referida lei que define as imunidades tributárias, como também foram mantidos o Reidi – Regime Especial de Incentivos para o Desenvolvimento da Infraestrutura (art. 107), o Reporto – Regime Tributário para Incentivo a Modernização da Estrutura Portuária (art. 105), o Renaval – Regime Tributário para Incentivo à Atividade Naval (art. 107) e a ZPE – Zona de Processamento de Exportação (art.arts. 99 a 103).

Comentário: As imunidades tributárias não sofreram alterações significativas pela LC n° 214/25, somente não houve menção ao PIS sobre folha de pagamento de entidades sem fins lucrativos.

XX – Tempo de transição – será de sete anos, a partir de 2026 até 2032, de forma gradual, a partir de alíquotas-teste e das alíquotas de referencia de 2027 a 203, (arts. 345 a 360, LC n° 214/25) até a extinção total dos atuais tributos.

XXI – Criação do sistema *Split Payment* – Arts. 31 a 40, LC n° 214/25 – será criado um sistema automatizado de recolhimento dos tributos. Basicamente o valor do documento fiscal (NFE) será dividido e conduzido pelos agentes envolvidos na operação em duas partes: 1 – o valor do tributo devido na operação, e 2 – o valor líquido da operação a ser paga ao fornecedor, abatido já o tributo devido.

A norma tributária irá eleger determinado agente (adquirente, intermediador/*market place*, meio de pagamento, instituição financeira) para recolher o tributo na operação, mesmo antes da apuração periódica do tributo não cumulativo pelo fornecedor.

Está autorizado pela CF emendada o mecanismo do *Split Payment* para qualquer transação mercantil (B2B, B2C e B2G) com bens e serviços, criando inclusive um cadastro único nacional.

O fundamento encontra-se no art. 156-A, § 5°, inciso II, CF:

> *II – o regime de compensação, podendo estabelecer hipóteses em que o aproveitamento do crédito ficará condicionado à verificação do efetivo recolhimento do imposto incidente sobre a operação com bens materiais ou imateriais, inclusive direitos, ou com serviços, desde que: (Incluído pela Emenda Constitucional n° 132, de 2023)*

a) o adquirente possa efetuar o recolhimento do imposto incidente nas suas aquisições de bens ou serviços; ou (Incluído pela Emenda Constitucional n° 132, de 2023)

b) o recolhimento do imposto ocorra na liquidação financeira da operação; (Incluído pela Emenda Constitucional n° 132, de 2023)

III – a forma e o prazo para ressarcimento de créditos acumulados pelo contribuinte; (Incluído pela Emenda Constitucional n° 132, de 2023)

Basicamente o comprador da mercadoria ou serviços, quando efetua o pagamento, irá recolher separado o imposto incidente na operação, e o vendedor receberá apenas o valor líquido que já foi deduzido do IBS e da CBS que incidem na operação, ficando o recebimento de créditos anteriores condicionado ao comitê gestor que ficará encarregado da conta corrente de débitos e créditos dos tributos. Os arts. 39 a 40 da referida lei destacam a possibilidade de ressarcimento integral ou parcial de créditos, caso o contribuinte apure saldo credor ao final do período de apuração dos tributos.

XXII – Criação do Comitê Gestor do IBS – tem a finalidade de gerir o IBS e a da CBS, dentro da regra de competência compartilhada, e sua competência para editar o regulamento na administração do IBS e da CBS encontra-se definida no art. 317 e sua instituição foi definida no art. 480 da LC n° 214/25:

Art. 480. *Fica instituído, até 31 de dezembro de 2025, o Comitê Gestor do Imposto sobre Bens e Serviços (CGIBS), entidade pública com caráter técnico e operacional sob regime especial, com sede e foro no Distrito Federal, dotado de independência técnica, administrativa, orçamentária e financeira.*

§ 1° O CGIBS, nos termos da Constituição Federal e desta Lei Complementar, terá sua atuação caracterizada pela ausência de vinculação, tutela ou subordinação hierárquica a qualquer órgão da administração pública.

§ 2° O regulamento único do IBS definirá o prazo máximo para a realização das atividades de cobrança administrativa, desde

que não superior a 12 (doze) meses, contado da constituição definitiva do crédito tributário, após o qual a administração tributária encaminhará o expediente à respectiva procuradoria, para as providências de cobrança judicial ou extrajudicial cabíveis, nos termos definidos no referido regulamento.

§ 3° O CGIBS, a Secretaria Especial da Receita Federal do Brasil e a Procuradoria-Geral da Fazenda Nacional poderão implementar soluções integradas para a futura administração e a cobrança do IBS e da CBS.

§ 4° As normas comuns ao IBS e à CBS constantes do regulamento único do IBS serão aprovadas por ato conjunto do CGIBS e do Poder Executivo federal.

§ 5° O regulamento único do IBS preverá regras uniformes de conformidade tributária, de orientação, de auto-regularização e de tratamento diferenciado a contribuintes que atendam a programas de conformidade do IBS estabelecidos pelos entes federativos.

§ 6° As licitações e as contratações realizadas pelo CGIBS serão regidas pelas normas gerais de licitação e contratação aplicáveis às administrações públicas diretas, autárquicas e fundacionais da União, dos Estados, do Distrito Federal e dos Municípios.

§ 7° O CGIBS observará o princípio da publicidade, mediante veiculação de seus atos normativos, preferencialmente por meio eletrônico, disponibilizado na internet.

XIII – O período de transição – será de 2026 até 2032, conforme os arts. 124 a 129 do ADCT, iniciando em 2026 com uma alíquota de 0,1% de IBS e 0,9% de CBS, que será compensada com os tributos atuais (art. 348, LC), porém, aumentando gradativamente ano após ano até a sua extinção em 2032. Para melhor entendimento, transcrevemos a seguir os artigos do ADCT:

Art. 124. A transição para os tributos previstos no art. 156-A e no art. 195, V, todos da Constituição Federal, atenderá aos critérios estabelecidos nos artigos 125 a 133 deste Ato das Disposições Constitucionais Transitórias. (Incluído pela Emenda Constitucional n° 132, de 2023)

Parágrafo único. A contribuição prevista no art. 195, V, será instituída pela mesma lei complementar de que trata o art. 156-A, ambos da Constituição Federal. (Incluído pela Emenda Constitucional n° 132, de 2023)

Art. 125. *Em 2026, o imposto previsto no art. 156-A será cobrado à alíquota estadual de 0,1% (um décimo por cento), e a contribuição prevista no art. 195, V, ambos da Constituição Federal, será cobrada à alíquota de 0,9% (nove décimos por cento). (Incluído pela Emenda Constitucional n° 132, de 2023)*

§ 1° O montante recolhido na forma do **caput** *será compensado com o valor devido das contribuições previstas no art. 195, I, "b", e IV, e da contribuição para o Programa de Integração Social a que se refere o art. 239, ambos da Constituição Federal. (Incluído pela Emenda Constitucional n° 132, de 2023)*

§ 2° Caso o contribuinte não possua débitos suficientes para efetuar a compensação de que trata o § 1°, o valor recolhido poderá ser compensado com qualquer outro tributo federal ou ser ressarcido em até 60 (sessenta) dias, mediante requerimento. (Incluído pela Emenda Constitucional n° 132, de 2023)

§ 3° A arrecadação do imposto previsto no art. 156-A da Constituição Federal decorrente do disposto no **caput** *deste artigo não observará as vinculações, repartições e destinações previstas na Constituição Federal, devendo ser aplicada, integral e sucessivamente, para: (Incluído pela Emenda Constitucional n° 132, de 2023)*

I – o financiamento do Comitê Gestor do Imposto sobre Bens e Serviços, nos termos do art. 156-B, § 2°, III, da Constituição Federal; (Incluído pela Emenda Constitucional n° 132, de 2023)

II – compor o Fundo de Compensação de Benefícios Fiscais ou Financeiro-Fiscais do imposto de que trata o art. 155, II, da Constituição Federal. (Incluído pela Emenda Constitucional n° 132, de 2023)

§ 4° Durante o período de que trata o **caput**, *os sujeitos passivos que cumprirem as obrigações acessórias relativas aos tributos referidos no* **caput** *poderão ser dispensados do seu*

recolhimento, nos termos de lei complementar. (Incluído pela Emenda Constitucional nº 132, de 2023)

Art. 126. *A partir de 2027: (Incluído pela Emenda Constitucional nº 132, de 2023)*

I – serão cobrados:

a) a contribuição prevista no art. 195, V, da Constituição Federal; (Incluído pela Emenda Constitucional nº 132, de 2023)

b) o imposto previsto no art. 153, VIII, da Constituição Federal; (Incluído pela Emenda Constitucional nº 132, de 2023)

II – serão extintas as contribuições previstas no art. 195, I, "b", e IV, e a contribuição para o Programa de Integração Social de que trata o art. 239, todos da Constituição Federal, desde que instituída a contribuição referida na alínea "a" do inciso I; (Incluído pela Emenda Constitucional nº 132, de 2023)

III – o imposto previsto no art. 153, IV, da Constituição Federal: (Incluído pela Emenda Constitucional nº 132, de 2023)

a) terá suas alíquotas reduzidas a zero, exceto em relação aos produtos que tenham industrialização incentivada na Zona Franca de Manaus, conforme critérios estabelecidos em lei complementar; e (Incluído pela Emenda Constitucional nº 132, de 2023)

b) não incidirá de forma cumulativa com o imposto previsto no art. 153, VIII, da Constituição Federal. (Incluído pela Emenda Constitucional nº 132, de 2023)

Art. 127. *Em 2027 e 2028, o imposto previsto no art. 156-A da Constituição Federal será cobrado à alíquota estadual de 0,05% (cinco centésimos por cento) e à alíquota municipal de 0,05% (cinco centésimos por cento). (Incluído pela Emenda Constitucional nº 132, de 2023)*

Parágrafo único. No período referido no **caput**, *a alíquota da contribuição prevista no art. 195, V, da Constituição Federal, será reduzida em 0,1 (um décimo) ponto percentual. (Incluído pela Emenda Constitucional nº 132, de 2023)*

Art. 128. *De 2029 a 2032, as alíquotas dos impostos previstos nos arts. 155, II, e 156, III, da Constituição Federal, serão fixadas nas seguintes proporções das alíquotas fixadas nas respectivas legislações: (Incluído pela Emenda Constitucional n° 132, de 2023)*

I – 9/10 (nove décimos), em 2029; (Incluído pela Emenda Constitucional n° 132, de 2023)

II – 8/10 (oito décimos), em 2030; (Incluído pela Emenda Constitucional n° 132, de 2023)

III – 7/10 (sete décimos), em 2031; (Incluído pela Emenda Constitucional n° 132, de 2023)

IV – 6/10 (seis décimos), em 2032. (Incluído pela Emenda Constitucional n° 132, de 2023)

§ 1° Os benefícios ou os incentivos fiscais ou financeiros relativos aos impostos previstos nos arts. 155, II, e 156, III, da Constituição Federal não alcançados pelo disposto no **caput** *deste artigo serão reduzidos na mesma proporção. (Incluído pela Emenda Constitucional n° 132, de 2023)*

§ 2° Os benefícios e incentivos fiscais ou financeiros referidos no art. 3° da Lei Complementar n° 160, de 7 de agosto de 2017, serão reduzidos na forma deste artigo, não se aplicando a redução prevista no § 2°-A do art. 3° da referida Lei Complementar. (Incluído pela Emenda Constitucional n° 132, de 2023)

§ 3° Ficam mantidos em sua integralidade, até 31 de dezembro de 2032, os percentuais utilizados para calcular os benefícios ou incentivos fiscais ou financeiros já reduzidos por força da redução das alíquotas, em decorrência do disposto no **caput***. (Incluído pela Emenda Constitucional n° 132, de 2023)*

Art. 129. *Ficam extintos, a partir de 2033, os impostos previstos nos arts. 155, II, e 156, III, da Constituição Federal. (Incluído pela Emenda Constitucional n° 132, de 2023)*

XIV – Manutenção dos incentivos do ICMS até 2032 – com redução proporcional a partir de 2029 e proibição da prorrogação

TRIBUTOS ESTADUAIS

de incentivos fiscais de ICMS além de 2032, conforme o art. 128, § 3°, ADCT.

XXV – A EC n° 132 inseriu no art. 43, § 4°, da CF – estabelecendo que, "Sempre que possível, a concessão dos incentivos regionais, a que se refere o § 2°, III, considerará critérios de sustentabilidade ambiental e redução das emissões de carbono".

XXVI – Competência compartilhada – a fiscalização, o lançamento e cobrança, e a representação administrativa e judicial relativos ao IBS serão realizados, no âmbito de suas respectivas competências, pelas administrações tributárias e procuradorias dos Estados, do Distrito Federal e dos Municípios.

XXVII – Competência para o STJ – a emenda constitucional inseriu no art. 105, I, *j*, da CF – os conflitos entre entes federativos, ou entre estes e o Comitê Gestor do Imposto sobre Bens e Serviços, relacionados aos tributos previstos nos arts. 156-A e 195, V.

XXVIII – ZFM – os benefícios constantes do art. 92-A do ADCT permanecerão mesmo com a implantação IBS e da CBS, portanto, ficam mantidas as hipóteses de incidência, suspensão, crédito presumido, redução a zero, de acordo com os arts. 441 a 457 da LC n° 214/25, ou seja, a) suspensão do IBS e da CBS nas importações de bens materiais por indústrias com incentivos, com conversão em isenção após cumprimento dos requisitos (art. 443, LC); b) redução a zero das alíquotas do IBS e da CBS nas operações fora da ZFM que destinem para ela bens industrializados de origem nacional (art. 445, LC), c) crédito presumido de IBS para o contribuinte da ZFM em relação à aquisição de bens contemplados pela redução de alíquota (art. 447, LC); d) redução a zero das alíquotas do IBS e da CBS nas operações em que uma indústria incentivada na ZFM fornece bens intermediários para outra indústria incentivada da mesma área (art. 448, LC); e) crédito presumido de IBS para a indústria de bens finais na ZFM que adquire bens intermediários com a redução de alíquotas no item anterior (art. 449, LC); f) crédito presumido do IBS e da CBS nas vendas de bens finais produzidos na ZFM para indústrias incentivadas (art. 450, LC).

XXIX – Das áreas de livre-comércio – os benefícios constantes do art. 92-A do ADCT permanecerão mesmo com a implantação do IBS e da CBS, portanto, ficam mantidas as hipóteses de incidência, suspensão, crédito presumido, redução a zero, de acordo com os arts. 458 a 474 da LC nº 214/25.

15.4.2 FNDR

A EC nº 132/23 inseriu no **art. 159-A** a instituição do FNDR com o objetivo de reduzir as desigualdades regionais e sociais, nos termos do art. 3º, III, **mediante a entrega de recursos da União aos Estados e ao Distrito Federal para:**

> *I – realização de estudos, projetos e obras de infraestrutura;*
>
> *II – fomento a atividades produtivas com elevado potencial de geração de emprego e renda, incluindo a concessão de subvenções econômicas e financeiras; e*
>
> *III – promoção de ações com vistas ao desenvolvimento científico e tecnológico e à inovação.*
>
> *§ 1º É vedada a retenção ou qualquer restrição ao recebimento dos recursos de que trata o caput.*
>
> *§ 2º Na aplicação dos recursos de que trata o caput, os Estados e o Distrito Federal priorizarão projetos que prevejam ações de sustentabilidade ambiental e redução das emissões de carbono.*
>
> *§ 3º Observado o disposto neste art., caberá aos Estados e ao Distrito Federal a decisão quanto à aplicação dos recursos de que trata o caput.*
>
> *§ 4º Os recursos de que trata o caput serão entregues aos Estados e ao Distrito Federal de acordo com coeficientes individuais de participação, calculados com base nos seguintes indicadores e com os seguintes pesos:*
>
> *I – população do Estado ou do Distrito Federal, com peso de 30% (trinta por cento);*

TRIBUTOS ESTADUAIS

II – coeficiente individual de participação do Estado ou do Distrito Federal nos recursos de que trata o art. 159, I, "a", da Constituição Federal, com peso de 70% (setenta por cento).

§ 5º O Tribunal de Contas da União será o órgão responsável por regulamentar e calcular os coeficientes individuais de participação de que trata o § 4º.

15.4.3 Comitê Gestor do IBS – CGIBS

O art. 156-B da EC nº 132/23 criou o Comitê Gestor do IBS, que tem como finalidade gerir o IBS e a CBS, entidade pública com independência técnica, porém, dependendo de lei complementar para sua implementação.

Referido artigo destaca a competência do Comitê como:

Art. 156-B. Os Estados, o Distrito Federal e os Municípios exercerão de forma integrada, exclusivamente por meio do Comitê Gestor do Imposto sobre Bens e Serviços, nos termos e limites estabelecidos nesta Constituição e em lei complementar, as seguintes competências administrativas relativas ao imposto de que trata o art. 156-A: <u>(Incluído pela Emenda Constitucional nº 132, de 2023)</u>

I – editar regulamento único e uniformizar a interpretação e a aplicação da legislação do imposto; <u>(Incluído pela Emenda Constitucional nº 132, de 2023)</u>

II – arrecadar o imposto, efetuar as compensações e distribuir o produto da arrecadação entre Estados, Distrito Federal e Municípios; <u>(Incluído pela Emenda Constitucional nº 132, de 2023)</u>

III – decidir o contencioso administrativo. <u>(Incluído pela Emenda Constitucional nº 132, de 2023)</u>

A LC nº 214/25 também destaca a atuação do Comitê Gestor no art. 480:

Art. 480. *Fica instituído, até 31 de dezembro de 2025, o Comitê Gestor do Imposto sobre Bens e Serviços (CGIBS), entidade pública com caráter técnico e operacional sob regime especial, com sede e foro no Distrito Federal, dotado de independência técnica, administrativa, orçamentária e financeira.*

§ 1º O CGIBS, nos termos da Constituição Federal e desta Lei Complementar, terá sua atuação caracterizada pela ausência de vinculação, tutela ou subordinação hierárquica a qualquer órgão da administração pública.

§ 2º O regulamento único do IBS definirá o prazo máximo para a realização das atividades de cobrança administrativa, desde que não superior a 12 (doze) meses, contado da constituição definitiva do crédito tributário, após o qual a administração tributária encaminhará o expediente à respectiva procuradoria, para as providências de cobrança judicial ou extrajudicial cabíveis, nos termos definidos no referido regulamento.

§ 3º O CGIBS, a Secretaria Especial da Receita Federal do Brasil e a Procuradoria-Geral da Fazenda Nacional poderão implementar soluções integradas para a futura administração e a cobrança do IBS e da CBS.

§ 4º As normas comuns ao IBS e à CBS constantes do regulamento único do IBS serão aprovadas por ato conjunto do CGIBS e do Poder Executivo federal.

§ 5º O regulamento único do IBS preverá regras uniformes de conformidade tributária, de orientação, de autorregularização e de tratamento diferenciado a contribuintes que atendam a programas de conformidade do IBS estabelecidos pelos entes federativos.

§ 6º As licitações e as contratações realizadas pelo CGIBS serão regidas pelas normas gerais de licitação e contratação aplicáveis às administrações públicas diretas, autárquicas e fundacionais da União, dos Estados, do Distrito Federal e dos Municípios.

TRIBUTOS ESTADUAIS

§ 7° O CGIBS observará o princípio da publicidade, mediante veiculação de seus atos normativos, preferencialmente por meio eletrônico, disponibilizado na internet.

Em síntese, destacamos as principais características do Comitê que irão constituir o Conselho Superior – CGIBS:

a) Composto por 27 membros e respectivos suplentes representados por cada Estado e Distrito Federal, que serão indicados pelo Chefe do Poder Executivo de cada Estado e Distrito Federal.

b) Composto por 27 membros e respectivos suplentes representando os Muncípios e o Distrito Federal, que serão indicados pelos Chefes do Poder Executivo dos Municípios e do Distrito Federal da seguinte forma: 14 representantes com base nos votos de cada Município e do Distrito Federal, com valor igual para todos, e 13 representantes com base nos votos de cada Município e do Distrito Federal, ponderados pelas respecitvas populações.

c) A presidência será alternada entre o conjunto de Estados e Municípios.

d) Arrecadar os impostos, efetuar as compensações, o recolhimento, as devoluções, e distribuir o produto arrecadado entre Estados, Municípios e Distrito Federal.

e) Editar regulamento único e uniformizar a interpretação e a aplicação da legislação dos impostos.

f) O comitê será financiado por percentual do produto da arrecadação.

g) Decide o contencioso administrativo.

h) Possibilidade de implantação do pagamento direto.

i) Fiscalização, lançamento, cobrança e representação administrativa e judicial.

15.4.4 Devolução do IBS e da CBS ao Turista Estrangeiro

A LC nº 214/25, em seu art. 471, prevê a devolução do IBS e da CBS para o turista estrangeiro sobre os bens adquiridos em território nacional durante sua permanência, que não pode ser superior a 90 dias – devolução esta que será efetuada na sua saída via aérea ou marítima.

16 TRIBUTOS MUNICIPAIS

O presente item tem como finalidade descrever de forma objetiva e genérica os principais tributos municipais e do Distrito Federal, definindo de forma objetiva o conceito, a fundamentação legal, a base de cálculo e as alíquotas.

Evidente que a EC nº 132/23 e LC nº 214/25 promoveram alterações na legislação do ISS, além das alterações do IPTU, as quais serão descritas a seguir, assim como a criação da Contribuição para Custeio dos Serviços de Iluminação e Sistemas de Monitoramento de Segurança e Preservação de Logradouros Públicos.

O leitor deverá levar em consideração as diferenças existentes na legislação dos diversos municípios (5.570) brasileiros integrantes da Federação.

16.1 ITBI

O art. 156, inciso II, da CF determina que compete aos municípios instituir imposto sobre transmissão de bens *inter vivos*, a qualquer título, por ato oneroso, de bens imóveis, por natureza ou acessão física, e de direitos reais sobre imóveis, exceto os de garantia, bem como cessão de direitos a sua aquisição. Compete ao município da situação do bem (Martins, 2005, p. 293).

A CF, no inciso II, § 2° do art. 156, destaca uma exceção na incidência do ITBI:

> Não incide sobre a transmissão de bens ou direitos incorporados ao patrimônio de pessoa jurídica em integralização de capital social, nem sobre a transmissão de bens ou direitos decorrentes de fusão, incorporação, cisão ou extinção de pessoa

Manual de Direito Tributário e Financeiro Aplicado

> *jurídica, salvo se, nesses casos, a atividade preponderante do adquirente for a compra e venda desses bens ou direitos, locação de bens imóveis ou arrendamento mercantil.*

A base de cálculo do ITBI teoricamente é o valor da transação imobiliária, porém, a alíquota desse imposto não mais se sujeita ao limite máximo a ser estabelecido pelo Senado Federal, entretanto, seguindo os princípios da anterioridade e da cumulatividade, como ocorria no sistema constitucional antecedente (Harada, 2016, p. 499).

Nesse sentido:

> *O município é livre para estabelecer alíquotas que bem entender. Poderá, também, estatuir alíquotas progressivas em razão da variação do valor venal, com base no salutar dispositivo programático do § 1º do art. 145 CF. Realmente, se o município pode tributar com 2%, por exemplo, nada o impede de graduar essa tributação segundo a capacidade contributiva de cada um, estabelecendo alíquotas progressivas de 0,50%, 0,80% e 2,0%, de conformidade com as faixas do valor venal dos imóveis, conferindo caráter pessoal a esse imposto (Harada, 2016, p. 500).*

> *No município de São Paulo o ITBI é regido pela Lei Municipal nº 11.154/91, com alterações inseridas pela Lei nº 16.098/14, e a alíquota é de 3%.*

Especificamente no caso do município de São Paulo, destacamos os arts. 7º e 10 da referida lei:

> *Art. 7º Para fins de lançamento do Imposto, a base de cálculo é o valor venal dos bens ou direitos transmitidos, assim considerado o valor pelo qual o bem ou direito seria negociado à vista, em condições normais de mercado. (Redação dada pela Lei nº 14.256/2006)*

> *§ 1º Não serão abatidas do valor venal quaisquer dívidas que onerem o imóvel transmitido. (Redação dada pela Lei nº 14.256/2006)*

TRIBUTOS MUNICIPAIS

§ 2° Nas cessões de direitos à aquisição, o valor ainda não pago pelo cedente será deduzido da base de cálculo. (Redação dada pela Lei n° 14.256/2006)

Art. 7°-A A Secretaria Municipal de Finanças tornará públicos os valores venais atualizados dos imóveis inscritos no Cadastro Imobiliário Fiscal do Município de São Paulo. (Incluído pela Lei n° 14.256/2006)

Parágrafo único. A Secretaria Municipal de Finanças deverá estabelecer a forma de publicação dos valores venais a que se refere o caput deste artigo. (Incluído pela Lei n° 14.256/2006)

Art. 7°-B Caso não concorde com a base de cálculo do imposto divulgada pela Secretaria Municipal de Finanças, nos termos de regulamentação própria, o contribuinte poderá requerer avaliação especial do imóvel, apresentando os dados da transação e os fundamentos do pedido, na forma prevista em portaria da Secretaria Municipal de Finanças, que poderá, inclusive, viabilizar a formulação do pedido por meio eletrônico. (Incluído pela Lei n° 14.256/2006)

Art. 10. O imposto será calculado: (Redação dada pela Lei n° 15.891/2013)

I – nas transmissões de imóveis de até R$ 600.000,00 (seiscentos mil reais) compreendidas no Sistema Financeiro da Habitação – SFH, no Programa de Arrendamento Residencial – PAR e de Habitação de Interesse Social – HIS, bem como aquelas realizadas por meio de consórcios: (Redação dada pela Lei n° 17.719/2021 – **Vigência: a partir de 1° de janeiro de 2022 ou 90 (noventa) dias após a publicação da Lei n° 17.719/2021, o que ocorrer por último***)*

a) à razão de 0,5% (meio por cento) sobre o valor efetivamente financiado ou sobre o valor do crédito efetivamente utilizado para aquisição do imóvel, até o limite de R$ 100.000,00 (cem mil reais); (Redação dada pela Lei n° 17.719/2021 – **Vigência: a partir de 1° de janeiro de 2022 ou 90 (noventa) dias após a publicação da Lei n° 17.719/2021, o que ocorrer por último***)*

Manual de Direito Tributário e Financeiro Aplicado

b) pela aplicação da alíquota de 3% (três por cento) sobre o valor restante; (Redação dada pela Lei nº 16.098/2014)

II – nas demais transmissões, pela alíquota de 3% (três por cento). (Redação dada pela Lei nº 16.098/2014)

§ 1º Na hipótese prevista no inciso I do caput deste artigo, quando o valor da transação for superior ao limite nele fixado, o valor do imposto será determinado pela soma das parcelas estabelecidas em suas alíneas "a" e "b". (Redação dada pela Lei nº 15.891/2013)

§ 2º As importâncias fixas previstas neste artigo serão atualizadas na forma do disposto no art. 2º e parágrafo único da Lei nº 13.105, de 29 de dezembro de 2000; (Redação dada pela Lei nº 15.891/2013)

16.2 IPTU

A função do IPTU é tipicamente fiscal e segue o princípio da anterioridade tributária. Seu objetivo primordial é a obtenção de recursos financeiros para os Municípios (Machado, 2016, p. 406).

O FG do IPTU é a propriedade, o domínio útil ou a posse de bem imóvel por natureza ou acessão física, como definido na lei civil, localizado na zona urbana do Município (arts. 32, 33, 34, CTN, e 156, inciso I, CF).

O CTN define, em seus arts. 32 e seguintes, o conceito de propriedade urbana:

Art. 32. O imposto, de competência dos Municípios, sobre a propriedade predial e territorial urbana tem como fato gerador a propriedade, o domínio útil ou a posse de bem imóvel por natureza ou por acessão física, como definido na lei civil, localizado na zona urbana do Município.

§ 1º Para os efeitos deste imposto, entende-se como zona urbana a definida em lei municipal; observado o requisito mínimo da existência de melhoramentos indicados em pelo

TRIBUTOS MUNICIPAIS

menos 2 (dois) dos incisos seguintes, construídos ou mantidos pelo Poder Público:

I – meio-fio ou calçamento, com canalização de águas pluviais;

II – abastecimento de água;

III – sistema de esgotos sanitários;

IV – rede de iluminação pública, com ou sem posteamento para distribuição domiciliar;

V – escola primária ou posto de saúde a uma distância máxima de 3 (três) quilômetros do imóvel considerado.

§ 2° A lei municipal pode considerar urbanas as áreas urbanizáveis, ou de expansão urbana, constantes de loteamentos aprovados pelos órgãos competentes, destinados à habitação, à indústria ou ao comércio, mesmo que localizados fora das zonas definidas nos termos do parágrafo anterior.

Art. 33. A base do cálculo do imposto é o valor venal do imóvel.

Parágrafo único. Na determinação da base de cálculo, não se considera o valor dos bens móveis mantidos, em caráter permanente ou temporário, no imóvel, para efeito de sua utilização, exploração, aformoseamento ou comodidade.

Art. 34. Contribuinte do imposto é o proprietário do imóvel, o titular do seu domínio útil, ou o seu possuidor a qualquer título.

Classificam-se os imóveis da seguinte forma: a) por natureza; b) por acessão física; c) por acessão intelectual; d) por disposição de lei.

Imóvel por natureza é o solo com sua superfície, os acessórios e as adjacências naturais, compreendendo as árvores e os frutos pendentes, o espaço aéreo e o subsolo.

Imóvel por acessão física é tudo o que o homem incorporar de forma permanente ao solo, como a semente lançada à terra, os edifícios e construções. Acessão quer dizer aumento, justaposição, acréscimo ou aderência de uma coisa a outra.

Manual de Direito Tributário e Financeiro Aplicado

O proprietário tem o direito de usar, gozar e dispor (vender) de seus bens, como reavê-los de quem quer que injustamente os possua.

Possuidor é a pessoa que tem de fato o exercício, pleno, ou não, de algum dos poderes inerentes do domínio ou propriedade (Martins, 2005, p. 290).

A base de cálculo do imposto é o valor venal do imóvel, que é a importância obtida pela venda à vista do imóvel de acordo com as condições de mercado.

Importante destacar que a EC nº 132/23 inseriu no referido art. 156, § 1°, inciso III, da CF que o IPTU **"terá sua base de cálculo atualizada pelo Poder Executivo, conforme critérios estabelecidos em lei municipal"**. Portanto, entendemos que o município deverá criar uma lei com novas regras para que o Poder Executivo **atualize a base de cálculo do IPTU por meio de decreto** dos imóveis localizados em seu município.

O IPTU poderá ser progressivo, na forma do inciso II do § 4° do art. 182, da CF, em razão do valor do imóvel e de ter alíquotas diferentes de acordo com a localização e o uso do imóvel. O IPTU também pode ser progressivo em razão da localização e do uso. A conjunção é aditiva e não alternativa. Assim, o imposto não poderá ser progressivo apenas em razão da localização ou apenas do uso, mas dos dois elementos.

É facultado ao Poder Público municipal, mediante lei específica para área incluída no plano-diretor, exigir, nos termos da lei federal, do proprietário do solo urbano não edificado, subutilizado ou não utilizado, que promova seu adequado aproveitamento, sob pena, sucessivamente de (Martins, 2005, p. 291 e 292):

I – parcelamento ou edificação compulsórios;

II – IPTU progressivo no tempo;

III – desapropriação com pagamento mediante títulos da dívida pública de emissão previamente aprovada pelo Senado Federal, com prazo de resgate de até 10 anos, em parcelas anuais, iguais e sucessivas, assegurados o valor real da indenização e dos juros legais (art. 182, § 4°, CF).

16.3 ISS

Devido à EC nº 132/23 e à LC nº 214/25, que criou e regulamentou o IBS, que substitui o ICMS e o ISS, serão extintos totalmente os respectivos em 2033. No entanto, conforme os arts. 125 e 126 do ADCT, haverá um período de transição entre os antigos e os novos tributos, a partir de 2026 até 2032, quando o contribuinte irá realizar um recolhimento de forma gradual de 0,1% de IBS e 0,9% de CBS, que será compensado (abatido do pagamento) com os tributos atuais, porém subindo gradualmente até 2032.

As novas regras são idênticas para o ICMS e o ISS, tanto é que elas têm uma competência compartilhada, sendo o IBS administrado pelo Comitê Gestor.

Portanto, o ISS segue as mesmas regras do IBS; entretanto, não podemos deixar de descrever as regras atuais que ainda se encontram em vigência e devem seguir até a extinção do ISS e do ICMS.

O Município poderá exigir o ISS não compreendido no ICMS, definido na LC nº 116/2003 – alterada pela LC nº 157/16 – e no art. 156, inciso III, CF.

O STF entende que a lista de serviços é taxativa, e não meramente exemplificativa. Apenas os serviços constantes da lista é que podem ser tributados pelo ISS.

Em relação ao ISS, cabe à lei complementar excluir da incidência do imposto exportações de serviços para o exterior.

O FG do ISS é a prestação de serviços constantes da lista anexa à LC nº 116/2003, ainda que esses não se constituam como atividade preponderante do prestador (art. 1° da LC nº 116/03). Mesmo que o prestador de serviços venda mercadorias ou produza bens, que são suas atividades preponderantes, se prestar serviços, deverá pagar o ISS.

O art. 3° da LC nº 116, alterado pela LC nº 157/17, define o local onde o ISS deverá ser recolhido pelo prestador de serviços:

Art. 3º O serviço considera-se prestado, e o imposto, devido, no local do estabelecimento prestador ou, na falta do estabelecimento, no local do domicílio do prestador, exceto nas hipóteses previstas nos incisos I a XXV, quando o imposto será devido no local: (Redação dada pela Lei Complementar nº 157, de 2016) (Vide ADIN 3.142)

I – do estabelecimento do tomador ou intermediário do serviço ou, na falta de estabelecimento, onde ele estiver domiciliado, na hipótese do § 1º do art. 1º desta Lei Complementar;

II – da instalação dos andaimes, palcos, coberturas e outras estruturas, no caso dos serviços descritos no subitem 3.05 da lista anexa;

III – da execução da obra, no caso dos serviços descritos no subitem 7.02 e 7.19 da lista anexa;

IV – da demolição, no caso dos serviços descritos no subitem 7.04 da lista anexa;

V – das edificações em geral, estradas, pontes, portos e congêneres, no caso dos serviços descritos no subitem 7.05 da lista anexa;

VI – da execução da varrição, coleta, remoção, incineração, tratamento, reciclagem, separação e destinação final de lixo, rejeitos e outros resíduos quaisquer, no caso dos serviços descritos no subitem 7.09 da lista anexa;

VII – da execução da limpeza, manutenção e conservação de vias e logradouros públicos, imóveis, chaminés, piscinas, parques, jardins e congêneres, no caso dos serviços descritos no subitem 7.10 da lista anexa;

VIII – da execução da decoração e jardinagem, do corte e poda de árvores, no caso dos serviços descritos no subitem 7.11 da lista anexa;

IX – do controle e tratamento do efluente de qualquer natureza e de agentes físicos, químicos e biológicos, no caso dos serviços descritos no subitem 7.12 da lista anexa;

X – (VETADO)

TRIBUTOS MUNICIPAIS

XI – (VETADO)

XII – do florestamento, reflorestamento, semeadura, adubação, reparação de solo, plantio, silagem, colheita, corte, descascamento de árvores, silvicultura, exploração florestal e serviços congêneres indissociáveis da formação, manutenção e colheita de florestas para quaisquer fins e por quaisquer meios; (Redação dada pela Lei Complementar n° 157, de 2016)

XIII – da execução dos serviços de escoramento, contenção de encostas e congêneres, no caso dos serviços descritos no subitem 7.17 da lista anexa;

XIV – da limpeza e dragagem, no caso dos serviços descritos no subitem 7.18 da lista anexa;

XV – onde o bem estiver guardado ou estacionado, no caso dos serviços descritos no subitem 11.01 da lista anexa;

XVI – dos bens, dos semoventes ou do domicílio das pessoas vigiados, segurados ou monitorados, no caso dos serviços descritos no subitem 11.02 da lista anexa; (Redação dada pela Lei Complementar n° 157, de 2016)

XVII – do armazenamento, depósito, carga, descarga, arrumação e guarda do bem, no caso dos serviços descritos no subitem 11.04 da lista anexa;

XVIII – da execução dos serviços de diversão, lazer, entretenimento e congêneres, no caso dos serviços descritos nos subitens do item 12, exceto o 12.13, da lista anexa;

XIX – do Município onde está sendo executado o transporte, no caso dos serviços descritos pelo item 16 da lista anexa; (Redação dada pela Lei Complementar n° 157, de 2016)

XX – do estabelecimento do tomador da mão de obra ou, na falta de estabelecimento, onde ele estiver domiciliado, no caso dos serviços descritos pelo subitem 17.05 da lista anexa;

XXI – da feira, exposição, congresso ou congênere a que se referir o planejamento, organização e administração, no caso dos serviços descritos pelo subitem 17.10 da lista anexa;

XXII – do porto, aeroporto, ferroporto, terminal rodoviário, ferroviário ou metroviário, no caso dos serviços descritos pelo item 20 da lista anexa.

XXIII – do domicílio do tomador dos serviços dos subitens 4.22, 4.23 e 5.09; (Incluído pela Lei Complementar n° 157, de 2016)

XXIV – do domicílio do tomador do serviço no caso dos serviços prestados pelas administradoras de cartão de crédito ou débito e demais descritos no subitem 15.01; (Incluído pela Lei Complementar n° 157, de 2016)

XXV – do domicílio do tomador do serviço do subitem 15.09. (Redação dada pela Lei Complementar n° 175, de 2020)

§ 1° No caso dos serviços a que se refere o subitem 3.04 da lista anexa, considera-se ocorrido o fato gerador e devido o imposto em cada Município em cujo território haja extensão de ferrovia, rodovia, postes, cabos, dutos e condutos de qualquer natureza, objetos de locação, sublocação, arrendamento, direito de passagem ou permissão de uso, compartilhado ou não. (Vide ADIN 3.142)

§ 2° No caso dos serviços a que se refere o subitem 22.01 da lista anexa, considera-se ocorrido o fato gerador e devido o imposto em cada Município em cujo território haja extensão de rodovia explorada.

§ 3° Considera-se ocorrido o fato gerador do imposto no local do estabelecimento prestador nos serviços executados em águas marítimas, excetuados os serviços descritos no subitem 20.01.

§ 4° Na hipótese de descumprimento do disposto no caput ou no § 1°, ambos do art. 8°-A desta Lei Complementar, o imposto será devido no local do estabelecimento do tomador ou intermediário do serviço ou, na falta de estabelecimento, onde ele estiver domiciliado. (Incluído pela Lei Complementar n° 157, de 2016)

§ 5° Ressalvadas as exceções e especificações estabelecidas nos §§ 6° a 12 deste artigo, considera-se tomador dos serviços referidos nos incisos XXIII, XXIV e XXV do caput deste artigo

o contratante do serviço e, no caso de negócio jurídico que envolva estipulação em favor de unidade da pessoa jurídica contratante, a unidade em favor da qual o serviço foi estipulado, sendo irrelevantes para caracterizá-la as denominações de sede, filial, agência, posto de atendimento, sucursal, escritório de representação ou contato ou quaisquer outras que venham a ser utilizadas. *(Incluído pela Lei Complementar nº 175, de 2020)*

§ 6º No caso dos serviços de planos de saúde ou de medicina e congêneres, referidos nos subitens 4.22 e 4.23 da lista de serviços anexa a esta Lei Complementar, o tomador do serviço é a pessoa física beneficiária vinculada à operadora por meio de convênio ou contrato de plano de saúde individual, familiar, coletivo empresarial ou coletivo por adesão. *(Incluído pela Lei Complementar nº 175, de 2020)*

§ 7º Nos casos em que houver dependentes vinculados ao titular do plano, será considerado apenas o domicílio do titular para fins do disposto no § 6º deste artigo. *(Incluído pela Lei Complementar nº 175, de 2020)*

§ 8º No caso dos serviços de administração de cartão de crédito ou débito e congêneres, referidos no subitem 15.01 da lista de serviços anexa a esta Lei Complementar, prestados diretamente aos portadores de cartões de crédito ou débito e congêneres, o tomador é o primeiro titular do cartão. *(Incluído pela Lei Complementar nº 175, de 2020)*

§ 9º O local do estabelecimento credenciado é considerado o domicílio do tomador dos demais serviços referidos no subitem 15.01 da lista de serviços anexa a esta Lei Complementar relativos às transferências realizadas por meio de cartão de crédito ou débito, ou a eles conexos, que sejam prestados ao tomador, direta ou indiretamente, por: *(Incluído pela Lei Complementar nº 175, de 2020)*

I – bandeiras; *(Incluído pela Lei Complementar nº 175, de 2020)*

II – credenciadoras; ou *(Incluído pela Lei Complementar nº 175, de 2020)*

III – emissoras de cartões de crédito e débito. (Incluído pela Lei Complementar n° 175, de 2020)

§ 10 No caso dos serviços de administração de carteira de valores mobiliários e dos serviços de administração e gestão de fundos e clubes de investimento, referidos no subitem 15.01 da lista de serviços anexa a esta Lei Complementar, o tomador é o cotista. (Incluído pela Lei Complementar n° 175, de 2020)

§ 11 No caso dos serviços de administração de consórcios, o tomador de serviço é o consorciado. (Incluído pela Lei Complementar n° 175, de 2020)

§ 12 No caso dos serviços de arrendamento mercantil, o tomador do serviço é o arrendatário, pessoa física ou a unidade beneficiária da pessoa jurídica, domiciliado no País, e, no caso de arrendatário não domiciliado no País, o tomador é o beneficiário do serviço no País. (Incluído pela Lei Complementar n° 175, de 2020)

O ISS **não incide** sobre: locação, serviços de telecomunicações e transportes interestaduais e intermunicipais, e o próprio trabalho (CLT).

O imposto também **incide sobre o serviço proveniente do exterior** do país ou cuja prestação se tenha iniciado no exterior do país.

A base de cálculo é o preço do serviço, e a alíquota máxima fixada para o imposto é de 5%. Foi, assim, fixada a alíquota máxima, e podem os Municípios, por meio de lei ordinária, fixar alíquota inferior.

A LC n° 157/16 determinou que a alíquota mínima do ISS seja de 2% (Martins, 2005, p. 299).[81] Ver EC n° 37, art. 88, que fixa alíquota máxima e mínima do ISS – art. 156, § 3°, CF.

Considera-se estabelecimento prestador o local onde o contribuinte desenvolve a atividade de prestar serviços, de modo permanente ou temporário, e que configure unidade econômica ou profissional, sendo irrelevantes para caracterizá-lo as denomina-

---

81   Ver a LC n° 157/16.

TRIBUTOS MUNICIPAIS

ções de sede, filial, agência, posto de atendimento, sucursal, escritório de representação ou contato ou quaisquer outras que venham a ser utilizados.[82]

Existem algumas exceções em diversas cidades do território nacional, onde os profissionais liberais prestadores de serviços, efetuam o recolhimento de um único valor fixo anual por profissional, que é diferente do valor proporcional que incide sobre o faturamento das empresas a quem prestam serviços.

16.4 CONTRIBUIÇÃO PARA CUSTEIO, EXPANSÃO E MELHORIA DO SERVIÇO DE ILUMINAÇÃO, SISTEMAS DE MONITORAMENTO PARA SEGURANÇA E PRESERVAÇÃO DE LOGRADOUROS PÚBLICOS

A EC nº 132/23, inovou criando referida contribuição para os Municípios e o Distrito Federal, porém, torna-se necessária a criação de lei municipal para que efetivamente a contribuição possa ser cobrada dos contribuintes, devendo obrigatoriamente seguir os princípios constitucionais tributários, ressaltando que a referida contribuição a partir de agora também inclui a expansão e a melhoria, além dos sistemas de monitoramento de segurança dos logradouros públicos.

Para melhor esclarecimento, a seguir transcrevemos o referido artigo da CF:

> *Art. 149-A. Os Municípios e o Distrito Federal poderão instituir contribuição, na forma das respectivas leis, para o custeio, a expansão e a melhoria do serviço de iluminação pública e de sistemas de monitoramento para segurança e preservação de logradouros públicos, observado o disposto no*

---

82   LC nº 116/2003, art. 4º.

art. 150, I e III. *(Redação dada pela Emenda Constitucional nº 132, de 2023)*

Parágrafo único. É facultada a cobrança da contribuição a que se refere o caput, na fatura de consumo de energia elétrica. (Incluído pela Emenda Constitucional nº 39, de 2002)

17 SIMPLES NACIONAL

Neste capítulo, será apresentado, de forma breve, o conceito da tributação do Simples Nacional que pode ser utilizado de forma facultativa pelas EPP, pelas ME, pelo MEI e pelo Nanoempreendedor. O Simples Nacional pode diminuir sensivelmente a carga tributária da pessoa jurídica, bem como reduzir a burocracia e o custo administrativo, o que efetivamente na prática não ocorreu, pois o elevado grau de complexidade da lei, aliado a sucessivas alterações, torna o sistema por diversas vezes impraticável.

É evidente que, em decorrência da EC nº 132/23, alterações devem ocorrer na presente sistemática do Simples Nacional, em que o contribuinte poderá opcionalmente adotar ou não optar pela sistemática de débito e crédito do IBS e da CBS, efetuando o RPA, além de outras alterações que foram introduzidas pela LC nº 214/25.

17.1 CONCEITO

A LC nº 123, de dezembro de 2006, instituiu o Estatuto da Microempresa e da Empresa de Pequeno Porte, revogando as Leis nºs 9.317/96 e 9.841/99, criando o denominado Simples Nacional a partir de julho de 2007, como também criou o que realiza a administração, que é o Comitê Gestor de Tributação das Microempresas e Empresas de Pequeno Porte – CGSN, criado pelo Decreto nº 6.038, de fevereiro de 2007. Referida lei foi alterada pelas LC nºs 127/07, 128/08, 133/09, 139/11, 147/15, 155/16, 168/19, com alterações recentes pela EC nº 132/23 e pela LC nº 214/25.

A Receita Federal do Brasil justifica a criação do regime simplificado para ME e EPP pelos seguintes motivos (Pêgas, 2014, p. 759 e 760):

a) Essas empresas possuem baixo potencial de arrecadação e, portanto, não devem ter um ônus excessivo nas atividades de controle exercidas pela administração.

b) A concessão de benefícios tributários diretos (redução da carga tributária) deve observar uma transição suave, de tal sorte a não criar descontinuidades acentuadas que induzam à prática de planejamento fiscal.

c) O regime simplificado destina-se a buscar um ambiente mais competitivo entre grandes e pequenas empresas, e não a conceder privilégios a determinado grupo. O ingresso no regime deve ser destinado exclusivamente aos setores econômicos que estão sujeitos à concorrência assimétrica em razão da dimensão da empresa. As atividades econômicas que, por natureza, se encontram pulverizadas e, portanto, não sofrem concorrência desigual, não devem ter acesso ao regime;

d) Dada a importância dessas empresas (geração de empregos, inovação tecnológica, competição no mercado etc.), o custo do cumprimento das obrigações tributárias para esse segmento deve ser minimizado, de modo a não comprometer sua sobrevivência.

e) A relação entre contribuinte e Estado, sempre que possível, deve ser única, a despeito da existência de distintos níveis de governo e administração tributária envolvida.

17.2 DA OPÇÃO PELO SIMPLES NACIONAL

A formalização da opção pelo Simples Nacional está prevista nos arts. 4° e 16, §§ 2° e 3° da LC nº 123/06, e é irretratável para todo o ano-calendário, devendo ser feita até o último dia útil do mês de janeiro de cada ano; porém, a partir de 2027, a LC nº 214/15, no seu **art. 517.** alterou o art. 16, § 2°, determinando que a opção deve ser realizada no mês de setembro até o último dia útil, produzindo efeitos a partir do primeiro dia do ano-calendário seguinte ao da opção, observando as regras do art. 18, § 3°, da referida lei, obedecendo à sistemática de tributação diferenciada conforme discriminado a seguir:

SIMPLES NACIONAL

Art. 18. O valor devido mensalmente pela microempresa ou empresa de pequeno porte optante pelo Simples Nacional será determinado mediante aplicação das alíquotas efetivas, calculadas a partir das alíquotas nominais constantes das tabelas dos Anexos I a V desta Lei Complementar, sobre a base de cálculo de que trata o § 3° deste artigo, observado o disposto no § 15 do art. 3°. (Redação dada pela Lei Complementar n° 155, de 2016)

§ 1° Para efeito de determinação da alíquota nominal, o sujeito passivo utilizará a receita bruta acumulada nos doze meses anteriores ao do período de apuração. (Redação dada pela Lei Complementar n° 155, de 2016)

§ 1°-A A alíquota efetiva é o resultado de RBT12xAliq-PD, em que: RBT12

I – RBT12: receita bruta acumulada nos doze meses anteriores ao período de apuração; (Incluído pela Lei Complementar n° 155, de 2016)

II – Aliq: alíquota nominal constante dos Anexos I a V desta Lei Complementar; (Incluído pela Lei Complementar n° 155, de 2016)

III – PD: parcela a deduzir constante dos Anexos I a V desta Lei Complementar. (Incluído pela Lei Complementar n° 155, de 2016) § 1°-B Os percentuais efetivos de cada tributo serão calculados a partir da alíquota efetiva, multiplicada pelo percentual de repartição constante dos Anexos I a V desta Lei Complementar, observando-se que: (Incluído pela Lei Complementar n° 155, de 2016)

I – o percentual efetivo máximo destinado ao ISS será de 5% (cinco por cento), transferindo-se eventual diferença, de forma proporcional, aos tributos federais da mesma faixa de receita bruta anual; (Incluído pela Lei Complementar n° 155, de 2016)

II – eventual diferença centesimal entre o total dos percentuais e a alíquota efetiva será transferida para o tributo com maior percentual de repartição na respectiva faixa de receita bruta. (Incluído pela Lei Complementar n° 155, de 2016)

§ 1°-C Na hipótese de transformação, extinção, fusão ou sucessão dos tributos referidos nos incisos IV e V do art. 13, serão mantidas as alíquotas nominais e efetivas previstas neste artigo e nos Anexos I a V desta Lei Complementar, e lei ordinária disporá sobre a repartição dos valores arrecadados para os tributos federais, sem alteração no total dos percentuais de repartição a eles devidos, e mantidos os percentuais de repartição destinados ao ICMS e ao ISS. (Incluído pela Lei Complementar n° 155, de 2016)

§ 2° Em caso de início de atividade, os valores de receita bruta acumulada constantes dos Anexos I a V desta Lei Complementar devem ser proporcionalizados ao número de meses de atividade no período. (Redação dada pela Lei Complementar n° 155, de 2016)

§ 3° Sobre a receita bruta auferida no mês incidirá a alíquota efetiva determinada na forma do caput e dos §§ 1°, 1°-A e 2° deste artigo, podendo tal incidência se dar, à opção do contribuinte, na forma regulamentada pelo Comitê Gestor, sobre a receita recebida no mês, sendo essa opção irretratável para todo o ano-calendário. (Redação dada pela Lei Complementar n° 155, de 2016)

§ 4° O contribuinte deverá considerar, destacadamente, para fim de pagamento, as receitas decorrentes da: (Redação dada pela Lei Complementar n° 147, de 2014)

I – revenda de mercadorias, que serão tributadas na forma do Anexo I desta Lei Complementar; (Redação dada pela Lei Complementar n° 147, de 2014)

II – venda de mercadorias industrializadas pelo contribuinte, que serão tributadas na forma do Anexo II desta Lei Complementar; (Redação dada pela Lei Complementar n° 147, de 2014)

III – prestação de serviços de que trata o § 5°-B deste artigo e dos serviços vinculados à locação de bens imóveis e corretagem de imóveis desde que observado o disposto no inciso XV do art. 17, que serão tributados na forma do Anexo III desta Lei Complementar; (Redação dada pela Lei Complementar n° 147, de 2014)

SIMPLES NACIONAL

IV – prestação de serviços de que tratam os §§ 5°-C a 5°-F e 5°-I deste artigo, que serão tributadas na forma prevista naqueles parágrafos; (Redação dada pela Lei Complementar n° 147, de 2014)

V – locação de bens móveis, que serão tributadas na forma do Anexo III desta Lei Complementar, deduzida a parcela correspondente ao ISS; (Redação dada pela Lei Complementar n° 147, de 2014)

VI – atividades com incidência simultânea de IPI e de ISS, que serão tributadas na forma do Anexo II desta Lei Complementar, deduzida a parcela correspondente ao ICMS e acrescida a parcela correspondente ao ISS prevista no Anexo III desta Lei Complementar; (Incluído pela Lei Complementar n° 147, de 2014)

VII – comercialização de medicamentos e produtos magistrais produzidos por manipulação de fórmulas: (Incluído pela Lei Complementar n° 147, de 2014)

a) sob encomenda para entrega posterior ao adquirente, em caráter pessoal, mediante prescrições de profissionais habilitados ou indicação pelo farmacêutico, produzidos no próprio estabelecimento após o atendimento inicial, que serão tributadas na forma do Anexo III desta Lei Complementar; (Incluído pela Lei Complementar n° 147, de 2014)

b) nos demais casos, quando serão tributadas na forma do Anexo I desta Lei Complementar. (Incluído pela Lei Complementar n° 147, de 2014)

§ 4°-A O contribuinte deverá segregar, também, as receitas: (Incluído pela Lei Complementar n° 147, de 2014)

I – decorrentes de operações ou prestações sujeitas à tributação concentrada em uma única etapa (monofásica), bem como, em relação ao ICMS, que o imposto já tenha sido recolhido por substituto tributário ou por antecipação tributária com encerramento de tributação; (Incluído pela Lei Complementar n° 147, de 2014)

II – sobre as quais houve retenção de ISS na forma do § 6° deste artigo e § 4° do art. 21 desta Lei Complementar, ou,

> *na hipótese do § 22-A deste artigo, seja devido em valor fixo ao respectivo município; (Incluído pela Lei Complementar n° 147, de 2014)*
>
> *III – sujeitas à tributação em valor fixo ou que tenham sido objeto de isenção ou redução de ISS ou de ICMS na forma prevista nesta Lei Complementar; (Incluído pela Lei Complementar n° 147, de 2014)*
>
> *IV – decorrentes da exportação para o exterior, inclusive as vendas realizadas por meio de comercial exportadora ou da sociedade de propósito específico prevista no art. 56 desta Lei Complementar; (Incluído pela Lei Complementar n° 147, de 2014)*
>
> *V – sobre as quais o ISS seja devido a Município diverso do estabelecimento prestador, quando será recolhido no Simples Nacional. (Incluído pela Lei Complementar n° 147, de 2014)*

A Resolução n° 140/18 do CGSN, artigos 16 a 20 regulamentou a forma de apurar os tributos devidos pelo contribuinte, possibilitando de maneira opcional, a sistemática do regime de caixa, ao invés do regime de competência, devendo esta opção ser exercida no mês de janeiro sendo irretratável para o respectivo ano. No entanto, essa opção pelo regime de caixa que atualmente encontra-se em vigor, deve receber alterações, pois o *Split Payment* e outras modificações legislativas a serem implementas pela reforma tributária devem influenciar a atual sistemática devido a forma de apuração do Simples Nacional.

A EC n° 132/23 alterou o art. 146, § 2°, da CF, e o art. 41, § 3°, da LC n° 214/25, possibilitando ao contribuinte a opção de recolher separadamente do regime único os tributos IBS (art. 156-A) e CBS (art. 195, V, da CF), de forma que o adquirente possa aproveitar os créditos.

Para aclarar o entendimento, transcrevemos o referido artigo:

> **Art. 146.** *(...)*
>
> *§ 2° É facultado ao optante pelo regime único de que trata o § 1° apurar e recolher os tributos previstos nos arts. 156-A e 195,*

SIMPLES NACIONAL

> *V, nos termos estabelecidos nesses artigos, hipótese em que as parcelas a eles relativas não serão cobradas pelo regime único. (Incluído pela Emenda Constitucional n° 132, de 2023)*

> *§ 3° Na hipótese de o recolhimento dos tributos previstos nos arts. 156-A e 195, V, ser realizado por meio do regime único de que trata o § 1°, enquanto perdurar a opção: (Incluído pela Emenda Constitucional n° 132, de 2023)*

> *I – não será permitida a apropriação de créditos dos tributos previstos nos arts. 156-A e 195, V, pelo contribuinte optante pelo regime único; e (Incluído pela Emenda Constitucional n° 132, de 2023)*

> *II – será permitida a apropriação de créditos dos tributos previstos nos arts. 156-A e 195, V, pelo adquirente não optante pelo regime único de que trata o § 1° de bens materiais ou imateriais, inclusive direitos, e de serviços do optante, em montante equivalente ao cobrado por meio do regime único. (Incluído pela Emenda Constitucional n° 132, de 2023)*

Complementando o entendimento, a LC n° 214/25, em seu art. 41, destaca as referidas normas:

> *Art. 41. O regime regular do IBS e da CBS compreende todas as regras de incidência e de apuração previstas nesta Lei Complementar, incluindo aquelas aplicáveis aos regimes diferenciados e aos regimes específicos.*

> *§ 1° Fica sujeito ao regime regular do IBS e da CBS de que trata esta Lei Complementar o contribuinte que não realizar a opção pelo Simples Nacional ou pelo MEI, de que trata a Lei Complementar n° 123, de 14 de dezembro de 2006.*

> *§ 2° Os contribuintes optantes pelo Simples Nacional ou pelo MEI ficam sujeitos às regras desses regimes.*

> *§ 3° Os optantes pelo Simples Nacional poderão exercer a opção de apurar e recolher o IBS e a CBS pelo regime regular, hipótese na qual o IBS e a CBS serão apurados e recolhidos conforme o disposto nesta Lei Complementar.*

§ 4° A opção a que se refere o § 3° será exercida nos termos da Lei Complementar n° 123, de 14 de dezembro de 2006.

§ 5° É vedado ao contribuinte do Simples Nacional ou ao contribuinte que venha a fazer a opção por esse regime retirar-se do regime regular do IBS e da CBS caso tenha recebido ressarcimento de créditos desses tributos no ano-calendário corrente ou anterior, nos termos do art. 39 desta Lei Complementar.

§ 6° Aplica-se o disposto no § 5° deste artigo, em relação às demais hipóteses em que a pessoa física, pessoa jurídica ou entidade sem personalidade jurídica exerça a opção facultativa pela condição de contribuinte sujeito ao regime regular, nos casos previstos nesta Lei Complementar.

17.3 NÃO PODEM OPTAR PELO SIMPLES NACIONAL

Basicamente as empresas que faturam anualmente mais de R$ 4.800.000,00, e que sejam obrigadas a sistemática do lucro real, que possuam débitos com a RFB, que possuam sócios residentes no exterior. No entanto, a lista é extensa, para tanto, detalhamos a seguir os arts. 3°, inciso II, §§ 2° e 4°, e 17 da LC n° 123/06, que descrevem todas as restrições:

Art. 3° Para os efeitos desta Lei Complementar, consideram-se microempresas ou empresas de pequeno porte, a sociedade empresária, a sociedade simples, a empresa individual de responsabilidade limitada e o empresário a que se refere o art. 966 da Lei n° 10.406, de 10 de janeiro de 2002 (Código Civil), devidamente registrados no Registro de Empresas Mercantis ou no Registro Civil de Pessoas Jurídicas, conforme o caso, desde que:I – no caso da microempresa, aufira, em cada ano-calendário, receita bruta igual ou inferior a R$ 360.000,00 (trezentos e sessenta mil reais); e

II – no caso de empresa de pequeno porte, aufira, em cada ano-calendário, receita bruta superior a R$ 360.000,00 (trezentos e sessenta mil reais) e igual ou inferior a R$ 4.800.000,00

SIMPLES NACIONAL

(quatro milhões e oitocentos mil reais). (Redação dada pela Lei Complementar n° 155, de 2016)

§ 1° Considera-se receita bruta, para fins do disposto no caput, o produto da venda de bens e serviços nas operações de conta própria, o preço dos serviços prestados, o resultado nas operações em conta alheia e as demais receitas da atividade ou objeto principal das microempresas ou das empresas de pequeno porte, não incluídas as vendas canceladas e os descontos incondicionais concedidos. (Redação dada pela Lei Complementar n° 214, de 2025)

§ 2° No caso de início de atividade no próprio ano-calendário, o limite a que se refere o caput deste artigo será proporcional ao número de meses em que a microempresa ou a empresa de pequeno porte houver exercido atividade, inclusive as frações de meses.

§ 3° O enquadramento do empresário ou da sociedade simples ou empresária como microempresa ou empresa de pequeno porte bem como o seu desenquadramento não implicarão alteração, denúncia ou qualquer restrição em relação a contratos por elas anteriormente firmados.

§ 4° Não poderá se beneficiar do tratamento jurídico diferenciado previsto nesta Lei Complementar, incluído o regime de que trata o art. 12 desta Lei Complementar, para nenhum efeito legal, a pessoa jurídica:

I – de cujo capital participe outra pessoa jurídica;

II – que seja filial, sucursal, agência ou representação, no País, de pessoa jurídica com sede no exterior;

III – de cujo capital participe pessoa física que seja inscrita como empresário ou seja sócia de outra empresa que receba tratamento jurídico diferenciado nos termos desta Lei Complementar, desde que a receita bruta global ultrapasse o limite de que trata o inciso II do caput deste artigo;

IV – cujo titular ou sócio participe com mais de 10% (dez por cento) do capital de outra empresa não beneficiada por esta Lei Complementar, desde que a receita bruta global ultrapasse o limite de que trata o inciso II do caput deste artigo;

V – cujo sócio ou titular de fato ou de direito seja administrador ou equiparado de outra pessoa jurídica com fins lucrativos, desde que a receita bruta global ultrapasse o limite de que trata o inciso II do caput; (Redação dada pela Lei Complementar nº 214, de 2025)

VI – constituída sob a forma de cooperativas, salvo as de consumo;

VII – que participe do capital de outra pessoa jurídica;

VIII – que exerça atividade de banco comercial, de investimentos e de desenvolvimento, de caixa econômica, de sociedade de crédito, financiamento e investimento ou de crédito imobiliário, de corretora ou de distribuidora de títulos, valores mobiliários e câmbio, de empresa de arrendamento mercantil, de seguros privados e de capitalização ou de previdência complementar;

IX – resultante ou remanescente de cisão ou qualquer outra forma de desmembramento de pessoa jurídica que tenha ocorrido em um dos 5 (cinco) anos-calendário anteriores;

X – constituída sob a forma de sociedade por ações.

XI – cujos titulares ou sócios guardem, cumulativamente, com o contratante do serviço, relação de pessoalidade, subordinação e habitualidade. (Incluído pela Lei Complementar nº 147, de 2014)

XII – que tenha filial, sucursal, agência ou representação no exterior. (Incluído pela Lei Complementar nº 214, de 2025)

§ 5º O disposto nos incisos IV e VII do § 4º deste artigo não se aplica à participação no capital de cooperativas de crédito, bem como em centrais de compras, bolsas de subcontratação, no consórcio referido no art. 50 desta Lei Complementar e na sociedade de propósito específico prevista no art. 56 desta Lei

SIMPLES NACIONAL

Complementar, e em associações assemelhadas, sociedades de interesse econômico, sociedades de garantia solidária e outros tipos de sociedade, que tenham como objetivo social a defesa exclusiva dos interesses econômicos das microempresas e empresas de pequeno porte.

§ 6° Na hipótese de a microempresa ou empresa de pequeno porte incorrer em alguma das situações previstas nos incisos do § 4°, será excluída do tratamento jurídico diferenciado previsto nesta Lei Complementar, bem como do regime de que trata o art. 12, com efeitos a partir do mês seguinte ao que incorrida a situação impeditiva.

Art. 17. Não poderão recolher os impostos e contribuições na forma do Simples Nacional a microempresa ou empresa de pequeno porte: _(Redação dada pela Lei Complementar n° 167, de 2019)_

I – que explore atividade de prestação cumulativa e contínua de serviços de assessoria creditícia, gestão de crédito, seleção e riscos, administração de contas a pagar e a receber, gerenciamento de ativos (asset management) ou compra de direitos creditórios resultantes de vendas mercantis a prazo ou de prestação de serviços (factoring) ou que execute operações de empréstimo, de financiamento e de desconto de títulos de crédito, exclusivamente com recursos próprios, tendo como contrapartes microempreendedores individuais, microempresas e empresas de pequeno porte, inclusive sob a forma de empresa simples de crédito; (Redação dada pela Lei Complementar n° 167, de 2019)

II – cujo titular ou sócio seja domiciliado no exterior; (Redação dada pela Lei Complementar n° 214, de 2025)

III – de cujo capital participe entidade da administração pública, direta ou indireta, federal, estadual ou municipal;

Manual de Direito Tributário e Financeiro Aplicado

V – que possua débito com o Instituto Nacional do Seguro Social – INSS, ou com as Fazendas Públicas Federal, Estadual ou Municipal, cuja exigibilidade não esteja suspensa;

VI – que preste serviço de transporte intermunicipal e interestadual de passageiros, exceto quando na modalidade fluvial ou quando possuir características de transporte urbano ou metropolitano ou realizar-se sob fretamento contínuo em área metropolitana para o transporte de estudantes ou trabalhadores; (Redação dada pela Lei Complementar n° 147, de 2014)

VII – que seja geradora, transmissora, distribuidora ou comercializadora de energia elétrica;

VIII – que exerça atividade de importação ou fabricação de automóveis e motocicletas;

IX – que exerça atividade de importação de combustíveis;

X – que exerça atividade de produção ou venda no atacado de:

a) cigarros, cigarrilhas, charutos, filtros para cigarros, armas de fogo, munições e pólvoras, explosivos e detonantes;

b) bebidas não alcoólicas a seguir descritas: (Redação dada pela Lei Complementar n° 155, de 2016)

4 – cervejas sem álcool;

c) bebidas alcoólicas, exceto aquelas produzidas ou vendidas no atacado por: (Incluído pela Lei Complementar n° 155, de 2016)

1. micro e pequenas cervejarias; (Incluído pela Lei Complementar n° 155, de 2016)

2. micro e pequenas vinícolas; (Incluído pela Lei Complementar n° 155, de 2016)

3. produtores de licores; (Incluído pela Lei Complementar n° 155, de 2016)

4. micro e pequenas destilarias; (Incluído pela Lei Complementar n° 155, de 2016)

XII – que realize cessão ou locação de mão-de-obra;

XIV – que se dedique ao loteamento e à incorporação de imóveis.

XV – que realize atividade de locação de imóveis próprios; (Redação dada pela Lei Complementar n° 214, de 2025)

XVI – com ausência de inscrição ou com irregularidade em cadastro fiscal federal, municipal ou estadual, quando exigível.

§ 1° As vedações relativas a exercício de atividades previstas no caput deste artigo não se aplicam às pessoas jurídicas que se dediquem exclusivamente às atividades referidas nos §§ 5°-B a 5°-E do art. 18 desta Lei Complementar, ou as exerçam em conjunto com outras atividades que não tenham sido objeto de vedação no caput deste artigo.

§ 2° Também poderá optar pelo Simples Nacional a microempresa ou empresa de pequeno porte que se dedique à prestação de outros serviços que não tenham sido objeto de vedação expressa neste artigo, desde que não incorra em nenhuma das hipóteses de vedação previstas nesta Lei Complementar.

§ 3° Vetado

§ 4° Na hipótese do inciso XVI do caput, deverá ser observado, para o MEI, o disposto no art. 4° desta Lei Complementar.

§ 5° As empresas que exerçam as atividades previstas nos itens da alínea c do inciso X do caput deste artigo deverão obrigatoriamente ser registradas no Ministério da Agricultura, Pecuária e Abastecimento e obedecerão também à regulamentação da Agência Nacional de Vigilância Sanitária e da Secretaria da Receita Federal do Brasil quanto à produção e à comercialização de bebidas alcoólicas. (Incluído pela Lei Complementar n° 155, de 2016)

17.4 TRIBUTOS UNIFICADOS NO SIMPLES NACIONAL

O objetivo do Simples Nacional é fazer com que o contribuinte efetue um único recolhimento mensal (DAS), aplicando-se um percentual estabelecido na lei, o qual inclui os seguintes tributos, descritos no art. 13 da LC nº 123/06:

I. IRPJ;

II. CSLL;

III. PIS;

IV. COFINS;

V. IPI;

VI. INSS Patronal – CPP (possui exceções, tal como as empresas que se dediquem às atividades referidas no art. 18, § 5°, c, da LC nº 123);

VII. ICMS (possui exceções);

VIII. ICMS Substituição tributária (possui exceções);

IX. ISS para empresas contribuintes destes impostos (possui exceções);

X. IBS;

XI. CBS.

A empresa inscrita no Simples Nacional continua desobrigada de efetuar o pagamento das contribuições para órgãos como SESC, SESI ou SEST, SENAC, SENAI ou SENAT, SEBRAE, INCRA, além do salário-educação. Essa isenção é prevista na LC nº 123/2006, art. 13, § 3°.

> *Entretanto, não estão compreendidos no documento de arrecadação do Simples Nacional o IOF, o II, o IE, o ITR, o IPTU, o IR sobe ganhos de capital e aplicações financeiras, o FGTS, o ICMS-ST, o PIS/COFINS e o IPI na Importação, entre outros, todavia, a lista é extensa, a seguir transcreve-*

SIMPLES NACIONAL

mos o art. 13, § 1°, da LC nº 123, que detalha todos os tributos não abrangidos pelo Simples Nacional:

§ 1° O recolhimento na forma deste artigo não exclui a incidência dos seguintes impostos ou contribuições, devidos na qualidade de contribuinte ou responsável, em relação aos quais será observada a legislação aplicável às demais pessoas jurídicas:

I – Imposto sobre Operações de Crédito, Câmbio e Seguro, ou Relativas a Títulos ou Valores Mobiliários – IOF;

II – Imposto sobre a Importação de Produtos Estrangeiros – II;

III – Imposto sobre a Exportação, para o Exterior, de Produtos Nacionais ou Nacionalizados – IE;

IV – Imposto sobre a Propriedade Territorial Rural – ITR;

V – Imposto de Renda, relativo aos rendimentos ou ganhos líquidos auferidos em aplicações de renda fixa ou variável;

VI – Imposto de Renda relativo aos ganhos de capital auferidos na alienação de bens do ativo permanente;

VII – Contribuição Provisória sobre Movimentação ou Transmissão de Valores e de Créditos e Direitos de Natureza Financeira – CPMF;

VIII – Contribuição para o Fundo de Garantia do Tempo de Serviço – FGTS;

IX – Contribuição para manutenção da Seguridade Social, relativa ao trabalhador;

X – Contribuição para a Seguridade Social, relativa à pessoa do empresário, na qualidade de contribuinte individual;

XI – Imposto de Renda relativo aos pagamentos ou créditos efetuados pela pessoa jurídica a pessoas físicas;

XII – Contribuição para o PIS/Pasep, Cofins e IPI incidentes na importação de bens e serviços;

XIII – ICMS devido:

a) nas operações sujeitas ao regime de substituição tributária, tributação concentrada em uma única etapa (monofásica) e sujeitas ao regime de antecipação do recolhimento do imposto com encerramento de tributação, envolvendo combustíveis e lubrificantes; energia elétrica; cigarros e outros produtos derivados do fumo; bebidas; óleos e azeites vegetais comestíveis; farinha de trigo e misturas de farinha de trigo; massas alimentícias; açúcares; produtos lácteos; carnes e suas preparações; preparações à base de cereais; chocolates; produtos de padaria e da indústria de bolachas e biscoitos; sorvetes e preparados para fabricação de sorvetes em máquinas; cafés e mates, seus extratos, essências e concentrados; preparações para molhos e molhos preparados; preparações de produtos vegetais; rações para animais domésticos; veículos automotivos e automotores, suas peças, componentes e acessórios; pneumáticos; câmaras de ar e protetores de borracha; medicamentos e outros produtos farmacêuticos para uso humano ou veterinário; cosméticos; produtos de perfumaria e de higiene pessoal; papéis; plásticos; canetas e malas; cimentos; cal e argamassas; produtos cerâmicos; vidros; obras de metal e plástico para construção; telhas e caixas d'água; tintas e vernizes; produtos eletrônicos, eletroeletrônicos e eletrodomésticos; fios; cabos e outros condutores; transformadores elétricos e reatores; disjuntores; interruptores e tomadas; isoladores; para-raios e lâmpadas; máquinas e aparelhos de ar-condicionado; centrifugadores de uso doméstico; aparelhos e instrumentos de pesagem de uso doméstico; extintores; aparelhos ou máquinas de barbear; máquinas de cortar o cabelo ou de tosquiar; aparelhos de depilar, com motor elétrico incorporado; aquecedores elétricos de água para uso doméstico e termômetros; ferramentas; álcool etílico; sabões em pó e líquidos para roupas; detergentes; alvejantes; esponjas; palhas de aço e amaciantes de roupas; venda de mercadorias pelo sistema porta a porta; nas operações sujeitas ao regime de substituição tributária pelas operações anteriores; e nas prestações de serviços sujeitas aos regimes de substituição tributária e de antecipação de recolhimento do imposto com encerramen-

SIMPLES NACIONAL

to de tributação; (Redação dada pela Lei Complementar n° 147, de 2014)

b) por terceiro, a que o contribuinte se ache obrigado, por força da legislação estadual ou distrital vigente;

c) na entrada, no território do Estado ou do Distrito Federal, de petróleo, inclusive lubrificantes e combustíveis líquidos e gasosos dele derivados, bem como energia elétrica, quando não destinados à comercialização ou industrialização;

d) por ocasião do desembaraço aduaneiro;

e) na aquisição ou manutenção em estoque de mercadoria desacobertada de documento fiscal;

f) na operação ou prestação desacobertada de documento fiscal;

g) nas operações com bens ou mercadorias sujeitas ao regime de antecipação do recolhimento do imposto, nas aquisições em outros Estados e Distrito Federal:

1. com encerramento da tributação, observado o disposto no inciso IV do § 4° do art. 18 desta Lei Complementar;

2. sem encerramento da tributação, hipótese em que será cobrada a diferença entre a alíquota interna e a interestadual, sendo vedada a agregação de qualquer valor;

h) nas aquisições em outros Estados e no Distrito Federal de bens ou mercadorias, não sujeitas ao regime de antecipação do recolhimento do imposto, relativo à diferença entre a alíquota interna e a interestadual;

XIV – ISS devido:

a) em relação aos serviços sujeitos à substituição tributária ou retenção na fonte;

b) na importação de serviços;

XV – demais tributos de competência da União, dos Estados, do Distrito Federal ou dos Municípios, não relacionados nos incisos anteriores. (Vide Lei Complementar n° 214, de 2025)

§ 1º-A Os valores repassados aos profissionais de que trata a Lei nº 12.592, de 18 de janeiro de 2012, contratados por meio de parceria, nos termos da legislação civil, não integrarão a receita bruta da empresa contratante para fins de tributação, cabendo ao contratante a retenção e o recolhimento dos tributos devidos pelo contratado. (Incluído pela Lei Complementar nº 155, de 2016)

§ 2º Observada a legislação aplicável, a incidência do imposto de renda na fonte, na hipótese do inciso V do § 1º deste artigo, será definitiva.

§ 3º As microempresas e empresas de pequeno porte optantes pelo Simples Nacional ficam dispensadas do pagamento das demais contribuições instituídas pela União, inclusive as contribuições para as entidades privadas de serviço social e de formação profissional vinculadas ao sistema sindical, de que trata o art. 240 da Constituição Federal, e demais entidades de serviço social autônomo.

17.5 LIMITES PARA ENQUADRAMENTO

Conforme estabelecido pelo art. 3º, incisos I e II, será considerada ME para fins tributários aquela com receita bruta anual até R$ 360.000,00 no ano anterior, e EPP a empresa com receita bruta anual superior a R$ 360.000,01 até R$ 3.600.000,00 no ano anterior.

De acordo com a LC nº 155/16, o limite de R$ 3.600.000,00 foi ampliado para R$ 4.800.000,00 a partir do ano 2018, e, para MEI, os arts. 18-A, § 1º, e 68 definem como pequeno empresário o empresário individual caracterizado como microempresa, microempreendedor individual[83] aquele que aufira receita bruta anual até R$ 81.000,00, a partir de 2018, e o nanoempreendedor, conforme o art. 18-A é aquele que tenha auferido receita bruta inferior a 50% do limite estabelecido para o MEI, conforme a LC nº 214/25.

---

83 Microempreendedor individual é a pessoa física que trabalha por conta própria e que se legaliza como pequeno empresário, sendo vedada sua participação em outra empresa, podendo ter um empregado que receba salário mínimo ou piso da categoria profissional.

SIMPLES NACIONAL

Nesse mesmo sentido, o art. 13-A da LC no 155/16, para efeito de recolhimento do ICMS e do ISS no Simples Nacional, estabelece que o limite máximo de que trata o inciso II do *caput* do art. 3° será de R$ 3.600.000,00.

A legislação define receita bruta como o produto da venda de bens e serviços nas operações de conta própria, o preço dos serviços prestados e o resultado nas operações em conta alheia, não incluídas as vendas canceladas e os descontos incondicionais concedidos.

A base de cálculo para apuração dos valores devidos no Simples Nacional é a receita bruta auferida no mês pela empresa. Sobre essa receita, incidirá a alíquota descrita nas novas tabelas do Simples Nacional.

Para determinação da alíquota, considera-se o faturamento total da empresa nos últimos 12 meses anteriores ao período de apuração.

17.6 PAGAMENTO MENSAL

A LC no 123/2006, art. 21, inciso III define que o prazo de pagamento do Simples Nacional será o último dia útil da primeira quinzena do mês seguinte ao mês de apuração; porém, de acordo com o regulamentado pelo Comitê Gestor do Simples Nacional, o pagamento atualmente ocorre no dia 20 do mês subsequente.

17.7 RECEITAS ALCANÇADAS PELO SIMPLES NACIONAL

Nos termos do art. 3°, inciso II, § 1°, o Simples Nacional tributa apenas a receita bruta da pessoa jurídica, ou seja, a venda de bens e serviços por conta própria, os serviços prestados e o resultado nas operações em conta alheia, não alcançando as demais receitas eventualmente obtidas, podendo ser excluídos da receita bruta as devoluções de vendas e as vendas canceladas, e os descontos incondicionais concedidos.

Não são incluídas no Simples Nacional as receitas financeiras em renda fixa ou variável, vendas canceladas, descontos incondicionais, IPI e ICMS-ST. Contudo, o IRRF sobre estas receitas será considerado como tributação definitiva, sendo tratado como despesa.

17.8 GANHOS DE CAPITAL

A tributação do ganho de capital será definitiva mediante a incidência da alíquota de 15% sobre a diferença positiva entre o valor de alienação e o custo de aquisição diminuído da depreciação e amortização acumulada, ainda que a ME ou a EPP não mantenha escrituração contábil desses lançamentos.

Caso a ME ou a EPP não tenha escrituração contábil, deverá comprovar, mediante documentação hábil e idônea, o valor e a data de aquisição do bem ou direito e demonstrar o cálculo da depreciação e amortização acumulada. A legislação esclarece ainda que os valores acrescidos em virtude de reavaliação somente poderão ser computados como parte integrante dos custos de aquisição dos bens e direitos se a empresa comprovar que os valores acrescidos foram computados na determinação da base de cálculo do imposto. O IR sobre o ganho de capital deverá ser pago até o último dia útil do mês subsequente ao da percepção dos ganhos (Pêgas, 2014, p. 763).

17.9 DISTRIBUIÇÃO DE LUCROS E IRRF SOBRE SERVIÇOS PRESTADOS

Os rendimentos distribuídos aos sócios das empresas inscritas no Simples Nacional são considerados isentos do imposto de renda na fonte e na declaração de ajuste do sócio da empresa no Simples Nacional, com exceção do pró-labore, dos aluguéis e dos serviços prestados nos termos do art. 14 da LC nº 123/06.

A pessoa jurídica que mantiver escrituração contábil com observância da legislação comercial e tributária poderá distribuir, com isenção de imposto, o lucro apurado contabilmente. Caso a empresa não tenha escrituração contábil, a isenção na distribuição de lucros está limitada ao valor resultante da aplicação dos percentuais para determinação do lucro presumido, de que trata o art. 15 da Lei nº 9.249/95, sobre a receita bruta mensal ou anual, subtraído somente o valor devido a título de Simples Nacional. O art. 6º, § 1º, da Resolução no 4, de 2007, alterado pela Resolução no 14, de 23.07.2007, mudou a base de cálculo do lucro isento na distribuição da lei complementar e manda subtrair somente o valor do IRPJ devido no Simples Nacional, em vez do valor devido a título de Simples Nacional (Higuchi; Higuchi; Higuchi, 2016, p. 99).

Vale ressaltar que a empresa inscrita no Simples Nacional fica desobrigada, exclusivamente para fins fiscais, da escrituração contábil, bastando escriturar o livro-caixa (controle da movimentação financeira) e o livro registro de inventário (controle de estoque).

Com referência à retenção de Imposto de Renda sobre serviços prestados as pessoas jurídicas optantes pelo Simples Nacional, por recolherem os impostos e as contribuições em um único documento de arrecadação emitido pela Receita Federal, não tem como compensar o IRRF. Por essa razão, não estão sujeitas à retenção do imposto sobre as receitas decorrentes de serviços prestados (Higuchi; Higuchi; Higuchi, 2016, p. 97).

Portanto, está dispensada a retenção do IRRF sobre as importâncias pagas ou creditadas a pessoa jurídica inscrita no Simples Nacional (IN nº 765, de 02.08.2007). A dispensa não se aplica aos rendimentos ou ganhos líquidos auferidos em aplicações de renda fixa ou variável.

Para melhor entendimento do tema, demonstramos abaixo um exemplo de cálculo de distribuição com base mensal de uma empresa **que não possui escrituração contábil**:

- Empresa comercial com receita bruta mensal no mês de julho de 2024 – R$ 100.000,00

- Percentual da alíquota do Lucro Presumido para Comércio – 8%

- A empresa encontra-se enquadrada na sétima faixa da tabela do Simples Nacional ano 2024 – comércio com a alíquota de 8,36%, (1.080,00 a 1.260.000,00), portanto, 0,39% destina-se ao IRPJ, conforme tabelas.

Tabela 17.1

APURAÇÃO DO IRPJ DEVIDO NO SIMPLES NACIONAL	CÁLCULO
RECEITA BRUTA DO MÊS DE JULHO DE 2024	R$ 100.000,00
(X) ALÍQUOTA DO IRPJ DA TABELA DO SIMPLES NACIONAL	0,39%
IRPJ DEVIDO NO SIMPLES NACIONAL	R$ 390,00

Fonte: Elaborado pelo autor, 2025.

Tabela 17.2

APURAÇÃO DO LUCRO MÁXIMO DISTRIBUÍVEL	CÁLCULO
RECEITA BRUTA DO MÊS DE JULHO DE 2024	R$ 100.000,00
(X) PERCENTUAL APLICÁVEL DO LUCRO PRESUMIDO PARA FINS DE APURAÇÃO	8%
(=) VALOR DO LUCRO PRESUMIDO	R$ 8.000,00
(-) IRPJ DEVIDO DO SIMPLES NACIONAL (TABELA ANTERIOR)	R$ 390,00
LUCRO MÁXIMO QUE PODE SER DISTRIBUÍDO COM ISENÇÃO DO IMPOSTO DE RENDA (R$ 8.000,00 – R$ 390,00)	R$ 7.610,00

Fonte: Elaborado pelo autor, 2025.

17.10 CÁLCULO DO SIMPLES NACIONAL

O cálculo do tributo devido no Simples Nacional é obtido por meio de tabelas definidas na LC nº 123/2006 e alterações supervenientes que levam em consideração a atividade desenvolvida pela empresa, portanto, para facilitar o entendimento da demonstração do cálculo a opção será apresentá-lo por segmento de atividade juntamente as tabelas, as quais seguem descritas.[84]

A seguir, são descritas as tabelas relativas à LC nº 155/16 que devem ser utilizadas pelo contribuinte até 2026, e, para os anos de

---

84 Disponível em: http://www.planalto.gov.br/ccivil_03/leis/LCP/Lcp123.htm. Acesso em: 09 jul. 2016.

SIMPLES NACIONAL

2027 e 2028, o contribuinte deverá seguir as tabelas com as substituições decorrentes dos anexos da LC nº 214/25.

Observa-se que as tabelas atuais possuem somente seis faixas, e o cálculo deve ser feito da seguinte maneira: receita anual total durante o ano multiplicada pela alíquota respectiva. Posteriormente é preciso subtrair o valor a ser descontado e dividir o valor final pela receita anual bruta total.

FÓRMULA: (RBT12 * Alíquota) – PD/RBT12

RTB12 = Receita Bruta total acumulada nos últimos 12 meses

Alíquota = Alíquota nominal constante das tabelas

PD = Parcela de dedução constante das tabelas

Anexo I do Simples Nacional 2018

Participantes: empresas de comércio (lojas em geral)

Alíquotas e Partilha do Simples Nacional – Comércio

Tabela 17.3

Receita Bruta em 12 Meses (em R$)		Alíquota	Valor a Deduzir (em R$)
1ª Faixa	Até 180.000,00	4,00%	-
2ª Faixa	De 180.000,01 a 360.000,00	7,30%	5.940,00
3ª Faixa	De 360.000,01 a 720.000,00	9,50%	13.860,00
4ª Faixa	De 720.000,01 a 1.800.000,00	10,70%	22.500,00
5ª Faixa	De 1.800.000,01 a 3.600.000,00	14,30%	87.300,00
6ª Faixa	De 3.600.000,01 a 4.800.000,00	19,00%	378.000,00

Fonte: Lei Complementar nº 214/25: https://www.planalto.gov.br/ccivil_03/leis/lcp/lcp214.htm.

Tabela 17.4

Faixas	Percentual de Repartição dos Tributos					
	IRPJ	CSLL	COFINS	PIS/Pasep	CPP	ICMS
1ª Faixa	5,50%	3,50%	12,74%	2,76%	41,50%	34,00%
2ª Faixa	5,50%	3,50%	12,74%	2,76%	41,50%	34,00%
3ª Faixa	5,50%	3,50%	12,74%	2,76%	42,00%	33,50%
4ª Faixa	5,50%	3,50%	12,74%	2,76%	42,00%	33,50%
5ª Faixa	5,50%	3,50%	12,74%	2,76%	42,00%	33,50%
6ª Faixa	13,50%	10,00%	28,27%	6,13%	42,10%	-

Fonte: Lei Complementar n° 214/25: https://www.planalto.gov.br/ccivil_03/leis/lcp/lcp214.htm.

Exemplo: Empresa comercial declarou receita bruta de R$ 200.000,00 em junho de 2024, com receita bruta acumulada nos últimos 12 meses anteriores ao mês de junho de 2024 (R$ 1.000.000,00).

Cálculo da Alíquota Efetiva: = 8,45%

Simples Nacional a recolher = R$ 200.000,00 X 8,45% = R$ 16.900,00

Obs.: 10,70% é a quarta faixa da tabela do anexo I

Anexo II do Simples Nacional 2018

Participantes: fábricas/indústrias e empresas industriais – art. 18, § 5°

Tabela 17.5

	Receita Bruta em 12 Meses (em R$)	Alíquota	Valor a Deduzir (em R$)
1ª Faixa	Até 180.000,00	4,50%	–
2ª Faixa	De 180.000,01 a 360.000,00	7,80%	5.940,00
3ª Faixa	De 360.000,01 a 720.000,00	10,00%	13.860,00
4ª Faixa	De 720.000,01 a 1.800.000,00	11,20%	22.500,00
5ª Faixa	De 1.800.000,01 a 3.600.000,00	14,70%	85.500,00
6ªa Faixa	De 3.600.000,01 a 4.800.000,00	30,00%	720.000,00

Fonte: Lei Complementar n° 214/25: https://www.planalto.gov.br/ccivil_03/leis/lcp/lcp214.htm.

SIMPLES NACIONAL

Tabela 17.6

Faixas	Percentual de Repartição dos Tributos						
	IRPJ	CSLL	COFINS	PIS/Pasep	CPP	IPI	ICMS
1ª Faixa	5,50%	3,50%	11,51%	2,49%	37,50%	7,50%	32,00%
2ª Faixa	5,50%	3,50%	11,51%	2,49%	37,50%	7,50%	32,00%
3ª Faixa	5,50%	3,50%	11,51%	2,49%	37,50%	7,50%	32,00%
4ª Faixa	5,50%	3,50%	11,51%	2,49%	37,50%	7,50%	32,00%
5ª Faixa	5,50%	3,50%	11,51%	2,49%	37,50%	7,50%	32,00%
6ª Faixa	8,50%	7,50%	20,96%	4,54%	23,50%	35,00%	-

Fonte: Lei Complementar n° 214/25: https://www.planalto.gov.br/ccivil_03/leis/lcp/lcp214.htm.

Exemplo: Empresa industrial declarou receita bruta de R$ 200.000,00 em junho de 2024, com receita bruta acumulada nos últimos 12 meses anteriores ao mês de junho de 2024 (R$ 3.600.000,00).

Cálculo da Alíquota Efetiva: = 12,32%

Simples Nacional a Recolher = R$ 200.000,00 X 12,32% = R$ 24.640,00

Anexo III do Simples Nacional 2018

Participantes: Prestação de serviços em geral. A lista do Anexo III está nos §§ 5°-B, 5°-D e 5°-F do art. 18 da lei complementar.

• Creche, pré-escola e estabelecimento de ensino fundamental, escolas técnicas, profissionais e de ensino médio, de línguas estrangeiras, de artes, cursos técnicos de pilotagem, preparatórios para concursos, gerenciais e escolas livres, exceto as previstas nos incisos II e III do § 5°-D deste artigo.

• Agência terceirizada de correios.

• Agência de viagem e turismo.

• Centro de formação de condutores de veículos automotores de transporte terrestre de passageiros e de carga.

• Agência lotérica.

- Serviços de instalação, de reparos e de manutenção em geral, bem como de usinagem, solda, tratamento e revestimento em metais.

- Transporte municipal de passageiros.

- Escritórios de serviços contábeis, observado o disposto nos §§ 22-B e 22-C deste artigo.

- Produções cinematográficas, audiovisuais, artísticas e culturais, sua exibição ou apresentação, inclusive no caso de música, literatura, artes cênicas, artes visuais, cinematográficas e audiovisuais.

- Fisioterapia.

- Corretagem de seguros.

- Arquitetura e urbanismo.

- Medicina, inclusive laboratorial, e enfermagem.

- Odontologia e prótese dentária.

- Psicologia, psicanálise, terapia ocupacional, acupuntura, podologia, fonoaudiologia, clínicas de nutrição e de vacinação, e bancos de leite.

- Administração e locação de imóveis de terceiros.

- Academias de dança, de capoeira, de ioga e de artes marciais.

- Academias de atividades físicas, desportivas, de natação e escolas de esportes.

- Elaboração de programas de computadores, inclusive jogos eletrônicos, desde que desenvolvidos em estabelecimento do optante.

- Licenciamento ou cessão de direito de uso de programas de computação.

- Planejamento, confecção, manutenção e atualização de páginas eletrônicas, desde que realizados em estabelecimento do optante.

- Empresas montadoras de estandes para feiras.

- Laboratórios de análises clínicas ou de patologia clínica.

- Serviços de tomografia, diagnósticos médicos por imagem, registros gráficos e métodos óticos, bem como ressonância magnética.

- Serviços de prótese em geral.

SIMPLES NACIONAL

• Sem prejuízo do disposto no § 1º do art. 17 desta lei complementar, as atividades de prestação de serviços de comunicação e de transportes interestadual e intermunicipal de cargas, e de transportes autorizados no inciso VI do caput do art. 17, inclusive na modalidade fluvial, serão tributadas na forma do Anexo III, deduzida a parcela correspondente ao ISS e acrescida a parcela correspondente ao ICMS prevista no Anexo.I.

Tabela 17.7

Receita Bruta em 12 Meses (em R$)		Alíquota	Valor a Deduzir (em R$)
1ª Faixa	Até 180.000,00	6,00%	–
2ª Faixa	De 180.000,01 a 360.000,00	11,20%	9.360,00
3ª Faixa	De 360.000,01 a 720.000,00	13,50%	17.640,00
4ª Faixa	De 720.000,01 a 1.800.000,00	16,00%	35.640,00
5ª Faixa	De 1.800.000,01 a 3.600.000,00	21,00%	125.640,00
6ª Faixa	De 3.600.000,01 a 4.800.000,00	33,00%	648.000,00

Fonte: Lei Complementar nº 214/25: https://www.planalto.gov.br/ccivil_03/leis/lcp/lcp214.htm.

Tabela 17.8

Faixas	Percentual de Repartição dos Tributos					
	IRPJ	CSLL	COFINS	PIS/Pasep	CPP	ISS (*)
1ª Faixa	4,00%	3,50%	12,82%	2,78%	43,40%	33,50%
2ª Faixa	4,00%	3,50%	14,05%	3,05%	43,40%	32,00%
3ª Faixa	4,00%	3,50%	13,64%	2,96%	43,40%	32,50%
4ª Faixa	4,00%	3,50%	13,64%	2,96%	43,40%	32,50%
5ª Faixa	4,00%	3,50%	12,82%	2,78%	43,40%	33,50% (*)
6ª Faixa	35,00%	15,00%	16,03%	3,47%	30,50%	–

(*) O percentual efetivo máximo devido ao ISS será de 5%, transferindo-se a diferença, de forma proporcional, aos tributos federais da mesma faixa de receita bruta anual. Sendo assim, na 5ª faixa, quando a alíquota efetiva for superior a 14,92537%, a repartição será:						
	IRPJ	CSLL	COFINS	PIS/Pasep	CPP	ISS
5ª Faixa, com alíquota efetiva superior a 14,92537%	(Alíquota efetiva – 5%) x 6,02%	(Alíquota efetiva – 5%) x 5,26%	(Alíquota efetiva – 5%) x 19,28%	(Alíquota efetiva – 5%) x 4,18%	(Alíquota efetiva – 5%) x 65,26%	Percentual de ISS fixo em 5%

Fonte: Lei Complementar nº 214/25: https://www.planalto.gov.br/ccivil_03/leis/lcp/lcp214.htm.

Exemplo: Empresa de serviços declarou receita bruta de R$ 200.000,00 em junho de 2024, com receita bruta acumulada nos últimos 12 meses anteriores ao mês de junho de 2024 (R$ 700.000,00).

Cálculo da Alíquota Efetiva: = 10,98%

Simples Nacional a recolher = R$ 200.000,00 X 10,98% = R$ 21.960,00

Anexo IV do Simples Nacional 2018

Participantes: Prestação de Serviços. A lista do Anexo IV está no § 5°-C do art. 18 da LC no 123 e nas receitas decorrentes da prestação de serviços.

• Construção de imóveis e obras de engenharia em geral, inclusive sob a forma de subempreitadora, execução de projetos e serviços de paisagismo, bem como decoração de interiores.

• Serviços de vigilância, limpeza ou conservação.

• Serviços advocatícios.

Tributos compreendidos: IRPJ, CSLL, PIS/COFINS, ISS

A CPP é devida, portanto, fora do Simples Nacional.

SIMPLES NACIONAL

Tabela 17.9

Receita Bruta em 12 Meses (em R$)		Alíquota	Valor a Deduzir (em R$)
1ª Faixa	Até 180.000,00	4,50%	–
2ª Faixa	De 180.000,01 a 360.000,00	9,00%	8.100,00
3ª Faixa	De 360.000,01 a 720.000,00	10,20%	12.420,00
4ª Faixa	De 720.000,01 a 1.800.000,00	14,00%	39.780,00
5ª Faixa	De 1.800.000,01 a 3.600.000,00	22,00%	183.780,00
6ª Faixa	De 3.600.000,01 a 4.800.000,00	33,00%	828.000,00

Fonte: Lei Complementar nº 214/25: https://www.planalto.gov.br/ccivil_03/leis/lcp/lcp214.htm.

Tabela 17.10

Faixas	Percentual de Repartição dos Tributos				
	IRPJ	CSLL	COFINS	PIS/Pasep	ISS (*)
1ª Faixa	18,80%	15,20%	17,67%	3,83%	44,50%
2ª Faixa	19,80%	15,20%	20,55%	4,45%	40,00%
3ª Faixa	20,80%	15,20%	19,73%	4,27%	40,00%
4ª Faixa	17,80%	19,20%	18,90%	4,10%	40,00%
5ª Faixa	18,80%	19,20%	18,08%	3,92%	40,00% (*)
6ª Faixa	53,50%	21,50%	20,55%	4,45%	-

(*) O percentual efetivo máximo devido ao ISS será de 5%, transferindo-se a diferença, de forma proporcional, aos tributos federais da mesma faixa de receita bruta anual. Sendo assim, na 5ª faixa, quando a alíquota efetiva for superior a 12,5%, a repartição será:

Faixa	IRPJ	CSLL	COFINS	PIS/Pasep	ISS
5ª Faixa, com alíquota efetiva superior a 12,5%	(Alíquota efetiva – 5%) x 31,33%	(Alíquota efetiva – 5%) x 32,00%	(Alíquota efetiva – 5%) x 30,13%	(Alíquota efetiva – 5%) x 6,54%	Percentual de ISS fixo em 5%

Fonte: Lei Complementar nº 214/25: https://www.planalto.gov.br/ccivil_03/leis/lcp/lcp214.htm.

Anexo V do Simples Nacional 2018
Participantes: empresas do art. 18, § 5°, I, *j*

- Medicina veterinária.

- Serviços de comissaria, de despachantes, de tradução e de interpretação.

- Engenharia, medição, cartografia, topografia, geologia, geodesia, testes, suporte e análises técnicas e tecnológicas, pesquisa, *design*, desenho e agronomia.

- Representação comercial e demais atividades de intermediação de negócios e serviços de terceiros.

- Perícia, leilão e avaliação.

- Auditoria, economia, consultoria, gestão, organização, controle e administração.

- Jornalismo e publicidade.

- Agenciamento, exceto de mão de obra.

- Outras atividades do setor de serviços que tenham por finalidade a prestação de serviços decorrentes do exercício de atividade intelectual, de natureza técnica, científica, desportiva, artística ou cultural, que constitua profissão regulamentada ou não, desde que não sujeitas à tributação na forma dos Anexos III ou V desta lei.

Destacamos que o contido no art. 18, § 5°, *j*, onde as atividades de prestação de serviços a que se refere o § 5°, I, serão tributadas na forma do Anexo III desta lei complementar caso a razão entre a folha de pagamento e a receita bruta da pessoa jurídica seja igual ou superior a 28%.

Tabela 17.11

Receita Bruta em 12 Meses (em R$)		Alíquota	Valor a Deduzir (em R$)
1ª Faixa	Até 180.000,00	15,50%	–
2ª Faixa	De 180.000,01 a 360.000,00	18,00%	4.500,00

3ª Faixa	De 360.000,01 a 720.000,00	19,50%	9.900,00
4ª Faixa	De 720.000,01 a 1.800.000,00	20,50%	17.100,00
5ª Faixa	De 1.800.000,01 a 3.600.000,00	23,00%	62.100,00
6ª Faixa	De 3.600.000,01 a 4.800.000,00	30,50%	540.000,00

Faixas	Percentual de Repartição dos Tributos					
	IRPJ	CSLL	COFINS	PIS/Pasep	CPP	ISS
1ª Faixa	25,00%	15,00%	14,10%	3,05%	28,85%	14,00%
2ª Faixa	23,00%	15,00%	14,10%	3,05%	27,85%	17,00%
3ª Faixa	24,00%	15,00%	14,92%	3,23%	23,85%	19,00%
4ª Faixa	21,00%	15,00%	15,74%	3,41%	23,85%	21,00%
5ª Faixa	23,00%	12,50%	14,10%	3,05%	23,85%	23,50%
6ª Faixa	35,00%	15,50%	16,44%	3,56%	29,50%	-

Fonte: Lei Complementar n° 214/25: https://www.planalto.gov.br/ccivil_03/leis/lcp/lcp214.htm.

17.11 CONSIDERAÇÕES GERAIS RELATIVAS ÀS LC N°S 155/16 E 169/19

1 – Certas atividades descritas no art. 18, § 5°, I, para efeito de cálculo, deverão seguir a proporcionalidade entre a folha de pagamento e a receita bruta. A finalidade é determinar se o montante da folha de pagamento for superior a 28% em relação à receita bruta, o contribuinte deverá utilizar para cálculo do imposto a tabela do Anexo III, caso contrário, deverá utilizar a tabela do Anexo V, conforme descrito a seguir:

> *Art. 18. (...)*
>
> *§ 5°-J As atividades de prestação de serviços a que se refere o § 5°, inciso I serão tributadas na forma do Anexo III desta*

Lei Complementar caso a razão entre a folha de salários e a receita bruta da pessoa jurídica seja igual ou superior a 28% (vinte e oito por cento). (...)

§ 5º-M Quando a relação entre a folha de salários e a receita bruta da microempresa ou da empresa de pequeno porte for inferior a 28% (vinte e oito por cento), serão tributadas na forma do Anexo V desta Lei Complementar as atividades previstas:

§ 24 Para efeito de aplicação do § 5º-K, considera-se folha de salários, incluídos encargos, o montante pago, nos doze meses anteriores ao período de apuração, a título de remunerações a pessoas físicas trabalho, acrescido do montante efetivamente recolhido a título de contribuição patronal previdenciária e FGTS, incluídas as retiradas de pró-labore.

Portanto, a tributação de algumas atividades de serviços dependerá do nível de utilização de mão de obra remunerada de pessoas físicas (folha de pagamento) nos últimos 12 meses, considerados salários, pró-labore, contribuição patronal previdenciária e FGTS.

Quando o fator "R" ou "EMPREGO", que representa o resultado da divisão da massa salarial pelo faturamento nos últimos 12 meses, for igual ou superior a 28%, a tributação será na forma do Anexo III da LC nº 123/2006.

Quando o fator "R" ou "EMPREGO" inferior a 28%, a tributação será na forma do Anexo V da LC nº 123/2006 , e se for superior a tabela III

2 – INVESTIDOR ANJO

A nova legislação, em seus arts. 61-A a 61-D criou a figura do Investidor Anjo para incentivar as micro e pequenas empresas na área da inovação e investimentos produtivos.

As pessoas físicas ou jurídicas e até fundos de investimentos, poderão fazer um aporte de capital que não integrará o capital social da empresa e não serão consideradas sócias. Tais investidores não responderão por dívidas das empresas, não serão considerados sócios e não poderão exercer o direito de gerência do empreendimento. O capital terá de permanecer investido no mínimo dois anos e o investidor ao final de cada período fará jus à remuneração correspondente aos resultados obtidos, conforme contrato de participação não superior a 50% dos lucros da sociedade.

3 – SIMPLES EXPORTAÇÃO

Referida lei com o intuito de facilitar as exportações das empresas de menor porte, autoriza as empresas de logística internacional a prestarem serviços para as empresas do Simples Nacional de forma simplificada, conforme descrito no artigo 49.

> *Art. 49-A. A microempresa e a empresa de pequeno porte beneficiárias do SIMPLES usufruirão de regime de exportação que contemplará procedimentos simplificados de habilitação, licenciamento, despacho aduaneiro e câmbio, na forma do regulamento. (Incluído pela Lei Complementar n° 147, de 2014)*
>
> *Parágrafo único. As pessoas jurídicas prestadoras de serviço de logística internacional, quando contratadas pelas empresas descritas nesta Lei Complementar, estão autorizadas a realizar atividades relativas a licenciamento administrativo, despacho aduaneiro, consolidação e desconsolidação de carga e a contratar seguro, câmbio, transporte e armazenagem de mercadorias, objeto da prestação do serviço, de forma simplificada e por meio eletrônico, na forma de regulamento. (Redação dada pela Lei Complementar n° 155, de 2016)*

Nesse contexto, e após a publicação do Decreto no 8.870, de 5 de outubro de 2016, a RFB publicou, em 6 de dezembro de 2016, no Diário Oficial da União (DOU), a IN RFB n° 1.676/2016 que estabelece o procedimento simplificado de exportação destinado às ME e EPP optantes pelo Simples Nacional.[85]

---

85 Disponível em: https://idg.receita.fazenda.gov.br/noticias/ascom/2017/fevereiro/empresas-optantes-do-simples-sao-beneficiadas-pelo-procedimento-simplificado-de-exportacao. A cesso em: 28 jul. 2017.

Manual de Direito Tributário e Financeiro Aplicado

O procedimento simplificado de exportação permite às empresas optantes pelo Simples Nacional a contratação, sem exigência de qualquer formalidade perante a RFB, de um operador logístico habilitado pela RFB para realizarem exportações por sua conta e ordem.

Na declaração de exportação (DE) do operador logístico, deverá conter o nome empresarial e o CNPJ da ME ou da EPP que o contratou por conta e ordem, e a informação de que ela é a real vendedora da mercadoria.

Regulamentando o procedimento, foi publicada no DOU de 8 de dezembro de 2016 a Portaria Coana nº 91, que disciplina os procedimentos relativos à habilitação dos operadores logísticos que pretendam realizar procedimentos de despacho aduaneiro de exportação em nome das ME e das EPP que sejam optantes pelo Simples Nacional.

Poderão ser habilitados como operadores logísticos:

1– Empresa Brasileira de Correios e Telégrafos (ECT); as empresas de transporte internacional expresso (courier) habilitadas pela Receita Federal; e

2– Os transportadores certificados como Operadores Econômicos Autorizados (OEA).

As normas preveem um procedimento simplificado e ágil com benefícios para a micro e a pequena empresa. Além disso, é mais uma alternativa de internacionalização e maior inserção das empresas no exterior.

As empresas interessadas em se habilitar como operadores logísticos devem instruir seu pedido com:

a) formulário de Requerimento de Habilitação de Operador Logístico;

b) cópia do Ato Declaratório Executivo (ADE) de habilitação para operar como Recinto Especial para Despacho Aduaneiro de Exportação (Redex) em caráter permanente ou de prova de contratação de área nesse tipo de recinto ou em recinto alfandegado, quando se tratar de empresa de transporte internacional expresso ou transportador certificado como OEA; e

c) quando o requerimento for assinado sem utilização de certificado digital: – cópia do documento de identificação do responsável legal pela pessoa jurídica e do signatário do requerimento, se forem pessoas distintas;

– cópia do documento que confere poderes de representação ao signatário (contrato social, ata de assembleia etc.); e

– instrumento de outorga de poderes para representação da pessoa jurídica, quando for o caso.

4 – ATIVIDADES QUE PODERÃO OPTAR PELO SIMPLES NACIONAL A PARTIR DE 2018

As atividades de produção abaixo descritas, produzidas ou vendidas no atacado, desde que devidamente registradas no Ministério da Agricultura, Pecuária e Abastecimento – MAPA, e na Anvisa, conforme a LC nº 123/06, art. 17, inciso X, "b", 4, "c", vigência 2018, a seguir descrito:

– micro e pequenas cervejarias;

– micro e pequenas vinícolas;

– produtores de licores;

– micro e pequenas destilarias.

5 – ICMS e ISS – art. 3º da LC nº 123/06. O novo teto de faturamento agora é de R$ 4,8 milhões por ano, mas com uma ressalva: o ICMS e o ISS serão cobrados separado do DAS e com todas as obrigações acessórias de uma empresa normal quando a receita bruta acumulada no ano-calendário em curso exceder R$ 3,6 milhões acumulados nos últimos 12 meses, ficando apenas os impostos federais com recolhimento unificado.

{[(3.600.000,00 x alíquota nominal da 5ª faixa) Comércio – Tabela anexo I

Parcela a deduzir da 5ª faixa]/3.600.000,00} x percentual de distribuição do ICMS/ISS da 5ª faixa

Manual de Direito Tributário e Financeiro Aplicado

{[(3.600.000,00 x 14,30%) – 87.300]/3.600.000,00} x 33,5%

{427.500/3.600.000,00} x 33,5% (Tabela de percentual de repartição dos tributos)

11,88 x 33,5% = 3,98%

Tributos federais: calculados pela alíquota efetiva = 11,88%

ICMS = 3,98% – CALCULADO

6 – CÁLCULO DO ISS QUE EXCEDE O LIMITE DE R$ 3.600.000,00

A alíquota máxima do ISS será sempre de 5%, então, se na repartição de tributos o valor do ISS representar mais de 5% da alíquota efetiva total, essa deverá ser limitada a 5%, e a diferença é separada entre as demais alíquotas dos impostos.

Exemplo utilizando o anexo III, com as seguintes informações:

Empresa com receita bruta dos últimos 12 meses: R$ 3.082.017,10

Receita mensal: R$ 170.935,10

Efetuando os cálculos:

 = **16,92%**

Então, qual será a alíquota de ISS dentro de 16,92%?

ISS: 33,50% / 100 = 0,335 x 16,92% = 5,67%

Como 5,67% é maior do que 5%, então teremos de limitar a alíquota do ISS a 5%, e os 0,67% restantes serão separados entre os demais impostos que compõem o cálculo.

16,92% – 5% = 11,92%

Portanto, utilizando a tabela de cálculo de distribuição abaixo descrita, temos:

IRPJ: 11,92 x 6,02% = 0,71
CSLL: 11,92 x 5,26% = 0,62
COFINS: 11,92 x 19,28% = 2,30
PIS: 11,92 x 4,18% = 0,50

SIMPLES NACIONAL

CPP: 11,92 x 65,26% = 7,79
ISS: 5%
TOTAL: 16,92%

Fonte: Lei Complementar nº 214/25: https://www.planalto.gov.br/ccivil_03/leis/lcp/lcp214.htm.

Se somarmos todas as alíquotas encontradas e o ISS de 5%, encontraremos a mesma alíquota efetiva de 16,92%.

Tabela 17.12

Faixas	Percentual de Repartição dos Tributos					
	IRPJ	CSLL	COFINS	PIS/Pasep	CPP	ISS (*)
1ª Faixa	4,00%	3,50%	12,82%	2,78%	43,40%	33,50%
2ª Faixa	4,00%	3,50%	14,05%	3,05%	43,40%	32,00%
3ª Faixa	4,00%	3,50%	13,64%	2,96%	43,40%	32,50%
4ª Faixa	4,00%	3,50%	13,64%	2,96%	43,40%	32,50%
5ª Faixa	4,00%	3,50%	12,82%	2,78%	43,40%	33,50% (*)
6ª Faixa	35,00%	15,00%	16,03%	3,47%	30,50%	–

(*) O percentual efetivo máximo devido ao ISS será de 5%, transferindo-se a diferença, de forma proporcional, aos tributos federais da mesma faixa de receita bruta anual. Sendo assim, na 5ª faixa, quando a alíquota efetiva for superior a 14,92537%, a repartição será:

	IRPJ	CSLL	COFINS	PIS/Pasep	CPP	ISS
5ª Faixa, com alíquota efetiva superior a 14,92537%	(Alíquota efetiva – 5%) x 6,02%	(Alíquota efetiva – 5%) x 5,26%	(Alíquota efetiva – 5%) x 19,28%	(Alíquota efetiva – 5%) x 4,18%	(Alíquota efetiva – 5%) x 65,26%	Percentual de ISS fixo em 5%

Fonte: Lei Complementar nº 214/25: https://www.planalto.gov.br/ccivil_03/leis/lcp/lcp214.htm.

7 – PARTICIPAÇÃO EM LICITAÇÕES

Não serão mais exigidas as certidões negativas para participação em licitações públicas, apenas serão exigidas do vencedor na assinatura do contrato.

Caso o vencedor não consiga emitir as respectivas, a lei concede o prazo de cinco dias úteis para regularização (pagamento ou parcelamento) e emissão das certidões negativas, ou positivas com efeito negativo (arts. 42 e 43 da LC nº 123).

8 – MEI

Requisitos:

- Optante do Simples Nacional.
- Atividades de acordo com a CNAE – Classificação Nacional de Atividades Econômicas.
- Obrigatoriedade de emissão de nota fiscal.
- Possuir um único estabelecimento.
- Não participar de outra empresa como titular, sócio ou administrador.
- Não contratar mais de um empregado.
- Não guardar, cumulativamente, com o contratante do serviço, relação de pessoalidade, subordinação e habitualidade.
- Inclusão do MEI caminhoneiro, conforme a Resolução CGSN nº 140 – Transportador autônomo de cargas conforme tabela B do Anexo XI da LC nº 123/06, art. 18-F, com limite de receita bruta de R$ 251.600,00.
- A partir de 2027, serão incluídos na tributação do MEI, o IBS e a CBS, conforme o Anexo XIII da LC nº 214/25.

TRIBUTAÇÃO FIXA MENSAL DO MEI

Tabela 17.13

COMÉRCIO/ INDÚSTRIA	PRESTAÇÃO DE SERVIÇOS	COMÉRCIO SERVIÇOS
INSS/ICMS	INSS/ISS	INSS/ICMS/ISS
R$ 45,65	R$ 50,65	R$ 1,65

Fonte: Lei Complementar nº 214/25: https://www.planalto.gov.br/ccivil_03/leis/lcp/lcp214.htm.

SIMPLES NACIONAL

Fundamento: Art. 18-A, §§ 1° e 2°, LC n° 123, a seguir transcrito.

Art. 18-A. O Microempreendedor Individual – MEI poderá optar pelo recolhimento dos impostos e contribuições abrangidos pelo Simples Nacional em valores fixos mensais, independentemente da receita bruta por ele auferida no mês, na forma prevista neste artigo.

§ 1° Para os efeitos desta Lei Complementar, considera-se MEI quem tenha auferido receita bruta, no ano-calendário anterior, de até R$ 81.000,00 (oitenta e um mil reais), que seja optante pelo Simples Nacional e que não esteja impedido de optar pela sistemática prevista neste artigo, e seja empresário individual que se enquadre na definição do art. 966 da Lei n° 10.406, de 10 de janeiro de 2002 (Código Civil), ou o empreendedor que exerça: (Redação dada pela Lei Complementar n° 188, de 2021)

I – as atividades de que trata o § 4°-A deste artigo; (Incluído pela Lei Complementar n° 188, de 2021)

II – as atividades de que trata o § 4°-B deste artigo estabelecidas pelo CGSN; e (Incluído pela Lei Complementar n° 188, de 2021)

III – as atividades de industrialização, comercialização e prestação de serviços no âmbito rural. (Incluído pela Lei Complementar n° 188, de 2021)

§ 2° No caso de início de atividades, o limite de que trata o § 1° será de R$ 6.750,00 (seis mil, setecentos e cinquenta reais) multiplicados pelo número de meses compreendido entre o início da atividade e o final do respectivo ano-calendário, consideradas as frações de meses como um mês inteiro. (Redação dada pela Lei Complementar n° 155, de 2016)

§ 3° Na vigência da opção pela sistemática de recolhimento prevista no caput deste artigo:

I – não se aplica o disposto no § 18 do art. 18 desta Lei Complementar;

II – não se aplica a redução prevista no § 20 do art. 18 desta Lei Complementar ou qualquer dedução na base de cálculo;

III – não se aplicam as isenções específicas para as microempresas e empresas de pequeno porte concedidas pelo Estado, Município ou Distrito Federal a partir de 1° de julho de 2007 que abranjam integralmente a faixa de receita bruta anual até o limite previsto no § 1°;

IV – a opção pelo enquadramento como Microempreendedor Individual importa opção pelo recolhimento da contribuição referida no <u>inciso X do § 1° do art. 13 desta Lei Complementar</u> na forma prevista no <u>§ 2° do art. 21 da Lei n° 8.212, de 24 de julho de 1991</u>;

V – o MEI, com receita bruta anual igual ou inferior a R$ 81.000,00 (oitenta e um mil reais), recolherá, na forma regulamentada pelo Comitê Gestor, valor fixo mensal correspondente à soma das seguintes parcelas: <u>(Redação dada pela Lei Complementar n° 155, de 2016)</u>

a) R$ 45,65 (quarenta e cinco reais e sessenta e cinco centavos), a título da contribuição prevista no inciso IV deste parágrafo;

b) R$ 1,00 (um real), a título do imposto referido no <u>inciso VII do caput do art. 13 desta Lei Complementar</u>, caso seja contribuinte do ICMS; e

c) R$ 5,00 (cinco reais), a título do imposto referido no <u>inciso VIII do caput do art. 13 desta Lei Complementar</u>, caso seja contribuinte do ISS;

VI – sem prejuízo do disposto nos <u>§§ 1° a 3° do art. 13</u>, o MEI terá isenção dos tributos referidos nos incisos I a VI do caput daquele artigo, ressalvado o disposto no <u>art. 18-C</u>.

§ 4° Não poderá optar pela sistemática de recolhimento prevista no caput deste artigo o MEI:

I – cuja atividade seja tributada na forma dos Anexos V ou VI desta Lei Complementar, salvo autorização relativa a exercício de atividade isolada na forma regulamentada pelo CGSN; <u>(Redação dada pela Lei Complementar n° 147, de 2014)</u>

II – que possua mais de um <u>estabelecimento</u>;

SIMPLES NACIONAL

III – que participe de outra empresa como titular, sócio ou administrador; ou

V – constituído na forma de startup. (Incluído pela Lei Complementar n° 167, de 2019)

§ 4°-A Observadas as demais condições deste artigo, poderá optar pela sistemática de recolhimento prevista no caput o empresário individual que exerça atividade de comercialização e processamento de produtos de natureza extrativista.

§ 4°-B O CGSN determinará as atividades autorizadas a optar pela sistemática de recolhimento de que trata este artigo, de forma a evitar a fragilização das relações de trabalho, bem como sobre a incidência do ICMS e do ISS.

§ 5° A opção de que trata o caput deste artigo dar-se-á na forma a ser estabelecida em ato do Comitê Gestor, observando-se que:

I – será irretratável para todo o ano-calendário;

9 – A LC n° 214/25 institui em seu art. 26, IV o nanoempreendedor, assim entendido a pessoa física que tenha auferido receita bruta inferior a 50% (cinquenta por cento) do limite estabelecido para adesão ao regime do MEI previsto no § 1° do art. 18-A, observado ainda o disposto nos §§ 4° e 4°-B do referido artigo da LC n° 123/06, de 14 de dezembro de 2006, e não tenha aderido a esse regime.

No § 10 do mesmo artigo, o nanoempreendedor para fins de enquadramento, será considerado como receita bruta líquida da pessoa física prestadora de transporte privado individual de passageiros ou de entrega de bens intermediado por plataformas digitais, 25% do valor bruto mensal recebido.

10 – IS – haverá incidência e deverá ser recolhido à parte.

11– LC n° 169, de 01.12.2019, altera a LC n° 123/06 – Simples Nacional, autorizando a constituição de Sociedade de Garantia Solidária (SGS), que é uma entidade que atua como avalista para empresas do Simples Nacional, e a Sociedade de Contragarantia, que é uma sociedade de apoio financeiro para a SGS.

Referida lei autorizou, por meio da inserção dos arts. 61-E, 61-F, 61-G, 61-H, 61-I, na Lei do Simples Nacional, relativo à constituição das SGS a serem formadas por micro e pequenas empresas, tendo como objetivo serem avalistas de empréstimos no mercado financeiro.[86]

A seguir, destacamos algumas particularidades deste novo tipo de sociedade:

a) A sociedade deverá ser criada na forma de sociedade por ações, sendo que é definida a livre-negociação destas ações entre os sócios.

b) Os sócios participantes poderão ser: grandes investidores e empresas de pequeno porte.

c) A garantia fornecida pela SGS será vinculada a uma taxa de remuneração pelo serviço prestado, a qual é definida previamente em contrato.

d) A SGS poderá exigir a contragarantia do sócio.

e) A lei autoriza também a criação de sociedades de contra-garantia, com o objetivo de oferecer apoio financeiro às operações da SGS.

f) A criação das SGS e Contragarantia deverá obrigatoriamente integrar o Sistema Financeiro Nacional, e sua constituição e funcionamento serão disciplinados pelo Conselho Monetário Nacional (CMN), que, neste lapso de tempo, deverá definir as respectivas regras para este tipo societário.

---

86   Fonte: LC nº 169/19.

18 ADMINISTRAÇÃO TRIBUTÁRIA

A Administração Tributária é atividade administrativa vinculada exercida pelo Estado e seus órgãos competentes, com o objetivo de aplicar a lei fiscal, fiscalizar o contribuinte visando a arrecadação tributária e a proteção aos direitos dos referidos contribuintes e do patrimônio público.

Nesse sentido, a administração tributária deverá obedecer aos preceitos constitucionais da legalidade, da impessoalidade, da moralidade, da publicidade e da eficiência (LIMPE), que se encontram presentes no *caput* do art. 37 da CF, como também observar que a respectiva administração deverá ser exercida por servidores públicos de carreira, estabelecidos no referido artigo e incisos XVIII e XXII, a seguir transcritos:

> *Art. 37. A administração pública direta e indireta de qualquer dos Poderes da União, dos Estados, do Distrito Federal e dos Municípios obedecerá aos princípios de legalidade, impessoalidade, moralidade, publicidade e eficiência e, também, ao seguinte: (Redação dada pela Emenda Constitucional n° 19, de 1998)*
>
> *(...)*
>
> *XVIII – a administração fazendária e seus servidores fiscais terão, dentro de suas áreas de competência e jurisdição, precedência sobre os demais setores administrativos, na forma da lei;*
>
> *XXII – as administrações tributárias da União, dos Estados, do Distrito Federal e dos Municípios, atividades essenciais ao funcionamento do Estado, exercidas por servidores de carreiras específicas, terão recursos prioritários para a realização de suas atividades e atuarão de forma integrada, inclusive*

> com o compartilhamento de cadastros e de informações fiscais, na forma da lei ou convênio. _(Incluído pela Emenda Constitucional nº 42, de 19.12.2003)_

Ainda com relação à CF, destacamos o art. 145, § 1º, que também enfatiza o dever de fiscalização por parte do Estado:

> § 1º Sempre que possível, os impostos terão caráter pessoal e serão graduados segundo a capacidade econômica do contribuinte, facultado à administração tributária, especialmente para conferir efetividade a esses objetivos, identificar, respeitados os direitos individuais e nos termos da lei, o patrimônio, os rendimentos e as atividades econômicas do contribuinte.

18.1 FISCALIZAÇÃO

A fiscalização é uma atividade administrativa vinculada exercida pelo Fisco com o objetivo de verificar o cumprimento das obrigações tributárias por parte dos contribuintes e não contribuintes (exemplo: entidades com imunidade tributária). Referida atividade de fiscalização é disciplinada pelos arts. 194 a 200 do CTN, a seguir transcritos e explicados:

> **Art. 194.** A legislação tributária, observado o disposto nesta Lei, regulará, em caráter geral, ou especificamente em função da natureza do tributo de que se tratar, a competência e os poderes das autoridades administrativas em matéria de fiscalização da sua aplicação.
>
> Parágrafo único. A legislação a que se refere este artigo aplica-se às pessoas naturais ou jurídicas, contribuintes ou não, inclusive às que gozem de imunidade tributária ou de isenção de caráter pessoal.

Com referência ao art. 195 do CTN, abaixo citado, fica claro que não há sigilo no tocante ao exame dos livros fiscais dos contribuintes por parte do Fisco. É o dever do contribuinte de prestar informações à autoridade pública:

ADMINISTRAÇÃO TRIBUTÁRIA

> **Art. 195.** *Para os efeitos da legislação tributária, não têm aplicação quaisquer disposições legais excludentes ou limitativas do direito de examinar mercadorias, livros, arquivos, documentos, papéis e efeitos comerciais ou fiscais, dos comerciantes industriais ou produtores, ou da obrigação destes de exibi-los.*
>
> *Parágrafo único. Os livros obrigatórios de escrituração comercial e fiscal e os comprovantes dos lançamentos neles efetuados serão conservados até que ocorra a prescrição dos créditos tributários decorrentes das operações a que se refiram.*

No âmbito empresarial existem livros que são obrigatórios para as empresas, os quais são objetos de fiscalização, tais como: livro-diário, livro-razão, livro de apuração do lucro real (ECF-Lalur), livro-caixa, livro de apuração do IPI, livro de apuração do ICMS, livro de entrada e saída de mercadorias (controle de estoque) e inventário, entre outras obrigações acessórias que devem ser realizadas de forma eletrônica, dependendo do ramo de atividade da empresa, bem como o Estado e o Município onde estiver localizada.

Porém, em alguns casos destacamos o art. 5°, incisos X e XII, da CF dos direitos e garantias individuais, que garante o sigilo do cidadão, principalmente com relação aos dados bancários e comunicações que deverão ser obtidos somente mediante ordem judicial:

> *X – são invioláveis a intimidade, a vida privada, a honra e a imagem das pessoas, assegurado o direito a indenização pelo dano material ou moral decorrente de sua violação;*
>
> *XII – é inviolável o sigilo da correspondência e das comunicações telegráficas, de dados e das comunicações telefônicas, salvo, no último caso, por ordem judicial, nas hipóteses e na forma que a lei estabelecer para fins de investigação criminal ou instrução processual penal; (Vide Lei n° 9.296, de 1996)*

O art. 196 do CTN enfatiza que o ato de fiscalização é um ato administrativo vinculado, formal e que tem tempo para iniciar e terminar – é a segurança jurídica.

Art. 196. *A autoridade administrativa que proceder ou presidir a quaisquer diligências de fiscalização lavrará os termos necessários para que se documente o início do procedimento, na forma da legislação aplicável, que fixará prazo máximo para a conclusão daquelas.*

Parágrafo único. Os termos a que se refere este artigo serão lavrados, sempre que possível, em um dos livros fiscais exibidos; quando lavrados em separado deles se entregará, à pessoa sujeita à fiscalização, cópia autenticada pela autoridade a que se refere este artigo.

No artigo seguinte, trata-se da obrigatoriedade de terceiros prestarem informações ao Fisco relativo aos fatos econômicos realizados pelo contribuinte:

Art. 197. *Mediante intimação escrita, são obrigados a prestar à autoridade administrativa todas as informações de que disponham com relação aos bens, negócios ou atividades de terceiros:*

I – os tabeliães, escrivães e demais serventuários de ofício;

II – os bancos, casas bancárias, Caixas Econômicas e demais instituições financeiras;

III – as empresas de administração de bens;

IV – os corretores, leiloeiros e despachantes oficiais;

V – os inventariantes;

VI – os síndicos, comissários e liquidatários;

VII – quaisquer outras entidades ou pessoas que a lei designe, em razão de seu cargo, ofício, função, ministério, atividade ou profissão.

Parágrafo único. A obrigação prevista neste artigo não abrange a prestação de informações quanto a fatos sobre os quais o informante esteja legalmente obrigado a observar segredo em razão de cargo, ofício, função, ministério, atividade ou profissão.

ADMINISTRAÇÃO TRIBUTÁRIA

As informações obtidas pelo Fisco junto ao contribuinte têm caráter de confidencialidade, tratando-se do sigilo fiscal que é previsto no CTN:

Art. 198. *Sem prejuízo do disposto na legislação criminal, é vedada a divulgação, por parte da Fazenda Pública ou de seus servidores, de informação obtida em razão do ofício sobre a situação econômica ou financeira do sujeito passivo ou de terceiros e sobre a natureza e o estado de seus negócios ou atividades. (Redação dada pela LCp n° 104, de 2001)*

§ 1° Excetuam-se do disposto neste artigo, além dos casos previstos no art. 199, os seguintes: (Redação dada pela LCp n° 104, de 2001)

I – requisição de autoridade judiciária no interesse da justiça; (Incluído pela LCp n° 104, de 2001)

II – solicitações de autoridade administrativa no interesse da Administração Pública, desde que seja comprovada a instauração regular de processo administrativo, no órgão ou na entidade respectiva, com o objetivo de investigar o sujeito passivo a que se refere a informação, por prática de infração administrativa. (Incluído pela LCp n° 104, de 2001)

§ 2° O intercâmbio de informação sigilosa, no âmbito da Administração Pública, será realizado mediante processo regularmente instaurado, e a entrega será feita pessoalmente à autoridade solicitante, mediante recibo, que formalize a transferência e assegure a preservação do sigilo. (Incluído pela LCp n° 104, de 2001)

§ 3° Não é vedada a divulgação de informações relativas a: (Incluído pela LCp n° 104, de 2001)

I – representações fiscais para fins penais; (Incluído pela LCp n° 104, de 2001)

II – inscrições na Dívida Ativa da Fazenda Pública; (Incluído pela LCp n° 104, de 2001)

III – parcelamento ou moratória. (Incluído pela LCp n° 104, de 2001)

Manual de Direito Tributário e Financeiro Aplicado

O CTN também prevê sobre a assistência mútua (intercâmbio) entre a União, os Estados, os Municípios e o Distrito Federal, que deverão trabalhar de forma integrada no âmbito da fiscalização tributária:

> **Art. 199.** *A Fazenda Pública da União e as dos Estados, do Distrito Federal e dos Municípios prestar-se-ão mutuamente assistência para a fiscalização dos tributos respectivos e permuta de informações, na forma estabelecida, em caráter geral ou específico, por lei ou convênio.*
>
> *Parágrafo único. A Fazenda Pública da União, na forma estabelecida em tratados, acordos ou convênios, poderá permutar informações com Estados estrangeiros no interesse da arrecadação e da fiscalização de tributos. (Incluído pela LCp nº 104, de 2001)*

Visando a proteção do patrimônio público e a característica da indisponibilidade com relação aos tributos, o CTN prevê a possibilidade de utilizar o auxílio dos agentes públicos:

> **Art. 200.** *As autoridades administrativas federais poderão requisitar o auxílio da força pública federal, estadual ou municipal, e reciprocamente, quando vítimas de embaraço ou desacato no exercício de suas funções, ou quando necessário à efetivação dê medida prevista na legislação tributária, ainda que não se configure fato definido em lei como crime ou contravenção.*

18.2 DÍVIDA ATIVA

Após a autoridade tributária competente promover a cobrança do crédito tributário junto ao contribuinte na esfera administrativa, e o contribuinte não promova a contestação do crédito tributário e nem efetue o pagamento, o processo será enviado para a Procuradoria da Fazenda, com a finalidade de que o crédito tributário seja inscrito no livro de registro da dívida ativa para posteriormente ser extraída uma Certidão de Inscrição na Dívida Ativa (CDA), a qual

ADMINISTRAÇÃO TRIBUTÁRIA

é um título executivo extrajudicial, que será utilizado para a proposição de ação judicial[87] de execução fiscal. Ao mesmo tempo, o nome do contribuinte inadimplente é inserido na lista (cadastro) de inadimplentes do Fisco (CADIN).

Os efeitos da inscrição do contribuinte na dívida ativa do Estado são os seguintes:

a) Veda a expedição de certidão negativa de débitos.

b) Autoriza o Fisco a adotar providências cautelares para garantir a satisfação do crédito tributário, tais como: obter a indisponibilidade de bens e direitos do devedor, inclusive de forma eletrônica nos termos do art. 185-A do CTN.

c) Sujeita o patrimônio do devedor a diversas limitações como forma de garantir o crédito do Fisco, tais como: presunção de fraude na alienação de bens do devedor caso não ocorra reserva de patrimônio para quitação do débito tributário (art. 185, CTN).

Crepaldi (2014, p. 44 e 45) destaca em sua obra o procedimento de inscrição da Dívida Ativa.

A inscrição de um crédito na Dívida Ativa é o último procedimento administrativo na sequência que se inicia com a ocorrência do FG de um tributo e termina com a execução judicial do crédito a ele correspondente:

> *O Crédito não pago, na forma prevista na legislação própria, e não sujeito a nenhuma das causas de suspensão da exigibilidade, é encaminhado para inscrição na chamada Dívida Ativa pela repartição administrativa competente, segundo o art. 202, CTN. O ato de inscrição constitui-se num controle administrativo da legalidade do crédito tributário e suspende a prescrição, para todos os efeitos de direito, por 180 dias ou até a distribuição da execução fiscal, se esta ocorrer antes do findo aquele prazo.*

---

87   A Lei n° 6.830/80 dispõe sobre a cobrança judicial da Dívida Ativa da Fazenda Pública.

Manual de Direito Tributário e Financeiro Aplicado

A dívida regularmente inscrita goza de presunção relativa (juris tantum) de certeza e liquidez e tem efeito de prova pré-constituída.

Da inscrição lavra-se o competente termo. Expede-se também, com os mesmos elementos do termo, certidão que instruirá a ação judicial de execução fiscal do crédito em questão.

O CTN determina nos arts. 201 a 204 o procedimento de inscrição do contribuinte na dívida ativa, a seguir transcrito:

Art. 201. *Constitui dívida ativa tributária a proveniente de crédito dessa natureza, regularmente inscrita na repartição administrativa competente, depois de esgotado o prazo fixado, para pagamento, pela lei ou por decisão final proferida em processo regular.*

Parágrafo único. A fluência de juros de mora não exclui, para os efeitos deste artigo, a liquidez do crédito.

Art. 202. *O termo de inscrição da dívida ativa, autenticado pela autoridade competente, indicará obrigatoriamente:*

I – o nome do devedor e, sendo caso, o dos corresponsáveis, bem como, sempre que possível, o domicílio ou a residência de um e de outros;

II – a quantia devida e a maneira de calcular os juros de mora acrescidos;

III – a origem e natureza do crédito, mencionada especificamente a disposição da lei em que seja fundado;

IV – a data em que foi inscrita;

V – sendo caso, o número do processo administrativo de que se originar o crédito.

Parágrafo único. A certidão conterá, além dos requisitos deste artigo, a indicação do livro e da folha da inscrição.

Art. 203. *A omissão de quaisquer dos requisitos previstos no artigo anterior, ou o erro a eles relativo, são causas de nulidade da inscrição e do processo de cobrança dela decorrente, mas a nulidade poderá ser sanada até a decisão de primeira*

ADMINISTRAÇÃO TRIBUTÁRIA

instância, mediante substituição da certidão nula, devolvido ao sujeito passivo, acusado ou interessado o prazo para defesa, que somente poderá versar sobre a parte modificada.

Art. 204. *A dívida regularmente inscrita goza da presunção de certeza e liquidez e tem o efeito de prova pré-constituída.*

Parágrafo único. A presunção a que se refere este artigo é relativa e pode ser ilidida por prova inequívoca, a cargo do sujeito passivo ou do terceiro a que aproveite.

Nesse sentido, não podemos deixar de destacar que o crédito tributário possui garantias e privilégios em relação aos demais credores na sua cobrança dos tributos conforme os arts. 183 a 185-A, a seguir destacados:

Art. 183. *A enumeração das garantias atribuídas neste Capítulo ao crédito tributário não exclui outras que sejam expressamente previstas em lei, em função da natureza ou das características do tributo a que se refiram.*

Parágrafo único. A natureza das garantias atribuídas ao crédito tributário não altera a natureza deste nem a da obrigação tributária a que corresponda.

Art. 184. *Sem prejuízo dos privilégios especiais sobre determinados bens, que sejam previstos em lei, responde pelo pagamento do crédito tributário a totalidade dos bens e das rendas, de qualquer origem ou natureza, do sujeito passivo, seu espólio ou sua massa falida, inclusive os gravados por ônus real ou cláusula de inalienabilidade ou impenhorabilidade, seja qual for a data da constituição do ônus ou da cláusula, excetuados unicamente os bens e rendas que a lei declare absolutamente impenhoráveis.*

Art. 185. *Presume-se fraudulenta a alienação ou oneração de bens ou rendas, ou seu começo, por sujeito passivo em débito para com a Fazenda Pública, por crédito tributário regularmente inscrito como dívida ativa. <u>(Redação dada pela LCp n° 118, de 2005)</u>*

Parágrafo único. O disposto neste artigo não se aplica na hipótese de terem sido reservados, pelo devedor, bens ou rendas suficientes ao total pagamento da dívida inscrita. (Redação dada pela LCp n° 118, de 2005)

Art. 185-A. Na hipótese de o devedor tributário, devidamente citado, não pagar nem apresentar bens à penhora no prazo legal e não forem encontrados bens penhoráveis, o juiz determinará a indisponibilidade de seus bens e direitos, comunicando a decisão, preferencialmente por meio eletrônico, aos órgãos e entidades que promovem registros de transferência de bens, especialmente ao registro público de imóveis e às autoridades supervisoras do mercado bancário e do mercado de capitais, a fim de que, no âmbito de suas atribuições, façam cumprir a ordem judicial. (Incluído pela LCp n° 118, de 2005)

§ 1° A indisponibilidade de que trata o caput deste artigo limitar-se-á ao valor total exigível, devendo o juiz determinar o imediato levantamento da indisponibilidade dos bens ou valores que excederem esse limite. (Incluído pela LCp n° 118, de 2005)

§ 2° Os órgãos e entidades aos quais se fizer a comunicação de que trata o caput deste artigo enviarão imediatamente ao juízo a relação discriminada dos bens e direitos cuja indisponibilidade houverem promovido. (Incluído pela LCp n° 118, de 2005)

18.3 CERTIDÕES NEGATIVAS

Eventualmente o contribuinte pode vir a necessitar por exigência da lei a comprovação de que não possui dívidas ou pendências tributárias. Nesse caso, o contribuinte deve requerer junto ao Poder Público a respectiva certidão, que não pode se recusar a expedi-la nos termos do art. 5° inciso XXXIV, "b", CF. É um documento que prova a quitação dos tributos.

Nesse sentido, o contribuinte pode obter três tipos de certidões, a saber:

ADMINISTRAÇÃO TRIBUTÁRIA

a) Certidão Negativa de Débitos (CND) – significa que o contribuinte não possui qualquer dívida vencida e não paga com relação a tributos. É um certificado de regularidade fiscal.

b) Certidão Positiva – significa que o contribuinte possui débitos tributários vencidos e exigíveis.

c) Certidão Positiva com efeitos Negativos – significa que o contribuinte possui débitos tributários, porém os mesmos estão com a exigibilidade suspensa ou garantidos por penhora ou depósito judicial.

Para melhor entendimento, transcrevemos abaixo os arts. 205 a 208 do CTN que tratam da certidão relativa ao tema da dívida ativa:

> **Art. 205.** *A lei poderá exigir que a prova da quitação de determinado tributo, quando exigível, seja feita por certidão negativa, expedida à vista de requerimento do interessado, que contenha todas as informações necessárias à identificação de sua pessoa, domicílio fiscal e ramo de negócio ou atividade e indique o período a que se refere o pedido.*
>
> *Parágrafo único. A certidão negativa será sempre expedida nos termos em que tenha sido requerida e será fornecida dentro de 10 (dez) dias da data da entrada do requerimento na repartição.*
>
> **Art. 206.** *Tem os mesmos efeitos previstos no artigo anterior a certidão de que conste a existência de créditos não vencidos, em curso de cobrança executiva em que tenha sido efetivada a penhora, ou cuja exigibilidade esteja suspensa.*
>
> **Art. 207.** *Independentemente de disposição legal permissiva, será dispensada a prova de quitação de tributos, ou o seu suprimento, quando se tratar de prática de ato indispensável para evitar a caducidade de direito, respondendo, porém, todos os participantes no ato pelo tributo porventura devido, juros de mora e penalidades cabíveis, exceto as relativas a infrações cuja responsabilidade seja pessoal ao infrator.*
>
> **Art. 208.** *A certidão negativa expedida com dolo ou fraude, que contenha erro contra a Fazenda Pública, responsabiliza*

> *pessoalmente o funcionário que a expedir, pelo crédito tributário e juros de mora acrescidos.*
>
> *Parágrafo único. O disposto neste artigo não exclui a responsabilidade criminal e funcional que no caso couber.*

19 PROCESSO ADMINISTRATIVO TRIBUTÁRIO

O processo administrativo tributário é a discussão no âmbito administrativo federal, estadual e municipal da exigência do tributo. No âmbito federal é realizado no CARF – Conselho Administrativo de Recursos Fiscais e, no plano estadual, especificamente no Estado de São Paulo, no TIT – Tribunal de Impostos e Taxas.

Destina-se a regular a prática dos atos da administração e do contribuinte, no que se pode chamar acertamento da relação tributária.

O art. 5°, incisos LIV e LV, da CF destaca que aos litigantes em processo judicial ou administrativo, e aos acusados em geral, são assegurados o contraditório e a ampla defesa, com os meios e recursos a ela inerentes. Assim, mesmo no âmbito administrativo, devem-se assegurar o princípio do contraditório e a ampla defesa do contribuinte (Martins, 2005, p. 240). No âmbito federal, o processo administrativo é regido pelo Decreto n° 70.235/72, que dispõe sobre o processo administrativo fiscal, aplicando-se subsidiariamente a Lei n° 9.784/99, que regula o processo administrativo no âmbito público federal, com alterações pela Lei n° 12.008/09, que regula o processo administrativo federal em termos gerais.

Nessa linha, Hely Lopes Meirelles (1993, p. 599) define o processo administrativo tributário como:

> *Processo administrativo tributário ou fiscal, propriamente dito, é todo aquele que se destina à determinação, exigência ou dispensa do crédito fiscal, como à fixação do alcance de normas de tributação em casos concretos, pelos órgãos competentes tributantes, ou à imposição de penalidade ao contribuinte. Nesse conceito amplo e genérico estão compreendidos*

Manual de Direito Tributário e Financeiro Aplicado

todos os procedimentos fiscais próprios, sob as modalidades de controle (processos de lançamento e de consulta), de outorga (processos de isenção) e de punição (processos por infração fiscal), sem se falar nos processos impróprios, que são as simples autuações de expediente que tramitam pelos órgãos tributantes e repartições arrecadadoras para notificação do contribuinte, cadastramento e outros atos complementares de interesse do fisco.

Somam-se ainda os argumentos de Maria Sylvia Zanella di Pietro (2003, p. 505):

O processo administrativo, que pode ser instaurando mediante provocação do interessado ou por iniciativa da própria administração, estabelece uma relação bilateral, interpartes, ou seja, de um lado, o administrado, que deduz uma pretensão e, de outro, a administração que, quando decide não age como terceiro, estranho à controvérsia, mas como parte que atua no próprio interesse e nos limites que lhe são impostos por lei. Provocada ou não pelo particular, a administração atua no interesse da própria administração e para atender a fins que lhe são específicos. Justamente por isso alguns autores preferem falar em "interessados" e não "partes"; no entanto, partindo-se do conceito de "parte" como aquele que propõe ou contra quem se propõe uma pretensão, é possível falar em "parte" nos processos administrativos em que se estabelecem controvérsias entre administração e administrado.

Dessa posição da administração como parte interessada decorre a gratuidade do processo administrativo, em oposição à onerosidade do processo judicial. Neste, o Estado atua como terceiro, a pedido dos interessados; movimenta-se toda a máquina do Poder judiciário para resolver um conflito de interesse particular. Naquele, o Estado atua, ainda quando provocado pelo particular, no interesse da própria administração. Daí não caber no processo administrativo a aplicação do princípio da sucumbência.

Pela mesma razão, não pode a administração proferir decisões com força de coisa julgada, pois ninguém pode ser juiz e

PROCESSO ADMINISTRATIVO TRIBUTÁRIO

parte ao mesmo tempo ou ninguém pode ser juiz em causa própria. Aliás, é essa precisamente a distinção fundamental entre a função administrativa e a função jurisdicional.

O processo administrativo tributário pode ser sintetizado da seguinte forma:

a) Início de um procedimento fiscal no contribuinte.

b) Eventual elaboração do auto de infração – AIIM pelo Fisco e notificação de lançamento.

c) Impugnação do contribuinte por escrito apresentada em até 30 dias, ao órgão preparador e julgador competente, detalhando os motivos de fato e de direito que se fundamenta juntamente as provas. A interposição do recurso administrativo suspende a exigibilidade do crédito tributário impedindo a execução fiscal.

d) Julgamento em primeira instância. Da decisão cabe recurso voluntário total ou parcial, com efeito suspensivo, no prazo de 30 dias.

e) Julgamento em segunda instância.

f) Julgamento perante a Câmara Superior de Recursos Fiscais de decisão que der à lei tributária interpretação divergente da que lhe tenha dado outra câmara (no caso do CARF, denomina-se Turma), prazo de 15 dias.

g) Decisão definitiva – se for favorável ao contribuinte, cumpre à autoridade preparadora exonerá-lo dos gravames decorrentes do litigio, excluindo o crédito tributário, porém, se desfavorável, o mesmo será intimado para dar cumprimento no prazo de 30 dias, sob pena de encaminhamento do processo à autoridade competente para promover a execução fiscal (Harada, 2015, p. 649).

O processo administrativo é relevante para o contribuinte, pois proporciona muitas vantagens para o respectivo, tais como:

a) O processo administrativo não tem custas processuais.

b) Não há sucumbência.

Manual de Direito Tributário e Financeiro Aplicado

c) O contribuinte não precisa garantir a instância, ou seja, não é necessário depósito prévio para garantir o processo.

d) Não submete de imediato o contribuinte à Lei n° 8.137/90 – dos crimes contra a ordem tributária, pois o AIIM ainda não está concretizado. Em síntese, o questionamento é suspenso e por consequência também a execução fiscal e a denúncia de crime contra a ordem tributária até o julgamento final.

e) Todas as decisões no processo administrativo devem ser motivadas e fundamentadas.

f) Caso o contribuinte logre êxito no processo administrativo, a decisão se torna definitiva.

O processo administrativo tributário ocorre na esfera federal, porém, no âmbito da esfera estadual, observa-se que cada Estado da Federação, e também Município, possui um procedimento diferente para o processo administrativo tributário, a título de sugestão, poderíamos unificar o procedimento estadual e o municipal no sentido de termos uma legislação uniforme para todo o território nacional.

20 A REPONSABILIDADE TRIBUTÁRIA, CIVIL E CRIMINAL DOS SÓCIOS E ADMINISTRADORES DA SOCIEDADE LIMITADA

Neste capítulo, iremos analisar de forma objetiva a responsabilidade dos sócios e administradores da sociedade limitada no contexto da legislação brasileira, ou seja, CC, CTN, Código Penal, Lei das Sociedades Anônimas e demais legislações infraconstitucionais.

Este estudo se inicia efetuando um breve resumo sobre o conceito da sociedade limitada, para em seguida descrever a responsabilidade dos sócios e dos administradores, abordando as principais hipóteses de ocorrência da desconsideração da pessoa jurídica e da responsabilidade ilimitada e suas consequências para o empresário.

20.1 A SOCIEDADE LIMITADA NO CÓDIGO CIVIL

A sociedade limitada é do tipo societário empresarial contratual, em que todos os sócios respondem limitadamente ao total do capital subscrito e integralizado, e é regida pelos arts. 1.052 a 1.087 do CC, podendo adotar como diploma supletivo a Lei das Sociedades Anônimas (Lei n° 6.404/76), desde que constem expressamente do contrato social, ou no silêncio deste, as regras da sociedade simples (art. 1.053, parágrafo único, do CC).

Basicamente, a personalização da sociedade limitada consiste na separação patrimonial entre a pessoa jurídica e seus membros (sócios). Portanto, sócio e sociedade são sujeitos distintos, em seus direitos e deveres. As obrigações de um, portanto, não se podem imputar ao outro, salvo exceções. A regra é a irresponsabilidade dos sócios pelas dívidas sociais, ou seja, os sócios respondem apenas pelo valor das quotas que foram subscritas e integralizadas no contrato social, sendo este teoricamente o limite de sua responsabilidade, desde que o capital social esteja totalmente integralizado,[88] destacando que este é um dos fatores principais que o empresário opta por este tipo societário,

Conforme estabelecido pelos arts. 981 e 997 do CC, a sociedade limitada se constitui por um contrato entre os sócios, o qual é disciplinado por normas do direito civil e do comercial, inspiradas no direito contratual, assumindo o tipo de contrato plurilateral ou multilateral, em que dois ou mais sócios assumem, cada um perante o outro, direitos e obrigações recíprocas relacionadas à exploração conjunta de uma ou mais atividades econômicas.

Os requisitos de validade do contrato social são definidos no art. 104 do CC, ou seja, são os requisitos de validade de qualquer ato jurídico, pertinentes também no contrato social, são eles: agente capaz, objeto lícito e forma prescrita ou não defesa em lei (Coelho, 2007, p. 384-385).

A constituição de sociedade limitada, para produzir todos os seus efeitos legais perante terceiros, em especial a limitação da responsabilidade dos sócios pelas obrigações sociais, deve ser registrada na Junta Comercial do Estado sede da empresa, de acordo com

---

88 O capital social compreende os recursos iniciais conferidos pelos sócios à empresa; os aportes posteriores de capital efetuados, ambos sob a forma de dinheiro ou bens; os aumentos ou transferências das contas de reservas e lucros acumulados. O valor do capital social que deve constar do patrimônio líquido é o realizado, ou seja, o total efetivamente integralizado pelos proprietários. Dessa forma, se existir parcela do capital não integralizada pelos proprietários, a empresa apresentará a conta de capital social subscrito e a conta devedora de capital a integralizar, sendo que o líquido entre ambas representa o capital integralizado (Matarazzo, 2003, p. 65).

A REPONSABILIDADE TRIBUTÁRIA, CIVIL E CRIMINAL

o art. 967 do CC.[89] A sociedade que funciona sem registro, ou antes dele, é irregular ou de fato e é denominada sociedade em comum ou não personificada nos termos do art. 986 do CC, fato este que ocasiona graves consequências para os sócios, trazendo sanções, tais como: ilegitimidade ativa para o pedido de falência, responsabilidade ilimitada dos sócios, inacessibilidade à recuperação judicial, falta de matrícula nos órgãos públicos, como, por exemplo, Receita Federal do Brasil e INSS. Destacamos em termos societários, a **SLU** – Sociedade Limitada Unipessoal, que é a sociedade limitada com somente um sócio – arts. 1.052 a 1.054 do CC, a seguir descritos:

> *Art. 1.052. Na sociedade limitada, a responsabilidade de cada sócio é restrita ao valor de suas quotas, mas todos respondem solidariamente pela integralização do capital social.*
>
> *§ 1° A sociedade limitada pode ser constituída por 1 (uma) ou mais pessoas. (Incluído pela Lei n° 13.874, de 2019)*
>
> *§ 2° Se for unipessoal, aplicar-se-ão ao documento de constituição do sócio único, no que couber, as disposições sobre o contrato social. (Incluído pela Lei n° 13.874, de 2019)*
>
> *Art. 1.053. A sociedade limitada rege-se, nas omissões deste Capítulo, pelas normas da sociedade simples.*
>
> *Parágrafo único. O contrato social poderá prever a regência supletiva da sociedade limitada pelas normas da sociedade anônima.*
>
> *Art. 1.054. O contrato mencionará, no que couber, as indicações do art. 997, e, se for o caso, a firma social.*

---

89 Anote-se que a inscrição é obrigatória, sendo certo, no entanto, que não é a inscrição na Junta Comercial que atribui a qualidade jurídica de empresário a quem faz tal inscrição. Em rigor, a qualidade de empresário decorre da situação fática consistente em exercer efetivamente a atividade econômica organizada para produzir ou circular bens ou serviços (Calças, 2005, p. 87/92).

20.2 RESPONSABILIDADE DOS SÓCIOS E DOS ADMINISTRADORES

Na sociedade limitada, todos os sócios têm a responsabilidade limitada ao valor total do capital social, desde que o respectivo esteja totalmente integralizado. Conceitualmente, a sociedade em si tem responsabilidade ilimitada por dívidas por ela contraídas, enquanto os sócios respondem apenas pela integralização das quotas. A responsabilidade é, contudo, solidária entre os sócios até a integralização do capital, conforme previsto no art. 1.052 do CC.

Além da responsabilidade da propositura da ação para obrigar os sócios a integralizarem o capital social, há hipóteses de responsabilidade pessoal e ilimitada dos sócios e dos administradores, em que os credores que não dispõem de meios negociais para preservação de seus interesses podem demandar o patrimônio pessoal dos sócios.

Com relação aos administradores, sejam eles sócios ou não sócios, há de se ressaltar que as empresas desfrutam no plano ideal, de titularidade empresarial, titularidade processual e responsabilidade patrimonial, sendo que, no plano fático, quem utiliza esse poder são os administradores. Esses poderes são concedidos aos administradores[90] e trata-se do poder de representar a pessoa jurídica da qual são, geralmente, partes, no caso das sociedades limitadas.

A representação legal se refere à função externa dos administradores da sociedade. Como membros do órgão encarregado de exteriorizar a vontade da pessoa jurídica, eles negociam operações e assinam documentos, falando e agindo pela sociedade empresária. Em razão desses atos praticados pelos administradores, em nome

---

90 Administrador – pessoa a quem se comete a direção ou gerência de qualquer negócio ou serviço, seja de caráter público ou privado, seja em caráter permanente, à frente de um estabelecimento comercial ou departamento público, seja em caráter provisório para desempenho de determinado negócio. É, assim, a pessoa a quem se confiou uma administração, qualquer que seja a sua natureza (Silva, 1994).

A REPONSABILIDADE TRIBUTÁRIA, CIVIL E CRIMINAL

da sociedade limitada, criam-se direitos e obrigações (Almeida, 2004, p. 169) para a pessoa jurídica.

A representação pode ser exercida pelo Administrador (que pode ser ou não ser sócio), o qual é nomeado no Contrato Social da empresa, estabelecendo inclusive seus poderes e limitações, como também pode ser exercida por mandato de procuração pública, ou até eventualmente em determinados casos, por instrumento particular.

Nesse cenário, apresentamos a seguir o instituto da desconsideração da pessoa jurídica e os casos em que existe a ocorrência de responsabilidade pessoal dos sócios e dos administradores.[91]

20.2.1 Desconsideração da Pessoa jurídica (*Disregard of legal entity*)

A expressão desconsideração da pessoa jurídica é utilizada para indicar a ignorância, para um caso concreto, da personificação societária. Vale dizer, aprecia-se a situação jurídica tal como se a pessoa jurídica não existisse, o que significa que se trata a sociedade e o sócio como se fossem uma mesma e única pessoa. Atribuem-se ao sócio ou à sociedade condutas que, não fosse a desconsideração, seriam imputadas respectivamente à sociedade ou ao sócio individualmente.

Com a desconsideração, passa-se em nível de funcionamento do instituto jurídico, tem-se em mente o desvio de resultado que seria propiciado, se não efetivada a desconsideração.

Assim, a utilização abusiva da pessoa jurídica é combatida por meio da desconsideração, ou seja, como o sacrifício que se vislumbra inevitável e que se busca evitar será produzido pela aplicação do

---

91 Maria Helena Diniz, em sua obra **Código Civil Anotado**, p. 802, destaca a responsabilidade solidária dos administradores que responderão solidariamente perante a sociedade e terceiros pelos prejuízos que culposamente lhe causaram com seu proceder, comissivo ou omissivo, no exercício de suas atribuições e funções nos termos do art. 1.016 do Código Civil.

regime correspondente à pessoa jurídica, então, a solução jurídica é ignorar os efeitos da personificação (Justen Filho, 1987, p. 55 e 57).

O que justifica toda a teoria da desconsideração é o risco de uma utilização anômala do regime correspondente à pessoa jurídica acarretar um resultado indesejável principalmente para os credores. Podemos ainda afirmar que é a ignorância para casos concretos e sem retirar a validade do ato jurídico específico dos efeitos da personificação jurídica validamente reconhecida a uma ou mais sociedades, a fim de evitar um resultado incompatível com a função da pessoa jurídica (Justen Filho, 1987, p. 155).

No entendimento de Marçal Justen Filho, a desconsideração consiste tanto na ignorância total do regime jurídico da personificação societária como em um abrandamento desse regime jurídico.

Assim, a mais intensa manifestação da personalidade jurídica societária consiste na total ignorância da pessoa jurídica, considerando-se os atos e as relações jurídicas como imputados diretamente à pessoa dos sócios (ou vice-versa). Passa-se por cima da pessoa jurídica para alcançar-se direta e exclusivamente a pessoa e bens patrimoniais do sócio, chamaremos esse caso de desconsideração plena ou máxima.

Pode-se considerar como manifestação de intensidade média da teoria a hipótese em que haja identificação entre sócio e sociedade. Vale dizer, não se ignora a existência da sociedade, mas se toma como se houvesse uma única e só pessoa, ou, mais precisamente, duas pessoas com posição jurídica idêntica, compartilhando dos mesmos deveres e responsabilidades. A essa hipótese denominamos desconsideração média.

Por fim, a manifestação menos intensa da desconsideração reside na ignorância de um ângulo do regime jurídico personificatório. Isso se passa quando não se desconsidera a personificação societária nem a distinção entre sociedade e sócio, mas se considera que sócio ou sociedade tem uma responsabilidade subsidiária pelos efeitos dos atos praticados pela sociedade ou, respectivamente, pelo sócio. Denominamos o caso como desconsideração mínima (Justen Filho, 1987, p. 61).

A REPONSABILIDADE TRIBUTÁRIA, CIVIL E CRIMINAL

Definida a conceituação básica da desconsideração, passamos a analisar o tema de acordo com os arts. 133 a 137 do CPC, e 50, 51 e 52 do CC (Fiuza; Lucca, 2020, p. 65),[92] em que, na eventualidade de os sócios fraudarem os credores, valendo-se da separação patrimonial da empresa e de seus bens particulares ou desviando a finalidade, o juiz poderá desconsiderar momentaneamente a personalidade jurídica, atingindo seus bens pessoais, conforme os referidos artigos a seguir apresentados e nos casos abaixo descritos na legislação:

> *CPC,* **art. 133.** *O incidente de desconsideração da personalidade jurídica será instaurado a pedido da parte ou do Ministério Público, quando lhe couber intervir no processo.*
>
> *§ 1° O pedido de desconsideração da personalidade jurídica observará os pressupostos previstos em lei.*
>
> *§ 2° Aplica-se o disposto neste Capítulo à hipótese de desconsideração inversa da personalidade jurídica.*
>
> **Art. 134.** *O incidente de desconsideração é cabível em todas as fases do processo de conhecimento, no cumprimento de sentença e na execução fundada em título executivo extrajudicial.*
>
> *§ 1° A instauração do incidente será imediatamente comunicada ao distribuidor para as anotações devidas.*
>
> *§ 2° Dispensa-se a instauração do incidente se a desconsideração da personalidade jurídica for requerida na petição inicial, hipótese em que será citado o sócio ou a pessoa jurídica.*
>
> *§ 3° A instauração do incidente suspenderá o processo, salvo na hipótese do § 2°.*

---

92 Os autores afirmam que o Código Civil pretende que, quando a pessoa jurídica se desviar de seus fins determinantes de sua constituição, ou quando houver confusão patrimonial, em razão de abuso da personalidade jurídica, o órgão judicante, a requerimento da parte ou do Ministério Público, quando lhe couber intervir no processo, esteja autorizado a desconsiderar episodicamente a personalidade jurídica, para coibir fraudes de sócios que dela se valeram como escudo sem importar essa medida em uma dissolução da pessoa jurídica.

§ 4º O requerimento deve demonstrar o preenchimento dos pressupostos legais específicos para desconsideração da personalidade jurídica.

Art. 135. Instaurado o incidente, o sócio ou a pessoa jurídica será citado para manifestar-se e requerer as provas cabíveis no prazo de 15 (quinze) dias.

Art. 136. Concluída a instrução, se necessária, o incidente será resolvido por decisão interlocutória.

Parágrafo único. Se a decisão for proferida pelo relator, cabe agravo interno.

Art. 137. Acolhido o pedido de desconsideração, a alienação ou a oneração de bens, havida em fraude de execução, será ineficaz em relação ao requerente.

CC, art. 50. Em caso de abuso da personalidade jurídica, caracterizado pelo desvio de finalidade ou pela confusão patrimonial, pode o juiz, a requerimento da parte, ou do Ministério Público quando lhe couber intervir no processo, desconsiderá-la para que os efeitos de certas e determinadas relações de obrigações sejam estendidos aos bens particulares de administradores ou de sócios da pessoa jurídica beneficiados direta ou indiretamente pelo abuso. (Redação dada pela Lei nº 13.874, de 2019)

§ 1º Para os fins do disposto neste artigo, desvio de finalidade é a utilização da pessoa jurídica com o propósito de lesar credores e para a prática de atos ilícitos de qualquer natureza. (Incluído pela Lei nº 13.874, de 2019)

§ 2º Entende-se por confusão patrimonial a ausência de separação de fato entre os patrimônios, caracterizada por: (Incluído pela Lei nº 13.874, de 2019)

I – cumprimento repetitivo pela sociedade de obrigações do sócio ou do administrador ou vice-versa; (Incluído pela Lei nº 13.874, de 2019)

II – transferência de ativos ou de passivos sem efetivas contraprestações, exceto os de valor proporcionalmente insignificante; e (Incluído pela Lei nº 13.874, de 2019)

III – outros atos de descumprimento da autonomia patrimonial. (Incluído pela Lei n° 13.874, de 2019)

§ 3° O disposto no caput e nos §§ 1° e 2° deste artigo também se aplica à extensão das obrigações de sócios ou de administradores à pessoa jurídica. (Incluído pela Lei n° 13.874, de 2019)

§ 4° A mera existência de grupo econômico sem a presença dos requisitos de que trata o caput deste artigo não autoriza a desconsideração da personalidade da pessoa jurídica. (Incluído pela Lei n° 13.874, de 2019)

§ 5° Não constitui desvio de finalidade a mera expansão ou a alteração da finalidade original da atividade econômica específica da pessoa jurídica. (Incluído pela Lei n° 13.874, de 2019)

Art. 51. Nos casos de dissolução da pessoa jurídica ou cassada a autorização para seu funcionamento, ela subsistirá para os fins de liquidação, até que esta se conclua.

§ 1° Far-se-á, no registro onde a pessoa jurídica estiver inscrita, a averbação de sua dissolução.

§ 2° As disposições para a liquidação das sociedades aplicam-se, no que couber, às demais pessoas jurídicas de direito privado.

§ 3° Encerrada a liquidação, promover-se-á o cancelamento da inscrição da pessoa jurídica.

Art. 52. Aplica-se às pessoas jurídicas, no que couber, a proteção dos direitos da personalidade.

20.3 POSSIBILIDADES DE DESCONSIDERAÇÃO DA PESSOA JURÍDICA

a) Código de Defesa do Consumidor – Lei n° 8.078/90

O art. 28 não deixa dúvidas quando define em seu texto que o juiz poderá desconsiderar a personalidade jurídica da sociedade quando, em detrimento do consumidor, houver abuso de direito,[93] excesso de poder, infração de lei, fato ou ato ilícito ou violação dos estatutos do contrato social. A desconsideração também será efetivada quando houver falência, estado de insolvência, encerramento ou inatividade da pessoa jurídica provocada pela má administração. Também poderá ser desconsiderada a pessoa jurídica sempre que sua personalidade for de alguma forma obstáculo ao ressarcimento de prejuízos causados aos consumidores (Calças, 2003, p. 100-101).

b) Sistema Brasileiro da defesa da concorrência – Lei nº 12.529/11

Os arts. 31 a 35 da referida lei facultam a desconsideração da personalidade jurídica do responsável por infração de ordem econômica, quando houver, por parte desse abuso de direito, excesso de poder, infração da lei, fato ou ato ilícito ou violação de contrato social, admitindo ainda a desconsideração quando houver falência, estado de insolvência, encerramento ou inatividade da pessoa jurídica provocados por má gestão dos negócios.

A referida lei, especificamente no art. 36, dispõe que qualquer ato que possa limitar ou de qualquer forma prejudicar a livre-concorrência, ou resultar na dominação de mercados relevantes de bens ou serviços.

Eventuais dúvidas deverão ser submetidas à apreciação do Conselho Administrativo de Defesa Econômica – CADE (Silva, 2007, p. 512).

Além do mais, o art. 173, §§ 4º e 5º, da CF destaca que:

§ 4º A lei reprimirá o abuso do poder econômico que vise à dominação dos mercados, à eliminação da concorrência e ao aumento arbitrário dos lucros.

---

93   O ato abusivo é entendido, doutrinariamente, como o ato que, mesmo originando-se de um direito subjetivo e tendo observado os requisitos formais e materiais aplicáveis, apresenta-se contrário ao direito, na sua acepção abrangente (Moraes, 2004, p. 36).

A REPONSABILIDADE TRIBUTÁRIA, CIVIL E CRIMINAL

> § 5° *A lei, sem prejuízo da responsabilidade individual dos dirigentes da pessoa jurídica, estabelecerá a responsabilidade desta, sujeitando-a às punições compatíveis com sua natureza, nos atos praticados contra a ordem econômica e financeira e contra a economia popular.*

c) Lei Ambiental – Lei n° 9.605/98

A CF de 1988 passou a admitir a responsabilidade penal da pessoa jurídica em nosso ordenamento jurídico em dois dispositivos: arts. 173, § 5°, e 225, § 3°, e, envolvido por essa ideia, o legislador ordinário, em 1998, elaborou a Lei dos Crimes Ambientais, que prevê a desconsideração da pessoa jurídica sempre que sua personalidade for obstáculo ao ressarcimento de prejuízos causados à qualidade do meio ambiente.

Devido à relevância do tema, destacamos a seguir os arts. 2° a 4° da Lei n° 9.605/98:

> *Art. 2° Quem, de qualquer forma, concorre para a prática dos crimes previstos nesta Lei, incide nas penas a estes cominadas, na medida da sua culpabilidade, bem como o diretor, o administrador, o membro de conselho e de órgão técnico, o auditor, o gerente, o preposto ou mandatário de pessoa jurídica, que, sabendo da conduta criminosa de outrem, deixar de impedir a sua prática, quando podia agir para evitá-la.*
>
> *Art. 3° As pessoas jurídicas serão responsabilizadas administrativa, civil e penalmente conforme o disposto nesta Lei, nos casos em que a infração seja cometida por decisão de seu representante legal ou contratual, ou de seu órgão colegiado, no interesse ou benefício da sua entidade.*
>
> *Parágrafo único. A responsabilidade das pessoas jurídicas não exclui a das pessoas físicas, autoras, co-autoras ou partícipes do mesmo fato.*
>
> *Art. 4° Poderá ser desconsiderada a pessoa jurídica sempre que sua personalidade for obstáculo ao ressarcimento de prejuízos causados à qualidade do meio ambiente.*

O texto constitucional também visa à garantia de instrumentalização de proteção ao Meio Ambiente, exigindo a salvaguarda dos recursos naturais e a regulamentação dos processos físicos e químicos que interajam com a biosfera, para preservá-los às gerações futuras, garantindo-se o potencial evolutivo a partir da aplicação dos princípios fundamentais da ação comunitária (art. 130 do Tratado da União Europeia): precaução e ação preventiva; correção prioritariamente na fonte dos danos causados ao meio ambiente e princípio do poluidor pagador (Moraes, 2009, p. 840).

Examinando os arts. 2° e 3° da Lei do Meio Ambiente, constata-se que a responsabilidade civil e criminal pelos danos ambientais é atribuída simultaneamente aos diretores, administradores, pessoas físicas em geral que atuem como autoras, coautoras ou partícipes do mesmo fato, ocorrendo à solidariedade entre as pessoas físicas e a sociedade, evidentemente colocando em risco o patrimônio pessoal de cada uma destas pessoas.

d) Dívidas fiscais – créditos tributários

A aplicabilidade da desconsideração no campo tributário relaciona-se com o princípio da legalidade estrita que ali impera, com colorações muito rígidas.

É que a imposição tributária produz um sacrifício da propriedade individual em prol do Estado. O tributo significa a apropriação de uma parcela da riqueza particular por parte do Estado, sem outro fundamento jurídico senão a simples existência da mesma riqueza. O tributo não encontra fundamento nem na noção de ilicitude nem na ideia de comutatividade. Aquele que está obrigado ao pagamento da prestação tributária encontra-se em tal situação jurídica por exclusiva decorrência de, em última análise ser titular da riqueza (Justen Filho, 1987, p. 107).

Nessa ambiência, analisando o art. 135, incisos II e III, do CTN, têm responsabilidade pessoal pelos créditos correspondentes às obrigações tributárias relativos aos atos praticados com excesso de poderes ou infração da lei, contrato social ou estatutos os diretores, os gerentes ou os representantes de pessoas jurídicas de direito privado.

A REPONSABILIDADE TRIBUTÁRIA, CIVIL E CRIMINAL

Observa-se, portanto, que os administradores somente responderão pessoalmente se houverem cometido infração à legislação tributária e não em caso de simples inadimplemento, que se verifica quando a sociedade simplesmente não possui recursos financeiros para efetuar o pagamento dos tributos, em razão do insucesso do empreendimento.

Em síntese, o art. 135, inciso III, do CTN não disciplina a responsabilidade dos sócios por dívidas fiscais, mas sim a responsabilidade dos administradores da sociedade por tais débitos decorrentes de infrações tributárias (Calças, 2005, p. 96).

Calças (2005, p. 96) menciona que "o sócio da limitada, pela simples circunstância de ostentar tal *status* não responde pessoalmente com seu patrimônio pelas dívidas da sociedade", citando, também, o referido autor, a jurisprudência do STJ, que assim tem entendido:

> *Execução Fiscal. Sociedade por cotas de responsabilidade limitada. Dívida da sociedade. Penhora. Bens de sócio não gerente: O quotista, sem função de gerência, não responde por dívida contraída pela sociedade de responsabilidade limitada. Seus bens não podem ser penhorados em processo de execução fiscal movida contra a pessoa jurídica.*[94]

> *No mesmo sentido:*

> *Nos termos do que dispõe a lei tributária nacional, há que ser observado o princípio da responsabilidade subjetiva, não prevalecendo a simples presunção quando ao descumprimento, pelo sócio, de suas obrigações sociais. Não tendo ficado provado que o sócio exercia a gerência da sociedade, impossível imputar-lhe a prática de atos abusivos, com excesso de mandado ou violação da lei ou do contrato (Resp. no 109.163-0-PR, Rel. Min. Francisco Peçanha Martins, DJU de 23.08.1999, julgados STJ, no 108, p. 41).*

---

94   CTN, art. 134; Decreto nº 3.708/19, art. 2° (Julgados do STJ, n. 105, p. 23, Resp. nº 151209-0-AL, Rel. Min. Humberto Gomes de Barros, **DJU** de 08.03.1999).

Portanto, não há dúvida no que se refere à interpretação do *caput* do art. 135 do CTN, no sentido de que os administradores não podem ser pessoalmente responsabilizados pelos débitos fiscais da sociedade, pelo simples fato de exercerem a administração, portanto, somente terão responsabilidade pessoal (art. 1.016 CC) quando as obrigações tributárias resultarem de ato ilícito praticado pelo sócio ou administrador, com excesso de poderes, infração de lei ou do contrato social (Calças, 2005, p. 96).

Ocorre em sentido contrário que, de acordo com a decisão do STF,[95] os contribuintes que não repassarem ao Estado os valores do ICMS cobrado no preço das mercadorias poderão ser processados pelo crime de apropriação indébita, pois o entendimento é de que a empresa é mera depositária do valor, conforme o art. 2°, inciso II, da Lei n° 8.137/90 – crimes contra a ordem tributária, a seguir descrito:

Art. 2° Constitui crime da mesma natureza: (*Vide* Lei n° 9.964, de 10.4.2000)

> *I – fazer declaração falsa ou omitir declaração sobre rendas, bens ou fatos, ou empregar outra fraude, para eximir-se, total ou parcialmente, de pagamento de tributo;*
>
> *II – deixar de recolher, no prazo legal, valor de tributo ou de contribuição social, descontado ou cobrado, na qualidade de sujeito passivo de obrigação e que deveria recolher aos cofres públicos;*
>
> *III – exigir, pagar ou receber, para si ou para o contribuinte beneficiário, qualquer percentagem sobre a parcela dedutível ou deduzida de imposto ou de contribuição como incentivo fiscal;*
>
> *IV – deixar de aplicar, ou aplicar em desacordo com o estatuído, incentivo fiscal ou parcelas de imposto liberadas por órgão ou entidade de desenvolvimento;*
>
> *V – utilizar ou divulgar programa de processamento de dados que permita ao sujeito passivo da obrigação tributária*

---

95 Disponível em: http://stf.jus.br/portal/cms/verNoticiaDetalhe.asp?idConteudo=433114&caixaBusca=N. Acesso em: 09 jan. 2020.

A REPONSABILIDADE TRIBUTÁRIA, CIVIL E CRIMINAL

> *possuir informação contábil diversa daquela que é, por lei, fornecida à Fazenda Pública.*
>
> *Pena – detenção, de 6 (seis) meses a 2 (dois) anos, e multa.*

Na respectiva decisão do STF, o ministro frisou que, para caracterizar o delito, é preciso comprovar a existência de intenção de praticar o ilícito que é a conduta dolosa[96] do contribuinte, portanto, não se trata de criminalização da inadimplência, mas da apropriação indébita.

Vale destacar que o ICMS é um tributo não cumulativo, em que a empresa se credita do tributo nas compras de matéria-prima e debita na venda, portanto, o recolhimento é calculado sobre esta diferença.

Evidente que a possibilidade de uma ação criminal será uma forma que o Estado poderá utilizar para cobrança do referido tributo em atraso, e, para o contribuinte, é incontestável que o procedimento pode ser suspenso pelo pagamento da dívida, do parcelamento ou dos programas de refinanciamento incentivados pelo próprio governo.

Não podemos deixar de mencionar que a respectiva ação penal deverá ser interposta contra a empresa, porém, efetivamente, quem irá responder ao processo criminal serão seus sócios ou administradores.

Nessa linha de raciocínio, entendemos que o simples inadimplemento da empresa não constitui motivo para criminalização; para que isso ocorra é necessário demonstrar de forma efetiva a conduta dolosa do contribuinte de não cumprir suas obrigações tributárias.

e) Dívidas perante o INSS – Lei nº 8.620/93

De acordo com o art. 13 da referida lei, o sócio, o administrador, os gerentes e os diretores da sociedade limitada respondem solidária e ilimitadamente, independente de culpa, com seus

---

96   Dolo – é o desígnio criminoso, a intenção criminosa em fazer o mal, que se constitui crime ou delito, seja por ação ou omissão (Silva, 1994).

bens pessoais, pelos débitos junto à Seguridade Social (Calças, 2005, p. 95).

Referido artigo foi revogado com a entrada em vigor da Lei n° 11.941, de 2009, além do que o STF já havia entendido ser a norma contrária ao art. 146, inciso III, "b", da CF.

Via de regra, esses débitos consistem no não recolhimento das seguintes contribuições: INSS parte do empregador sobre a folha de pagamento, INSS parte do empregado retido quando do pagamento de salários, INSS sobre acordos elaborados na Justiça do Trabalho, INSS retido de prestadores de serviços.

f) Créditos trabalhistas

Pode-se afirmar que a desconsideração da personificação societária no direito do trabalho tem por pressuposto a verificação de sacrifício de faculdade assegurado ao trabalhador, ou seja, não é que se ignore o conceito de pessoa jurídica no direito do trabalho, não se postula a inexistência dessa categoria perante tal ramo, o que se conclui é que basta a possibilidade do sacrifício de uma faculdade assegurada ao trabalhador para que se produza a desconsideração (Justen Filho, 1987, p. 106).

A despeito de não haver lei específica regulamentando a questão, a Justiça do Trabalho tem executado os bens do patrimônio dos sócios, indistintamente às condenações decretadas à sociedade limitada, garantindo aos trabalhadores o direito de atingirem o patrimônio pessoal dos sócios de quaisquer sociedades, pois a Justiça do Trabalho, na interpretação da legislação trabalhista, tem como norte obter de forma concreta, a igualdade jurídica entre empregados e empregadores, e como objetivo atingir a justiça social.[97]

---

97 Eros Roberto Grau (1990, p. 240) define que justiça social é expressão que, no contexto constitucional, não designa meramente uma espécie de justiça, porém um dado ideológico. Justiça social, inicialmente, quer significar superação das injustiças na repartição, a nível pessoal, do produto econômico. Com o passar do tempo, contudo, passa a conotar cuidados, referidos à repartição do produto econômico, não apenas inspirados em razão micro, porém macroeconômica: as correções na injustiça da repartição deixam de ser apenas uma imposição ética, passando a consubstanciar exigência de qualquer política econômica capitalista.

A REPONSABILIDADE TRIBUTÁRIA, CIVIL E CRIMINAL

A jurisprudência, com o apoio na doutrina, tem decidido que os administradores das sociedades limitadas respondem ilimitada e subsidiariamente pelos débitos trabalhistas nas seguintes hipóteses: a) dissolução irregular; b) dissolução irregular ou de fato; c) falência. Assim, não sendo encontrados bens sociais que possam ser penhorados ou arrecadados, o patrimônio particular dos administradores poderá ser atingido pela execução judicial para atender ao cumprimento das obrigações trabalhistas (Almeida, 1999, p. 129 *apud* Calças, 2005, p. 103).

> *Tal orientação pretoriana é correta, uma vez que seria injusto permitir que os administradores da sociedade se eximissem da obrigação de pagar os empregados da sociedade que eles administram, invocando a proteção do escudo legal da pessoa jurídica disciplinado pela legislação empresarial, cujos princípios são incompatíveis com o escopo protetivo que o direito do trabalho confere aos trabalhadores.(...) Se a sociedade não possui bens para solver a obrigação a isso será chamado o sócio gerente, pouco importando que tenha integralizado suas quotas do capital ou não tenha agido com exorbitância do mandato, infringência do contrato ou norma legal.*

> *A par de tais princípios, invoca-se a teoria da desconsideração da personalidade jurídica para sustentar a execução dos créditos trabalhistas de responsabilidade de a sociedade ser direcionada contra o patrimônio pessoal dos sócios e administradores, não se exige o rigor dos pressupostos doutrinários que autorizam a aplicação da desconsideração da personalidade jurídica previsto no art. 50 do CC (Calças, 2005, p. 103).*

Em sentido contrário, existe entendimento no sentido de que o redirecionamento da execução aos sócios da empresa executada somente será possível desde que previamente declarada a desconsideração da pessoa jurídica, o que deverá se dar por decisão fundamentada, em estrita observância à regra constitucional disposta no art. 93, inciso IX, da CF, sob pena de nulidade.[98]

---

98   TRT-12 Região – 6ª Câm.: AP nº 07512-2005=026-12-85-0-Florianópolis-SC; Rel. Des. Federal do Trabalho Ligia Maria Gouvêa; j. 22.01.2010; v.u. – **Boletim AASP**, 2699.

g) Responsabilidade por excessos

Os sócios e os administradores são responsáveis pela gestão do empreendimento, quando incorrerem em atos ilícitos, contrários à lei ou ao contrato social, os quais foram feitos em nome da sociedade. Esta exceção à regra da irresponsabilidade dos sócios tem como finalidade punir as condutas ilícitas e inviabilizar a prática de atos irregulares nos termos dos arts. 1.016 e 1017 do CC:

> *Art. 1.016. Os administradores respondem solidariamente perante a sociedade e os terceiros prejudicados, por culpa no desempenho de suas funções.*
>
> *Art. 1.017. O administrador que, sem consentimento escrito dos sócios, aplicar créditos ou bens sociais em proveito próprio ou de terceiros, terá de restituí-los à sociedade, ou pagar o equivalente, com todos os lucros resultantes, e, se houver prejuízo, por ele também responderá.*
>
> *Parágrafo único. Fica sujeito às sanções o administrador que, tendo em qualquer operação interesse contrário ao da sociedade, tome parte na correspondente deliberação.*

Nos termos do art. 1.080 do CC, as deliberações que infringirem o contrato ou a lei, tornam ilimitada a responsabilidade dos sócios que expressamente a aprovarem.

h) Lei de Falência – Lei n° 11.101/05

Os arts. 82 a 82-A da referida Lei de Falência estabelecem de maneira clara que a responsabilidade pessoal dos sócios de responsabilidade limitada, dos controladores e dos administradores da sociedade falida, será apurada no próprio juízo da falência, independentemente da realização do ativo e da prova da sua insuficiência para cobrir o passivo, observado o procedimento ordinário no CPC. A ação de responsabilização deverá ser proposta pelo administrador judicial antes da ocorrência do prazo prescricional, que é de dois anos contados do trânsito em julgado da sentença de encerramento da falência.

A REPONSABILIDADE TRIBUTÁRIA, CIVIL E CRIMINAL

A fim de aclarar o entendimento transcrevemos a seguir os referidos artigos:

Art. 81. A decisão que decreta a falência da sociedade com sócios ilimitadamente responsáveis também acarreta a falência destes que ficam sujeitos aos mesmos efeitos jurídicos produzidos em relação à sociedade falida e, por isso, deverão ser citados para apresentar contestação, se assim o desejarem.

§ 1° O disposto no caput deste artigo aplica-se ao sócio que tenha se retirado voluntariamente ou que tenha sido excluído da sociedade, há menos de 2 (dois) anos, quanto às dívidas existentes na data do arquivamento da alteração do contrato, no caso de não terem sido solvidas até a data da decretação da falência.

§ 2° As sociedades falidas serão representadas na falência por seus administradores ou liquidantes, os quais terão os mesmos direitos e, sob as mesmas penas, ficarão sujeitos às obrigações que cabem ao falido.

Art. 82. A responsabilidade pessoal dos sócios de responsabilidade limitada, dos controladores e dos administradores da sociedade falida, estabelecida nas respectivas leis, será apurada no próprio juízo da falência, independentemente da realização do ativo e da prova da sua insuficiência para cobrir o passivo, observado o procedimento ordinário previsto no Código de Processo Civil.

§ 1° Prescreverá em 2 (dois) anos, contados do trânsito em julgado da sentença de encerramento da falência, a ação de responsabilização prevista no caput deste artigo.

§ 2° O juiz poderá, de ofício ou mediante requerimento das partes interessadas, ordenar a indisponibilidade de bens particulares dos réus, em quantidade compatível com o dano provocado, até o julgamento da ação de responsabilização.

Art. 82-A. É vedada a extensão da falência ou de seus efeitos, no todo ou em parte, aos sócios de responsabilidade limitada, aos controladores e aos administradores da sociedade falida, admitida, contudo, a desconsideração da personalidade jurídica. (Incluído pela Lei n° 14.112, de 2020) (Vigência)

> *Parágrafo único. A desconsideração da personalidade jurídica da sociedade falida, para fins de responsabilização de terceiros, grupo, sócio ou administrador por obrigação desta, somente pode ser decretada pelo juízo falimentar com a observância do <u>art. 50 da Lei nº 10.406, de 10 de janeiro de 2002 (Código Civil)</u> e dos <u>arts. 133, 134, 135, 136 e 137 da Lei nº 13.105, de 16 de março de 2015 (Código de Processo Civil)</u>, não aplicada a suspensão de que trata o <u>§ 3º do art. 134 da Lei nº 13.105, de 16 de março de 2015 (Código de Processo Civil)</u>. <u>(Incluído pela Lei nº 14.112, de 2020)</u> <u>(Vigência)</u>*

i) Propriedade Industrial – Lei n° 9.279/96

O art. 195, § 1° define que será responsabilizado por crime de concorrência desleal o sócio, o administrador ou o empregado que incorrer nas tipificações do art. 195, incisos XI e XII, da referida lei.

j) Responsabilidade dos sócios pela exata estimação dos bens

O capital social da sociedade limitada, após subscrito, deverá ser integralizado em dinheiro, mas poderá ser integralizado em direitos creditícios e bens, e, neste caso, de acordo com o CC, art. 1.055, § 1°, "a responsabilidade é solidária de todos os sócios, pelo prazo de cinco anos contados da data do registro da sociedade" na Junta Comercial, pela exata estimação do valor dos bens conferidos sob a forma de integralização ao capital social.

Recomenda-se aos sócios que pretendam prevenir-se contra futura responsabilidade por erros, culposos ou dolosos, na estimação dos bens conferidos ao capital social pelos demais sócios, a exigência de apresentação de laudo de avaliação, feito por empresa especializada ou por peritos de reconhecida idoneidade técnica e moral, aplicando-se analogicamente o art. 8° da Lei de Sociedade por Ações, devendo o laudo pericial ser aprovado pelos demais sócios, providenciando-se seu arquivamento juntamente com o contrato social na Junta Comercial respectiva (Calças, 2005, p. 92).

k) Responsabilidade pela evicção e solvência do devedor

Se previamente definido no contrato social, o sócio pode integralizar suas cotas mediante a transferência de bens particulares à sociedade, seja a título de domínio, posse ou uso, e naturalmente

A REPONSABILIDADE TRIBUTÁRIA, CIVIL E CRIMINAL

responde pela sua evicção,[99] nos termos do artigo 1.005 do CC (Calças, 2005, p. 92).

Portanto, se por sentença judicial, a sociedade perder o bem conferido ao capital social, em face do reconhecimento de que tal bem é de propriedade de terceiro, caberá à sociedade exigir do sócio que ofereceu o bem o pagamento do valor correspondente à estimativa pela qual o bem foi conferido. No caso de o sócio não realizar o pagamento correspondente, poderá ser excluído da sociedade, com observância do art. 1.004 c/c o art. 1.058, ambos do CC (Calças, 2005, p. 93).

> *Não integralizada a quota de sócio remisso, os outros sócios podem, sem prejuízo do disposto no art. 1.004 e seu parágrafo único, tomá-la para si ou transferi-la a terceiros, excluindo o primitivo titular e devolvendo-lhe o que houver pago, deduzidos os juros da mora, as prestações estabelecidas no contrato mais as despesas.*

A integralização de quotas também pode ser feita pela transferência de créditos, e, nesse caso, o legislador estabelece que o sócio responde pela solvência do devedor do crédito transferido para a sociedade. A responsabilidade do sócio pela solvência do devedor ocorre no momento da subscrição do capital e perdura até o vencimento da dívida. Caso o devedor não efetue o pagamento da dívida, a sociedade deverá cobrar o débito dele, pois a responsabilidade do sócio que transferiu o crédito é subsidiária e não solidária. Somente se a cobrança do devedor não lograr êxito, poderá a sociedade exigir do sócio o valor pelo qual o crédito foi conferido ao capital social (Calças, 2005, p. 93).

---

99 Evicção – significa o ato pelo qual vem um terceiro desapossar a pessoa da coisa ou do direito, que se encontrava em sua posse, por ter direito a ela. É o desapossamento judicial, ou seja, a tomada da coisa ou do direito real, detida por outrem, embora por justo título. Decorre da sentença que atribui ao evencente o direito sobre a coisa, em virtude da qual se assegura no direito de evencer a coisa ou o direito, que não se encontrava em sua posse e domínio (Silva, 1994).

l) Reposição dos Lucros

Os sócios têm direito à retirada dos lucros gerados pela sociedade, os quais são apurados no balanço patrimonial[100] e na demonstração de resultado econômico, conforme previsto no art. 1.065 do CC, porém, na eventual ocorrência de distribuição de lucros fictícios ou ainda quaisquer retiradas indevidas por parte dos sócios, ainda que autorizadas no contrato social, ficam os mesmos obrigados a repor em favor da sociedade os valores por eles indevidamente recebidos, nos termos do art. 1.059 do CC.

O CC, ao proibir a distribuição de lucros fictícios, bem como qualquer espécie de pagamento aos sócios, feitos em prejuízo do capital da sociedade, observa o princípio de ordem pública da intangibilidade ou integralidade do capital social, como o escopo de resguardar os interesses dos credores, dos sócios e da sociedade (Calças, 2005, p. 105).

A finalidade é resguardar os direitos de terceiros, como também preservar o capital social da empresa, objetivando a continuidade dos negócios empresariais e sua função social.[101]

Frise-se que a distribuição de lucros fictícios realizada pelo gerente tipifica o crime de fraude previsto no art. 177, § 1°, inciso VI, do Código Penal.

---

100 O balanço é um ato jurídico e não um simples ato material. De balanço, a rigor, só se pode falar depois que o titular do patrimônio balanceado pessoa física ou pessoa jurídica o aprova, obedecendo as formalidades legais. Antes disso, o que há é um projeto ou uma minuta de balanço, sem valor contábil ou existência jurídica (Comparato, 1973, p. 31).

101 Se se quiser indicar uma instituição social que, pela sua influência, dinamismo e poder de transformação, sirva de elemento explicativo e definidor da civilização contemporânea, a escolha é indubitável: esta instituição é a empresa. É dela que depende, diretamente, a subsistência da maior parte da população ativa deste país, pela organização do trabalho assalariado (...). É das empresas que provêm a grande maioria dos bens e serviços consumidos pelo povo, e é delas que o Estado retira a parcela maior de suas receitas fiscais. É em torno da empresa, ademais, que gravitam vários agentes econômicos não assalariados, como os investidores de capital, os fornecedores, os prestadores de serviço (Comparato, 1995, p. 3).

A REPONSABILIDADE TRIBUTÁRIA, CIVIL E CRIMINAL

A título de comentário, e em função dos escândalos financeiros ocorridos nos Estados Unidos da América, relativos a empresas americanas que possuem ações na bolsa de valores daquele País, surge, a partir de 23 de janeiro de 2002, nos Estados Unidos a Lei *Sarbanes-Oxley*, que imputa responsabilidade penal para os administradores destas empresas que agirem com dolo ou má-fé durante a sua gestão.

Esse tipo de procedimento já vem sendo adotado no Brasil, principalmente pelas empresas que possuem ações na Bolsa de Valores B-3, com a finalidade específica de oferecer aos investidores transparência nas demonstrações financeiras por meio do sistema de governança corporativa, o qual assegura a fidelidade dos demonstrativos financeiros e evita a distribuição disfarçada de lucros, como também qualquer prática desleal dos administradores na condução dos negócios empresariais.

m) Lei Anticorrupção

A Lei n° 12.846/13 estabelece a responsabilidade jurídica, administrativa e civil ao comprovar atos de corrupção praticados contra a administração pública por companhias privadas, sociedades empresárias e simples, fundações, associações de entidades e pessoas, e sociedades estrangeiras sediadas ou que tenham filial ou representação no Brasil. A responsabilização da pessoa jurídica não exclui a responsabilidade individual de seus dirigentes ou administradores ou de qualquer pessoa natural, autora, coatora ou partícipe do ato ilícito.

As principais sanções são: multas de 0,1% a 20% do faturamento bruto da empresa (ou de R$ 6.000,00 a R$ 60.000.000,00), deduzidos os impostos, a restituição integral dos benefícios obtidos ilegalmente, a perda de bens, os direitos ou outros valores que sejam fruto da infração, da suspensão ou da interdição parcial das atividades, da dissolução compulsória, da declaração de inidoneidade por período de um a cinco anos, além da possibilidade da aplicação de outras penalidades simultaneamente.

Considerando a relevância do tema, destacamos os arts. 5° e 6° da referida lei:

Art. 5º Constituem atos lesivos à administração pública, nacional ou estrangeira, para os fins desta Lei, todos aqueles praticados pelas pessoas jurídicas mencionadas no parágrafo único do art. 1º, que atentem contra o patrimônio público nacional ou estrangeiro, contra princípios da administração pública ou contra os compromissos internacionais assumidos pelo Brasil, assim definidos:

I – prometer, oferecer ou dar, direta ou indiretamente, vantagem indevida a agente público, ou a terceira pessoa a ele relacionada;

II – comprovadamente, financiar, custear, patrocinar ou de qualquer modo subvencionar a prática dos atos ilícitos previstos nesta Lei;

III – comprovadamente, utilizar-se de interposta pessoa física ou jurídica para ocultar ou dissimular seus reais interesses ou a identidade dos beneficiários dos atos praticados;

IV – no tocante a licitações e contratos:

a) frustrar ou fraudar, mediante ajuste, combinação ou qualquer outro expediente, o caráter competitivo de procedimento licitatório público;

b) impedir, perturbar ou fraudar a realização de qualquer ato de procedimento licitatório público;

c) afastar ou procurar afastar licitante, por meio de fraude ou oferecimento de vantagem de qualquer tipo;

d) fraudar licitação pública ou contrato dela decorrente;

e) criar, de modo fraudulento ou irregular, pessoa jurídica para participar de licitação pública ou celebrar contrato administrativo;

f) obter vantagem ou benefício indevido, de modo fraudulento, de modificações ou prorrogações de contratos celebrados com a administração pública, sem autorização em lei, no ato convocatório da licitação pública ou nos respectivos instrumentos contratuais; ou

A REPONSABILIDADE TRIBUTÁRIA, CIVIL E CRIMINAL

g) manipular ou fraudar o equilíbrio econômico-financeiro dos contratos celebrados com a administração pública;

V – dificultar atividade de investigação ou fiscalização de órgãos, entidades ou agentes públicos, ou intervir em sua atuação, inclusive no âmbito das agências reguladoras e dos órgãos de fiscalização do sistema financeiro nacional.

§ 1° Considera-se administração pública estrangeira os órgãos e entidades estatais ou representações diplomáticas de país estrangeiro, de qualquer nível ou esfera de governo, bem como as pessoas jurídicas controladas, direta ou indiretamente, pelo poder público de país estrangeiro.

§ 2° Para os efeitos desta Lei, equiparam-se à administração pública estrangeira as organizações públicas internacionais.

§ 3° Considera-se agente público estrangeiro, para os fins desta Lei, quem, ainda que transitoriamente ou sem remuneração, exerça cargo, emprego ou função pública em órgãos, entidades estatais ou em representações diplomáticas de país estrangeiro, assim como em pessoas jurídicas controladas, direta ou indiretamente, pelo poder público de país estrangeiro ou em organizações públicas internacionais.

DA RESPONSABILIZAÇÃO ADMINISTRATIVA

Art. 6° *Na esfera administrativa, serão aplicadas às pessoas jurídicas consideradas responsáveis pelos atos lesivos previstos nesta Lei as seguintes sanções:*

I – multa, no valor de 0,1% (um décimo por cento) a 20% (vinte por cento) do faturamento bruto do último exercício anterior ao da instauração do processo administrativo, excluídos os tributos, a qual nunca será inferior à vantagem auferida, quando for possível sua estimação; e

II – publicação extraordinária da decisão condenatória.

§ 1° As sanções serão aplicadas fundamentadamente, isolada ou cumulativamente, de acordo com as peculiaridades do caso concreto e com a gravidade e natureza das infrações.

§ 2° A aplicação das sanções previstas neste artigo será precedida da manifestação jurídica elaborada pela Advocacia

Pública ou pelo órgão de assistência jurídica, ou equivalente, do ente público.

§ 3º A aplicação das sanções previstas neste artigo não exclui, em qualquer hipótese, a obrigação da reparação integral do dano causado.

§ 4º Na hipótese do inciso I do caput, caso não seja possível utilizar o critério do valor do faturamento bruto da pessoa jurídica, a multa será de R$ 6.000,00 (seis mil reais) a R$ 60.000.000,00 (sessenta milhões de reais).

§ 5º A publicação extraordinária da decisão condenatória ocorrerá na forma de extrato de sentença, a expensas da pessoa jurídica, em meios de comunicação de grande circulação na área da prática da infração e de atuação da pessoa jurídica ou, na sua falta, em publicação de circulação nacional, bem como por meio de afixação de edital, pelo prazo mínimo de 30 (trinta) dias, no próprio estabelecimento ou no local de exercício da atividade, de modo visível ao público, e no sítio eletrônico na rede mundial de computadores.

o) Código Penal

Ainda com referência à possibilidade de desconsideração da pessoa jurídica e à aplicação de penalidades para seus sócios e administradores, citamos a seguir alguns casos previstos na legislação constante do Código Penal que prevê a punição para as condutas ilícitas abaixo descritas:

- **Art. 154.** Revelar alguém, sem justa causa, segredo, de que tem ciência em razão de função, ministério, ofício ou profissão, e cuja revelação possa produzir dano a outrem. (*Caput*).

- **Art. 154-A.** Invadir dispositivo informático alheio, conectado ou não à rede de computadores, mediante violação indevida de mecanismo de segurança e com o fim de obter, adulterar ou destruir dados ou informações sem autorização expressa ou tácita do titular do dispositivo ou instalar vulnerabilidades para obter vantagem ilícita. (*Caput*)

A REPONSABILIDADE TRIBUTÁRIA, CIVIL E CRIMINAL

- **Art. 172.** Duplicata Simulada – Emitir fatura, duplicata ou nota de venda que não corresponda à mercadoria vendida, em quantidade ou qualidade ou ao serviço prestado. (*Caput*)

- **Art. 171.** Estelionato – Obter, para si ou para outrem, vantagem ilícita, em prejuízo alheio, induzindo ou mantendo alguém em erro, mediante artifício, ardil, ou qualquer outro meio fraudulento. (*Caput*)

- **Art. 173.** Emissão irregular de conhecimento de depósito ou *warrant* – Emitir conhecimento de depósito ou *warrant*, em desacordo com disposição legal. (*Caput*)

- **Art. 177.** Promover a fundação de sociedade por ações, fazendo, em prospecto ou em comunicação ao público ou à assembleia, afirmação falsa sobre a constituição da sociedade, ou ocultando fraudulentamente fato a ela relativo:

Pena – reclusão, de um a quatro anos, e multa, se o fato não constitui crime contra a economia popular.

§ 1° Incorrem na mesma pena, se o fato não constitui crime contra a economia popular:

I – o diretor, o gerente ou o fiscal de sociedade por ações, que, em prospecto, relatório, parecer, balanço ou comunicação ao público ou à assembleia, faz afirmação falsa sobre as condições econômicas da sociedade, ou oculta fraudulentamente, no todo ou em parte, fato a elas relativo;

II – o diretor, o gerente ou o fiscal que promove, por qualquer artifício, falsa cotação das ações ou de outros títulos da sociedade;

III – o diretor ou o gerente que toma empréstimo à sociedade ou usa, em proveito próprio ou de terceiros, dos bens ou haveres sociais, sem prévia autorização da assembleia geral;

IV – o diretor ou o gerente que compra ou vende, por conta da sociedade, ações por ela emitidas, salvo quando a lei o permite;

V – o diretor ou o gerente que, como garantia de crédito social, aceita em penhor ou em caução ações da própria sociedade;

VI – o diretor ou o gerente que, na falta de balanço, em desacordo com este, ou mediante balanço falso, distribui lucros ou dividendos fictícios;

VII – o diretor, o gerente ou o fiscal que, por interposta pessoa, ou conluiado com acionista, consegue a aprovação de conta ou parecer;

VIII – o liquidante, nos casos dos números I, II, III, IV, V e VI;

IX – o representante da sociedade anônima estrangeira, autorizada a funcionar no País, que pratica os atos mencionados nos números I e II, ou dá falsa informação ao Governo.

§ 2° Incorre na pena de detenção, de seis meses a dois anos, e multa, o acionista que, a fim de obter vantagem para si ou para outrem, negocia o voto nas deliberações de assembleia geral.

p) Desconsideração inversa da pessoa jurídica

Ocorre quando o credor particular do sócio da empresa acionar diretamente a sociedade, da qual o sócio é integrante, para executar o seu patrimônio (quotas da sociedade).

Para facilitar o entendimento, citamos o exemplo da obra de Flávio Augusto Monteiro de Barros (2016, p. 190):

> *Se, por exemplo, o sócio adquire bens e os coloca no nome da sociedade, para fraudar seus credores, estes, na ação judicial movida contra o sócio, poderá requerer a desconsideração da personalidade jurídica da sociedade para que os referidos bens passem a responder pelas dívidas particulares do aludido sócio.*
>
> *Assim, o procedimento é o mesmo. O credor, que move ação contra o sócio, pode requerer a desconsideração inversa na petição inicial ou através do incidente de desconsideração, sendo que o incidente pode ser também requerido por qualquer das partes e pelo Ministério Público nas causas em que intervêm.*
>
> *Frise-se que tal instituto, também pode ser adotado no direito de família, tendo como base o art. 1.802 do CC, assim*

A REPONSABILIDADE TRIBUTÁRIA, CIVIL E CRIMINAL

como o art. 133, § 2°, do CPC. A finalidade é evitar que ocorra o desvio de bens da pessoa física para a pessoa jurídica por meio de uma simulação, principalmente na separação de bens e alimentos.

20.4 TEMAS TRIBUTÁRIOS EMPRESARIAIS CONTROVERSOS

Neste item, abordaremos dois temas jurídicos que certamente influenciam a sociedade empresária, principalmente relativos à segurança jurídica das operações, e, portanto, devem ser analisados pelos administradores com a finalidade de garantir a continuidade e a rentabilidade do empreendimento.

A – Alteração da coisa julgada

A decisão que julgar total ou parcialmente o mérito tem força de lei nos limites da questão principal expressamente decidida", porém, o STF decidiu que decisão definitiva, a chamada "coisa julgada", sobre tributos recolhidos de forma continuada, perde seus efeitos caso a Corte se pronuncie em sentido contrário. Neste sentido o Boletim AASP, de 30.05.2023, destaca que:

O Plenário do <u>Supremo Tribunal Federal (STF)</u> considerou que uma decisão definitiva, a chamada "coisa julgada", sobre tributos recolhidos de forma continuada, perde seus efeitos caso a Corte se pronuncie em sentido contrário. Isso porque, de acordo com a legislação e a jurisprudência, uma decisão, mesmo transitada em julgado, produz seus efeitos enquanto perdurar o quadro fático e jurídico que a justificou. Havendo alteração, os efeitos da decisão anterior podem deixar de se produzir. O entendimento envolveu dois recursos extraordinários – RE n° 955.227 (Tema n° 885) e RE n° 949.297 (Tema *nº 881) –, de relatoria dos Ministros Luís Roberto Barroso e Edson Fachin.*[102]

*A CF garante, em seu art. 5º, inciso XXXVI, que "a lei não prejudicará o direito adquirido, o ato jurídico perfeito e a coisa julgada", assim como o CPC, nos arts. 502 e 503: "***art. 502.*** Denomina-se coisa julgada material a autoridade que torna imutável e indiscutível a decisão de mérito não mais sujeita a recurso", assim como o art. 503, "a decisão que julgar total ou parcialmente o mérito tem força de lei nos limites da questão principal expressamente decidida".*

Importante destacar o entendimento de Moraes (2016, p. 92 e 93) com relação ao tema "coisa julgada":

Coisa Julgada é a decisão judicial transitada em julgado, ou seja, a decisão judicial de que já não caiba mais recurso (LINDB, art. 6º, § 3º).

Na coisa julgada, o direito incorpora-se ao patrimônio do seu titular por força da proteção que recebe da imutabilidade da decisão judicial. Daí falar-se em coisa julgada formal e material. Coisa julgada formal é aquela que se dá no âmbito do próprio processo. Seus efeitos restringem-se, pois, a este, não o extrapolando. A coisa julgada material ou substancial, existe, nas palavras de Couture, quanto à condição de inimpugnável no mesmo processo, a sentença reúne a imutabilidade até mesmo em processo posterior (fundamentos do direito processual civil). Já para Wilson Souza Campos Batalha, coisa julgada formal significa sentença transitada em julgado, isto é, preclusão de todas as impugnações, e coisa julgada material significa o bem da vida, reconhecido ou denegado pela sentença irrecorrível. O problema que se põe, do ângulo constitucional, é o de saber se a proteção assegurada pela Lei Maior é atribuída tão somente à coisa julgada material ou também à formal. O artigo 5º, XXXIV, da CF não faz qualquer discriminação; a distinção mencionada é feita pelos processualistas.

---

102 **Decisão do STF sobre "coisa julgada" traz insegurança jurídica** (aasp.org.br). Acesso em: 22 set. 2024.

A REPONSABILIDADE TRIBUTÁRIA, CIVIL E CRIMINAL

> *Ao nosso ver a Constituição assegura uma proteção integral das situações de coisa julgada.*
>
> *Conforme destacado pelo Ministro Luiz Fux, a coisa julgada é uma decorrência dos princípios da tutela jurisdicional efetiva e da segurança jurídica.*

No mesmo sentido, José Afonso da Silva (2016, p. 436) entende que,

> *A segurança jurídica no conjunto de condições que tornam possível às pessoas o conhecimento antecipado e reflexivo das consequências diretas de seus atos e de seus fatos à luz da liberdade reconhecida. Uma importante condição da segurança jurídica está na relativa certeza que os indivíduos têm de que as relações realizadas sob o império de uma norma jurídica devem perdurar ainda quando tal norma seja substituída.*
>
> *Nessa ambiência, podemos concluir que, na ocorrência de eventual decisão em sentido contrário de determinada sentença tributária que já transitou em julgado beneficiando o contribuinte, é certo que a empresa ou até a pessoa física terá de arcar com os custos desta mudança de entendimento, o que significa que será obrigado a recolher os tributos de que naquela ocasião havia se sagrado vencedor, o que sem sombra de dúvida causa uma insegurança jurídica.*

Consequentemente, estamos no deparando com uma relativização da coisa julgada, e se recomenda um alerta nas repercussões desta decisão, e, especial atenção na análise do aspecto formal e material da decisão pretérita e seus efeitos *ex tunc* e *ex nunc*, como também nas futuras operações de compra e venda de empresas, fusão, cisão e incorporação, pois, outrora, um ativo pode se transformar em um passivo.

B – STF autoriza instituições financeiras a compartilhar com Estados informações sobre transações eletrônicas

No dia 10.09.2024, o plenário do STF decidiu obrigando que as instituições financeiras devem fornecer aos estados da Federação informações reLativas a débitos e créditos em conta bancária da em-

Manual de Direito Tributário e Financeiro Aplicado

presa, tais como: Pix, pagamentos, recebimentos, cartões de crédito etc. em que ocorra recolhimento do ICMS.

O *site* de notícias do STF informa que

> *O Plenário do Supremo Tribunal Federal validou, por maioria, regras de convênio do Conselho Nacional de Política Fazendária (Confaz) que obrigam as instituições financeiras a fornecer aos estados informações sobre pagamentos e transferências feitos por clientes (pessoas físicas e jurídicas) em operações eletrônicas (como Pix, cartões de débito e crédito) em que haja recolhimento do ICMS. A decisão foi tomada no julgamento da Ação Direta de Inconstitucionalidade (ADI) 7276, na sessão virtual encerrada em 6/9.*

> *As regras validadas pelo STF não envolvem a quebra de sigilo bancário nem decretam o fim desta obrigação. A ação foi apresentada pela Confederação Nacional do Sistema Financeiro (Consif) contra cláusulas do Convênio ICMS 134/2016 do Confaz e regras que o regulamentaram.*

> *No voto que prevaleceu no julgamento, a relatora, ministra Carmen Lúcia, explicou que os deveres previstos no convênio não caracterizam quebra de sigilo bancário, constitucionalmente proibida, mas transferência do sigilo das instituições financeiras e bancárias à administração tributária estadual ou distrital. Ela ressaltou que os dados fornecidos são utilizados para a fiscalização do pagamento de impostos pelos estados e pelo Distrito Federal, que devem continuar a zelar pelo sigilo dessas informações e usá-las exclusivamente para o exercício de suas competências fiscais.*

> *Carmen Lúcia lembrou, ainda, que o STF, no julgamento conjunto das ADIs 2390, 2386, 2397 e 2859, declarou que a transferência de dados bancários por instituições financeiras à administração tributária não viola o direito fundamental à intimidade. Por fim, ressaltou que as regras visam dar maior eficiência aos meios de fiscalização tributária, tendo*

506

A REPONSABILIDADE TRIBUTÁRIA, CIVIL E CRIMINAL

> *em vista a economia globalizada e o crescente incremento do comércio virtual.* [103]

Evidente que é um tema muito sensível e discutível, pois o art. **5° da CF destaca que:**

> *X – são invioláveis a intimidade, a vida privada, a honra e a imagem das pessoas, assegurado o direito a indenização pelo dano material ou moral decorrente de sua violação;*
>
> *XII – é inviolável o sigilo da correspondência e das comunicações telegráficas, de dados e das comunicações telefônicas, salvo, no último caso, por ordem judicial, nas hipóteses e na forma que a lei estabelecer para fins de investigação criminal ou instrução processual penal; (...)*
>
> *Além do mais, a LC no 105/2001 destaca no art. 1°: "As instituições financeiras conservarão sigilo em suas operações ativas e passivas e serviços prestados", e na mesma lei também se especificam os casos de quebra de sigilo no § 4° do mesmo artigo, e os casos em que não se constitui violação da quebra de sigilo.*
>
> *A própria LC n° 105/2001 destaca em seu art. 6° a necessidade de processo administrativo instaurado:*
>
> *Art. 6° As autoridades e os agentes fiscais tributários da União, dos Estados, do Distrito Federal e dos Municípios somente poderão examinar documentos, livros e registros de instituições financeiras, inclusive os referentes a contas de depósitos e aplicações financeiras, quando houver processo administrativo instaurado ou procedimento fiscal em curso e tais exames sejam considerados indispensáveis pela autoridade administrativa competente.*
>
> *Nesse mesmo sentido, Alexandre de Moraes (2016, p. 75) destaca que:*

---

103 Disponível em: https://noticias.stf.jus.br/postsnoticias/entenda-decisao-do-stf-que-autoriza-bancos-a-compartilhar-com-estados-informacoes-sobre-transacoes-eletronicas/. Acesso em: 22 set. 2024.

Manual de Direito Tributário e Financeiro Aplicado

Igualmente ao sigilo bancário, as informações relativas ao sigilo fiscal somente poderão ser devassadas em caráter excepcional e nos estritos limites legais, pois as declarações prestadas para fins de imposto de renda revestem-se de caráter sigiloso, e somente motivos excepcionais justificam a possibilidade de acesso por terceiros, havendo necessidade de autorização judicial, devidamente motivada no interesse da justiça.

Como ressaltou a Ministra Ellen Gracie, há necessidade do endosso do Poder Judiciário para quebra do sigilo bancário em procedimentos administrativos na esfera tributária.

Complementando o entendimento, o Decreto n° 3.724/2001 já determina em seu art. 6° que existe procedimento para as autoridades competentes em caso de constatação de eventuais irregularidades:

Art. 6° De conformidade com o disposto no <u>art. 9° da Lei Complementar n° 105, de 2001</u>, o Banco Central do Brasil e a Comissão de Valores Mobiliários, por seus respectivos Presidentes ou servidores que receberem delegação de competência para a finalidade específica, deverão comunicar, de ofício, à Secretaria da Receita Federal, no prazo máximo de quinze dias, as irregularidades e os ilícitos administrativos de que tenham conhecimento, ou indícios de sua prática, anexando os documentos pertinentes, sempre que tais fatos puderem configurar qualquer infração à legislação tributária federal.

Parágrafo único. A violação do disposto neste artigo constitui infração administrativo-disciplinar do dirigente ou servidor que a ela der causa, sem prejuízo da aplicação do disposto no <u>art. 10, caput, da Lei Complementar n° 105, de 2001</u>, e demais sanções civis e penais cabíveis.

É evidente que é uma decisão que afeta o sigilo da vida privada do contribuinte, pois não há o direito de contraditório e ampla defesa para contestar tal decisão. Assim, a legislação atual é bem clara no sentido de que para haver quebra do sigilo bancário deve haver uma excepcionalidade, e deve ser autorizada previamente pelo Poder Judiciário.

Portanto, as empresas deverão estar atentas à repercussão desta decisão que poderá gerar consequências nos negócios empresariais, como também na esfera patrimonial pessoal, evitando, assim, o acesso de terceiros em seus dados patrimoniais da pessoa jurídica e física.

20.5 CONCLUSÕES

A partir dos argumentos apresentados em nosso estudo, podemos concluir que um dos principais motivos de a sociedade limitada ser largamente utilizada no Brasil é o que permite que os investidores ou empreendedores não comprometam seu patrimônio particular em caso de insucesso do empreendimento.

Tecnicamente os sócios da sociedade limitada têm sua responsabilidade limitada ao valor de suas quotas do capital social integralizado, sendo exceção a esta regra os atos ilícitos e os credores não negociais.

Com relação ao tema da responsabilização da pessoa jurídica, somam-se os argumentos de que os entes coletivos somente detêm personalidade jurídica se agirem dentro de sua finalidade, levando-se em conta que eles perseguem sempre um fim lícito. Se exorbitarem sua finalidade, estarão praticando atos ilegais, ocorrendo então a desconsideração da pessoa jurídica, que, por sua vez, torna a responsabilidade ilimitada do sócio ou administrador .

Uma dúvida resta com relação aos administradores que constam do contrato social e que não são sócios da empresa: devem eles responder ilimitadamente no caso de eventuais problemas de gestão com os credores não negociais?

A resposta é depende, se praticarem atos ilegais ou ainda atos contrários ao constante do contrato social, o administrador deverá responder civil e criminalmente na medida de sua culpabilidade,[104] atingindo inclusive seu patrimônio pessoal. Há de se ressaltar que, para que haja responsabilização da pessoa jurídica e punição

---

104 Culpabilidade – é o juízo de censura que recai sobre a formação e a manifestação de vontade do agente, com o objetivo de imposição da pena. É, pois, o pressuposto de aplicação da pena. Deve-se à culpabilidade a

Manual de Direito Tributário e Financeiro Aplicado

dos representantes legais da empresa e seus funcionários, é imprescindível que se apure individualmente a conduta dos seus agentes, determinando a culpabilidade de cada um na conduta ilícita, analisando-se ainda essa culpabilidade em face de três elementos: imputabilidade, potencial consciência da ilicitude e exigibilidade de conduta adversa; como também apurar se a empresa e os respectivos obtiveram proveito em função da ilicitude. Não podemos aceitar a punição de um sócio ou administrador pelo simples fato de aquele indivíduo ocupar determinado cargo dentro da empresa.

Atualmente, com a finalidade de evitar prejuízos decorrentes de problemas de ordem ética e conduta ilícita de seus empregados, administradores e sócios, as empresas estão desenvolvendo um programa de governança corporativa, que consiste em definir normas e procedimentos de trabalho, estabelecendo um código de ética e conduta, como também contratando uma nova modalidade de seguro de responsabilidade civil denominado *Directors and Officers,* que se destina a garantir o patrimônio pessoal dos administradores e da empresa na eventual ocorrência de atos irregulares e eventos danosos por parte da administração, ou ainda, contratando seguros contra erros e omissões cometidos por seus administradores que se denomina Responsabilidade Civil Profissional.

---

aproximação da responsabilidade penal à vontade do homem (Barros, 1999, p. 283).

21 DIREITO FINANCEIRO

21.1 DEFINIÇÃO

Entendemos a definição de direito financeiro como o ramo do direito público interno que estuda os princípios e as regras jurídicas relativas aos atos e fatos que envolvem as finanças[105] públicas e a atividade financeira do Estado,[106] incluindo as receitas e despesas públicas, as leis orçamentárias, o crédito público, os sistemas de fiscalização e controle da administração pública[107] e a responsabilidade fiscal.

Harada (2016, p. 17) define o direito financeiro como:

> *Podemos dizer que o Direito Financeiro é o ramo do Direito Público que estuda a atividade financeira do Estado sob o ponto de vista jurídico.*
>
> *Seu objeto material é o mesmo da ciência das finanças, ou seja, a atividade financeira do Estado que se desdobra em receita, despesa, orçamento e crédito público. Enquanto esta estuda esses desdobramentos sob o ponto de vista especulativo, o Direito Financeiro disciplina normativamente toda a*

---

105 Finanças – a arte de administrar o dinheiro (Guitmann, 2012, p. 3).

106 Atividade financeira do Estado – daí a atividade financeira do Estado que visa à busca do dinheiro e a sua aplicação para consecução das necessidades públicas primárias, que são aquelas de interesse geral, satisfeitas exclusivamente pelo processo do serviço público (Harada, 2015, p. 4).

107 Administração Pública – é todo aparelhamento do Estado, preordenado à realização de seus serviços, visando à satisfação das necessidades coletivas. Administrar é gerir os serviços públicos; significa não só prestar serviço, executá-lo, como também dirigir, governar, exercer à vontade com o objetivo de obter um resultado útil (Kohama, 2014, p. 9).

> *atividade financeira do Estado, compreendendo todos os aspectos em que se desdobra. Ambas as ciências têm o mesmo objetivo, diferenciando-se uma da outra apenas pela forma pela qual cada uma delas estuda o mesmo fenômeno.*

> *No mesmo sentido, Torres (2013, p. 12) conceitua o direito financeiro:*

> *Como sistema objetivo, é o conjunto de normas e princípios que regulam a atividade financeira. Incumbe-lhe disciplinar a constituição e a gestão da Fazenda Pública, estabelecendo as regras e procedimentos para a obtenção da receita pública e a realização dos gastos necessários à consecução dos objetivos do Estado.*

> *Ampliando o raciocínio, podemos afirmar que o Estado não produz ou gera receita, ou ainda, não fabrica recursos financeiros, ele simplesmente arrecada e administra os recursos por meio dos tributos, da venda de patrimônio, dos empréstimos e do recebimento de dividendos de suas empresas, e com a administração destes recursos cobre os seus gastos e realiza os investimentos necessários para a população.*

Embora o direito financeiro seja autônomo, conforme o art. 24 da CF, e também devido ao fato de possuir princípios jurídicos específicos não aplicáveis a outros ramos do Direito, ele tem uma relação direta com os seguintes ramos do Direito:

A – Direito constitucional – é a CF que determina as regras do direito financeiro, as quais estão previstas nos seus arts. 24, incisos I, II, 70 a 75 da fiscalização contábil, financeira e orçamentária, e 163 a 169 das finanças públicas e orçamento.

Define ainda o sistema tributário e suas limitações, os princípios financeiros básicos, determina a partilha dos tributos, estabelece as regras orçamentárias, sua execução e fiscalização.

B – Direito tributário – o direito tributário teve sua origem no direito financeiro, e sua relação refere-se ao ingresso de recursos financeiros para o Estado por meio dos tributos para o Estado.

DIREITO FINANCEIRO

C – Direito administrativo – uma das finalidades do direito administrativo é administrar os bens do Estado e na sequência ingressa o direito financeiro com o aspecto financeiro na gestão das finanças públicas. Meirelles (1993, p. 29) define o direito administrativo como:

> O conceito de Direito Administrativo Brasileiro, para nós, sintetiza-se no conjunto harmônico de princípios jurídicos que regem os órgãos, os agentes e as atividades tendentes a realizar concreta e imediatamente os fins desejados pelo Estado.

Somam-se os argumentos de Di Pietro (2002, p. 52) na definição de Direito Administrativo:

> É o ramo do direito público que tem por objeto os órgãos, agentes, e pessoas jurídicas administrativas que integram a Administração Pública, a atividade jurídica não contenciosa que exerce e os bens que se utiliza para a consecução de seus fins, de natureza pública.
>
> D – Direito civil – os conceitos utilizados pelo direito financeiro e pelo tributário encontram-se descritos no CC, tais como: pessoa jurídica, pessoa física, contrato, propriedade, prescrição e decadência etc.

E – Direito penal – as diversas penalidades, entre elas a pecuniária ou multa fiscal, emanam do poder de punir atribuído ao Estado no pacto constitucional, e não do poder tributário, do qual procedem o tributo e a obrigação de contribuir para as despesas públicas (Torres, 2018, p. 20). Relaciona-se, também, como os crimes de responsabilidade no tocante ao orçamento e à responsabilidade fiscal.

F – Direito internacional – as regras de harmonização de sistemas tributários e financeiros sobre o comércio exterior começam a ganhar papel de relevo no direito constitucional financeiro, que passa a se colocar como vértice do relacionamento entre o direito internacional e o nacional (Torres, 2018, p. 20). Podemos citar como exemplo os tratados e as convenções internacionais realizados entre o governo brasileiro e outras nações que afetam a arrecadação tributária.

G – Direito processual – para garantir as normas do direito tributário e do financeiro, em diversas ocasiões o Estado tem de utilizar o Poder Judiciário para execução, cobranças e punição para o administrador público e os contribuintes. O CPC, o Código de Processo Penal e a legislação processual extravagante oferecem e garantem os meios de execução do crédito tributário.

21.2 FONTES E PRINCÍPIOS DO DIREITO FINANCEIRO

As fontes do direito financeiro refletem a sua origem na legislação vigente. Nesse sentido, Torres (2013, p. 35) conceitua as fontes como:

> *Entende-se por fontes do Direito Financeiro o conjunto de normas, preceitos e princípios que compõem o ordenamento positivo das finanças públicas. O problema das fontes do Direito Financeiro é o mesmo das fontes de direito em geral, com as seguintes particularidades: dá-se ênfase à lei como fonte formal, em virtude do regime de legalidade estrita desse ramo do direito; o costume tem diminutíssima importância.*

> *A fonte superior do Direito Financeiro é a Constituição Financeira. Fontes principais são emanadas do Poder Legislativo: a lei complementar, a lei ordinária, os tratados, a medida provisória, os convênios ICMS. Fontes secundárias são as de complementação das principais, constituídas pelos atos dos órgãos do Poder Executivo: decreto, regulamento, resolução, portaria. Discutível se a jurisprudência é fonte do Direito Financeiro. Os costumes secundum legem completam o quadro das fontes. A doutrina já não é considerada fonte, pois se confunde com o próprio Direito Financeiro, em seu momento externo, como sistema subjetivo.*

> *Destacamos a seguir as principais fontes do direito financeiro existentes em nosso ordenamento jurídico:*

1– CF – a matéria encontra-se disciplinada nos arts. 24, 70 a 75 e 163 a 169.

DIREITO FINANCEIRO

2– Lei n° 4.320/64 – Lei do Orçamento e Balanços – é a lei que define as regras de elaboração, execução e fiscalização do orçamento público.

3 – LC n° 101/00 – é a Lei de Responsabilidade Fiscal (LRF) que limita os gastos públicos.

Referida lei é um código de conduta para o administrador público das esferas federal, estadual e municipal, incluindo os três poderes. O objetivo da lei é a melhoria das contas públicas, como também o cumprimento do orçamento e das metas públicas estabelecidas no PPA, na LDO e na LOA. A lei fixa limites para a dívida pública, despesas com pessoal, assim como destaca que para administrador público criar uma nova despesa o mesmo tem de indicar uma nova fonte de receita ou reduzir uma despesa. Caso o administrador público não cumpra a lei, fica sujeito a sanções, tais como crime de responsabilidade fiscal (Lei n° 1.079/50).

Hugo de Brito Machado Segundo (2014, p. 20) destaca que:

> *Dentro da ideia de impor uma gestão fiscal responsável, a LRF formula exigências a serem cumpridas pela Lei de Diretrizes Orçamentárias e pela Lei Orçamentária. Quanto à Lei de Diretrizes Orçamentárias, deverá ela dispor, à luz da LRF, sobre: equilíbrio entre receitas e despesas, critérios e forma de limitação de empenho, normas relativas a controle de custos e à avaliação dos resultados dos programas financiados com recursos dos orçamentos e outras condições e exigências para que se transfiram recursos públicos a entidades públicas e privadas.*

> *Ainda nos termos da LRF, a LDO deverá ser acompanhada de um Anexo de Metas Fiscais, em que deverão ser estabelecidas metas anuais, em valores correntes e constantes, relativas a receitas, despesas, resultados nominal e primário e montante da dívida pública, para exercício a que se referir e para os dois seguintes.*

> *4– Medidas provisórias e decretos do Poder Executivo – o chefe do Poder Executivo Federal pode editar as respectivas*

Manual de Direito Tributário e Financeiro Aplicado

para obtenção de autorização de créditos extraordinários para necessidades urgentes e não previstas no orçamento.

5– Resoluções do Senado Federal – são os atos que autorizam os limites da dívida pública para os entes federativos, bem como a concessão de garantias.

6– Decreto legislativo – Destina-se a resolver definitivamente sobre tratados, acordos ou atos internacionais que acarretem encargos ao patrimônio público – arts. 49 e 59, VI, CF.

7– Tratados e convenções internacionais – são fontes do direito financeiro desde que firmados pelo Poder Executivo e aprovados pelo Congresso Nacional (art. 52, CF).

8– Lei n° 8.429/92 – Improbidade administrativa – Alterada pela Lei n° 14.230/21 – define as sanções aplicáveis decorrentes dos atos de improbidade descritos no art. 37 da CF.

9– Direito financeiro – com referência aos princípios do direito financeiro destacamos abaixo a definição do quadro geral de valores conceituais elaborado por Torres (2013, p. 89, 90):

• **Valor justiça:** economicidade, custo/benefício, capacidade contributiva, redistribuição de rendas, desenvolvimento econômico, solidariedade, territorialidade, país de destino, país de fonte, *pecunia non olet.* Destaca ainda os subprincípios: progressividade, proporcionalidade, personalização e seletividade.

• **Valor equidade:** equidade entre regiões, equidade vertical no federalismo, equidade entre gerações.

• **Valor segurança jurídica:** proibição de analogia, legalidade, tipicidade tributária, clareza, irretroatividade, anterioridade, anualidade, proteção da confiança do contribuinte, irrevisibilidade do lançamento, publicidade, unidade do orçamento, universalidade do orçamento, exclusividade da lei orçamentária, não afetação da receita, especialidade do orçamento, destinação pública do tributo. Destaca ainda os subprincípios: superlegalidade, reserva da lei, primado da lei.

DIREITO FINANCEIRO

• **Valor legitimidade:** equilíbrio orçamentário, igualdade, devido processo legal, transparência fiscal, responsabilidade fiscal, ponderação, razoabilidade.

21.3 RECEITA PÚBLICA

As receitas públicas são os ingressos em espécie em benefício de uma pessoa jurídica de direito público, com o objetivo de satisfazer as necessidades financeiras do Estado de forma que o mesmo possa realizar os investimentos e os serviços públicos.[108]

Existe uma distinção entre **ingresso ou entrada** e **receita pública**, onde o ingresso é a movimentação de caixa, e a receita pública é uma entrada de recursos para o patrimônio público sem reservas ou condições, é definitiva.

Harada (2015, p. 36) conceitua a Receita Pública: "Como despesa Pública pressupõe receita, pode-se dizer que receita pública é o ingresso de dinheiro aos cofres do Estado para atendimento de suas finalidades".

Somam-se os argumentos de Claudio Carneiro (2012, p. 46 e 47), que destaca a distinção entre ingresso e Receita:

> *Considera-se Ingresso toda quantia recebida pelos cofres públicos, seja restituível ou não, daí também ser chamado simplesmente de "entradas". Assim, diz-se também que ingresso é toda e qualquer entrada de dinheiro para o Estado, como, por exemplo, os empréstimos públicos. Destaque-se que, pela definição dada, nem todo ingresso constitui receita, pois não acresce o patrimônio estatal, como é o caso das indenizações devidas por danos causados ao patrimônio público. Já a Receita é considerada a entrada ou o ingresso definitivo de dinheiro nos cofres públicos, de que o Estado lança mão para*

---

108 Consideram-se serviços públicos o conjunto de atividades e bens que são exercidos ou colocados à disposição da coletividade, visando abranger e proporcionar o maior grau possível de bem-estar social da prosperidade pública (Kohama, 2014, p. 1).

fazer frente às suas despesas, com o intuito de realizar o interesse público e movimentar a máquina administrativa. Por esse motivo, em alguns países, as Secretarias respectivas são denominadas Secretaria de Ingressos Públicos.

Podemos citar como exemplo de receita pública o IPI, que é arrecadado pela União do contribuinte, e o ingresso, o valor retido contratualmente pelo Estado no pagamento de um fornecedor, como garantia de conclusão da obra contratada, onde após a conclusão da obra o valor é devolvido para o fornecedor.

21.3.1 FONTES DAS RECEITAS PÚBLICAS

As receitas públicas são oriundas das seguintes fontes:

• **Patrimônio do Estado** – o Estado pode obter receitas utilizando seu patrimônio nas seguintes operações: locação de bens móveis e imóveis, rentabilidade com títulos e valores mobiliários e a exploração de atividades econômicas por meio de empresas estatais que geram dividendos.

• **Tributos** – é a principal fonte de recursos do Estado. O conceito de tributo encontra-se definido no art. 3º do CTN. Cabe destacar que as receitas tributárias devem ser repartidas entre os entes da Federação seguindo as regras estabelecidas na CF, arts. 157 a 161, a seguir descritos:

Art. 157. *Pertencem aos Estados e ao Distrito Federal:*

I – o produto da arrecadação do imposto da União sobre renda e proventos de qualquer natureza, incidente na fonte, sobre rendimentos pagos, a qualquer título, por eles, suas autarquias e pelas fundações que instituírem e mantiverem;

II – vinte por cento do produto da arrecadação do imposto que a União instituir no exercício da competência que lhe é atribuída pelo art. 154, I.

DIREITO FINANCEIRO

Art. 158. *Pertencem aos Municípios:*

I – o produto da arrecadação do imposto da União sobre renda e proventos de qualquer natureza, incidente na fonte, sobre rendimentos pagos, a qualquer título, por eles, suas autarquias e pelas fundações que instituírem e mantiverem;

II – cinqüenta por cento do produto da arrecadação do imposto da União sobre a propriedade territorial rural, relativamente aos imóveis neles situados, cabendo a totalidade na hipótese da opção a que se refere o art. 153, § 4°, III; (Redação dada pela Emenda Constitucional n° 42, de 19.12.2003) (Regulamento)

III – 50% (cinquenta por cento) do produto da arrecadação do imposto do Estado sobre a propriedade de veículos automotores licenciados em seus territórios e, em relação a veículos aquáticos e aéreos, cujos proprietários sejam domiciliados em seus territórios; (Redação dada pela Emenda Constitucional n° 132, de 2023)

IV – 25% (vinte e cinco por cento): (Redação dada pela Emenda Constitucional n° 132, de 2023)

a) do produto da arrecadação do imposto do Estado sobre operações relativas à circulação de mercadorias e sobre prestações de serviços de transporte interestadual e intermunicipal e de comunicação; (Incluído pela Emenda Constitucional n° 132, de 2023) (Vide Emenda Constitucional n° 132, de 2023) Vigência

b) do produto da arrecadação do imposto previsto no art. 156-A distribuída aos Estados. (Incluído pela Emenda Constitucional n° 132, de 2023)

§ 1° As parcelas de receita pertencentes aos Municípios mencionadas no inciso IV, "a", serão creditadas conforme os seguintes critérios: (Incluído pela Emenda Constitucional n° 132, de 2023) (Vide Emenda Constitucional n° 132, de 2023) Vigência

I – 65% (sessenta e cinco por cento), no mínimo, na proporção do valor adicionado nas operações relativas à circulação de mercadorias e nas prestações de serviços, realizadas em seus territórios; (Redação dada pela Emenda Constitucional n° 108, de 2020)

II – até 35% (trinta e cinco por cento), de acordo com o que dispuser lei estadual, observada, obrigatoriamente, a distribuição de, no mínimo, 10 (dez) pontos percentuais com base em indicadores de melhoria nos resultados de aprendizagem e de aumento da equidade, considerado o nível socioeconômico dos educandos. (Redação dada pela Emenda Constitucional n° 108, de 2020)

§ 2° As parcelas de receita pertencentes aos Municípios mencionadas no inciso IV, "b", serão creditadas conforme os seguintes critérios: (Incluído pela Emenda Constitucional n° 132, de 2023)

I – 80% (oitenta por cento) na proporção da população; (Incluído pela Emenda Constitucional n° 132, de 2023)

II – 10% (dez por cento) com base em indicadores de melhoria nos resultados de aprendizagem e de aumento da equidade, considerado o nível socioeconômico dos educandos, de acordo com o que dispuser lei estadual; (Incluído pela Emenda Constitucional n° 132, de 2023)

III – 5% (cinco por cento) com base em indicadores de preservação ambiental, de acordo com o que dispuser lei estadual; (Incluído pela Emenda Constitucional n° 132, de 2023)

IV – 5% (cinco por cento) em montantes iguais para todos os Municípios do Estado. (Incluído pela Emenda Constitucional n° 132, de 2023)

Art. 159. *A União entregará: (Vide Emenda Constitucional n° 55, de 2007)*

I – do produto da arrecadação dos impostos sobre renda e proventos de qualquer natureza e sobre produtos industrializados e do imposto previsto no art. 153, VIII, 50% (cinquenta por cento), da seguinte forma: (Redação dada pela Emenda Constitucional n° 132, de 2023)

DIREITO FINANCEIRO

a) vinte e um inteiros e cinco décimos por cento ao Fundo de Participação dos Estados e do Distrito Federal; (Vide Lei Complementar n° 62, de 1989) (Regulamento)

b) vinte e dois inteiros e cinco décimos por cento ao Fundo de Participação dos Municípios; (Vide Lei Complementar n° 62, de 1989) (Regulamento)

c) três por cento, para aplicação em programas de financiamento ao setor produtivo das Regiões Norte, Nordeste e Centro-Oeste, através de suas instituições financeiras de caráter regional, de acordo com os planos regionais de desenvolvimento, ficando assegurada ao semi-árido do Nordeste a metade dos recursos destinados à Região, na forma que a lei estabelecer; (Regulamento)

d) um por cento ao Fundo de Participação dos Municípios, que será entregue no primeiro decêndio do mês de dezembro de cada ano; (Incluído pela Emenda Constitucional n° 55, de 2007)

e) 1% (um por cento) ao Fundo de Participação dos Municípios, que será entregue no primeiro decêndio do mês de julho de cada ano; (Incluída pela Emenda Constitucional n° 84, de 2014)

f) 1% (um por cento) ao Fundo de Participação dos Municípios, que será entregue no primeiro decêndio do mês de setembro de cada ano; (Incluído pela Emenda Constitucional n° 112, de 2021)

II – do produto da arrecadação do imposto sobre produtos industrializados e do imposto previsto no art. 153, VIII, 10% (dez por cento) aos Estados e ao Distrito Federal, proporcionalmente ao valor das respectivas exportações de produtos industrializados; (Redação dada pela Emenda Constitucional n° 132, de 2023)

III – do produto da arrecadação da contribuição de intervenção no domínio econômico prevista no art. 177, § 4°, 29% (vinte e nove por cento) para os Estados e o Distrito Federal, distribuídos na forma da lei, observadas as destinações a que se referem as alíneas "c" e "d" do inciso II do referido

Manual de Direito Tributário e Financeiro Aplicado

parágrafo. *(Redação dada pela Emenda Constitucional n° 132, de 2023)*

§ 1° *Para efeito de cálculo da entrega a ser efetuada de acordo com o previsto no inciso I, excluir-se-á a parcela da arrecadação do imposto de renda e proventos de qualquer natureza pertencente aos Estados, ao Distrito Federal e aos Municípios, nos termos do disposto nos arts. 157, I, e 158, I.*

§ 2° *A nenhuma unidade federada poderá ser destinada parcela superior a vinte por cento do montante a que se refere o inciso II, devendo o eventual excedente ser distribuído entre os demais participantes, mantido, em relação a esses, o critério de partilha nele estabelecido.*

§ 3° *Os Estados entregarão aos respectivos Municípios 25% (vinte e cinco por cento) dos recursos que receberem nos termos do inciso II do* **caput** *deste artigo, observados os critérios estabelecidos no art. 158, § 1°, para a parcela relativa ao imposto sobre produtos industrializados, e no art. 158, § 2°, para a parcela relativa ao imposto previsto no art. 153, VIII. (Redação dada pela Emenda Constitucional n° 132, de 2023)*

§ 4° *Do montante de recursos de que trata o inciso III que cabe a cada Estado, vinte e cinco por cento serão destinados aos seus Municípios, na forma da lei a que se refere o mencionado inciso. (Incluído pela Emenda Constitucional n° 42, de 19.12.2003)*

Art. 159-A. *Fica instituído o Fundo Nacional de Desenvolvimento Regional, com o objetivo de reduzir as desigualdades regionais e sociais, nos termos do art. 3°, III, mediante a entrega de recursos da União aos Estados e ao Distrito Federal para: (Incluído pela Emenda Constitucional n° 132, de 2023)*

I – *realização de estudos, projetos e obras de infraestrutura; (Incluído pela Emenda Constitucional n° 132, de 2023)*

II – *fomento a atividades produtivas com elevado potencial de geração de emprego e renda, incluindo a concessão de subvenções econômicas e financeiras; e (Incluído pela Emenda Constitucional n° 132, de 2023)*

DIREITO FINANCEIRO

III – promoção de ações com vistas ao desenvolvimento científico e tecnológico e à inovação. (Incluído pela Emenda Constitucional n° 132, de 2023)

§ 1° É vedada a retenção ou qualquer restrição ao recebimento dos recursos de que trata o **caput**. *(Incluído pela Emenda Constitucional n° 132, de 2023)*

§ 2° Na aplicação dos recursos de que trata o **caput**, *os Estados e o Distrito Federal priorizarão projetos que prevejam ações de sustentabilidade ambiental e redução das emissões de carbono. (Incluído pela Emenda Constitucional n° 132, de 2023)*

§ 3° Observado o disposto neste artigo, caberá aos Estados e ao Distrito Federal a decisão quanto à aplicação dos recursos de que trata o **caput**. *(Incluído pela Emenda Constitucional n° 132, de 2023)*

§ 4° Os recursos de que trata o **caput** *serão entregues aos Estados e ao Distrito Federal de acordo com coeficientes individuais de participação, calculados com base nos seguintes indicadores e com os seguintes pesos: (Incluído pela Emenda Constitucional n° 132, de 2023)*

I – população do Estado ou do Distrito Federal, com peso de 30% (trinta por cento); (Incluído pela Emenda Constitucional n° 132, de 2023)

II – coeficiente individual de participação do Estado ou do Distrito Federal nos recursos de que trata o art. 159, I, "a", da Constituição Federal, com peso de 70% (setenta por cento). (Incluído pela Emenda Constitucional n° 132, de 2023)

§ 5° O Tribunal de Contas da União será o órgão responsável por regulamentar e calcular os coeficientes individuais de participação de que trata o § 4°. (Incluído pela Emenda Constitucional n° 132, de 2023)

Art. 160. *É vedada a retenção ou qualquer restrição à entrega e ao emprego dos recursos atribuídos, nesta seção, aos Estados, ao Distrito Federal e aos Municípios, neles compreendidos adicionais e acréscimos relativos a impostos.*

§ 1º A vedação prevista neste artigo não impede a União e os Estados de condicionarem a entrega de recursos: *(Renumerado do Parágrafo único pela Emenda Constitucional nº 113, de 2021)*

I – ao pagamento de seus créditos, inclusive de suas autarquias; *(Incluído pela Emenda Constitucional nº 29, de 2000)*

II – ao cumprimento do disposto no art. 198, § 2º, incisos II e III. *(Incluído pela Emenda Constitucional nº 29, de 2000)*

§ 2º Os contratos, os acordos, os ajustes, os convênios, os parcelamentos ou as renegociações de débitos de qualquer espécie, inclusive tributários, firmados pela União com os entes federativos conterão cláusulas para autorizar a dedução dos valores devidos dos montantes a serem repassados relacionados às respectivas cotas nos Fundos de Participação ou aos precatórios federais. *(Incluído pela Emenda Constitucional nº 113, de 2021)*

Art. 161. *Cabe à lei complementar:*

I – definir valor adicionado para fins do disposto no art. 158, § 1º, I; *(Redação dada pela Emenda Constitucional nº 132, de 2023) (Vide Emenda Constitucional nº 132, de 2023) Vigência*

II – estabelecer normas sobre a entrega dos recursos de que trata o art. 159, especialmente sobre os critérios de rateio dos fundos previstos em seu inciso I, objetivando promover o equilíbrio sócio-econômico entre Estados e entre Municípios;

III – dispor sobre o acompanhamento, pelos beneficiários, do cálculo das quotas e da liberação das participações previstas nos arts. 157, 158 e 159.

Parágrafo único. O Tribunal de Contas da União efetuará o cálculo das quotas referentes aos fundos de participação a que alude o inciso II.

• **Crédito público** – o Estado participa do mercado financeiro captando recursos, oferecendo títulos públicos que serão resgatados no futuro, acrescido de uma remuneração definida entre as partes.

• **Outras fontes** – podemos definir como multas, doações recebidas, venda de patrimônio etc.

21.3.2 CLASSIFICAÇÃO DAS RECEITAS PÚBLICAS

As receitas públicas podem ser classificadas segundo os seguintes critérios:

• **Receitas originárias** – são aquelas que resultam da atuação do Estado sob regime de direito privado, na exploração do seu próprio patrimônio. São as receitas do patrimônio imobiliário, mobiliário, empresarial, industrial e agropecuário, por exemplo: lucro de empresa estatal (Petrobras), laudêmio.[109]

Nesse caso, o ente público atua como empresário por meio de um acordo de vontades, e não por meio de seu poder de império, por isso não há coerção na sua instituição. Temos como exemplo o concurso de prognósticos e a locação de um bem público (Carneiro, 2012, p. 49).

• **Receitas derivadas** – decorrem do poder impositivo do Estado sobre a economia privada. Trata-se dos tributos e respectivas penalidades (multas), é a arrecadação fiscal.

• **Receitas transferidas** – são as transferências constitucionais da União para o estado-membro e os municípios (arts. 157 e 159, CF).

A doutrina também classifica as receitas públicas segundo a regularidade das entradas, sendo:

• **Receitas ordinárias** – são as receitas periódicas que são arrecadadas em caráter constante, periódico ou permanente, com previ-

---

109 Laudêmio – designa um reconhecimento ou aprovação por parte do senhorio direto do prédio aforado ao novo enfiteuta, em face da transferência ou alienação que para ele se faz da enfiteuse (domínio útil). O laudêmio é sempre calculado sobre o preço de venda ou dação em pagamento (Silva, 1994).

Manual de Direito Tributário e Financeiro Aplicado

sibilidade e regularidade, e são anualmente previstas no orçamento, por exemplo: impostos, taxas e contribuições de melhoria.

• **Receitas extraordinárias** – são ingressos financeiros excepcionais e imprevisíveis, que se produzem excepcionalmente, tais como os impostos extraordinários previstos nos arts. 148 (empréstimo compulsório) e 154 (impostos extraordinários), incisos I, II, da CF, e as doações para o patrimônio público.

Ainda com relação ao tema, destacamos que a Lei nº 4.320/64, alterada pela LC nº 101/2000, que classifica as receitas da seguinte maneira:

• **Receitas correntes** – previstas no art. 11, § 1º e decorrem de três fontes: a) poder impositivo do Estado sobre a iniciativa privada com tributos e multas); b) exploração dos bens do patrimônio do Estado; c) recursos recebidos de outras pessoas de direito público ou privado, destinadas a atender despesas correntes.[110]

Em síntese, a classificação deve obedecer ao seguinte esquema: receitas: tributária, contribuições, patrimonial, agropecuária, industrial, serviços, transferências correntes;[111] outras receitas correntes.

• **Receitas de capital** – descritas no art. 11, § 2º e resultam de três fontes: a) pagamento de dívidas onde o Estado é o credor; b) recursos recebidos de outras pessoas de direito público ou privado destinadas a atender despesas de capital; c) superávit do orçamento corrente:

> *Art. 11. (...)*
>
> *§ 2º São Receitas de Capital as provenientes da realização de recursos financeiros oriundos de constituição de dívidas; da conversão, em espécie, de bens e direitos; os recursos recebidos de outras pessoas de direito público ou privado, destinados a*

---

110 Lei Federal nº 4.320/64, art. 11.

111 As transferências correntes são outra origem oriunda de recursos financeiros recebidos de outras entidades de direito público ou privado e destinados ao atendimento de gastos, classificáveis em despesas correntes (art. 11, § 1º, da Lei nº 4.320/64).

atender despesas classificáveis em Despesas de Capital e, ainda, o superávit do Orçamento Corrente.

§ 3° O superávit do Orçamento Corrente resultante do balanceamento dos totais das receitas e despesas correntes, apurado na demonstração a que se refere o <u>Anexo n° 1</u>, não constituirá item de receita orçamentária. (<u>Redação dada pelo Decreto Lei n° 1.939, de 1982</u>)

• **Receita extraorçamentária** – compreende os recolhimentos feitos que constituirão compromissos exigíveis, cujo pagamento independe de autorização orçamentária e, portanto, independe de autorização legislativa. Por conseguinte, o Estado é obrigado a arrecadar valores que, em princípio, não lhe pertencem. O Estado figura apenas como depositário dos valores que ingressam a esse título, como, por exemplo: as cauções, as fianças, as consignações e outras, sendo a sua arrecadação classificada como receita extraorçamentária (Kohama, 2014, p. 77).

Ainda com referência às receitas públicas, destaca-se a repartição constitucional das receitas decorrentes da arrecadação tributária, entre União, Estados, Municípios e Distrito Federal, mencionadas nos arts. 157 a 162 da CF, já citados anteriormente.

Em síntese, na repartição de receitas tributárias, atribui-se ao ente central a competência de instituir e arrecadar o tributo, mas se lhe impõe o dever de dividir com os entes periféricos o resultado dessa arrecadação. Exemplo: o IPVA é arrecadado pelo Estado, porém os Municípios recebem do Estado 50% do IPVA relativo aos veículos licenciados em seus territórios, nos termos do art. 158, inciso III, da CF.

21.4 DESPESA PÚBLICA

A despesa pública indica o conjunto de dispêndios do Estado ou de uma pessoa jurídica de direito público interno com o objetivo de fazer frente às necessidades públicas, sendo parte integrante do orçamento público, representando a distribuição e o emprego das receitas para cumprimento das atribuições da administração pública[112] dentro de uma autorização legislativa (autorização do Poder Legislativo), e ainda de acordo com os princípios estabelecidos na Lei n° 4.210/64 e na LC n° 101/2000.

Kohama (2014, p. 98) define a despesa pública como:

Constituem Despesa Pública os gastos fixados na lei orçamentária ou em leis especiais e destinados à execução dos serviços públicos e dos aumentos patrimoniais; à satisfação dos compromissos da dívida pública; ou ainda à restituição ou pagamento de importâncias recebidas a título de cauções, depósitos, consignações etc.

Nesse mesmo sentido, Claudio Carneiro (2012, p. 51) define a despesa pública como:

> *A despesa pública é a soma dos gastos em dinheiro feito pelo Estado para a realização do interesse público, incluindo o gasto com a máquina administrativa, obras e serviços públicos. Vale ressaltar o que já dissemos anteriormente: é através da receita pública que são angariados recursos para a realização das despesas do Estado. Contudo, em diversos dispositivos constitucionais as despesas devem ser previamente autorizadas pelo Poder Legislativo, seja pelo orçamento ou pela abertura de créditos adicionais. A violação dessa regra enseja a prática de crime e violação à Lei de Responsabilidade Fiscal.*

21.4.1 CLASSIFICAÇÃO DAS DESPESAS PÚBLICAS

Na doutrina existem diversas classificações e definições, porém iremos destacar as principais classificações utilizadas no ordenamento jurídico:

---

112 Administração Pública – é todo aparelhamento do Estado, preordenado à realização de seus serviços, visando à satisfação das necessidades coletivas. Administrar é gerir os serviços públicos; significa não só prestar o serviço, executá-lo, como também, dirigir, governar, exercer a vontade com o objetivo de obter um resultado útil (Kohama, 2014, p. 9).

DIREITO FINANCEIRO

- **Quanto à periodicidade**

  a) Despesas ordinárias – decorrentes da atividade do serviço público, as quais são previstas no orçamento anual. São aquelas renováveis anualmente em função do seu caráter regular, como, por exemplo: manutenção de prédio público, compra de material de escritório.

  b) Despesas extraordinárias – destinadas a atender necessidades de caráter eventual, não previstas e urgentes no orçamento em situações excepcionais que não se repetem, e precisam ser realizadas, tais como: desastres naturais, incêndios, calamidade pública, guerra etc. (arts. 167, § 3°, e 62, CF). A receita para abertura dos créditos extraordinários tem como fonte os tributos de maneira temporária, tais como os empréstimos compulsórios (art. 148, inciso I, CF) e os impostos extraordinários (art. 154, inciso II, CF).

  c) Despesas orçamentárias – aquelas que estão inseridas na LOA, bem como a decorrente dos créditos adicionais constantes do art. 41 da Lei n° 4.320/64 (**extraordinários**, destinados a despesas urgentes e imprevistas em caso de guerra, comoção ou calamidade pública; **especiais**, que são destinados a despesas para as quais não haja dotação orçamentária; e **suplementares**, que são destinados a reforço de dotação orçamentária), que são abertos durante o exercício financeiro.

Com referência aos créditos **suplementares** destinados ao reforço da dotação orçamentária, eles podem ser abertos por decreto mediante prévia autorização legislativa, utilizando como fontes de seu custeio o supcrávit financceiro, os recursos provenientes do excesso de arrecadação, da anulação parcial de dotações orçamentárias e do produto de operações de crédito autorizadas em lei. Já os créditos **especiais** a serem abertos por decreto mediante prévia autorização legal destinam-se a atender necessidades públicas que não foram previstas no orçamento.

- **Quanto à utilidade ou à produtividade econômica**

  a) **Despesas produtivas** – na realidade são as despesas ordinárias que são utilizadas na manutenção da máquina estatal. Por exemplo: atividade policial.

529

Manual de Direito Tributário e Financeiro Aplicado

b) **Despesas reprodutivas** – são os gastos do Estado destinados a melhorar a capacidade produtiva do país, tais como: construção de portos, aeroportos.

c) **Despesas improdutivas** – são contrárias ao interesse público, como, por exemplo: obras inacabadas, propaganda governamental.

• Classificação da Lei n° 4.320/64

Referida lei estabeleceu normas gerais para a elaboração e execução do orçamento e classifica a despesa pública por um critério preponderantemente econômico, ao estremar as despesas correntes das despesas de capital.

a) **Despesas correntes** – têm como objetivo o funcionamento da máquina estatal, e se dividem em: a) custeio – gastos para manutenção dos serviços públicos, tais como: pessoal, material de consumo etc.; b) transferências correntes – despesas que não tenham relação com a contraprestação direta de bens ou serviços. São incluídas as despesas relativas a: subvenções[113] econômicas, aposentadorias, pensões, abono familiar, juros da dívida pública, diversas transferências correntes que podem ser definidas, como as dotações para despesas às quais não corresponde contraprestação direta em bens ou serviços, inclusive para contribuições e subvenções destinadas a atender à manutenção de outras entidades de direito público ou privado (Torres, 2013, p. 196).

b) **Despesas de capital** – gastos relativos ao aumento da capacidade produtiva, e se dividem em: i) investimentos – gastos relativos ao planejamento e à execução de obras; ii) inversões financeiras – despesas decorrentes de aquisição de imóveis prontos ou bens de capital, aquisição de participação societária de empresa existente, gera patrimônio; iii) transferências

---

113 Subvenção – entende-se o auxílio, ou a ajuda pecuniária, que se dá a alguém, ou a alguma instituição, no sentido de os proteger, ou para que realizem ou cumpram seus objetivos. Juridicamente a subvenção não tem o caráter de paga nem de compensação. É mera contribuição pecuniária destinada a auxílio ou em favor de uma pessoa, ou de uma instituição, para que se mantenha, ou para que execute os serviços ou obras pertinentes a seu objeto (Silva, 1994).

de capital – investimentos realizados em benefício de outras pessoas de direito público ou privado, independente de contraprestação de serviços, amortização da dívida pública. Em síntese, uma pessoa estatal transfere para outra pessoa estatal que vai fazer o investimento ou inversão, por exemplo: a União fornece recursos financeiros para que o estado da Federação construa penitenciárias.

Torres (2013, p. 196) ainda destaca que, além da classificação econômica, a despesa pública também pode ser classificada segundo:

a) critério institucional, que leva em conta o órgão ou instituição a quem se atribuiu a realização do gasto (Ministério, Secretaria, Departamento etc.);

b) critério programático, que toma em consideração o programa governamental nas diversas áreas de atuação (ensino, saúde, transporte etc.).

21.4.2 EXECUÇÃO DAS DESPESAS PÚBLICAS

Para realização da despesa pública, considerando o fato de que, de acordo com a legislação, nenhuma despesa pode ser realizada sem previsão orçamentária, e neste sentido são necessários quatro atos distintos: empenho, liquidação, ordem de pagamento e pagamento, a seguir descritos.

a) Empenho – é a reserva de recursos na dotação do orçamento ou no saldo existente para garantir aos fornecedores ou prestadores de serviço os respectivos recursos financeiros ao pagamento. O empenho se materializa quando da emissão do documento denominado nota de empenho para cada despesa, incluindo os seguintes dados: nome do fornecedor, especificação das despesas, importância e dedução desta do saldo da dotação própria orçamentária (arts. 58 e 61 da Lei nº 4.320/64).

b) Liquidação – é realizada pela autoridade competente uma análise do fornecimento ou do serviço prestado com relação ao seu direito creditício, como também serão analisados os documentos comprobatórios do crédito, nos termos do art. 63 da Lei

Manual de Direito Tributário e Financeiro Aplicado

n° 4.320/64. Em síntese, verifica-se a entrega do material ou da prestação de serviços e seus respectivos comprovantes de entrega, nota de empenho e demais documentos.

c) Ordem de pagamento – é o despacho proferido pela autoridade competente (que é o ordenador da despesa) determinando que a despesa seja paga (art. 64, Lei n° 4.320/64).

d) Pagamento – é a transferência dos recursos financeiros para o credor, nos termos do art. 65 da Lei n° 4.320/64.

A realização da despesa pública obrigatoriamente deve seguir o princípio da legalidade, pois a sua realização fora das normas legais poderá acarretar para o agente público a consequência do crime de responsabilidade constante da Lei n° 1.079/50, constituindo também crime de improbidade administrativa, conforme os arts. 10, inciso IX, e 12, inciso II, da Lei n° 8.429/92.

Destacamos também que a tradicional técnica de contenção de gastos por meio do contingenciamento de despesas e economia de recursos financeiros, efetuada pelo governo, significa tecnicamente a inexecução do orçamento, que pode ter como origem diversos fatores econômicos e financeiros.

Ainda com relação ao tema, destacamos outras duas formas de execução da despesa/dívida pública:

a) Débitos decorrentes de condenações judiciais – a Fazenda Pública, em face da condenação judicial transitada em julgado, tem de realizar o pagamento, e, para tanto, segue-se a execução, chegando-se a um valor líquido e certo cujo pagamento será realizado por meio de precatório ou requisitório.

Nesse sentido, o juiz da causa mandará expedir o precatório, remetendo-o, em seguida, para o Presidente do respectivo tribunal, e este, por sua vez, o enviará à entidade devedora para que esta faça incluir o valor do débito no próximo orçamento, conforme o art. 100, CF.

Os precatórios que forem apresentados ao Presidente do Tribunal até o dia 1° de julho devem ter os seus valores incluídos no orçamento do exercício seguinte para pagamento até o final daquele

DIREITO FINANCEIRO

exercício, com inclusão de correção monetária e, ainda, devendo ser respeitada a ordem cronológica de apresentação. Os precatórios que ingressarem após 1° de julho deverão ser quitados apenas no exercício subsequente.

Nos termos dos arts. 34, inciso V, *a*, e 35, inciso I, da CF, o não pagamento por parte dos Estados do precatório por dois anos consecutivos autoriza a intervenção da União nos Estados, e destes nos Municípios. Na prática não temos observado essa intervenção federal quando o motivo da inadimplência se referir a falta de recursos financeiros disponíveis.

Regis Fernandes de Oliveira e Estêvão Horvath (2002, p. 129) conceituam o precatório como:

> *Precatório ou ofício precatório é a solicitação do juiz de primeiro grau faz ao Presidente do Tribunal respectivo para que este requisite a verba necessária para o pagamento do crédito de algum credor perante a União, Estado, Distrito Federal ou Município, em face de decisão judicial. Quando alguém entende ter um direito perante o Poder Público e, exauridas as vias administrativas para seu reconhecimento e satisfação, ingressa no Poder judiciário com a necessária ação, uma vez resolvida esta, condenada a Fazenda Pública, o mecanismo de satisfação do crédito é o Precatório. Após liquidada a condenação, apurando seu quantum, o juiz expede o ofício ao Presidente do Tribunal, comunicando seu montante e solicitando a ele que requisite a quantia necessária ao pagamento do crédito.*
>
> *O Chefe do Poder Judiciário, recebendo o ofício, denominado precatório, numera-o e comunica à Fazenda Pública respectiva para que efetue o pagamento. Há uma ordem de chegada dos precatórios que não pode ser quebrada. Os pagamentos serão efetuados na ordem rigorosa do protocolo.*
>
> *De seu turno, é obrigatória a inserção, por parte do Poder Público competente, de numerário suficiente e razoável para atender a tais pagamentos. Com as comunicações do Poder Judiciário, o Executivo vai liberando as verbas que tem em seu poder e consignadas no orçamento para pagamento dos*

precatórios. De posse delas, o Presidente do Tribunal vai encaminhando o numerário aos juízes, para que efetuem o pagamento dos precatórios sob sua responsabilidade.

Precisamente com relação ao tema, destacamos o disposto no art. 100, § 3°, da CF com relação à não aplicação dos precatórios para pagamentos de pequeno valor, e, sim, um procedimento diferenciado denominado requisitório. Neste sentido, Flavio Augusto Monteiro de Barros (2016, p. 627) define que:

Requisitório é o nome do ofício em que o juiz da execução requisita o pagamento dos débitos de pequeno valor da Fazenda Pública. É dirigido à autoridade na pessoa de quem o ente público foi citado no processo, para que efetue o pagamento no prazo de dois meses, contado da entrega da requisição, mediante depósito na agência do banco oficial mais próxima da residência do exequente (art. 535, § 3°, II, do CPC).

O § 3° do art. 100 dispensa a expedição de precatório para os débitos de pequeno valor, definidos em lei, resultantes de sentença judicial transitada em julgado. Em vez do precatório, expede-se o RPA (requisição de pagamentos autônomos), devendo o pagamento concretizar-se em 60 dias, sob pena de sequestro do valor devido. O pequeno valor, na seara federal, é de 60 salários mínimos (art. 17, da lei 10.259/2001).

Com a finalidade de ampliar o entendimento do tema, transcrevemos abaixo o art. 100 da CF, que trata dos precatórios:

Art. 100. *Os pagamentos devidos pelas Fazendas Públicas Federal, Estaduais, Distrital e Municipais, em virtude de sentença judiciária, far-se-ão exclusivamente na ordem cronológica de apresentação dos precatórios e à conta dos créditos respectivos, proibida a designação de casos ou de pessoas nas dotações orçamentárias e nos créditos adicionais abertos para este fim. (Redação dada pela Emenda Constitucional n° 62, de 2009). (Vide Emenda Constitucional n° 62, de 2009) (Vide ADI 4.425)*

§ 1° Os débitos de natureza alimentícia compreendem aqueles decorrentes de salários, vencimentos, proventos, pensões e suas complementações, benefícios previdenciários e indenizações por morte ou por invalidez, fundadas em responsabilidade

DIREITO FINANCEIRO

civil, em virtude de sentença judicial transitada em julgado, e serão pagos com preferência sobre todos os demais débitos, exceto sobre aqueles referidos no § 2° deste artigo. _(Redação dada pela Emenda Constitucional n° 62, de 2009)._

§ 2° Os débitos de natureza alimentícia cujos titulares, originários ou por sucessão hereditária, tenham 60 (sessenta) anos de idade, ou sejam portadores de doença grave, ou pessoas com deficiência, assim definidos na forma da lei, serão pagos com preferência sobre todos os demais débitos, até o valor equivalente ao triplo fixado em lei para os fins do disposto no § 3° deste artigo, admitido o fracionamento para essa finalidade, sendo que o restante será pago na ordem cronológica de apresentação do precatório. _(Redação dada pela Emenda Constitucional n° 94, de 2016)_

§ 3° O disposto no caput deste artigo relativamente à expedição de precatórios não se aplica aos pagamentos de obrigações definidas em leis como de pequeno valor que as Fazendas referidas devam fazer em virtude de sentença judicial transitada em julgado. _(Redação dada pela Emenda Constitucional n° 62, de 2009)._

§ 4° Para os fins do disposto no § 3°, poderão ser fixados, por leis próprias, valores distintos às entidades de direito público, segundo as diferentes capacidades econômicas, sendo o mínimo igual ao valor do maior benefício do regime geral de previdência social. _(Redação dada pela Emenda Constitucional n° 62, de 2009)._

§ 5° É obrigatória a inclusão no orçamento das entidades de direito público de verba necessária ao pagamento de seus débitos oriundos de sentenças transitadas em julgado constantes de precatórios judiciários apresentados até 2 de abril, fazendo-se o pagamento até o final do exercício seguinte, quando terão seus valores atualizados monetariamente. _(Redação dada pela Emenda Constitucional n° 114, de 2021) (Vigência)_

§ 6° As dotações orçamentárias e os créditos abertos serão consignados diretamente ao Poder Judiciário, cabendo ao Presidente do Tribunal que proferir a decisão exequenda determinar o pagamento integral e autorizar, a requerimento *do credor e exclusivamente para os casos de preterimento de seu direito de precedência ou de não alocação orçamentária do valor necessário à satisfação do seu débito, o sequestro da quantia respectiva. (Redação dada pela Emenda Constitucional n° 62, de 2009).*

§ 7° O Presidente do Tribunal competente que, por ato comissivo ou omissivo, retardar ou tentar frustrar a liquidação regular de precatórios incorrerá em crime de responsabilidade e responderá, também, perante o Conselho Nacional de Justiça. (Incluído pela Emenda Constitucional n° 62, de 2009).

§ 8° É vedada a expedição de precatórios complementares ou suplementares de valor pago, bem como o fracionamento, repartição ou quebra do valor da execução para fins de enquadramento de parcela do total ao que dispõe o § 3° deste artigo. (Incluído pela Emenda Constitucional n° 62, de 2009).

§ 9° Sem que haja interrupção no pagamento do precatório e mediante comunicação da Fazenda Pública ao Tribunal, o valor correspondente aos eventuais débitos inscritos em dívida ativa contra o credor do requisitório e seus substituídos deverá ser depositado à conta do juízo responsável pela ação de cobrança, que decidirá pelo seu destino definitivo. (Redação dada pela Emenda Constitucional n° 113, de 2021)

§ 10 Antes da expedição dos precatórios, o Tribunal solicitará à Fazenda Pública devedora, para resposta em até 30 (trinta) dias, sob pena de perda do direito de abatimento, informação sobre os débitos que preencham as condições estabelecidas no § 9°, para os fins nele previstos. (Incluído pela Emenda Constitucional n° 62, de 2009). (Vide ADI 4.425)

§ 11 É facultada ao credor, conforme estabelecido em lei do ente federativo devedor, com auto aplicabilidade para a União, a oferta de créditos líquidos e certos que originalmente lhe são próprios ou adquiridos de terceiros reconhecidos pelo ente federativo ou por decisão judicial transitada em julgado para: (Redação dada pela Emenda Constitucional n° 113, de 2021)

I – quitação de débitos parcelados ou débitos inscritos em dívida ativa do ente federativo devedor, inclusive em transação

DIREITO FINANCEIRO

resolutiva de litígio, e, subsidiariamente, débitos com a administração autárquica e fundacional do mesmo ente; (Incluído pela Emenda Constitucional n° 113, de 2021)

II – compra de imóveis públicos de propriedade do mesmo ente disponibilizados para venda; (Incluído pela Emenda Constitucional n° 113, de 2021)

III – pagamento de outorga de delegações de serviços públicos e demais espécies de concessão negocial promovidas pelo mesmo ente; (Incluído pela Emenda Constitucional n° 113, de 2021)

IV – aquisição, inclusive minoritária, de participação societária, disponibilizada para venda, do respectivo ente federativo; ou (Incluído pela Emenda Constitucional n° 113, de 2021)

V – compra de direitos, disponibilizados para cessão, do respectivo ente federativo, inclusive, no caso da União, da antecipação de valores a serem recebidos a título do excedente em óleo em contratos de partilha de petróleo. (Incluído pela Emenda Constitucional n° 113, de 2021)

§ 12 A partir da promulgação desta Emenda Constitucional, a atualização de valores de requisitórios, após sua expedição, até o efetivo pagamento, independentemente de sua natureza, será feita pelo índice oficial de remuneração básica da caderneta de poupança, e, para fins de compensação da mora, incidirão juros simples no mesmo percentual de juros incidentes sobre a caderneta de poupança, ficando excluída a incidência de juros compensatórios. (Incluído pela Emenda Constitucional n° 62, de 2009). (Vide ADI 4.425)

§ 13 O credor poderá ceder, total ou parcialmente, seus créditos em precatórios a terceiros, independentemente da concordância do devedor, não se aplicando ao cessionário o disposto nos §§ 2° e 3°. (Incluído pela Emenda Constitucional n° 62, de 2009).

§ 14 A cessão de precatórios, observado o disposto no § 9° deste artigo, somente produzirá efeitos após comunicação, por meio de petição protocolizada, ao Tribunal de origem

Manual de Direito Tributário e Financeiro Aplicado

e ao ente federativo devedor. (Redação dada pela Emenda Constitucional n° 113, de 2021)

§ 15 Sem prejuízo do disposto neste artigo, lei complementar a esta Constituição Federal poderá estabelecer regime especial para pagamento de crédito de precatórios de Estados, Distrito Federal e Municípios, dispondo sobre vinculações à receita corrente líquida e forma e prazo de liquidação. (Incluído pela Emenda Constitucional n° 62, de 2009).

§ 16 A seu critério exclusivo e na forma de lei, a União poderá assumir débitos, oriundos de precatórios, de Estados, Distrito Federal e Municípios, refinanciando-os diretamente. (Incluído pela Emenda Constitucional n° 62, de 2009).

§ 17 A União, os Estados, o Distrito Federal e os Municípios aferirão mensalmente, em base anual, o comprometimento de suas respectivas receitas correntes líquidas com o pagamento de precatórios e obrigações de pequeno valor. (Incluído pela Emenda Constitucional n° 94, de 2016)

§ 18 Entende-se como receita corrente líquida, para os fins de que trata o § 17, o somatório das receitas tributárias, patrimoniais, industriais, agropecuárias, de contribuições e de serviços, de transferências correntes e outras receitas correntes, incluindo as oriundas do § 1° do art. 20 da Constituição Federal, verificado no período compreendido pelo segundo mês imediatamente anterior ao de referência e os 11 (onze) meses precedentes, excluídas as duplicidades, e deduzidas: (Incluído pela Emenda Constitucional n° 94, de 2016)

I – na União, as parcelas entregues aos Estados, ao Distrito Federal e aos Municípios por determinação constitucional; (Incluído pela Emenda Constitucional n° 94, de 2016)

II – nos Estados, as parcelas entregues aos Municípios por determinação constitucional; (Incluído pela Emenda Constitucional n° 94, de 2016)

III – na União, nos Estados, no Distrito Federal e nos Municípios, a contribuição dos servidores para custeio de seu sistema de previdência e assistência social e as receitas provenientes da compensação financeira referida no § 9°

DIREITO FINANCEIRO

do art. 201 da Constituição Federal. *(Incluído pela Emenda Constitucional nº 94, de 2016)*

§ 19 Caso o montante total de débitos decorrentes de condenações judiciais em precatórios e obrigações de pequeno valor, em período de 12 (doze) meses, ultrapasse a média do comprometimento percentual da receita corrente líquida nos 5 (cinco) anos imediatamente anteriores, a parcela que exceder esse percentual poderá ser financiada, excetuada dos limites de endividamento de que tratam os incisos VI e VII do art. 52 da Constituição Federal e de quaisquer outros limites de endividamento previstos, não se aplicando a esse financiamento a vedação de vinculação de receita prevista no inciso IV do art. 167 da Constituição Federal. *(Incluído pela Emenda Constitucional nº 94, de 2016)*

§ 20 Caso haja precatório com valor superior a 15% (quinze por cento) do montante dos precatórios apresentados nos termos do § 5º deste artigo, 15% (quinze por cento) do valor deste precatório serão pagos até o final do exercício seguinte e o restante em parcelas iguais nos cinco exercícios subsequentes, acrescidas de juros de mora e correção monetária, ou mediante acordos diretos, perante Juízos Auxiliares de Conciliação de Precatórios, com redução máxima de 40% (quarenta por cento) do valor do crédito atualizado, desde que em relação ao crédito não penda recurso ou defesa judicial e que sejam observados os requisitos definidos na regulamentação editada pelo ente federado. *(Incluído pela Emenda Constitucional nº 94, de 2016)*

§ 21 Ficam a União e os demais entes federativos, nos montantes que lhes são próprios, desde que aceito por ambas as partes, autorizados a utilizar valores objeto de sentenças transitadas em julgado devidos à pessoa jurídica de direito público para amortizar dívidas, vencidas ou vincendas: *(Incluído pela Emenda Constitucional nº 113, de 2021)*

I – nos contratos de refinanciamento cujos créditos sejam detidos pelo ente federativo que figure como devedor na sentença de que trata o caput deste artigo; *(Incluído pela Emenda Constitucional nº 113, de 2021)*

II – nos contratos em que houve prestação de garantia a outro ente federativo; (Incluído pela Emenda Constitucional nº 113, de 2021)

III – nos parcelamentos de tributos ou de contribuições sociais; e (Incluído pela Emenda Constitucional nº 113, de 2021)

IV – nas obrigações decorrentes do descumprimento de prestação de contas ou de desvio de recursos. (Incluído pela Emenda Constitucional nº 113, de 2021)

§ 22 A amortização de que trata o § 21 deste artigo: (Incluído pela Emenda Constitucional nº 113, de 2021)

I – nas obrigações vencidas, será imputada primeiramente às parcelas mais antigas; (Incluído pela Emenda Constitucional nº 113, de 2021)

II – nas obrigações vincendas, reduzirá uniformemente o valor de cada parcela devida, mantida a duração original do respectivo contrato ou parcelamento. (Incluído pela Emenda Constitucional nº 113, de 2021)

b) Restos a pagar – são as despesas empenhadas, mas não pagas até o término do exercício, que é até o dia 31 do mês de dezembro (art. 36 da Lei nº 4.320/64), as quais se transformam em restos a pagar, devendo o pagamento ser efetuado no ano seguinte:

Art. 36. Consideram-se Restos a Pagar as despesas empenhadas, mas não pagas até o dia 31 de dezembro distinguindo-se as processadas das não processadas.

Parágrafo único. Os empenhos que sorvem a conta de créditos com vigência plurianal, que não tenham sido liquidados, só serão computados como Restos a Pagar no último ano de vigência do crédito.

Os arts. 20 e 42 da LC nº 101/00 determinam que é vedado ao titular do poder ou órgão público nos últimos oito meses do seu mandato:

   a) contrair obrigação de despesa que não possa ser cumprida integralmente dentro dele;

b) caso existam parcelas a vencer no exercício seguinte, é de rigor existir suficiente disponibilidade de caixa desde o instante da assunção da despesa.

Ainda no tocante à execução do orçamento destacamos o processo de avaliação, que deverá ser efetuado com referência à vista dos dados relativos à execução do orçamento realizado.

Os arts. 163-A e 165, § 3°, da CF destacam que o Poder Executivo publicará, até 30 dias após o encerramento de cada bimestre, relatório resumido de execução orçamentária (RREO), que é um demonstrativo financeiro que dá publicidade à sociedade, ao Poder Executivo e ao Poder Legislativo sobre o que foi planejado e efetivamente o que está sendo executado pela administração pública. Kohama (2014, p. 54) destaca que:

> Se verificado, ao final de um bimestre, que a realização da receita poderá não comportar o cumprimento das metas de resultado primário ou nominal estabelecidas no Anexo de Metas Fiscais, os Podres e o Ministério Público promoverão, por ato próprio e nos montantes necessários, nos trinta dias subsequentes, limitação de empenho e movimentação financeira, segundo os critérios adotados na Lei de Diretrizes Orçamentárias. Não são objeto de limitação das despesas que constituam obrigações constitucionais e legais do ente, inclusive as destinadas ao pagamento do serviço da dívida e as ressalvadas pela LDO e, no caso de os Poderes Legislativo e Judiciário e o Ministério Público não promoverem a limitação no prazo estabelecido, é o Poder Executivo autorizado a limitar os valores financeiros segundo os critérios da LDO.[114]

21.5 LEI ORÇAMENTÁRIA

A CF, no seu art. 165, § 5°, define que a lei orçamentária anual deverá ser elaborada em peça única, abrangendo a previsão de re-

---

114   LC n° 101/00, art. 9°, §§ 2° e 3°.

ceita, gastos e investimentos relativos: a) aos três poderes da União (Executivo, Legislativo, Judiciário), aos órgãos da administração pública direta e indireta, e às fundações mantidas pelo poder público; b) ao orçamento de investimento das empresas em que a União, direta ou indiretamente, detenha a maioria do capital social com direito a voto; c) ao orçamento da seguridade social.

Torres (2013, p. 172) define o planejamento da lei orçamentária como:

A CF prevê, no art. 165, três planejamentos orçamentários: o plano plurianual, as diretrizes orçamentárias e o orçamento anual. Os três se integram harmoniosamente, devendo a lei orçamentária anual respeitar as diretrizes orçamentárias, consonando ambas com o orçamento plurianual (art. 165, § 7°, 166, § 4°, 167, § 1°). E os três têm que se compatibilizar com o planejamento global, econômico e social (art. 165, § 4°).

Complementando o entendimento, Carneiro (2012, p. 97) destaca que:

> *O orçamento público, por sua complexidade abrange três aspectos fundamentais: a) jurídico – equivale aos efeitos próprios dos orçamentos, regulamentados pelo ordenamento jurídico. É a natureza do ato orçamentário à luz do direito; b) político – é a autorização política para a realização do plano; c) econômico – consiste no fato de orçamento assumir a forma de uma previsão da gestão orçamental do Estado, o que corresponde a um plano financeiro.*
>
> *O descumprimento das normas orçamentárias por qualquer ente público constitui crime de responsabilidade, conforme o art. 85, inciso VI, da CF, e os arts. 4°, inciso VI, e 10, incisos da Lei n° 1.079/50, a seguir transcritos:*

Art. 4° São crimes de responsabilidade os atos do Presidente da República que atentarem contra a Constituição Federal, e, especialmente, contra:

DIREITO FINANCEIRO

I – a existência da União:

II – o livre-exercício do Poder Legislativo, do Poder Judiciário e dos poderes constitucionais dos Estados;

III – o exercício dos direitos políticos, individuais e sociais:

IV – a segurança interna do país:

V – a probidade na administração;

VI – a lei orçamentária;

VII – a guarda e o legal emprego dos dinheiros públicos;

VIII – o cumprimento das decisões judiciárias (Constituição, artigo 89).

Art. 10. São crimes de responsabilidade contra a lei orçamentária:

1) Não apresentar ao Congresso Nacional a proposta do orçamento da República dentro dos primeiros dois meses de cada sessão legislativa.

2) Exceder ou transportar, sem autorização legal, as verbas do orçamento.

3) Realizar o estorno de verbas.

4) Infringir patentemente, e de qualquer modo, dispositivo da lei orçamentária.

5) Deixar de ordenar a redução do montante da dívida consolidada, nos prazos estabelecidos em lei, quando o montante ultrapassar o valor resultante da aplicação do limite máximo fixado pelo Senado Federal. (Incluído pela Lei nº 10.028, de 2000)

6) Ordenar ou autorizar a abertura de crédito em desacor do com os limites estabelecidos pelo Senado Federal, sem fundamento na lei orçamentária ou na de crédito adicional ou com inobservância de prescrição legal. (Incluído pela Lei nº 10.028, de 2000)

7) Deixar de promover ou de ordenar na forma da lei, o cancelamento, a amortização ou a constituição de reserva para anular os efeitos de operação de crédito realizada com inobservância de limite, condição ou montante estabelecido em lei. (Incluído pela Lei n° 10.028, de 2000)

8) Deixar de promover ou de ordenar a liquidação integral de operação de crédito por antecipação de receita orçamentária, inclusive os respectivos juros e demais encargos, até o encerramento do exercício financeiro. (Incluído pela Lei n° 10.028, de 2000)

9) Ordenar ou autorizar, em desacordo com a lei, a realização de operação de crédito com qualquer um dos demais entes da Federação, inclusive suas entidades da administração indireta, ainda que na forma de novação, refinanciamento ou postergação de dívida contraída anteriormente. (Incluído pela Lei n° 10.028, de 2000)

10) Captar recursos a título de antecipação de receita de tributo ou contribuição cujo fato gerador ainda não tenha ocorrido. (Incluído pela Lei n° 10.028, de 2000)

11) Ordenar ou autorizar a destinação de recursos provenientes da emissão de títulos para finalidade diversa da prevista na lei que a autorizou. (Incluído pela Lei n° 10.028, de 2000)

12) Realizar ou receber transferência voluntária em desacordo com limite ou condição estabelecida em lei. (Incluído pela Lei n° 10.028, de 2000)

O ciclo orçamentário é decorrente do processo legislativo federal, o qual é previsto na CF, contemplando as seguintes fases:

I – Elaboração da proposta do projeto de lei pelo Poder Executivo por iniciativa do Presidente da República, que inclui: o PPA, a LDO, a LO para envio para o Congresso Nacional.

II – Discussão e aprovação do projeto de lei pelo Congresso Nacional.

III – Sanção ou veto do Presidente da República.

IV – Controle da execução orçamentária pelo Tribunal de Contas.

V – Julgamento das contas pelo Congresso Nacional que pode aprovar ou rejeitar.

Portanto, a lei orçamentária contempla três diplomas legais para elaboração e execução do orçamento: Plano Plurianual (PPA), LDO e LOA.

21.5.1 PLANO PLURIANUAL

De acordo com o art. 165 da CF, o Poder Executivo deverá elaborar a lei ordinária que institui o PPA que estabelecerá de forma regionalizada as diretrizes, os objetivos e as metas da administração pública federal para as despesas de capital e outras decorrentes de longo prazo (quatro anos), como também para as despesas relativas aos programas de duração continuada.

Torres (2018 p. 167) assim define o PPA :

> *O Plano Plurianual tem por objetivo estabelecer os programas e as metas governamentais de longo prazo. É planejamento conjuntural para a promoção do desenvolvimento econômico, do equilíbrio entre as diversas regiões do País e da estabilidade econômica.*

Nessa mesma linha de raciocínio, Kohama (2014, p. 41) destaca o PPA como:

> *É um plano de médio prazo, através do qual se procura ordenar as ações do governo que levem ao atingimento dos objetivos e metas fixados para um período de quatro anos, ao nível do governo federal, e também de quatro anos ao nível dos governos estaduais e municipais.*

O PPA tem vigência de quatro anos (art. 35, § 2°, I, II e III, ADCT), sendo que o projeto deve ser encaminhado pelo chefe do Poder Executivo até quatro meses antes do encerramento do primeiro exercício financeiro e devolvido pelo Legislativo para sanção ou veto do chefe do Executivo até o encerramento da sessão legislativa, conforme determina o referido artigo:

> *§ 2° Até a entrada em vigor da lei complementar a que se refere o art. 165, § 9°, I e II, serão obedecidas as seguintes normas:*

Manual de Direito Tributário e Financeiro Aplicado

I – o projeto do plano plurianual, para vigência até o final do primeiro exercício financeiro do mandato presidencial subsequente, será encaminhado até quatro meses antes do encerramento do primeiro exercício financeiro e devolvido para sanção até o encerramento da sessão legislativa;

II – o projeto de Lei de Diretrizes Orçamentárias será encaminhado até oito meses e meio antes do encerramento do exercício financeiro e devolvido para sanção até o encerramento do primeiro período da sessão legislativa;

III – o projeto de lei orçamentária da União será encaminhado até quatro meses antes do encerramento do exercício financeiro e devolvido para sanção até o encerramento da sessão legislativa.

21.5.2 LDO

O art. 165 da CF define que a LDO compreenderá as metas e prioridades da administração pública federal, incluindo as despesas de capital para o exercício financeiro subsequente, orientará a elaboração da LOA, disporá sobre as alterações na legislação tributária e estabelecerá a política de aplicação das agências financeiras oficiais de fomento.

Kohama (2014, p. 42 e 43) define a LDO como:

A Lei de Diretrizes Orçamentárias tem a finalidade de nortear a elaboração dos orçamentos anuais, compreendidos aqui o orçamento fiscal, o orçamento de investimento das empresas e o orçamento da seguridade social, de forma a adequá--los às diretrizes, objetivos e metas da administração pública, estabelecidos no plano plurianual.

A LDO compreenderá as metas e prioridades da administração pública, incluindo as despesas de capital para o exercício financeiro subsequente, orientará a elaboração da lei orçamentária anual, disporá sobre as alterações na legislação tributária e estabelecerá a política de aplicação das agências financeiras oficiais de fomento.

DIREITO FINANCEIRO

A LDO é elaborada pelo chefe do Poder Executivo precedendo a LOA, e o projeto deve ser encaminhado ao Poder Legislativo oito meses e meio antes do exercício financeiro, e devolvido para sanção ou veto até o encerramento do primeiro período da sessão legislativa, conforme o art. 35, § 2°, inciso II, do ADCT, descrito na CF.

Em síntese, a LDO define as regras para elaboração da LOA, que por sua vez devem seguir as metas estabelecidas no PPA, tendo como função:

- Estabelecer as metas e prioridades da administração pública para o exercício seguinte.
- Orientar a elaboração da LOA.
- Dispor sobre alterações na legislação tributária.
- Estabelecer a política de aplicação financeira das agências de fomento, BNDES.
- Estabelecer o equilíbrio entre despesas e receitas.
- Fixar critérios e formas de limitação dos empenhos.
- Definir normas relativas ao controle de custos e à avaliação dos resultados dos programas financiados com recursos do orçamento;
- Estabelecer condições e exigências para transferências de recursos a entidades públicas e privadas.

21.5.3 LOA

Para viabilizar a concretização das situações planejadas no PPA e, obviamente, transformá-las em realidade, obedecida a LDO, o chefe do Poder Executivo elabora o orçamento anual, que deve ser veiculado por lei, em que são programadas as ações a serem executadas no próximo exercício, visando alcançar objetivos determinados (Kohama, 2014, p. 44).

Hugo de Brito Machado Segundo (2014, p. 11) define o orçamento como: "o ato ou efeito de orçar, calcular, de estimar. É a pre-

Manual de Direito Tributário e Financeiro Aplicado

visão feita, em qualquer atividade, das receitas e das despesas a ela inerentes, de como serão obtidos e aplicados os recursos etc.".

Tem como objetivo elaborar a previsão de arrecadação e as despesas autorizadas, porém, é comum surgirem durante o exercício financeiro necessidades que não foram previstas. Nesse caso, o Poder Executivo deve providenciar a abertura de créditos adicionais (art. 40, Lei n° 4.320/64), que se dividem em:

> **a) Créditos suplementares** – o objetivo é reforçar uma dotação orçamentária que se mostrou insuficiente durante o exercício financeiro para atender as despesas conforme os arts. 167, V, CF, e 41, I, da Lei n° 4.320/64. Estes créditos são abertos pelo chefe do Poder Executivo e são concedidos por meio de lei, portanto, carecem de autorização legislativa e indicação de recursos correspondentes. Exceção pode ocorrer em casos em que a LOA tiver previsão para esta hipótese, ocasião que não será necessária lei específica.

> **b) Créditos especiais** – tem por objetivo despesas novas para as quais não ocorreu dotação orçamentária anual específica. Referidos créditos são abertos pelo chefe do Poder Executivo e são concedidos por meio de lei, desde que haja recursos financeiros disponíveis nos termos dos arts. 41, inciso II, e 42, II, da Lei n° 4.320/64, e 167, V, CF.

> **c) Créditos extraordinários** – têm como objetivo atender despesas urgentes e imprevistas, que não foram previstas em dotações orçamentárias anteriores, tais como calamidade pública, guerra, comoção interna etc., e podem ser autorizados por medida provisória conforme determinam os arts. 62 e 167, § 3°, CF, e 41, III, da Lei n° 4.320/64.

O orçamento anual deverá seguir os seguintes princípios do direito financeiro:

> **a) Princípio da universalidade** – deve ser elaborado em uma única peça contendo todas as receitas e despesas previstas para toda a União de todos os poderes, órgãos e entidades da administração direta e indireta. Deverão ser incluídos no orçamento todos os aspectos do programa de cada órgão, principalmente

aqueles que envolvam qualquer transação financeira ou econômica (art. 165, § 5°, CF).

b) Princípio da exclusividade – o orçamento não deve conter qualquer dispositivo que trate de matéria que não seja exclusiva das receitas e despesas previstas, em síntese, não devem ser incluídos no orçamento matérias estranhas que não sejam relativas às receitas e às despesas orçamentárias, conforme previsto no art. 165, § 8°, da CF a seguir transcrito:

> § 8° *A lei orçamentária anual não conterá dispositivo estranho à previsão da receita e à fixação da despesa, não se incluindo na proibição a autorização para abertura de créditos suplementares e contratação de operações de crédito, ainda que por antecipação de receita, nos termos da lei.*

c) Princípio da unidade – em uma peça única, conforme o art. 165, § 5°, CF, no documento orçamentário devem estar previstos e formalizados os gastos e receitas dos três poderes, seus órgãos, fundos e entidades de administração direta e indireta. Kohama (2014, p. 47) acrescenta que:

Os orçamentos de todos os órgãos autônomos que constituem o setor público devem se fundamentar em uma única política orçamentária uniformemente e que se ajuste a um método único. É necessário, portanto, que cada orçamento se ajuste ao princípio da unidade em seu conteúdo, metodologia e expressão. Com isso, contribuirá para evitar a duplicação de funções ou superposição de entidades na realização de atividades correlatas, colaborando de maneira valiosa para racionalização na utilização dos recursos.

d) Princípio da anualidade – para cada ano deve existir uma LOA, portanto, deve ser renovada anualmente, ou seja, uma programação anual para as receitas e despesas nos termos dos arts. 165, inciso III, §§ 5° e 9°, da CF, e 2° da Lei n° 4.320/64:

CF, **art. 165.** *(...)*

§ 5° A lei orçamentária anual compreenderá:

I – o orçamento fiscal referente aos Poderes da União, seus fundos, órgãos e entidades da administração direta e indireta, inclusive fundações instituídas e mantidas pelo Poder Público;

II – o orçamento de investimento das empresas em que a União, direta ou indiretamente, detenha a maioria do capital social com direito a voto;

III – o orçamento da seguridade social, abrangendo todas as entidades e órgãos a ela vinculados, da administração direta ou indireta, bem como os fundos e fundações instituídos e mantidos pelo Poder Público.

§ 9° Cabe à lei complementar:

I – dispor sobre o exercício financeiro, a vigência, os prazos, a elaboração e a organização do plano plurianual, da lei de diretrizes orçamentárias e da lei orçamentária anual;

II – estabelecer normas de gestão financeira e patrimonial da administração direta e indireta bem como condições para a instituição e funcionamento de fundos.

III – dispor sobre critérios para a execução equitativa, além de procedimentos que serão adotados quando houver impedimentos legais e técnicos, cumprimento de restos a pagar e limitação das programações de caráter obrigatório, para a realização do disposto nos §§ 11 e 12 do art. 166 .

Lei n° 4.2320/64, art. 2° A Lei do Orçamento conterá a discriminação da receita e despesa de forma a evidenciar a política econômica financeira e o programa de trabalho do Governo, obedecidos os princípios de unidade universalidade e anualidade.

§ 1° Integrarão a Lei de Orçamento:

I – Sumário geral da receita por fontes e da despesa por funções do Governo;

II – Quadro demonstrativo da Receita e Despesa segundo as Categorias Econômicas, na forma do Anexo n° 1;

DIREITO FINANCEIRO

III – Quadro discriminativo da receita por fontes e respectiva legislação;

IV - Quadro das dotações por órgãos do Governo e da Administração.

§ 2° Acompanharão a Lei de Orçamento:

I – Quadros demonstrativos da receita e planos de aplicação dos fundos especiais;

II – Quadros demonstrativos da despesa, na forma dos Anexos n°s 6 a 9;

III – Quadro demonstrativo do programa anual de trabalho do Governo, em termos de realização de obras e de prestação de serviços.

e) Princípio da clareza – o orçamento deve ser elaborado de forma clara, ordenada e objetiva, visando sua divulgação e transparência, para acesso público, devendo ser feita inclusive por meios eletrônicos, seguindo as regras dos arts. 48, 48-A e 49 da LC n° 101, e 165, § 6°, da CF, que define "que o projeto de lei orçamentária será acompanhado de demonstrativo regionalizado do efeito, sobre as receitas e despesas, decorrente de isenções, anistias, remissões, subsídios e benefícios de natureza financeira, tributária e creditícia."

f) Princípio da não afetação ou não vinculação da receita – de acordo com o art. 167, IV, da CF, é vedada a vinculação (afetação) de receita de impostos da União a órgão, fundo ou despesa, ressalvadas as hipóteses referidas no citado artigo. Portanto, são vedadas:

> *IV – a vinculação de receita de impostos a órgão, fundo ou despesa, ressalvadas a repartição do produto da arrecadação dos impostos a que se referem os arts. 158 e 159, a destinação de recursos para as ações e serviços públicos de saúde, para manutenção e desenvolvimento do ensino e para realização de atividades da administração tributária, como determinado, respectivamente, pelos arts. 198, § 2°, 212 e 37, XXII, e a prestação de garantias às operações de crédito por*

antecipação de receita, previstas no art. 165, § 8°, bem como o disposto no § 4° deste artigo; (Redação dada pela Emenda Constitucional n° 42, de 19.12.2003)

g) Princípio do equilíbrio orçamentário – a regra determina que o orçamento deverá manter o equilíbrio entre a despesa e a receita, conforme a LC n° 101/2000, art. 4°, inciso I, letra "a". Kohama (2014, p. 49) destaca que:

> *Procura-se consolidar uma salutar política que produza a igualdade entre valores de receita e despesa, evitando desta forma déficits espirais, que causam endividamento, isto é, déficit que obriga a constituição de dívida que, por sua vez, causa o déficit.*

h) Princípio da legalidade – ninguém é obrigado a fazer, ou deixar de fazer, senão em virtude de lei (art. 5°, II, CF), portanto, a administração pública em termos de matéria orçamentária deve fazer exclusivamente o que está previsto em lei, por consequência, **os atos do administrador público são vinculados, não havendo, portanto, discricionariedade no tocante à lei orçamentária.**

Destacando que compete privativamente ao Poder Executivo a competência para elaborar e encaminhar a LO, a LDO e o PPA para aprovação por parte do Congresso Nacional, nos termos do art. 165 da CF.

i) Princípio da publicidade orçamentária – o art. 37 da CF determina que a administração pública obedecerá aos princípios da legalidade, da impessoalidade, da moralidade e da publicidade. A própria CF, em seus arts. 165, § 3°, e 166, § 7°, determina que o Poder Executivo publicará, até 30 dias após o encerramento de cada bimestre, relatório resumido da execução orçamentária, como também o PPA e a LDO.

j) Vedação de estorno entre contas – o art. 167, VI, da CF proíbe o remanejamento e/ou a transferência de recursos de uma categoria para outra, ou ainda de um órgão para outro, a seguir descrito: "VI – a transposição, o remanejamento ou a transferência de recursos de uma categoria de programação para outra ou de um órgão para outro, sem prévia autorização legislativa".

k) Discriminação da despesa – este princípio veda que sejam inseridas no orçamento autorizações de forma genérica, portanto, todas as despesas devem ser especificadas conforme a Lei nº 4.320/64, art. 15, § 1º, a seguir transcrito:

> *Art. 15. Na Lei de Orçamento a discriminação da despesa far--se-á no mínimo por elementos.*
>
> *§ 1º Entende-se por elementos o desdobramento da despesa com pessoal, material, serviços, obras e outros meios de que se serve a administração pública para consecução dos seus fins.*

l) Orçamento bruto – todas as despesas devem ser inseridas pelo valor total, ou seja, vedadas eventuais compensações ou deduções das respectivas, conforme a Lei nº 4.320/64, art. 6º.

21.5.4 FISCALIZAÇÃO E CONTROLE ORÇAMENTÁRIO

A administração pública deve ser pautada no princípio da legalidade, portanto, a execução da lei orçamentária deve ser seguida com rigor pela administração pública, ou seja, devem se pautar pelos seguintes itens: planejamento, transparência, equilíbrio e responsabilidade.

Nessa ambiência, destacamos a LRF, onde os governantes efetivamente têm responsabilidade pelo planejamento e pela execução do orçamento público, corrigindo eventuais desvios promovendo o equilíbrio das contas públicas.

Manual de Direito Tributário e Financeiro Aplicado

Hely Lopes Meirelles (1993, p. 601) destaca que a fiscalização financeira orçamentária é:

> *Conferida em termos amplos ao Congresso Nacional, mas se refere fundamentalmente à prestação de contas de todo aquele que administra bens, valores ou dinheiros públicos. É decorrência natural da administração como atividade exercida em relação a interesses alheios. Não, é, pois, a natureza do órgão ou da pessoa que obriga a prestar contas; é a origem pública do bem administrado ou do dinheiro gerido que acarreta para o gestor o dever de comprovar seu zelo e bom emprego.*

> *Toda administração pública – já o dissemos – fica sujeita a fiscalização hierárquica, mas, certamente sua repercussão imediata no erário, à administração financeira e orçamentária submete-se a maiores rigores de acompanhamento, tendo a Constituição da República determinado o controle interno pelo Executivo e o controle externo pelo Congresso Nacional auxiliado pelo Tribunal de Contas da União (artigos 70 a 75, CF). Além destas normas constitucionais, a lei 4.320/64, dispõe sobre a elaboração e controle dos orçamentos e balanços da União, dos Estados, dos Municípios e do Distrito Federal.*

A CF possui uma seção própria nos arts. 70 a 75 determinando as regras da fiscalização contábil, financeira e orçamentária, as quais se encontram a seguir transcritas:

> *DA FISCALIZAÇÃO CONTÁBIL, FINANCEIRA E ORÇAMENTÁRIA*

> *Art. 70. A fiscalização contábil, financeira, orçamentária, operacional e patrimonial da União e das entidades da administração direta e indireta, quanto à legalidade, legitimidade, economicidade, aplicação das subvenções e renúncia de receitas, será exercida pelo Congresso Nacional, mediante controle externo, e pelo sistema de controle interno de cada Poder.*

> *Parágrafo único. Prestará contas qualquer pessoa física ou jurídica, pública ou privada, que utilize, arrecade, guarde, gerencie ou administre dinheiros, bens e valores públicos ou pelos quais a União responda, ou que, em nome desta,*

DIREITO FINANCEIRO

assuma obrigações de natureza pecuniária. (Redação dada pela Emenda Constitucional nº 19, de 1998)

Art. 71. O controle externo, a cargo do Congresso Nacional, será exercido com o auxílio do Tribunal de Contas da União, ao qual compete:

I – apreciar as contas prestadas anualmente pelo Presidente da República, mediante parecer prévio que deverá ser elaborado em sessenta dias a contar de seu recebimento;

II – julgar as contas dos administradores e demais responsáveis por dinheiros, bens e valores públicos da administração direta e indireta, incluídas as fundações e sociedades instituídas e mantidas pelo Poder Público federal, e as contas daqueles que derem causa a perda, extravio ou outra irregularidade de que resulte prejuízo ao erário público;

III – apreciar, para fins de registro, a legalidade dos atos de admissão de pessoal, a qualquer título, na administração direta e indireta, incluídas as fundações instituídas e mantidas pelo Poder Público, excetuadas as nomeações para cargo de provimento em comissão, bem como a das concessões de aposentadorias, reformas e pensões, ressalvadas as melhorias posteriores que não alterem o fundamento legal do ato concessório;

IV – realizar, por iniciativa própria, da Câmara dos Deputados, do Senado Federal, de Comissão técnica ou de inquérito, inspeções e auditorias de natureza contábil, financeira, orçamentária, operacional e patrimonial, nas unidades administrativas dos Poderes Legislativo, Executivo e Judiciário, e demais entidades referidas no inciso II;

V – fiscalizar as contas nacionais das empresas supranacionais de cujo capital social a União participe, de forma direta ou indireta, nos termos do tratado constitutivo;

VI – fiscalizar a aplicação de quaisquer recursos repassados pela União mediante convênio, acordo, ajuste ou outros instrumentos congêneres, a Estado, ao Distrito Federal ou a Município;

VII – prestar as informações solicitadas pelo Congresso Nacional, por qualquer de suas Casas, ou por qualquer das respectivas Comissões, sobre a fiscalização contábil, financeira, orçamentária, operacional e patrimonial e sobre resultados de auditorias e inspeções realizadas;

VIII – aplicar aos responsáveis, em caso de ilegalidade de despesa ou irregularidade de contas, as sanções previstas em lei, que estabelecerá, entre outras cominações, multa proporcional ao dano causado ao erário;

IX – assinar prazo para que o órgão ou entidade adote as providências necessárias ao exato cumprimento da lei, se verificada ilegalidade;

X – sustar, se não atendido, a execução do ato impugnado, comunicando a decisão à Câmara dos Deputados e ao Senado Federal;

XI – representar ao Poder competente sobre irregularidades ou abusos apurados.

§ 1° No caso de contrato, o ato de sustação será adotado diretamente pelo Congresso Nacional, que solicitará, de imediato, ao Poder Executivo as medidas cabíveis.

§ 2° Se o Congresso Nacional ou o Poder Executivo, no prazo de noventa dias, não efetivar as medidas previstas no parágrafo anterior, o Tribunal decidirá a respeito.

§ 3° As decisões do Tribunal de que resulte imputação de débito ou multa terão eficácia de título executivo.

§ 4° O Tribunal encaminhará ao Congresso Nacional, trimestral e anualmente, relatório de suas atividades.

Art. 72. A Comissão mista permanente a que se refere o art. 166, § 1°, diante de indícios de despesas não autorizadas, ainda que sob a forma de investimentos não programados ou de subsídios não aprovados, poderá solicitar à autoridade governamental responsável que, no prazo de cinco dias, preste os esclarecimentos necessários.

§ 1° Não prestados os esclarecimentos, ou considerados estes insuficientes, a Comissão solicitará ao Tribunal

DIREITO FINANCEIRO

pronunciamento conclusivo sobre a matéria, no prazo de trinta dias.

§ 2º Entendendo o Tribunal irregular a despesa, a Comissão, se julgar que o gasto possa causar dano irreparável ou grave lesão à economia pública, proporá ao Congresso Nacional sua sustação.

Art. 73. O Tribunal de Contas da União, integrado por nove Ministros, tem sede no Distrito Federal, quadro próprio de pessoal e jurisdição em todo o território nacional, exercendo, no que couber, as atribuições previstas no art. 96.

§ 1º Os Ministros do Tribunal de Contas da União serão nomeados dentre brasileiros que satisfaçam os seguintes requisitos:

I – mais de trinta e cinco e menos de setenta anos de idade; (Redação dada pela Emenda Constitucional nº 122, de 2022)

II – idoneidade moral e reputação ilibada;

III – notórios conhecimentos jurídicos, contábeis, econômicos e financeiros ou de administração pública;

IV – mais de dez anos de exercício de função ou de efetiva atividade profissional que exija os conhecimentos mencionados no inciso anterior.

§ 2º Os Ministros do Tribunal de Contas da União serão escolhidos:

I – um terço pelo Presidente da República, com aprovação do Senado Federal, sendo dois alternadamente dentre auditores e membros do Ministério Público junto ao Tribunal, indicados em lista tríplice pelo Tribunal, segundo os critérios de antiguidade e merecimento;

II – dois terços pelo Congresso Nacional.

§ 3º Os Ministros do Tribunal de Contas da União terão as mesmas garantias, prerrogativas, impedimentos, vencimentos e vantagens dos Ministros do Superior Tribunal de Justiça, aplicando-se-lhes, quanto à aposentadoria e pensão, as normas constantes do art. 40. (Redação dada pela Emenda Constitucional nº 20, de 1998)

Manual de Direito Tributário e Financeiro Aplicado

§ 4º O auditor, quando em substituição a Ministro, terá as mesmas garantias e impedimentos do titular e, quando no exercício das demais atribuições da judicatura, as de juiz de Tribunal Regional Federal.

Art. 74. Os Poderes Legislativo, Executivo e Judiciário manterão, de forma integrada, sistema de controle interno com a finalidade de:

I – avaliar o cumprimento das metas previstas no plano plurianual, a execução dos programas de governo e dos orçamentos da União;

II – comprovar a legalidade e avaliar os resultados, quanto à eficácia e eficiência, da gestão orçamentária, financeira e patrimonial nos órgãos e entidades da administração federal, bem como da aplicação de recursos públicos por entidades de direito privado;

III – exercer o controle das operações de crédito, avais e garantias, bem como dos direitos e haveres da União;

IV – apoiar o controle externo no exercício de sua missão institucional.

§ 1º Os responsáveis pelo controle interno, ao tomarem conhecimento de qualquer irregularidade ou ilegalidade, dela darão ciência ao Tribunal de Contas da União, sob pena de responsabilidade solidária.

§ 2º Qualquer cidadão, partido político, associação ou sindicato é parte legítima para, na forma da lei, denunciar irregularidades ou ilegalidades perante o Tribunal de Contas da União.

Art. 75. As normas estabelecidas nesta seção aplicam-se, no que couber, à organização, composição e fiscalização dos Tribunais de Contas dos Estados e do Distrito Federal, bem como dos Tribunais e Conselhos de Contas dos Municípios.

Parágrafo único. As Constituições estaduais disporão sobre os Tribunais de Contas respectivos, que serão integrados por sete Conselheiros.

DIREITO FINANCEIRO

Acrescentamos que a Lei n° 4.320/64, em seu art. 75, também define regras para controle da execução da fiscalização orçamentária. Para melhor entendimento transcrevemos o respectivo artigo:

> *Art. 75. O controle da execução orçamentária compreenderá:*
>
> *I – a legalidade dos atos de que resultem a arrecadação da receita ou a realização da despesa, o nascimento ou a extinção de direitos e obrigações;*
>
> *II – a fidelidade funcional dos agentes da administração, responsáveis por bens e valores públicos;*
>
> *III – o cumprimento do programa de trabalho expresso em termos monetários e em termos de realização de obras e prestação de serviços.*

Portanto, o administrador público deverá controlar a execução do orçamento, procurando otimizar a arrecadação da receita, adotar medidas para redução dos gastos, analisar o que foi previsto no orçamento com o que está efetivamente sendo realizado, equilibrando a receita e a despesa.

Também deverá verificar as autorizações e limitações da lei orçamentária, certificando-se de que todo pagamento deve ter previsão orçamentária, sob pena de crime de responsabilidade (art. 85, inciso VI, CF).

O controle externo orçamentário – arts. 70 e 71, CF – é exercido pelo Poder Legislativo (Congresso Nacional, Assembleias Legislativas e Câmaras Municipais), com o auxílio do Tribunal de Contas. Nos municípios onde não houver Tribunal de Contas, prestarão auxílio os Tribunais de Contas dos Estados ou os Conselhos ou Tribunais de Contas dos Municípios (art. 31, CF).

Vale a pena destacar que o controle externo também pode ser exercido de forma privada pela população por meio de ação popular.

A Lei n° 4.320/64, nos termos dos arts. 81 e 82, também define as regras do controle externo:

DO CONTROLE EXTERNO

Art. 81. O controle da execução orçamentária, pelo Poder Legislativo, terá por objetivo verificar a probidade da administração, a guarda e legal emprego dos dinheiros públicos e o cumprimento da Lei de Orçamento.

Art. 82. O Poder Executivo, anualmente, prestará contas ao Poder Legislativo, no prazo estabelecido nas Constituições ou nas Leis orgânicas dos Municípios.

§ 1° As contas do Poder Executivo serão submetidas ao Poder Legislativo, com Parecer prévio do Tribunal de Contas ou órgão equivalente.

§ 2° Quando, no Município, não houver Tribunal de Contas ou órgão equivalente, a Câmara de Vereadores poderá designar peritos contadores para verificarem as contas do prefeito e sobre elas emitirem parecer.

Complementando o entendimento, Harada (2015, p. 114 e 115) define o papel do Tribunal de Contas da União como:

O exercício de uma das atribuições do Tribunal de Contas consiste em julgar as contas, não lhe confere o exercício da atividade jurisdicional, privativo do Poder Judiciário. O Tribunal não julga as pessoas, limitando-se a julgar contas, isto é, restringe-se a proferir uma decisão técnica, considerando-as regulares ou irregulares. Sua decisão não opera coisa julgada, pelo que tem natureza meramente administrativa. Tanto é assim que as contas julgadas pelo Tribunal de Contas podem ser reapreciadas pelo Poder Judiciário, como se depreende do artigo 5°, incisos XXV e XXXVII, da CF, que introduz o princípio da inafastabilidade da jurisdição e repele o juízo ou tribunal de exceção respectivamente.

Enquanto órgão que auxilia o Congresso Nacional no controle externo, o parecer prévio do Tribunal de Contas da União acerca das contas anuais prestadas pelo Presidente da República não vincula a decisão do parlamento. Nada impede de o Congresso Nacional, por uma decisão política, aprovar as contas apesar do parecer contrário de seu órgão técnico

DIREITO FINANCEIRO

> *auxiliar. Entretanto, o Tribunal de Contas recebeu da carta política atribuições próprias, como se verifica do art. 71. Pode-se dizer que, a par da sua função de auxiliar do Poder Legislativo, desempenha atividade contenciosa (incisos II e VII do art. 71, CF), bem como a atividade fiscalizadora de natureza preventiva ou repressiva.*

Nessa mesma linha, Harada (2015, p. 122 e 123) também define o papel dos Tribunais de Contas dos Estados e Municípios:

> *Existe o Tribunal de Contas da União na esfera Federal e uma corte de contas em cada Estado-Membro e Distrito Federal. Até o advento da CF/88, apenas os Municípios de São Paulo e Rio de Janeiro eram dotados de Tribunais de Contas. Os demais municípios eram fiscalizados pelas Câmaras Municipais e Conselho de Contas Municipais auxiliadas por Tribunais de Contas dos Estados ou por Tribunais e Conselhos de Contas Municipais, instituídos pelos Estados-membros.*
>
> *A CF/88 vedou expressamente a criação de novos Tribunais, Conselhos ou órgãos de Contas Municipais. Nada impede de os Estados-membros criarem Conselhos ou órgãos de contas para fiscalização dos Municípios.*

O controle interno tem previsão no legal no art. 70 da CF, o qual foi anteriormente transcrito, que determina que a fiscalização será realizada pelo sistema de controle interno de cada poder, tais como **Secretarias de Controle Interno e Controladorias**, e a finalidade encontra-se descrita no art. 74 da CF.

Hely Lopes Meirelles (1993, p. 601 e 602) diferencia o controle interno do controle externo, afirmando que:

> ***O controle interno*** *objetiva a criação de condições indispensáveis à eficácia do controle externo e visa assegurar a regularidade da realização da receita e da despesa, possibilitando o acompanhamento da execução do orçamento, dos programas de trabalho e a avaliação dos respectivos resultados. É na sua plenitude, um controle de legalidade, conveniência, oportunidade e eficiência.*

> *O **controle externo** visa comprovar a probidade da Administração e a regularidade da guarda e do emprego dos bens, valores e dinheiros públicos, assim como a fiel execução do orçamento. É, por excelência, um controle político de legalidade contábil e financeira, primeiro aspecto a cargo do legislativo; o segundo do Tribunal de Contas. (Grifos nossos.)*

Ainda com referência ao controle interno a ser exercido pelos três poderes, destacamos a importância da **auditoria operacional**, que pode ser realizada pelo próprio órgão contando com auditores próprios ou ainda contratando serviços de auditoria externa independente.

Araújo (2008, p. 31) define o conceito de auditoria operacional como:

> *A auditoria operacional ou performance audit, como determinam os americanos, é a análise e avaliação do desempenho de uma organização no todo ou em partes, objetivando formular recomendações e comentários que contribuirão para melhorar os aspectos de economicidade, eficiência e eficácia.*
>
> *Auditoria operacional é o conjunto de procedimentos aplicados, com base em normas profissionais, sobre qualquer processo administrativo com o objetivo de verificar se eles foram realizados com observância aos princípios da economicidade, eficiência, eficácia e efetividade. Portanto, o auditor, ao executar uma auditoria operacional, deverá emitir um relatório apresentando seus comentários sobre se a administração adquiriu seus insumos com qualidade e ao menor custo, se eles foram bem utilizados e no tempo certo, se os resultados propostos foram alcançados, assim como comentários sobre o impacto ocasionado pelo uso desses insumos. (Grifos nossos.)*

Destacamos a seguir os campos de atuação da auditoria operacional, também mencionados na obra de Inaldo da Paixão Santos Araújo (2008, p. 21 e 22):

DIREITO FINANCEIRO

QUANTO AO CAMPO DE ATUAÇÃO

A – Auditoria Governamental – é o tipo de auditoria que está voltada para o acompanhamento das ações empreendidas pelos órgãos e entidades que compõem a administração direta e indireta das três esferas de governo, ou seja, que gerem a res publica. Normalmente é realizada por entidades superiores de fiscalização, sob a forma de tribunais de contas ou controladorias, e organismos de controle interno da administração pública.

B – Privada – é a auditoria cuja atuação se dá no âmbito das entidades que objetivam lucro, de maneira geral.

QUANTO À FORMA DE REALIZAÇÃO

A – Interna – é a auditoria realizada por profissionais vinculados à entidade auditada. Além das informações contábeis, preocupam-se também com os aspectos operacionais. Normalmente, a auditoria interna se reporta à Presidência da organização, funcionando como órgão de assessoramento.

B – Externa – é a auditoria realizada por profissionais qualificados, que não são empregados da administração auditada, com o objetivo precípuo de emitir uma opinião independente, com base em normas técnicas, sobre a adequação ou não das demonstrações contábeis. Também conceituada como auditoria contábil realizada por especialistas não vinculados à organização examinada.

QUANTO AO OBJETIVO DO TRABALHO

A – Contábil ou Financeira – representa o conjunto de procedimentos técnicos aplicados de forma independente por um profissional habilitado, segundo normas estabelecidas, com o objetivo de emitir uma opinião sobre a adequação das demonstrações contábeis tomadas em conjunto.

B – Operacional ou otimização de resultados – é a auditoria que objetiva avaliar o desempenho e a eficácia das operações, e os sistemas de informação e de organização, e os métodos de administração; a propriedade e o cumprimento das políticas administrativas; e a adequação e a oportunidade das decisões estratégicas.

C – Integrada – também conhecida como comprehensive audit ou auditoria de amplo escopo, envolve três aspectos relacionados, mas individualmente distinguíveis no que se refere a accountability (obrigação de responder por uma responsabilidade conferida), quais sejam: exame de demonstrações contábeis ou financeiras, exame de conformidade com as autorizações ou exame de legalidade; e exame de economicidade, eficiência e eficácia na gerência dos recursos públicos e privados.

Esclarecemos também que o controle privado ou controle popular tem previsão legal no art. 74, § 2°, da CF, que menciona que qualquer cidadão, partido político, associação ou sindicato é parte legítima para, na forma da lei, denunciar irregularidades ou ilegalidades perante o Tribunal de Contas da União (Harada, 2015, p. 113).

21.6 IMPROBIDADE[115] ADMINISTRATIVA

A administração orçamentária deverá pautar a sua gestão com base no art. 37 da CF, que destaca que o Administrador Público deverá obedecer aos princípios da legalidade, da impessoalidade, da moralidade, da publicidade e da eficiência durante sua gestão.

Alexandre de Moraes (2017, p. 390) define o ato de improbidade como:

Atos de improbidade administrativa são aqueles que, possuindo natureza civil e devidamente tipificados em lei federal, ferem direta ou indiretamente os princípios constitucionais e legais da administração pública, independentemente de importarem enriquecimento ilícito ou de causarem prejuízo material ao erário público.

---

115 Improbidade – derivado do latim *improbitas* (má qualidade, imoralidade, malícia), juridicamente ligado ao sentido de desonestidade, má fama, incorreção, má conduta, má índole, mau caráter. Desse modo, improbidade revela a qualidade do homem que não procede bem, por não ser honesto, que age indignamente, por não ter bom caráter, que não atua com decência, por ser amoral. Improbidade é a qualidade do improbo. E o improbo é o mau moralmente, é o incorreto, o transgressor das regras da lei e da moral (Silva, 1994).

A lei de improbidade, portanto, não pune a mera ilegalidade, mas sim a conduta ilegal ou imoral do agente público, e de todo aquele que o auxilie, voltada para a corrupção.

Em caso de descumprimento, o art. 37, § 4º determina que os atos de improbidade administrativa importarão em:

• Suspensão dos direitos políticos
• Perda da função pública
• Indisponibilidade de bens
• Ressarcimento ao erário, sem prejuízo da ação penal cabível.

Fonte: Elaborado pelo autor, 2025.

Adicionalmente, a Lei nº 8.429/92, atualizada pela Lei nº 14.230/21, em seu art. 12, também determina as punições para os atos de improbidade:

> *Art. 12. Independentemente do ressarcimento integral do dano patrimonial, se efetivo, e das sanções penais comuns e de responsabilidade, civis e administrativas previstas na legislação específica, está o responsável pelo ato de improbidade sujeito às seguintes cominações, que podem ser aplicadas isolada ou cumulativamente, de acordo com a gravidade do fato: (Redação dada pela Lei nº 14.230, de 2021)*
>
> *I – na hipótese do art. 9º desta Lei, perda dos bens ou valores acrescidos ilicitamente ao patrimônio, perda da função pública, suspensão dos direitos políticos até 14 (catorze) anos, pagamento de multa civil equivalente ao valor do acréscimo patrimonial e proibição de contratar com o poder público ou de receber benefícios ou incentivos fiscais ou creditícios, direta ou indiretamente, ainda que por intermédio de pessoa jurídica da qual seja sócio majoritário, pelo prazo não superior a 14 (catorze) anos; (Redação dada pela Lei nº 14.230, de 2021)*
>
> *II – na hipótese do art. 10 desta Lei, perda dos bens ou valores acrescidos ilicitamente ao patrimônio, se concorrer esta circunstância, perda da função pública, suspensão dos direitos políticos até 12 (doze) anos, pagamento de multa civil equivalente ao valor do dano e proibição de contratar com*

Manual de Direito Tributário e Financeiro Aplicado

o poder público ou de receber benefícios ou incentivos fiscais ou creditícios, direta ou indiretamente, ainda que por intermédio de pessoa jurídica da qual seja sócio majoritário, pelo prazo não superior a 12 (doze) anos; (Redação dada pela Lei nº 14.230, de 2021)

III – na hipótese do art. 11 desta Lei, pagamento de multa civil de até 24 (vinte e quatro) vezes o valor da remuneração percebida pelo agente e proibição de contratar com o poder público ou de receber benefícios ou incentivos fiscais ou creditícios, direta ou indiretamente, ainda que por intermédio de pessoa jurídica da qual seja sócio majoritário, pelo prazo não superior a 4 (quatro) anos; (Redação dada pela Lei nº 14.230, de 2021)

IV – (revogado). (Redação dada pela Lei nº 14.230, de 2021)

Parágrafo único. (Revogado). (Redação dada pela Lei nº 14.230, de 2021)

§ 1º A sanção de perda da função pública, nas hipóteses dos incisos I e II do caput deste artigo, atinge apenas o vínculo de mesma qualidade e natureza que o agente público ou político detinha com o poder público na época do cometimento da infração, podendo o magistrado, na hipótese do inciso I do caput deste artigo, e em caráter excepcional, estendê-la aos demais vínculos, consideradas as circunstâncias do caso e a gravidade da infração. (Incluído pela Lei nº 14.230, de 2021)

§ 2º A multa pode ser aumentada até o dobro, se o juiz considerar que, em virtude da situação econômica do réu, o valor calculado na forma dos incisos I, II e III do caput deste artigo é ineficaz para reprovação e prevenção do ato de improbidade. (Incluído pela Lei nº 14.230, de 2021)

§ 3º Na responsabilização da pessoa jurídica, deverão ser considerados os efeitos econômicos e sociais das sanções, de modo a viabilizar a manutenção de suas atividades. (Incluído pela Lei nº 14.230, de 2021)

§ 4º Em caráter excepcional e por motivos relevantes devidamente justificados, a sanção de proibição de contratação com o poder público pode extrapolar o ente público lesado

DIREITO FINANCEIRO

pelo ato de improbidade, observados os impactos econômicos e sociais das sanções, de forma a preservar a função social da pessoa jurídica, conforme disposto no § 3° deste artigo. (Incluído pela Lei n° 14.230, de 2021)

§ 5° No caso de atos de menor ofensa aos bens jurídicos tutelados por esta Lei, a sanção limitar-se-á à aplicação de multa, sem prejuízo do ressarcimento do dano e da perda dos valores obtidos, quando for o caso, nos termos do caput deste artigo. (Incluído pela Lei n° 14.230, de 2021)

§ 6° Se ocorrer lesão ao patrimônio público, a reparação do dano a que se refere esta Lei deverá deduzir o ressarcimento ocorrido nas instâncias criminal, civil e administrativa que tiver por objeto os mesmos fatos. (Incluído pela Lei n° 14.230, de 2021)

§ 7° As sanções aplicadas a pessoas jurídicas com base nesta Lei e na Lei n° 12.846, de 1° de agosto de 2013, deverão observar o princípio constitucional do non bis in idem. (Incluído pela Lei n° 14.230, de 2021)

§ 8° A sanção de proibição de contratação com o poder público deverá constar do Cadastro Nacional de Empresas Inidôneas e Suspensas (CEIS) de que trata a Lei n° 12.846, de 1° de agosto de 2013, observadas as limitações territoriais contidas em decisão judicial, conforme disposto no § 4° deste artigo. (Incluído pela Lei n° 14.230, de 2021)

§ 9° As sanções previstas neste artigo somente poderão ser executadas após o trânsito em julgado da sentença condenatória. (Incluído pela Lei n° 14.230, de 2021)

§ 10 Para efeitos de contagem do prazo da sanção de suspensão dos direitos políticos, computar-se-á retroativamente o intervalo de tempo entre a decisão colegiada e o trânsito em julgado da sentença condenatória. (Incluído pela Lei n° 14.230, de 2021)

Com referência à lei orçamentária, não poderíamos deixar de destacar os arts. 9° a 11 da referida lei, que definem os crimes de improbidade administrativa do servidor público:

DOS ATOS DE IMPROBIDADE ADMINISTRATIVA QUE IMPORTAM ENRIQUECIMENTO ILÍCITO

Art. 9° Constitui ato de improbidade administrativa importando em enriquecimento ilícito auferir, mediante a prática de ato doloso, qualquer tipo de vantagem patrimonial indevida em razão do exercício de cargo, de mandato, de função, de emprego ou de atividade nas entidades referidas no art. 1° desta Lei, e notadamente: (Redação dada pela Lei n° 14.230, de 2021)

I – receber, para si ou para outrem, dinheiro, bem móvel ou imóvel, ou qualquer outra vantagem econômica, direta ou indireta, a título de comissão, percentagem, gratificação ou presente de quem tenha interesse, direto ou indireto, que possa ser atingido ou amparado por ação ou omissão decorrente das atribuições do agente público;

II – perceber vantagem econômica, direta ou indireta, para facilitar a aquisição, permuta ou locação de bem móvel ou imóvel, ou a contratação de serviços pelas entidades referidas no art. 1° por preço superior ao valor de mercado;

III – perceber vantagem econômica, direta ou indireta, para facilitar a alienação, permuta ou locação de bem público ou o fornecimento de serviço por ente estatal por preço inferior ao valor de mercado;

IV – utilizar, em obra ou serviço particular, qualquer bem móvel, de propriedade ou à disposição de qualquer das entidades referidas no art. 1° desta Lei, bem como o trabalho de servidores, de empregados ou de terceiros contratados por essas entidades; (Redação dada pela Lei n° 14.230, de 2021)

V – receber vantagem econômica de qualquer natureza, direta ou indireta, para tolerar a exploração ou a prática de jogos de azar, de lenocínio, de narcotráfico, de contrabando, de usura ou de qualquer outra atividade ilícita, ou aceitar promessa de tal vantagem;

VI – receber vantagem econômica de qualquer natureza, direta ou indireta, para fazer declaração falsa sobre qualquer dado técnico que envolva obras públicas ou qualquer outro serviço ou sobre quantidade, peso, medida, qualidade ou característica de mercadorias ou bens fornecidos a qualquer das entidades referidas no art. 1° desta Lei; (Redação dada pela Lei n° 14.230, de 2021)

VII – adquirir, para si ou para outrem, no exercício de mandato, de cargo, de emprego ou de função pública, e em razão deles, bens de qualquer natureza, decorrentes dos atos descritos no caput deste artigo, cujo valor seja desproporcional à evolução do patrimônio ou à renda do agente público, assegurada a demonstração pelo agente da licitude da origem dessa evolução; (Redação dada pela Lei n° 14.230, de 2021)

VIII – aceitar emprego, comissão ou exercer atividade de consultoria ou assessoramento para pessoa física ou jurídica que tenha interesse suscetível de ser atingido ou amparado por ação ou omissão decorrente das atribuições do agente público, durante a atividade;

IX – perceber vantagem econômica para intermediar a liberação ou aplicação de verba pública de qualquer natureza;

X – receber vantagem econômica de qualquer natureza, direta ou indiretamente, para omitir ato de ofício, providência ou declaração a que esteja obrigado;

XI – incorporar, por qualquer forma, ao seu patrimônio bens, rendas, verbas ou valores integrantes do acervo patrimonial das entidades mencionadas no art. 1° desta lei;

XII – usar, em proveito próprio, bens, rendas, verbas ou valores integrantes do acervo patrimonial das entidades mencionadas no art. 1° desta lei.

DOS ATOS DE IMPROBIDADE ADMINISTRATIVA QUE CAUSAM PREJUÍZO AO ERÁRIO

Art. 10. Constitui ato de improbidade administrativa que causa lesão ao erário qualquer ação ou omissão dolosa, que enseje, efetiva e comprovadamente, perda patrimonial, desvio, apropriação, malbaratamento ou dilapidação dos bens ou haveres das entidades referidas no art. 1° desta Lei, e notadamente: (Redação dada pela Lei n° 14.230, de 2021)

Manual de Direito Tributário e Financeiro Aplicado

I – facilitar ou concorrer, por qualquer forma, para a indevida incorporação ao patrimônio particular, de pessoa física ou jurídica, de bens, de rendas, de verbas ou de valores integrantes do acervo patrimonial das entidades referidas no art. 1° desta Lei; (Redação dada pela Lei n° 14.230, de 2021)

II – permitir ou concorrer para que pessoa física ou jurídica privada utilize bens, rendas, verbas ou valores integrantes do acervo patrimonial das entidades mencionadas no art. 1° desta lei, sem a observância das formalidades legais ou regulamentares aplicáveis à espécie;

III – doar à pessoa física ou jurídica bem como ao ente despersonalizado, ainda que de fins educativos ou assistências, bens, rendas, verbas ou valores do patrimônio de qualquer das entidades mencionadas no art. 1° desta lei, sem observância das formalidades legais e regulamentares aplicáveis à espécie;

IV – permitir ou facilitar a alienação, permuta ou locação de bem integrante do patrimônio de qualquer das entidades referidas no art. 1° desta lei, ou ainda a prestação de serviço por parte delas, por preço inferior ao de mercado;

V – permitir ou facilitar a aquisição, permuta ou locação de bem ou serviço por preço superior ao de mercado;

VI – realizar operação financeira sem observância das normas legais e regulamentares ou aceitar garantia insuficiente ou inidônea;

VII – conceder benefício administrativo ou fiscal sem a observância das formalidades legais ou regulamentares aplicáveis à espécie;

VIII – frustrar a licitude de processo licitatório ou de processo seletivo para celebração de parcerias com entidades sem fins lucrativos, ou dispensá-los indevidamente, acarretando perda patrimonial efetiva; (Redação dada pela Lei n° 14.230, de 2021)

IX – ordenar ou permitir a realização de despesas não autorizadas em lei ou regulamento;

DIREITO FINANCEIRO

X – agir ilicitamente na arrecadação de tributo ou de renda, bem como no que diz respeito à conservação do patrimônio público; (Redação dada pela Lei nº 14.230, de 2021)

XI – liberar verba pública sem a estrita observância das normas pertinentes ou influir de qualquer forma para a sua aplicação irregular;

XII – permitir, facilitar ou concorrer para que terceiro se enriqueça ilicitamente;

XIII – permitir que se utilize, em obra ou serviço particular, veículos, máquinas, equipamentos ou material de qualquer natureza, de propriedade ou à disposição de qualquer das entidades mencionadas no art. 1º desta lei, bem como o trabalho de servidor público, empregados ou terceiros contratados por essas entidades.

XIV – celebrar contrato ou outro instrumento que tenha por objeto a prestação de serviços públicos por meio da gestão associada sem observar as formalidades previstas na lei; (Incluído pela Lei nº 11.107, de 2005)

XV – celebrar contrato de rateio de consórcio público sem suficiente e prévia dotação orçamentária, ou sem observar as formalidades previstas na lei. (Incluído pela Lei nº 11.107, de 2005)

XVI – facilitar ou concorrer, por qualquer forma, para a incorporação, ao patrimônio particular de pessoa física ou jurídica, de bens, rendas, verbas ou valores públicos transferidos pela administração pública a entidades privadas mediante celebração de parcerias, sem a observância das formalidades legais ou regulamentares aplicáveis à espécie; (Incluído pela Lei nº 13.019, de 2014) (Vigência)

XVII – permitir ou concorrer para que pessoa física ou jurídica privada utilize bens, rendas, verbas ou valores públicos transferidos pela administração pública a entidade privada mediante celebração de parcerias, sem a observância das formalidades legais ou regulamentares aplicáveis à espécie; (Incluído pela Lei nº 13.019, de 2014) (Vigência)

XVIII – celebrar parcerias da administração pública com entidades privadas sem a observância das formalidades legais ou regulamentares aplicáveis à espécie; (Incluído pela Lei n° 13.019, de 2014) (Vigência)

XIX – agir para a configuração de ilícito na celebração, na fiscalização e na análise das prestações de contas de parcerias firmadas pela administração pública com entidades privadas; (Redação dada pela Lei n° 14.230, de 2021)

XX – liberar recursos de parcerias firmadas pela administração pública com entidades privadas sem a estrita observância das normas pertinentes ou influir de qualquer forma para a sua aplicação irregular. (Incluído pela Lei n° 13.019, de 2014, com a redação dada pela Lei n° 13.204, de 2015)

XXI – (revogado); (Redação dada pela Lei n° 14.230, de 2021)

XXII – conceder, aplicar ou manter benefício financeiro ou tributário contrário ao que dispõem o caput e o § 1° do art. 8°-A da Lei Complementar n° 116, de 31 de julho de 2003. (Incluído pela Lei n° 14.230, de 2021)

§ 1° Nos casos em que a inobservância de formalidades legais ou regulamentares não implicar perda patrimonial efetiva, não ocorrerá imposição de ressarcimento, vedado o enriquecimento sem causa das entidades referidas no art. 1° desta Lei. (Incluído pela Lei n° 14.230, de 2021)

§ 2° A mera perda patrimonial decorrente da atividade econômica não acarretará improbidade administrativa, salvo se comprovado ato doloso praticado com essa finalidade. (Incluído pela Lei n° 14.230, de 2021)

Seção III

DOS ATOS DE IMPROBIDADE ADMINISTRATIVA QUE ATENTAM CONTRA OS PRINCÍPIOS DA ADMINISTRAÇÃO PÚBLICA

Art. 11. Constitui ato de improbidade administrativa que atenta contra os princípios da administração pública a ação ou omissão dolosa que viole os deveres de honestidade, de imparcialidade e de legalidade, caracterizada por uma das seguintes condutas: (Redação dada pela Lei n° 14.230, de 2021)

I – (revogado); (Redação dada pela Lei n° 14.230, de 2021)

DIREITO FINANCEIRO

II – (revogado); (Redação dada pela Lei n° 14.230, de 2021)

III – revelar fato ou circunstância de que tem ciência em razão das atribuições e que deva permanecer em segredo, propiciando beneficiamento por informação privilegiada ou colocando em risco a segurança da sociedade e do Estado; (Redação dada pela Lei n° 14.230, de 2021)

IV – negar publicidade aos atos oficiais, exceto em razão de sua imprescindibilidade para a segurança da sociedade e do Estado ou de outras hipóteses instituídas em lei; (Redação dada pela Lei n° 14.230, de 2021)

V – frustrar, em ofensa à imparcialidade, o caráter concorrencial de concurso público, de chamamento ou de procedimento licitatório, com vistas à obtenção de benefício próprio, direto ou indireto, ou de terceiros; (Redação dada pela Lei n° 14.230, de 2021)

VI – deixar de prestar contas quando esteja obrigado a fazê-lo, desde que disponha das condições para isso, com vistas a ocultar irregularidades; (Redação dada pela Lei n° 14.230, de 2021)

VII – revelar ou permitir que chegue ao conhecimento de terceiro, antes da respectiva divulgação oficial, teor de medida política ou econômica capaz de afetar o preço de mercadoria, bem ou serviço.

VIII – descumprir as normas relativas à celebração, fiscalização e aprovação de contas de parcerias firmadas pela administração pública com entidades privadas.

IX – (revogado); (Redação dada pela Lei n° 14.230, de 2021)

X – (revogado); (Redação dada pela Lei n° 14.230, de 2021)

XI – nomear cônjuge, companheiro ou parente em linha reta, colateral ou por afinidade, até o terceiro grau, inclusive, da autoridade nomeante ou de servidor da mesma pessoa jurídica investido em cargo de direção, chefia ou assessoramento, para o exercício de cargo em comissão ou de confiança ou, ainda, de função gratificada na administração pública direta e indireta em qualquer dos Poderes da

União, dos Estados, do Distrito Federal e dos Municípios, compreendido o ajuste mediante designações recíprocas; (Incluído pela Lei nº 14.230, de 2021)

XII – praticar, no âmbito da administração pública e com recursos do erário, ato de publicidade que contrarie o disposto no § 1º do art. 37 da Constituição Federal, de forma a promover inequívoco enaltecimento do agente público e personalização de atos, de programas, de obras, de serviços ou de campanhas dos órgãos públicos. (Incluído pela Lei nº 14.230, de 2021)

§ 1º Nos termos da Convenção das Nações Unidas contra a Corrupção, promulgada pelo Decreto no 5.687, de 31 de janeiro de 2006, somente haverá improbidade administrativa, na aplicação deste artigo, quando for comprovado na conduta funcional do agente público o fim de obter proveito ou benefício indevido para si ou para outra pessoa ou entidade. (Incluído pela Lei nº 14.230, de 2021)

§ 2º Aplica-se o disposto no § 1º deste artigo a quaisquer atos de improbidade administrativa tipificados nesta Lei e em leis especiais e a quaisquer outros tipos especiais de improbidade administrativa instituídos por lei. (Incluído pela Lei nº 14.230, de 2021)

§ 3º O enquadramento de conduta funcional na categoria de que trata este artigo pressupõe a demonstração objetiva da prática de ilegalidade no exercício da função pública, com a indicação das normas constitucionais, legais ou infralegais violadas. (Incluído pela Lei nº 14.230, de 2021)

§ 4º Os atos de improbidade de que trata este artigo exigem lesividade relevante ao bem jurídico tutelado para serem passíveis de sancionamento e independem do reconhecimento da produção de danos ao erário e de enriquecimento ilícito dos agentes públicos. (Incluído pela Lei nº 14.230, de 2021)

§ 5º Não se configurará improbidade a mera nomeação ou indicação política por parte dos detentores de mandatos eletivos, sendo necessária a aferição de dolo com finalidade ilícita por parte do agente. (Incluído pela Lei nº 14.230, de 2021)

DIREITO FINANCEIRO

Os crimes de responsabilidade têm como fundamento a CF, art. 85, como também, a Lei n° 1.079/50, que define os crimes de responsabilidade contra a probidade da administração, crimes de responsabilidade do Presidente da República, crimes contra a lei orçamentária, crimes contra a guarda legal e emprego dos dinheiros públicos, assim como, regula o processo de julgamento.

Nesse mesmo sentido, a Lei n° 10.028/2000 destaca que a desobediência ao princípio da responsabilidade fiscal gera a responsabilidade penal com relação aos crimes contra as finanças públicas, conforme os arts. 359-A a 359-H do Código Penal. Referida lei também alterou a Lei n° 1.079/50, que seguem descritos:

DOS CRIMES CONTRA AS FINANÇAS PÚBLICAS *(Incluído pela Lei n° 10.028, de 2000)*

CONTRATAÇÃO DE OPERAÇÃO DE CRÉDITO

Art. 359-A. Ordenar, autorizar ou realizar operação de crédito, interno ou externo, sem prévia autorização legislativa: (Incluído pela Lei n° 10.028, de 2000)

Pena – reclusão, de 1 (um) a 2 (dois) anos. (Incluído pela Lei n° 10.028, de 2000)

Parágrafo único. Incide na mesma pena quem ordena, autoriza ou realiza operação de crédito, interno ou externo: (Incluído pela Lei n° 10.028, de 2000)

I – com inobservância de limite, condição ou montante estabelecido em lei ou em resolução do Senado Federal; (Incluído pela Lei n° 10.028, de 2000)

II – quando o montante da dívida consolidada ultrapassa o limite máximo autorizado por lei. (Incluído pela Lei n° 10.028, de 2000)

INSCRIÇÃO DE DESPESAS NÃO EMPENHADAS EM RESTOS A PAGAR *(Incluído pela Lei n° 10.028, de 2000)*

Art. 359-B. Ordenar ou autorizar a inscrição em restos a pagar, de despesa que não tenha sido previamente empenhada ou que exceda limite estabelecido em lei: (Incluído pela Lei n° 10.028, de 2000)

Pena – detenção, de 6 (seis) meses a 2 (dois) anos. (Incluído pela Lei n° 10.028, de 2000)

ASSUNÇÃO DE OBRIGAÇÃO NO ÚLTIMO ANO DO MANDATO OU LEGISLATURA *(Incluído pela Lei n° 10.028, de 2000)*

Art. 359-C. Ordenar ou autorizar a assunção de obrigação, nos dois últimos quadrimestres do último ano do mandato ou legislatura, cuja despesa não possa ser paga no mesmo exercício financeiro ou, caso reste parcela a ser paga no exercício seguinte, que não tenha contrapartida suficiente de disponibilidade de caixa: (Incluído pela Lei n° 10.028, de 2000)

Pena – reclusão, de 1 (um) a 4 (quatro) anos. (Incluído pela Lei n° 10.028, de 2000)

ORDENAÇÃO DE DESPESA NÃO AUTORIZADA *(Incluído pela Lei n° 10.028, de 2000)*

Art. 359-D. Ordenar despesa não autorizada por lei: (Incluído pela Lei n° 10.028, de 2000)

Pena – reclusão, de 1 (um) a 4 (quatro) anos. (Incluído pela Lei n° 10.028, de 2000)

PRESTAÇÃO DE GARANTIA GRACIOSA *(Incluído pela Lei n° 10.028, de 2000)*

Art. 359-E. Prestar garantia em operação de crédito sem que tenha sido constituída contragarantia em valor igual ou superior ao valor da garantia prestada, na forma da lei: (Incluído pela Lei n° 10.028, de 2000)

Pena – detenção, de 3 (três) meses a 1 (um) ano. (Incluído pela Lei n° 10.028, de 2000)

NÃO CANCELAMENTO DE RESTOS A PAGAR *(Incluído pela Lei n° 10.028, de 2000)*

Art. 359-F. Deixar de ordenar, de autorizar ou de promover o cancelamento do montante de restos a pagar inscrito em valor superior ao permitido em lei: (Incluído pela Lei n° 10.028, de 2000)

Pena – detenção, de 6 (seis) meses a 2 (dois) anos. (Incluído pela Lei n° 10.028, de 2000)

AUMENTO DE DESPESA TOTAL COM PESSOAL NO ÚLTIMO ANO DO MANDATO OU LEGISLATURA *(Incluído pela Lei n° 10.028, de 2000)*

Art. 359-G. Ordenar, autorizar ou executar ato que acarrete aumento de despesa total com pessoal, nos cento e oitenta dias anteriores ao final do mandato ou da legislatura: (Incluído pela Lei n° 10.028, de 2000)

Pena – reclusão, de 1 (um) a 4 (quatro) anos. (Incluído pela Lei n° 10.028, de 2000)

OFERTA PÚBLICA OU COLOCAÇÃO DE TÍTULOS NO MERCADO *(Incluído pela Lei n° 10.028, de 2000)*

Art. 359-H. Ordenar, autorizar ou promover a oferta pública ou a colocação no mercado financeiro de títulos da dívida pública sem que tenham sido criados por lei ou sem que estejam registrados em sistema centralizado de liquidação e de custódia: (Incluído pela Lei n° 10.028, de 2000)

Pena – reclusão, de 1 (um) a 4 (quatro) anos. (Incluído pela Lei n° 10.028, de 2000)

Evidente que o ato de improbidade administrativa acarretar a aplicação de medidas sancionatórias previstas no art. 37, § 4°, da CF, em que os atos de improbidade administrativa importarão a suspensão dos direitos políticos, a perda da função pública, a indisponibilidade dos bens e o ressarcimento ao erário, na forma e gradação previstas em lei, sem prejuízo da ação penal cabível, exige a presença de determinados elementos (Di Pietro, 2022, p. 1005)

a) Sujeito passivo.

b) Sujeito ativo.

c) Ocorrência de ato danoso descrito em lei, causador de enriquecimento ilícito para o sujeito ativo, prejuízo para o erário público ou atentado contra os princípios da administração pública; o enquadramento do ato pode dar-se isoladamente, em uma das quatro hipóteses, ou, cumulativamente, em duas, três ou quatro.

d) Elemento subjetivo; dolo.

Ainda com referência à improbidade administrativa, não poderíamos deixar de elencar de forma resumida as inovações introduzidas pela Lei nº 14.230/21, que alterou a Lei nº 8.429/92, citadas na obra de Di Pietro (2022, p. 1.004):

- Exigência de dolo para configuração do ato de improbidade administrativa, com exclusão da conduta ou omissão culposa, antes prevista no art. 10.

- Elenco taxativo das hipóteses de ato de improbidade administrativa que atentam contra os princípios da administração pública (art. 11).

- Preocupação com a preservação da vida da empresa, evitando que a punição impeça a continuação das atividades (art. 12, §§ 3º e 4º).

- Aplicação do princípio do *non bis in idem*, para a aplicação cumulativa de sanções pelo mesmo fato (art. 12, §§ 6º e 7º).

- Legitimidade apenas do Ministério Público para proposição da ação judicial de improbidade (art. 17).

- Submissão da ação judicial de improbidade administrativa às normas do CPC (art. 17).

- Definição da ação judicial de improbidade como repressiva, de caráter sancionatório, destinada a aplicações de caráter pessoal previstas na lei (art. 17-D).

- Possibilidade de conversão da ação de improbidade administrativa em ação civil pública, quando não estiverem presentes os requisitos para aplicação das sanções por improbidade (art. 17, § 17).

- Possibilidade de instauração de inquérito civil ou procedimento investigatório semelhante (art. 22).

- Permissão expressa de solução consensual (art. 17, § 10-A) e de acordo de não persecução civil (art. 17-B), com proibição ao in-

DIREITO FINANCEIRO

vestigado que descumprir esse acordo de celebrar novo acordo pelo prazo de cinco anos (§ 7º do art. 17-B).

- Previsão de restrições aos pedidos e à outorga da indisponibilidade de bens (parágrafos do art. 16).

- Previsão de condenação do réu ao ressarcimento de danos ou à reversão dos bens e valores adquiridos (art. 18), hipótese em que a liquidação do dano incumbe à pessoa lesada pelo ato de improbidade administrativa, o que deve ser providenciado no prazo de seis meses; não cumprida essa providência, a competência para a medida se transfere ao Ministério Público (art. 3º, § 2º).

- Observância de normas e princípios já previstos no CPC (art. 17-C).

- Prescrição no prazo de oito anos, com indicação expressa dos casos de suspensão e interrupção (art. 23, §§ 1º e 4º).

21.7 O PROCESSO LEGISLATIVO ORÇAMENTÁRIO

Conforme estabelecido no art. 165 da CF, o processo legislativo orçamentário segue regras próprias, ou seja, o PPA, a LDO e a LOA. Cabe ao Presidente da República, que é o chefe do Poder Executivo, enviar ao Congresso Nacional os respectivos projetos da lei nos termos do art. 84, inciso XXIII, da CF.

Os projetos de lei são apreciados pelas duas casas do Congresso Nacional e examinados por uma comissão mista permanente de Senadores e Deputados, que aprecia em primeiro plano o projeto e emitirá um parecer. Cabe à mesma comissão receber as emendas consignando o parecer acerca delas para posterior encaminhamento para discussão e votação no plenário das duas casas do Congresso Nacional, conforme determina o art. 166 da CF. O cabimento das emendas obedece a critérios peculiares previstos nos §§ 3º e 4º do art. 166, CF, sendo bem amplo o poder de atuação dos parlamentares. No mais são aplicadas as demais regras concernentes ao processo legislativo (Harada, 2015, p. 70 e 71).

O projeto da LOA deverá ser devolvido pelo Poder Legislativo para o Poder Executivo até o final da sessão legislativa, pois a realização das despesas públicas deve obedecer ao princípio da legalidade, segundo o qual nenhuma despesa pode ser paga sem que esteja prevista no orçamento. Recebido o projeto, o Presidente da República poderá sancionar ou vetar no todo ou em parte o projeto de lei aprovado.

A seguir, elaboramos um breve resumo das **etapas da tramitação** orçamentária durante o processo legislativo no Congresso Nacional:

- Recebimento da proposta orçamentária do Poder Executivo.
- Leitura do projeto do Executivo.
- Distribuição dos projetos aos parlamentares.
- Designação do relator do projeto.
- Realizações de audiências públicas.
- Apresentação, discussão e votação dos pareceres preliminares.
- Abertura do prazo de emendas ao projeto.
- Recebimento e parecer sobre as emendas (relator).
- Apreciação e votação do relatório final.
- Votação do relatório geral no plenário do Congresso.
- Encaminhamento ao Presidente da República para sanção ou veto.

Ainda com relação à Comissão Mista Permanente do Congresso Nacional, vale a pena destacar o art. 72 da CF, que enfatiza que a Comissão Mista Permanente diante de indícios de despesas não autorizadas, ainda que sob a forma de investimentos não programados ou de subsídios não aprovados, poderá solicitar à autoridade governamental responsável que, no prazo de cinco dias, preste os esclarecimentos necessários. Não prestados os esclarecimentos, ou considerados estes insuficientes, a Comissão solicitará ao Tribunal pronunciamento conclusivo sobre a matéria no prazo de 30 dias, e entendendo o Tribunal irregular a despesa proporá ao Congresso Nacional sua sustação.

No âmbito dos Estados e dos Municípios, a aprovação do projeto da LOA é de responsabilidade de uma comissão permanente nas Assembleias Legislativas e Câmara dos Vereadores de cada ente federativo.

21.7.1 REGIME FISCAL – EC Nº 95

Em 15 de dezembro de 2016, foi aprovada a Proposta de Emenda à Constituição (PEC) – que altera o ADCT –, relativa ao orçamento público, fixando novos limites para o gasto público.

Em resumo, as despesas não poderão ter crescimento real a partir de 2017, abrangendo todos os órgãos da administração pública pelo prazo de 20 anos, com possibilidade de revisão a partir do 10º ano de vigência, fixando também sanções em caso de descumprimento.

Devido à relevância do tema, transcrevemos abaixo os arts. 107-A e 113 do ADCT, que foram alterados em decorrência da EC nº 126, de 2023, com as respectivas alterações supervenientes:

> *Art. 107-A. Até o fim de 2026, fica estabelecido, para cada exercício financeiro, limite para alocação na proposta orçamentária das despesas com pagamentos em virtude de sentença judiciária de que trata o art. 100 da Constituição Federal, equivalente ao valor da despesa paga no exercício de 2016, incluídos os restos a pagar pagos, corrigido, para o exercício de 2017, em 7,2% (sete inteiros e dois décimos por cento) e, para os exercícios posteriores, pela variação do Índice Nacional de Preços ao Consumidor Amplo (IPCA), publicado pela Fundação Instituto Brasileiro de Geografia e Estatística, ou de outro índice que vier a substituí-lo, apurado no exercício anterior a que se refere a lei orçamentária, devendo o espaço fiscal decorrente da diferença entre o valor dos precatórios expedidos e o respectivo limite ser destinado ao programa previsto no parágrafo único do art. 6º e à seguridade social, nos termos do art. 194, ambos da Constituição*

Federal, a ser calculado da seguinte forma: (Redação dada pela Emenda Constitucional n° 126, de 2022)

I – no exercício de 2022, o espaço fiscal decorrente da diferença entre o valor dos precatórios expedidos e o limite estabelecido no caput deste artigo deverá ser destinado ao programa previsto no parágrafo único do art. 6° e à seguridade social, nos termos do art. 194, ambos da Constituição Federal; (Incluído pela Emenda Constitucional n° 114, de 2021)

II – no exercício de 2023, pela diferença entre o total de precatórios expedidos entre 2 de julho de 2021 e 2 de abril de 2022 e o limite de que trata o caput deste artigo válido para o exercício de 2023; e (Incluído pela Emenda Constitucional n° 114, de 2021) (Vide MI 7300) (Vide ADI 7064)

III – nos exercícios de 2024 a 2026, pela diferença entre o total de precatórios expedidos entre 3 de abril de dois anos anteriores e 2 de abril do ano anterior ao exercício e o limite de que trata o caput deste artigo válido para o mesmo exercício. (Incluído pela Emenda Constitucional n° 114, de 2021) (Vide ADI 7064)

§ 1° O limite para o pagamento de precatórios corresponderá, em cada exercício, ao limite previsto no caput deste artigo, reduzido da projeção para a despesa com o pagamento de requisições de pequeno valor para o mesmo exercício, que terão prioridade no pagamento. (Incluído pela Emenda Constitucional n° 114, de 2021)

§ 2° Os precatórios que não forem pagos em razão do previsto neste artigo terão prioridade para pagamento em exercícios seguintes, observada a ordem cronológica e o disposto no § 8° deste artigo. (Incluído pela Emenda Constitucional n° 114, de 2021)

§ 3° É facultado ao credor de precatório que não tenha sido pago em razão do disposto neste artigo, além das hipóteses previstas no § 11 do art. 100 da Constituição Federal e sem prejuízo dos procedimentos previstos nos §§ 9° e 21 do referido artigo, optar pelo recebimento, mediante acordos diretos perante Juízos Auxiliares de Conciliação de Pagamento de Condenações Judiciais contra a Fazenda Pública Federal, em

DIREITO FINANCEIRO

parcela única, até o final do exercício seguinte, com renúncia de 40% (quarenta por cento) do valor desse crédito. (Incluído pela Emenda Constitucional n° 114, de 2021) (Vide ADI 7064)

§ 4° O Conselho Nacional de Justiça regulamentará a atuação dos Presidentes dos Tribunais competentes para o cumprimento deste artigo. (Incluído pela Emenda Constitucional n° 114, de 2021)

§ 5° Não se incluem no limite estabelecido neste artigo as despesas para fins de cumprimento do disposto nos §§ 11, 20 e 21 do art. 100 da Constituição Federal e no § 3° deste artigo, bem como a atualização monetária dos precatórios inscritos no exercício. (Incluído pela Emenda Constitucional n° 114, de 2021) (Vide ADI 7064)

§ 6° Não se incluem nos limites estabelecidos no art. 107 deste Ato das Disposições Constitucionais Transitórias o previsto nos §§ 11, 20 e 21 do art. 100 da Constituição Federal e no § 3° deste artigo. (Incluído pela Emenda Constitucional n° 114, de 2021) (Vide ADI 7064)

§ 7° Na situação prevista no § 3° deste artigo, para os precatórios não incluídos na proposta orçamentária de 2022, os valores necessários à sua quitação serão providenciados pela abertura de créditos adicionais durante o exercício de 2022. (Incluído pela Emenda Constitucional n° 114, de 2021)

§ 8° Os pagamentos em virtude de sentença judiciária de que trata o art. 100 da Constituição Federal serão realizados na seguinte ordem: (Incluído pela Emenda Constitucional n° 114, de 2021)

I – obrigações definidas em lei como de pequeno valor, previstas no § 3° do art. 100 da Constituição Federal; (Incluído pela Emenda Constitucional n° 114, de 2021)

II – precatórios de natureza alimentícia cujos titulares, originários ou por sucessão hereditária, tenham no mínimo 60 (sessenta) anos de idade, ou sejam portadores de doença grave ou pessoas com deficiência, assim definidos na forma da lei, até o valor equivalente ao triplo do montante fixado em lei como obrigação de pequeno valor; (Incluído pela Emenda Constitucional n° 114, de 2021)

III – demais precatórios de natureza alimentícia até o valor equivalente ao triplo do montante fixado em lei como obrigação de pequeno valor; (Incluído pela Emenda Constitucional n° 114, de 2021) (Incluído pela Emenda Constitucional n° 114, de 2021)

IV – demais precatórios de natureza alimentícia além do valor previsto no inciso III deste parágrafo; (Incluído pela Emenda Constitucional n° 114, de 2021)

V – demais precatórios. (Incluído pela Emenda Constitucional n° 114, de 2021)

Art. 113. *A proposição legislativa que crie ou altere despesa obrigatória ou renúncia de receita deverá ser acompanhada da estimativa do seu impacto orçamentário e financeiro. (Incluído pela Emenda Constitucional n° 95, de 2016)*

21.7.2 NOVO ARCABOUÇO FISCAL

A LC n° 200/23 modificou o teto de gastos instituindo o regime fiscal sustentável aplicando-se o referido regime às receitas e às despesas primárias do orçamento fiscal e da seguridade social, tendo como objetivo manter a dívida pública em níveis sustentáveis e promovendo medidas de ajustes em casos de desvios, garantindo a solvência e a sustentabilidade financeira do sistema.

De acordo com o *site* do Ministério da Economia, os termos receitas e despesas primárias são definidos como: [116]

> *Despesas Primárias – As despesas primárias são voltadas para políticas públicas nas áreas de Saúde e Educação, incluindo gastos com o Sistema Único de Saúde (SUS) e com o custeio das universidades, além dos aspectos previdenciários*

---

116 Disponível em: https://www.gov.br/economia/pt-br/assuntos/noticias/2022/setembro/entenda-as-diferencas-entre-as-despesas-e-as-receitas-da-uniao. Acesso em: 22 set. 2024.

DIREITO FINANCEIRO

e sociais – como o Benefício de Prestação Continuada (BPC) e o seguro-desemprego. Também são primários os gastos com construção e manutenção de estradas e aeroportos.

Receitas Primárias – De modo simplificado, as receitas consideradas primárias são aquelas obtidas com a arrecadação de impostos, taxas, contribuições e aluguéis, entre outros.

A nova sistemática objetiva assegurar um mínimo de investimentos governamentais a cada ano, e nunca será destinado montante inferior a 0,6% do produto interno bruto (PIB), e caso o governo supere a meta primária do PIB, 70% do excedente poderão ser aplicados em investimentos no ano seguinte, levando em consideração a faixa de tolerância.

A nova regra fiscal limita o crescimento da despesa a 70% da variação da receita dos 12 meses anteriores, fixando um limite superior e um piso inferior para oscilação da despesa (faixa de tolerância), pois nos momentos de crescimento a despesa não poderá ser superior a mais de 2,5% do ano acima da inflação, e em momentos de retração econômica, o gasto não poderá crescer menos de 0,6% ao ano acima da inflação.

Para efeitos do resultado primário, existe a faixa de tolerância de 0,25% do PIB, para baixo ou para cima.

Caso a meta não seja cumprida, haverá um contingenciamento de 25% das despesas discricionárias a fim de garantir o funcionamento da máquina pública, como também serão adotadas medidas de controle para o ano seguinte.

Destacamos ainda que o art. **4° da LC define** a correção do limite anual de gasto a partir de 2025 pelo **Índice Nacional de Preços ao Consumidor Amplo (IPCA)**.

Nessa linha de raciocínio, caso o resultado primário[117] fique abaixo do limite mínimo da banda, o crescimento das despesas para o ano subsequente cai de 70% para 50% do crescimento da receita,

---

117 Observe que o art. 3°, § 2°, da LC destaca as despesas que não se incluem na base de cálculo e limites deste artigo.

valendo a partir de 2025, pois, para 2024, foi limitado a 2,5% do crescimento real das despesas, porém, se o montante da despesa for maior de 70% do crescimento real da receita primária realizada em 2024, a diferença será debitada do limite do exercício de 2025.

A fundamentação encontra-se no art. 5° da LC 200/23 seguir transcrito:

> Art. 5° A variação real dos limites de despesa primária de que trata o art. 3° desta Lei Complementar será cumulativa e ficará limitada, em relação à variação real da receita primária, apurada na forma do § 2° deste artigo, às seguintes proporções:
>
> I – 70% (setenta por cento), caso a meta de resultado primário apurada no exercício anterior ao da elaboração da Lei Orçamentária Anual tenha sido cumprida, observados os intervalos de tolerância de que trata o inciso IV do § 5° do art. 4° da Lei Complementar n° 101, de 4 de maio de 2000 (Lei de Responsabilidade Fiscal); ou
>
> II – 50% (cinquenta por cento), caso a meta de resultado primário apurada no exercício anterior ao da elaboração da Lei Orçamentária Anual não tenha sido cumprida, observados os intervalos de tolerância de que trata o inciso IV do § 5° do art. 4° da Lei Complementar n° 101, de 4 de maio de 2000 (Lei de Responsabilidade Fiscal).
>
> § 1° O crescimento real dos limites da despesa primária, nos casos previstos nos incisos I e II do caput deste artigo, não será inferior a 0,6% a.a. (seis décimos por cento ao ano) nem superior a 2,5% a.a. (dois inteiros e cinco décimos por cento ao ano).
>
> § 2° Para os fins do disposto neste artigo, será considerada a receita, na forma a ser regulamentada em ato do Ministro de Estado da Fazenda, resultante da receita primária total do Governo Central, deduzidos os seguintes itens:
>
> I – receitas primárias de concessões e permissões;
>
> II – receitas primárias de dividendos e participações;
>
> III – receitas primárias de exploração de recursos naturais;

DIREITO FINANCEIRO

IV – receitas primárias de que trata o parágrafo único do art. 121 do Ato das Disposições Constitucionais Transitórias;

V – receitas de programas especiais de recuperação fiscal, destinados a promover a regularização de créditos perante a União, criados a partir da publicação desta Lei Complementar; e

VI – transferências legais e constitucionais por repartição de receitas primárias, descontadas as decorrentes das receitas de que tratam os incisos I a V deste parágrafo.

§ 3° Será considerada cumprida a meta se o resultado primário do Governo Central apurado pelo Banco Central do Brasil for superior ao limite inferior do intervalo de tolerância de que trata o inciso IV do § 5° do art. 4° da Lei Complementar n° 101, de 4 de maio de 2000 (Lei de Responsabilidade Fiscal), da meta estabelecida para o respectivo exercício, em valores nominais.

§ 4° A variação real da receita a que se refere o § 2° deste artigo considerará os valores acumulados no período de 12 (doze) meses encerrado em junho do exercício anterior ao que se refere a Lei Orçamentária Anual, descontados da variação acumulada do IPCA, publicado pelo IBGE, ou de outro índice que vier a substituí-lo, apurada no mesmo período.

O § 2° do art. 3° da referida lei destaca que não se incluem na base de cálculo das despesas:

§ 2° Não se incluem na base de cálculo e nos limites estabelecidos neste artigo:

I – as transferências estabelecidas no § 1° do art. 20, no inciso III do parágrafo único do art. 116, no § 5° do art. 153, no art. 157, nos incisos I e II do caput do art. 158, no art. 159 e no § 6° do art. 212, as despesas referentes ao inciso XIV do caput do art. 21 e as complementações de que tratam os incisos IV e V do caput do art. 212-A, todos da Constituição Federal;

II – os créditos extraordinários a que se refere o § 3° do art. 167 da Constituição Federal;

Manual de Direito Tributário e Financeiro Aplicado

III – as despesas nos valores custeados com recursos de doações ou com recursos decorrentes de acordos judiciais ou extrajudiciais firmados para reparação de danos em decorrência de desastre;

IV – as despesas das universidades públicas federais, das empresas públicas da União prestadoras de serviços para hospitais universitários federais, das instituições federais de educação, ciência e tecnologia vinculadas ao Ministério da Educação, dos estabelecimentos de ensino militares federais e das demais instituições científicas, tecnológicas e de inovação, nos valores custeados com receitas próprias, ou de convênios, contratos ou instrumentos congêneres, celebrados com os demais entes federativos ou entidades privadas;

V – as despesas nos valores custeados com recursos oriundos de transferências dos demais entes federativos para a União destinados à execução direta de obras e serviços de engenharia;

VI – as despesas para cumprimento do disposto no § 20 do art. 100 da Constituição Federal e no § 3° do art. 107-A do Ato das Disposições Constitucionais Transitórias;

VII – as despesas para cumprimento do disposto nos §§ 11 e 21 do art. 100 da Constituição Federal;

VIII – as despesas não recorrentes da Justiça Eleitoral com a realização de eleições;

IX – as transferências legais estabelecidas nas alíneas a e b do inciso II do caput do art. 39 da Lei n° 11.284, de 2 de março de 2006, e no art. 17 da Lei n° 13.240, de 30 de dezembro de 2015.

Destacamos ainda que a respectiva lei também alterou a Lei Complementar de Responsabilidade Fiscal n° 101/200, art. 7°, determinando que não configura infração à lei o descumprimento do limite inferior da meta de resultado primário, relativamente ao agente responsável, desde que:

DIREITO FINANCEIRO

I – tenha adotado, no âmbito de sua competência, as medidas de limitação de empenho e pagamento, preservado o nível mínimo de despesas discricionárias necessárias ao funcionamento regular da administração pública; e

II – não tenha ordenado ou autorizado medida em desacordo com as vedações previstas nos arts. 6º e 8º desta Lei Complementar.

§ 1º Na hipótese de estado de calamidade pública de âmbito nacional, aplica-se o disposto no art. 167-B da Constituição Federal e no art. 65 da Lei Complementar nº 101, de 4 de maio de 2000 (Lei de Responsabilidade Fiscal).

§ 2º O nível mínimo de despesas discricionárias necessárias ao funcionamento regular da administração pública é de 75% (setenta e cinco por cento) do valor autorizado na respectiva lei orçamentária anual.

21.8 DÍVIDA PÚBLICA

Entendemos a dívida pública como os empréstimos e compromissos financeiros assumidos pelo Estado para atender suas obrigações financeiras, com a finalidade de cumprir sua função estatal, e também cobrir o déficit orçamentário. A dívida compreende os juros, assim como a amortização do valor principal.

Os limites e as condições de endividamento são estabelecidos pelo Senado Federal, conforme o art. 52, incisos, V, VI, VII, VIII, e IX, da CF, bem como a lei complementar deverá dispor sobre a emissão e o resgate dos títulos da dívida pública e a concessão de garantias pelas entidades públicas (art. 163, incisos II, III e IV, da CF).

Celso Bastos (1991, p. 62) define a dívida pública como:

Das operações de crédito, em que o Poder Público figura como tomador do dinheiro, acaba por resultar uma dívida pública. Esta é, portanto, uma decorrência das operações creditícias.

> *Daí que seus problemas, sua natureza, suas classificações apresentam, logicamente, estreita relação com o estudo do próprio empréstimo público.*

Nessa mesma linha, Machado Segundo (2014, p. 15) afirma que:

> *A dívida pública decorre da celebração de empréstimos públicos, vale dizer, atos através dos quais o Estado se beneficia de uma transferência de liquidez com a obrigação de restituí-la no futuro, normalmente com o pagamento de juros. Também pode ser considerada dívida pública a concessão de garantias e avais, pois tais atos podem gerar endividamento.*

É um procedimento normal e comum, adotado por todas as administrações modernas, para fazer face às deficiências financeiras, decorrentes do excesso de despesa e investimentos sobre a receita (déficit orçamentário), caso em que o Estado, geralmente, recorre à realização de crédito a curto prazo ou também à necessidade de realização de empreendimentos de vulto, caso em que se justifica a tomada de um empréstimo (operação de crédito) a longo prazo. Observamos que a dívida pública não é apenas a que decorre de empréstimos de longo prazo, mas compreende também os compromissos financeiros de curto prazo, e ainda se origina de outras fontes, como depósito (fianças, cauções, consignações etc.), restos a pagar e outros dessa natureza.

Podemos dizer, a essa altura, que a dívida pública se classifica em fundada ou consolidada (interna ou externa) e flutuante ou administrativa, as quais são descritas a seguir (Kohama, 2014, p. 157 e 158):

a) Dívida fundada ou consolidada – é aquela que representa um compromisso a longo prazo superior a 12 meses, de valor previamente determinado, garantida por títulos do governo, que rendem juros e são amortizáveis ou resgatáveis, podendo ou não o seu vencimento ser fixado; é ainda efetuada por meio de contratos de financiamentos, sendo o seu pagamento estipulado em prestações parciais (prestações), distribuídas por certo período de anos. Quando não se determinar o prazo para liquidação, diz-se que a dívida é perpétua. Nesse caso, vencem apenas os juros, sendo o seu resgate de natureza não obrigatória, e somente é processado quando houver conveniência ou quando a situação financeira permitir.

Harada (2015, p. 132) afirma que:

> Uma das classificações é a que distingue o empréstimo público em perpétuo e temporário. O perpétuo, por sua vez, será remível[118] ou irremível, conforme haja ou não a faculdade do Estado efetuar a restituição do capital quando quiser. Na realidade, empréstimo público sem a possibilidade de exigir a restituição do capital perde a característica de receita creditícia.
>
> A dívida fundada ou consolidada interna abrange os empréstimos contraídos por títulos do governo (obrigações do Tesouro, Notas Promissórias do Tesouro, Letras do Tesouro, Bônus Rotativos, Apólices etc.) ou contratos de financiamento dentro do País.

Dizemos que a dívida fundada ou consolidada **externa** é aquela cujos empréstimos são contratados ou lançados no estrangeiro, por intermédio geralmente de banqueiros, incumbidos não só da colocação dos títulos, mas também do pagamento dos juros e amortizações.

Nessa linha, Celso Bastos (1991, p. 62 e 63) afirma que:

> Enquanto os encargos da dívida interna são geralmente satisfeitos em moeda nacional, os encargos da dívida externa são satisfeitos, ou em ouro, ou em moeda (estrangeira) que goze de confiança internacional, e que pode não ser, e quase sempre não é, a moeda do país devedor. Compreende-se: os credores estrangeiros querem premunir-se contra as variações desfavoráveis do câmbio e, portanto, exigem o pagamento dos juros e a amortização ou reembolso em moeda que lhes mereça confiança. Daí resultam duas consequências: a) a dívida externa não assegura ao Estado devedor o benefício da

---

118 Remir: do latim *redimire*, é o mesmo que redimir. Resgatar, pagar, liberar, livrar. Remir de ônus é livrar de ônus. Remir a hipoteca é resgatar a hipoteca, ou liberar os bens dados em garantia hipotecária. Remição: exprime propriamente o resgate pelo pagamento (Silva, 1994).

desvalorização da moeda, ou pelo menos não lhe assegura no mesmo grau que se se tratasse de dívida interna sem garantia contra a desvalorização; b) outra diferença, é esta de ordem política: sendo interna a dívida, o Estado deve, na generalidade dos casos, aos seus cidadãos; mas sendo externa, o Estado deve a cidadãos de outros países. E estes – os credores estrangeiros – muitas vezes associam-se, constituindo grupos, que têm força, e, ainda quando se associam, os seus interesses são defendidos pelos Governos dos respectivos países.

b) Dívida flutuante – também chamada administrativa ou não consolidada, é aquela que o Tesouro contrai por um breve ou indeterminado período de tempo, e que será devolvido no mesmo exercício ou no exercício seguinte para atender a eventuais insuficiências de caixa, quer como administrador de bens de terceiros.

As insuficiências de caixa decorrem, geralmente, da falta de coincidência entre a arrecadação da receita e a realização da despesa.

Caracteriza-se, assim, a dívida flutuante por indicar débitos de curto prazo, que variam constantemente de valor e cujo pagamento, geralmente, é feito por resgate e independentemente de autorização legislativa, por corresponderem e advirem de compromissos assumidos por prazo inferior a 12 meses.

Existem outras modalidades de operações financeiras em que o Estado capta recursos no mercado financeiro para cumprir seus compromissos, tais como:

– **Títulos da dívida pública** – são uma forma de o Estado captar crédito em que o ente público lança títulos de diversas espécies no mercado financeiro nacional e internacional, conforme previsto na CF, art. 163, incisos I a VIII, que descrevem as regras de emissão e resgate dos referidos títulos (Carneiro, 2012, p. 124 e 125).

A emissão ocorre por intermédio da Bolsa de Valores, das corretoras ou dos bancos que o Estado define.

Harada (2015, p. 136) destaca em sua obra a outra classificação constitucional definida por Regis Fernandes de Oliveira: a) operações de crédito por antecipação de receita; b) operações de crédito em geral:

> *As operações de crédito por antecipação de receita constituem uma modalidade de empréstimo que o Estado promove com o objetivo de suprir o déficit de caixa. São empréstimos de curto prazo a serem devolvidos no mesmo exercício financeiro. Para tanto a CF até abre exceção ao princípio da vedação de vinculação do produto da arrecadação de impostos a órgãos, fundos ou despesas, permitindo a utilização de receitas futuras como instrumento de garantia nas operações de crédito por antecipação de receita (art. 167, IV, CF).*

> *As operações de crédito em geral são aquelas que, por exclusão, não se acham compreendidas nas operações de crédito por antecipação de receitas, correspondendo aos empréstimos de longo prazo que objetivam atender, em geral, despesas de capital (investimentos, inversões financeiras, e transferências de capital).*

> *– Operações de antecipação de receita – ARO – destinam-se a antecipação de receita orçamentária decorrente de um desencaixe financeiro momentâneo da administração pública que apresenta déficit, visando obter, portanto, recursos financeiros para cumprir seus compromissos.*

21.9 LRF

A LC nº 101/2000 determina que a administração pública deve pautar sua administração financeira/tributária baseada na gestão responsável e na transparência, obedecendo às regras e às limitações planejadas no orçamento das receitas e despesas, promovendo o efetivo equilíbrio das contas públicas e demonstrando no final de cada quadrimestre nos moldes do art. 54 desta lei, o relatório de gestão fiscal emitido pelos titulares dos órgãos públicos.

Referida lei destina-se aos seguintes órgãos públicos: Poder Executivo, Poder Legislativo, Poder Judiciário, Ministério Público,

Tribunais de Contas, União, Estados, Municípios, Distrito Federal e empresas controladas pelo poder público.

A lei define a limitação das despesas públicas em seus arts. 15, 16 e 17 determinando que são consideradas não autorizadas as despesas que não constem do orçamento anual, e eventual aumento de despesa deve demonstrar a origem de recursos para o seu custeio:

> **Art. 15.** *Serão consideradas não autorizadas, irregulares e lesivas ao patrimônio público a geração de despesa ou assunção de obrigação que não atendam o disposto nos artigos. 16 e 17.*
>
> *Art. 16. A criação, expansão ou aperfeiçoamento de ação governamental que acarrete aumento da despesa será acompanhado de: (Vide ADI 6357)*
>
> *I – estimativa do impacto orçamentário-financeiro no exercício em que deva entrar em vigor e nos dois subsequentes;*
>
> *II – declaração do ordenador da despesa de que o aumento tem adequação orçamentária e financeira com a lei orçamentária anual e compatibilidade com o plano plurianual e com a Lei de Diretrizes Orçamentárias.*
>
> *Art. 17. Considera-se obrigatória de caráter continuado a despesa corrente derivada de lei, medida provisória ou ato administrativo normativo que fixem para o ente a obrigação legal de sua execução por um período superior a dois exercícios. (Vide ADI 6357)*
>
> *§ 1º Os atos que criarem ou aumentarem despesa de que trata o caput deverão ser instruídos com a estimativa prevista no inciso I do art. 16 e demonstrar a origem dos recursos para seu custeio. (Vide Lei Complementar nº 176, de 2020)*
>
> *§ 2º Para efeito do atendimento do § 1º, o ato será acompanhado de comprovação de que a despesa criada ou aumentada não afetará as metas de resultados fiscais previstas no anexo referido no § 1º do art. 4º, devendo seus efeitos financeiros, nos períodos seguintes, ser compensados pelo aumento permanente de receita ou pela redução permanente de despesa. (Vide Lei Complementar nº 176, de 2020)*

> § 3° Para efeito do § 2°, considera-se aumento permanente de receita o proveniente da elevação de alíquotas, ampliação da base de cálculo, majoração ou criação de tributo ou contribuição. *(Vide Lei Complementar n° 176, de 2020)*

> § 4° A comprovação referida no § 2°, apresentada pelo proponente, conterá as premissas e metodologia de cálculo utilizadas, sem prejuízo do exame de compatibilidade da despesa com as demais normas do plano plurianual e da lei de diretrizes orçamentárias. *(Vide Lei Complementar n° 176, de 2020)*

> § 5° A despesa de que trata este artigo não será executada antes da implementação das medidas referidas no § 2°, as quais integrarão o instrumento que a criar ou aumentar. *(Vide Lei Complementar n° 176, de 2020)*

> § 6° O disposto no § 1° não se aplica às despesas destinadas ao serviço da dívida nem ao reajustamento de remuneração de pessoal de que trata o inciso X do art. 37 da Constituição.

> § 7° Considera-se aumento de despesa a prorrogação daquela criada por prazo determinado.

A lei também determina, em seu art. 21, inciso II, "que é nulo de pleno direito o ato de que resulte aumento da despesa com pessoal nos 180 (cento e oitenta) dias anteriores ao final do mandato do titular de Poder ou órgão referido no art. 20", assim como traz tratamento especial para as despesas de pessoal em seu art. 19, não podendo exceder os percentuais da receita corrente líquida da seguinte forma: União, 50%, Estados e Municípios, 60%.

Não poderíamos deixar de mencionar a relação entre a LRF e a dívida pública, e Machado Segundo (2014, p. 23) destaca que:

> A fim de impor aos entes da federação maior responsabilidade na contração de dívidas, a LRF dispõe (art. 31) que se a dívida consolidada de um ente da federação, ao final de um quadrimestre, ultrapassar o limite legalmente estabelecido, deverá ser a ele reconduzida até o término dos três subsequentes, reduzindo o excedente em pelo menos 25% no primeiro. Enquanto durar o excesso da dívida, porém, o ente público sofrerá uma série de restrições, a exemplo da

> *proibição de realizar operações de crédito interna ou externa, inclusive por antecipação de receita. Vencido o prazo e não tendo havido retorno da dívida aos limites legalmente estabelecidos, o ente público ficará inclusive impedido de receber transferências voluntárias.*

Em caso do não cumprimento da determinação da LRF, os gestores ficam sujeitos às sanções institucionais e pessoais, como também aos crimes de responsabilidade da Lei nº 1.079/50 e aos crimes constantes do Código Penal.

REFERÊNCIAS

ABRAHAM, M. **O planejamento tributário e o direito privado**. São Paulo: Quartier Latin, 2007.

ALMEIDA, A. P. de. **Execução de bens dos sócios**. São Paulo: Saraiva, 1999.

ALMEIDA, M. E. M. de (Coord.). **Aspectos jurídicos da sociedade limitada**. São Paulo: Quartier Latin, 2004.

ANDRADE FILHO, E. O. **Imposto de renda das empresas**. São Paulo: Atlas, 2011.

ANDRADE FILHO, E. O. **Planejamento tributário**. São Paulo: Saraiva, 2009.

ARAÚJO, A. D.; NUNES JR., V. S. **Curso de Direito Constitucional**. São Paulo: Saraiva, 2002.

ARAÚJO, I. da P. **Introdução à auditoria operacional**. Rio de Janeiro: FGV, 2008.

ATALIBA, G. **Estudos e pareceres de Direito Tributário**. São Paulo: RT,1978.

BARROS, F. A. M. de. **Direito penal**. São Paulo: Atlas, 1999.

BARROS, F. A. M. de. **Manual de direito processual civil**. São Paulo: Editora MB, 2016.

BARROS, P. de. **Curso de direito tributário**. São Paulo: Saraiva, 2010.

BASTOS, C. R. **Curso de direito financeiro e de direito tributário.** São Paulo: Saraiva, 1991.

CALÇAS, M. Q. P. O empresário e o novo código civil. **Revista do advogado.** São Paulo: AASP, v. 81, p. 87-92, 2005.

CALÇAS, M. Q. P. **Sociedade limitada no novo Código Civil.** São Paulo: Atlas, 2003.

CARNEIRO, C. **Curso de direito tributário e financeiro.** São Paulo: Saraiva, 2012.

CAROTA, J. C. **A função social das sociedades empresárias e o planejamento tributário federal.** São Paulo: Allprint, 2013.

CAROTA, J. C. A sociedade em conta de participação e o lucro presumido. **Revista autônoma de direito privado.** Curitiba: Juruá, 2008.

CAROTA, J. C.; DOMANICO FILHO, R. **Gestão corporativa** – teoria e prática. Rio de Janeiro: Freitas Bastos, 2015.

CAROTA, J. C. **Planejamento tributário & incentivos fiscais empresariais.** Curitiba: Juruá, 2018.

CARRAZA, R. A. **Curso de direito constitucional tributário.** São Paulo: Malheiros, 2002.

CARVALHO, C. **Breves considerações sobre elisão e evasão fiscais.** São Paulo: Quartier Latin, 2004.

CARVALHO, P. de B. **Curso de direito tributário.** São Paulo: Saraiva, 2007, 2010.

COELHO, F. U. **Curso de direito comercial.** São Paulo: Saraiva, 2007.

COMPARATO, F. K. **A reforma da empresa.** Direito empresarial – estudos e pareceres. São Paulo: Saraiva, 1995.

REFERÊNCIAS

COMPARATO, F. K. **Ensaios e pareceres de direito empresarial**. Rio de Janeiro: Forense, 1973.

COSTA, R. H. **Curso de direito tributário**. São Paulo: Saraiva, 2013.

CREPALDI, S. A. **Planejamento tributário** – teoria e prática. São Paulo: Saraiva, 2014.

CRUZ, Leonardo. **Tabela do Imposto de Renda 2025**: faixas, alíquotas e como calcular. Exponencial. Disponível em: https://www.creditas.com/exponencial/tabela-imposto-de-renda/. Acesso em: 9 maio. 2025.

DI PIETRO, M. S. Z. **Direito administrativo**. São Paulo: Atlas, 2003.

DI PIETRO, M. S. Z. **Direito administrativo**. 35. ed. Rio de Janeiro: Forense, 2022.

DINIZ, M. H. **Código Civil anotado**. São Paulo: Saraiva, 2009. p. 802.

ESTRELLA, A. L. C. **A norma antielisão revisitada**. São Paulo: Quartier Latin, 2004.

FILIARDI, L. A. **Dicionário de expressões latinas**. São Paulo: Atlas, 2002.

FIUZA, R.; LUCCA, N. de; SILVA, R. B. T. da. **Código Civil comentado**. São Paulo: Saraiva, 2010.

FIUZA, R. **Novo Código Civil comentado**. São Paulo: Saraiva, 2003.

GRAU, E. R. **A ordem econômica na Constituição de 1988**. São Paulo: Malheiros,1990.

GUITMANN, L. J. **Princípios de administração financeira**. São Paulo: Pearson, 2012.

HARADA, K. **Direito financeiro e tributário**. São Paulo: Atlas, 2016.

HIGUCHI, H.; HIGUCHI, F. H.; HIGUCHI, C. H. **Imposto de renda das empresas**: interpretação e prática. São Paulo: IR Publicações, 2016.

Manual de Direito Tributário e Financeiro Aplicado

JUSTEN FILHO, M. **Desconsideração da personalidade societária no direito brasileiro.** São Paulo: RT, 1987.

KOHAMA, H. **Contabilidade pública** – teoria e prática. São Paulo: Atlas, 2014.

MACHADO, H. de B. **Curso de direito tributário.** São Paulo: Malheiros, 2016.

MACHADO SEGUNDO, H. de B. **Primeiras linhas de direito financeiro e tributário.** São Paulo: Atlas, 2014.

MALAQUIAS, C. R. **O direito tributário no contencioso administrativo fiscal federal** – Legitimidade do planejamento tributário – Direito tributário monografias premiadas 2010 – I prêmio CARF. Brasília: Valentim, 2011. p. 393.

MARION, J. C. **Contabilidade empresarial.** São Paulo: Atlas, 2009.

MARTINS, I. G. da S. **Planejamento tributário.** São Paulo: Quartier Latin, 2004.

MARTINS, I. G. da S.; RODRIGUES, M. T. M.; MELLO, G. M.; ROMITA, A. S.; FERRAZ, S. **O tributo:** reflexão multidisciplinar sobre sua natureza. Rio de Janeiro: Forense, 2007.

MARTINS, S. P. **Direito do trabalho.** São Paulo: Atlas, 2007.

MARTINS, S. P. **Instituições de direito público e privado.** São Paulo: Atlas, 2015.

MARTINS, S. P. **Manual de direito tributário.** São Paulo: Atlas, 2005.

MATARAZZO, D. C. **Análise financeira de balanços.** São Paulo: Atlas, 2003.

MEIRELLES, H. L. **Direito administrativo brasileiro.** São Paulo: Malheiros, 1993.

REFERÊNCIAS

MIGLIAVACA, P. N. **Business dictionary**. São Paulo: Edicta, 1999.

MIRANDA, J. G. **Direito da seguridade social**. Rio de Janeiro: Campus Elsevier, 2007.

MORAES, A. de. **Direito constitucional**. 31 ed. São Paulo: Atlas, 2015.

MORAES, A. de. **Direito constitucional**. 32. ed. São Paulo: Atlas, 2016.

MORAES, A. de. **Direito constitucional**. 33. ed. São Paulo: Atlas, 2017.

MORAES, A. de. **Direito constitucional**. São Paulo: Atlas, 2004.

NEGRÃO, R. **Manual de direito comercial de empresa**. São Paulo: Saraiva, 2011.

NEVES, S. das; VICECONTI, P. E. V. **Curso prático de imposto de renda e tributos conexos**. São Paulo: Frase, 2007.

NEVES, S. DAS; VICECONTI, P. E. V. **Contabilidade avançada e análise das demonstrações financeiras**. São Paulo: Saraiva, 2018

OLIVEIRA, R. F. de; HORVATH, E. **Manual de direito financeiro**. São Paulo: RT, 2002.

PÊGAS, P. H. **Manual de contabilidade tributária**. 10. ed. Rio de Janeiro: Freitas Bastos e Atlas, 2022.

PORTUGAL, B. L. **Direito da empresa no novo Código Civil**. Rio de Janeiro: Forense, 2004.

SÁ, A. L. de; SÁ, A. M. L. de. **Dicionário de Contabilidade**. São Paulo: Atlas, 2009.

SABBAG, E. **Manual de direito tributário aplicado**. São Paulo: Saraiva, 2017.

SCHOUERI, L. E. **Direito tributário**. São Paulo: Saraiva, 2011.

SILLOS, L. A. de. **Planejamento tributário:** aspectos teóricos e práticos. São Paulo: Leud, 2005.

SILVA, B. M. e. **Direito da empresa.** São Paulo: Atlas, 2007.

SILVA, De P. e. **Vocabulário jurídico.** São Paulo: Forense, 1994.

SILVA, J. A. **Curso de direito constitucional positivo.** São Paulo: Malheiros, 2016.

TORRES, R. L. **Curso de direito financeiro e tributário.** Rio de Janeiro: Renovar, 2013.

TORRES, Ricardo Lobo. **Curso de direito financeiro e tributário.** 20. ed. São Paulo: Processo, 2018.

VAZ, Paulo César Ruzisca; ANAN JUNIOR, Pedro. **Planejamento Fiscal – Aspectos Teóricos e Práticos.** São Paulo: Quartier Latin, 2005.

WELSH, G. A. **Orçamento empresarial.** São Paulo: Atlas, 1983

WEBGRAFIA

http://normas.receita.fazenda.gov.br/sijut2consulta/link.action?idAto=81268&visao=anotado – Acesso em: 29 jul. 2017.

http://www.fazenda.sp.gov.br/fecoep/ – Acesso em: 29 jul. 2017.

https://idg.receita.fazenda.gov.br/noticias/ascom/2017/fevereiro/empresas-optantes-do-simples-sao-beneficiadas-pelo-procedimento-simplificado-de-exportacao – Acesso em: 28 jul. 2017.

http://normas.receita.fazenda.gov.br/sijut2consulta/link.action?idAto=81268 – Acesso em: 21 out. 2019.

http://www.planalto.gov.br/ccivil_03/_ato2015-2018/2018/decreto/D9580.htm

https://www.gov.br/inss/pt-br/noticias/confira-como-ficaram-as-aliquotas-de-contribuicao-ao-inss – Acesso em: 24 jan. 2025.

REFERÊNCIAS

http://stf.jus.br/portal/cms/verNoticiaDetalhe.asp?idConteudo=433114&caixaBusca=N – Acesso em: 09 jan. 2020.

https://receita.economia.gov.br/noticias/ascom/2020/abril/comite-gestor-do-simples-nacional-aprova-prorrogacao-dos-tributos-dos-estados-e-municipios – Acesso em: 04 jun. 2020.

Confira as alíquotas de contribuição ao INSS com o aumento do salário mínimo – Instituto Nacional do Seguro Social – INSS (www.gov.br) – Acesso em: 15 ago. 2024.

Estudo Dias Trabalhados para pagar tributos – 2024 – IBPT Instituto – Acesso em: 25 jul. 2024.

https://www.gov.br/economia/pt-br/assuntos/noticias/2022/setembro/entenda-as-diferencas-entre-as-despesas-e-as-receitas-da-uniao – Acesso em: 22 set. 2024.

Decisão do STF sobre "coisa julgada" traz insegurança jurídica (aasp.org.br) – Acesso em: 22 set. 2024.https://noticias.stf.jus.br/postsnoticias/entenda-decisao-do-stf-que-autoriza-bancos-a-compartilhar-com-estados-informacoes-sobre-transacoes-eletronicas/ Acesso em: 22 set. 2024.

BANCO DE QUESTÕES

CAPÍTULO 1 – O DIREITO TRIBUTÁRIO E O SISTEMA TRIBUTÁRIO NACIONAL

1 – No Direito podemos definir a represtinação como:

A – É o efeito da vigência de uma nova lei em vigor no arcabouço jurídico.

B – É o efeito da anulação de uma lei nova que contém erros insanáveis.

C – É o restabelecimento da vigência de uma lei que anteriormente foi revogada por outra.

D – É o período do vacatio legis.

E – São os efeitos da lei em vigor no mundo jurídico.

2 – A lei tributária comporta quatro diferentes momentos na esfera jurídica:

A – Vigência, vigor, eficácia e validade.

B – Elaboração, votação, aprovação, sanção.

C – Análise, votação, aprovação e publicação.

D – Elaboração do projeto, aprovação, sanção ou veto.

E – Publicação, vigência, revogação e represtinação.

CAPÍTULO 2 – O TRIBUTO

3 – São espécies de tributos de acordo com a Constituição Federal:

A – Impostos, taxas, contribuição de melhoria, contribuições especiais e empréstimo compulsório.

B – Impostos, taxas e contribuições previdenciárias.

C – Contribuições especiais e empréstimo compulsório.

Manual de Direito Tributário e Financeiro Aplicado

D – Contribuições parafiscais, paralegais e impostos.

E – Todas as alternativas acima estão incorretas.

4 – Com relação às taxas, podemos afirmar que:

A – São o tributo cuja obrigação tem por FG uma situação independente de qualquer atividade estatal específica, relativa ao contribuinte.

B – Têm por FG o exercício regular do poder de polícia, ou a utilização efetiva ou potencial de serviço público específico e divisível, prestado ao contribuinte ou colocado à sua disposição.

C – São o tributo cuja obrigação tem por FG uma situação dependente de qualquer atividade estatal específica, relativa ao contribuinte.

D – São definidas e majoradas exclusivamente por lei complementar federal.

E – São definidas e majoradas exclusivamente por lei complementar estadual.

5 – São Impostos exclusivamente da União:

A – ISS, IPTU, ITBCMD.

B – ISS, IPTU, ITBIV.

C – ICMS, ITBCMD, IPVA, IBS.

D – ISGF, IOF, II, IE, IR, ITR, IPI, IS.

E – Contribuições Previdenciárias e Contribuições de Melhoria e IRPJ.

6 – No direito tributário imposto cumulativo significa:

A – Progressivo no tempo.

B – Leva em conta a essencialidade do produto ou serviço.

C – Cobrado pelo Estado a cada período de tempo o valor integral sem aproveitar o crédito da etapa anterior.

D – Tem o desconto do que foi pago na etapa anterior, ou seja, o contribuinte toma o crédito da etapa anterior.

E – Substituição tributária aplicada acumulando RPA e ST.

BANCO DE QUESTÕES

7 – A contribuição de melhoria é:

A – Um tributo cujo FG é a renda obtida com a utilização do imóvel do contribuinte.

B – Um tributo vinculado, cujo gerador é a valorização do imóvel do contribuinte, decorrente de obra pública.

C – A diferença a ser paga pelo contribuinte entre o valor de mercado e o valor constante do registro público.

D – A contribuição obrigatória do contribuinte nas obras públicas do município em que estiver localizado.

E – O pagamento efetuado pelo contribuinte na transmissão de bens imóveis a título oneroso.

8 – É uma característica da extrafiscalidade em nosso sistema tributário:

A – Tributos vinculados que, porém, não pertencem diretamente ao Estado, e sim extraordinariamente a diversos entes tributários simultaneamente.

B – O Estado arrecada para satisfazer as necessidades da sociedade e custear os seus gastos.

C – A Interferência no domínio econômico incentivando ou restringindo determinadas atividades ou consumo de produtos

D – Aquele tributo que é pago por um terceiro que substituiu o contribuinte original na relação jurídico-tributária.

E – A possibilidade de se criar um tributo de forma extraordinária para atender necessidade urgente.

9 – No sistema jurídico-tributário, são contribuições especiais:

A – INSS – empregador e empregado, PIS, COFINS, CSLL, CIDE.

B – Imposto de Renda Pessoa Jurídica.

C – Imposto de Importação.

D – Empréstimo compulsório.

E – Contribuições de melhoria.

Manual de Direito Tributário e Financeiro Aplicado

10 – Com relação às contribuições sociais, podemos afirmar que:

A – Não se submetem ao princípio da anterioridade conforme o art. 195, § 6º, da CF. Somente podem ser exigidas 30 dias após a data da publicação da lei que houver instituído ou modificado.

B – Não se submetem ao princípio da anterioridade conforme o art. 195, § 6º, da CF. Somente podem ser exigidas 180 dias após a data da publicação da lei que houver instituído ou modificado.

C – Submetem-se ao princípio da anterioridade conforme o art. 195, § 6º, da CF. Somente podem ser exigidas no exercício seguinte após a data da publicação da lei que houver instituído ou modificado.

D – Não se submetem ao princípio da anterioridade conforme o art. 195, § 6º, da CF. Somente podem ser exigidas 90 dias após a data da publicação da lei que houver instituído ou modificado.

E – Nenhuma das alternativas anteriores está correta.

11 – Imposto não cumulativo significa:

A – Progressivo no tempo, exercendo a regressividade não cumulativa.

B – Leva em conta a essencialidade do produto ou serviço.

C – Cobrado pelo Estado a cada período de tempo o valor integral sem aproveitar o crédito da etapa anterior.

D – Que os débitos em atraso do contribuinte não podem acumular.

E – Tem o desconto do que foi pago na etapa anterior, ou seja, o contribuinte toma o crédito da etapa anterior.

12 – Podemos definir como imposto proporcional:

A – Aquele que o produto da arrecadação tem uma determinação direta com o fim social da sua arrecadação.

B – É o imposto pago pelo contribuinte responsável pelo tributo, que não se vincula diretamente com o Fisco.

C – Tem alíquota fixa, e o que modifica é a base de cálculo.

D – É o exigido decorrente de atividade estatal exercida pelo Estado para o contribuinte de forma específica e divisível.

E – Aquele que é calculado de forma não cumulativa para fins de pagamento do tributo.

BANCO DE QUESTÕES

13 – Podemos definir como impostos não vinculados:

A – Aqueles em que o produto da arrecadação tem uma determinação direta com o fim social da sua arrecadação.

B – É o imposto pago pelo contribuinte responsável pelo tributo, que não se vincula diretamente com o Fisco federal.

C – São os exigidos de forma divorciada de qualquer atividade estatal que se relacione com o contribuinte.

D – São os exigidos decorrentes de atividade estatal exercida pelo Estado para o contribuinte de forma específica e divisível.

E – São os tributos que têm a arrecadação vinculada com uma atividade social do Estado.

14 – Assinale a alternativa correta:

A – O imposto direito é pago pelo contribuinte original do tributo.

B – O imposto indireto é pago por uma pessoa (terceiro) que não é o contribuinte.

C – No imposto progressivo a alíquota varia com a base de cálculo.

D – Imposto vinculado é vinculado à despesa que o criou.

E – Todas as alternativas acima estão corretas.

15 – No direito tributário a fiscalidade consiste:

A – Na função do Estado em estimular ou incentivar determinada região do Brasil.

B – Na função essencial do tributo. Trazer receita aos cofres públicos.

C – Na função de estimular ou desestimular o consumo de determinado bem.

D – Na função de criar incentivos fiscais para determinadas atividades empresariais.

E – Na fiscalização do recolhimento dos tributos por parte do Estado.

Manual de Direito Tributário e Financeiro Aplicado

16 – O empréstimo compulsório na realidade é tributo e deve obedecer ao regime jurídico tributário. É de competência privativa da União e pode ser efetivado em caso de:

A – Queda da arrecadação tributária.

B – Concessão de benefícios sociais.

C – Divergências no orçamento fiscal da União.

D – Despesas extraordinárias e investimento público relevante em caráter urgente de interesse exclusivamente social.

E – Calamidade financeira decretada.

17 – O Imposto de Importação é:

A – Não cumulativo e extrafiscal.

B – Cumulativo e extrafiscal.

C – Fiscal .

D – Não cumulativo e fiscal.

E – Cumulativo e fiscal.

18 – Com referência à parafiscalidade, podemos afirmar que:

A – São os tributos vinculados que, porém, não pertencem diretamente ao Estado.

B – O Estado arrecada para satisfazer as necessidades da sociedade e custear os seus gastos e investimentos.

C – É a interferência no domínio econômico incentivando ou restringindo determinadas atividades ou consumo de produtos.

D – Aquele tributo que é pago por um terceiro que substituiu o contribuinte original na relação jurídico-tributária.

E – É a terceirização da arrecadação tributária do sujeito ativo.

19 – A bitributação no Brasil pode ocorrer:

A – É vedada a bitributação no Brasil.

B – Nos casos de impostos extraordinários, como por exemplo guerra externa.

BANCO DE QUESTÕES

C – Somente para verbas suplementares do orçamento público.

D – Para pagamento dos títulos da dívida pública.

E – Para suprir o Plano Plurianual.

CAPÍTULO 3 – PRINCÍPIOS CONSTITUCIONAIS TRIBUTÁRIOS

20 – O Princípio da Uniformidade Geográfica, constante do art. 150, I, da CF, no âmbito tributário:

A – Define a maneira pela qual a União pode diferenciar a lei tributária em diferentes regiões do País.

B – Trata igual os iguais perante a lei e diferente os diferentes na medida de suas diferenças.

C – Impede a União de instituir tributo que não seja uniforme em todo o território nacional, ou ainda, que implique distinção ou preferência entre os respectivos membros federativos.

D – Significa a definição das regras de isenção e imunidades tributárias.

E – Significa a padronização da legislação tributária federal, estadual e municipal.

21 – O Princípio da Isonomia, constante do art. 150, II, da CF, no âmbito tributário, significa:

A – Tratar todos igualmente sem levar em consideração eventuais diferenças econômicas e sociais.

B – Tratar igual os iguais perante a lei e diferente os diferentes na medida de suas diferenças. Garantia de tratamento uniforme.

C – Que no âmbito tributário tais diferenças não devem ser levadas em consideração.

D – Que somente são levadas em consideração as diferenças sociais.

E – Todas as alternativas acima estão incorretas.

Manual de Direito Tributário e Financeiro Aplicado

22 – O Princípio da Anterioridade Tributária, constante do CTN, via de regra, significa que:

A – A lei que instituir ou majorar tributo entra em vigor no mesmo exercício financeiro.

B – A lei que instituir ou majorar tributo só entra em vigor no próximo exercício financeiro.

C – A lei que instituir ou majorar tributo entra em vigor no mesmo exercício financeiro, porém não pode retroagir.

D – A lei que instituir ou majorar tributo entra em vigor no próximo exercício financeiro, podendo inclusive retroagir.

E – A lei que instituir ou majorar tributo entra em vigor na data de sua publicação.

23 – São princípios tributários aplicáveis ao IPI:

A – Seletividade e não cumulatividade.

B – Seletividade e cumulatividade.

C – Anterioridade e não cumulatividade.

D – Cumulatividade e anterioridade.

E – Anterioridade e cumulatividade.

CAPÍTULO 4 – FONTES DO DIREITO TRIBUTÁRIO

24 – No direito tributário podemos afirmar que a principal diferença entre uma lei ordinária e uma lei complementar consiste em:

A – Tanto a lei complementar quanto a lei ordinária exigem maioria simples para aprovação no Congresso Nacional, não existindo diferença entre ambas.

B – Matéria a ser aprovada no Congresso Nacional.

C – A lei ordinária exige maioria absoluta e a lei complementar maioria simples para ser aprovada.

D – A lei complementar, para ser aprovada, exige maioria absoluta das duas casas do Congresso Nacional, e a lei ordinária, maioria simples.

E – Que a lei complementar é exclusivamente aprovada no Senado Federal, e a lei ordinária é aprovada na Câmara dos Deputados.

BANCO DE QUESTÕES

25 – Quais são os novos princípios constitucionais tributários inseridos em nosso ordenamento em função da EC no 132/23?

A – Simplicidade, transparência, justiça tributária, cooperação, defesa do meio ambiente e atenuação da regressividade.

B – Legalidade, moralidade, impessoalidade, publicidade, eficiência.

C – Princípios gerais de direito, analogia.

D – Hermenêutica, lógica e sociológica.

E – Princípios gerais de direito e Lei de Introdução ao Novo Direito Brasileiro.

CAPÍTULO 5 – HIPÓTESE DE INCIDÊNCIA, FATO GERADOR OU FATO IMPONÍVEL

26 – O fato gerador:

A – É o poder dever do Estado de arrecadar e ficar com o produto da arrecadação para fazer face às suas despesas de custeio e investimentos.

B – É o lançamento tributário elaborado pelo Fisco (federal, estadual ou municipal).

C – É a previsão legal para a incidência do tributo com relação ao contribuinte.

D – É a situação de fato ou de direito que dá ensejo à obrigação tributária incidindo o tributo. É a situação necessária, pois sem ela não nasce a obrigação tributária.

E – É previsão legal para cobrança do tributo.

CAPÍTULO 6 – OBRIGAÇÃO TRIBUTÁRIA

27 – No direito tributário, a natureza jurídica da obrigação tributária acessória:

A   Significa o fato de o contribuinte efetuar o pagamento do tributo.

B – É a penalidade atribuída a um tributo de forma complementar.

C – É a obrigação de fazer ou não fazer onde o Fisco deverá prestar seus serviços exclusivamente para o contribuinte.

D – É a obrigação de fazer ou não fazer. São deveres administrativos por parte do contribuinte.

E – É o AIIM imposto pela administração tributária ao contribuinte.

Manual de Direito Tributário e Financeiro Aplicado

28 – No direito tributário a Obrigação Tributária (OT) principal consiste:

A – No fato de o contribuinte efetuar o pagamento do tributo.

B – No fato de o contribuinte preencher e entregar os formulários exigidos pelo Fisco cumprindo suas obrigações.

C – No cálculo efetivo do montante tributário devido pelo contribuinte para o Fisco.

D – Em um dever administrativo em função da fiscalização e da discricionariedade.

E – Somente as alternativas "C" e "D" estão corretas.

29 – Uma obrigação tributária acessória não cumprida pelo contribuinte pode eventualmente transformar-se em:

A – Restituição de indébito.

B – Remição.

C – Remissão.

D – Parafiscalidade.

E – Obrigação principal.

CAPÍTULO 7 – CAPACIDADE TRIBUTÁRIA ATIVA

30 – De acordo com o art. 119, CTN, a capacidade tributária ativa significa:

A – O processo legislativo para criação de um tributo.

B – O poder de arrecadar tributos e ficar com o produto da arrecadação.

C – o sujeito ativo da obrigação para exigir o seu cumprimento.

D – O efetivo recebimento do tributo.

E – O sujeito passivo da obrigação tributária.

BANCO DE QUESTÕES

CAPÍTULO 8 – CAPACIDADE TRIBUTÁRIA PASSIVA

31 – De acordo com os arts. 126 e 121, CTN, a capacidade tributária passiva (sujeito passivo) significa:

A – Processo legislativo para criação de um tributo.

B – Delegação, e pode ser atribuída para a outra pessoa política ou não política (parafiscalidade).

C – Que o contribuinte pratique o fato gerador para tornar-se o sujeito passivo.

D – Que o sujeito ativo pratique o fato gerador para tornar-se sujeito passivo.

E – As alternativas "A" e "B" estão corretas.

CAPÍTULO 9 – CAPACIDADE ECONÔMICA

32 – Com relação à capacidade econômica do contribuinte, podemos afirmar que:

A – O Estado deve levar em consideração a condição socioeconômica financeira do contribuinte.

B – Toda pessoa que der causa a um fato gerador de tributo, tem capacidade contributiva ou econômica.

C – O Estado, quando cria um tributo, deve levar em consideração o poder de contribuição da população economicamente ativa.

D – O Estado deve levar em consideração as condições econômicas e sociais da população economicamente ativa.

E – O Estado leva em consideração as dificuldades financeiras enfrentadas pelo contribuinte com relação ao mercado de trabalho.

CAPÍTULO 10 – O CTN E A LEI COMPLEMENTAR EM FACE DA HIPÓTESE DE INCIDÊNCIA TRIBUTÁRIA

33 – Com relação à responsabilidade tributária por substituição, podemos citar como exemplo:

A – Imposto de Renda Pessoa Jurídica – IRPJ.

B – Programa de Integração Social – PIS.

C – Imposto de Renda Retido na Fonte sobre Salários – IRRF.

D – Imposto Predial Territorial Urbano – IPTU.

E – Imposto sobre Grandes Fortunas.

Manual de Direito Tributário e Financeiro Aplicado

CAPÍTULO 11 – LANÇAMENTO – CARACTERÍSTICAS E FINALIDADES

34 – No lançamento tributário por homologação, o contribuinte:

A – Recolhe o tributo sem o lançamento, ou seja, o valor é antecipado aos cofres públicos.

B – Após a inscrição na dívida ativa, efetua o recolhimento do tributo para fins de homologação.

C – Presta informações à Fazenda para que ela, com base nestes dados, apure o montante devido, realize o lançamento e notifique o contribuinte.

D – Recebe de ofício a notificação da Fazenda para efetuar o pagamento com base no banco de dados estatal.

E – Simplesmente declara as informações para o Fisco.

CAPÍTULO 12 – CRÉDITO TRIBUTÁRIO

35 – Com relação ao direito tributário, podemos afirmar que a palavra remissão significa:

A – Que o Estado concede perdão somente da multa do tributo em atraso para o contribuinte.

B – Que o Estado concede perdão da multa e do tributo devido para o contribuinte.

C – O pagamento integral do tributo por parte do contribuinte.

D – O parcelamento da dívida com redução da multa e dos juros do tributo em atraso.

E – O pagamento parcial da dívida com desconto concedido pelo Estado.

36 – A responsabilidade pessoal dos sócios e administradores de uma sociedade limitada localizada no Estado de São Paulo em caso de fraude na apuração e no pagamento do ICMS:

A – Não possui responsabilidade.

B – É limitada ao valor do capital social integralizado.

C – Somente o sócio responde com os bens particulares, porém, exclui-se o administrador estatutário.

BANCO DE QUESTÕES

D – É exclusiva do sócio, sendo vedada a responsabilidade pessoal dos administradores e ou funcionários.

E – É ilimitada, portanto, respondem com os bens particulares, na medida da sua culpabilidade.

37 – Interrompe a prescrição tributária nos moldes do art. 174, CTN:

A – Citação válida, pelo protesto judicial, por qualquer ato judicial que constitua em mora o devedor, por qualquer ato inequívoco, ainda que extrajudicial, que importe reconhecimento do débito pelo devedor.

B – A prescrição não se interrompe.

C – Somente a decadência se interrompe.

D – O lançamento do crédito tributário pela autoridade incompetente.

E – No direito tributário não há previsão legal para prescrição, pois o tributo é um bem indisponível.

38 – Com relação à prescrição e à decadência no âmbito tributário, podemos afirmar que:

A – Prescrição é a perda do direito material.

B – A prescrição ocorre antes do lançamento, e a decadência, após o lançamento tributário.

C – A decadência ocorre antes do lançamento, e a prescrição, após o lançamento tributário.

D – Decadência é a perda do direito de ação.

E – Não existe diferença técnica entre os institutos, pois o tributo é um bem indisponível.

39 – A empresa ACME Ltda. conseguiu, após grande esforço financeiro e administrativo, efetuar a remição dos seus débitos do ICMS no estado de São Paulo. Nesse sentido, o termo remição utilizado na frase significa:

A – Perdão.

B – Pagamento.

Manual de Direito Tributário e Financeiro Aplicado

C – Anistia.

D – Moratória.

E – Parcelamento.

40 – O princípio da Imunidade Tributária deve ser aplicado exclusivamente no âmbito:

A – Estadual.

B – Municipal.

C – Constitucional.

D – Cível.

E – Federal.

41 – Em 01.01.2018 é efetuada a fusão da Batiatus Ltda. com Marcos Crassus Ltda., surgindo a Cia. Júlio Cesar. Ocorre que em 01.12.2020, após mais de dois anos do processo de fusão, a Receita Federal do Brasil, efetuando uma inspeção nos livros da Batiatus, efetua um AIIM relativo ao exercício 2012 referente ao IPI devido que não foi declarado pela empresa. Pergunta-se: considerando que este AIIM é efetivamente indevido, qual o fundamento jurídico que a empresa deverá alegar para efetuar a contestação?

A – Prescrição.

B – Moratória.

C – Remissão.

D – Remição.

E – Decadência.

42 – A Cia. Metamorfo é uma empresa brasileira fabricante de máquinas industriais na cidade de São Paulo. Ocorre que, para reduzir sua carga tributária, a referida empresa transferiu suas atividades industriais e administrativas para a cidade de Manaus

– **AM. Pergunta-se: considerando que o procedimento adotado pela empresa é correto, qual o fundamento que a empresa poderá alegar em caso de fiscalização?**

A – Evasão fiscal.

B – Remissão.

C – Remição.

D – Transferência fiscal de créditos e débitos fiscais.

E – Elisão fiscal.

43 – A Cia. Metatron é uma empresa brasileira prestadora de serviços de manutenção de máquinas industriais na cidade de São Paulo. Ocorre que, para reduzir sua carga tributária, a referida empresa transferiu sua sede administrativa para a cidade de Barueri, para reduzir o ISS de 5% para 2%, porém, o serviço continuaria a ser prestado na cidade de São Paulo. Considerando que o procedimento adotado pela empresa é incorreto, em qual o fundamento jurídico a empresa está incorrendo?

A – Evasão fiscal.

B – Remissão.

C – Remição.

D – Transferência de créditos e débitos fiscais.

E – Elisão fiscal.

44 – A responsabilidade pessoal dos sócios e administradores de uma sociedade limitada em caso de simples inadimplemento do ICMS pelo regime de sistemática de apuração – RPA é:

A – Ilimitada.

B – Limitada ao valor do capital social integralizado.

C – O sócio responde com os bens particulares para cumprir sua obrigação junto ao Fisco.

D – Somente o sócio responde com os bens particulares, porém, o administrador estatutário não possui responsabilidade nenhuma, pois não é sócio.

Manual de Direito Tributário e Financeiro Aplicado

E – Ilimitada, sócio e administrador respondem solidariamente perante o Fisco com os seus bens particulares.

45 – Para efeito de decadência, no período de graça para o Fisco, a contagem do prazo de cinco anos se inicia:

A – No momento da ocorrência do fato gerador.

B – No exercício seguinte à ocorrência do fato gerador.

C – No mês seguinte à ocorrência do fato gerador.

D – Não existe o período de graça para o Fisco.

E – Após 30 dias corridos do fato gerador da obrigação tributária principal.

46 – Assinale a alternativa correta:

A imunidade tributária abrange os seguintes impostos:

A – IR, IPI, ICMS, PIS.

B – IR, IPI, ICMS, IPTU, IBS.

C – IR, IPI, ICMS, IPTU, taxas.

D – IR, IPI, ICMS, IPTU, taxas e contribuição de melhoria, CBS.

E – IR, IPI, ICMS, PIS, COFINS, IGF.

47 – A imunidade tributária constante da legislação pode ser concedida:

A – Somente nos casos previstos na Constituição Federal.

B – Somente nos casos previstos na Constituição Federal e na Estadual.

C – Somente nos casos previstos na Constituição Federal, na Estadual e na Lei Orgânica do Município.

D – Mediante lei ordinária.

E – Exclusivamente por ato administrativo vinculado da autoridade administrativa.

BANCO DE QUESTÕES

CAPÍTULO 13 – PLANEJAMENTO TRIBUTÁRIO

48 – Podemos afirmar que a evasão fiscal consiste em:

A – Não incidência qualificada dos tributos em determinadas regiões do Brasil.

B – Compensar ativos e passivos tributários do contribuinte em débito e crédito com o Estado.

C – Não pagamento de tributo por meio ilícito que pode consistir em fraude e sonegação.

D – Forma legal de não pagar ou diminuir a incidência da carga tributária. É o planejamento tributário.

E – Planejamento tributário lícito.

49 – Podemos definir a elisão fiscal como:

A – O planejamento tributário elaborado após ocorrido o fato gerador do tributo.

B – O planejamento tributário lícito elaborado antes do fato gerador do tributo.

C – Uma forma de evasão tributária qualificada nos termos jurídicos.

D – O planejamento tributário ilícito.

E – A norma antielisiva praticada pelos agentes fiscais.

CAPÍTULO 14 – TRIBUTOS FEDERAIS

50 – A legislação do Imposto de Renda Pessoa Jurídica admite quatro tipos de opções de tributação por parte do contribuinte, que deve escolher no mês de janeiro de cada ano de acordo com o seu critério e conveniência. São elas:

A – Lucro real, lucro presumido, lucro arbitrado, Simples Nacional.

B – Lucro arbitrado, lucro exploração, lucro fixo, Simples Nacional.

C – Lucro real, lucro presumido, Simples Nacional e lucro adicionado.

D – Lucro real, lucro presumido, lucro sem fins lucrativos, Simples Nacional.

E – Lucro real, lucro presumido, imunidades, lucro fiscal.

Manual de Direito Tributário e Financeiro Aplicado

51 – A sistemática de apuração e cálculo do PIS e da COFINS na sistemática cumulativa, via de regra, deve ser utilizada em que tipo de apuração do IRPJ:

A – Lucro real.

B – Lucro presumido.

C – Simples nacional.

D – Lucro variável.

E – Lucro arbitrado.

52 – Entendemos o lucro fiscal na sistemática de apuração do lucro real mensal como:

A – O lucro contábil apurado no balanço patrimonial e as compensações.

B – O lucro apurado no balanço patrimonial que deverá ser recolhido ao Fisco.

C – O lucro apurado no balanço patrimonial que será oferecido à tributação.

D – O lucro contábil apurado no balanço patrimonial, acrescido das adições, exclusões e compensações.

E – O lucro contábil apurado no balanço patrimonial, acrescido das adições, exclusões.

53 – Assinale a alternativa correta:

A – No lucro presumido, o IRPJ e a CSLL são calculados com base no faturamento da empresa.

B – No lucro real, o IRPJ e a CSLL são calculados baseado no lucro contábil, efetuando-se as adições, exclusões e compensações fiscais.

C – No lucro arbitrado, o IRPJ e a CSLL são arbitrados e calculados pela autoridade fiscal com base na receita bruta Conhecida e Não Conhecida

D – No Simples Nacional, os tributos são calculados de acordo com as tabelas do Simples baseado no faturamento e na atividade da empresa.

E – Todas as alternativas acima estão corretas.

BANCO DE QUESTÕES

54 – Qual o imposto da União que não se sujeita ao princípio da anterioridade, mas está sujeito a noventena ou anterioridade nonagesimal:

A – Imposto de Renda Pessoa Física.

B – Contribuição INSS empregador.

C – ICMS.

D – IPI.

E – Imposto de Renda Pessoa Jurídica.

55 – São despesas dedutíveis em termos de Imposto de Renda Pessoa Jurídica na sistemática do Lucro Real mensal ou trimestral:

A – Provisão de férias, provisão de 13º salário, provisão para devedores duvidosos dentro do limite estabelecido pela RFB, multas de trânsito e brindes em geral.

B – Provisão de férias, provisão de 13º salário, provisão para devedores duvidosos dentro do limite estabelecido pela RFB, multas de trânsito, doações para instituição de fins religiosos.

C – Provisão de férias, provisão de 13º salário, provisão para devedores duvidosos elaborada pelo contador.

D – Provisão de férias, provisão de 13º salário, provisão para devedores duvidosos dentro do limite estabelecido pela RFB.

E – Todas as alternativas acima estão incorretas, pois todas as provisões contábeis são dedutíveis.

56 – A empresa Meca Ltda. é uma indústria nacional localizada em São Paulo, tributada pela sistemática do lucro presumido. Baseado no fato de que o IRPJ é pago sobre o faturamento e não sobre o resultado do balanço patrimonial (receita menos despesa), o sócio decidiu retirar mensalmente determinada quantia para seu uso pessoal sem qualquer comprovante, e, ainda, sem recolher nenhum tributo. Nesse caso, o procedimento adotado pela empresa é:

A – Correto, pois o IRPJ já foi pago com base no faturamento, não havendo necessidade de comprovar nenhuma despesa.

B – Incorreto, pois qualquer despesa deve ser comprovada, apesar de não haver tributação adicional.

Manual de Direito Tributário e Financeiro Aplicado

C – Correto, o sistema de lucro presumido determina somente uma forma de tributação.

D – Incorreto, pois qualquer despesa deve ser comprovada, além do mais a empresa deveria recolher o INSS sobre pró-labore e eventualmente IRRF.

E – Correto, a RFB permite qualquer tipo de retirada, pois o imposto já foi recolhido na presunção de lucro.

57 – A empresa Crassus Ltda. efetuou a distribuição de lucros para os seus acionistas. Este lucro:

A – Deve ser tributado exclusivamente na pessoa física do sócio.

B – Deve ser tributado quando do pagamento da empresa para o sócio, e deverá ser aplicada a tabela progressiva do IRPF.

C – A empresa é obrigada a recolher Imposto de Renda sobre os pagamentos a título de dividendos.

D – Deve ser tributado pelo sócio, como também pela empresa, assim como o IRRF.

E – Não há tributação na pessoa física do sócio, nem retenção de imposto de renda na fonte na respectiva distribuição.

58 – A empresa Comercial Castiel Ltda. foi vítima de furto em seu estoque de material para revenda, conforme boletim de ocorrência e respectivo laudo pericial. A empresa é contribuinte do ICMS, do PIS e da COFINS, e tributada com base no lucro real. Sabendo-se que os tributos que a empresa recolhe são não cumulativos e a empresa contabilizou o valor da perda do estoque como despesa deduzindo do respectivo lucro apurado, pergunta-se: com relação aos tributos incidentes sobre a venda das mercadorias furtadas, qual o procedimento a ser adotado?

A – Manter os créditos das compras e compensar com os débitos das vendas futuras.

B – Efetuar o diferimento tributário.

C – Os tributos devem ser levados a conta de prejuízo.

D – Devem ser estornados.

E – Compensar o imposto com o IRPJ.

BANCO DE QUESTÕES

59 – A empresa Metatron Ltda., que é uma comercial atacadista de produtos eletrônicos, durante o mês de dezembro de 2023, está planejando seu orçamento para o próximo exercício. Está prevendo um faturamento anual de 97.000.000,00, com uma rentabilidade muito elevada (lucro líquido superior a 15% do faturamento anual). Pergunta-se: qual o sistema de tributação de IRPJ mais favorável que ela poderá adotar?

A – Lucro presumido.

B – Lucro arbitrado.

C – Lucro contábil.

D – Lucro real.

E – Simples Nacional.

60 – É o fato gerador do IRPJ:

A – É a aquisição de disponibilidade econômica ou jurídica, ou seja, é a obtenção de renda, ou seja, um conjunto de bens, valores ou títulos por uma pessoa jurídica passíveis de serem convertidos ou transformados em numerário.

B – É a aquisição de disponibilidade financeira do contribuinte pessoa jurídica.

C – A movimentação bancária e de caixa da pessoa jurídica, como, também, a pessoa física dos sócios ou acionistas.

D – É a aquisição de disponibilidade financeira ou jurídica, ou seja, é a obtenção de renda exclusivamente financeira, ou seja, um conjunto de bens, valores ou títulos por uma pessoa jurídica passíveis de serem convertidos ou transformados em numerário.

E – Todas as alternativas acima estão incorretas.

61 – A empresa Batiatus Ltda., que possui tributos em atraso e pendências fiscais devido a problemas na sua escrituração, decidiu, temendo ser fiscalizada, simular um incêndio em seus escritórios, destruindo todos os documentos contábeis financeiros. Ocorre que após 90 dias do incêndio a empresa foi visitada pelo Fisco para fins de análise da documentação contábil financeira, porém em consequência do incêndio a

625

Manual de Direito Tributário e Financeiro Aplicado

fiscalização não pode apurar o imposto devido em virtude da falta de documentos e registros contábeis. Pergunta-se: qual o procedimento que o fiscal deverá adotar?

A – Conceder prazo para o contribuinte refazer a escrituração mediante notificação.

B – Elaborar um auto de infração e imposição de multa AIIM.

C – Adotar a sistemática do lucro presumido.

D – Tributar a empresa pela sistemática do lucro arbitrado.

E – Tributar a empresa pela sistemática do lucro real e impor um AIIM.

62 – Representa a tributação do IRPJ pela sistemática do lucro real:

A – O cálculo do faturamento da empresa multiplicado pelo fator de presunção e lucro ou prejuízo.

B – É o lucro apurado contabilmente pelo contador.

C – É uma forma simplificada de apuração do IRPJ.

D – É o lucro ou prejuízo contábil apurado com os ajustes adicionados, exclusões e compensações permitidas pela legislação.

E – É o lucro calculado com base na receita bruta de vendas.

63 – A empresa Comercial Atacadista Black Box Ltda. efetuou a importação de material para revenda (material elétrico), pagando no desembaraço aduaneiro os seguintes tributos: II, IPI, ICMS, PIS, COFINS.

Sabendo-se que a Black Box é uma empresa comercial, pergunta-se: quais os tributos que devem incidir sobre a venda destes mesmos produtos importados para as empresas comerciais varejistas?

A – II, ICMS, PIS, COFINS.

B – II, ICMS IPI, PIS, COFINS.

C – II, ICMS.

D – IPI, ICMS.

E – ICMS, IPI, PIS, COFINS.

BANCO DE QUESTÕES

64 – Determinada empresa industrial possui uma conta credora do ICMS. Em termos contábeis tributários, o que significa essa conta?

A – Crédito oriundo de clientes.

B – Crédito da empresa com o governo.

C – Débito da empresa com clientes.

D – Crédito da empresa com clientes.

E – Débito da empresa com o Fisco estadual.

65 – A indústria eletrônica Karakurt Ltda. efetuou uma venda para a comercial Cozinheiro Ltda. no valor de R$ 10.000,00, sendo R$ 9.000,00 relativos ao produto, e R$ 1.000,00 de frete e seguro. Sabendo-se que a alíquota do IPI neste caso é de 10%, pergunta-se: qual o valor do IPI que será calculado na nota fiscal de venda?

A – R$ 1.000,00.

B – R$ 900,00.

C – R$ 850,00.

D – R$ 1.100,00.

E – R$ 800,00.

66 – A indústria Oenomaus Ltda. registrou as seguintes operações comerciais no mês de dezembro de 2023. Compra de matéria-prima para industrialização no valor de R$ 2.000.000,00, com a alíquota de IPI de 10%. Neste mesmo mês efetuou venda de produtos no valor de R$ 4.000.000,00 com alíquota de IPI no valor de 20%. Sabendo-se que a empresa não possui saldo de IPI nos meses anteriores, pergunta-se: qual o valor do saldo da conta de IPI no mês de dezembro de 2023?

A – Saldo credor de R$ 800.000,00.

B – Saldo devedor de R$ 800.000,00.

C – Saldo credor de R$ 200.000,00.

Manual de Direito Tributário e Financeiro Aplicado

D – Saldo devedor de R$ 200.000,00.

E – Saldo devedor de R$ 600.000,00.

67 – Em caso de uma empresa realizar a dispensa sem justa causa de um empregado, qual o valor total da multa do FGTS que efetivamente será pago pela empresa nas verbas rescisórias?

A – 40,0%.

B – 50,0%.

C – 20,0%.

D – 8,0%.

E – 8,5%.

CAPÍTULO 15 – TRIBUTOS ESTADUAIS

68 – Marcos Crassus possui um único imóvel, em que reside, mas encontra-se com a saúde debilitada, em fase terminal, não lhe restando muito tempo de vida. Atualmente é divorciado e tem um único herdeiro, que é seu filho. Pensando no futuro, Marcos Crassus decide doar seu único imóvel para seu único herdeiro. Pergunta-se: qual o tributo que irá incidir sobre a transação?

A – ITCMD.

B – ITBI.

C – IRPF.

D – IR sobre ganho de capital.

E – Imposto sobre herança de pessoa viva.

69 – Na substituição tributária de uma venda de indústria para comércio (ST) do ICMS-SP, podemos afirmar que:

A – A indústria recolhe o ICMS somente pelo regime de apuração, portanto, somente aplica-se a ST no IPI que é um imposto federal.

B – A indústria recolhe o ICMS pelo regime de apuração e, também, da fase superveniente (ST), ou seja, do seu cliente.

BANCO DE QUESTÕES

C – A indústria, o comércio e os prestadores de serviços recolhem o ICMS apuração e o ICMS-ST – substituição tributária.

D – Somente o comércio recolhe o ICMS substituição tributária, ficando a indústria com o encargo do ICMS apuração.

E – Na substituição tributária a indústria não recolhe o ICMS apuração, sendo o mesmo transferido para o comerciante adquirente da mercadoria para revenda.

70 – Na substituição tributária (ST) do ICMS, via de regra:

A – A fábrica (substituto tributário) é obrigada a calcular, cobrar e recolher o imposto que será devido nas operações posteriores para o atacadista (contribuinte substituído), portanto, a indústria arca com o ICMS apuração e o ICMS-ST.

B – A fábrica (substituído tributário) é obrigada a calcular, cobrar e recolher o imposto que será devido nas operações posteriores para o atacadista (contribuinte substituto), portanto, a indústria arca com o ICMS apuração e o ICMS-ST.

C – A fábrica recolhe para o Fisco somente o ICMS-ST, pois o tributo já abrange toda a cadeia produtiva.

D – O atacadista que recebe o produto de uma fábrica fica obrigado ao recolhimento do ICMS-ST.

E – O recolhimento do ICMS-ST deve ser feito exclusivamente pelo atacadista, e o ICMS pela fábrica (indústria).

71 – O cidadão Tong Po reside na cidade de São Paulo e exerce suas atividades profissionais no mesmo município. Adquire um veículo novo marca Toyota Corolla ano modelo 2021, no valor de R$ 100.000,00. Para reduzir a carga tributária com relação ao IPVA do seu veículo, transferiu o veículo no ano seguinte para o município de Palmas, no Estado de Tocantins, onde o custo do IPVA é 70% menor do que o da cidade de São Paulo.

Decorridos três anos desde a transferência, recebeu um AIIM da Secretaria da Fazenda do Estado de São Paulo, efetuando a cobrança retroativa do IPVA dos últimos três anos, acrescido de multa e juros. Analisando o caso em questão, o cidadão Tong Po:

A – Cometeu elisão fiscal.

B – Cometeu evasão fiscal.

Manual de Direito Tributário e Financeiro Aplicado

C – Cometeu um ato lícito, pois o tráfego de coisas e pessoas é livre em todo o território nacional, é o princípio constitucional da liberdade de tráfego.

D – Cometeu transferência regular de domicílio.

E – Utilizou o princípio da isonomia tributária.

72 – A competência para estabelecer alíquotas máximas internas do ICMS pertence:

A – Ao Governo do Estado.

B – À Presidência da República.

C – Ao Senado Federal.

D – À Câmara dos Deputados.

E – Ao Congresso Nacional.

73 – No que consiste o DIFAL – diferencial de alíquota que deve ser recolhido pelo contribuinte estadual?

A – É a diferença entre o ICMS indústria e comércio.

B – É o recolhimento complementar da substituição tributária do ICMS.

C – É o tributo relativo às vendas de contribuinte para não contribuinte do ICMS.

D – É o tributo compensatório dos incentivos fiscais regionais do ICMS.

E – É o tributo que deve ser recolhido pelo contribuinte do ICMS nas operações de diferenciais de alíquotas entre Estados da Federação.

74 – A indústria Crixus Ltda. irá vender para a Comercial Crassos Ltda. o produto XYZ no valor de R$ 100.000,00, levando-se em conta que, para fins de apuração (RPA), a Crixus não possui créditos anteriores de ICMS, e ambas as empresas estão localizadas em São Paulo, onde a alíquota do RPA é 18%. A alíquota do MVA deste produto é determinada pelo Fisco em 10%. Pergunta-se: qual o valor do ICMS-ST que será agregado na nota fiscal de venda emitida?

A – R$ 1.980,00.

B – R$ 1.800,00.

BANCO DE QUESTÕES

C – R$ 1.100,00.

D – R$ 2.800,00.

E – R$ 1.000,00.

75 – A comercial varejista Fujin Ltda. localizada em São Paulo efetuou a venda dos seus produtos que são objeto de substituição tributária por um preço acima da margem de lucro definida em lei pelo MVA. Pergunta-se: que imposto a empresa Fujin deverá recolher?

A – A empresa deverá recolher a diferença do ICMS entre o MVA e o RPA.

B – A empresa não terá de recolher a diferença do ICMS.

C – A empresa não poderá vender os produtos acima da MVA.

D – A empresa receberá um AIIM da Secretaria da Fazenda.

E – Nenhuma das alternativas acima está correta.

CAPÍTULO 16 – TRIBUTOS MUNICIPAIS

76 – Considerando que a empresa Castiel Ltda. é uma empresa prestadora de serviços sediada na capital de São Paulo e presta serviços de manutenção em computadores em todo o Estado, pergunta-se: onde deve ser recolhido o ISS?

A – Deve ser recolhido na matriz da empresa prestadora de serviços.

B – Deve ser recolhido na capital do Estado.

C – Deve ser recolhido pela empresa Castiel no local da prestação dos serviços.

D – Deve ser recolhido pela matriz utilizando o sistema unificado de recolhimento de tributos municipais disponibilizado no site da cidade de São Paulo.

E – Deve ser recolhido unicamente pelo tomador dos serviços.

77 – A empresa Spartacus Ltda. é uma empresa de auditoria que presta serviços para empresas nacionais e estrangeiras no Brasil e no exterior, como também contrata serviços no exterior para atender os seus clientes brasileiros com filiais na América Latina.

Manual de Direito Tributário e Financeiro Aplicado

Pergunta-se: qual o tributo municipal que deve ser recolhido na prestação de serviços prestados para o exterior e para os serviços de terceiros contratados pela Spartacus no exterior?

A – Não há incidência de ISS nas operações de comércio internacional de serviços.

B – Incidência de ISS na contratação de serviços de terceiros da Spartacus no exterior e não há incidência de ISS na realização dos serviços da Spartacus no exterior.

C – Em ambos os casos ocorre a incidência do ISS.

D – Não incidência de ISS na contratação de serviços de terceiros da Spartacus no exterior, e há incidência de ISS na realização dos serviços da Spartacus no exterior.

E – A Spartacus pode compensar o ISS da importação de serviços com a exportação de serviços.

CAPÍTULO 17 – SIMPLES NACIONAL

78 – Com relação à sistemática de apuração dos tributos no Simples Nacional, podemos afirmar que o recolhimento mensal com base no faturamento e as respectivas tabelas pode ser feito:

A – Pelo regime de caixa.

B – Pelo regime de competência.

C – Somente a alternativa "A" está correta.

D – Somente a alternativa "B" está correta.

E – As alternativas "A" e "B" estão corretas.

79 – São impostos que não são abrangidos pelo Simples Nacional:

A – IOF e II.

B – IRPJ e CSLL.

C – ISS e ICMS.

D – IPI.

E – INSS.

BANCO DE QUESTÕES

CAPÍTULO 18 – ADMINISTRAÇÃO TRIBUTÁRIA

80 – Podemos definir a restituição de indébito como:

A – A compensação fiscal realizada pelo contribuinte entre os débitos vencidos e a vencer.

B – O pagamento indevido realizado pelo Fisco, o qual não pode ser restituído devido ao fato de o tributo ser um bem indisponível.

C – Um débito fiscal que foi cancelado após sentença judicial transitada em julgado.

D – O pagamento indevido do tributo realizado pelo contribuinte, e o mesmo pode pleitear sua restituição.

E – Todas as alternativas acima estão incorretas.

81 – A empresa O Cozinheiro Ltda. não efetuou o pagamento dos seus tributos federais no prazo legal fixado em lei. Referidos tributos foram regularmente lançados pela autoridade administrativa competente. Neste caso, qual a providência que o Fisco deverá adotar?

A – Reconhecer como restos a receber.

B – Reconhecer como restos a pagar.

C – Inscrever o débito tributário na dívida ativa.

D – Inscrever o débito como indébito tributário.

E – Negociar diretamente com o contribuinte um parcelamento incentivado – PPI.

82 – A empresa Krakatoa Ltda. está participando de uma licitação de obras públicas para o governo do Estado de São Paulo. Ocorre que a respectiva empresa recebeu um auto de infração e imposição de multa (AIIM) do ICMS, que foi lavrado pela autoridade fiscal devido a alíquotas utilizadas incorretamente (a menor) pela empresa. A Krakatoa recorreu em Juízo, efetuando o depósito do valor da dívida até a decisão final. Sabendo-se que,

Manual de Direito Tributário e Financeiro Aplicado

para participar de um processo licitatório, é necessária a certidão negativa de débitos tributários (CND), qual o procedimento que a empresa deverá adotar?

A – Providenciar uma certidão positiva.

B – Providenciar uma certidão positiva como efeitos negativos.

C – Providenciar uma certidão de indébito tributário.

D – Providenciar uma compensação de créditos e débitos tributários pendentes.

E – Providenciar um mandado de segurança.

CAPÍTULO 19 – PROCESSO ADMINISTRATIVO TRIBUTÁRIO

83 – A empresa Spartacus Ltda. recebeu um AIIM do ICMS – São Paulo, porém, não concordando com o respectivo, ingressou com recurso administrativo no TIT – Tribunal de Impostos e Taxas do Estado de São Paulo.

Decorrido um ano, e após findos o trâmite e o julgamento do processo administrativo, a empresa sagrou-se vencedora, portanto, ficou determinado que o AIIM é nulo e a Secretaria da Fazenda deveria providenciar o cancelamento do respectivo auto de infração. Pergunta-se: qual o recurso que a Fazenda pode impetrar?

A – Apelação.

B – Recurso de ofício.

C – Não cabe recurso.

D – Recurso para o STJ.

E – Embargos.

84 – A empresa Hércules Ltda. recebeu um AIIM relativo a recolhimento incorreto do IPI no ano anterior. Irresignada, a empresa ingressou com recurso administrativo no CARF, o qual foi julgado improcedente, e, ato subsequente, a empresa também ingressou com recurso na instância administrativa superior e não se

BANCO DE QUESTÕES

sagrou vencedora. Nesse sentido, o Estado já solicita que a empresa efetue o pagamento do tributo em 30 dias, sob pena de execução fiscal. Pergunta-se: cabe ainda recurso para a empresa Hércules?

A – Não cabe mais recurso para a empresa, consequentemente terá de efetuar o pagamento.

B – Cabe recurso exclusivamente para o STF.

C – A empresa pode ingressar em juízo, e não é necessário efetuar o depósito em recursal, pois é o direito de ampla defesa.

D – A empresa fica vedada de entrar em juízo, pois utilizou a esfera administrativa.

E – A empresa pode ingressar em juízo, porém, terá de efetuar o depósito de garantia.

CAPÍTULO 20 – A RESPONSABILIDADE TRIBUTÁRIA, CIVIL E CRIMINAL DOS SÓCIOS E ADMINISTRADORES DA SOCIEDADE LIMITADA

85 – Como podemos entender a desconsideração da pessoa jurídica constante do art. 50 do Código Civil brasileiro e também do CPC?

A – Entendemos a desconsideração como a anulação de determinados atos exclusivamente fiscais realizados pela empresa.

B – A expressão desconsideração da pessoa jurídica é utilizada para indicar a ignorância, para um caso concreto, da personificação societária. Vale dizer, aprecia-se a situação jurídica tal como se a pessoa jurídica não existisse, o que significa que se trata a sociedade e o sócio como se fossem uma mesma e única pessoa.

C – São as punições efetuadas pelo CADE.

D – É o cancelamento e encerramento da pessoa jurídica por ato infracional cometido preteritamente pela administração da empresa.

E – É a dissolução societária com apuração de haveres.

86 – Analise as frases abaixo e assinale a alternativa correta:

I – Com referência à sociedade por quotas de responsabilidade limitada, a legislação vigente permite três espécies: sociedade limitada sujeita às normas da sociedade simples, sociedade limitada com regência da Lei das Sociedades Anônimas e a sociedade limitada unipessoal.

Manual de Direito Tributário e Financeiro Aplicado

II – Na sociedade por quotas de responsabilidade limitada, a responsabilidade pessoal dos sócios é limitada ao valor do capital social integralizado.

III – O Código Civil admite, com relação à sociedade limitada, a possibilidade de expulsão extrajudicial do sócio minoritário.

IV – Na sociedade limitada existe a possibilidade de nomeação de um ou mais administradores que não sejam sócios para a gestão do empreendimento, desde que os respectivos sejam destacados no contrato social.

Com base nas afirmativas acima, assinale a alternativa correta:

A – Somente a alternativa I está correta.

B – Somente a alternativa II está correta.

C – Somente a alternativa III está correta.

D – Somente a alternativa IV está correta.

E – Todas as alternativas acima estão corretas.

87 – Cléo, Poliana e Ana são sócias de uma sociedade empresária denominada Omar Mota Ltda., administrada por Apolo. O objeto social é a distribuição de artigos eletrônicos em todo o Estado de São Paulo. Cléo tem 90% do capital social integralizado, Poliana tem 9%, e Ana, 1% – tudo totalmente integralizado. Ficou caracterizado pela sociedade o pagamento de obrigações pessoais das sócias por ação do administrador Apolo, e, a mando delas, neste caso, o juiz poderá desconsiderar a personalidade jurídica da sociedade para atingir os bens particulares de:

A – Cléo, somente.

B – Apolo, somente.

C – Cléo, Poliana, Ana e Apolo.

D – Cléo e Poliana, somente.

E – Todas as alternativas acima estão incorretas.

CAPÍTULO 21 – DIREITO FINANCEIRO

88 – São pessoas jurídicas de direito público interno:

A – INSS, RFB, IBAMA, BNDES.

BANCO DE QUESTÕES

B – União, Estado, Município e Distrito Federal.

C – BNDES, Petrobras, Cia. Vale do Rio Doce.

D – Empresas privadas e empresas estatais.

E – Poderes Executivo, Legislativo e Judiciário.

89 – Podemos entender a Fundação Pública como:

A – Entidade dotada de personalidade jurídica de direito privado, com patrimônio próprio e capital exclusivamente governamental, criado por lei para exploração de atividade econômica ou industrial.

B – Parceria público-privada para a realização de atividade econômica.

C – Entidade pública criada para cumprir determinado objetivo econômico não explorado pela iniciativa privada.

D – São serviços sociais autônomos criados pela iniciativa privada para suprir a falta de participação do Estado na execução de atividades sociais.

E – Entidade cuja criação é autorizada por lei, com patrimônio público ou misto, para realização de atividades, obras, ou serviços de interesse coletivo, sob normas e controle do Estado.

90 – De acordo com a Constituição Federal, compõe(m) o processo de planejamento do Estado:

A – Planejamento, execução, controle.

B – Poderes Executivo, Legislativo e Judiciário.

C – Estabelecimento de metas e sistema de avaliação e controle.

D – Poder Executivo e Tribunais de Contas.

E – Plano plurianual, Lei de Diretrizes Orçamentárias, Lei do Orçamento Anual.

91 – O princípio da anualidade do orçamento consiste em:

A – Equilíbrio entre as receitas e despesas.

B – Inclusão de todos os atos e fatos administrativos previstos para o orçamento.

C – Efetuar as previsões de receita e despesa para o período de um ano.

D – Efetuar a autorização para efetuar os pagamentos e prever as receitas

E – Utilizar a sistemática do duplo binário.

Manual de Direito Tributário e Financeiro Aplicado

92 – O patrimônio público é o conjunto de bens, direitos e obrigações avaliáveis em moeda corrente das entidades que compõem a administração pública. Dentro deste conceito podemos citar como exemplo de "bem público de uso especial":

A – Prédio da Receita Federal do Brasil.

B – Praça da Sé, em São Paulo.

C – Rios e mares.

D – Estradas e ruas.

E – Todas as alternativas acima estão corretas.

93 – São exemplos de empresa pública e de economia mista, respectivamente:

A – OAB e Cia. Vale do Rio Doce.

B – Petrobras e Empresa Brasileira de Correios.

C – Estácio Participações e Petrobras.

D – Empresa Brasileira de Correios e Petrobras.

E – Cia. Vale do Rio Doce e Petrobras.

94 – A fiscalização financeira orçamentária do governo federal é feita pelos seguintes órgãos:

A – Congresso Nacional e Tribunal de Contas.

B – Receita Federal e Tribunal de Contas.

C – Poder Judiciário e Tribunais de Contas.

D – Tribunais de Contas e auditorias externas.

E – Comissão de Constituição e Justiça e Tribunal de Contas.

95 – Podemos classificar a execução das despesas públicas como:

A – Débitos extrajudiciais e judiciais.

B – Despesas correntes e despesas de capital.

C – Dívida pública.

BANCO DE QUESTÕES

D – Precatórios, despesas públicas.

E – Empenho, liquidação, ordem de pagamento, pagamento.

96 – São fases do processo legislativo para aprovação do orçamento anual:

A – Envio do projeto pelo chefe do Poder Executivo, análise pela comissão mista, emendas, votação no Senado Federal, sanção ou veto e publicação.

B – Envio do projeto pelo chefe do Poder Executivo, análise pela comissão mista, emendas, votação nas duas casas do Congresso, sanção ou veto e publicação.

C – Envio do projeto pelo chefe do Poder Executivo, análise pela comissão mista, emendas, votação na Câmara dos Deputados, sanção ou veto e publicação.

D – Envio do projeto pelo Ministro da Fazenda, análise pela comissão mista, emendas, votação nas duas casas do Congresso, sanção ou veto e publicação.

E – Todas as alternativas acima estão incorretas.

97 – Com relação aos precatórios judiciais, podemos afirmar que:

A – Em caso de condenação judicial transitada em julgado da fazenda pública, o juiz da causa mandará expedir um precatório, remetendo para o Presidente do Tribunal de Justiça, e este o enviará à entidade devedora para que o valor do débito seja incluído no ano seguinte.

B – Em caso de condenação judicial ou extrajudicial, o juiz da causa mandará expedir um precatório, remetendo para o Presidente do Tribunal de Justiça, e este o enviará entidade devedora para que o valor do débito seja incluído no ano seguinte.

C – O Juiz da causa, após o trânsito em julgado, emite e envia o precatório para a entidade devedora para que o valor do débito seja incluído no exercício seguinte.

D – Em caso de condenação judicial ou extrajudicial, o juiz da causa mandará expedir um precatório, remetendo para o Presidente do Tribunal de Justiça, e este o enviará à entidade devedora para que o valor do débito seja pago de imediato.

E – Em caso de condenação judicial ou extrajudicial, o juiz da causa mandará expedir um precatório, remetendo diretamente a entidade devedora para que o valor do débito seja pago de imediato.

Manual de Direito Tributário e Financeiro Aplicado

98 – Na administração pública, entendemos como restos a pagar:

A – A despesa que foi empenhada e que será paga no exercício seguinte.

B – A despesa que foi empenhada, liquidada, com ordem de pagamento autorizada, porém o pagamento será efetuado no exercício seguinte.

C – A despesa que foi paga parcialmente durante o exercício.

D – A despesa que não foi autorizada, porém, efetivamente,e ocorreu.

E – A despesa paga sem autorização orçamentária devido a um fato novo.

99 – A dívida pública abrange todos os compromissos do governo, podendo ser de curto e longo prazos. Com referência à conta de restos a pagar, podemos afirmar que:

A – Restos a pagar é uma dívida de longo prazo, portanto, uma dívida consolidada.

B – Restos a pagar são créditos do governo.

C – Restos a pagar é uma conta de despesa corrente.

D – Restos a pagar é somente um empenho.

E – Restos a pagar é uma dívida de curto prazo, portanto, uma dívida flutuante.

100 – Em qual lei serão estabelecidos as diretrizes, os objetivos e as metas da administração pública para as despesas de capital e outras delas decorrentes e para as relativas aos programas de duração continuada?

A – Plano plurianual.

B – Lei orçamentária.

C – LDO.

D – LRF.

E – Lei das quotas orçamentárias.

101 – A prefeitura da cidade de Araçariguama – SP previu no orçamento dotação de R$ 1.000,00 para a aquisição de um computador. Durante a execução orçamentária, foi efetuado o empenhamento de R$ 800,00 para essa compra. Todavia, o

comprador municipal, no ato da compra, optou por um modelo mais caro, com dispositivo de maior capacidade. Assim, a Prefeitura efetuou o pagamento de R$ 877,00. Essa operação configurou falha na fase da despesa denominada:

A – Pagamento.

B – Empenho.

C – Liquidação.

D – Conferência.

E – Ordem de pagamento.

102 – A LRF estabelece normas de finanças públicas voltadas para a responsabilidade na gestão fiscal dos administradores dos órgãos públicos, o que inclui o governo do Estado de São Paulo. Nos termos da legislação vigente, a despesa objeto de dotação específica e suficiente, ou que esteja abrangida por crédito genérico, de forma que somadas todas as despesas da mesma espécie, realizadas e a realizar, previstas no programa de trabalho, não sejam ultrapassados os limites estabelecidos para o exercício, é considerada adequada com que lei?

A – Plano plurianual.

B – Lei de Diretrizes Orçamentárias.

C – Lei do orçamento anual.

D – LRF.

E – Lei de quotas.

103 – Recentemente o governo federal reduziu a alíquota do IPI de diversos produtos, porém, alguns governadores estão reclamando do ato do Executivo federal. Pergunta-se: qual a motivação desta reclamação?

A – Inconstitucionalidade.

B – Repartição para Estados e Municípios.

C – Princípio da anterioridade.

Manual de Direito Tributário e Financeiro Aplicado

D – Noventena não obedecida.

E – Quebra da isonomia.

104 – Quais são as fases da execução da despesa pública?

A – Empenho.

B – Liquidação.

C – Ordem de pagamento.

D – Pagamento.

E – Todas as alternativas acima estão corretas.

105 – São fases do processo legislativo para aprovação do orçamento anual:

A – Envio do projeto pelo chefe do Poder Executivo.

B – Análise pela comissão mista, emendas.

C – Votação nas duas casas do Congresso.

D – Sanção ou veto e publicação.

E – Todas as alternativas acima estão corretas.

106 – Entendemos a atividade financeira do Estado como:

A – Busca do dinheiro e a sua aplicação para consecução das necessidades públicas primárias, que são aquelas de interesse geral, satisfeitas exclusivamente pelo processo do serviço público.

B – Transações financeiras entre aplicação e captação de recursos.

C – Exclusivamente pagamento das despesas orçamentárias.

D – Exclusivamente recebimento dos tributos e aval para operações de crédito dos Estados e dos Municípios.

E – Administração financeira regida e controlada pelo Banco Central do Brasil.

107 – Podemos definir o requisitório como:

A – Ofício em que o juiz da execução requisita o pagamento de débitos de pequeno valor da Fazenda Pública.

B – É a solicitação que o juiz de primeiro grau faz ao presidente do tribunal para que este requisite a verba necessária para o pagamento de crédito de algum credor.

C – São as requisições de empenho realizadas pelo administrador público.

D – São as requisições de compras orçamentárias realizadas pelo administrador público.

E – São as inserções realizadas pelo Poder Executivo na lei orçamentária.

108 – Em determinado exercício financeiro, a lei orçamentária anual fez reserva de quantia suficiente para cobrir despesa com material de limpeza dos órgãos da Administração Direta. No curso do exercício financeiro, houve um aumento expressivo no valor do material de limpeza utilizado pela municipalidade, tornando-se a dotação orçamentária insuficiente. Neste caso, poderá ser providenciado(a):

A – Abertura de crédito suplementar.

B – Abertura de empenho.

C – Adiamento da despesa como restos a pagar.

D – Compensação de despesas.

E – Retenção da despesa.

109 – São fontes de Receitas Públicas:

A – Decorrentes do patrimônio estatal.

B – Tributos.

C – Crédito público.

D – Outras fontes eventuais.

E – Todas as alternativas acima estão corretas.

110 – O que são os atos de improbidade administrativa?

A – São aqueles que, possuindo natureza civil e devidamente tipificados em lei federal, não ferem direta ou indiretamente os princípios constitucionais e legais da administração pública, independentemente de importarem enriquecimento ilícito ou de causarem prejuízo material ao erário público.

Manual de Direito Tributário e Financeiro Aplicado

B – São os atos praticados por servidor público que eventualmente podem ser objeto de questionamento por parte da administração pública.

C – São os atos administrativos praticados pela administração pública.

D – São os atos discricionários do administrador público.

E – São aqueles que, possuindo natureza civil e devidamente tipificados em lei federal, ferem direta ou indiretamente os princípios constitucionais e legais da administração pública, independentemente de importarem enriquecimento ilícito ou de causarem prejuízo material ao erário público.

111 – O município de Itupeva – SP efetuou a venda de um edifício situado no centro do município por meio de um leilão, tudo conforme previsto no orçamento anual e na lei municipal. Pergunta-se, de acordo com a Lei n° 4.320/64, alterada pela LC n° 101/2000, como será classificada esta entrada de recursos financeiros para o município?

A – Receita de capital.

B – Receita tributária.

C – Receita extraorçamentária.

D – Receita corrente.

E – Receita transferida.

112 – Durante o exercício financeiro em curso, a lei orçamentária anual fez reserva de quantia suficiente para cobrir despesa com material de manutenção dos órgãos da Administração Direta, ou seja, a Prefeitura.

No decorrer do exercício financeiro houve um aumento elevado no valor do material de limpeza utilizado pelo órgão em virtude das condições climáticas, tornando-se a dotação orçamentária insuficiente. Pergunta-se: qual a providência que o administrador público terá de tomar?

A – Abrir crédito suplementar, mediante decreto executivo, amparado em prévia autorização legal.

B – Transferir créditos excedentes de outras contas para a conta que se encontra com insuficiência de saldo.

BANCO DE QUESTÕES

C – Adiamento da despesa.

D – Considerar como restos a pagar.

E – Elaborar um projeto de lei novo para cobrir a despesa.

113 – Qual é a principal função da LRF?

A – Aumento da arrecadação tributária.

B – Controlar a inflação.

C – Estabelecer normas para a gestão governamental responsável.

D – Regular o mercado financeiro.

E – Controlar a arrecadação tributária.

114 – O que é a LDO?

A – A LDO tem por objetivo estabelecer os programas e as metas governamentais de longo prazo. É planejamento conjuntural para a promoção do desenvolvimento econômico, do equilíbrio entre as diversas regiões do País e da estabilidade econômica.

B – A LDO consolida uma política que produza a igualdade entre valores de receita e despesa, evitando desta forma déficits espirais, que causam endividamento, isto é, déficit que obriga a constituição de dívida que, por sua vez, causa o déficit.

C – É a regra que determina que o orçamento deverá manter o equilíbrio entre a despesa e a receita.

D – É parte do processo administrativo de gestão pública integrada.

E – A LDO tem a finalidade de nortear a elaboração dos orçamentos anuais, compreendidos aqui o orçamento fiscal, o orçamento de investimento das empresas e o orçamento da seguridade social, de forma a adequá-los às diretrizes, aos objetivos e às metas da administração pública, estabelecidos no plano plurianual.

115 – Qual a diferença entre ingresso e Receita Pública?

A – Ingresso ou entrada e Receita Pública, onde o ingresso é a movimentação de caixa, e a Receita Pública é uma entrada de recursos para o patrimônio público sem reservas ou condições, é definitiva.

Manual de Direito Tributário e Financeiro Aplicado

B – Ingresso ou entrada e Receita Pública, onde a Receita Pública é a movimentação de caixa e o ingresso é uma entrada de recursos para o patrimônio público sem reservas ou condições, é definitiva.

C – O ingresso consiste no exclusivo recebimento de tributos, e a Receita Pública, em outras entradas financeiras.

D – A Receita Pública consiste no exclusivo recebimento de tributos e o ingresso em outras entradas financeiras e não financeiras.

E – Não há diferença técnica entre ingresso e receita, pois ambos tratam do recebimento de recursos financeiros pela administração pública.

116 – As despesas públicas, quanto a sua periodicidade, podem ser classificadas como:

A – Ordinárias.

B– Extraordinárias.

C – Orçamentárias.

D – Extraorçamentárias.

E – Todas as alternativas acima estão corretas.

117 – O que é a dívida pública?

A – É o valor total da arrecadação pública, deduzidas as despesas em um ano fiscal.

B – É o conjunto de obrigações financeiras que o Estado possui com terceiros.

C – É a soma dos tributos não pagos e inscritos na dívida ativa.

D – São os gastos e investimentos públicos em um exercício financeiro.

E – São investimentos governamentais em infraestrutura para geração de emprego e renda.

118 – O que é um crédito orçamentário?

A – É um empréstimo concedido ao governo por instituições financeiras.

B – Um recurso financeiro que pode ser utilizado pelo governo para despesas públicas.

C – É um modelo de crédito tributário.

BANCO DE QUESTÕES

D – É uma doação feita à administração púbica por um particular.

E – É um investimento privado em projetos públicos.

119 – Em relação ao controle financeiro governamental, qual é a função do Tribunal de Contas?

A – Aprovar o orçamento da União.

B – Fiscalizar a arrecadação e aplicação de recursos públicos.

C – Aprovar a criação de novos tributos.

D – Realizar auditorias externas em entidades públicas e privadas.

E – Definir políticas fiscais e tributárias.

120 – O que significa o princípio da universalidade aplicado no orçamento público?

A – Todas as receitas e despesas devem ser registradas em um único documento orçamentário.

B – O orçamento federal deve incluir os estados e os municípios.

C – Apenas as receitas dos impostos devem ser incluídas no orçamento.

D – O orçamento deve incluir somente as despesas obrigatórias que são universais.

E – A universalidade deve incluir somente os gastos com a previdência social e a saúde.

GABARITO

QUESTÃO	QUESTÃO	QUESTÃO	QUESTÃO	QUESTÃO	QUES-TÃO
1 – C	21 – B	41 – E	61 – D	81 – C	101 – B
2 – A	22 – B	42 – E	62 – D	82 – B	102 – C
3 – A	23 – A	43 – A	63 – E	83 – C	103 – B
4 – B	24 – D	44 – B	64 – B	84 – E	104 – E
5 – D	25 – A	45 – B	65 – A	85 – B	105 – E
6 – C	26 – D	46 – B	66 – E	86 – E	106 – A
7 – B	27 – D	47 – A	67 – A	87 – C	107 – A
8 – C	28 – A	48 – C	68 – A	88 – B	108 – A
9 – A	29 – E	49 – B	69 – B	89 – E	109 – E
10 – D	30 – C	50 – A	70 – A	90 – E	110 – E
11 – E	31 – C	51 – B	71 – B	91 – C	111 – A
12 – C	32 – B	52 – D	72 – C	92 – A	112 – A
13 – C	33 – C	53 – E	73 – E	93 – D	113 – C
14 – E	34 – A	54 – D	74 – B	94 – A	114 – E
15 – B	35 – B	55 – D	75 – B	95 – E	115 – A
16 – E	36 – E	56 – D	76 – C	96 – B	116 – E
17 – B	37 – A	57 – E	77 – B	97 – A	117 – B
18 – A	38 – C	58 – D	78 – E	98 – A	118 – B
19 – B	39 – B	59 – D	79 – A	99 – E	119 – B
20 – C	40 – C	60 – A	80 – D	100 – A	120 – A